U0790935

中国年鉴精品工程
High Quality Project of China's Yearbook

望城年鉴 2023

WANGCHENG YEARBOOK

长沙市望城区地方志编纂委员会 编

方志出版社
Publishing House of Local Records

图书在版编目（CIP）数据

望城年鉴. 2023 / 长沙市望城区地方志编纂委员会编. —北京 : 方志出版社, 2023.12
ISBN 978-7-5144-5995-1

Ⅰ. ①望… Ⅱ. ①长… Ⅲ. ①望城－2023－年鉴
Ⅳ. ①Z526.44

中国国家版本馆CIP数据核字(2023)第232274号

责任编辑：罗滔
责任校对：张玉霞
责任印制：梅中英
出 版 者：方志出版社
地　　址：北京市朝阳区潘家园东里9号（国家方志馆4层）
邮　　编：100021
网　　址：http://www.zgfzcb.cn
发　　行：方志出版社图书营销中心（010-67110600）
印　　刷：湖南省日大彩色印务有限公司
开　　本：889毫米×1194毫米　1/16
印　　张：29
字　　数：1040千字
版　　次：2023年12月第1版
印　　次：2023年12月第1次印刷
定　　价：210.00元

· 版权所有　侵权必究 ·
（如有印装质量问题，请与我社图书营销中心联系）

《望城年鉴（2023）》编纂委员会

顾　　问　秦国良　苏春光　李雪龙

主　　任　蔡　锋

副 主 任　杨钦涵（常务）　黄雪峰

成　　员　陈　浪　周剑波　陈泽军　李　勇　薛建雷
　　　　　陈宏武　周伟红　王涧波　张红元　胡维平
　　　　　资　涵　周志国　杨东方　龚国华　夏岳峰
　　　　　易又文　刘群英　苏景文

《望城年鉴（2023）》编辑部

主　　编　蔡　锋

常务副主编　苏景文

副 主 编　丁亚玲

编　　辑　李富强　周　玲　胡正科　张姣美　肖　艳
　　　　　张理希　黎　雨

翻　　译　张理希

《望城年鉴（2023）》组稿人员

（按编目顺序排列）

王祥烁	聂　芳	魏　笑	解巾英	龙　健	张　宇
袁芝城	钟涵琦	瞿峻龙	杨蒙娣	贺祥瑞	朱薇薇
谢晓燕	范思维	邓　虎	陈奕君	陈　星	李　杏
李杨鸣	刘玉明	李胜辉	谭　超	徐　明	潘　伟
姚雅庆	胡　倩	易　妮	周静文	陶　静	夏悦瑶
甘　甜	彭译萱	刘一纯	李　婧	荆亚萍	季冬怡
彭　睿	唐定乾	黄雅诗	唐海蛟	周　帆（商务局）	徐　航
刘冰冰	周祎祎	郑梦窈	戴　喆	沈　磊	唐忆清
易思汗	张裕天	熊宝忠	瞿　瑛	万　可	邱玉洁
陈思缤	杨京瑗	范　欢	刘　珏	梁景宇	王沐子
任　静	胡满兰	欧阳智	周　硕（人防办）	崔淙豪	李　宇
戢伟豪	王　帆	肖　丽	王　俊	何　清	张　璨
黄　煌	龙　知	彭　广	曾亚光	唐　洁	金文清
文　慧	肖　洋	唐昌昊	王　顺	佘　内	黄思淼
姚　尧	唐　舟	万意球	冯　景	李印波	曾　芳
刘　帅	申志放	李　敏	易　敏	刘　龙	张文君
黄孜雨	易　军	卞啟阳	陈　泉	李　蕾	李　柔
刘瑞洁	王　俊	谭　柯	刘　旺	江思琦	彭新凯
周宏邈	尹学军	王佳静	周嘉沁	王　丹	田　祺
侯雅杰	肖志双	耿　璐	刘飞宇	刘秋良	傅　甜
王　鹏	李俊川	唐晶晶	邬苏敏	陈　卓	放勇志
杨兰俊英	黄思婕	刘志坤	董文彬	谭　欢	胡　伟
史瑞芝	谢雨蓓	胡建成	曾馨仪	李　行	杨之婧
胡　静	闫　浩	谭　柳	黄　潇	朱　姣	肖　奥
刘兰竹	李胜辉	谭向林	王英姿	陈　茜	李潇潇
李　锋	朱　露	胡锦秀	殷　霜	张　蔺	李婷玉
葛晓磊	凌语嫣	陈宇峰	廖安娜	文耀辉	李雅茜
李应时	周　硕（人民医院）		陈志鑫	周　锦	蒋南翔
何晓倩	杨春阳	任　喜	周　帆（残联）	周衍曾	邓燕洁
李　灿	殷　磊	杨　蓉	肖冰清	彭鑫帅	潘　盼
刘　顺	张　谦	吴星宇	曾　馨	樊康林	李　焕
唐　博	张　鹏	徐　静	周姣妍	张　瑞	刘峰嘉
陈　岳	李鹰怡	邹文理			

序

国务院办公厅2015年8月印发的《全国地方志事业发展规划纲要（2015—2020年）》（以下简称《规划纲要》）要求，到2020年要做到地方综合年鉴一年一鉴，公开出版，实现省、市、县三级综合年鉴全覆盖。《规划纲要》还要求，坚持存真求实，正确处理质量与进度的关系，将精品意识贯穿于年鉴编纂出版工作全过程。2015年12月，中国地方志指导小组办公室启动中国年鉴精品工程，将其与先期实施的中国志书精品工程视为姊妹工程，一道作为加强地方志质量建设的重要抓手。

实施中国年鉴精品工程有助于推动中华优秀传统文化传承发展。近年来，在党中央、国务院的高度重视和关心支持下，全国地方志事业发展迎来最好的发展时期。年鉴编纂发端于欧洲，鸦片战争后被引入我国，在我国走过了100多年的发展历史。在长期的编纂中，年鉴在内容和形式上不断发展，逐渐演变成为适合反映中国国情、具有鲜明中国特色的一种文化载体，并在改革开放后出现了快速发展的局面。2006年5月，国务院《地方志工作条例》颁布施行，明确将地方综合年鉴纳入地方志工作范畴，年鉴工作走上了有法可依的轨道。《规划纲要》出台，为从依法编鉴转变到依法治鉴指明了方向。2016年12月，中国地方志指导小组印发《全国年鉴事业发展规划（2016—2020年）》，更进一步明确了到2020年全国年鉴事业的任务书、时间表、路线图。经过多年的发展，年鉴工作已经成为地方志工作的重要组成部分，成为中华民族优秀文化传统的有机组成部分，其存史、育人、资政作用日益彰显。实施中国年鉴精品工程，是年鉴工作者紧扣时代脉搏、坚持创新发展的一项重要举措，对于坚定文化自信，传承弘扬好中华优秀传统文化意义重大。

实施中国年鉴精品工程有助于为全面建成小康社会提供更多智力支持和历史借鉴。党的十八大作出全面建成小康社会的战略部署。党的十八届五中全会提出到2020年如期实现全面建成小康社会的目标要求。完成《规划纲要》确定的目标任务是年鉴工作者的神圣使命，更是年鉴工作者以自身力量为全面建成小康社会献上的厚礼。一方面，可以更好地利用年鉴这种年度资料性文献，及时记录各地区在全面建成小康社会伟大征程中每年取得的新成绩和新经验、出现的新情况和新问题、涌现的优秀人物和典型事迹等；另一方面，可以更好地积累地情、国情资料，为推动经济社会发展和深化改革提供智力支持，为推进国家治理体系和治理能力现代化提供历史借鉴。

实施中国年鉴精品工程有助于全面推进地方志事业转型升级。地方志不是单纯修志编鉴工作，而是全体方志人“修志问道，以启未来”的一项事业，这项事业包含着巨大的时代担当与使命追求。地方志工作要在“五大建设”总体布局和“四个全面”战略布局中发挥与其自身价值、功能相匹配的作用，就要因时而谋、乘势而上、顺势而为，全面推进地方志事业转型升级。转型升级，当下最重要的目标就是完成“两全”目标，包括“年鉴全覆盖”目标；长远的目标就是基本形成地方志编修体系、理论研究和学科建设体系、质量保障体系、资源开发利用体系、工作保障体系“五位一体”的地方志事业发展综合体系，包括“五位一体”的年鉴事业发展综合体系。中国年鉴精品工程是一项探索工程，也是一项创新工程，是推进地方志事业转型升级的重要内容。实施中国年鉴精品工程，不仅有助于确保年鉴质量，不断编纂出版具有鲜明时代特征、年度特点和地域特色的精品年鉴，也有助于推动年鉴工作适应经济社会发展形势和时代需要，不断改革创新，与时俱进。

多年来，在中国地方志指导小组办公室的指导和全国各级地方志工作机构的共同努力下，年鉴种类数量快速增长，年鉴成果粲然可观，为实施中国年鉴精品工程奠定了坚实的基础。实施中国年鉴精品工程，就是要在全国地方志系统起到示范作用，进一步培育精品意识，打造精品年鉴，以点带面，在提高年鉴质量方面探索出一条切实可行之路，使这项探索工程和创新工程能够积累经验，发挥引领作用。

“万山磅礴，必有主峰；龙衮九章，但挈一领。”实施中国年鉴精品工程，是筑牢地方志事业特别是年鉴事业发展根基之举，其意义与价值不言而喻。但编修出年鉴精品佳作，绝非朝夕之功，需要付出长期艰辛的努力。希望通过实施中国年鉴精品工程，能够进一步推进年鉴质量建设，使年鉴真正成为传承中华民族优秀传统文化的重要载体，成为展示中国国情、地情的重要窗口，成为“为当代提供资政辅治之参考、为后世留下堪存堪鉴之记述”的资源宝库，在全面建成小康社会过程中作出更大贡献。

是为序。

中国社会科学院原副院长
原中国地方志指导小组常务副组长 李培林

编辑说明

一、《望城年鉴》是由中共长沙市望城区委员会、长沙市望城区人民政府主办，长沙市望城区地方志编纂委员会编纂的反映望城区情的年度资料性文献。

二、《望城年鉴（2023）》（以下简称本年鉴）的编写以马克思列宁主义、毛泽东思想、邓小平理论、“三个代表”重要思想、科学发展观、习近平新时代中国特色社会主义思想为指导，坚持辩证唯物主义和历史唯物主义的立场、观点和方法。全面、客观、系统地记载2022年望城区自然、政治、经济、文化、社会、生态等领域的基本情况和发展概貌。

三、本年鉴记述时限为2022年1月1日至12月31日。

四、本年鉴卷首设专题图片、特载、专文、大事记。正文百科采用分类编辑法，设类目、分目、条目三个层次，部分分目下设次分目，条目为基本记述单元。在《望城年鉴（2022）》的框架基础上，增加“建筑业 房地产业”“生态环境保护”“乡村振兴”“体育”类目。分设区情概览、中国共产党长沙市望城区委员会、长沙市望城区人民代表大会、长沙市望城区人民政府、中国人民政治协商会议长沙市望城区委员会、中国共产党长沙市望城区纪律检查委员会 长沙市望城区监察委员会、民主党派与工商联、人民团体、法治、军事、经济管理、农业、工业、建筑业 房地产业、商贸服务业、金融业、旅游业、经济园区建设、交通、城市建设与管理、乡村振兴、生态环境保护、科学技术、教育、文化、卫生健康、体育、社会生活、应急管理、人物 荣誉、街道 乡镇，卷尾设附录、索引。

五、本年鉴中数字用法、标点符号用法分别采用国家标准《出版物上数字用法》（GB/T 15835—2011）、《标点符号用法》（GB/T 15834—2011），计量单位采用国家技术监督局1993年12月发布的《量和单位》系列国家标准。部分农田面积计量单位因表述需要，采用“亩”。部分专有名词，随文括注。

六、本年鉴所载内容均由各部门、各单位供稿并审核，最后由编委会定稿。

七、本年鉴中有关全区国民经济和社会发展的主要数据由区统计局提供，行业数据由各部门提供。由于统计口径不同，引用数据时请读者以望城区统计公报为准。

八、本年鉴封底附有二维码，可扫码访问年鉴电子书。

数字望城2022

地区生产总值**1053.13**亿元
第一产业增加值**62.09**亿元
第二产业增加值**458.89**亿元
第三产业增加值**532.15**亿元

工业增加值**305.33**亿元
规模以上工业增加值增长**7.1**%

全年空气质量优良天数**309**天，优良率**84.7%**
水质达到或优于Ⅲ类水质的比例**100%**
全年规模以上工业企业综合能源消费量**173.08**万吨标准煤
全社会用电量**42.66**亿千瓦时
工业用电量**17**亿千瓦时
居民生活用电量**14.27**亿千瓦时

全区一般公共预算收入**131.25**亿元
地方一般公共预算收入**90.09**亿元
全区一般公共预算支出**126.08**亿元
金融机构各项存款余额**1055.57**亿元
各项贷款余额**923.6**亿元

年末有各类医院、卫生院、社区卫生服务中心**40**个，床位**4056**张，卫生技术人员**5044**人，执业（助理）医师**2156**人

农林牧渔业增加值**67.24**亿元
粮食产量**27.5**万吨
茶叶产量**0.09**万吨
水果产量**4.94**万吨
肉类产量**2.75**万吨

举办各类重大体育赛事**18**场
全民健身工程覆盖率**100%**
送戏下乡**167**场
送电影下乡**1406**场
送图书下乡**2500**册
建成市级标准化村（社区）综合文化服务中心**11**个

社会消费品零售总额**484.13**亿元
外贸进出口总额**147.3**亿元
实际利用外资**4010**万美元
实际利用内资**189.2**亿元

全区有A级以上旅游景区**9**个
其中，AAAA级旅游景区**6**个
全年接待游客人数**1114.26**万人次
旅游总收入**108.64**亿元

小学**67**所，普通中学**33**所，中等职业中学**1**所
小学专任教师**3554**人，普通中学专任教师**2190**人，中等职业学校专任教师**188**人
小学在校学生数**61559**人，普通中学在校学生人数**27209**人，中等职业学校在校学生**3031**人
公办园幼儿占在园幼儿比重的**55.7%**
义务教育阶段适龄儿童少年入学率**100%**

荣耀望城2022

望城区
全国综合实力百强区

望城区
全国投资潜力百强区

望城区
全国市辖区高质量发展百强

望城区
中国领军智慧城区

雷锋纪念馆团支部
全国五四红旗团支部

望城区正兴学雷锋志愿服务中心
全国最佳志愿服务组织

雷锋纪念馆
党史新中国史教育专题实践教学基地

国家税务总局长沙市望城区税务局雷锋税务分局
一星级全国青年文明号

望城经开区
国家火炬有色金属精深加工特色产业基地

望城区人民武装部
全军正规化建设先进单位

长沙市公安局望城分局
全国优秀公安局

望城区消防救援大队雷锋班
应急管理部消防救援局集体一等功

望城区人民法院
全省法院先进集体

茶亭镇谭家园村
2022年全国民主法治示范村（社区）

望城区青年企业家商会
2021—2022年度全国“四好”商会

长沙戴卡科技有限公司
全国五一劳动奖状

中航飞机起落架有限责任公司长沙精益制造中心起落架制造车间
全国工人先锋号

奋力强省会，
望城再加速

2022 年，望城区全面落实“三高四新”战略定位和使命任务，奋力实施“强省会”战略，创新实干、赶超跨越，加快推动经济社会高质量发展和现代化建设，实现望城发展“再加速”。

产业兴区

2022 年，望城区聚焦“一特两主”（以智能终端为特色，以新材料先进制造、食品医药为主导）产业方向，举办重大项目集中签约仪式暨招商推介会等招商活动，引进产业项目 99 个，刷新项目招商的“望城速度”，5G 智能终端产业园竣工投产，长沙医药器械产业园开园，启动区养老中心运营，带动养老服务产业发展，举办“强省会·新消费”等促消费活动，经济运行稳中提质。2022 年地区生产总值 1053.13 亿元。

2022 年 2 月 10 日，望城区举行“一江两岸”投资环境推介暨重大招商引资项目集中签约仪式

（区融媒体中心 供图）

2022 年 6 月，望城经开区的 5G 智能终端产业园竣工投产

（区融媒体中心 供图）

2022 年 8 月 8 日，望城经开区的长沙医疗器械产业园开园

（区融媒体中心 供图）

2022 年 6 月 28 日，望城高新区（铜官工业园）的永杉锂业一期产线全线贯通暨第 300 吨电池级碳酸锂下线　（望城经开区 供图）

2022 年 8 月 20 日，2022 年“望城小龙虾·旺城旺人旺我家”品牌推介系列活动启动仪式在砂之船（长沙）奥莱举行

（望城农科园 供图）

2022 年 2 月 15 日，望城区国泽康养产业发展有限公司启动长沙市望城区养老中心运营

（区国资中心 供图）

2022 年 7 月 17 日，2022 望城网红商家联盟暨“夏季有礼”消费季活动启动仪式在砂之船（长沙）奥莱举行

（区融媒体中心 供图）

城乡宜居

2022年，望城区推进欧美同学会海归小镇（长沙·智能制造）建设，组织实施38个老旧小区提质改造，加速构建现代化综合交通运输体系，完善城市功能配套，完成104个美丽宜居村庄建设，优化人居环境与生态环境，打造文明宜居幸福城。

2022年9月12日，欧美同学会海归小镇（长沙·智能制造）在望城区揭牌
（区融媒体中心 供图）

2022年8月，东马佳园小区完成提质改造建设
（区融媒体中心 供图）

2022年10月26日，湘江航电综合枢纽大桥路面改造工程完工
（区融媒体中心 供图）

2022 年，乌山街道团山湖村省级“水美乡村”示范创建经验获水利部推介　　（乌山街道团山湖村 供图）

2022 年 1 月 31 日，3 头国家一级保护动物长江江豚现身湘江长沙望城段　　（区融媒体中心 供图）

2022 年，望城区提质连片扩面建成美丽宜居村庄 104 个。图为乔口蓝塘寺村七里湖片区　　（乔口镇 供图）

文旅兴城

2022年，望城区创建全域文旅融合示范区，启动靖港古镇2.0版建设，欧阳询书画院、桥驿思益书院对外开放，举办首届长沙市旅游发展大会、海丝申遗城市联盟智库长沙论坛、首届湖南文旅科技产品应用展、“书香长沙·世界读书日”等文旅活动，全年实现旅游综合收入108.64亿元。

2022年11月22—24日，首届长沙市旅游发展大会在望城区举办　（区文旅广体局 供图）

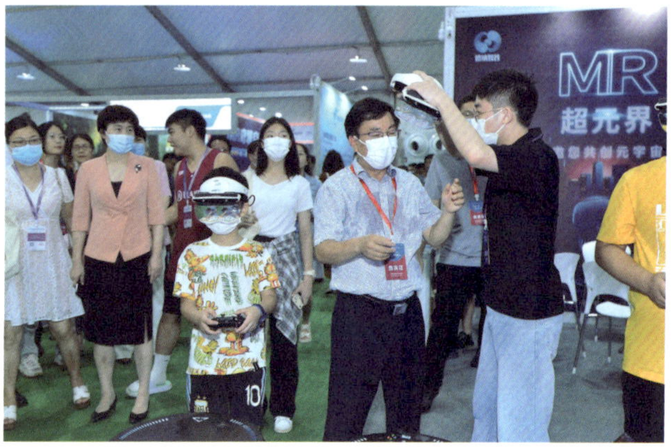

2022年8月25日，首届湖南文旅科技产品应用展示系列活动暨2022年湖南省文旅装备博览会在望城书堂山欧阳询文化园开幕　（区文旅广体局 供图）

2022年1月18日，第二届“黑麋峰杯”滑翔伞定点邀请赛在黑麋峰滑翔伞基地举行　（区融媒体中心 供图）

2022 年 8 月，望城区启动靖港古镇 2.0 版开发建设 （望城区城发集团 供图）

2022 年 4 月 22 日，“书香长沙 · 世界读书日”系列活动启动式在丁字湾街道兴城社区茶园子美丽宜居村庄举行

（丁字湾街道 供图）

2022 年 8 月 29 日至 10 月 29 日，长沙铜官窑博物馆举行“海丝 · 湘江和声——汉唐时期湘江流域对外交流遗珍展”

（区融媒体中心 供图）

雷锋家乡学雷锋60年

1962-2022

雷锋原名雷正兴，1940年12月18日出生在长沙县望岳乡(今长沙市望城区雷锋街道)简家塘一户贫苦农民家，不满七岁便成了孤儿。1949年8月，雷锋的家乡解放。1950年秋，乡政府免费送他入小学读书。1955年，雷锋加入中国少年先锋队。1956年，雷锋高小毕业后参加工作，先后在乡政府当通讯员、望城县委机关当公务员、治沩工程指挥部当通讯员、团山湖农场当拖拉机驾驶员。1957年，雷锋加入中国共产主义青年团。1958年，雷锋到鞍钢参加工业建设，多次被评为先进生产者、红旗手和标兵。1960年1月8日，雷锋应征入伍，分配在沈阳部队工程兵某部运输连四班任汽车驾驶员。参军后立二等功1次、三等功2次、团营嘉奖多次，被评为节约标兵。沈阳部队工程兵领导机关授予他“模范共青团员”称号。1960年11月，雷锋加入中国共产党。1961年6月，当选为辽宁省抚顺市人大代表。1962年8月15日，雷锋在执行任务中，因公殉职，年仅22岁。1963年3月5日，毛泽东主席题词“向雷锋同志学习”。2021年9月，雷锋精神纳入中国共产党人精神谱系。在雷锋的家乡，望城人民一直用学雷锋行动来延续和丰富雷锋精神。

1962

8月15日，雷锋在执行任务中，因公殉职，年仅22岁

1963

4月20日，雷锋生平事迹展览在雷锋母校——荷叶坝完小展出。举办仅8天时间，参观2.6万人次。图为荷叶坝完小旧址

1966

11月，经中共湖南省委批准，在坪山人民公社长城大队（今雷锋街道正兴路42号）柳塘湾兴建雷锋纪念馆

1967

为纪念伟大的共产主义战士雷锋，雷锋的母校荷叶坝完小更名为雷锋学校。图为望城县雷锋学校的小学生帮助“五保户”阎一爹家做事

1968

11月20日，雷锋纪念馆举行落成典礼。湖南省、长沙市、望城县领导和数千群众参加典礼。湖南省“革委会”主任黎原剪彩并发表讲话

1985

3月5日，为纪念毛泽东主席“向雷锋同志学习”题词22周年，望城县各地开展“送温暖，做好事”活动。望城县学雷锋小分队纷纷为烈属、军属、“五保户”上门服务

1984

3月4日，中共望城县委在雷锋纪念馆召开学雷锋座谈会

1982

中共望城县委、望城县政府决定将贯穿县城中心广场东西走向的大道命名为雷锋路。图为雷锋路社区

1977

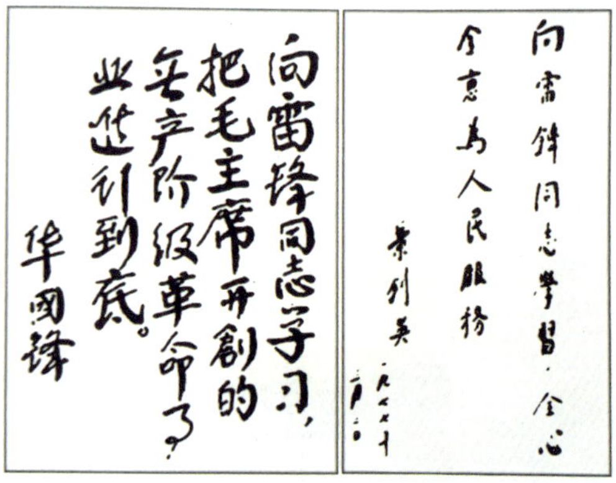

3月5日，湖南省、长沙市、望城县领导和群众1000余人，在雷锋纪念馆举行纪念毛主席题词“向雷锋同志学习”发表14周年大会，庆贺毛泽东、周恩来、朱德题词的重新发表和华国锋、叶剑英的题词发表

1973

5月15日，中共望城县委作出《关于学习杨正明同志的决定》，授予杨正明“雷锋式的战士”称号。杨正明是麻田公社狮华大队狮子窑生产队队长兼政治指导员、退伍军人，2月21日为抢救4名落水群众而牺牲

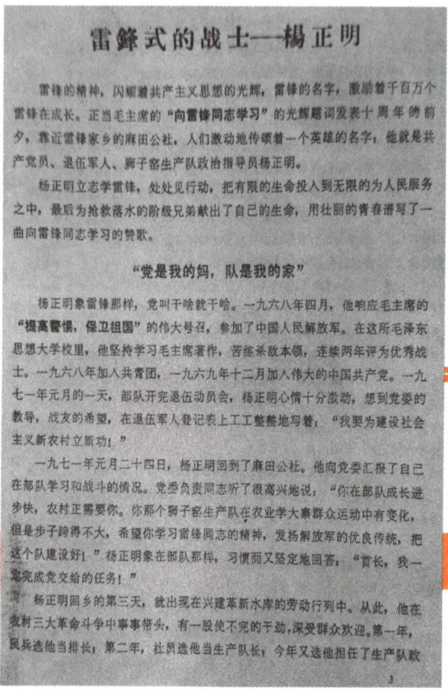

雷鋒式的战士——楊正明

雷锋的精神，闪耀着共产主义思想的光辉，雷锋的名字，激励着千百万个雷锋在成长。正当毛主席的“向雷锋同志学习”的光辉题词发表十周年的前夕，靠近雷锋家乡的麻田公社，人们激动地传颂着一个英雄的名字，他就是共产党员、退伍军人、狮子窑生产队政治指导员杨正明。

杨正明立志学雷锋，处处见行动，把有限的生命投入到无限的为人民服务之中，最后为抢救落水的阶级兄弟献出了自己的生命，用壮丽的青春谱写了一曲向雷锋同志学习的赞歌。

“党是我的妈，队是我的家”

杨正明象雷锋那样，党叫干啥就干啥。一九六八年四月，他响应毛主席的“提高警惕，保卫祖国”的伟大号召，参加了中国人民解放军。在这所毛泽东思想大学校里，他坚持学习毛主席著作，苦练杀敌本领，连续两年评为优秀战士。一九六八年加入共青团，一九六九年十二月加入伟大的中国共产党。一九七一年元月的一天，部队开完退伍动员会，杨正明心情十分激动，想到党委的教导，战友的希望，在退伍军人登记表上工工整整地写着：“我要为建设社会主义新农村立新功！”

一九七一年元月二十四日，杨正明回到了麻田公社。他向党委汇报了自己在部队学习和战斗的情况。党委负责同志听了很高兴地说：“你在部队成长进步快，农村正需要你。你那个狮子窑生产队在农业学大寨群众运动中有变化，但是步子跨得不大，希望你学习雷锋同志的精神，发扬解放军的优良传统，把这个队建设好！”杨正明象在部队那样，习惯而又坚定地回答：“首长，我一定完成党交给的任务！”

杨正明回乡的第三天，就出现在兴建革新水库的劳动行列中。从此，他在农村三大革命斗争中事事带头，有一股使不完的干劲，深受群众欢迎。第一年，民兵选他当排长；第二年，社员选他当生产队长；今年又选他担任了生产队政

3

1986

4月3日，中共望城县委、望城县政府作出《关于开展向谭荒芳学习活动的决定》，并授予她“建设社会主义精神文明积极分子”称号。谭荒芳身残志坚，以雷锋为榜样，高中毕业后在自己家里创办个人图书室，接待读者数万人次，为青少年讲故事逾百场，代街坊邻居写家信200余封，挽救当地失足青年11名

1987

3月底，望城县图书馆——雷锋图书馆建成并对外开放。图书馆位于城关镇（今高塘岭街道），建筑面积1570平方米

1988

4月，中共望城县委制定《望城县1988年精神文明建设工作要点》，在全县深入开展学雷锋、树新风和文明建设竞赛活动。是年，县委设立学雷锋基金会，奖励全县各条战线、各个岗位学雷锋的先进典型。图为县人民医院学雷锋小组上街服务

12月15日，中共望城县委、望城县政府发出关于《关于在全县广泛深入持久地开展学雷锋活动，加强社会主义精神文明建设的决定》

1989

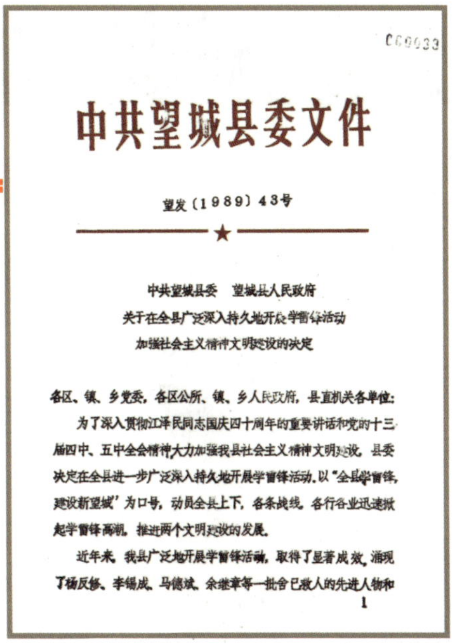
000033

中共望城县委文件

望发〔1989〕43号

★

中共望城县委　望城县人民政府
关于在全县广泛深入持久地开展学雷锋活动
加强社会主义精神文明建设的决定

各区、镇、乡党委，各区公所、镇、乡人民政府，县直机关各单位：

为了深入贯彻江泽民同志国庆四十周年的重要讲话和党的十三届四中、五中全会精神大力加强我县社会主义精神文明建设，县委决定在全县进一步广泛深入持久地开展学雷锋活动，以“全县学雷锋，建设新望城”为口号，动员全县上下，各条战线，各行各业迅速掀起学雷锋高潮，推进两个文明建设的发展。

近年来，我县广泛地开展学雷锋活动，取得了显著成效，涌现了杨反修、李锡成、马德斌、余继章等一批舍已救人的先进人物和

1

1990

3月，望城县雷锋体育中心建成，总建筑面积17540平方米，国家体委主任伍绍祖亲笔题写“望城县雷锋体育中心”牌匾。图为雷锋体育中心运动场

1月12日，共青团中央授予雷锋纪念馆“全国青少年教育基地”称号。图为江泽民总书记题写匾额

1995

7月16日，以雷锋名字冠名的雷锋电影院在望城县城关镇落成

1994

3月3日，按原貌修复的雷锋故居通过验收

1992

1991

10月13—15日，第三次全国少年儿童学雷锋研讨会在望城县举行，来自全国17个省市代表及特邀代表120余人出席会议。图为原望城县委书记张兴玉（左三）和著名作家陈广生（左四）、高玉宝（左二）座谈

10月10日，雷锋塑像落成，底座高3米，像高5米。象征3月5日为学雷锋纪念日

1990

1995

3月5日，雷锋纪念馆内建成“领袖名人学雷锋题词碑廊”

1995

11月24日，望城籍退伍战士梁宽与战友周伟、邹浪乘坐客车回家途中，在金华境内发生翻车事故。梁宽与战友奋不顾身，救出37名乘客。当梁宽再次爬进车厢救人时，客车发生爆炸，他严重受伤。他们的行动大大减少了车祸的伤亡人数，海军舟山基地给梁宽记一等功。图为梁宽学习照

1998

3月4日，中共长沙市委、长沙市政府、长沙警备区在雷锋纪念馆前坪举行纪念毛泽东主席“向雷锋同志学习”题词35周年暨雷锋纪念馆建馆30周年大会。会议表彰1997年度长沙市学雷锋“双十佳”和望城县首届学雷锋“双十优”

2000

12月16日，由中共湖南省委宣传部、共青团湖南省委共同举办的“湖南省把雷锋精神带入21世纪理论研讨会”在雷锋纪念馆召开

2000

12月18日，全省各界2500余人在雷锋纪念馆前坪集会，纪念雷锋同志诞辰60周年

3月4日， 由中共长沙市委宣传部、共青团长沙市委、中共望城县委联合主办，雷锋纪念馆承办的“学雷锋，当志愿者，做文明长沙人”大型活动在雷锋塑像广场举行，3500余名志愿者在雷锋塑像前宣誓

2005

2003

3月5日，武警望城县中队被武警湖南总队和中共湖南省委、省人民政府联合授予“学雷锋模范中队”称号并被命名为“雷锋中队”。图为武警中队战士义务照顾“五保”老人

12月26—28日，“全国军民第八次学雷锋经验交流会”在雷锋学校召开

2002

2002

12月，桥驿镇离休教师、全国关心下一代先进工作者舒民仆被中共望城县委、望城县政府授予“学雷锋先进个人”“优秀共产党员”等称号。图为舒民仆给青少年讲述雷锋的故事

3月，望城县花鼓戏剧团改组成“雷锋艺术团”，推出“雷锋之歌”文艺专场，在县内巡回演出。图为雷锋艺术团送戏下乡

2001

2006

3月5日，中共望城县委、望城县政府在雷锋纪念馆雷锋塑像前举办以“弘扬雷锋精神，构建和谐望城”为主题的万人同唱雷锋歌的大型歌咏活动，9个方阵2800人参加

2006

3月5日，湖南省消防武警部队在雷锋纪念馆举行“牵手岗位学雷锋活动”启动仪式

2007

3月5日，由湖南省文明办、省社科院、湖南日报社、省雷锋精神研究会与中共望城县委共同主办的“弘扬雷锋精神，构建和谐社会”座谈会在雷锋纪念馆举行

2007

3月5日，望城县“建设和谐望城‘八大重点工程、六大主体’活动”启动仪式暨全县领导干部“弘扬雷锋精神，构建和谐望城”签名活动在雷锋塑像广场举行

2007

8月28日，望城县在雷锋文化影视中心举行关爱留守儿童阳光行动启动仪式，近千名科级干部结对帮扶留守儿童

2010

12月，全国第五届雷锋专题收藏联展在雷锋纪念馆举行，展出35类近3000件藏品

2010

12月18日，望城在雷锋纪念馆举行纪念雷锋同志诞辰70周年大会，湖南省、长沙市、望城县领导及雷锋生前领导、同事、同学、亲属，省、市、全县学雷锋先进集体、优秀个人、青年志愿者代表及各界代表300人出席大会

2009

3月5日，湖南省、长沙市、望城县党政领导、学雷锋先进代表、志愿者代表及各界群众在雷锋纪念馆集会，举行系列活动，纪念毛泽东主席“向雷锋同志学习”题词发表46周年。数百名志愿者在“弘扬雷锋精神，勇当时代先锋”的横幅上签名

2008

3月3日，雷锋慈善事业基金会成立。基金会倡导“乐善好施，扶贫济困”的慈善美德，开展慈善安老、慈善功学、助医、助孤、助居、助困等各类慈善救助活动

2008

2月22日，湖南省、长沙市、望城县在雷锋馆举行纪念毛泽东主席等老一辈无产阶级革命家“向雷锋同志学习”题词发表45周年大会

2011

3月1日，驻望城部队在望城一中举行雷锋家乡学雷锋“大手牵小手”助学结对帮扶活动

2012

2月22日，中国载人航天工程总设计师周建平（左二）、中国人民解放军航天员大队大队长、英雄航天员费俊龙（左三）、中国载人航天工程副总设计师郑敏（左一）到望城参加“航天英雄雷锋家乡行”报告会活动

2012

2月29日，中共长沙市望城区委、望城区政府举行“雷锋之星”表彰、“五朵金花”报告会暨“这是我应该做的”文艺演出大型活动

2013

2月8日，长沙市望城区开通“雷锋580”24小时紧急救助热线

2014

10月1日，雷锋公园开园。公园总面积近66.67公顷，其中水面30公顷，园内有水秀、景观桥、2.4千米环湖游道和亲水平台等

2017

5月12日，中共中央总书记、国家主席、中央军委主席习近平，国务院总理李克强签署命令，授予长沙市望城区消防救援大队“学雷锋模范消防大队”称号。6月17日，中共长沙市望城区委、望城区政府印发文件《关于开展向全国学雷锋模范消防大队学习活动的决定》，号召全区向全国学雷锋模范消防大队学习

2016

3月18日，长沙市望城区举行首届“雷锋文学艺术奖”颁奖典礼，表彰近年来望城涌现的各类原创优秀文艺作品，评选出7个大类40件作品

2016

2月26日，长沙市望城区“雷锋580”民生紧急救助项目获评“最佳志愿服务项目”

2015

5月22日，长沙市望城区茶亭镇戴公桥村12岁的小学生周美玲奋不顾身勇救车轮下的小男孩周周，自己却因躲避不及被货车碾轧，左腿严重受损。10月13日，在第五届全国道德模范授奖仪式上，周美玲当选见义勇为模范

2015

3月3日，2015雷锋精神论坛暨长沙学雷锋工作表彰会在望城举行，为长沙学雷锋“八创八评”先进集体和先进个人颁奖，并赠送《百篇故事讲中国好人》系列丛书

2018

1月9日，望城"雷锋窝子"现象座谈会暨《雷锋》杂志望城专刊首发式在北京湖南大厦举行

2018

3月1日，雷锋生平事迹陈列馆（新馆）对外开放。新馆陈展面积由原来的1072平方米扩至3881平方米，分"平凡的人生""伟大的精神""永远的榜样"3个部分进行展示，展出文物实物340件、照片299张、雷锋日记诗文61篇，以及各类绘画作品55幅、音视频资料32套

2018

3月16日，长沙市"新时代身边雷锋"先进事迹首场报告会在望城举行，为王湘莲、余纯等25名"长沙好人·身边雷锋"颁奖

2019

3月1日，长沙市望城区公安消防大队联合辽宁抚顺雷锋团举办"松枝绿·火焰蓝　雷锋故里话传承"主题班会活动

2019

5月6日，"雷锋号"青年志愿服务项目发布暨新时代"雷锋式"好青年群英会专场活动在雷锋大剧院举行

2月10日，长沙市望城区雷锋号青少年关爱家园获评“全国最佳志愿服务项目”。项目在周末和寒暑假为青少年提供红色文化、兴趣培养、心灵陪伴等关爱服务，持续运作8年，在全区建成22个站点，有志愿者1300余人，服务青少年2.8万余人次，服务时间累计超过3.91万小时

2021

2021

3月5日，雷锋工作和生活过的望城区乌山街道团山湖村被授予“全国学雷锋教育基地”称号

12月18日，湖南首个学雷锋干部教育品牌——湖南雷锋学院在望城揭牌

2021

2020

2月4日，中央文明办发布2020年12月“中国好人榜”，望城老兵徐正祥当选诚实守信类“中国好人”

2022

7月，长沙市望城区在7个村（社区）开展“雷锋文明存折”积分管理试点工作。通过“雷锋文明存折”“村民档案”“积分兑换商品”等形式给予相应的精神鼓励和物质奖励

2022

5月11日，由中央宣传部、中央文明办等部门和单位共同组织开展的2021年度全国学雷锋志愿服务“四个100”先进典型名单出炉。湖南雷锋纪念馆正兴学雷锋志愿服务中心入选最佳志愿服务组织

2022

8月15日，“雷锋精神与中国共产党人精神谱系”研讨会暨雷锋系列新书首发仪式活动在湖南雷锋纪念馆举行

2022

9月25日，长沙市望城区“雷小锋”德育品牌发布暨首届“雷小锋”超级运动会火种采集仪式在湖南雷锋纪念馆举行。望城区每位中小学生都被授予一个永久且唯一的“雷小锋”编号

2022

12月13日，长沙市望城区“雷锋杯”学雷锋志愿服务大赛决赛举行。大赛于6月启动，有62组志愿服务项目及志愿服务组织参赛

（区档案馆 供图）

2013-2023
新时代十年
望城经济社会发展成就

中共十八大以来的十年，是党和国家事业取得历史性成就、发生历史性变革的十年，也是雷锋家乡望城区广大干部群众，牢记嘱托、锐意进取，推动区域经济社会实现最快发展的十年。

这十年，跨越发展是真实写照。自撤县设区后，望城区域格局呈现全新气象，综合实力实现新跃升。2013—2022 年，地区生产总值年均增速 9.9%，财政总收入、税收收入相继逾百亿元大关，经济总量超过 1000 亿元。连续 4 年入选全国工业百强区，综合实力、投资潜力稳居全国市辖区百强，先后被评为中国领军智慧城区、中国最宜置业百佳县市、国家生态文明建设示范区、国家全域旅游示范区等。

十年风雨兼程，成绩令人鼓舞；十年砥砺前行，不忘为民初心。一路走来，望城区在转型中升级、在挑战中奋进、在发展中蝶变，绘就一幅高质量发展的精彩画卷。

基层党建先锋队

——打造“书记工程”“闪亮工程”等党建品牌，夯实基层战斗堡垒

2013—2022 年，望城区将基层党建“书记工程”作为落实“党建聚合力”的重要品牌，持续开展“狮子型”“黄牛型”干部评选，培养大批雷锋式干部。以党建为引领，靖港镇福塘村发展皇菊产业助力乡村振兴，月亮岛街道以“红色物业”优化基层治理，桥驿镇通过发展“红色”“绿色”“古色”旅游强村富民，乔口镇以“红心向党、新荷创业”打造荷花虾产业链，推动望城基层党建高质量发展。

2020 年 9 月 2 日，望城区“狮子型”干部和“黄牛型”干部表彰会议在雷锋大剧院召开（区融媒体中心 供图）

2021 年 6 月，桥驿镇周之翰烈士故居修缮完成，形成新的红色旅游点（区融媒体中心 供图）

2021 年 7 月，月亮岛街道天鹅塘社区“红色物业”开展义剪活动，为 100 余名老人和孩子免费理发（区融媒体中心 供图）

2022 年 3 月，乔口镇荷花虾产业党支部成立 （乔口镇 供图）

2022 年 6 月 30 日，高塘岭街道望府路社区正荣财富中心站快递外卖小哥“红色之家”揭牌启用 （区委组织部 供图）

2022 年 11 月，靖港镇福塘村党支部组织党员在富硒皇菊种植基地采摘皇菊 （区融媒体中心 供图）

湘江两岸新格局

——全面拓展城市格局，“一江两岸”开发建设驶入快车道

2013—2022 年，望城区坚持高起点规划、高标准建设、高水平管理，推进基础设施建设，构建区域综合交通网络，着力将“一江两岸”打造成“山水洲城新样板、湘江两岸新客厅、望城核心增长极”，带动望城经济社会高质量发展。

2014 年 12 月，航电枢纽大桥通车，将望城两岸的过江时间由 90 分钟缩短至 20 分钟（区融媒体中心 供图）

2016 年 12 月 21 日，提质拓改的长沙芙蓉大道望城段建成通车，大幅拉近望城与主城区的距离（区融媒体中心 供图）

2018 年 8 月 21 日，长沙铜官港开港运行，湘江增加重要物流枢纽港口（区融媒体中心 供图）

2018 年 8 月 29 日，铜官窑古镇建成对外开放，成为长沙文旅新地标（区融媒体中心 供图）

2018年9月29日，岳望高速建成通车，湖南省唯一的六车道南北高速通道京港澳复线贯通 （区融媒体中心 供图）

2019年5月26日，长沙地铁4号线开通，望城进入“地铁时代” （区融媒体中心 供图）

2021年3月9日，香炉洲大桥启动建设。2022年8月，主墩封顶 （区融媒体中心 供图）

2022年9月12日，位于大泽湖街道的欧美同学会海归小镇（长沙·智能制造）揭牌 （区融媒体中心 供图）

智能终端排头兵

——以智能终端为引领的六大产业链加速发展，“1个千亿级+N个500亿级”产业集群崛起

2013—2022年，望城区坚持发展先进制造业，培育智能终端、新材料等六大重点产业链，汇聚起385家规模以上工业企业。吸引比亚迪、大华股份、德赛电池、永杉锂业等龙头企业落户，成为长沙“三智一芯”产业布局的重要承载地。澳优、旺旺、中粮可口可乐等绿色食品产业效益不断提高，华纳大药厂、吴赣药业等生物医药产业龙头相继投产，晟通集团、中航起落架等带动辐射能力增强，湘江涂料、金驰能源等新材料先进制造企业规模不断壮大，“1个千亿级+N个500亿级”产业集群崛起。

2016年11月5日，中信戴卡南方智能制造产业园项目在经开区启动建设。2017年9月，产品下线

（望城经开区 供图）

2019年7月25日，华为长沙DevCloud创新中心在经开区揭牌。9月，华为手机在智能终端产业园实现批量生产

（望城经开区 供图）

2020年12月12日，吴赣药业项目在经开区铜官工业园投产，打造全球最大的磺胺类原料药生产基地

（区融媒体中心 供图）

2021年9月9日，澳优乳业全球总部大楼启用
（望城经开区 供图）

2022年6月29日，湖南首个锂盐项目永杉锂业一期产线全线贯通投产，300吨电池级碳酸锂下线 （望城经开区 供图）

2022年8月15日，大华智慧物联终端制造基地实现量产，设计年产2000万台网络摄像机 （望城经开区 供图）

乡村振兴新标杆

——智慧农业、现代都市农业蓬勃发展，美丽宜居村庄释放乡村振兴活力

2013—2022 年，望城区通过科技赋能农业发展，谋划乡村协作振兴战略布局，启动 1021 个美丽宜居村庄建设，打造茶亭镇九峰山村、乌山街道团山湖村、桥驿镇杨桥村等乡村旅游新亮点。十年来，8 个贫困村全部摘帽，率先全市实现所有农村村（社区）集体经济收入超 20 万元，农民人均可支配收入连续 8 年居全省第一位。

2013—2022 年，茶亭镇持续开展“茶亭花海”计划，带动农旅产业发展
（茶亭镇 供图）

2017 年，桥驿镇杨桥村启动开发滑翔伞体育休闲项目
（区融媒体中心 供图）

2021 年 2 月，文和友望城荷花虾生态屯养基地在乔口镇建立
（区融媒体中心 供图）

2021 年，乌山街道团山湖村启动“团山湖雷锋精神教育实践基地”建设　（乌山街道团山湖村 供图）

2021 年 8 月 5 日，位于高塘岭街道的全国首个双季稻种植“无人农场”，远程控制农场机械完成智能耕种管收
（区融媒体中心 供图）

2022 年 2 月 17 日，长沙最大集中育秧工厂——望城区创联农机专业合作社联合社智能育秧工厂建成育秧
（区融媒体中心 供图）

文旅融合示范区

——建成国家全域旅游示范区、成为全国休闲农业与乡村旅游示范区，长沙首届旅游发展大会承办地

2013—2022年，望城坚持文旅融合，打造文旅融合新业态，升级文旅消费新场景，以铜官古镇片区为龙头，加快构建“一窑一群一带一阵地、两湖三山四片区”的文旅发展布局。创建成国家全域旅游示范区、全国休闲农业与乡村旅游示范区，成为2022年首届长沙市旅游发展大会承办地。

2013—2016年，千龙湖生态旅游度假区连续3届承办世界休闲农业与乡村旅游城市（城区）联盟峰会 （区融媒体中心 供图）

2014年10月22日，集陶瓷文化、三国文化、红色文化、工业文化于一体的铜官古镇开街 （区融媒体中心 供图）

2016年6月，位于桥驿镇的黑麋峰国家森林公园升级为国家AAAA级旅游景区 （区融媒体中心 供图）

2021年9月28日，书堂山欧阳询文化园开放“花开书堂山·光影诗书画”沉浸式夜游项目
（区融媒体中心 供图）

2021年12月，为纪念郭亮诞辰120周年，郭亮纪念园提质改造 （区融媒体中心 供图）

2022年11月23日，“青春长沙，风光在望”首届长沙市旅游发展大会文化旅游推介会在望城区铜官窑古镇开幕，呈现多媒体数字烟花秀 （区融媒体中心 供图）

文明宜居幸福城

——新增财力 80% 用于民生支出，获评中国领军智慧城区、中国最宜置业百佳县市

2013—2022 年，望城区坚持创新民生服务方式，以雷锋精神兴区育人，打造全国首个采用全鲲鹏架构的区县级智慧城市项目，探索推行“热线 + 网格、吹哨 + 报到”基层治理模式，有效解决民生问题。截至 2022 年 12 月，常住人口增长 37.23 万人，注册志愿者达常住人口的 22%，成为长沙经济发展最快、人口增长最强劲的城区。

2020 年 6 月，智慧望城鲲鹏云平台上线运行　（区融媒体中心 供图）

2020 年 12 月 3 日，望城区青年志愿者协会成立　（区融媒体中心 供图）

2021 年 8 月 18 日，望城认证发布首批“五星级雷锋志愿者”　（区融媒体中心 供图）

2021年10月，望城区融合“12345”政务热线、网格化管理、“吹哨报到”，探索推行“热线＋网格、吹哨＋报到”的“雷锋式”基层治理模式 （区融媒体中心 供图）

2021年12月1日，望城“无证城市”平台上线试运行，成为全省首个以区级政府为建设主体的“无证城市”项目 （区融媒体中心 供图）

2020—2022年，望城区连续3年获评“中国领军智慧城区”奖 （区融媒体中心 供图）

总 目

目 录

特 载

专 文

大事记

区情概览

中国共产党长沙市望城区委员会

长沙市望城区人民代表大会

长沙市望城区人民政府

中国人民政治协商会议长沙市望城区委员会

中国共产党长沙市望城区纪律检查委员会 长沙市望城区监察委员会

民主党派与工商联

人民团体

法 治

军　事

经济管理

工　业

建筑业　房地产业

商贸服务业

金融业

旅游业

经济园区建设

交　通

城市建设与管理

乡村振兴

生态环境保护

科学技术

教　育

文　化

体　育

社会生活

应急管理

人物　荣誉

街道　乡镇

统计资料

附　录

索　引

Contents

Feature

Special Articles

Chronicle of Major Events

Overview of District Conditions

Changsha Wangcheng District Committee of the Communist Party of China

Changsha Wangcheng District People's Congress

Changsha Wangcheng District People's Government

Changsha Wangcheng District Committee of The Chinese People's Political Consultative Conference

CPC Changsha Wangcheng District Discipline Inspection Committee and Changsha Wangcheng District Supervision Committee

Democratic Parties and Federation of Industry and Commerce

People's Organizations

Rule of Law

Military Affairs

Economic Management

Agriculture

Industry

Construction and Real Estate

Commercial Service Industry

Finance

Tourism

Construction of Economic Parks

Transportation

Urban Construction and Management

Rural Revitalization

Ecological Environmental Protection

Science and Technology

Education

Culture

Hygiene and Health

Sports

Social Life

Emergency Management

Personage and Honors

Sub-district and Towns

Statistical Information

Appendix

Key Words Index

特　载

FEATURE

编辑　张理希

区委常委会工作报告（节选）

中共长沙市望城区委书记　秦国良

2022 年 12 月 26 日

2022 年以来，在党中央和省委、市委坚强领导下，区委常委会始终坚持以习近平新时代中国特色社会主义思想为指导，认真学习贯彻中共二十大精神，持续深入贯彻习近平总书记对湖南重要讲话重要指示批示精神，全面落实“三高四新”战略定位和使命任务，奋力实施强省会战略，聚焦“四个定位”，紧扣“三个望城”，坚持稳字当头、稳中求进，加快推进高质量发展和现代化建设，全区各项事业取得新进展新成果。

面对严峻复杂的宏观形势和一系列超预期因素冲击，区委常委会坚持旗帜鲜明讲政治、履职尽责敢担当、聚精会神谋发展、统筹兼顾守底线，总揽全局、协调各方，团结带领全区上下共克时艰、砥砺前行，创新实干、赶超跨越，坚定不移办好望城自己的事。

——我们紧紧围绕迎接中共二十大召开和学习宣传贯彻中共二十大精神这条工作主线，进一步把牢了政治方向。大力开展“奋进新征程、建功新时代”“非凡十年”等主题宣传，全面推进“聚力强省会、奋进新征程、喜迎二十大”五大专项行动等主题活动，为大会胜利召开营造良好氛围。中共二十大闭幕后，第一时间开展区委理论学习中心组专题学习，迅速下发学习宣传贯彻通知，召开全区负责干部大会、区委常委会会议传达学习，精心举办专题研讨会和集中轮训，区领导带头开展宣传宣讲，持续掀起学习宣传贯彻热潮。

——我们紧紧围绕把习近平总书记为湖南擘画的蓝图变为实景这项重要责任，进一步厚植了发展优势。聚焦落实“三高四新”战略定位和使命任务、实施强省会战略，深入推进打造“三个高地”三年行动计划，制定出台《关于贯彻落实强省会战略的行动方案》，铺排实施重点项目 561 个，引进亿元以上项目 33 个，全区经济发展实现量质齐升，望城经开区迎来机构升格，望城首次跻身全国市辖区高质量发展 50 强，获湖南省可持续发展实验区综合评价第二名。同时，积极配合湖南湘江新区管理体制调整优化工作，随着“白黄金”片区托管湘江新区、望城管理体制机制调整优化落地，望城在省市发展大局中将担当更大责任、发挥更大作用。

——我们紧紧围绕走出“4·29”事故阴霾这个重大考验，进一步筑牢了安全防线。深刻汲取“4·29”事故的惨痛教训，痛定思痛、知耻后勇，认真学习贯彻习近平总书记关于安全生产的重要论述和系列重要指示批示精神，全面落实“疫情要防住、经济要稳住、发展要安全”的重要要求，全力以赴做好“4·29”事故应急救援和善后处置工作，深入开展自建房安全整治、安全生产大检查、信访积案化解三个“百日攻坚”专项行动，坚决打好疫情防控歼灭战、阻击战，有效应对和防范森林火灾风险，切实确保了政治安全、社会安定、人民安宁。

——我们紧紧围绕全力争先创优这个鲜明导向，进一步彰显了担当作为。坚持“房子垮了，精神不能垮、干劲不能松、干事不能停”，深入开展“强省会、勇担当、走前列”作风建设年活动，组织评选新时代“五好”班子、“五好”干部，推动全区各级各部门践行“五有四力”要求，持续锻造“闯创干”的精气神、硬作风和真本领，用实干实绩实效赢得各级领导和广大群众的信任，有力彰显了望城干部队伍的良好形象。自建房安全整治啃下了硬骨头，多次接受国家、省、市各级督导检查，获得各方高度肯定。171 个市重大项目预计投资完成率 140%，充分彰显了项目建设的“望城速度”。多项主要经济指标保持全市前列，就业服务工作在国务院第九次大督查中获得表扬，盘活国有资产资源经验做法获得省政府 2022 年综合大督查通报表扬。区消防救援大队雷锋班被应急管理部授予集体一等功，区公安分局获评“全国优秀公安局”，区人武部被中央军委国防动员部授予集体三等功。区人大常委会、区政协在全区中心工作中多次闻令而动、向险而行，不分一线二线，敢于担责尽责，为全区干部队伍作出了表率。

——我们紧紧围绕推进自我革命这个永恒课题，进一步净化了政治生态。深入落实新时代党的建设总要求，扎实做好省委上轮巡视、市委涉粮专项巡察“后半篇文章”，积极配合新一轮省委巡视、市委政治建设考察，深入实施“党建聚合力”工程、基层党建“书记工程”、党员“闪亮工程”，严密组织体系，严明纪律规矩，纵深推进清廉望城建设，扎实推动各类监督贯通融合，以钉钉子精神纠治“四风”，党内政治生态持续净化优化，为现代化新望城建设提供了坚强政治保障。

今年以来，主要抓了以下工作：

一、学思践悟习近平新时代中国特色社会主义思想，“两个维护”成为自觉行动

区委常委会坚持把习近平新时代中国特色社会主义思想作为武装头脑的强大思想武器、指导实践的科学行动指南，在全面学习、全面宣传、全面贯彻上持续用力，切实把真理伟力转化为勇毅前行的不竭动力。

*注重以上率下学懂学深，切实做到入脑入心。*区委常委会发挥领学促学作用，今年召开常委会会议35次，“第一议题”传达学习习近平总书记最新重要论述成为常态。围绕中共二十大精神、《习近平谈治国理政》第四卷和习近平经济思想、习近平生态文明思想等，开展区委理论学习中心组集体学习11次，举办“雷锋大讲堂”7期。深化拓展“1+3+6”党员教育体系，调训干部900人次，引导各级党员干部进一步筑牢思想理论根基。

*注重深入基层宣传宣讲，切实做到走深走实。*组建区委宣讲团，开设媒体专版专栏，推出“就认这个理·声声在望”十大主题宣讲活动，区领导带头进企事业单位、进城乡社区、进校园开展集中宣传和微宣讲，全区共举办理论宣讲报告会、微宣讲400余场，推动党的创新理论成果传遍望城大地、温润千家万户。

*注重立足实际贯彻落实，切实做到笃信笃行。*坚持把习近平新时代中国特色社会主义思想与中共二十大精神、习近平总书记对湖南重要讲话重要指示批示精神紧密结合、一体贯彻。起草提交今天区委全会审议的《中共长沙市望城区委关于深入学习宣传贯彻中共二十大精神为全面建设社会主义现代化新望城而团结奋斗的决定》，将其转化为望城具体的发展思路、目标要求和任务举措，对标对表、狠抓落实。

二、坚持以推动高质量发展为主题，发展质效持续巩固提升

区委常委会坚持完整、准确、全面贯彻新发展理念，积极融入新发展格局，全力稳住经济大盘，推动经济运行稳中有进、稳中提质、稳中向好。预计全年地区生产总值增长5%，规模以上工业增加值增长8%，固定资产投资增长8%，社会消费品零售总额增长5%，地方一般公共预算收入增长8%。

*加快壮大现代产业引擎。*坚持把发展经济的着力点放在实体经济上，聚力推动先进制造业高质量发展，新引进德赛储能、航天三丰等三类500强项目9个，金凯循环、大陆希望等过50亿元项目4个，5G智能终端产业园全面竣工、半年入驻率达53%，长沙医疗器械产业园开园，金驰能源产值突破百亿元，泰嘉新材获评全国制造业单项冠军示范企业、省长质量奖提名奖，新型合金材料产业集群入选全省先进制造业集群，主特产业完成规模工业产值800亿元、增长11.5%，望城经开区获评国家火炬有色金属精深加工特色产业基地、特色产业集聚发展典范园区等。深入推进“两化”“两业”融合，建优产业生态，形成产业互促发展格局，商贸物流、高技术服务、金融、总部经济等现代服务业不断培育壮大，军信股份成为今年全省首家A股上市企业。

*加快强化科技创新支撑。*坚持把创新作为引领发展的第一动力，大力实施科技创新“五大行动”，承办中国科协年会活动，新增高新技术企业127家，入库科技型中小企业423家，新增省级科技创新创业平台8个，突破“卡脖子”关键技术20余项。深入落实长沙市人才政策“升级版45条”，按照“长沙最好，中部最优”的目标要求，制定出台“骨干人才10条”“海创园36条”等人才政策，新引进产业攻坚博士10名、农业科技特派员67名，获评省级“小荷”人才2名、市级“小荷”人才2名，欧美同学会海归小镇（长沙·智能制造）率先全国正式运营、揭牌。

*加快激发改革开放活力。*铺排改革任务50项次，“放管服”、智慧城市建设等改革纵深推进，工程建设项目审批制度改革获省委改革委评估组好评，连续三年获评“中国领军智慧城区”；望城经开区开展相对集中行政许可权改革试点，真正实现“一枚印章管审批”和企业办事不出园；城发集团、经开集团获评AA+主体信用评级，产投集团混合所有制改革纵深推进，国企改革工作入选全市典型案例。大力发展金融超市，促成信贷690笔，授信金额12亿元，有效破解中小微企业融资难题，全区贷款、存款增速均居全市前列。出台纾困增效“新六条”、促进楼宇经济发展“望十条”等一揽子政策，开展“强省会·新消费”系列促消费活动，加大送政策、解难题、优服务力度，1—11月市场主体比2021年增长15%。大力构建公铁水联运的现代综合交通体系，主动融入“一带一路”建设和中部崛起、长江经济带、长株潭一体化等国省战略，铜官港二期建成投运，常益长高铁即将全线开通运营。积极对接湖南自贸区长沙片区，出台支持开放型经济发展奖励办法，建成全省首个进口肉类查验场——红星北盛，全年完成进出口总额131.3亿元、增长15%。

三、统筹城乡融合发展，城市品质不断焕新升级

区委常委会紧扣望城作为省会年轻城区、农业农村大区的区情实际，科学统筹城乡发展，城市能级和品质进一步提升。

*大力推动城区扩容提质。*坚持省会主城区定位，对标国家中心城市标准，认真落实“四精五有”要求，加快健全城市规划体系，努力担当长沙向西向北发展的主力军。依托35千米湘江黄金岸线和“山水洲城田垸”要素，统筹推进“一江两岸”片区开发建设，香炉洲大桥、银星路过江通道、大泽湖近自然湿地公园、湘江学校等标志性项目顺利推进。突出交通路网建设，地铁4号线北延线启动勘察，潇湘路北延、长润路等一批道路建成通车，城市发展的“大动脉”和“微循环”更加通畅。制定实施提升城市建设品质若干举措，深入推进“百街千巷”环境综合整治，扎实开展全国文明典范城市创建，城市面貌更加精致精美。

*纵深推进乡村全面振兴。*严格落实“四个不摘”要求，持续巩固脱贫攻坚成果，申报省级巩固拓展脱贫攻坚成果示范园区。大力发展现代都市农业，蔬菜、小龙虾“一县一特”产业不断壮大，刘少军院士工作室、邹学校院士创新团队绿地工作室相继落户。制定《发展壮大村级集体经济三年行动计划（2022—2024）》，加强农企利益联结，增强村级造血功能，年收入50万元以上的村（社区）达70个。落实最严格的耕地保护制度，建立区、镇、村“三级+”田长制体系，柏连阳院士领衔的“镉低积累水稻新品种”喜获成功，春耕备播、夏粮收购等工作获央视《新闻联播》推介。深入实施乡村建设三年行动计划，统筹打好“五治”组合拳，高标准完成104个美丽宜居村庄建设，提质扩面8大美丽宜居村庄集群，新改建农村公路120千米，获评全省实施乡村振兴战略先进区，并作为全省乡村振兴培训班现场教学点。

四、全面加强民主法治建设，政治局面更加安定团结

区委常委会坚持党的领导、人民当家作主、依法治区有机统一，注重激发各领域、各战线创新实干热情，心齐、气顺、风正、劲足的良好局面持续巩固。

*全力支持人大依法履职。*深入学习贯彻中央人大工作会议精神，健全党委领导人大工作制度，不断提高人大工作的质量和水平。定期组织“一府两院”向代表通报工作，支持人大聚焦产业发展、项目建设、优化营商环境、安全生产等领域，实施正确监督、有效监督、依法监督，保障人民的知情权、参与权、表达权、监督权通过代表履职得到全面落实。有效发挥基层立法联系点民意“直通车”作用，在省市相关会议上作经验交流。

*加强人民政协协商民主建设。*深入学习贯彻习近平总书记关于加强和改进人民政协工作的重要思想，推动协商民主广泛、多层、制度化发展。大力支持政协履行职能、开展工作，积极推进专门协商机构建设，高标准建立29个委员工作室，围绕经济社会发展收集意见建议200余条、提出重点提案5个，对年度铺排的社会投资项目开展民主评议，精心打造“望事好商量”协商品牌，政协依法履职和服务大局成效明显。

*巩固和发展爱国统一战线。*认真贯彻中央、省、市统战工作会议精神，深入推进“书记抓统战”，不断完善大统战工作格局。加强同各民主党派和无党派人士的合作共事，积极做好对台工作、侨务工作，成立致公党望城区总支部。严格落实党的宗教工作方针，制定出台《宗教团体年度考核试行办法》，全面抓好民族宗教领域的管理服务工作。健全区委常委与党外代表人士联谊交友制度，建立区级领导干部联系民营企业和商协会工作制度，组织引导各民主党派、社会团体和各界人士，积极参与海归小镇建设等中心工作，持续擦亮“同心在望”品牌。

*建设更高水平的法治望城。*深入学习贯彻习近平法治思想，切实加强党对法治建设的领导，出台“十四五”法治望城建设规划，完善全面依法治区框架体系。深入推进法治政府建设，坚持用法治思维、法治方式推动工作，全区党政机关实现法律顾问全覆盖，确保了“4·29”事故处置、疫情防控等重点工作依法有序推进。全面落实行政执法“三项制度”，大力推行“双随机、一公开”监管，确保执法公开公正透明。出台“八五”普法规划，深化公共法律服务，推动全民尊法学法守法用法，谭家园村有望获评全国“民主法治示范村（社区）”。

五、推进宣传思想工作守正创新，先进文化凝聚前行力量

区委常委会始终把牢正确导向，坚持守正创新，围绕举旗帜、聚民心、育新人、兴文化、展形象，不断唱响主旋律、凝聚正能量、提振精气神。

*全面落实意识形态工作责任制。*区委常委会会议专题研究意识形态工作2次，召开全区意识形态工作风险分析研判相关会议4次，下发《关于进一步加强意识形态工作的通知》等文件，对全区45个重点部门和街镇开展意识形态工作督查，牢牢把握意识形态工作主动权。建立网络综合治理体系，全力管好新闻出版、电影剧院、娱乐演艺等宣传文化阵地，稳妥审慎应对敏感舆情，比亚迪员工行凶案件、“4·29”居民自建房倒塌事故舆论引导工作获中宣部新闻局书面肯定。

*不断强化正面宣传。*把握正确导向，坚持团结稳定鼓劲、正面宣传为主，围绕迎接中共二十大召开和学习宣传贯彻中共二十大精神、实施强省会战略、“一江两岸”片区开发等，精心组织主题宣传、形势宣传、成就宣传、典型宣传，营造奋进新时代的浓厚氛围。全年在各级主流媒体推出报道1.6万余条，《人民日报》、央视、新华社报道望城100余次，区融媒体中心跻身全国优秀区域融媒综合创新力前十榜单，有效传播望城声音、展示望城形象。

*深入开展文明创建。*围绕“两个60周年”，大力宣传、研究、践行雷锋精神，加快推进专题展陈工作，开通“雷锋·强军号”公交专线，持续擦亮“雷锋家乡学雷锋”活动品牌。扎实推动新时代文明实践中心提档升级，不断深化“志愿者之城”建设，举办“雷锋杯”学雷锋志愿服务大赛，正兴学雷锋志愿服务中心获评全国最佳志愿服务项目，刘春香获评中国好人，全区注册志愿者比例全省领先。

持续推动文化繁荣发展。完善公共文化服务体系，高标准建成11个市级标准化村（社区）综合文化服务中心、2个公共服务文旅融合示范点，“春联百姓 福到万家”文化惠民系列活动获中国书法家协会表彰推介。精心开展文艺创作，《大战“疫”》获省“五个一工程”特别奖，本土电视剧《书堂少年》在湖南卫视播出。出台《促进文旅高质量发展奖励扶持办法》，签约引进华侨城欢乐谷、亚捷航空等文旅项目，启动建设靖港古镇2.0版，举办首届长沙市旅游发展大会、海丝申遗城市联盟智库长沙论坛等系列活动，全省文旅融合发展专题研讨班走进望城开展考察学习，全年实现旅游综合收入129亿元，比2021年增长20%。

六、顺应人民美好生活期待，共同富裕迈出坚实步伐

区委常委会坚持以人民为中心的发展思想，把为民造福作为立党为公、执政为民的本质要求，采取更多惠民生、暖民心举措，不断增强人民群众的获得感、幸福感、安全感，省、市重点民生实事项目全面完成，民生支出占一般公共预算支出比重达75%以上。

着力健全社会保障体系。强化就业优先政策，城镇登记失业率控制在3.5%以内，零就业家庭保持动态清零，就业指导员工作经验获全省推介，预计居民人均可支配收入增长5.6%。深入实施全民参保计划，织密社会保障安全网，城乡居民养老保险基础养老金实现“19连调”。率先全市创新“公建国营”养老服务模式，区养老和社会福利中心投入运营，“15分钟社区居家养老服务生活圈”基本形成，获民政部推介。组织实施38个老旧小区提质改造，扎实推进20个既有小区品质提升，制定《促进望城区房地产市场平稳健康发展的若干措施》，实行“一楼一策”推进“保交楼”工作。

着力提升基本公共服务。坚持教育优先发展，新建中小学6个，新增中小学学位1.2万个、公办幼儿园学位1万个，湖南第一师范学院湘江学校、大同银星小学加入合作办学序列，“雷小锋”项目获评全市德育优秀案例第1名，区职业中专入选湖南省楚怡优质中职学校。加快健康望城建设，积极创建国家卫生城市和全国基层中医药示范区，区人民医院整体搬迁项目主体结构封顶，市四医院滨水新城院区正式运营，填补了望城区没有三甲医院的空白。落实优化生育政策，促进人口长期均衡发展。

着力守护生态宜居环境。整合环委办、蓝天办、突改办职能，建立健全生态环保工作长效机制。扎实推进生态环保督察问题整改，持续深入打好蓝天、碧水、净土保卫战，积极贯彻碳达峰碳中和理念，实现空气优良率85%，地表水国省控断面及饮用水水源地水质达标率100%，土壤污染风险有效管控，林长制、田长制工作获《湖南日报》专版报道。

七、科学统筹发展和安全，社会大局保持和谐稳定

区委常委会坚持全面贯彻总体国家安全观，把安全作为发展的前提，扎实抓好“两个统筹”，努力实现高质量发展和高水平安全的良性互动。

切实抓好安全生产。严格落实国务院安委会“十五条硬措施”，“4·29”事故后制定出台六条断然措施，压紧压实安全生产责任。以前所未有的决心和力度，坚决打好自建房安全整治百日攻坚战，累计拆危拆违2016处，修缮改造5710栋，自建房审批管理做法被省自然资源厅下发全系统学习。紧盯特种设备、烟花爆竹、危化工矿、城镇燃气、建筑工地、交通运输、仓储物流等重点行业领域，狠抓安全隐患大排查大整治，安全生产形势持续向好。深化应急管理体制改革，完成长沙应急救援（湖南危险化学品应急救援）基地建设，形成防汛抗旱应急指挥调度“一部一局三办”的一盘棋格局，有力应对历史罕见的高温干旱。

切实抓好社会治理。持续深化平安创建、扫黑除恶、打击传销、反电诈、禁毒、未成年人保护等工作，各类发案率显著下降。扎实做好信访工作，在中共二十大、全国两会等重要时期确保了“五个不发生”，实现“三零”工作目标。健全完善党建引领“雷锋哨”治理模式，持续推动“五零”街镇、村（社区）创建，获评全国“12345”便民热线大会“服务精进典范”。进一步完善防范和处置非法集资工作机制，扎实开展涉众型非法经营风险排查，着力防范处置化解重大风险。顺利通过省级食品安全示范区创建验收。

八、坚定不移全面从严治党，党的建设呈现崭新气象

区委常委会牢记“两个永远在路上”的要求，强化管党治党政治责任，深入推进新时代党的建设新的伟大工程，以高质量党建引领高质量发展。

突出抓好政治建设。坚持把政治建设摆在首位，将政治标准和政治要求贯穿始终，严肃党内政治生活，引导党员干部自觉从政治上分析问题、解决问题、推动工作，不断提高“政治三力”，以实际行动忠诚拥护“两个确立”、坚决做到“两个维护”。深入开展换届后班子政治建设、运行情况考察，全面完成对全区84个区管领导班子和566名区管领导班子成员的考察。严明政治纪律和政治规矩，自觉接受巡视监督、狠抓巡视整改，对党中央的重大决策部署，对总书记反复强调的事，从严从实、一抓到底，查处违反政治纪律案件3起、给予党纪政务处分3人。

狠抓干部队伍建设。树立鲜明的选人用人导向，坚持新时代好干部标准，让优秀者优先、有为者有位、吃苦者吃香。建立健全年轻干部选配使用机制，加大年轻干部培养使用力度，今年来调整干部8批次、182人次，其中提拔重用“85后”年轻干部40人。制定《望城区新时代基层干部主题培训实施方案》，精心举办年轻干部“四炼营”、村（社区）“两委”“雏鹰计划”等培训班，望城区委党校获评全省党员教育培训示范基地。严格抓好干部监督管理，扎实开展随机抽查和专项检查。

持续强化基层基础。坚持大抓基层的鲜明导向，以“党建聚合力”工程为统揽，区委常委会成员带头联系党支部，基层党组织战斗堡垒作用进一步增强。深化区域化党建、小

区党建，推动机关、卫健、教育、国资等行业系统党建融入城市基层党建大格局，实现优势资源有效整合。投入 3000 万元提质党群服务阵地，推动村（社区）下设党支部规范化运行。提升“两新”组织“两个覆盖”质量，覆盖率分别达 100%、81.2%（含望城经开区）。在疫情防控、防汛抗旱、自建房安全整治等重大任务中发出“动员令”“倡议书”，全区 1905 个基层党组织、3 万余名党员积极投身大战大考，让党旗始终在基层一线高高飘扬。

*持之以恒正风肃纪反腐。*坚持严的基调，一体推进“三不腐”，一体纠治“由风及腐”，一体打造“清廉单元”，一体推进廉洁文化建设，“清廉望城”建设取得显著成效，“雷锋号”清廉品牌进一步擦亮。组织开展 2 轮常规巡察和 1 次巡察整改督查，发现问题 767 个，移交问题线索 21 条，推动立行立改 85 个，解决群众急难愁盼问题 9 个。系统纠治“四风”，建立健全风腐同查、同审、同析、同治工作机制，查处违反中央八项规定精神问题 63 起 105 人，党纪政务处分 36 人。深化整治领导干部违规收送红包礼金问题，全区 389 人向省纪委“清风”账户上缴 235.9 万元。严格落实“三个区分开来”，澄清不实举报 7 起，暖心回访 558 名受处分人员，激励干部担当作为。

区政府工作报告（节选）

——在长沙市望城区第三届人民代表大会第二次会议上

长沙市望城区人民政府区长　孔令强

2022 年 12 月 22 日

2022 年工作回顾

2022 年是新一届政府的开局之年，也是极不寻常、极不平凡、极不容易的一年。这一年，在中央、省、市和区委的坚强领导下，在区人大及其常委会、区政协的监督支持下，在全区上下的共同努力下，我们始终坚持以习近平新时代中国特色社会主义思想为指导，深入贯彻中共二十大精神，全面落实“三高四新”战略定位和使命任务，奋力实施“强省会”战略，全力抓好“双统筹”，创新实干、赶超跨越，加快推动望城经济社会高质量发展和现代化建设，各项工作取得来之不易的成绩。

一年来，我们坚持攻坚克难，稳经济、抓项目、兴产业，发展态势稳中向好。

*经济运行稳健有力。*全力以赴稳住经济大盘，多项主要经济指标走在全市前列，全年完成地区生产总值 1080 亿元（预计值，下同），比 2021 年增长 5%；规模以上工业增加值增长 8%，固定资产投资增长 8%，社会消费品零售总额增长 5%，地方一般公共预算收入增长 8%，全体居民人均可支配收入增长与经济增长同步；存、贷款余额分别增长 18.8%、13.1%，存款迈上千亿级台阶；市场主体总量增长 15%，军信股份成为 2022 年全省首家 A 股上市企业。荣膺 2022 年度中国市辖区高质量发展百强、全国综合实力百强区、全国投资潜力百强区，获湖南省可持续发展实验区综合评价第 2 名。

*项目建设质效齐升。*招商引资成效显著，举办“一江两岸”招商推介会等活动，全年新引进项目 99 个，协议引进资金 583.4 亿元，其中德赛储能、大陆希望、华侨城欢乐谷等过 10 亿元项目 11 个，永旺梦乐城、美的长沙等“三类 500 强”[1] 项目 9 个。项目建设推进有力，171 个市重大项目超额完成投资，大华股份、5G 智能终端产业园、桑特液压、永杉锂业等重大项目竣工投产，美松科技、国望智能等项目主体结构封顶，黑金刚新型合金产业园、澳优营养健康产业园等项目加快建设，吉祥腾达、证通（三期）、湘江关西涂料（二期）等项目顺利开工。要素保障精准有效，全年腾地 533.33 公顷，获批新增建设用地 117.33 公顷，“地等项目”成为常态；强化项目谋划和争资工作，积极争取上级各类资金 19.4 亿元，发行新增专项债券 47.7 亿元；深入开展国有“三资”[2] 清查处置行动，盘活“三资”19.6 亿元，经验做法获全省推介。

*重点产业蓬勃发展。*先进制造业再攀新高，“一特两主”[3] 产业完成规模工业产值 800 亿元，比 2021 年增长 11.5%，智能终端、食品医药等产业稳健发展，新型合金材料产业集群获评湖南省先进制造业集群。“五好”园区[4] 加速建设，望城经开区获评“国家火炬有色金属精深加工特色产业基地”“特色产业集聚发展典范园区”。金驰能源产值突破百亿元；泰嘉新材获评全国制造业单项冠军示范企业、省长质量奖提名奖。现代服务业提档增效，举办“强省会·新消费”系列活动，发放电子消费券 990 万元，创新推出“夜奥莱”等线上程序，全年社会消费品零售总额达 484.1 亿元；全域文旅融合示范区创建扎实推进，靖港古镇 2.0 版启动建设，成功举办首届长沙市旅游发展大会、海丝申遗城市联盟智库长沙论坛、首届湖南文旅科技产品应用展等系列活动，全年实现旅游综合收入 129 亿元。

一年来，我们坚持内外兼修，筑精品、优功能、重管理，城市品质提档升级。

*现代新城活力彰显。*国土空间总体规划“三区三线”[5] 科学划定，“一江两岸”[6] 发展规划、滨水新城核心区控制性详规不断完善，城市功能定位、发展路径更加明晰。大泽

湖片区提速开发，全国首个正式揭牌运营的欧美同学会海归小镇加快建设，研发中心（一期）、近自然湿地公园、腾飞路等项目进展顺利，中交湘江总部主体结构封顶。铜官片区热度攀升，中国长沙国际航空飞行营地等项目成功引进，五号山谷成为长沙民宿标杆，铜官古镇创建国家级旅游度假区扎实推进。高铁西城建设实现既定目标，常益长高铁即将全线运营。

功能配套日臻完善。现代化综合交通运输体系加速构建，香炉洲大桥墩身建设基本完成，河西互通匝道主体完工；兴联路大桥桥梁桩基完成70%，河西互通箱梁及匝道主体建设基本完成；太阳山路霞凝跨线桥改造正式启动；地铁4号线北延线进入勘察阶段；潇湘路北延线、观音岩路（二期）等一批道路建成通车；银杉路、城湘大道、千龙湖大道、靖格线等项目实现提质；G319、G240等国省道路和14座危桥完成改造。智慧电网建设全面推进，顺达220千伏输变电工程、桥驿变电站建设等主网项目有力实施，110千伏金峰、高冲、新华联变电站顺利投产。城乡供水一体化完成总体规划，居民小区二次供水改造试点稳步实施。完成燃气管道铺设85千米，华润燃气望星门站投产送气。推进“解决停车难、治理停车乱”两年行动，新增停车场27个、车位21483个，设置“潮汐车位”1200个。七峰公园、桂芳公园建成开放，白马市民文化广场加快建设，雷锋公园获评全市“人民满意公园”。

城市管理精致有序。认真落实“四精五有”[7]要求，开展“百街千巷”环境综合整治，46条支路街巷提质改造顺利实施。东马佳园探索“四同共治”[8]模式，打造农安小区治理新样板；38个城镇老旧小区改造有序推进，工作经验获新华社报道。截污治污、管网维护、窨井盖治理扎实开展，“厕位”、公共垃圾站建设加速推进，市容环境有力提升。启动市政应急装备提升三年行动计划，应急抢险能力显著增强。持之以恒打好蓝天、碧水、净土保卫战，全年空气质量优良率85%，国省控断面水质达标率100%，土壤污染风险有效管控，重点建设用地安全利用率达100%。新型智慧城市建设纵深推进，412项政务服务事项证照类申请材料实现“免提交、无纸化、刷脸办”，“智慧教育”“智慧医疗”“智慧交通”等应用场景运行良好，连续3年获评“中国领军智慧城区”。

一年来，我们坚持城乡统筹，强农业、靓农村、富农民，乡村振兴扎实有力。

农业生产提质发展。粮食生产形势向好，建成4个大型水稻智能化、标准化育秧工厂，创联农机专业合作社获中央电视台《新闻联播》推介；柏连阳院士领衔的“镉低积累水稻新品种”喜获成功。全面优化“一镇一特”“一村一品”产业布局，建成标准蔬菜大棚12万平方米、小龙虾标准化养殖示范基地29家，“亮点荷花虾”年产1300吨加工厂正式投产，文和友乔口荷花虾生态屯养基地全面达效。加快科技赋能，新认定“市级科技助力乡村振兴专家服务站”3家。大力推行院士农业，刘少军院士工作室、邹学校院士创新团队绿地工作室相继落户，优质种鱼、“湘赢辣椒”产销两旺、品牌更响。

农村基础筑牢夯实。扛牢粮食安全责任，全面推行田长制，坚决遏制耕地“非农化”、防止“非粮化”，牢牢守住18453.33公顷耕地红线。公共设施更加均衡，新改建农村公路120千米，打造直达中心城区的“20分钟交通圈”；人居环境不断优化，高标准完成乔口七里湖畔、靖港麻园、桥驿袁家坡等104个美丽宜居村庄建设，提质扩面茶亭芳香湾等八大集群，省市区三级美丽乡村覆盖率达93%。市级农村生活垃圾分类减量村覆盖率、农村垃圾集中收运率达100%，“三池一地”[9]污水处理模式获全省推介。创建4个市级小微水体示范片区、1条市级美丽河流，团山湖省级“水美湘村”示范创建经验获水利部推介。全力应战历史罕见高温干旱，抗旱减灾应对能力全面提升，实现大旱之年稳产保供。大众垸防洪整治、湘江东岸堤防综合治理等工程稳步推进，“一江两岸”主要干支流堤防岸线整体提标。

农民生活和美和睦。持续巩固拓展脱贫攻坚成果，70个“有效衔接产业帮扶”项目顺利推进，获评全省实施乡村振兴战略先进区。深入实施发展壮大新型村级集体经济三年行动计划，分类制定“一村一策”经营性收入发展规划，因地制宜推广“六型”发展模式[10]，年收入50万元以上的村（社区）达70个。农村居民人均可支配收入达4.4万元，稳居省市前列。文明村镇创建不断深化，移风易俗成效明显，新阳、大塘、团头湖等10个村获评市级文明村，乡村治理共治共享格局加速形成。

一年来，我们坚持锐意进取，推改革、促开放、增活力，发展动能有效激发。

重点改革稳步推进。积极配合湘江新区完成管理体制优化；区级管理体制改革有序实施。国企改革三年行动计划全面完成，城发集团、经开集团获AA+主体评级，产投集团混合所有制改革取得新进展。营商环境显著提升，出台纾困增效“新六条”、促进楼宇经济发展“望十条”等一揽子政策，扎实开展“送政策、解难题、优服务”行动，新增减税降费29.8亿元，惠企政策兑现6亿元；在全市率先出台银行业金融机构服务地方经济激励评价办法，持续做优“金融超市”，为中小微企业融资12亿元；拓展“10分钟企业开办服务圈”成效，企业数量比2021年增长18.7%；经开区开展相对集中行政许可权改革试点，实现“企业办事不出园”“一枚印章管审批”；助力长沙市在2022年度“万家民营企业评营商环境”中跃居全国第六、稳居中西部第一。

开放格局加快构建。外向型经济持续发展，外贸基本盘保持稳定，实现进出口总额131.3亿元，增长15%，实际利用外资达3929万美元。长赣高铁初设预审及可研获批通过，项目正式启动建设。航电枢纽至城陵矶湘江航道升级为一级航道，年通过能力突破1亿吨；铜官港（二期）全面建成运行，货物吞吐能力达400万吨，常年船舶通行达2000吨级，铜官

港服务对接“一带一路”和“长江经济带”作用充分彰显。

科技创新阔步向前。高新技术企业增至444家，增长40.1%，入库科技型中小企业423家，增长49.5%；新增金驰能源、航天磁电等国家级、省级专精特新“小巨人”企业22家；完成技术合同成交额34亿元，增长40.3%；创建省级“双创”平台8个；单杨院士创新团队澳优工作室等成功落户，澳优乳业、中传机械入选全省先进制造业“十大科技创新企业”；金龙铜业获评省级“模范院士专家工作站”；长高电新获评省级专家工作站。突破“卡脖子”关键技术20余项，智能化层绕机器人、特高压隔离开关、高性能磁编码器等产品实现国产替代。

一年来，我们坚持人民至上，惠民生、防风险、保稳定，群众福祉持续增进。

社会保障全面进步。坚持稳就业，创新推行就业指导员制度，城镇新增就业1.25万人，城镇登记失业率控制在3.5%以内。普惠保障扩面提标，基本养老保险参保人数53.2万人，基本医疗保险参保率达96.1%，城乡低保、特困供养、残疾人“两项补贴”等各类救助资金累计发放1.3亿元。完成15家省市老年友善医院建设，率先探索“公建国营”养老服务模式，“百岁健康示范区”创建获省级评审通过。

社会大局总体稳定。统筹发展和安全两件大事，深刻汲取“4·29”事故教训，全力以赴做好事故应急救援和善后处置工作，高标准完成自建房安全整治“百日攻坚”。从严从实抓好特种设备、烟花爆竹、危化品、高层建筑、城镇燃气、道路交通、森林防火等重点领域安全整治行动，有效消除安全隐患。毫不放松抓好常态化疫情防控，以快制快打赢多轮疫情防控阻击战、歼灭战，最大程度保护人民生命安全和身体健康，最大限度减少疫情对经济社会发展的影响。持续深化平安创建、扫黑除恶、禁毒、养老诈骗打击整治等工作，各类发案率显著下降，区公安分局获评“全国优秀公安局”。深入开展“利剑护蕾”专项行动，护航未成年人健康成长。守稳“三品一特”[11]安全底线，建成全市第一座进口冷链食品集中监管仓，月亮岛市场监管所获评全省首家基层示范所，顺利通过省级食品安全示范区创建验收。信访积案有效化解；网络安全稳步提升；“热线＋网格、吹哨＋报到”成为社会治理新样板，获评全国“12345”便民热线“服务精进典范”。

社会事业持续发展。省、市重点民生实事项目全面完成。麓山国际望城实验学校、长郡双语白石湖中学、长月二小东校区等建成开学，新增中小学优质学位1.2万个、公办幼儿园学位1万个；湖南第一师范学院湘江学校、大同银星小学加入合作办学序列；“雷小锋”德育品牌获《湖南日报》推介；“普职融合”试点改革有力推进，区职业中专入选湖南省楚怡优质中职学校；湖南工商大学海归小镇校区完成交地和设计方案评审；湖南信息职业学院新校区主体工程完成建设。长沙市四医院滨水新城院区正式运营；区人民医院整体搬迁项目主体结构封顶；区疾控中心通过省级标准化建设验收。公租房分配有序开展，“交房即交证”全面推行，“保交楼”工作稳步推进。中国网球巡回赛（望城站）、“书香长沙·世界读书日”等活动成功举办；11个市级标准化村（社区）综合文化服务中心完成建设；靖港镇、彩陶源村、铜官老街获评市级“非遗”示范点；欧阳询书画院、桥驿思益书院对外开放；电视剧《书堂少年》在湖南卫视播出；铜官窑国家考古遗址公园文化保护项目加快推进；雷锋艺术团送戏下乡获《人民日报》推介。雷锋纪念馆、郭亮文化园获评湖南省党史教育基地，正兴学雷锋志愿服务中心获评全国最佳志愿服务组织。区人武部被中央军委国防动员部授予集体三等功；区消防救援大队雷锋班被应急管理部授予集体一等功。国防动员、史志档案、民族宗教、退役军人、融媒体、气象、供销等工作取得新进展，工会、共青团、妇联、老干、残联、科协、侨联、文联、工商联、社科联、红十字会、计生协会等工作取得新成效。

一年来，我们坚持政治引领，转作风、提效能、勇担当，自身建设全面加强。

旗帜鲜明讲政治。坚持把党的政治建设摆在首位，完善政府常务会、政府党组会常态化学习制度，不断提高政治判断力、政治领悟力、政治执行力。认真贯彻落实中共二十大精神，政府领导班子下沉一线开展宣讲，全面掀起学习、宣传、贯彻中共二十大精神热潮。坚持把党的领导贯穿政府工作各方面、全过程，推动中央、省、市和区委决策部署落实到位。

务实担当求实效。持续锻造“闯创干”的精气神、硬作风和真本领，以踏石留印、抓铁有痕的劲头抓落实，获得2021年省政府真抓实干激励表彰5项，市政府创新实干激励表彰9项。严格规范公文处理和会务组织程序，提高政府工作制度化、科学化水平。主动接受各方监督，认真办理人大代表议案1件、建议79件，政协提案73件，让自觉接受监督、主动履职尽责成为常态。

清正廉洁作表率。严格执行中央八项规定及其实施细则精神，坚决反对“四风”，深化“清廉望城”建设，驰而不息推动反腐败工作走深走实。认真配合省委第二巡视组开展工作，强化巡视巡察立行立改。依法开展审计监督，完成审计项目171个，促进财政增收节支6586万元。深入推进法治政府建设，严格执行重大行政决策法定程序，全区党政机关法律顾问实现全覆盖，行政负责人出庭应诉率稳步提升，司法文书及司法建议办复率达100%。

各位代表！面对世纪疫情冲击、经济下行等多重压力的交织叠加，我们负重前行、承压奋进，取得的成绩充满艰辛、凝聚汗水。这是区委正确领导的结果，是区人大及其常委会、区政协监督支持的结果，是全区广大干部群众团结奋斗的结果。在此，我谨代表区人民政府，向全区人民，向人大代表、政协委员，向各民主党派、工商联、无党派人士、各人民团体，向武警官兵、政法干警、消防救援和民兵预备役人员，向所有关心、支持、参与望城发展的各界人士，表示衷心的感谢，并致以崇高的敬意！

在总结成绩的同时，我们也清醒地认识到工作中还存在问题和不足，比如“4·29”事故教训极其深刻，安全生产隐患整治仍面临遏增量与清存量的双重考验；支撑高质量发展的好项目、大项目仍不够多；由县域管理向都市管理转变的步伐仍需加快；等等。对此，我们一定高度重视，采取有力措施，切实加以改进。

2023 年工作重点

回首来时路，砥砺再出发。2023 年是全面贯彻中共二十大精神的开局之年，也是实施“十四五”规划承上启下的关键一年，望城站在发展体制全面优化、发展活力全面迸发、发展效能全面提速的新起点。*我们必须保持战略定力。*中共二十大胜利召开，擘画了党和国家事业发展的宏伟蓝图，吹响了全面建设社会主义现代化国家的嘹亮号角。湖南省全面落实“三高四新”战略定位和使命任务，大力实施“强省会”战略，长沙的战略地位更加重要、引领作用更加凸显。望城作为省会最大最新的城区，我们将保持战略定力，拼经济、抓发展，奋力开辟现代化建设的崭新局面。*我们必须凝聚奋进伟力。*经过撤县设区的十一年高速发展，望城的发展能级更强、经济体量更大、城市热度更旺，时代必将赋予望城更大的使命任务。我们将落实“干部敢为、地方敢闯、企业敢干、群众敢首创”的要求，提振发展信心，充分调动各方积极性，凝聚起干事创业的磅礴伟力，在“一江两岸”的广阔天地中创造更加骄人的业绩。*我们必须激发强劲动力。*在高质量发展的新征程上，我们将坚持稳中求进工作总基调，完整、准确、全面贯彻新发展理念，立足“一湖两镇”[12]资源禀赋，深耕“一特两主”优势产业，借势而进、乘势而上，奋力推动现代化产业集群不断壮大、结构持续优化、体系更加完备，实现“质”的有效提升和“量”的合理增长，在新的赶考路上书写更加壮丽的篇章。

新的一年政府工作总的指导思想是：以习近平新时代中国特色社会主义思想为指导，全面贯彻中共二十大精神，认真落实中央、省、市和区委决策部署，把握新发展阶段，贯彻新发展理念，构建新发展格局，以推动高质量发展为主题，坚持稳字当头、稳中求进，统筹发展和安全两件大事，全面落实“三高四新”战略定位和使命任务，大力实施“强省会”战略，坚定“一二三六”发展思路[13]，全面建设产强、城美、民富、人和的现代化新望城。

全年经济社会发展的主要预期目标是：地区生产总值增长 6% 以上；规模以上工业增加值增长 8% 以上；社会消费品零售总额增长 5% 以上；省市区三级地方一般公共预算收入增长 5% 以上；固定资产投资增长 8% 以上；居民收入增长与经济增长同步；单位地区生产总值能耗下降率、空气质量优良率达市定目标；城镇登记失业率控制在 3.5% 以内。

为实现上述目标，我们将着力抓好以下七个方面的工作：

*一是在强化项目建设中打造新引擎。*牢固树立“项目为王”理念，以项目增动力、促发展。坚持招大不放小。按照“一特两主”产业定位，发挥大泽湖总部经济圈、欧美同学会海归小镇（长沙·智能制造）、5G 智能终端产业园、长沙医疗器械产业园等平台优势，紧盯“三类 500 强”、行业龙头企业开展招商，力争全年新引进项目 100 个以上。大力开展产业链招商、基金招商，重点扶持一批发展潜力大、行业前景好的初创型、成长型中小企业，力争培育一批本土成长的“瞪羚”“单独小隐”[14]企业。坚持提速不降效。启动“一堤两路”[15]等重大基础设施项目建设，力争银星路长益复线连接线一季度建成、香炉洲大桥年底通车；推动长赣高铁、地铁 4 号线北延线、1 号线北延线建设，力促兴联路大桥年内完成主体结构施工、太阳山路霞凝跨线桥完成桥梁主体工程。启动华侨城欢乐谷、大陆希望、吉祥腾达、金驰能源（二期）、金凯循环等产业项目建设，加快兴盛优选、华电燃机、新林制药等项目建设进度，推动德赛储能、益海嘉里、美松科技等项目建成投产，形成“储备一批、开工一批、建设一批、竣工一批”的良好格局。坚持保障不缺位。围绕重大项目，科学铺排征拆计划，全年腾地 533.33 公顷以上。吃准吃透中央和省、市政策，确保争取项目资金 22 亿元以上，发行新增专项债券 20 亿元以上。强化配套基础设施建设和服务，依法打击强揽工程、非法阻工等行为，为项目建设营造良好环境。

*二是在推动产业发展中构建新优势。*着力推动产业转型升级，加速构建现代化产业体系。坚定发展先进制造业。突出园区主战场、主阵地作用，紧盯“448”目标[16]，以亩均效益“论英雄”；持续壮大园区产业规模，推行“12410”工程[17]，努力打造“1 个千亿级，N 个 500 亿级”产业集群。聚焦五大优势产业链，全方位补链延链强链，提高主特产业本地配套率；实施平台赋能行动，落实“推动制造业高质量发展”“推动科技创新发展”等政策，支持企业同高校、科研院所共建共享产学研平台。加快发展现代服务业。做强金星北商圈，着力打造大泽湖滨水主题商业中心、铜官文旅主题商业中心、高铁西城商圈，推动湾田、高星等专业商贸市场转型，促进消费升级和夜间经济繁荣；深入实施楼宇经济发展“望十条”，依托万泰国际、澳优太阳城等商业楼宇，着重引进和培育一批引领性、标杆型现代服务业项目。充分发挥首届长沙市旅游发展大会带动效应，促进文旅市场复苏、景区升级提质、全域品牌营销、产业融合发展。完善金融业发展支持政策，力争实现“1234”目标[18]。深化企业上市“金芙蓉”跃升行动，加快省交勘院、金旅环保等企业上市进程。探索发展新兴产业。发挥鲲鹏体系新型智慧城市建设优势，培育新一代信息技术、生物医药、高端医疗装备等新兴产业。大力发展数字经济，壮大云计算、大数据、区块链、人工智能等数字产业，支持企业建设省级“工业互联网”和“5G+ 工业互联网”平台。

*三是在提升城市品质中塑造新风貌。*坚持“四精五有”

标准，严格把控城市空间形态风貌，提升城市品质魅力。优化片区开发。统筹发展“一江两岸”，重点建设“一湖两镇”，全力打造“省会新方向、湘江未来城”。按照“一年出形象、两年见成效、三年大变样”要求，高起点规划、高标准建设、高水平管理大泽湖片区，加速推进研发中心（一期）、湖南工商大学海归小镇校区、大泽湖路等项目建设，完成近自然湿地公园主体工程。提质升级湘江古镇群，加速靖港古镇2.0版开发，力争“五一”小长假全新开街；依托铜官窑、铜官老街、云母山、书堂山等资源，擦亮红色、陶瓷和书法三张名片，推动铜官古镇创建国家级旅游度假区和国家AAAAA级景区。细化城市管理。完善城市管理体制机制，全面提升执法监管质效。统筹推动各类城市管理专项整治，继续实施“百街千巷”工程，加强月亮岛、高塘岭等重点区域停车场、停车位建设，强化农安小区、老旧小区功能性改造，力促市“一江两岸”景观照明整修优化项目北延，让城市更加清爽宜人。开展河东新建自来水厂前期工作，启动铜官供水加压泵站建设；加快污水处理厂（四期）扩建和城乡管网改造修复进度；新建燃气管网100千米，提高燃气入户率。优化“无证城市”“智慧教育”“智慧园区”等应用场景，保持新型智慧城市建设走在全国前列。美化生态环境。落实“双碳”战略，深入推进海绵城市、浅层地热能开发、森林式建筑等试点，全力推行林长制，让城乡绿意盎然。强化大气污染防治，持续推进臭氧和$PM_{2.5}$协同管控，确保全年空气优良率达市定目标。落实河湖长制，深化“一江七河两湖库”[19]流域治理，确保国省控断面水质达标率、集中式饮用水水源达标率保持100%。抓好源头治理，推动土壤环境稳定向好。深入开展“利剑”行动，保持环境执法高压态势，让生态宜居成为望城的显著优势。

*四是在推进乡村振兴中开创新局面。*坚持农业农村优先发展，建设宜居宜业和美乡村。着力提高农村收入水平。健全防返贫监测帮扶机制，认真落实“3+1”政策[20]，巩固拓展脱贫攻坚成果。实施新一轮发展壮大农村集体经济行动，深化“六型”发展模式，实现年收入50万元以上的村（社区）达75个。盘活农村闲置宅基地等存量建设用地资源，提高土地利用效率。全面发展现代农业体系。牢牢守住耕地保护红线，全面落实田长制，新建高标准农田1万亩以上，深入实施农田改造、小农水建设项目，提高粮食安全保障水平。大力发展院士农业，加强无人农场、育秧工厂、鱼类遗传育种中心等项目建设，做强望城鲌鱼、小龙虾、生态辣椒等农业品牌。强化农业与研学、旅游等现代服务业跨界融合，构建“农业+”发展格局。深入推进“青云”“新荷”“益桥”“新芽”等乡村青年人才计划[21]，加强高素质农民培育，强化乡村振兴人才保障。扎实开展乡村建设行动。持续实施乡村建设三年行动计划，深化“四好农村路”示范创建，加强农村资源路、产业路、旅游路和村内主干道建设；全力推进水利秋冬修项目建设，加快洞庭湖重点堤垸堤防综合治理等工程进度，补齐水旱灾害防御短板。落实农村环境卫生公共服务改革，深化“三清理三整治四提升”行动[22]，巩固300个美丽宜居村庄建设成果。做好农村沟渠塘坝管护工作，推进小微水体示范片、“水美湘村”建设。强化农村移风易俗，完善自治、法治、德治相融合的乡村治理体系，重点打造一批全国文明村镇。

*五是在深化改革创新中积聚新动能。*推进更深层次的改革和创新，提升开放发展水平。增强科创能力。健全“科技型中小企业—高新技术企业—科技领军企业”梯队培育机制，新增高新技术企业50家以上，入库科技型中小企业450家以上，研发投入增速达10%，技术交易合同登记额达40亿元。依托欧美同学会海归小镇（长沙·智能制造），引进和打造新型研发机构、“双创”平台6家以上。集中突破关键核心技术，力争在新型合金、航空航天、特医食品等优势领域实现新突破。坚定不移落实人才强区战略，深入实施“四大人才工程”[23]，全力支持海归人才创新创业，引进高层次人才50名以上。厚植营商沃土。深化“放管服”改革，打造“一件事一次办”升级版，推进政务服务“跨域通办、极简快办、就近好办”，力争工程审批时间再压减。常态开展“千名干部联千企”活动，继续实施市场主体倍增工程，力促“个转企”“小升规”“规做精”“优上市”。完善产权保护、市场准入、公平竞争、社会信用等制度，力争营商环境评价争先进位。大力弘扬企业家精神，持续实施工商联“牵手工程”[24]，支持企业家以恒心办恒业，努力打造“亲”“清”政商关系。扩大对外开放。主动融入长江经济带、长株潭一体化等战略，启动望城到赫山过江通道等项目建设，推进长岳、长益协同发展。启动茶长高速等项目建设，依托许广高速、长张高速、渝长厦高铁大通道等交通干线，畅通对外开放大通道。支持铜官港加快打造“铁公水联运综合港、湘江中上游货运集散枢纽”，做大做强临港经济。积极申建湖南自贸区（长沙片区）联动区，发展跨境电商等贸易新业态，着力引进一批外向型企业。

*六是在促进民生改善中展现新作为。*坚持以人民为中心发展思想，用心用情用力办好民生实事，让民生服务更有温度、民生福祉更具质感。完善保障体系。健全就业公共服务体系，稳定高校毕业生、农民工、退役军人等重点群体就业，城镇新增就业1万人。扩大社会保障覆盖面，推动实现全民参保；落实公交乘车公益性补贴，充分保障被征地农民社保待遇。完善“1+12+N+X”养老服务[25]布局，探索康养、医养相结合的养老服务新模式。坚持“房住不炒”，优化住房供应结构，更好地满足“新望城人”等群体住房需求；扎实推动“保交楼、稳民生”，建好保障性租赁住房。提升公共服务。优化教育规划布局，推进城乡教育资源整合，促进教育均衡优质发展；继续落实“双减”政策，强化“雷小锋”德育品牌；深化“区管校聘”[26]改革，优化师资配置；完成湖南第一师范学院湘江学校、谷山中学等6所中小学校建设，新增优质

学位1万个以上。完善分级诊疗体系，强化基层医疗服务，加强重大疫情防控应急能力建设；提速推进区人民医院整体搬迁，力争年内投入运营；以创建国家卫生城市为抓手，大力开展爱国卫生运动。启动“三馆一宫一中心”[27]等市民中心项目前期工作；推动汉长沙国考古遗址公园项目征拆；加强铜官窑文化遗产的保护和交流；深入开展“向雷锋同志学习”题词60周年系列活动，不断提升“雷锋志愿者”服务水平。促进安全稳定。严格落实安全生产“四方责任”[28]，全面排查整治道路交通、建筑施工、燃气、消防、商贸流通、危化品等重点领域风险隐患，健全自建房管理长效机制。持之以恒推进平安建设，抓好社会稳定风险防控，完成“雪亮工程”建设市定目标。常态化开展扫黑除恶斗争、禁毒、打击传销、反电诈等专项行动；着力防范化解涉众型金融风险。加大未成年人保护力度，争创全国未成年人保护先进区。深化“热线＋网格、吹哨＋报到”示范社区创建，推进市域社会治理现代化试点。巩固省级食品安全示范区创建成果，守护“舌尖上的安全”。全域开展信访“三无”创建，争创国省“信访工作示范区”。统筹抓好民族宗教、意识形态、网络安全等工作，加强国防动员和后备力量建设，维护社会和谐稳定。

七是在加强政府建设中树立新形象。全面贯彻落实中共二十大精神，竭尽全力做好政府工作，努力建设人民满意的服务型政府。打造法治政府。忠实履行宪法和法律赋予的职责，坚持民主科学决策，完善“三重一大”[29]事项决策制度，树牢行政决策期限意识；深化政府法律顾问、公职律师制度，确保行政机关负责人出庭应诉率90%以上；深入推进法治宣传教育，扎实开展“八五”普法工作。更加自觉地接受区人大法律监督、工作监督和区政协民主监督，主动听取各民主党派、工商联、无党派人士和各人民团体的意见建议，加强和改进政府工作。打造务实政府。始终保持真抓实干劲头，为干事创业者撑腰鼓劲，让敢创新、勇担当蔚然成风。加强预算管理、财税征管，坚持财力向民生倾斜，党政机关带头过“紧日子”，让人民群众过“好日子”。做好第五次全国经济普查工作。积极应对体制机制改革，全力支持“一镇四街”[30]建设和发展。打造清廉政府。深化“清廉望城”建设，认真执行中央八项规定及其实施细则精神，严格遵守各项纪律规矩。坚决纠治形式主义、官僚主义，规范办文、办会、办事程序，切实为基层松绑减负。加强重点领域、关键环节监管，强化审计监督；发挥区廉政教育展馆等载体作用，深化干部队伍廉政教育，努力营造风清气正的政治生态。

附件：名词解释

[1] 三类500强：世界财富500强、中国企业500强、民营企业500强。

[2] 三资：国有资产、资金、资源。其中资产主要指实物、债权、股权、特许经营权、未来收益权，资金主要指政府闲置和低效资金，资源主要指矿产、林业、水利、能源、土地、数据等。

[3] 一特两主：智能终端、新材料先进制造、食品医药产业集群。

[4]“五好”园区：规划定位好、创新平台好、产业项目好、体制机制好、发展形象好的园区。

[5] 三区三线：“三区”指城镇空间、农业空间、生态空间三种类型的国土空间。其中，城镇空间是指以承载城镇经济、社会、政治、文化、生态等要素为主的功能空间；农业空间是指以农业生产、农村生活为主的功能空间；生态空间是指以提供生态系统服务或生态产品为主的功能空间。“三线”分别对应在城镇空间、农业空间、生态空间划定的城镇开发边界、永久基本农田、生态保护红线三条控制线。

[6] 一江两岸：即以湘江为轴，依托过江通道建设，加强湘江两岸联系，加快沿江建设、跨江发展，推动河东河西协调发展。

[7] 四精五有：“四精”即精准规划、精美建设、精致管理、精明增长；“五有”即有颜值、有气质、有内涵、有格调、有品位。

[8] 四同共治：坚持党建推动，在思想情感上“同心”；强化示范带动，在行动步伐上“同向”；实现多方互动，在改造治理上“同力”；深化整体联动，在共建共享上“同步”。

[9] 三池一地：“三池”是指隔油池、堆沤池、三格式化粪池；“一地”是指人工湿地。

[10]“六型”发展模式：是指土地合作型、资源开发型、乡村服务型、物业经营型、产业带动型、农房合作型集体经济发展模式。

[11] 三品一特：食品、药品、重点工业产品及特种设备。

[12] 一湖两镇：围绕城市扩容提质、文旅融合发展，重点抓好大泽湖片区和铜官古镇、靖港古镇开发建设。

[13]“一二三六”发展思路：“一”即突出一个主题：聚力拼经济、抓发展，全面建设产强、城美、民富、人和的现代化新望城。“二”即聚焦两个板块：全力推进园区板块、滨江板块建设发展。“三”即抓好三个统筹：科学统筹发展和安全、城市和乡村、速度和质量。“六”即主攻六项工作：奋力抓好高质量发展、城乡提质、民生改善、安全稳定、人才引育和党建引领六项重点工作。

[14] 单独小隐：工业企业中的单项冠军、独角兽、小巨人、隐形冠军。

[15] 一堤两路：湘江西岸堤防提标暨景观道快速化改造、潇湘北路快速化改造、银杉路北延段建设。

[16]“448”目标：投资强度不低于400万元／亩，税收不低于40万元／亩，营业收入不低于800万元／亩。

[17]“12410”工程：培育1家三百亿级、2家两百亿级、4家一百亿级、10家五十亿级企业梯队。

[18]“1234”目标：“1”即金融机构贷存比达100%；“2”即金融业增加值占地区生产总值的比重达2%；“3”即金融

机构税收占全区税收比重达 3%；“4”即金融机构企业贷款加权平均利率降至 4% 以内。

[19] 一江七河两湖库：“一江”指湘江；“七河”指沙河、石渚河、马桥河、八曲河、沩水河、老沩水河、乔江；“两湖库”指千龙湖、团头湖。

[20]“3+1”政策：基本医疗保障、义务教育保障、住房安全保障、饮水安全保障。

[21]“青云”“新荷”“益桥”“新芽”乡村青年人才计划：“青云”即靖港镇青年人才云聚平台，感召爱乡人士参与家乡建设。“新荷”即乔口镇人才计划，以产业领军人才为核心，打造一支德才兼备、技术领先、服务社会的乡村振兴产业人才队伍。“益桥”即桥驿镇青年人才计划，旨在搭建人才培养桥梁。“新芽”即茶亭镇人才引培计划，提供人才培训、产品展销、乡村创客、大学生实践、公共品牌平台等服务。

[22]“三清理三整治四提升”行动：“三清理”即清理房前屋后、清理河塘沟渠、清理农业生产废弃物；“三整治”即整治乱搭乱建、整治乱贴乱画、整治乱接乱拉；“四提升”即提升垃圾分类水平、提升厕所管护水平、提升村庄和庭院“四化”水平、提升环境与健康意识。

[23] 四大人才工程：海归人才集聚、产业人才倍增、乡村人才振兴、专业技术人才强基。

[24] 牵手工程：围绕“两个健康”（民营企业健康发展和民营企业家健康成长），实施“四大计划”（“雏鹰计划”，培育科技型、制造型中小企业；“护航计划”，维护企业和企业家合法权益；“伙伴计划”，加强政企沟通、银企沟通、企企沟通；“猎梦计划”，培养青年企业家持续成长）。

[25]“1+12+N+X”养老服务：以区养老中心为龙头，推动 12 家公办敬老院、N 个村（社区）养老服务中心（站）、X 家民办养老机构发展，打造 15 分钟居家社区养老服务生活圈。

[26] 区管校聘：“区管”即建立编制岗位总量控制、动态调整、统筹使用的新机制，合理配置区域内教师资源。“校聘”即建立中小学（含幼儿园）教师按岗聘用、竞争择优、强化考核的新机制，落实中小学用人自主权。

[27] 三馆一宫一中心：图书馆、文化馆、科技馆、工人文化宫、文化艺术中心。

[28] 四方责任：安全生产党政领导责任，行业监管责任，属地管理责任，企业主体责任。

[29] 三重一大：重大事项决策、重要干部任免、重大项目投资决策、大额资金使用。

[30] 一镇四街：根据《中共湖南省委办公厅 湖南省人民政府办公厅印发〈关于优化湖南湘江新区管理体制的实施方案〉的通知》（湘办〔2022〕26 号）等文件精神，由湘江新区托管的白箬铺镇、白马街道、雷锋街道、金山桥街道、黄金园街道。

专　文

SPECIAL ARTICLES

编辑　张理希

湖南长沙"4·29"特别重大居民自建房倒塌事故调查报告（节选）

事故有关情况和直接原因

（一）事故发生经过

涉事房屋位于长沙市望城区金山桥街道金坪社区盘树湾组安置区一期，紧邻长沙医学院北门。房屋共八层（局部九层），建筑面积1401.3平方米，一层至六层用作出租经营，事发时有餐饮店、奶茶店、私人影院、旅馆等5家经营单位，七层至八层用于房主及其家人自住。房主为吴某生、吴某勇父子，分别是房屋所有权人和出租经营实际控制人。

2022年4月28日20时许，涉事房屋二层餐饮店工作人员发现东侧一混凝土柱及附近墙面瓷砖脱落、抹灰开裂、根部混凝土被压碎，钢筋暴露并弯曲；29日10时15分，二层一根支顶槽钢（（2019年7月因二层混凝土柱出现裂缝，房主自购2根槽钢进行支顶加固）严重变形，与墙面间隙约50毫米；11时50分许，房主吴某勇外出购买建筑材料准备再次加固；12时19分，一层与二层圈梁的东南角外墙面掉灰，砖头裸露并往外挤，外墙开始变形，现场邻居和村民小组长劝说房主吴某生撤人，但劝阻无效；12时21分，二层餐饮店东侧墙壁发出异响，天花板及东侧外墙有物体掉落，店长随即催促店内2名工作人员、3名用餐人员离开；12时24分，房屋整体"下坐"式倒塌，历时4秒。

事发后涉事房屋共埋压63人，其中在校大学生50人、商户员工和其他社会人员11人、房主及家人2人。事故共造成54人死亡，其中大学生44人。

（二）抢险救援情况

事故发生后，应急管理部、住房和城乡建设部及湖南省委、省政府立即启动应急响应，迅速组织国家综合性消防救援队伍、国家安全生产专业救援队伍、中央企业和地方专业队伍、社会救援力量等开展抢险救援工作，其中湖南省消防救援总队共调派1132名指战员、携带各类装备设备3300余台（套）进行救援处置。国家卫生健康委、湖南省及时调派医护人员开展医疗救治、心理疏导等工作。教育部、公安部积极协助地方党委政府做好长沙医学院等学校师生稳定工作。湖南省、长沙市、望城区出动公安、武警、城管、民兵等力量，加强对事故现场及周边秩序维护等工作。中国救援队和湖南大学、中南大学等单位派专家现场指导救援。

这次事故救援环境错综复杂、救援难度很大。房屋倒塌后层层叠压，平衡十分脆弱，废墟上部又有重约150吨、整体浇筑的原六层屋顶，扰动易导致失稳伤害被困人员；倒塌房屋毗邻的东西两侧楼房受到严重破坏，随时可能向救援区域倒塌，危及被困人员和救援人员；现场仅有南侧一个作业面可开展救援，且有多人埋压，不能使用大型机械和工具。面对极其复杂危险的救援环境，现场指挥部坚持"人民至上、生命至上"，聚焦抢救生命这一核心任务，统一指挥、科学决策，运用先进生命探测设备和各类掘进支撑装备，边掘进、边加固、边搜索，争分夺秒打通救援"生命通道"，不惜代价搜救遇险人员。经过158小时艰苦紧张救援，至6日3时3分，现场搜救工作结束，有生命迹象的10人全部获救（其中房主吴某生因重伤送医抢救11天后死亡），遇难人员全部找到。

（三）事故直接原因

通过对事故现场进行勘查、取样、实测，并委托第三方权威检测机构进行检测试验、倒塌模拟计算分析，认定事故的直接原因：违法违规建设的原五层（局部六层，下同）房屋建筑质量差、结构不合理、稳定性差、承载能力低，违法违规加层扩建至八层（局部九层，下同）后，荷载大幅增加，致使二层东侧柱和墙超出极限承载力，出现受压破坏并持续发展，最终造成房屋整体倒塌。事发前，在出现明显倒塌征兆的情况下，房主拒不听从劝告，未采取紧急避险疏散措施，是导致人员伤亡多的重要原因。具体情况如下：

1.违法违规建设的原五层房屋质量先天不足。2003年房主在分得的安置重建地上建设了一栋三层房屋。2012年7月原址拆除三层并重建五层，属于限额以上工程[1]，但涉事房主在未履行任何审批手续、未取得任何许可的情况下，请建筑公司退休工人龙某恺手绘设计图，房主自行采购建筑材料，由无资质的流动施工队人员任某生组织施工。房屋部分采用自拌混凝土，砂石含泥量大、强度低，其中二层东侧3根柱的混凝土最低抗压强度仅为4.3兆帕（远低于当时国家标准[2]）；一层、二层墙体砌筑砂浆抗压强度仅为0.4兆帕（远低于当时国家标准[3]）；房屋采用砌体结构[4]，一层为实体墙，二层至五层墙体违规[5]采用空斗墙[6]，承载能力低。

2.违法违规加层扩建至八层后超出极限承载力。2018年7月，房主在未履行基本建设程序的情况下，再次由龙某恺手绘设计图，自行采购建筑材料，由无资质的流动施工队人员薛某棕组织施工，加层扩建六层至八层。该三层采用框架结构[7]，柱、梁、板均为现浇钢筋混凝土，加上新增墙体等结构构件形成的总荷载比加层扩建前增加46%，加剧了“头重脚轻”的状态，下部楼层柱荷载显著增大，其中二层东侧柱最大增加71%，超出其极限承载力18%。同时，房屋结构体系混乱，整体稳定性差，部分柱的布置上下错位，一层和二层采用单跨、大空间结构布置形式，东西横墙少；三层至八层被隔成多个小房间，东西横墙多，二层成为结构上的薄弱层，最易受破坏，抗倒塌能力弱。

3.对重大安全隐患未有效处理。2019年7月，二楼东墙混凝土柱出现网状裂缝、最长0.6米，房主在龙某恺的建议下，自购2根槽钢进行支顶加固，但并没有彻底消除安全隐患。2022年3月，又相继出现支顶槽钢变形、墙面瓷砖脱落、支顶槽钢变形加剧，房主均未作处理。4月12日，湖南湘大工程检测有限公司受涉事房屋内的旅馆经营者委托，未带任何检测仪器，仅拍照即完成所谓“检测”，13日为旅馆出具了虚假的安全性鉴定报告，等级评定结论为Bsu级[8]、“可按现状作为旅馆用途正常使用”“结构安全”。4月22日，经营户告知房主支顶槽钢变形加重，与墙面最大间隙约15毫米，但仍未采取任何措施，直至事故发生。

4.未采取紧急避险疏散措施。在事发前2个多小时，二层支顶槽钢弯曲变形加剧、达到50毫米左右，出现倒塌征兆，特别是事发前30多分钟龙某恺应房主要求现场查看后提出“房子危险不能住人了”，房主吴某生提出还继续加固，未组织撤离房屋内就餐、居住等人员；事发前5分钟，面临重大倒塌风险，有人大喊“赶快走，楼房要塌了”！但房主吴某生还说“没事”，拒不听从劝告，仍未立即通知撤离，错失了屋内人员逃生、避免重大人员伤亡的最后时机。

针对自建房内装饰装修活动和电梯安装对房屋主体结构的影响，调查查明：2012年以来，涉事房屋内共有餐饮、零售、台球室、私人影院、家庭旅馆等5种经营业态，房主及26家租户经营使用期间，对自建房一层至六层进行了多次装饰装修，主要有搭建轻质隔墙、开出餐口、窗洞改门洞、加装钢楼梯以及地板铺装、顶棚墙面粉刷、灯具电视安装等，但相关装饰装修活动未改动房屋承重结构，均对房屋倒塌无影响。2018年5月，房主在紧靠东侧外墙处违法违规自行人工开凿电梯井道，8月加层扩建基本完成后谎称供个人及家人使用，由南通九茂机电设备有限公司安装电梯，未办理电梯安装和使用登记手续，但开凿电梯井道、电梯自重及运行对房屋倒塌无影响。调查还排除了地基、人为破坏、气象、地震、燃气泄漏等导致倒塌的因素。

事故主要教训

（一）学习领会习近平总书记关于防范化解重大风险的重要论述不认真不深刻，风险意识薄弱。中共十八大以来，习近平总书记高度重视防范化解重大风险，要求各级党委政府把自己职责范围内的风险防控好，不让小风险演化成大风险，不让局部风险演化成区域性风险或系统性风险；要求把眼睛瞪得大大的，防止各类“黑天鹅”“灰犀牛”事件发生。面对自建房安全这个城镇化过程中的突出问题，湖南省、长沙市、望城区一些领导干部对满大街的自建房违法建设、违法加层、违法经营带来的安全风险看不见、抓不住，任由风险越积越大、越积越多，最终酿成惨痛事故。剖析这一问题，根子还是出在思想认识上，一些领导干部不认真学习领会习近平总书记重要论述，没有结合实际认真研究和排查身边的风险，对风险熟视无睹、视而不见，不知敬畏、不晓利害。有的麻木侥幸、自以为是，不把别人的教训当教训，2020年先后发生福建泉州、山西襄汾自建房倒塌重大事故，包括2021年6月19日湖南汝城还发生经营性自建房坍塌事故，一些领导干部仍不当回事，坐在火山口上看不到风险，错失了化解风险、避免事故发生的机会。汲取这起事故的教训，首先要从思想上自我革命，切实增强风险意识、底线思维，真正从思想上始终绷紧安全这根弦，切实把确保人民生命安全放在第一位落到实处。

（二）落实责任不紧不实，不担当不作为。自建房违法建设涉及多个环节、多个部门单位，有一个关口把住就能够切断事故链，但在这起事故中，湖南省、长沙市、望城区有关方面层层失守、监管失控。有的搞形式、走过场，敷衍了事，导致历次整治虎头蛇尾、不了了之；有的搞“击鼓传花”，卸担子、捂盖子贻误风险处置时机。究其原因，关键在于没有压紧压实安全责任。首先是细化责任不具体，导致自建房安全监管上下左右推责，都不认为是自己的责任，就不下力气解决问题；其次是督导检查走过场，一些领导干部习惯于开会发文要报表，不下沉一线检查抓落实，不深入实际及时发现解决问题，只重部署、不重实效；再次是考核评估不精准，对领导干部在任期内是否“新官不理旧账”，是否新增安全风险，没有建立相应的考评机制，以致一些领导干部责任没有真正上肩。防范化解安全风险是人命关天的大事，是具体的“国之大者”，容不得半点形式主义官僚主义。以这次事故为警示，就要着力解决一些领导干部在防控风险中的责任不清不实问题，从严从实落实全链条安全监管责任，促使各级领导干部以更加强烈的担当和历史主动精神履行好工作职责，切实把习近平总书记重要指示精神和党中央重大决策部署落到实处。

（三）发展理念存在偏差，政绩观错位。习近平总书记反复强调要完整、准确、全面贯彻新发展理念，统筹发展和安全；强调坚持人民城市为人民；城市规划、建设和管理都要把安全放在第一位，把住安全关、质量关，并把安全工作落实到城市工作和城市发展各个环节各个领域。一些领导干部对此认识不深刻，将发展和安全割裂开来，只重视经济发展的“显绩”，不重视防范化解风险的“潜绩”。望城区自2011年县改区后，10年间人口从52.8万人增长到93.5万人、GDP从327.4亿元增长到1002.8亿元，但城市管理没有跟上，放任自建房无序发展，放大公共安全风险。表面上看放任不管让老百姓得到了实惠，但最终酿成事故，老百姓不仅没有得到实惠，还让无辜群众付出生命代价，给几十户家庭造成天大的灾难，造成恶劣的社会影响。城市发展必须始终坚持安全发展、依法发展、科学发展，这些年自建房粗放发展，在全国一些城市相当普遍，已形成重大风险，反映了一些领导干部发展理念和政绩观存在偏差，没有坚持以人民为中心的发展思想，没有切实担起“促一方发展，保一方平安”的政治责任。

（四）立法滞后执法不严，行业安全监管宽松软。造成自建房安全风险扩大的一个重要原因是相关领域法治不彰。具体来说，既有“无法可依”的问题，1998年出台的《中华人民共和国建筑法》和1989年出台的《城市危险房屋管理规定》等法律法规，虽对个别条款进行过修订，但其中涉及房屋安全的条款不适应这些年经济社会发展，湖南省、长沙市也缺乏可操作的地方法规；也有有法不依的问题，一些涉及规划、房屋建设和使用的法规条款没有严格执行。既有执法不严的问题，对违法加层扩建多次执法均没有采取制止措施；还有违法不究的问题，放任不管引发更多的人跟风违法，形成“破窗效应”，最后法不责众，对满大街的自建房违法改扩建行为不了了之。全面依法治国是中国特色社会主义的本质要求，依法行政是政府行政活动的基本准则。长沙市自建房领域法治不彰，与依法治国的进程极不适应。解决自建房领域安全问题，要加快补上法治这块短板，坚持有法可依、有法必依、执法必严、违法必究，坚持依法行政、严格执法，为防控风险提供有力法治保障。

（五）对基层能力建设重视不够，基层安全治理面临困境。这次事故暴露出基层安全风险防控能力薄弱的问题突出，面临权责失衡、人少事多、财力不足等多重困扰。望城区辖区内房屋数量巨大，仅自建房就超过12万栋，工作任务繁杂，但每个街道普遍只有1名“专干”负责房屋安全工作，而且这些“专干”不专，缺乏专业知识，同时身兼多职。特别是长沙市、望城区党委和政府对基层权责事项统筹不够，一些部门把本应由自身承担的事权下放给基层，望城区所辖街道承担了164项各部门下放的行政事项，这种“甩包袱”式放权，演变成了实际的“推责”，让基层力不从心、苦不堪言。基层是国家治理的基石，是服务群众的最前沿，“基层安则天下安”。从这起事故中汲取教训，就要更加重视基层治理能力建设，完善基层治理机制，夯实基层安全基础。有关部门要担当履责，不能以“放权赋能”为名把责任层层推卸给不具备专业能力的乡镇街道和社区；有关地方要统一组织对下放基层的事项进行评估，基层无力承担的，该收回的收回。领导干部要主动深入基层及时发现问题、帮助解决问题，推动基层治理实现良性循环。

改进措施建议

（一）切实增强各级领导干部风险意识和安全发展能力。地方各级党委和政府及其有关部门组织专题学习《习近平关于防范风险挑战、应对突发事件论述摘编》《总体国家安全观学习纲要》，认真学习习近平总书记关于安全生产、城市安全发展等重要论述，促进党员、干部胸怀“两个大局”、牢记“国之大者”，坚决捍卫“两个确立”、做到“两个维护”，切实增强忧患意识，坚持底线思维、极限思维，提高统筹发展和安全的意识和能力。开展统筹发展和安全专题干部轮训，统一设计培训内容，加强案例教学，促进各级党政领导干部更好掌握新时代安全发展的方法和本领。进一步加强对新发展理念的研究宣传，教育引导广大党员、干部特别是领导干部牢固树立正确政绩观，真正把安全发展理念贯穿到经济社会发展各领域和全过程。

（二）突出防控经营性自建房安全风险。深刻汲取近年来城乡经营性自建房倒塌、火灾等事故教训，按照国务院部署的全国自建房安全专项整治工作要求，把城乡接合部、城中村、安置区和学校、医院、景区、工业园区周边等涉及公共安全的经营性自建房纳入监管重点，根据风险程度分类施治，对存在严重安全隐患、不具备经营和使用条件的，立即采取停止使用等管控措施，坚决防止重特大事故发生。对违法改建、加层扩建等造成重大隐患拒不改正的，加强行刑衔接，依法严加治理，决不能任其野蛮生长、养痈遗患。严格自建房用于经营的审批监管，住建部门加强对房屋安全鉴定机构的监督检查，市场监管、教育、卫生健康、文化体育、公安、消防、税务等部门和单位要严格按规定办理相关审批手续，不得放任不管。建立经营性自建房信息公示制度，房屋产权人或使用人主动公示房屋安全鉴定情况和隐患动态排查整治等情况，接受社会监督。要集中力量扎实开展自建房安全专项整治工作，事后要逐一检查效果，对工作不落实、执行效果不好的重新补课，务求取得实实在在的成效。

（三）标本兼治加强城乡自建房安全管理。有关部门和地方要立足从根本上消除事故隐患、从根本上解决问题，综合施策解决长期以来自建房安全管理失序失控问题。补齐制度短板，建立健全相关法律法规，及时制修订建筑法以及村庄和集镇规划建设管理、城市危险房屋管理、房屋安全鉴定、建设工程质量检测管理等法律法规，抓紧解决法律缺失问题；建立自建房规划建设管理、设计施工服务、用作经营场所管理等制度办法，进一步细化明确房屋日常检查维护、定期鉴定、“住改商”、维修加固等有关要求；制定自建房重大安全隐患判定标准、技术指南等，解决既有自建房标准缺乏的突出问题；各地区要根据本地区实际，加强地方立法，研究完善自建房规划建设和使用安全管理规定，堵住制度漏洞。完善日常监管，建立自建房土地审批、规划许可、施工许可、竣工验收、产权登记、房屋安全鉴定、违建执法等信息联网平台，加强信息共享，实现房屋安全闭环管理；住建部门牵头负责城乡自建房行业和质量安全监管，建立健全多部门协调联动和全周期监管机制，推动房屋安全隐患常态化排查化解，严格落实定期安全检查责任，保障自建房质量安全。强化源头治理，进一步完善城市控制性详细规划，强化刚性约束和引领，防止自建房无序发展，严控增量风险；对三层及以上城乡新建自建房，依法依规实行专业设计和专业施工，严格执行房屋质量安全强制性标准。

（四）压紧压实各级领导干部防范化解重大风险责任。严格落实地方党委和政府属地责任，细化落实各级党政主要负责人、分管负责人和有关领导的自建房安全管理职责，拧紧自建房安全管理责任链条，坚决杜绝一放了之和只审批不监管、只管合法的不管非法的、只管目录内的不管目录外的，以及只备案不检查等怠政行为。建立城市规划和建设安全责任终身追究制，防止在工作中不负责任地制造风险。研究建立与防范化解重大风险要求相适应的工作机制和考评体系，对中央明确的目标任务实行量化考核，将考评结果作为党政领导班子和领导干部综合考核评价的重要内容，推动各级党委政府坚决担起防范化解重大风险的政治责任。把防范化解重大风险不担当不作为，纳入作风整治重点内容，加强履职情况监督，及时纠正把防风险责任推给上面、卸给下面、留给后面的做法，对不认真不负责的，依规依纪依法严肃追责问责。

（五）大力提高基层安全治理能力。把基层安全治理作为加强基层治理体系和治理能力现代化建设的重要内容，从加强党的领导、建强组织体系、明确权责清单、优化人力资源配置、加强财力保障等方面全面提升基层安全治理能力。加强基层履职的专业指导，组织专家服务团开展实地帮扶，逐城逐街逐户全面排查自建房安全风险。创新基层人事激励机制，鼓励干部下沉，让更多优秀人才留在基层。健全安全风险管理员制度和网格化动态管理制度，推动将专职网格员纳入社区工作者管理并加强培训。针对乡村建设工匠需求量大、专业性较强的特点，完善培训考核体系，加强工匠队伍建设，探索劳务派遣等形式，加强规范管理。有针对性地加强面向基层的安全宣传教育，提高基层群众风险辨识和应急避险能力，引导群众自觉依法依规建房、装修和出租经营。建立群众举报奖励机制，发动群众举报违法违规建设和扩建行为。

注释：

[1]《关于加强村镇建设工程质量安全管理的若干意见》（建质〔2004〕216号）规定：限额以上工程是指居民自建两层（不含两层）以上，以及其他建设工程投资额在30万元以上或者建筑面积在300平方米以上的所有村镇建设工程。

[2]《混凝土结构设计规范》（GB 50010—2010）规定，钢筋混凝土结构的混凝土强度等级不应低于C20（强度标准值20MPa）。

[3]《砌体结构设计规范》（GB 50003—2011）规定，烧结普通砖采用的普通砂浆强度等级最低为M2.5（强度标准值2.5MPa）。

[4]由块体和砂浆砌筑的墙，与柱一并作为建筑物主要受力构件的结构。

[5]《砌体结构设计规范》（GB 50003—2011）已废除空斗墙设计。

[6]用砖侧砌或平、侧交替砌筑成的墙体。

[7]由钢筋混凝土梁和柱以刚接或铰接相连接成承重体系的房屋建筑。

[8]Bsu级，民用建筑可靠性鉴定的分级标准，指基本完好。

（国务院调查组）

2022年长沙市望城区自建房安全专项整治工作纪实

"4·29"特别重大居民自建房倒塌事故发生以来，望城区深入贯彻习近平总书记重要指示精神，落实中央、省、市有关决策部署，按照"痛定思痛、彻查彻改、疏堵结合、刚柔相济、标本兼治"的总体原则，推进自建房安全专项整治。

上下联动摸清底数

望城区全面彻底开展自建房安全隐患排查，确保不漏一户、不漏一处。坚持高位统筹。把居民自建房安全整治工作列为"一把手"工程，第一时间出台专项整治实施方案，区委、区政府主要领导定期进行统筹调度和现场督导。全区各职能部门、街镇按照"三管三必须"（管行业必须管安全、管业务必须管安全、管生产经营必须管安全）和属地管理原则，推进自建房大排查。坚持"四查联动"。按照"四查"机制即"产权人（使用人）自查、村（社区）普查、镇街排查、县级复查"模式进行宣传发动，同时，全面调动基层网格化力量，分别对房屋"四性"（结构安全性、合法合规性、消防安全性、经营安全性）隐患问题，开展"拉网式""地毯式"排查，精准录入隐患信息，做到全覆盖、无盲区；截至2022年12月31日，全区累计排查居民自建房103656栋，其中经营性自建房11399栋，非经营性自建房92257栋。初判存在安全隐患的76210栋，其中结构安全隐患7962栋、消防安全隐患16239栋、建设合法合规隐患69149栋、经营安全隐患10674栋、地质灾害隐患685栋。坚持闭环管理。开展全区自建房安全专项整治"回头看"，按照经营性自建房不低于30%、非经营性自建房不低于10%的比例进行入户抽查，对数据录入准确率低于95%的村（社区）重新进行排查，确保房屋录入数据全面、真实、准确。同时，分类建立包含房屋"四性"问题的隐患台账，实行系统管理，建立健全自建房"四性"问题隐患库和整治库，紧盯系统数据分类进行整改销号。

突出重点排除隐患

紧盯重点区域、重点问题，严守"危房不住人、人不进危房"和"经营不带险、带险不经营"的底线，确保有效防范和彻底消除安全风险。依法依规关停。职能部门紧盯各自领域开展常态化专项检查，对存在较大以上结构安全隐患、证照不齐、业态不符合要求、消防不达标等情况，依法依规采取勒令变更经营场所、下达整改通知、取缔关停、吊销营业执照等行政处罚措施。各街镇定期对经营性自建房进行排查，按照"街镇吹哨、部门报到"方式，形成齐抓共管的工作局面。高峰期，全区共关停经营性自建房近1000栋。即时封控管理。在排查过程中，对初判存在重大结构安全和重大消防安全隐患的房屋，依法即时采取张贴封条、设置警示标志、设立警示带等方式进行封控，经整改为安全等级后（A、B级），再按程序解除封控。坚决拆违拆危。严格执行"五必拆""三先拆"（影响公共安全的必拆，主要道路两厢鹤立鸡群的必拆，社会关注度高的必拆，党员干部带头违建的必拆，顶风违纪在建的必拆，C、D级房屋先拆，领导干部违建带头先拆，违章最高的先拆），开展拆危拆违铁腕行动，集中力量快速解决盘树湾安置小区"4·29"房屋倒塌遗留问题，仅用26天完成225缝（栋）房屋的商户腾退、住户签约、房屋倒地的任务，刷新望城协议拆迁的速度纪录。截至2022年12月31日，全区已累计拆危拆违2106处（含整栋房屋、格子房、违章超层、阳光棚等），拆除面积326241平方米。推进分类处置。结构安全性方面，对没有违法违规建设的C、D级的房屋，通过具有相关资质的单位专业设计、专业施工进行维修加固，鉴定为A、B级后移出隐患名单。截至2022年12月31日，望城区结构安全隐患整治库内共1086栋房屋，拆除

540 栋，其余 546 栋 C、D 级房屋全部采取管控或工程措施进行处置；拆除和维修加固 868 栋，整改率 79.9%。消防安全性方面，开展经营性自建房消防安全隐患分类及整改试点，按照一般、突出、重大三级，分别明确房屋产权人（或使用人）、街镇、消防部门整改工作责任，按照省级标准严格落实取缔经营业态、添置消防器材、设置消防门和消防通道等有关整改措施；截至 2022 年 12 月 31 日，全区存在消防安全性隐患的有 11271 栋，整改 238 栋。经营安全性方面，由区市场监督管理局牵头督促经营户完成房屋结构安全鉴定，并按程序办齐相关证照和许可。截至 2022 年 12 月 31 日，全区有 11213 栋经营性自建房进行安全鉴定，排查证照 1.1 万余栋，发现存在经营安全性隐患 1039 栋，已整改 50 栋。合法合规性方面，市自然资源和规划局望城分局负责对存量自建房分类办齐不动产登记，对于超层超面、加层等违规建设行为，在确保结构安全基础上，分别按照拆除（或部分拆除）、罚没、限制用途等方式进行处置。截至 2022 年 12 月 31 日，全区完成存量自建房不动产登记 40027 栋，存在建设合法性隐患的有 17993 栋，整改 69 栋，完成新建自建房审批手续 348 栋（含规模以上自建房）。

用心用情破解难题

坚持人民至上、生命至上，用心用情、聚焦聚力，强力推进自建房安全专项整治工作。因房施策出新招。为切实解决好自建房分类整治中的共性和个性问题，同时保障好群众正常生产生活，按照“一房一策”“一栋一策”的要求，因地制宜，创新提出“十个一批”隐患整治措施，即加快鉴定放开一批、精准分类自住一批、动员拆除重建一批、拆危拆违销号一批、提前征收安置一批、“留证排危”处置一批、引导商户（租户）转移一批、工程加固除险一批、实物货币救助一批、修修补补销号一批，相关经验在省、市推介。以人为本减负担。出台奖补政策，初步核算，区级财政共安排专项经费 4 亿元并明确上不封顶，对自建房安全检测、拆除、加固、重建等流程进行全方位奖补，切实减少群众消除房屋安全隐患实际支出。出台《自建房住房困难户实物救助和货币救助办法》等文件，对生活困难群众采取救济方式，确保住房困难群众“居者有其屋”。建立健全新建自建房审批帮代办机制，主动提供上门服务，对新建房屋审批办证的全过程效能进行监管，帮助解决好居民在自建房整治方面相关急难愁盼问题，真正做到变“群众来回跑”为“政府帮代办”。强化宣传解心结。通过人民网、新湖南、《长沙晚报》等各级各类媒体宣传望城区自建房排查整治工作动态和帮扶案例，及时解读传达有关政策精神，营造浓厚社会氛围。聚焦自建房整治过程中群众关切的问题，推动党员干部下沉村（社区），将政策宣讲的阵地搬到屋场会上、群众家门口，引导自建房所有人、使用人“学懂法”“想通理”“算清账”，减轻整治工作阻力。

标本兼治顾及长远

建立完善自建房长效管理机制，提高自建房建设管理水平。统筹推进“四性”整治。明确资规、住建、市场、消防四部门具体负责，坚持问题导向，实施挂图作战、分类施策，定期到街镇开展巡回督导，加强协同配合，及时协调解决自建房整治工作中的具体问题。镇街和村（社区）明确专门力量开展“四性”问题整治，确保全区“一盘棋”推进。提升管理能力。在全省率先筹建自建房安全管理常设机构“房屋安全管理事务中心”，统筹房屋安全管理工作，建立联动工作机制，牵头开展既有房屋安全监管的日常排查、整治等相关工作。在镇街同步筹建房屋安全管理机构，各村（社区）配备房屋安全工作专干，具体负责落实和解决自建房安全管理“最后一公里”问题。着眼长效规范管理。着眼长效加强望城区自建房安全全生命周期管理，出台若干制度性文件，为推动问题解决及长效管理提供制度依据。新建房屋审批管理方面，出台《关于明确五类居民自建房审批事项的通知》《望城区自建房帮代办及手续办理降费减负实施方案》《长沙市望城区农村住房质量安全监督管理和竣工验收管理实施细则》《长沙市望城区农村宅基地和村民住宅建设审批管理办法》等文件，既全面规范国有土地、重建地和农村宅基地上建房的全方位审批管理，又逐步完善对自建房施工建设全过程监管。如在 C、D 级危房整治过程中，在尊重居民意愿的前提下，通过适当奖补、手续代办等方式，引导有改造意愿和能力的居民，按照原址、原面积、原高度、原使用性质进行“四原”重建，在审批过程中根据现场实际情况进行适当微调，在建设过程中把好质量安全关，有效推进危房的整改。既有房屋管理方面，制定《长沙市望城区房屋安全管理常态化巡查体检制度（试行）》等文件，明确组织机构、日常巡查范围及时间、巡查检查内容、工作职责、网格化监管机制、工作要求等内容，包含房屋安全管理员制度、日常巡查制度、区级抽查制度、执法制度、应急处置制度、安全信息建档制度、定期督查制度、责任追究制度等。同时，探索研究出台房屋安全保险制度，对既有房屋安全保障等方面进行制度性尝试。

（王祥烁）

聚焦"一特两主"，推动产业兴区

作为省会长沙最新最大的城区，望城区坚持因地制宜创新发展，逐步形成以智能终端为特色产业，以新材料先进制造、食品医药为主导产业的发展格局。2022年，落实市委、市政府"专精特新"发展要求，聚焦产业定位、创新驱动、服务保障，推进产业高质量发展，全区实现规模工业产值950亿元，比2021年增长5.3%；规模工业增加值增速9.4%，居全市前列；制造业增加值占地区生产总值的比重增至31%，比2021年提升1.4%，提升幅度居四区县市第一位；实现营业收入928亿元，比2021年增长19.1%；全区完成工业税收25.1亿元，比2021年增长4.6%。

找准产业定位

依托"一特两主"（以智能终端为特色产业，以新材料先进制造、食品医药为主导）产业基础，坚持走"专精特新"高质量发展之路。*专注主特产业，打造特色产业集聚区。*作为"三智一芯"中智能终端产业核心聚集区，坚持将智能终端产业放在发展先进制造业的首要位置，以荣耀、比亚迪电子为龙头的智能终端产业集群，聚集产业链上下游关键企业72家，望城经开区成为全省电子信息产业发展最快园区。以澳优乳业为龙头的绿色健康食品产业集群，聚集全省85%以上的乳制品产能，亩均产值412.8万元，亩均税收47.1万元。以中信戴卡、晟通科技为龙头的新材料先进制造产业集群，聚集规模以上企业211家，产值492亿元，形成新型合金材料、先进储能材料两大优势产业链，望城经开区有色金属精深加工特色产业基地获评2022年国家火炬特色产业基地，望城经开区获批2022特色产业集聚发展典范园区。*做精做细产业链，壮大新型合金产业集群。*作为长沙市新型合金（含3D打印）产业链发展的核心区，在轻合金、先进硬质材料方面培养多家骨干企业，形成以晟通科技、金龙铜业主导的铜铝产业集聚区，以艾维富虹、航天磁电为主导的锌、钴、锂稀有金属产业集聚区，以黑金刚、泰嘉新材为重点的先进硬质材料产业集聚区，泰嘉的带锯条、黑金刚的钻具、晟通集团建筑铝模板和食品铝箔包装等达到国内领先、国际先进水平。2022年，长沙新型合金材料产业集群确定为全省先进制造业集群培育对象，望城经开区确定为湖南省先进制造业集群培育对象核心承载园区。新型合金、智能终端、先进储能材料、绿色食品、医药医疗器械5条优势产业链规模工业企业产值736亿元，比2021年增长12%，成为拉动全区制造业的核心力量。

坚持创新驱动

坚持创新第一推动力，塑造发展新动能新优势。*夯实创新平台建设。*全区有市级以上各类创新平台116家（国家级8家、省级56家、市级44家、其他8家），市级以上众创空间11家（国家级2家、省级3家、市级6家）、科技孵化器4家（国家级1家、省级1家、市级2家），2022年孵化企业100余家，孵化高新技术企业8家。作为长沙市五大新型研发机构之一的长沙创新药物工业技术研究院、运营顺利并完成第一年度任务考核。全省首家智能传感技术研究院——湖南航天传感技术研究院落户望城经开区。*壮大创新人才队伍。*举办"智汇潇湘 才聚望城"雷锋家乡产业攻坚博士暨千名紧缺急需人才引进专场招聘，相继出台"骨干人才10条""海创园36条"等人才新政，梳理市、区两级人才政策并发布《人才政策汇编》。依托欧美同学会海归小镇吸引海归人才60余人落户望城。引进35名博士组建"产业攻坚博士团"，助力产业转型升级。*提升自主创新能力。*聚焦关键技术，实行重点攻关项目"揭榜挂帅"，黑金刚、泰嘉新材、衡开智能、联智科技、长高高压等企业累计突破50余项“卡脖子”关键技术，高风压潜孔钻头、智能化层绕机器人、双金属带锯条、特高压隔离开关等产品替代进口。加快推进食品医药、机械制造等传统产业智能化、网络化、绿色化转型，推动实施九典宏阳特色原料药研发生产智能工厂建设项目、天闻印务绿色印刷智能升级改造项目等智能化改造项目40余个，企业质效明显提升。2022年组织45家企业申报市级智能制造试点示范企业，组织18家企业申报市清洁生产审核，全区新增省级以上科技创新成果、企业荣誉50余项，新增16家两化融合管理体系贯标评定企业，新增1家国家级制造业单项冠军示范企业，新增1家国家重点“小巨人”，新增8家国家级专精特新“小巨人”，新增14家省级“专精特新”中小企业，新增12家省级企业技术中心，新增4家省级上云上平台、工业互联网示范和5G应用场景企业，新增3家省级消费品“三品”标杆示范企业。

完善服务保障

完善产业配套服务体系，全方位保障企业发展。强化产业政策配套。结合望城产业特色，落实中央、省、市稳经济大盘精神和各类惠企政策，出台“千百十”工程、制造业高质量发展若干政策、纾困增效“六补”举措等惠企政策，2022年补贴资金总量1.7亿元，比2021年净增9000万元。强化基础设施配套。推动总部基地、科研基地、生活配套区建设，加快推进亿达人才公寓、亿达创智岛、铜官人才公寓、科创中心等项目前期筹备工作。基于华为鲲鹏体系不断升级5G+工业互联网平台，围绕企业服务、产业赋能、管理升级三大目标，为园区产业转型注入新动能。自投用以来，有100余家企业免费使用物联服务系统，累计安全预警30余次。强化要素保障配套。推行相对集中行政审批改革落地，实现“一枚印章管审批”；推行惠企政策“免申即享”“即申即享”，加速政策兑现；坚持“风补+担保+转贷”模式，区级建立3只规模达4亿元的风险补偿资金，成立区级融资担保有限公司、转贷公司，累计为小微企业风补授信120户14.11亿元，为114家中小微企业提供担保贷款167笔13.84亿元。创新设立金融超市，打造中小微企业融资“一站式”综合服务平台，28家金融机构入驻，上架金融产品147个，注册用户24902个，总授信金额46.96亿元。建立“专精特新白名单”，举办“创客中国”“中国创翼”“长沙银行杯”等创新创业大赛，引导各类服务机构加大对优质中小企业的服务帮扶力度。深入推进干部联企“送政策、解难题、优服务”行动，推出望城企业服务“雷锋哨”平台，建立“企业吹哨，干部报到”的高效长效服务机制，梳理问题1057个，办结率97%；搭建望城企业供需对接平台，在全省率先打造“零障碍、零仓储、零物流、零损耗”的“四零”采购模式，入驻企业289家，发布企业产品717个。

（聂　芳）

大事记

CHRONICLE OF MAJOR EVENTS

编辑　张理希

1月

6日 南洞庭望城、湘阴、汨罗、赫山区县（市）融媒体联盟成立大会在望城区召开。

10日 望城公安白沙洲派出所、大泽湖派出所揭牌。

18日 2022年长沙市“红十字博爱送万家”活动启动仪式在望城区举行。

20日 望城区举办旅游新方向·中国铜官窑——“铜官古镇”景区惠民卡开放启动仪式暨望城春节旅游活动发布会，推出售价20元的“铜官古镇”景区惠民卡。

是日 德赛电池储能电芯项目签约落户望城区。

是月 由城发集团子公司资源公司与国网湖南电动汽车服务有限公司合作开发的望城区首批公交专用充电站通电运营。

2月

9日 望城区政府、区人武部到现役军人黄铸佳、谢啸宇家送“二等功”喜报。

10日 望城区举行“一江两岸”投资环境推介暨重大招商引资项目集中签约仪式，现场启动望城区“招商信息云平台”。

21日 望城区举办首批检察官法治副校长聘任仪式，27名检察官担任29所中小学校（幼儿园）的法治副校长。

22日 望城区出台《长沙市望城区推进文化旅游产业高质量发展奖励办法》。

是日 浦发银行望城支行揭牌。浦发银行长沙分行与望城区政府签署《银政战略合作协议》。

是日 望城区人民医院消化内科首次独立完成ERCP（经内镜逆行胰胆管造影）胆总管取石术。

23日 望城区第三届区人民政府第4次常务会议审议通过《2021年度望城区制造业高质量发展奖补资金方案（第一批）》。

3月

1日 2022年中国文联文艺志愿服务团“学雷锋”纪念日走进雷锋家乡湖南望城主题活动在雷锋纪念馆举行。

2日 望城区组织开展“追锋行动，善暖春风”——退役军人学雷锋主题系列活动。

3日 “四季同行·雷锋家乡学雷锋”——2021年全省学雷锋志愿服务先进典型发布仪式在望城区雷锋大剧院举行。

7日 “雷锋志愿者金种子在行动”望城区新时代文明实践进基层活动在月亮岛街道天鹅塘社区新时代文明实践广场举行。

8日 由城发集团负责建设的长郡月亮岛第二小学东校区开工建设，8月27日建成开学。

9日 望城区出台《关于长沙市望城区2021年国民经济和社会发展计划预计执行情况与2022年国民经济和社会发展计划的报告》。

11日 长沙市发展和改革委组织长沙地区的各区县（市）相关部门到望城区学习交流信易贷平台建设工作。

25日 望城区出台《关于做好2022年“三农”重点工作加快建设全市乡村振兴新标杆的实施意见》。

27日 中共长沙市望城区委召开常委会会议，审议通过并印发《区委巡察工作规划（2022—2026年）》。

30日 望城区出台《关于在全区开展党建“六大行动”深入推进“党建聚合力”工程实施方案》。

4月

22日 2022年“书香长沙·世界读书日”系列活动在丁字湾街道兴城社区茶园子乡村书吧启动。

23日 大健康功能性原料科技创新高地战略合作签约仪式暨“单杨院士创新团队澳优工作室”揭牌仪式在望城举行。

24日 大泽湖近自然湿地公园项目获立项批复。

是日 望城区年轻干部“四炼”营在区委党校开班。

26日 望城区2022年知识产权宣传周启动仪式在雷锋大剧院举行。

29日 12时24分，金山桥街道金坪社区盘树湾组发生一起特别重大居民自建房倒塌事故，造成54人死亡、9人受伤，直接经济损失9077.86万元。

是日 湖南航天电子信息材料产业园项目签约落户望城区。

5月

1日 中共长沙市望城区委常委会会议传达学习习近平总书记对湖南长沙居民自建房倒塌事故的重要指示及李克强总理的批示精神。

5日 望城区纳税缴费服务“小呼中心”开始运行。

9日 望城区出台《长沙市望城区保障农民工工资支付实施办法》《长沙市望城区保障农民工工资失信联合惩戒（试行）制度》《长沙市望城区保障农民工工资支付工作通报制度》的根治欠薪“一办法两制度”。

13日 望城区入选2022年度市辖区高质量发展百强（地级城市市辖区）榜单。

14日 望城区召开全区党政负责干部会议，会上宣布中共湖南省委决定，秦国良任中共长沙市望城区委书记。

19日 启动建设标准化村（社区）综合文化服务中心建设、新时代文明实践示范所（站）、新时代文明实践示范金种子屋场。

20日 望城区举办"5·20"家庭助廉日"纸短情长话清廉"家书分享活动。

23日 长沙窑铜官陶瓷烧制技艺经国务院批准列入第三批国家级非物质文化遗产名录。

24日 湖南有色金属产业技术高峰论坛暨湖南省有色金属产业技术创新战略联盟一届二次理事监事会在望城区举行。

25日 长沙市公安局望城分局被评为"全国优秀公安局"，法制大队教导员刘智勇被评为"全国优秀人民警察"。

26日 望城区在雷锋东路与潇湘北路交叉口组织开展城区防涝排渍应急演练。

29—31日 望城区基层党组织雏鹰计划暨村（社区）"两委"干部素能提升班第二次集训在中共长沙市望城区委党校举办。

31日 第24届中国科协年会"院士专家科技志愿服务基层行"走进望城水稻产业活动在高塘岭街道举行。

6月

1日 中共长沙市望城区委出台《长沙市望城区贯彻落实强省会战略行动方案（2022—2026年）》。

是日 望城区人民政府与湖南第一师范学院举行签约仪式，决定合办湖南第一师范学院湘江学校。

9日 中粮可口可乐华中饮料有限公司首条无菌果饮生产线在望城经开区投产。

25日 望城区金山桥街道、黄金园街道、白箬铺镇划入由湘江新区和岳麓区新合署的湘江新区托管。

28日 2022中国网球巡回赛（长沙望城站）暨长沙网球公开赛开幕式在月亮岛红土网球公园举行。

是日 湖南省第一个锂盐项目永杉锂业项目一期产线在高新区（铜官工业园）全线贯通投产。

29日 望城区获湖南省可持续发展实验区综合评价第二名。

是日 望城区举办"智汇潇湘 才聚望城"雷锋家乡产业攻坚博士暨千名紧缺急需人才引进专场招聘。

是月 望城经开区的5G智能终端产业园竣工投产。

7月

6日 望城区开展知名企业家"望城行"活动。

8日 望城区青少年安全知识教育暨"少年急救官"公益培育计划启动仪式在湖南第一师范学院斑马湖小学举行。

11日 望城区在全省率先探索将自建房审批工作纳入基本建设程序管理。

18日 铜官老街、靖港芦江社区、铜官街道彩陶源村被评为长沙市市级非遗示范点。

25日 望城区消防救援大队雷锋班和指战员获应急管理部消防救援局集体一等功和个人一等功。

30日 麓山国际望城实验学校项目交付使用。

是月 望城高新区成立水务公司，接管运营铜官自来水厂和污水处理厂。

8月

3—4日 全国自建房安全专项整治"百日行动"督导评估组到望城实地督导。

8日 望城经开区长沙医疗器械产业园开园。

8—25日 望城区举办全民健身节"体彩杯"第七届男子篮球百村争霸大赛。

15日 "雷锋文化陈列展"暨2021年度"雷锋志愿者"星级认证发布活动在区雷锋精神研究会举行。

是日 "雷锋精神与中国共产党人精神谱系"研讨会暨雷锋系列新书首发仪式在雷锋纪念馆举行。

18日 2022年望城区投资环境推介暨重大招商引资项目集中签约大会举行。

19日 第十届全国湿法冶金工程技术交流会在望城经开区召开。

20日 "望城小龙虾·旺城旺人旺我家"品牌推介系列活动启动仪式在砂之船（长沙）奥莱举行。

是日 以"聚焦新药创制 共筑人类健康"为主题的第四届长效缓释新药研发论坛在望城开幕。

21日 凌晨，永州京华中学安置小区项目安全员、望城区靖港镇新峰村村民虢亮波，在湘江边散步返回工地途中救起一名轻生女子。

25日 首届湖南文旅科技产品应用展示系列活动暨2022年湖南省文旅装备博览会在书堂山欧阳询文化园开幕。

是日 望城区气象局在桥驿镇炮点、格塘炮点、区气象局炮点开展人工增雨作业。

29日 "海丝 · 湘江和声——汉唐时期湘江流域对外交流遗珍展"在长沙铜官窑博物馆开幕。

31日 望城区首个新的社会阶层实践创新基地——铜官陶瓷"1+N（陶瓷技术附加其他因素）"实践创新基地揭牌。

是月 中共长沙市望城区委党校、湖南雷锋纪念馆、茶亭镇静慎村获评湖南省第二批党员教育培训示范基地和第一批党员教育培训现场教学点。

是月 中国工程院院士、湖南省农科院党委书记柏连阳领衔研发的"韶香100"再生稻低镉水稻新品种在高塘岭街道月圆村种植试验成功。

9月

3日 望城区启动“万企兴万村”行动。

5日 地铁4号线发出全省首条“网络强国”科普宣传主题列车。

8日 中共长沙市望城区委出台《关于全面推行田长制严格耕地保护的实施方案》。

是日 望城经开区第二届职业技能大赛颁奖典礼暨闭幕仪式举行。

9日 望城亿达智造小镇旺乐街开街，后街夜市同步开放。

12日 欧美同学会海归小镇（长沙·智能制造）揭牌仪式在望城区举行。

14日 望城区在雷锋大剧院举办“铸牢中华民族共同体意识 喜迎党的二十大胜利召开”民族文艺会演。

14—16日 由望城区承办的2022年长沙市少先队辅导员风采大赛在湖南师大附中星城实验青石学校举行。

17日 望城区举行纪念《中华人民共和国国防教育法》颁布21周年暨国防教育先进表彰大会。

19日 望城有色金属精深加工特色产业基地入选2022年国家火炬特色产业基地。

20日 “‘与雷锋同行’公民道德宣传日暨第三届社会主义核心价值观群众性原创文艺节目大赛决赛”在雷锋大剧院举行。

21日 望城区首家三甲医院长沙市第四医院滨水新城院区运营。

25日 望城区“雷小锋”德育品牌发布暨首届“雷小锋”超级运动会火种采集仪式在雷锋纪念馆举行。

10月

1—5日 2022长沙市第六届“沙滩星空”户外运动帐篷节在长沙千龙湖生态旅游度假区举行。

8日 中共长沙市望城区委党校在雷锋学院建成800平方米廉政教育展馆。

是日 望城区成立区劳资纠纷快处快结调解中心。

18日 望城区消防救援大队驰援“10·17”永州新田特大森林火灾。

20日 望城区W510路“清风号”廉洁文化公交专线开通。

28日 中诚信国际授予望城城发集团主体信用AA+评级。

31日 长沙市第四季度重大项目集中开竣工望城分会场活动在兆兴博拓汽车电子智造及华中总部项目现场举行。

11月

2日 望城区人民医院与白沙洲街道基层社区卫生服务中心举行“医联体”签约授牌仪式。

8日 长沙市2022年突发环境事件应急演练在望城经开区湖南吴赣药业有限公司举行。

是日 城发集团首个自主开发建设的房地产住宅项目——万兴小区一期通过主体验收。

15日 望城区启动“就认这个理·声声在望”系列宣讲活动。

18日 望城区入选2022年度全国综合实力百强区和全国投资潜力百强区榜单。

21—25日 2022年长沙市新型职业女农民培训班在中共长沙市望城区委党校开班。

22—24日 首届长沙市旅游发展大会在望城区举行。

30日 望城区发布《长沙市望城区建设全域文旅融合示范区三年行动计划（2022—2024）》。

12月

8—10日 望城参赛项目“薪火芳华”在第五届“中国创翼”创业创新大赛全国总决赛获青年创意专项赛一等奖。

9日 泰嘉智能锯切制造基地项目签约落户望城区。

是日 2022年油气长输管道突发事件应急救援演练在铜官街道举行。

13日 望城区“雷锋杯”学雷锋志愿服务大赛决赛在雷锋大剧院举行。

21日 湖南省总工会、长沙市总工会、望城区总工会举办的“工会进万家·新就业形态劳动者温暖行动”项目启动仪式在望城区星月公园工会户外劳动者服务站点举行。

21—22日 政协长沙市望城区第三届委员会第二次会议在雷锋大剧院召开。

22日 长沙市“最美庭院”创建暨“巾帼兴粮节粮”现场推进会在茶亭镇召开。

22—23日 长沙市望城区第三届人民代表大会第二次会议在雷锋大剧院召开。

26日 望城区人武部获评第三批全省学雷锋活动示范点。

是日 中共长沙市望城区委第三次全体扩大会议通过《中共长沙市望城区委关于深入学习宣传贯彻中共二十大精神为全面建设社会主义现代化新望城而团结奋斗的决定》。

29日 太阳山路霞凝跨线桥改造工程项目开工。

31日 望城区46条支路街巷完成高品质改造。

是月 智慧望城“雷锋哨”平台正式运行。

（李富强）

区情概览

OVERVIEW OF DISTRICT CONDITIONS

编辑　胡正科　张理希

建置区划

【位置面积】 望城属长沙市辖区，是伟大的共产主义战士雷锋的故乡。地处洞庭湖南缘、长浏盆地西部，长衡丘陵向滨湖平原过渡地带，地理上处在湖南中部偏北、长沙城区北半部，位于北纬28°08′29″~28°33′37″、东经112°38′45″~113°02′27″，居湘中东北。东连长沙县，南接开福区、岳麓区，西与宁乡市水陆相邻，西北与益阳市赫山区、北与岳阳市湘阴县一江相连，东北与岳阳市汨罗市相靠。京广铁路、石长铁路、京珠复线、长益常高速纵横交错，城市主干道融通城区，域内长沙西站是连接长株潭城际铁路与高铁（渝长厦高铁、长九高铁、长西高铁）综合性交通枢纽。2022年，全区总面积969平方千米（除托管区域外，全区总面积720平方千米）。其中，陆地836平方千米，占86.3%；水域133平方千米，占13.7%。（胡正科）

【建置沿革】 望城境域自秦、汉设郡、县，经三国、晋、隋、唐及五代，历为洞庭郡、长沙国、长沙县辖境；至北宋元符元年（1098年），划境内南半部入善化，经南宋、元、明、清各朝，境域均直属长沙、善化两县；1912年裁两县并入长沙府，直属湖南省管辖，次年改为长沙县，沿袭至中华人民共和国成立初期。1951年5月，经中央政务院批准析长沙县湘江东岸西北角一部分和西岸全部地区建置望城县，属长沙专区，县人民政府驻地初设望城坡，后迁高塘岭。1952年10月，县改属湘潭专区管辖。1959年3月在全国区划调整中，望城县建制撤销，并入长沙县，属长沙市管辖。1977年12月，经国务院批准恢复望城县建制，县人民政府驻地高塘岭。2011年5月20日，经国务院批准，撤销望城县，设立长沙市望城区。至2022年年末，建置无变化。（胡正科）

【行政区划】 1951年置县后，望城划分为15个区，辖67个乡、5个镇。1952年各乡规模划小，全县15个区辖315个乡（镇）和2个县辖镇。1953年行政区划调整为12个区，辖179个乡、7个镇。1956年撤区并乡，全县辖32个乡、2个镇，团头湖以西的利民乡划归益阳县。1958年撤乡镇成立9个人民公社。1959年望城县9个公社全部并入长沙县。1961年原望城境域9个公社划分为33个公社、4个镇，分属高塘岭、靖港、铜官、霞凝、坪塘、岳麓等7个区。1962年坪塘区所辖3个公社析出成立莲花区，原岳麓区所辖望岳、谷山公社划入市郊区。1977年恢复望城县建制，全县辖7个区，34个公社，4个镇，2个县属场。1978年置城关镇。1984年改公社、镇管理委员会为乡、镇人民政府，全县为7个区、1个镇，下辖34个乡、4个镇。1995年撤区并乡，全县设高塘岭、乌山、铜官、乔口、雷锋、丁字、桥驿、茶亭、靖港、星城、雨敞坪、莲花、坪塘、东城14个镇，新康、霞凝、格塘、天顶、黄金、九江、白箬铺7个乡，白箬原种场、乔口渔场2个县属场。1996年霞凝乡划归长沙市开福区，天顶乡划归长沙市岳麓区。1998年九江乡更名为含浦镇。2008年雨敞坪镇、莲花镇、坪塘镇、含浦镇划入长沙市岳麓区，雷锋镇由长沙市高新技术开发区托管。2011年望城撤县设区。2012年撤销高塘岭镇、星城镇、丁字镇、黄金镇，相应设立高塘岭街道、星城街道、丁字街道、黄金街道，后将高塘岭街道拆分为高塘岭、喻家坡2个街道；星城街道拆分为白沙洲、大泽湖、月亮岛3个街道；丁字街道拆分为丁字湾、书堂山2个街道；黄金街道拆分为金山桥、黄金园、廖家坪3个街道。2014年廖家坪街道由长沙市高新技术开发区托管。2015年开展乡镇区划调整，靖港镇和格塘镇合并设立靖港镇；新康乡和高塘岭街道合并设立高塘岭街道；茶亭镇和东城镇合并设立茶亭镇；铜官镇和书堂山街道合并设立铜官街道；乌山镇和喻家坡街道合并设立乌山街道；雷锋镇和廖家坪街道合并成立雷锋街道，年末辖白箬铺、靖港、乔口、茶亭、桥驿5个乡镇，雷锋、黄金园、金山桥、白沙洲、大泽湖、月亮岛、乌山、高塘岭、铜官、丁字湾10个街道，有125个村、40个社区。2016年完成并村工作，全区有128个行政村（社区）。2022年6月，将金山桥、黄金园、白箬铺3个街道（镇）划入湘江新区托管，年末辖7个街道、4个镇，有78个村、49个社区[不含托管的雷锋街道（雷锋片区）、雷锋街道（白马片区）、金山桥街道、黄金园街道、白箬铺镇的20个村、13个社区]。（胡正科）

自然环境

【地质地貌】 望城地处湘中丘陵向洞庭湖平原过渡地带，地势由南向北倾斜。地形以岗地、丘陵、平原为主，兼有低山。低山的主要组成物质为石英砂岩，岩性坚硬，抗蚀性强，山坡中上部风化层厚度一般为1～1.5米；成土母质多为石英岩沙和第四纪红土，间或有紫色页岩和板页岩。区域内岗地面积较大，岗顶多为平展伸延，地表缓和起伏；中部多为丘陵岗地，海拔60～150米，土质红黄，林木苍翠；东北、西北部为滨湖冲积平原，土地平旷，湖泊密集，渠沟纵横，团头湖为境内最大的湖泊。境内最高峰是位于桥驿镇的黑麋峰，海拔590.5米；最低点位于乔口镇湛湖，海拔23.5米。（李富强）

【山河湖泊】 望城东北部有黑麋峰、九峰山、书堂山、麻潭山；西南部有谷山、白鹤山、乌山。黑麋峰云雾长封，翠光四滴，峰峦绵亘，巍峨耸峙，与岳麓山、谷山、神鼎山并称长沙佛教四大名山，也被道家列为三十六洞天胜境之一。书堂山是古潭州临湘境内名山，峰岭回环，涧壑幽邃，林峦攒秀，深翠深碧。唐初著名书法家欧阳询世居此山，与其子通读书习字于此。山上原有欧氏读书习字遗迹，并以此构成书堂八景。乌山山势巍峨挺拔，峰峦竞秀。

2022 年长沙市望城区行政区划基本情况一览表

表 1

街　镇	村	农村社区	城市社区
丁字湾街道 （3 个村、4 个社区）	金云村 翻身垅村 双桥村	兴城社区	丁字湾社区 石韵社区 双桂社区
铜官街道 （9 个村、5 个社区）	郭亮村 万星村 华城村 花实村 何桥村 书堂山村 石渚湖村 彩陶源村 中山村	潭洲社区	誓港社区 袁家湖社区 铜官街社区 高岭社区
高塘岭街道 （9 个村、14 个社区）	沱市村 新阳村 六合围村 月圆村 湘江村 新河村 名盛村 胜利村 裕农村	高塘社区 莲湖社区 新康社区	西塘街社区 高塘岭社区 雷锋路社区 白芙塘社区 斑马湖社区 航运社区 望府路社区 中南社区 湘陵社区 白马巷社区 东湖路社区
乌山街道 （11 个村、4 个社区）	黄花岭村 金树村 双丰村 维梓村 八曲河村 团山湖村 乌山村 龙王岭村 双兴村 原佳村 高冲村	徐家桥社区 仁和社区 喻家坡社区	旺旺路社区
白沙洲街道 （3 个村、3 个社区）	马桥河村 腾飞村 黄田村		同心园社区 响堂湾社区 赤岗路社区
大泽湖街道 （3 个村、2 个社区）	回龙村 南塘村 西塘村	东马社区	金星北路社区
月亮岛街道 （3 个村、12 个社区）	银星村 中华岭村 戴公庙村	月亮岛社区	黄都港社区 黄狮岭社区 桑梓社区 杨丰社区 桃花井社区 天鹅塘社区 金瑞社区 名都社区 金甲社区 七峰社区 星悦湖社区
桥驿镇 （8 个村、1 个社区）	白石村 禾丰村 洪家村 民福村 群力村	桥头驿社区	
桥驿镇 （8 个村、1 个社区）	黑麋峰村 沙田村 杨桥村		
茶亭镇 （12 个村、1 个社区）	望群村 九峰山村 谭家园村 狮子岭村 西湖寺村 戴公桥村 洪开桥村 泉丰村 杨家坪村 静慎村 大龙村 苏蓼村	梅花岭社区	
乔口镇 （7 个村、1 个社区）	柳林江村 大垅围村 田心坪村 盘龙岭村 团头湖村 蓝塘寺村 湛水村	乔口社区	
靖港镇 （10 个村、2 个社区）	杨家山村 格塘村 柏叶村 三桥村 凌冲村 石毫村 复胜村 福塘村 前榜村 新峰村	众兴社区 芦江社区	
金山桥街道 （7 个社区）		桐林坳社区 金山桥社区 金坪社区	观音湖社区 黄金社区 谷丰社区 金沙社区
黄金园街道 （3 个村、1 个社区）	桂芳村 英雄岭村 黄金园村		金联社区
雷锋街道 （雷锋片区） （4 个村、3 个社区）	真人桥村 桥头铺村 坪山村 牌楼坝村		雷锋社区 荷花塘社区 和润园社区
雷锋街道 （白马片区） （3 个村、1 个社区）	廖家坪村 白马村 三益村		长兴路社区
白箬铺镇 （10 个村、1 个社区）	龙唐村 龙莲村 黄泥铺村 淑一村 光明村 大塘村 齐天庙村 金峙村 古山村 胜和村	白箬铺社区	

（资料来源：区民政局）

茫茫竹海，浓荫蔽日。谷山在望城区与岳麓区交界处。盛产青纹花石，可制砚，扣之无声，发墨有光。谷山为晋唐以来高僧驻锡之所。麻潭山在丁字湾街道。山峰险峻，怪石嶙峋。湘江是流经境内最大的河流，发源于湖南蓝山县。从三汊矶大桥南入境北上，纵贯境内南北35千米，携一级支流8条、二级支流13条，至东城镇团鱼洲出境折向东北流入洞庭。湘江上的重点工程基本在境内，湘江是望城文化摇篮，是望城的生命基因，是望城最重要、最美丽、最深沉的符号。因水流平缓、江面宽阔，利于舟楫，极目大江，烟水云天，千帆竞发，百舸争流。以湘江为界，从河西流入湘江的有柳林江、撇洪河、沩水河、八曲河、马桥河、大泽湖水系、龙王港、观音港，其中最有名的为沩水河。从湘江东岸流入的有黄龙河、石渚河与霞凝河。湖泊主要有团头湖、团山湖、天井湖和格塘水库，其他库容量100万~1000万立方米有观音岩水库、古冲水库、茶亭水库、西湖冲水库、楠竹山水库、寺冲水库等。八曲河因旧时下游河道弯成八曲，故名八曲河。为湘江一级支流的外流河，望城境内53千米，横跨白箬铺镇、乌山街道、高塘岭街道。发源于岳麓区麻田、嵇山诸山北麓。沩水河为湘江一级支流，在望城境内18千米，沩水发源于宁乡沩山。沙河为湘江一级支流，望城境内18千米，源于汨罗市分水坳，因河底砂石甚多，故名沙河。马桥河为湘江一级支流，又名马家河，望城境内25千米，北源出虎仑岭南麓。团头湖位于靖港镇和乔口镇境内，与宁乡双江口镇接壤，湖岸曲折多弯，是一条可通船只的河流，后逐渐围截东西两端，故名团头湖。水面6平方千米，是长沙地区最大的湖泊。柳林湖位于乔口镇乔口社区，因湖岸多柳树，故名柳林湖。湘江岛屿众多。月亮岛原名遥埠洲、许家洲。洲长近5千米，面积近70公顷，洲上垂柳成荫，风光秀丽。位于湘江主航道以西，1988年在商务活动中更名月亮岛。堤垸有联合垸、翻身垸、同福垸、胜利垸、团山垸、大众垸、苏廖垸、团头湖垸。（李富强）

【气候物候】 望城境域属于大陆性特征明显的东部亚热带季风湿润气候，气候温和，四季分明；热量充足，雨水集中；春温多变，夏秋多旱；严寒期短，酷热期长。其气候特点导致冬夏长，春秋短，光热充分，降水丰沛，温和湿润，雨热同期，气候条件比较优越，作物生长季长，有利于农作物的生长发育、多熟性和复种指数的提高，适合水稻、油料等农作物和樟、茶、柑橘、毛竹等常绿阔叶林的生长。1981—2010年，年平均气温17.4℃，最冷月平均气温4.9℃（1月），最热月平均气温29.2℃（7月），极端最高气温40.6℃（2003年8月2日），极端最低气温-10.3℃（1991年12月29日），年平均雨日为150.1天，降水量1428.1毫米，其中4—9月降水量为917.4毫米，占全年总降水量的63.3%，年平均相对湿度79%，呈现时空分布不均匀、前涝后旱现象。年平均无霜期为271天，年平均日照1545.3小时，年日照百分率为35%；年平均风速为2.35米/秒，最多风向为西北风；主要气象灾害有洪涝、高温、干旱、低温阴雨、冰雹、大风、寒潮、雷暴。2022年，全区年平均气温18.6℃，年最高气温40.5℃，年最低气温-4.0℃，年降水量1003.8毫米，平均湿度80%；极端天气有11次强降水过程，3次暴雪过程。（李富强）

【自然资源】 望城境内地下矿藏有金、铁、锰、磷、石灰石、花岗岩、青石、陶土、河砂砾石、矿泉水等30余种。广泛开发的有花岗岩、砖瓦用黏土和建筑用砂。花岗岩主要分布于望城区丁字湾街道、茶亭镇和桥驿镇境内，地质储量1313.1万立方米，可采量1100万立方米，曾用于人民大会堂及武汉长江大桥建设。土壤成土母质母岩，主要为板页岩、花岗岩，次为石灰岩、红色黏土类和河湖冲积物类，适宜多种农作物生长。生物资源丰富，有野生种子植物272种，森林植被主要为常绿阔叶混交林、针阔混交林、针叶林及毛竹林，主要树种为马尾松、杉木、湿地松、毛竹、樟树、栎类等；经济林主要有油茶、茶叶、柑橘、梨、核桃、板栗、桃等；药用植物有杜仲、厚朴、黄柏等。2022年，森林覆盖率34.22%；境内有野生动物216种，国家一级保护动物3种、二级保护动物26种。国家一级保护植物（树种）有水杉，白鹤山麓发现的朱砂玉兰为长沙地区首见，黑麋峰顶发现的山茱萸能在该低海拔处生长实属罕见。（李富强）

【土壤植被】 望城区土壤成土母质母岩主要为板页岩、花岗岩，次为石灰岩、红色黏土类和河湖冲积物类。土壤分9个土类21个亚类，以红壤、潮土、水稻土为主，山地黄壤、山地黄棕壤、石灰土等少量分布其中，各类土壤适宜多种农作物生长。东北部为花岗岩风化物、第四纪红色黏土、河流冲积物等母质，主要土种有山地的薄、中、厚土层花岗岩红壤和红土红壤；旱土为麻沙土、红泥土；水稻土为粗麻沙泥、麻沙泥、青沙泥、红黄泥、青塌红黄泥、青夹泥、青泥田、沙泥田、潮泥田、潮沙泥田等土种。西北部及湘江两岸为河流湖泊冲积物母质，水稻土分布为潮泥田、潮沙泥田、红黄泥底潮泥田、黄泥底潮泥田、青沙泥、沙泥田，以及部分次生潜育土种等。中部为第四纪红色黏土和板页岩风化物母质，分布有薄、中、厚土层红土红壤、板页岩红壤。旱土为红泥土、黄泥土；水稻土为红黄泥、青塌红黄泥、黄泥田、青隔黄泥田、青夹泥、青泥田等土种。西南部为石英砂、紫色页岩、紫色砂页岩风化物母质，分布的土壤类型有砂岩红壤、紫色土。旱土有黄沙土、紫红土，水稻土有黄沙泥、青隔黄沙泥、青沙泥、紫泥田、紫沙泥田、青福紫泥田、黄紫泥等土种。望城属中亚热带常绿阔叶林地带，山地和丘岗曾广泛生长常绿阔叶林，林木茂密，长势良好，树种资源丰富。中华人民共和国成立初期，全境森林覆盖率为35%。岗地丘陵和山区的植被为乔木、灌木、草类相互丛生，极少光山秃岭和表土裸露之处。20

世纪50年代至60年代，因人为滥伐林木，植被覆盖率严重下降，20世纪70年代以来，依靠人工垦殖栽培，自然植被开始恢复。2022年，望城区森林覆盖率34.22%，植被主要有常绿阔叶林8024.44公顷，落叶阔叶林2064.33公顷，常绿针叶林5390.92公顷，落叶针叶林2500.62公顷，针阔混交林1925.76公顷，竹林3137.29公顷，稀疏林4.10公顷，阔叶灌丛931.05公顷，针叶灌丛315.93公顷，稀疏灌丛395.89公顷，稀疏草地585.78公顷等；有维管束植物637种，石松类和蕨类15科27种，裸子植物7科16种，被子植物121科594种。有树龄100年以上属国家保护的古树名木99株，分属于13目13科16属；树龄80年以上的古树后备资源19株，分属于4目4科4属。

（李富强）

自然灾害

【水灾】 望城地处湘江下游，靖港围垸地区和其他河谷平原约占全域总面积的1/5，每年春末盛夏，凡湘中、湘东、湘南连降大雨或暴雨，湘江下游便旦夕陡涨，洪水漫堤而下，如遇洞庭湖四水顶托，望城沿江地段，轻则渍涝，重则溃垸，凡历史上出现的水灾大多属于上述情况。在早稻登场前后，因长江水位抬高，倒灌洞庭湖，俗称“涨西水”，一旦南来山洪与下游西水同时遭遇，严重时亦渍涝或溃垸。县境低山与丘岗地区，因大雨或暴雨形成山洪暴发，甚或有小块山林崩塌，泥石俱下，俗称“出蛟”，沿溪涧两侧冲毁田禾庐舍的现象也间有发生，但持续时间较短，一般不形成大面积灾害。境内洪涝灾害4~5年一遇，大多在5—6月，1949年以后的特大洪涝主要出现在1954年、1969年、1998年、2017年。1954年5—7月连续淫雨，7月1日，长沙湘江最高水位达37.81米，全县34个较大围垸有31个被淹，计1.47万公顷，损失粮食7000万千克，淹死11人，冲毁房屋5077间。1964年8月9—10日，连降暴雨，雨量370毫米，最高达500毫米，加之宁乡猛降暴雨，黄材水库泄洪，于11日灌入大众垸。3天之内，溃垸31个，淹田7800公顷，冲坏民房4.1万间，死亡140余人（包括从宁乡漂流下来的尸体），冲走稻谷2250万千克、生猪600头、耕牛56头、农具10余万件。1998年6月12—26日，连续暴雨，降雨达759毫米，相当于常年降雨量的一半有余；27日，全县沿江河堤段出现超历史水位0~0.74米的洪峰，183千米堤线相继发生洪水漫堤，老沩水河、团头湖及各水库均水位暴涨，丘陵山体滑坡；当日深夜丁字镇翻身垸溃决，铜官镇洪家洲、乌山镇李家湖、丁字镇施家湖、含浦镇丰田垸等15个中型堤垸漫溃，61个巴垸泡水，1334公顷稻田被淹被渍，13548间房倒塌，丁字、桥驿、铜官等集镇被淹，造成全县直接经济损失19.60亿元。2017年6—7月，望城连续强降雨:6月1日至7月4日总降水量594.9毫米，比历史峰值多66.6毫米；6月29日14时至7月1日12时，累计平均降水178.1毫米，导致湘江及沩水、沙河、马桥河、石渚河、黄龙河、八曲河、乔口撇洪河等各支流相继出现超历史最高水位，致使全区8.2万人受灾，3.2万人转移，1万公顷农作物及水产养殖受损，倒塌房屋358户923间，受损房屋1853户7846间。2022年，望城区未发生大型洪涝灾害。（张理希）

【旱灾】 望城地区干旱一般出现在盛夏至深秋，干旱概率为77%，即4年3旱，大旱5年一遇，特大干旱7~8年一遇。县境西北属河湖平原地带，江河湖泊遍布；东北和南部丘岗区域，水资源相对较少，分布亦不平衡，故遇干旱之年，旱情北轻南重。1949年以来较严重的旱年为1956年、1959年、1972年、1978年、1981年、1985年、1989年、1992年、2000年、2001年、2003年、2007年、2013年。1959年6—10月，118天未下透雨，8月至10月中旬60余天无雨，全县普遍受旱，2.13万公顷一季稻和双季晚稻受旱，脱水8866.67公顷，绝收80公顷。1972年春季未下一场透雨，塘、库蓄水未满，旱稻受旱2万公顷；立秋前后，旱情更重，湘江水浅（长沙站8月最低水位26.5米），溪涧断流，格塘水库和团头湖干涸，因旱减产粮食近600万千克。2003年1—8月全县降雨仅870.9毫米，为常年同期雨量的63.5%，6—8月持续46天的高温天气（38~41℃），使土壤含水量从50毫米降到11.9毫米，是近30年以来遭受的最严重的旱情；县境内受灾面积3.24万公顷，其中水稻受灾面积2.31万公顷，成灾1.71万公顷，旱作物受灾面积5220公顷，成灾3366.67公顷，全县减产粮食114万吨，水产养殖业受灾面积4133.33公顷，成灾3686.67公顷，旱灾造成经济损失1.2亿元以上。2007年7—8月，全县遭遇50年一遇大旱，河流库塘断流、干涸，旱情波及全县13个乡镇，20余万名人民群众的生产生活受到严重影响。2013年7—8月，连续50余天没有降雨，受灾人口19.6万人，饮水困难人口6.8万人，农作物受灾面积18300公顷，其中绝收面积5600公顷，直接经济损失9700万元。2022年，望城区出现极端的持续性高温少雨天气，全年高温日数56天（≥35℃），最长高温连续日数为23天（8月1—23日），最高气温40.5℃（8月18日）。8月17日至11月18日出现气象干旱，其间蒸发量541.5毫米。全区连续超100天无有效降雨，长时间维持气象干旱特旱等级。（张理希）

【冰灾】 望城在严寒期常伴有冰冻出现，年均3天以上，但非年年出现，最长过程达10余日。冰冻成灾期间，一般从轻度开始，自北向南逐渐加剧，折树木、坏蔬菜，凡越冬作物严重受损。20世纪50年代以后，成为危及输电和电话线路的一大自然灾害，县乡公路机动车停驶，给生产生活带来不便。大雪多出现于严寒期内，持续时间一般3~5天，有时转变为冰冻维持。雹灾多出现于3—4月，时间一般短，给农作物带来危害。1969年初冬春交替时，连降大雪15天，冰冻1个多月，池塘人行不陷，鸟兽冻饿致死者累见于野，电杆、树木折断无数，60余公顷南橘基本毁败。1992年1月上中旬，日平均气温维持在0℃左右，出现连续2次特大冻害，造成840公顷橘树严重受损，尤以温州蜜橘为甚，柑橘叶片大量脱落，部分新梢枯萎，冻毁率60%以上；全县27处较大橘园有13处被冻毁，导致当年全县柑橘基本失收。2008年1月，望城遭遇50年不遇重大冰灾，全县受冰冻灾害人口40.7万人；农作物受灾面积2.55公顷，其中绝收面积0.55万公顷；损坏房屋6054间，其中倒塌房屋3018间，因灾直接经济损失5.27亿元。2022年，望城未发生严寒冰冻灾害。　（张理希）

【其他灾害】　望城因特殊的地貌构造，强劲冷空气极易沿湘江河谷自北向南长驱直入，故冬、春季西北风带来的灾害多出现于平原与河谷地带。短时间风力8级以上的大风平均每年6次，以8月出现的概率最大，4月次之，其特点是危害时间短、破坏程度大，亦较少规律性。望城境内水稻、旱粮、蔬菜、林竹等作物易遭病虫危害。中华人民共和国成立前，农业生产以单季稻为主，危害水稻的主要害虫为蝗螟之类，农民常以手捕、锄挖灭除；大灾之际，则设坛打醮，抬菩萨游田间治虫，致使“岁大歉”“禾稻啮尽无收”。中华人民共和国成立后，随着双季稻的大面积种植，密植程度提高，品种矮秆化，化肥大量施用，水稻病虫种类已由20世纪50年代的稻蝗稻象二化等延至20世纪60年代渐被三化代替。20世纪70年代，一些次要病虫上升为主要病虫，稻飞虱、稻叶蝉、稻病毒病、稻纵卷叶螟已成为常发性病虫。20世纪80年代，稻飞虱、稻纵卷叶螟、二化螟成为常发性的主要病虫。随着化学农药及药械的推广使用，病虫测报和植保队伍的建立健全，以及开展综合防治，因病虫害对水稻生产造成的损失逐步减轻，昔日的“飞蝗蔽天”已不复存在。境内松树的主要害虫为松毛虫，间歇性发生，严重时亦“食松叶殆尽”。另在雷雨天气易发生雷暴灾害，1994年、2002年，境内曾发生雷击导致人员伤亡。2022年，望城未发生上述大型自然灾害。　（张理希）

人口和民族宗教

【人口】　望城境域在历史上先后分属临湘、湘西、长沙、善化等县，人口数量无从稽考。至元末明初，境内人口变动、迁徙情况始有流传“湖南人来自江西”之说，查阅境内大姓族谱，多载有先人于明清时期“自赣入湘”说。从清代后期至中华人民共和国成立初期，可从史料记载中估算析出人口总量概数。清嘉庆二十一年（1816年），境内人口约35万人。清末至1949年，长时期的天灾、战乱、疫病，使境内人口增长缓慢。置县以后，1951年全县总人口472661人，1957年逾50万人，1959—1961年境内人口数量下降，而后回升，1970年增至60万人，复置望城县后的1978年为657649人。20世纪80年代中后期，县内人口增长较快，其中，1988年全县总人口73.76万人，比1987年增加20500人。1990年，《湖南省计划生育条例》颁布实施，人口增长速度减缓。1991年，中南传动机械厂等厂矿企业迁入境内后，县内人口增加，全县总人口增至75.91万人。1996年7月，天顶、霞凝两乡分别划入长沙市岳麓区、开福区，全县人口减为71.33万人。2000年第五次全国人口普查统计，全县总人口71.40万人，农村中的青壮年男性向城镇转移，全县儿童人口下降，青壮年和老年人口比例上升。2008年，雨敞坪镇、莲花镇、坪塘镇、含浦镇划入岳麓区，全县总人口从2007年的71.03万人降至51.2万人。2010年第六次全国人口普查统计，全县常住人口523660人。2011年望城撤县设区，全区15个乡镇总人口55.19万人，人口自然增长率4.91%。2020年第七次全国人口普查统计，全区常住人口为890214人。2022年，望城区常住人口96.29万人，城镇化率79.67%。年末户籍人口54.43万人［不含雷锋街道（雷锋片区）、雷锋街道（白马片区）、金山桥街道、黄金园街道、白箬铺镇］，比2021年年末减少8.56万人，下降13.59%。户籍人口中，男性26.64万人，女性27.78万人，出生5010人，人口出生率9.2‰，人口死亡率9.06‰，人口自然增长率0.14‰。
（胡正科）

【民族】　望城境内历为汉族聚居地，1953年第一次全国人口普查，全县登记人口471292人，其中少数民族只有回族1人。伴随事业发展和人口流动，望城区本地与外地人通婚增多，一些少数民族来境内就业或定居。1964年第二次全国人口普查，境内汉族为504394人，占总人口的99.976%，少数民族113人，占总人口的0.022%。1982年第三次全国人口普查，全县汉族665631人，占总人口的99.986%；少数民族88人，占总人口的0.013%。1990年第四次全国人口普查，全县汉族736759人，占总人口的99.896%；少数民族764人，占总人口的0.103%。1991年，中南传动机械厂由沅陵县搬迁入境，县内少数民族人口由原来的764人增加到2750人，为1990年的3.6倍。2000年第五次全国人口普查，全县有28个民族，总人口714000人，其中汉族711243人，少数民族人口2750人，未识别民族7人，占总人口的0.40%。2010年第六次全国人口普查，常住人口523660人，少数民族在人口中占比0.66%。2021年第七次全国人口普查，常住人口890214人，少数民族27080人（包括未定族称63人，入籍1人），在人口中占比3.04%。2022年，望城境内人口以汉族为主，有土家族、苗族、侗族、蒙古族、回族、白族和瑶族等36个少数民族，有常住少数民族人口12559人，其中男性5077人、女性7482人，少数民族流动人口32478人。少数民族族别主要集中在土家族(3409人)、苗族(2294人),藏族(176人)、回族(142人)。域内有区民族联谊会、丁字湾街道、望城一中、中南社区、桃花井社区、天鹅塘社区和西塘街社区7个民族工作服务站,分布在少数民族聚集的社区、学校、企业等区域。驻区高校有湖南外贸职业学院、湖南外国语职业技术学院、中南林业科技大学涉外学院、湖南信息职业技术学院、湖南电子科技职业学院、湖南工商大学北校区,在校少数民族教师150人、学生8216人。（胡正科）

【宗教】 清代,望城境内凡村镇中集数十户立一"社神庙",俗称"土地庙";集十数"土地庙"立一"稷神庙",俗称"庙王";还有其他各种神庙。一年四季,都有民众至神庙祷告许愿,求卦问签,香火不断。每遇红白喜事、疾病灾祸,便有巫师、道士、风水先生等在场施术。中华人民共和国成立后,望城积极推进移风易俗。20世纪80年代起个别村重建土地庙;每年农历八月初一,都有民众到戴公庙敬奉戴公菩萨。1984年望城成立佛教协会,有杲山寺、洗心禅寺、黑麋峰寺、靖港镇观音寺、青天寺、乔口镇观音寺、洪山古寺和湧月古寺等佛教寺院。1992年望城成立基督教三自爱国运动委员会,所在地望城区基督教堂建于1995年,是望城区最大的教堂。2015年望城成立道教协会,将老戴公庙(月亮岛街道)、万寿宫(乔口镇)、黎仙观(桥驿镇)、财神古殿(白箬铺镇)和庆云观(白箬铺镇)纳入道道教协会管理。2022年,望城区有佛教协会、道教协会和基督教"三自"爱国运动委员会3个宗教团体,有宗教活动场所35处(佛教7处、道教2处、基督教26处),宗教教职人员58人(佛教13人、道教38人、基督教7人);信教群众6270人,其中,佛教信众2506人、道教信众2123人、伊斯兰教信众241人、基督教信众1400人(受洗)。民间信仰活动场所(发证)16个。（胡正科）

历史人文

【文化遗存】 望城古为荆楚之地,历史文化厚重,古迹甚多。有古城桥地段新石器早期遗迹,有环团头湖区域距今3000—5000年新石器晚期人类活动的遗迹,有商周时期高沙集文化遗址,有道家三十六洞天胜境之一的黑麋峰古刹,有被誉为"汉代诸侯王陵寝百科全书"的"风篷岭一号"两汉时期长沙王陵墓群及隋唐时期长沙铜官窑遗址等文化遗存,特别是唐代铜官窑首创的"釉下多彩瓷"闻名于世;书堂山上洗笔泉,系欧阳询父子习字洗笔之处,墨云浮水,景物依然。有明清时期的惜字塔、文星塔、宁乡会馆、宏泰坊等古代建筑。2022年年末,全区有不可移动文物152处,其中全国重点文物保护单位2处,省级文物保护单位9处,市级文物保护单位16处,县级文物保护单位28处。全区馆藏文物2190件(套)[一级文物18件(套)、二级文物96件(套)、三级文物341件(套)],区级馆藏文物953件(套)[一级文物3件(套)、二级文物5件(套)、三级文物102件(套)],国有博物馆(含长沙铜官窑博物馆和长沙铜官窑国家考古遗址公园的谭家坡遗迹馆、陈家坪遗址馆)馆藏文物937件(套)[一级文物15件(套)、二级文物91件(套)、三级文物239件(套)],非国有博物馆(夏国安艺术博物馆)馆藏文物300件(套)。另外,华夏剪纸博物馆馆藏以剪纸为主的藏品1.9万件。（魏 笑）

【非物质文化遗产】 截至2022年年底,望城区公布的非物质文化遗产保护名录项目43个。其中国家级项目1个:长沙窑铜官陶瓷烧制技艺;省级项目2个:民间剪纸(望城)、皮影戏(长沙皮影戏);市级项目13个:望城新康木雕技艺、丁字湾麻石雕刻技艺、望城花鼓戏、陶蔬恋窖藏罈子菜、郭福娭毑小钵子甜酒、靖港八大碗、怡华楼祖传杠子面、谷山砚雕刻技艺、靖港纸扎、望城传统炭画、长沙铜官窑祭拜舜帝窑神习俗、黄药子铺酒曲制作技艺、邱氏腐乳制作技艺;区(县)级项目27个:望城花鼓戏、新康花鼓戏、靖港花鼓戏、新康祭洪山福主、丁字木雕技艺、新康谷酒酿制技艺、柒嗲药酒、胡氏中医正骨术、弘文面塑、望城蛋雕技艺、靖港左家酥糖制作技艺、靖港手工小花片制作技艺、靖港手工制秤技艺、长沙铜官窑陶瓷拉坯技艺、长沙铜官窑陶瓷捏塑成型技艺、长沙铜官窑陶瓷彩绘装饰技艺、铜官"白路句子"、龙舞、铜官烙画、糖画制作技艺、蜡染扎染传统服装印染技艺、格塘绿茶手工制茶技艺、薯夫妻水烫红薯粉传统制作技艺、铜官"十碗头"湘菜制作技艺、芦花江猪腰子糖油粑粑制作技艺、年味回锅鸡制作技艺、中药炮制技艺(蜜麸炒酒乌梢蛇、烫吴茱萸炮制技艺)。有非物质文化遗产代表性传承人57人。其中,国家级代表性传承人1人:刘坤庭;省级代表性传承人2人:秦石蛟、刘志广;市级代表性传承人16人:彭望球、朱国强、胡建、周旭、谭异超、秦岭春、卞定福、李旭、赵海臣、萧力、易国宁、雷运华、万勇、刘嘉豪、沈颖利、周世洪;区(县)级代表性传承人38人:李剑飞、易辉洪、陈志阳、熊铁军、寂尘、邱舟、易森林、曾仁美、秦岭霞、胡双桂、胡敏、王溪沙、黄天作、左光明、肖亚龙、吕定龙、陈宇佳、陈晶、张正斌、胡武强、黄皓夫、雍建刚、吴小平、朱礼、周利娟、尹剑钊、冯灿、杨正武、姚栋、周新德、肖力、曹树辉、蒋孟良、谢福祥、胡治、刘重文、周义斌、刘玢婕。已故传承人:雍启林(陶艺)、熊赛裕(陶艺)、施应军(木雕)。望城非物质文化遗产特点:项目众多,涉及民间文学、传统美术、传统医药、传统戏剧、传统技艺、民俗、传统舞蹈7个门类;发展不平衡,大部分项目能正常传承,少数项目面临消亡风险。（解中英）

【历史名人】 望城人才辈出,各领风骚。欧阳询书法楷范天下,丁取忠《白芙堂算学丛书》集古今数学之大成,诗圣杜甫、抗元名相文天祥、“扬州八怪”之一的郑板桥等，均在望城留下题咏佳作。辛亥革命至中华人民共和国成立时，涌现以郭亮、刘畴西、叶魁、易顺鼎、周以栗、谭牛山、陈锡纯、谭天觉、刘绍樵为代表的革命英烈，以戴文奇、侯桂林、李朝斌、丁锐义、刘人瑞、文经纬、秦汉三为代表的能臣志士，以欧阳通、欧阳翥、刘权之、李度章、程颂万、周寿昌、李锡藩、李篁仙、李肖聃为代表的学界翘楚。（肖　艳）

【文学艺术】　三国蜀将关羽、隋唐英雄李靖驻军境内，境内文学以民间传说的形式歌颂其业绩，有马厂、捞刀河、吴蜀桥、惊马桥、靖港、誓港等地名故事。神话是古代境内文学的另一种重要形式。建于隋代的杲山禅寺和唐初的黑麋峰寺，高僧、仙人的神话故事广为流传。唐初欧阳询是境内首位名见经传的文学家、书法家，主编《艺文类聚》《九成宫醴泉铭》传世。及至中唐，境内文学在窑光釉彩中绽放，诸如著名的《君生早》等诗文，把大唐诗意的生活带入今天，也为中华文学史添上浓墨重彩的一笔。湘江是望城文学的摇篮。杜甫晚年舟行湘江，流寓境内，写有《入乔口（长沙北界）》《北风（新康江口信宿方行）》诗。正是诗人的妙笔，让“湘江明珠”靖港、乔口、铜官古镇熠熠生辉。唐代诗人李群玉《石渚》一诗，为长沙窑更添奇光异彩。湘江两岸迷人的湖光山色，引来历代文人雅士吟诗作赋。能从典籍中查到的歌颂境内山川、人物的诗词歌赋有1000余篇。近现代，境内文学艺术更是盛事纷呈，名人辈出。邑人根据清代真实故事创作的《洪兰桂打酒》，让人把酒古镇、情醉戏乡。周寿昌为清代文学巨擘；文学家程霖寿及其子孙四代中6人为清代至民国文学大家，其中程颂万曾为岳麓高等学堂（岳麓书院）山长；李篁仙、李肖聃为著名“湘中才子”。中华人民共和国成立后，毛泽东主席《蝶恋花·答李淑一》一词，其革命的浪漫主义精神鼓舞全县人民斗志。“革命母亲”陶承创作的《我的一家》，影响深远；世居原望城霞凝的盲人彭延坤，创作长沙弹词《郭亮》，流传甚广；业余作家熊春祐参加全国文学创作会议，受到周恩来总理接见；雷锋一首《南来的燕子》，生动再现激情岁月。2015年、2019年，先后举办两届“雷锋文学艺术奖”，评选出大量优秀作品。望城先后成立作家协会、诗词家协会、湖湘文化分会等文学艺术组织，新一代作家不断涌现。以邓建华为代表的本土作家，深入百姓，写出如《乡村候鸟》等关注社会民生的大部头作品。“新望城人”作家阎真著有《沧浪之水》等长篇小说。2018年，望城籍作家纪红建的长篇报告文学《乡村国是》，获第七届鲁迅文学奖·报告文学奖。2018年，望城举办“纪念欧阳询1460周年诞辰”全国书法名家特邀作品展。2022年，望城区成立欧阳询书画院，电视剧《书堂少年》在湖南卫视国际频道播出。（李富强）

【民间习俗】　望城的特色民俗有工匠民俗，行业拥有各自祖师。如农耕、饲养有神农、五谷神等，渔猎为梅山神，木匠、篾匠、石匠、泥水匠为鲁班等。铜官陶瓷民俗有四月初八烧头窑、烧宝塔，举办舜帝庙会。石匠建造民居时，首先要以“门官尺”定位，门框尺寸要合字，放基石要“关仓锁库”，石工砌桥墩宰猪、牛、羊祭桥，楼盘开工杀牛讨吉利。木工做大件家具要合八字，如八八六尺四寸等，谓之跑马尺，做床用“九尺”，建房用“五尺”。泥工建房上梁不宜过午，因“午”谐“忤”，将招致子孙不孝。第一层正中砖缝不宜对中线，谓“闭地府”；而最上面一层砖的中缝和天盖正中椽中缝，应正对基石中线，称为“开天门”。屠宰商一天内销售不完一头猪，同行帮助销售，有“刀把亲”“围腰亲”之说。生活民俗包括饮食、服饰、居住、建筑及器用等方面的民俗。境域人口多为迁入人口，历来生活民俗多样化、复杂化，但无大的差异。望城境内生活禁忌较多，如有事出门，忌半途打转；煎中药的药渣要倒在路上，让人踩去“凶煞”等。节日民俗方面，春节拜年习俗“初一崽，初二郎，初三初四拜团方（邻里）”“拜年拜到初七八，洗了坛子抹掉塌（一种陶缸）”。正月十五元宵节要求在这天燃放所有鞭炮，春节活动舞龙等亦于此日结束。旧时清明节，有女不回娘家上坟、清明后后代不再上坟的习俗。端午习俗主要以驱邪避瘟、除恶去毒为主，主要的节俗活动是吃粽子、赛龙舟。近年，此节与高考时间临近，形成吃包子、粽子（包粽之意）习俗，女性穿旗袍，寓意子女“旗开得胜”。中秋节主要是家人团圆，吃牛肉、月饼。重阳节活动，主要有登高、赏菊。人生重要仪礼习俗有诞生礼、婚礼、葬礼。出生后办“满月饭”，1周岁办“抓周”仪式。婚姻仪礼，古代有“六礼”之说，即纳采、问名、纳吉、纳征、请期、亲迎、相亲、订婚，计划经济时期，婚礼“革命化”，仪式十分简单。进入当代，婚礼多样化，中式、西式皆被改良应用，政府反对大操大办。丧礼或葬礼有多种祭奠仪式，火葬被群众普遍接受。（李富强）

【地方语言】　境内民间语言承载生活哲理，如“肥水不流外人田”“好狗不咬鸡，好汉不打妻”。也反映民间组织、制度层面的习俗和一些民俗活动，如“国有国法，家有家规”“农药化肥像胡子，粮食像眉毛”，表现一定时期农民对农资价格涨得快和粮食价格不涨的无奈。还记载民众的经验、信仰、伦理等精神民俗，如“白菜屁股痒，不剥它不长”“牛不吃糯草，礼性到了堂”。等境内的方言按其内部差异大致分为3个片区，河西腔以高塘岭、乌山、白沙洲、月亮岛、大泽湖等为代表，河东腔以铜官、丁字湾、茶亭、桥驿为代表，围子腔以乔口、靖港为代表。普通话押韵，方言同样押韵。其中俗语是源起最早的民间俗语之一，如“走靖港，包沱市”“船到靖港口，有风都不走”“石猪吃新糠（糠），鹅羊吃谷山”“易家湾的锣鼓丁子——尽类子（内容）”“萧家山的鬼——埋（谋）熟人”。称谓语分亲属称谓、人名和事物称谓。称谓有牙牙（父亲）、嗯妈（母亲）、八八（伯父）、姑牙（姑父）、嗲嗲（爷爷）、外公、外婆；在称谓后多加“jɑ”，如叔jɑ、舅jɑ等。食品本地独特称呼有猫屎根（麻元条）、筵席菜（香菜）等。日常用品用具本地独特称呼有麻拐凳（小矮凳）、化学（塑料）等。活动和动作本地独特称呼有打刨秋（游泳）、呷烂肉（丧事）等。对事物多加“子”，如拉肚子、霍闪子（闪电）等。做事多用打字，如打米（辗米）、打枪（放枪）等。地名后多加湾、咀、托、冲。文雅的方言有谈玄（扯谈）、入帖（事做得好）等。一些形容词很形象，如碰香的、通亮的等。有的儿童语言加叠音，如牛哞哞、羊咪咪等。境内还有忌讳语，如称“龙”为“蛟”，称“虎”为“猫”。

（李富强）

风景名胜

【雷锋纪念馆】 湖南雷锋纪念馆位于湖南省长沙市望城区雷锋街道正兴路42号，是全国爱国主义教育示范基地、国家AAAA级旅游景区、全国学雷锋活动示范点、全国文明单位。馆区总占地面积10.4万平方米，主要参观内容包括雷锋生平事迹陈列馆、雷锋故居、长沙国防（人防）教育馆、长沙好人馆。基本陈列《学习雷锋好榜样》分为“平凡的人生”“伟大的精神”“永远的榜样”3个部分。展陈面积3881平方米，展出文物实物368件、照片359张、雷锋日记诗文61篇。客观真实地展示雷锋平凡而伟大的一生，突出雷锋成长历程及雷锋精神在雷锋家乡的起源和传承。

（解中英）

【黑麋峰国家森林公园】 黑麋峰国家森林公园是国家AAAA级旅游景区，是长沙近郊最大的“都市氧吧”。唐高僧、书法家怀素到此留墨，明武宗朱厚照到此游历，唐代诗人刘长卿入山寻幽访胜。黑麋峰是长沙地区四大佛教名山之一，峰顶“黑麋古寺”有1300年历史，香火不断，号称“洞天福地”。黑麋峰滑翔伞基地、欢乐谷、星空茶园、山居半亩、罗汉山庄文旅项目成为火爆全网的网红打卡点。

（解中英）

【千龙湖生态旅游度假区】 千龙湖生态旅游度假区是国家AAAA级旅游景区，碧波荡漾的187公顷湖面是国家八大龙舟标准赛区之一，设有水上摩托艇、水上皮筏艇、水上快艇、豪华快艇、水上特技娱乐项目。此外，设有千龙湖星座岛、户外拓展基地、帐篷营地、风筝广场、沙滩排球、六千米环湖赛道运动休闲地，每年举办龙舟赛、帐篷节、风筝节等特色节会。

（解中英）

【靖港古镇】 靖港古镇是国家AAAA级旅游景区，历史文化悠久，文化底蕴深厚，民间艺术丰富多样，靖港香干、火焙鱼为传统特色食品。古镇保留木结构建筑占整个古镇建筑的1/3以上。其中“宏泰坊”“宁乡会馆”清代砖木结构建筑保存较为完好。临河所建房屋均为吊脚楼，独具江南水乡特色。

（解中英）

【长沙市新华联铜官窑古镇景区】 新华联铜官窑古镇景区是国家AAAA级旅游景区，依托1200余年历史的长沙铜官窑遗址，以历史文化为魂，以陶瓷文化为根，以唐风古韵筑形，再现汉唐盛世风采。游客可观看5D影院、飞行影院、黑石号特技秀，感受历史在科技载体上呈现出的精美绝伦的视觉盛宴，在机器人博物馆感受“醒过来”的历史；夜晚在石渚湖畔，观看非遗技艺火龙钢花，欣赏激光焰火水舞秀。

（解中英）

【长沙铜官窑国家考古遗址公园】 长沙铜官窑国家考古遗址公园坐落于湘江东岸，有谭家坡遗迹馆、陈家坪遗址、长沙铜官窑博物馆和觉华塔景点，整体展现唐风古韵。谭家坡一号龙窑是世界上保存最完好的唐代龙窑，谭家坡遗迹馆凸显遗址原址原貌，全方位展示长沙铜官窑历史文化和陶瓷制作工艺；陈家坪遗址展示从唐代到明清不同时期的窑炉及其相关窑业遗存，集中展现长沙铜官窑陶瓷产业的兴衰和历史变迁；觉华塔位于觉华山顶，在宝塔上可俯瞰湘江北去；长沙铜官窑博物馆设有“诗意的彩瓷”主题基本陈列，由序厅、千年的积淀、瓦渣坪往事、土火之艺、教育互动区、彩韵唐风、世界的长沙窑7个展厅组成，展出文物1000余件（套）。

（解中英）

土特名产

【湘粉】 又名“南粉”，因产地在湖南而得名。湘粉与山东的龙口粉丝、北京的清河粉丝同享盛名，畅销国内外市场。产地为望城黄金园的黄金园湘粉是享誉湖南的望城特色食品，以蚕豆、绿豆、豌豆、川豆、四季豆等豆类为原料，以纯蚕豆粉做成的粉丝叫做“银丝细粉”或“龙须粉丝”，其色如银，细如丝。晒湘粉丝，轻柔起伏，像龙须一般，这是湘粉中的上品。黄金园湘粉具有洁白细长、柔软爽滑、易熟耐煮、吸鲜力强等特点，富含天然高蛋白，有较高的营养价值，是人们喜爱的豆制食品。故黄金园湘粉又有“河西鱼翅”的美名。

（李富强）

【靖港香干】 明清时期，靖港香干便远销外埠，长沙、湘潭、宁乡和洞庭湖区诸城镇，均有靖港香干的连锁店，各店铺销售极旺，常常供不应求。靖港香干细嫩而紧密、色鲜而香浓，微咸带甜，味道醇美，食之余味无穷。为湖南省十大传统特色产品。

（李富强）

【河西园茶】 河西园茶一般间植在家庭的房前屋后菜园果园之中，因此叫园茶。河西园茶所用鲜叶原料较一般名茶粗老。鲜叶经杀青、初揉和初烘以后，在六七成干的情况下，进行渥坯工序，经过渥坯，叶色由青绿色变为黄绿色，使茶汤橙黄，滋味醇厚。在全干工序中，用少量枯枝明火再加上两三根黄藤，或三四个水湿枫球，小火慢烘。黄藤是望城野外的一种藤状灌木，用黄藤熏茶是望城河西园茶的特色。全干后的茶叶完整，提起呈串钩状，俗称“挂面茶”，很少有单叶。这种茶叶，既有茶香，又有烟香外带枯香，颇具特色。（李富强）

【小钵子甜酒】 靖港、新康酿制糯米甜酒多半自产自销，或用来招待客人。酿制方法：把糯米蒸煮熟，冷却装缸，掺和进用一种名为“辣蓼花”的草本植物制作成的酒曲，拌匀，用棉絮封盖，放置两三天待酒香扑鼻，便大功告成。

（李富强）

【芝麻豆子茶】 铜官、靖港、桥驿一带习惯喝芝麻豆子茶，又称姜盐茶、煎茶。在茶内加放芝麻、炒黄豆和些许姜盐。铜官传统的坐茶馆有喝茶的习俗，点一杯茶可以在茶馆打牌、聊天坐上一天，老板不但不会催，还会不断把茶添满。（李富强）

【荷花虾】 在莲藕种植期间，小龙虾与莲藕同生共长，以荷塘腐质物为食，人称“荷花虾”。荷花虾具有虾甲红亮、腹尾肥硕、黄膏丰厚、肉质紧实、芳香鲜嫩、劲道弹牙等特点，烹饪方式多种多样，可油爆，可清蒸，可麻辣。乔口镇依托现有产业基础、资源禀赋、资源承载力，培育和打造具有乔口特色的主导产业——“乔口荷花虾”，逐步形成集“产、加、销、研、学、游、吃”于一体的产业融合发展模式。2022 年，全镇荷花虾养殖面积 813.33 公顷，年总产量 2340 余吨，综合产值 2.44 亿元，为 1000 余名村民解决就业。（龙　健）

【湘赢辣椒】 “湘赢辣椒”出产自湖南望城千龙湖畔西藏绿之源望城基地，品种由湖南农业大学专家团队历时 5 年，经过多次选育获得，全年有鲜果可采。“湘赢辣椒”鲜、香、软、嫩、煎、炒、蒸、炸、凉拌俱佳。刚入口时会有一阵微辣香甜，慢慢咀嚼会有辣意逐渐释放，细腻爽口。其皮薄肉软，辣度适中，适合老人、小孩食用，广受消费者喜爱。2022 年，望城区育辣椒苗 500 万株，种植辣椒 4.67 公顷，年产辣椒 210 吨，产值 252 万元。

（张　宇）

【望城鲌鱼】 “望城鲌鱼”号称“淡水中的鲨鱼”，肉质细嫩，肉味鲜美，为鱼中上品，鱼肉中蛋白质含量占干物质的百分比高，属高蛋白食物，对人体有较好的营养和保健作用，鲜食、腌制或干燥加工后都十分可口，是餐桌上的佳肴、休闲食品中的美味，深受消费者的喜爱。2022 年望城区鲌鱼总产量 8000 余吨，占全区水产品总产量的 20%，是望城主要水产品品种。

（张　宇）

2022 年经济社会发展

【经济建设】 2022 年，望城区地区生产总值 1053.13 亿元，比 2021 年增长 4.6 %，首次跻身全国市辖区高质量发展 50 强。制定出台《关于贯彻落实强省会战略的行动方案》，推动经济运行稳中有进、稳中提质，201 个省重点、市重大实施项目年度投资完成率 136%，新引进德赛储能、金凯循环、大陆希望等产业项目 99 个，5G 智能终端产业园竣工投运，长沙医疗器械产业园开园，新型合金材料产业集群入选全省先进制造业集群。商贸物流、高技术服务、金融、总部经济等现代服务业不断培育发展，军信股份成为 2022 年首家 A 股上市湘企。新增高新技术企业 127 家、省级科技创新创业平台 8 个。制定出台“骨干人才 10 条”“海创园 36 条”等人才政策，欧美同学会海归小镇（长沙·智能制造）率先在全国揭牌、运营。铺排重点改革任务 50 项次，智慧城市、“放管服”、国企国资等改革纵深推进，连续 3 年获评“中国领军智慧城区”。出台纾困增效“新六条”（补贴租金、补贴融资、补贴能源、补贴防疫、补贴物流、补贴供应链配套）和促进楼宇经济发展“望十条”（奖励入驻主体购置、补贴入驻企业租金、给予入驻装修补贴、支持入驻企业地方经济贡献奖励、鼓励楼宇升级改造及完善配套服务、鼓励楼宇产权自持及统一运营管理、鼓励楼宇引进优质物业服务企业、鼓励打造重点特色品牌楼宇、鼓励发展首店经济和新经济业态、奖励第三方中介代理招商引资）等政策，发展金融超市，市场主体比 2021 年增长 15%。构建公铁水联运的现代综合交通体系，铜官港二期建成投运，常益长高铁全线开通运营。出台支持开放型经济发展奖励办法，进出口总额增长 15%。

（张理希）

【政治建设】 2022 年，望城区开展“奋进新征程、建功新时代”“非凡十年”主题宣传，推进“聚力强省会、奋进新征程、喜迎二十大”5 大专项行动，为中共二十大胜利召开营造良好氛围。第一时间开展区委理论学习中心组专题学习，迅速下发学习宣传贯彻通知，召开全区党政负责干部大会、区委常委会会议传达学习，举办专题研讨会和集中轮训班，组建区委宣讲团，区领导带头进企事业单位、进城乡社区、进校园开展宣传宣讲，持续掀起学习宣传贯彻中共二十大精神的热潮。审议通过《关于深入学习宣传贯彻中共二十大精神 为全面建设社会主义现代化新望城而团结奋斗的决定》。做好省委上轮巡视、市委涉粮专项巡察“后半篇文章”，配合新一轮省委巡视、市委政治建设考察，对党的重大决策部署从严从实、一抓到底，查处违反政治纪律案件 3 起、给予党纪政务处分 3 人。坚持新时代好干部标准，调整干部 10 批次 219 人次。制定《望城区新时代基层干部主题培训实施方案》，提升干部能力素质，望城区委党校获评全省党员教育培训示范基地。实施“党建聚合力”工程、基层党建“书记工程”、党员“闪亮工程”，推动村（社区）下设党支部规范化运行，推动机关、卫健、教育、国资等行业系统党建融入城市基层党建大格局，推动“两新”组织“两个覆盖”（党的组织覆盖、工作覆盖）。开展“强省会、勇担当、走前列”作风建设年活动，组织评选新时代“五好”（领导班子好、党员队伍好、工作机制好、发展业绩好、群众反映好）班子、“五好”（信念坚定、为民服务、勤政务实、敢于担当、清正廉洁）干部，财政管理改革、就业服务、河湖长制、养老服务、“三资”盘活5项典型经验做法获省真抓实干督查激励或省政府综合大督查通报表扬。坚持严的基调，一体推进“三不腐”，一体纠治“由风及腐”，一体打造“清廉单元”，一体弘扬廉洁文化，推动各类监督贯通融合，“清廉望城”建设取得显著成效。

（张理希）

【文化建设】 2022年，望城区围绕迎接学习宣传贯彻中共二十大、实施强省会战略、推进“一江两岸”开发等重点工作组织主题宣传，全年在各级主流媒体推出报道1.6万余条，《人民日报》、中央电视台、新华社报道望城100余次，区融媒体中心跻身全国优秀区域融媒综合创新力榜单前十。宣传、研究、践行雷锋精神，举行2021年湖南学雷锋志愿服务先进典型发布仪式，开展学雷锋文艺志愿服务系列活动，持续擦亮“雷锋家乡学雷锋”活动品牌。推动新时代文明实践中心提档升级，深化“志愿者之城”建设，正兴学雷锋志愿服务中心获评全国最佳志愿服务项目。实施“我们的韶华映朝阳”主题活动，发布“雷小锋”德育品牌，实施学雷锋“青锋计划”，鼓励青少年参与学雷锋社会实践。打造“好奇之旅”基层科普品牌，承办全国科普日长沙主场活动和中国科协年会望城分会场活动。完善公共文化服务体系，开展文艺创作，“春联百姓 福到万家”文化惠民系列活动获中国书法家协会表彰推介，成立欧阳询书画院，文艺作品《大战“疫”》获省“五个一工程”奖，《春火》《独臂将军》获市“五个一工程”奖，电视剧《书堂少年》在湖南卫视国际频道播出。出台《促进文旅高质量发展奖励扶持办法》，签约引进华侨城欢乐谷、亚捷航空等文旅项目，承办首届长沙市旅游发展大会、海丝申遗城市联盟智库长沙论坛等系列活动。全年实现旅游综合收入129亿元，比2021年增长20%。

（张理希）

【社会建设】 2022年，望城区健全社会保障体系，就业指导员工作经验在全省推介，城乡居民养老保险基础养老金实现“19连调”。在全市率先创新“公建国营”养老服务模式，基本形成“15分钟社区居家养老服务生活圈”，获民政部推介。组织实施38个老旧小区提质改造、20个既有小区品质提升，制定《促进望城区房地产市场平稳健康发展的若干措施》，一楼一策保交楼。新建中小学6个，区人民医院整体搬迁项目主体结构封顶，市四医院滨水新城院区运营，填补望城区没有三甲医院的空白。省、市重点民生实事项目全面完成，民生支出占一般公共预算支出比重75%以上。深化平安创建、扫黑除恶、打击传销、防范处置非法集资、反电诈、禁毒、未成年人保护等工作，各类发案率显著下降，长沙市公安局望城分局获评“全国优秀公安局”。健全完善党建引领“雷锋哨”治理模式，持续推动“五零”（治安零发案、群众零上访、安全零事故、建设零违章、污染零排放）街镇、村（社区）创建，获评全国“12345”便民热线大会“服务精进典范”。

（张理希）

【生态环境建设】 2022年，望城区持续打好蓝天、碧水、净土保卫战，贯彻碳达峰碳中和理念。开展大气污染防治，启动重污染天气黄色预警3次、橙色预警1次，区内启动臭氧、颗粒物管控响应103次。完成13个水污染防治项目，整治22处湘江入河问题排口，落实河长制工作，开展“一江七河两湖库”常态化巡河检查，评估7个饮用水水源保护区环境现状，建设望城区新型智慧城市饮用水源地监控系统。建立区镇村“三级+”田长制体系，实现耕地保有量不少于18453.33公顷目标，恢复耕地746.67公顷，落实耕地占补平衡，为35个建设项目补充耕地71.93公顷。完善林长制组织体系，划分83个管护网格，实现森林覆盖率34.22%，森林蓄积量增长3.8%，林木采伐量控制在全年限额的40%以内，完成小微湿地建设4公顷，新造森林生物防火林带10千米、抚育补植9千米、改造5千米。引导4家制砖企业转型升级和退出，实地排查关停砖厂及矿山46处，生态修复历史遗留矿山6.48公顷。全年空气质量优良天数309天，优良率84.7%，国控、省控断面水质达标率100%，集中式饮用水源水质达标率100%。望城区“环境空气质量综合指数及改善幅度”获2022年市政府生态环境领域真抓实干督查激励，林长制、田长制工作被《湖南日报》专版报道。

（张理希）

中国共产党长沙市望城区委员会

CHANGSHA WANGCHENG DISTRICT COMMITTEE OF
THE COMMUNIST PARTY OF CHINA

编辑　胡正科

综 述

【概况】 2022年，望城区坚持以习近平新时代中国特色社会主义思想为指导，学习贯彻中共二十大精神，落实“三高四新”战略定位和使命任务，奋力实施强省会战略，聚焦“四个定位”（争当“三高四新”战略生力军、树立全市乡村振兴新标杆、建成全域文旅融合示范区、打造文明宜居幸福城），紧扣“三个望城”（在实施“三高四新”战略、推进高质量发展中放大望城格局、彰显望城作为、凝聚望城力量），加快推进高质量发展，应对各类风险挑战。地区生产总值增长5%（不含被托管区域，本段同），规模工业、固定投资、社会零售分别增长9.4%、8.8%、5.4%，地方收入增长8.6%，税占比77.6%，望城首次排名全国市辖区高质量发展50强，获湖南省可持续发展实验区综合评价第二名，财政管理、就业服务、河湖长制、养老服务、“三资”盘活等37项工作获省、市真抓实干表彰激励。

（袁芝城）

【推进党的建设】 2022年，望城区强化管党治党政治责任，推进新时代党的建设新的伟大工程，以高质量党建引领高质量发展。政治引领持续增强。开展“聚力强省会、奋进新征程、喜迎二十大”五大专项行动，为中共二十大召开营造良好氛围。第一时间开展专题学习，迅速组织传达学习、集中轮训、宣传宣讲，持续掀起学习宣传贯彻中共二十大精神的热潮。坚持把习近平新时代中国特色社会主义思想与中共二十大精神紧密结合，审议通过《关于深入学习宣传贯彻中共二十大精神 为全面建设社会主义现代化新望城而团结奋斗的决定》，明确“一二三六”（“一”即突出一个主题：聚力拼经济、抓发展，全面建设产强、城美、民富、人和的现代化新望城。“二”即聚焦两个板块：全力推进园区板块、滨江板块建设发展。“三”即抓好三个统筹：科学统筹发展和安全、城市和乡村、速度和质量。“六”即主攻六项工作：奋力抓好高质量发展、城乡提质、民生改善、安全稳定、人才引育和党建引领六项重点工作）发展思路，引导全区上下忠诚拥护“两个确立”、坚决做到“两个维护”。做好省委上轮巡视、市委涉粮专项巡察“后半篇文章”，配合新一轮省委巡视、市委政治建设考察，严肃政治生活，严明政治纪律规矩，查处违反政治纪律案件3起，给予党纪政务处分3人。干部队伍不断锻优。突出政治引领，开展领导班子政治建设考察和运行情况调研考核。坚持新时代好干部标准，调整干部10批219人次，其中提拔重用84人次。加大优秀年轻干部选拔力度，提拔重用35岁以下干部33名。提升干部能力素质，望城区委党校被评为全省党员教育培训示范基地。基层基础稳步夯实。坚持大抓基层的鲜明导向，实施“党建聚合力”工程、基层党建“书记工程”、党员“闪亮工程”，在新冠疫情防控、防汛抗旱等大战大考中发出动员令、倡议书。新风正气更加充盈。开展“强省会、勇担当、走前列”作风建设年活动，组织评选新时代“五好”（领导班子好、党员队伍好、工作机制好、发展业绩好、群众反映好）班子、“五好”（信念坚定、为民服务、勤政务实、敢于担当、清正廉洁）干部，推动各级各部门践行“五有四力”（心中有党、心中有民、心中有责、心中有戒、心中有力，凝心聚力、竭尽全力、精准发力、保持定力）要求。坚持严的基调，一体推进“三不腐”（不敢腐、不能腐、不想腐），一体纠治“由风及腐”，“清廉望城”建设取得明显成效。

（袁芝城）

【推动深化改革】 2022年，望城区围绕重点难点推动改革开放创新，全力以赴增动能。改革开放步伐有效加快，配合湘江新区管理体制调整优化工作，“白黄金”（白箬铺镇、黄金园街道、金山桥街道）片区完成托管，望城管理体制机制调整优化落地。“放管服”（简政放权、放管结合、优化服务）、智慧城市建设等改革纵深推进，工程建设项目审批制度改革获省发展和改革委评估组好评，连续3年被评为“中国领军智慧城区”；望城经开区开展相对集中行政许可权改革试点，实现“一枚印章管审批”和企业办事不出园；城发集团、经开集团获AA+主体信用评级，产投集团混合所有制改革纵深推进，国企改革工作入选全市典型案例。发展金融超市，促成信贷690笔，授信金额12亿元，有效破解中小微企业融资难题，全区贷款、存款增速均居全市前列。出台纾困增效“新六条”、促进楼宇经济发展“望十条”等政策，开展“强省会·新消费”系列促消费活动，加大送政策、解难题、优服务力度，市场主体增长15.8%。构建公铁水联运现代综合交通体系，主动融入“一带一路”建设及中部崛起、长江经济带、长株潭一体化等国家、湖南省战略，铜官港二期建成投运，常益长高铁全线开通运营。对接湖南自贸区长沙片区，出台支持开放型经济发展奖励办法，建成全省首个进口肉类查验场——湖南红星北盛冷冻食品有限公司，全年完成进出口总额131.3亿元，比2021年增长15%。科技创新能力加快增强，实施科技创新“五大行动”（科创平台强基跃升行动、核心技术创新突破行动、创新主体梯队培育行动、科技成果高效转化行动、科创生态体系优化行动），承办中国科协年会活动，新增高新技术企业127家，入库科技型中小企业423家，新增省级科技创新创业平台8个，突破“卡脖子”关键技术20余项。着力集聚创新人才，按照“长沙最好、中部最优”目标制定系列人才政策，欧美同学会海归小镇（长沙·智能制造）率先在全国揭牌运营。（袁芝城）

【推动产业兴区】 2022年，望城区推进打造“三个高地”三年行动计划，制定贯彻落实强省会战略行动方案，推动经济运行稳中有进、稳中提质。全年铺排实施项目544个，计划投资712亿元，57个市重点项目开复工率72%，续建项目全部复工，34个计划外项目申报集中开工。强化要素保障，全年腾地533.6公顷，争取上级各类资金19.4亿元，发行新增专项债券47.7亿元。聚力推动先进制造业发展，新引进德赛储能、大陆希望、华侨城欢乐谷、金凯循环等产业项目132个，其中过50亿元项目3个，“三类500强”项目9个，协议引进资金583.4亿元，5G智能终端产业园竣工投运，长沙医疗器械产业园开园，新型合金材料产业集群入选全省先进制造业集群，望城经开区机构升格。推进“两化”（信息化和工业化）、“两业”（先进制造业和现代服务业）融合，商贸物流、高技术服务、金融、总部经济等现代服务业不断发展，军信股份成为2022年首家A股上市湘企。举办首届长沙市旅游发展大会、中国网球巡回赛（望城站）等重大活动，全域文旅融合示范区创建推进，全年旅游综合收入129亿元。（袁芝城）

【统筹城乡发展】 2022年，望城区紧扣省会年轻城区、农业农村大区的区情实际，科学统筹城乡发展。落实“四精五有”（“四精”即精准规划、精美建设、精致管理、精明增长，“五有”即有颜值、有气质、有内涵、有格调、有品位）要求，统筹推进“一江两岸”（以湘江为轴，依托过江通道建设，加强湘江两岸联系，加快沿江建设、跨江发展，推动河东河西协调发展）片区建设，香炉洲大桥、银星路过江通道、大泽湖近自然湿地公园等标志性项目顺利推进。突出交通路网建设，地铁4号线北延线启动勘察，潇湘路北延、长润路等一批道路建成通车。制定实施提升城市建设品质若干举措，开展全国文明典范城市创建，城市面貌更加精美。持续巩固脱贫攻坚成果，申报省级巩固拓展脱贫攻坚成果示范园区。发展现代都市农业，蔬菜、小龙虾“一县一特”产业不断壮大，春耕备播等工作获中央电视台《新闻联播》推介。制订《发展壮大村级集体经济三年行动计划（2022—2024）》，年收入50万元以上的村（社区）70个。实施乡村建设三年行动计划，提质扩面八大美丽宜居村庄集群，被评为全省实施乡村振兴战略先进区。（袁芝城）

【加强法治建设】 2022年，望城区推进法治政府建设，加强习近平法治思想学习宣传，推动召开区委全面依法治区委员会第四次会议，出台“十四五”法治望城建设发展规划，完善全面依法治区框架体系，将“依法治区”纳入绩效考核，落实法治政府建设年度报告制度，实现区委、区政府工作部门及街镇主要负责人年终述法测评全覆盖；出台“八五”普法规划，全面落实“谁执法谁普法”责任制，组织“法律八进”（法律进农村、进社区、进学校、进企业、进机关、进单位、进景点、进媒体），推动全民尊法学法守法用法，开展“大学生‘送法下乡’助力美好生活”等法治文化宣传活动；组织国家工作人员参加学法考法，通过率100%，谭家园村被评为全国“民主法治示范村（社区）”。严格落实合法性审查制度。审查文件108件，审查政府合同46件，坚持重大行政决策审查前置程序，审查区委、区政府交办事项及会议议题资料185件次，为区委、区政府决策提供法律参谋意见，对全区规范性文件效力进行动态调整。深化交通运输、农业、市场监管、文化市场、城市管理领域综合行政执法改革，分领域组建4支综合执法队伍，推进事权、人事管理权、考核主导权、经费审批权“四权”下放。开展道路交通安全领域行政执法检查，助力扭转全区安全生产执法在全市排名不利的局面。持续深化柔性执法，在卫生健康、城市管理、劳动监察、医疗保障等领域探索“首错免罚”制度。加强执法队伍建设，组织执法队伍培训，完成全区695人行政执法证和行政执法监督证申领。深化行政复议体制改革，实现复议案件“集中办、规范办、协同办”。2022年，办理行政案件227件，其中行政复议案件93件，行政诉讼案件116件，行政复议答复18件，无败诉复议案件；印发《长沙市望城区行政复议决定履行监督制度》，监督行政复议决定的履行，纠错行政复议决定全部履行完毕。邀请法院审判专家，组织召开府院互动联席会议，会商解决征拆案件中的问题，为依法征拆提供坚强司法保障。深化公共法律服务，建优三级公共法律服务平台，实现村（社区）法律顾问全覆盖。办理法律援助案件459件，其中民事案件168件、刑事案件271件，认罪认罚案件20件，被评为全省法律援助案件质量评估优秀单位。统筹发展和安全两件大事，深刻汲取“4·29”事故教训，做好事故应急救援和善后处置工作。开展自建房领域行政执法监督专项检查和案卷评查，全面清理涉居民自建房规范性文件，为推进自建房安全整治提供法治保障。进一步规范和加强街镇安全生产行政处罚（简易程序）工作，对安全生产违法行为严管重罚。（钟涵琦）

【增进民生福祉】 2022年，望城区坚持以人民为中心的发展思想，不断增强人民群众的获得感、幸福感、安全感，重点民生实事项目全面完成，民生支出占一般公共预算支出的75%以上。社会保障体系日益健全。城镇登记失业率控制在3.5%以内，“15分钟社区居家养老服务生活圈”基本形成。组织实施38个老旧小区提质改造、20个既有小区品质提升，制定促进房地产市场平稳健康发展的若干措施，一楼一策保交楼。基本公共服务加快完善。坚持教育优先发展，新建中小学6所。加快健康望城建设，区人民医院整体搬迁项目主体封顶，市四医院滨水新城院区运营。生态环境质量稳定向好，健全生态环保工作长效机制，持续打好蓝天碧水净土保卫战，贯彻“双碳”理念，实现空气优良率85%，国省控断面水质达标率100%。（袁芝城）

重要会议

【中共长沙市望城区委三届二次全体会议】 2022年1月20日，中共长沙市望城区委三届二次全体会议召开，审议通过望城区推荐长沙市出席中共二十大代表候选人推荐人选建议名单。区委书记张作林主持会议，区委委员、候补委员出席会议。根据市委要求，望城严格按照代表条件和规定程序操作，发扬党内民主，广泛听取各方面意见，酝酿产生望城区推荐长沙市出席中共二十大代表候选人推荐人选建议名单5名。其中，党员领导干部2名，生产和工作一线党员3名。会议听取望城区推荐长沙市出席中共二十大代表候选人推荐人选酝酿推荐工作情况的说明，宣读推荐人选建议名单；票决确定望城区推荐长沙市出席中共二十大代表候选人推荐人选。会前，望城还召开区委常委会，专题听取推荐人选酝酿推荐工作情况的报告，研究望城区推荐长沙市出席中共二十大代表候选人推荐人选建议名单。

（瞿峻龙）

【中共长沙市望城区委三届三次全体（扩大）会议暨区委经济工作会议】 2022年12月26日，中共长沙市望城区委三届三次全体（扩大）会议暨区委经济工作会议召开。全会坚持以习近平新时代中国特色社会主义思想为指导，学习贯彻中共二十大精神和中央经济工作会议精神，贯彻落实省委十二届三次全会和省委经济工作会议、市委十四届四次全会和市委经济工作会议精神，听取区委常委会工作报告，审议通过《中共长沙市望城区委关于学习贯彻中共二十大精神为全面建设社会主义现代化新望城而团结奋斗的决定》（以下简称《决定》）和《中国共产党长沙市望城区第三届委员会第三次全体（扩大）会议决议》，研究部署2023年经济工作。全会由区委常委会主持，区委书记秦国良受区委常委会委托向全会作工作报告并发表讲话。区委副书记、区长孔令强就《决定》向全会作起草说明，并对2023年经济工作作出具体部署。区领导苏春光、李雪龙、周剀、舒全球、易文龙、康然、杨钦涵等出席会议。区委委员、区委候补委员，非区委委员、候补委员的在职区级领导，区委办、区政府办班子成员，区人大、区政协相关办委主任，区直机关各单位（含部分垂直管理单位、金融部门）和街镇党政主要负责人、各巡察组组长，望城经开区各局室司负责人，区纪委委员、监委委员，部分基层党代表以及其他有关方面负责人列席会议。

（瞿峻龙）

【区委常委会会议】 2022年，中共长沙市望城区委员会召开区委常委会会议36次。

1月20日，区委常委会会议传达学习习近平总书记关于加强党内法规制度建设重要指示和王沪宁在全国党内法规工作会议上的讲话精神，省委书记张庆伟在省委宣传思想工作暨意识形态工作领导小组会议上的讲话精神，张庆伟在省委经济工作会议上的讲话精神，张庆伟，省委常委、统战部部长隋忠诚在省委民族工作会议上的讲话精神，省委常委、市委书记吴桂英在市委经济工作会议上的讲话精神；研究党史学习教育工作；研究有关案件；审议望城区推荐长沙市出席中共二十大代表候选人推荐人选建议名单；研究全区农业农村（乡村振兴）工作；研究部署新冠疫情防控工作；传达学习省、市人大、政协两会会议精神。

1月26日，区委常委会会议通报市管领导干部职级晋升民主测评情况；研究市委涉粮专项巡察反馈问题整改有关工作。

1月29日，区委常委会会议传达学习中共中央办公厅印发《关于加强巡视整改和成果运用的意见》的通知；传达学习习近平总书记对政法工作作出的重要指示精神和中央政法工作会议精神；传达学习习近平总书记在省部级主要领导干部学习贯彻中共十九届六中全会精神专题研讨班开班式上的重要讲话；传达学习张庆伟在全省党史学习教育总结会议上的重要讲话精神和在全省宗教工作会议上的讲话精神；传达学习统计工作有关重要文件精神；审议《长沙市望城区2022年投资建设项目铺排计划（审议稿）》及推进实施方案、项目建设动员大会会议方案及拟表彰对象名单；审议《区级领导干部联系民营企业和商协会工作制度（审议稿）》；研究有关人事问题。

2月18日，区委常委会会议传达学习中共中央办公厅印发《关于巩固全

2022年12月26日，中共长沙市望城区委三届三次全体（扩大）会议暨区委经济工作会议在雷锋大剧院召开

（区融媒体中心 供图）

国政法队伍教育整顿成果推进全面从严管党治警的意见》的通知文件精神；传达学习习近平总书记在中共中央政治局第三十六次集体学习时的重要讲话精神；传达学习张庆伟在省级领导及省管主要领导干部学习贯彻中共十九届六中全会精神专题读书班开班式上的重要讲话精神；传达学习吴桂英在长沙市级领导及县处级主要领导干部学习贯彻党的十九届六中全会精神专题读书班开班式上的重要讲话精神；传达学习隋忠诚在全省统战部长会议上的讲话；传达学习省委办公厅有关通报文件精神；研究全区债务化解相关工作；审议《长沙市望城区全面加强小区治理实施方案（审议稿）》；审定《长沙市望城区红十字会第三次会员代表大会组织工作方案（审议稿）》；研究纪检监察工作。

3月4日，区委常委会会议传达学习习近平总书记在十九届中央纪律检查委员会第六次全体会议上的重要讲话和报告精神；传达学习习近平总书记在《求是》杂志发表的《坚持走中国特色社会主义法治道路 更好推进中国特色社会主义法治体系建设》重要文章精神；传达学习《地方党委和政府领导班子及其成员粮食安全责任制规定》文件精神并审议《长沙市望城区2022年推进粮食生产工作意见（审议稿）》；审议抓党建促乡村振兴相关工作方案；听取生态环境保护工作情况汇报；研究省委巡视反馈问题整改工作；研究全区2022年党建工作，审定2022年党办、组织、宣传、统战、政法、机关党建工作要点及全区党建工作会议方案、“雷锋家乡学雷锋”工作方案；审议《中共长沙市望城区委常委会2022年工作要点（审议稿）》《长沙市望城区人大常委会2022年工作要点（审议稿）》《政协长沙市望城区委员会2022年工作要点（审议稿）》。

3月18日，区委常委会会议传达学习习近平总书记在3月17日召开的中共中央政治局常务委员会会议上关于从严抓好新冠疫情防控工作的重要讲话精神，研究部署全区新冠疫情防控工作；传达学习贯彻张庆伟在中国（湖南）自由贸易试验区长沙片区和湖南湘江新区调研时的讲话指示精神和吴桂英在市委常委（扩大）会议上的讲话精神；传达学习习近平总书记在中央党校（国家行政学院）中青年干部培训班开班式上发表的重要讲话精神、张庆伟在省委人才工作会议上的讲话精神；研究全区农业农村工作并审议《关于做好2022年“三农”重点工作加快建设全市乡村振兴新标杆的实施意见（审议稿）》《区领导联系乡村振兴示范创建镇村工作方案（审议稿）》；听取全区违建别墅问题清查整治专项行动工作情况汇报；听取信访工作和加强全区国家政治安全工作汇报；审议《中共长沙市望城区委关于加强新时代检察机关法律监督工作的实施细则（审议稿）》；审议《关于在全区开展党建“六大行动”深入推进“党建聚合力”工程实施方案（审议稿）》；审议《2021年度区委主要领导向市委述职基层党建有关问题整改方案（审议稿）》；研究党风廉政建设有关工作；研究有关人事问题。

3月27日，区委常委会会议传达学习习近平总书记在中共中央政治局第三十七次集体学习时的重要讲话精神，中共中央办公厅国务院办公厅印发《关于让文物活起来 扩大中华文化国际影响力的意见》的通知精神；听取新冠疫情防控工作情况汇报；研究园区治安风险隐患集中排查整治工作；研究区委巡察有关工作；研究党史、地方志和档案工作情况；研究有关人事问题。

4月11日，区委常委会会议通报市委组织部民主谈话情况。

4月15日，区委常委会会议传达学习习近平总书记在参加十三届全国人大五次会议内蒙古代表团审议时的重要讲话精神；传达学习张庆伟对全省党内法规工作的批示和谢卫江关于全省党内法规工作的讲话；听取2022年一季度全区安全生产工作、食品安全工作、“热线＋网格、吹哨＋报到”工作、市容环境整治工作情况汇报；研究张庆伟调研湖南自贸区长沙片区、湘江新区时讲话指示精神落实工作；研究部署2022年度全区交通问题顽瘴痼疾集中整治相关工作；听取养老领域非法集资重点案件处置工作情况汇报；审定2021年度文明创建工作先进集体和先进个人评选名单；研究全区“两新”党建工作；审定2021年度全区绩效考核结果和区管国有企业2021年度经营业绩考核及薪酬发放工作；研究全区“雷锋驿站”建设工作；听取全区市域社会治理现代化工作的情况汇报。

4月25日，区委常委会会议代市委宣布有关人事任免决定；传达学习省委实施强省会战略暨长株潭都市圈建设推进会、市委奋力实施强省会战略推进大会精神并作工作部署。

5月1日，区委常委会会议传达学习习近平总书记对湖南长沙居民自建房倒塌事故的重要指示及李克强总理的批示精神；传达学习市委常委会会议精神并对当前工作进行强调和部署。

5月7日，区委常委会（扩大）会议学习贯彻习近平总书记对长沙居民自建房倒塌事故重要指示精神，李克强总理批示精神，以及党中央、国务院和省委、省政府有关领导批示精神，传达学习5月1日省委常委会（扩大）会议精神、4月30日和5月6日市委常委会（扩大）会议精神以及吴桂英书记有关批示精神，听取金山桥街道金坪社区盘树湾安置小区居民自建房倒塌事故应急救援和善后处置工作情况，研究部署下一阶段工作；研究部署全区自建房安全专项整治工作；研究部署全区新冠疫情防控工作。

5月9日，区委常委会会议传达学习全国自建房安全专项整治电视电话会议精神，研究部署盘树湾安置小区安全隐患排除综合整治工作；研究部署全区自建房安全专项整治工作；研究部署全区新冠疫情防控工作；研究全区防汛抗旱工作。

5月14日，区委常委会（扩大）会议传达学习习近平总书记对长沙居民自建房倒塌事故的重要指示精神，李克强总理批示精神以及党中央、国务院和省委、省政府，市委、市政府有关领导批示精神；孔令强安排部署当前重点工作。

5月19日，区委常委会会议传达学习习近平总书记在中国人民大学考察时的重要讲话精神、致首届大国工匠创新交流大会的贺信精神和在庆祝中国共产主义青年团成立100周年大会上的重要讲话精神；审议《长沙市望城区村（社区）党群服务中心品质提升三年行动计划（2022—2024年）（审议稿）》；听取基层党建工作重点任务暨基层党组织整建提质专项行动情况汇报；审议《长沙市望城区“强省会 勇担当 走前列”作风建设年“六大行动”实施方案（审议稿）》；听取2022年全区机构编制工作情况汇报。

6月1日，区委常委会会议传达学习习近平总书记重要文章《正确认识和把握我国发展重大理论和实践问题》精神、在庆祝中国国际贸易促进委员会建会70周年大会暨全球贸易投资促进峰会上的重要讲话精神；研究自建房安全整治“百日攻坚”专项行动有关工作；听取全区深化整治违规收送红包礼金工作情况汇报；研究望城区贯彻落实强省会战略相关工作；审议《长沙市望城区持续壮大农村集体经济行动方案（2022—2024年）（审议稿）》；听取巡视巡察有关工作情况汇报；研究区城投集团、水投集团工商信息变更及组织架构调整工作。

6月12日，区委常委会（扩大）会议传达学习省委常委、市委书记吴桂英对望城区《关于盘树湾安置小区安全隐患排除综合整治工作情况的报告》的批示精神；研究全区安全生产工作，审议《深化全区应急管理综合行政执法改革的实施方案（审议稿）》《区委区政府领导安全生产工作责任清单（审议稿）》《关于安全生产工作“六坚决”工作措施（审议稿）》。

6月16日，区委常委会会议传达学习贯彻习近平总书记在中央财经委员会第十一次会议、在5月27日中共中央政治局会议、在中央政治局第三十九次集体学习时的重要讲话精神，传达学习全国稳住经济大盘电视电话会议精神、6月2日省委常委会（扩大）会议精神和《关于加强对“一把手”和领导班子监督的责任清单》文件精神；研究巩固拓展脱贫攻坚成果同乡村振兴有效衔接工作；研究统计工作；研究2022年度全区绩效考核工作；听取区管党费2021年度收支情况汇报，审议区管党费2022年度预算；研究有关人事问题。

6月30日，区委常委会会议传达学习贯彻习近平总书记在6月17日中共中央政治局会议、中共中央政治局第四十次集体学习上的重要讲话精神和中国共产党湖南省代表会议精神；传达学习省、市、湖南湘江新区关于优化湖南湘江新区管理体制有关会议和文件精神；研究社保基金监管工作；审议《区委宣传部、区司法局关于开展法治宣传教育的第八个五年规划（2021—2025年）（审议稿）》；研究区关心下一代工作。

7月14日，区委常委会会议传达学习习近平总书记在中央全面深化改革委员会第二十六次会议上的重要讲话精神、出席第二十五届圣彼得堡国际经济论坛全会时的致辞、在金砖国家工商论坛开幕式上的主旨演讲和给陆军步兵学院2022届全体学员的回信精神；传达学习习近平总书记在庆祝香港回归祖国25周年大会暨香港特别行政区第六届政府就职典礼上、在全球发展高层对话会上、在湖北省武汉市考察时的重要讲话精神以及关于研究吸收网民对中共二十大相关工作意见建议的重要指示精神、给种粮大户的回信精神；传达学习习近平总书记在中共中央政治局第四十次集体学习时的重要讲话精神；听取全区二季度安全生产、生态环境、信访、市容环境、“热线＋网格、吹哨＋报到”、食品药品安全工作情况汇报；研究统计工作；研究望城区违建别墅问题清查整治专项行动工作；研究有关人事问题。

7月26日，区委常委会会议传达学习习近平总书记给中国国家博物馆老专家、参加海峡青年论坛台湾青年的回信精神和向“意大利之源——古罗马文明展”开幕式、向世界互联网大会国际组织成立致贺信及在新疆考察时的重要讲话精神；研究全区意识形态工作，党史学习教育常态化长效化工作和新时代思想政治工作；分析上半年全区经济运行形势，研究部署下半年经济工作；听取半年度绩效考核指标运行情况；听取全区自建房安全整治“百日攻坚”和“两违”（违法用地和违法建设行为）清理整治工作情况汇报；听取全区迎中共二十大召开安全维稳工作情况汇报；研究全区住建领域信访突出问题集中化解攻坚工作。

8月1日，区委常委会（扩大）会议传达学习省部级主要领导干部“学习习近平总书记重要讲话精神，迎接中共二十大”专题研讨班精神和全国宣传部长电视电话会议精神；传达学习7月28日中央政治局会议精神。

8月19日，区委常委会会议传达学习习近平总书记向全球重要农业文化遗产大会、世界青年发展论坛致贺信精神，在中央统战工作会议上的重要讲话精神；审议《关于开展“聚力强省会、奋进新征程、喜迎二十大”主题活动的工作方案（审议稿）》；听取全区公安工作情况汇报；学习贯彻《机构编制违规违纪违法行为处理和问责规则（试行）》。

8月31日，区委常委会会议传达学习习近平总书记在辽宁考察时的重要讲话精神；传达学习全省、全市组织工作重点任务推进会议精神，听取全区组织工作情况汇报；研究遏制公职人员涉毒吸毒工作；传达学习统计违纪违法案件通报；审议《中共长沙市望城区委长沙市望城区人民政府关于全面推行田长制严格耕地保护的实施方案（审议稿）》；研究自建房安全整治“转段”有关工作，审议《长沙市望城区自建房行政审批效能监督办法（试行）（审议稿）》；审议《望城区2022年投资建设项目调整计划（审议稿）》。

9月9日，区委常委会会议传达学习习近平总书记在中共中央政治局第四十一次集体学习时的重要讲话精神；

习近平总书记致世界职业技术教育发展大会和第五届中非媒体合作论坛的贺信精神；传达学习《纪检监察机关派驻机构工作规则》《关于工程建设项目招标领域腐败治理的调研报告》精神；听取2022年全区交通问题顽瘴痼疾集中整治工作情况汇报；听取三届区委第二轮巡察及第一轮巡察整改督查情况汇报；审议《2022年度清廉长沙建设考核方案任务分解表（审议稿）》；研究望城区委党校（湖南雷锋学院）相关工作；研究全市选树“创新实干 担当有为”领导班子和领导干部推荐人选；研究有关人事问题。

9月30日，区委常委会会议传达学习习近平总书记对四川甘孜泸定县6.8级地震的重要指示及中办有关通报精神；传达学习习近平总书记在中央全面深化改革委员会第二十七次会议、9月9日中共中央政治局会议上的重要讲话精神；听取全区安全生产工作情况汇报；研究全区国家安全工作；听取全区创建国家卫生城市工作和中医药传承创新发展情况汇报。

10月21日，区委常委会会议传达学习习近平总书记为《复兴文库》作序言、参观“奋进新时代”主题成就展时的重要指示精神和致2022全国“专精特新”中小企业发展大会的贺信精神；传达学习中共中央办公厅印发《十九届中央政治局贯彻执行中央八项规定情况报告》《关于党的十九大以来整治形式主义为基层减负工作情况的报告》的通知；审定《长沙市望城区残疾人联合会第三次代表大会组织工作方案（审议稿）》；听取巡视巡察及涉粮问题专项巡察整改有关工作情况汇报；研究全区房地产领域“保交楼、稳民生”有关工作；审定《长沙市望城区骨干人才认定和奖励办法（试行）（审议稿）》和《关于促进湖南海归人才科创园（长沙·海归小镇）人才集聚和产业发展的若干措施（审议稿）》；研究望城区“向雷锋同志学习”题词60周年工作安排；研究有关人事问题。

10月28日，区委常委会会议传达学习中共十九届七中全会、中共二十大、中共二十届一中全会、习近平总书记在新一届中央政治局常委同中外记者见面时的重要讲话、中共二十大关于十九届中央纪律检查委员会工作报告的决议、中共二十大关于《中国共产党章程（修正案）》的决议精神；深入学习宣传贯彻中共二十大精神，审议《中共长沙市望城区委关于认真学习宣传贯彻党的二十大精神的通知（审议稿）》《党的二十大精神学习宣传方案（审议稿）》《望城区领导干部学习贯彻党的二十大精神集中轮训建议方案（审议稿）》；传达学习中央、省委、市委统战工作会议精神，审议《长沙市望城区贯彻落实中央、省委、市委关于加强新时代统一战线工作有关精神任务分解》；听取望城区外事及对台工作情况汇报；听取全区村（社区）后备队伍建设工作情况汇报。

11月7日，区委常委会会议通报市委组织部考察情况。

11月11日，区委常委会会议传达学习10月25日中共中央政治局会议和习近平总书记在中共中央政治局第一次集体学习、瞻仰延安革命纪念地和在陕西延安、河南安阳考察时的重要讲话精神，书面学习《中共中央关于认真学习宣传贯彻党的二十大精神的决定》；研究有关人事问题；审议《贯彻落实〈关于加强和改进新时代市县政协工作的意见〉的实施方案（审议稿）》；研究审定《长沙市望城区区管国有企业经营投资尽职合规免责事项清单（审议稿）》；听取全区反恐怖工作汇报；研究有关违法违纪案件。

11月25日，区委常委会会议传达学习习近平总书记对河南安阳市凯信达商贸公司火灾事故作出的重要指示精神，并研究安全生产工作；传达学习习近平总书记在第五届中国国际进口博览会开幕式上的致辞、在《湿地公约》第十四届缔约方大会开幕式上的致辞、向“杂交水稻援外与世界粮食”国际论坛发表的书面致辞精神和在二十国集团领导人第十七次峰会第一阶段会议上的重要讲话精神；研究进一步强化新冠疫情防控工作；研究湖南“盛大金禧”金融服务有限公司涉稳风险应对处置工作；审议《长沙市望城区全面加强基层组织建设三年行动计划（2023—2025年）（审议稿）》；审议《望城区深化国防动员体制改革实施方案（审议稿）》；审定区人大代表、区人大常委会委员、区政协委员补选（充）人选建议名单；研究有关人事问题。

12月1日，区委常委会会议研究向市委组织部推荐拟任人选。

12月6日，区委常委会会议审定区委向省委第二巡视组工作汇报材料；审定《关于印发〈中共长沙市望城区委领导班子成员分工〉的通知（审议稿）》《关于调整区领导联系园区、片区、街镇的通知（审议稿）》，研究区征地拆迁安置工作领导小组调整事项。

12月8日，区委常委会会议传达学习习近平总书记在亚太经合组织第二十九次领导人非正式会议上的重要讲话精神和在亚太经合组织工商领导人峰会上的书面演讲精神；传达学习市委十四届四次全体会议精神；传达学习《关于省交通系统121人以参加培训为名变相公款旅游问题的通报》文件精神；研究省委第二巡视组交办问题的整改工作；审议《中共长沙市望城区委长沙市望城区人民政府关于全面加强新时代中小学劳动教育的实施意见（审议稿）》；听取“纪念毛泽东等老一辈革命家为雷锋同志题词六十周年”专题展览工作汇报。

12月16日，区委常委会会议审议2023年望城区主要经济社会指标预期目标、《关于长沙市望城区2022年国民经济和社会发展计划预计执行情况与2023年国民经济和社会发展计划草案的报告》；审议《2023年财政预算（草案）》；听取区委三届三次全体（扩大）会议筹备情况，审定《区委常委会向区委三届三次全体会议的工作报告（审议稿）》《中共长沙市望城区委关于深入学习宣传贯彻中共二十大精神 为全面建设社会主义现代化新望城而团结奋斗的决定（审议稿）》；听取区人大、政协两会筹备工作情况汇报，审定区人大委员会、区人民政府、区政协常务委员会工作报告。

12月28日，区委常委会会议传达学习中央、省委、市委经济工作会议精神，12月6日中共中央政治局会议精神和习近平总书记在中共中央党外人士座谈会上的重要讲话精神；传达学习中央农村工作会议精神、习近平总书记向发展中国家科学院第16届学术大会暨第30届院士大会、联合国/中国空间探索与创新全球伙伴关系研讨会、第四届中俄能源商务论坛致贺信精神；传达学习《关于锲而不舍落实中央八项规定精神深化纠治“四风”工作的若干措施》文件精神；审定望城区新时代创新实干、担当有为“五好”领导班子和“五好”干部表彰对象；研究有关人事问题。

（杨蒙娣　贺祥瑞）

【区委常委议事协调会议】　2022年，中共望城区委常委议事协调机构召开会议20次。

4月8日，区委书记张作林调研全区征拆安置工作并主持召开座谈会议。会议听取相关工作情况汇报，并就有关事项进行研究。

4月18日，张作林调研区融媒体中心并主持召开座谈会议。会议听取相关工作情况汇报，并就有关事项进行研究。

5月16日，区委书记秦国良主持召开盘树湾安置小区综合整治相关问题调度会议，共研究2项议题，研究盘树湾安置小区封控区经营户应急处置关停补助方案；研究盘树湾、箭道坡、雷锋大道安置小区面积与层数合法认定问题。

6月1日，秦国良走访慰问区消防救援大队并召开座谈会议。会议听取相关工作情况汇报，就有关问题进行研究。

7月4日，秦国良调研全区文旅产业发展情况并主持召开座谈会议。会议听取相关工作情况汇报，并就有关事项进行研究。

7月12日，区委副书记戴水文组织召开会议，专题研究茶亭镇静慎家园项目遗留问题。会议听取相关工作情况汇报，并就有关问题进行研究。

7月15日，戴水文组织召开湖南省首届文旅科技产品应用展筹备工作调度会。会议听取相关工作情况汇报，并就有关问题进行研究。

7月15日，戴水文组织召开会议，专题研究2022年“百岁健康”建设示范单位评审验收迎省检相关工作。会议听取区老科协相关情况汇报，并就有关问题进行研究。

8月9日，戴水文主持召开望城一中工作调度会，会议听取望城一中工作情况汇报，并就有关问题进行研究。

8月16日，戴水文组织召开湖南省首届文旅科技产品应用展筹备工作调度会。会议听取相关工作情况汇报，并就有关问题进行研究。

8月26日，秦国良主持召开大泽湖开发建设工作会议。会议听取相关工作情况汇报，并就有关问题进行研究。

9月8日，秦国良调研首届市旅游发展大会筹备工作暨重点文旅片区项目建设情况并主持召开调度会。会议听取相关工作情况汇报，并就有关事项进行研究。

9月22日，戴水文主持召开大泽湖·海归小镇建设指挥部工作会议。会议听取大泽湖·海归小镇建设工作情况汇报，并就有关问题进行研究。

9月26日，秦国良主持召开重点项目建设工作推进会议。会议听取城发集团、产投集团、望城高新区相关工作情况汇报，并就有关问题进行研究。

10月9日，秦国良主持召开星月小区居民自建房安全综合整治有关工作会议。会议听取相关工作情况汇报，并就有关问题进行研究。

10月10日，秦国良主持召开“一江两岸”片区开发建设工作座谈会。会议听取相关工作情况汇报，并就有关问题进行研究。

10月12日，戴水文组织召开湖南鱼类遗传育种中心工作协调会议。会议听取相关工作情况汇报，并就有关问题进行研究。

10月17日，戴水文组织召开靖港古镇红色文化展示基地陈列布展审查会。会议听取相关情况汇报，并就有关问题进行研究。

12月12日，戴水文组织召开区乡村振兴对口帮扶工作领导小组会议。会议听取相关情况汇报，并就有关工作进行研究。　（朱薇薇）

重大决策

【做好2022年“三农”重点工作 加快建设全市乡村振兴新标杆】　2022年3月25日，望城区出台《关于做好2022年“三农”重点工作加快建设全市乡村振兴新标杆的实施意见》（以下简称“实施意见”）。“实施意见”由切实保障粮食安全、巩固拓展脱贫成果、夯实农业发展基础、提升乡村发展质量、提高乡村建设水平、强化乡村治理实效、强化政策要素保障、坚持加强党的领导8个方面组成，要求统筹抓好乡村发展、乡村建设、乡村治理，推进“一园三带”（一园：湖南望城国家农业科技园区，三带：金洲大道、雷锋北大道、芙蓉北路为轴线）乡村协作振兴，守住保障粮食安全和防止返贫两条底线，做优做特现代农业产业，打造乡村振兴“望城样板”，对全区“三农”重点工作和乡村振兴工作具有指导意义。　（谢晓燕）

【开展党建“六大行动” 深入推进“党建聚合力”工程】　2022年3月30日，望城区出台《关于在全区开展党建“六大行动”深入推进“党建聚合力”工程实施方案》（以下简称“《实施方案》》，《实施方案》要求在全区开展“政治领航”“培根铸魂”“强基赋能”“和谐善治”“同心聚力”“清廉望城”党建六大行动，明确80项重点工作任务的责任分工与完成时限，让党建赋能发展、赋能治理、赋能服务，为现代化新望城建设提供坚强政治保证。　（谢晓燕）

【贯彻落实强省会战略】　2022年6月1日，望城区出台《长沙市望城区贯彻落实强省会战略行动方案（2022—2026年）》（以下简称《方案》）。《方案》提出综合竞争力大幅提升、产业发展能级持续提升、科技创新力大幅提升、城市开放度大幅提升、居民幸福感大幅提升5个目标，要求开展制造强区、创新引领、数字赋能、开放融通、交通枢纽、能源保障、绿色低碳、精美城乡、文旅名城、全龄友好、金融保障、人才强区12个专项行动。（谢晓燕）

【全面推行田长制严格耕地保护】 2022年9月8日，望城区出台《关于全面推行田长制严格耕地保护的实施方案》（以下简称《实施方案》）。《实施方案》按照属地管理、分级负责的原则，建立区、街镇、村（社区）“三级田长+”的田长制工作体系，明确坚决落实耕地保护和粮食播种目标责任、强化耕地“一张图”管控、推进耕地质量提升、坚决制止耕地“非农化”、防止耕地“非粮化”、严格规范耕地占补平衡和进出平衡、严肃查处违法乱占耕地行为5个任务。“实施方案”提出，2022年基本建立田长会议、部门协作、督导巡护、信息公开、考核评价等配套制度，确保每块田地都有田长管理，全社会耕地保护责任意识明显增强，耕地“非农化”“非粮化”得到有效遏制，2025年，全区耕地保有量、永久基本农田保护面积、粮食播种面积和高标准农田建设任务不低于上级下达目标，2035年现代化、法治化的耕地保护体系基本建成，国土空间规划确定的耕地保护目标任务全面完成，全区耕地和永久基本农田数量稳定、布局合理、质量提升。（谢晓燕）

【深入学习宣传贯彻党的二十大精神 为全面建设社会主义现代化新望城而团结奋斗】 2022年12月26日，区委第三次全体扩大会议通过《中共长沙市望城区委关于深入学习宣传贯彻中共二十大精神为全面建设社会主义现代化新望城而团结奋斗的决定》（以下简称《决定》），《决定》由全面学习把握落实中共二十大精神，持续掀起学习宣传贯彻热潮；忠诚拥护“两个确立”，坚决做到“两个维护”；以中共二十大精神为指引，加快建设社会主义现代化新望城；坚持高质量发展首要任务，加快构建现代化产业体系；坚持实施科教兴国战略，强化现代化建设人才支撑；坚持深化改革开放，激发现代化建设的内在动力和活力；坚持城乡融合发展，加快推进城市扩容提质和乡村振兴；坚持文化自信自强，加快建设全域文旅融合示范区；坚持在发展中保障和改善民生，不断满足人民对美好生活的需要；坚持人与自然和谐共生，持续擦亮美丽望城的绿色生态名片；坚持中国特色社会主义政治发展道路，不断推进民主法治建设；坚持总体国家安全观，以望城一域之稳服务全局之安；坚持全面从严治党，推进新时代党的建设新的伟大工程；坚持团结奋斗，不断把学习宣传贯彻中共二十大精神引向深入，统一思想，凝聚力量，推动中共二十大精神在望城落地生根。

（谢晓燕）

组织工作

【概况】 2022年，望城区落实全国、全省组织部长会议和全市党建工作会议精神，聚力推动理论全面覆盖和走深走实，推进党的创新理论武装，抓好党员干部教育培训，持续深化政治建设，凝聚力向心力持续增强；聚力增强组织政治功能和组织功能，以实施“党建聚合力工程”为牵引，以基层党建“书记工程”为抓手，以党员“闪亮工程”为重点，实施“星火”“星光”“星耀”计划，推进基层党建工作创新发展，梅花岭社区入选湖南百村集体经济案例，“1+3+6”［实行“一体”管理，抓实区、街镇、村（社区）“三级”教育培训主体，打造雷锋大讲堂、党员轮训、初心课堂、年轻干部特训、组工学堂、初心回归班“六训”体系］党员教育体系在全省推广，党员教育基地被评为省、市示范和全市精品党课征集活动优秀组织单位；聚力提振干部担当精神和履职能力，坚持好干部标准选拔任用干部，调优绩效考核“指挥棒”促进创新实干，年轻干部“四炼”营（思想淬炼、政治历练、实践锻炼、专业训练）被省委组织部、市委组织部推介，干部精神士气状态全面提振。聚力打造人才汇聚磁场和优质生态，贯彻“三高四新”战略、强省会战略，打造望城人才新高地，欧美同学会海归小镇（长沙·智能制造）在全国率先揭牌运营。

2022年，全区有基层党组织1905个，其中，党委（党工委）71个，党总支184个，党支部1650个。另有区一级党组53个。全区有党员32583人，其中女党员10330人，占党员总数的31.7%；在职党员12893名，占党员总数的39.57%；本科以上学历10969人，占党员总数的33.67%；30岁以下3638人，占党员总数的11.17%。有公务员（参公人员）1344人（不含法检、望城经开区、区公安分局和区自然资源和规划分局），其中，本科以上学历1020人，占比75.89%；30岁以下62人，占比4.61%。（范思维）

【基层党建】 2022年，望城区在全省率先出台《组织系统学习贯彻党的二十大精神实施方案》，举办区管干部学习中共二十大精神集中轮训研讨班。实施“党建聚合力”工程，铺排基层党建“书记工程”215个，实施党员“闪亮工程”，开展“星火”“星光”“星耀”计划，着力抓基层、打基础、强引领。全面加强基层组织建设，出台《长沙市望城区关于推动村（社区）下设党支部规范化运行的若干措施（试行）》，推进党支部“五化”（支部设置标准化、组织生活正常化、管理服务精细化、工作制度体系化、阵地建设规范化）建设，建立领导联点制度，开展专项行动，完成12个整建提质重点村验收，认定示范村（社区）党组织、党（总）支部、党小组110个。全面提质党建阵地，落实《基层党群服务阵地提质三年行动计划》，规范村级组织和工作机构挂牌，望城区委党校被评为省第二批党员教育培训示范基地，雷锋纪念馆、静慎村被评为省第一批党员教育培训现场教学点，丁字湾街道党校被评为市级示范基层党校。组建三级网格725个，实行城市社区员额制人员全区调配机制，9000余名机关企事业党员完成“双报到、双服务”，践行微实事4万余条。实施抓党建促乡村振兴“六项行动”，出台《关于明确抓党建促乡村振兴重点任务的通知》《长沙市望城区驻村第一书记和工作队考核管理办法》，派驻74支驻村工作队，推进“六型”村级集体经济发展模式，93个涉农村（社区）实现集体经济总收入6674.76万元，其中50万元以上49个，梅花岭社区入选湖南百村集体经济案例。打造“1+3+6”党员教育体系在全省作典型推广，常态化开展“雷锋大讲堂”、组工微课堂、组工学堂，组织开展党员冬春训、“三会一课”、主题党日、“一月一课一片一实践”等培训活动，全年轮训党员2.3万余人，教育引导广大党员深刻把握“两个确立”的决定性意义，增强“四个意识”、坚定“四个自信”、做到“两个维护”。深挖本土资源，开发精品党课10余堂，《“漫”说〈中国共产党党徽党旗条例〉》《秤心》等党员教育资源片在共产党员网、红星云等平台展播。创新开通“望城党建+”微信公众号、视频号，打造“云端课堂”，关注人数40万余人，学习人数1亿人次，“三库”模式被人民网、央广网等主要媒体报道推介。（范思维）

【“两新”党建】 2022年，望城区深化政治学习。区委组织部开展中共二十大精神宣讲180余场次，“就认这个理·声声在望·车间微党课”主题宣讲50场次，覆盖党员3800余人。聚焦“两新”党组织“关键少数”，培优150余名党组织书记。完善工委运行机制。明确工委兼职副书记3名，新增工委成员单位4个，新成立3个区级行业党组织，11个街镇均设立“两新”综合党委，区委统一领导、“两新”工委统筹指导、行业部门纵向推动、园区街镇兜底管理工作格局逐步形成。推进“两个覆盖”攻坚。推进“两新”党组织组建攻坚行动，选派党建指导员45名，新成立单建党支部113个、联合党支部142个、党总支升格为党委2个，“两新”组织党的组织覆盖率81.2%，党的工作覆盖率100%。引导资源下沉。依托“红色之家”，召开区级党建联席会6场次，引导8个市直机关、市级行业党组织，12个区直部门下沉资源力量。服务新兴领域发展。建设14个新业态新就业群体“红色之家”，全年吸引认门回“家”新就业人员600余人，关怀慰问困难职工300余人，开展职业技能、权益维护等培训30余场次。引导服务基层治理。依托“红色之家”成立流动党支部，发布“学雷锋 新闪亮”志愿者招募令。全区“两新”组织累计参与志愿服务300余场次，认领困难家庭“微心愿”600余个，捐献物资价值5000余万元。（范思维）

2022年12月5日，望城区领导干部学习贯彻党的二十大精神集中轮训第一期研讨班开班仪式暨学习贯彻党的二十大精神宣讲报告会、“雷锋大讲堂”第七期—书记专题辅导在雷锋大剧院举行　（区融媒体中心 供图）

【干部队伍建设】 2022年，望城区严格政治标准，树立“重实绩、重担当、重口碑、重基层”正确导向，坚持新时代好干部标准，抓好后继有人根本大计，推动干部政治素质档案、干部考察考核档案、干部日常情况档案“三档合一”。制定《公务员职级晋升操作规则》《事业单位管理岗位职员等级晋升规则》，晋升公务员6批316人次，晋升八级以上职员127人。招聘城市社区专职工作人员，完成7个街镇33名村（社区）“两委”干部补选。出台《长沙市望城区关于加强村级后备干部队伍建设暂行办法》，全面提高社区惠民、村级运转、人员报酬等经费额度，加强驻村人员保险保障。制定《望城区2022年度党员干部人才教育培训办班计划》，铺排主体班4类20个、备案班127个，统筹抓好各级调训、上级分训、分类精训、网络专训、挂职轮训。实施“一月一通报、一季一讲评”“红黄牌”预警机制，调优绩效考核“指挥棒”，旗帜鲜明表彰新时代创新实干、担当有为“五好”领导班子和“五好”干部。制定《长沙市望城区机关事业单位借调工作人员管理办法》，从严加强领导干部个人事项、社会兼职、因私出国（境）管理，推进干部日常监督信息化系统建设。（范思维）

【公务员管理】 2022年，望城区注重盘活职数资源，加强长远规划，发挥公务员职级晋升激励作用，释放公务员职级晋升红利，制定《公务员职级晋升操作规则》，明晰晋升渠道及空间，有序推进职级晋升，全年开展公务员职级晋升6批次316人次，晋升八级以上职员127人。公务员队伍不断优化夯实，完成公务员调任审批程序11人次，流动调配37人次，向市委组织部推荐“人民满意的公务员集体”1个，“人民满意的公务员”1人，完成区2022年度公务员招录工作，配合市委组织部完成市2022年招录公务员初任培训班，相关经验获省委组织部肯定。规范公务员日常管理，强化借调程序审批和人员管理，印发《机关事业单位借调工作人员管理办法》，办理机关事业单位借调审批76人次，对全区违规借调人员开展清理整改，强化公务员平时考核，指导68家单位公务员（含参公）完成平时考核季度备案，完成全区2000余名公务员2020—2022年度考核结果录入及核对工作。严格按照政策要求和规定程序，完成各项工资福利审批任务。

（范思维）

【人才培育】 2022年，望城区坚持党管人才原则，突出政治引领和政治吸纳，实施海归人才集聚、产业人才倍增、乡村人才振兴、专业技术人才强基“四大工程”，建设规模宏大、结构合理、素质优良的人才队伍。成立区委人才工作领导小组，制定《长沙市望城区2022年人才工作考核实施细则》，出台《关于促进湖南海归人才科创园（长沙·海归小镇）人才集聚和产业发展的若干措施》《长沙市望城区骨干人才认定和奖励办法（试行）》等人才新政，打造“青云人才”“益桥人才”“青锋人才”等创新品牌。举办“智汇潇湘·才聚望城——雷锋家乡产业攻坚博士暨千名紧缺急需人才引进”专场招聘、“高校学子望城行”等活动，引进产业紧缺急需人才800余名、各类教师1100余名、医学专家和医卫类专业技术人员45名、“双团博士”50名。打造人才综合服务平台及App，建立区域人才评价认定机制，推荐认定院士工作站（室）、专家工作站等科研创新平台29家，认定长沙市高层次人才40名、新型职业农民78名、乡村工匠11人、乡村名匠工作室3家。欧美同学会海归小镇（长沙·智能制造）在全国率先揭牌运营，研发中心、湘江子弟学校、大泽湖近自然湿地公园等项目加速推进，兑现各类奖补资金1300万余元，人才生态持续优化。

（范思维）

【雷锋家乡产业攻坚博士暨千名紧缺急需人才引进专场招聘】 2022年6月29日，望城区在高塘岭街道紫鑫戴斯大酒店举办“智汇潇湘 才聚望城”雷锋家乡产业攻坚博士暨千名紧缺急需人才引进专场招聘会，面向社会招引事业单位紧缺急需人才54名、产业领域紧缺急需人才689名、“青锋计划”大学生社会实践人才90名。中南大学党委常委、副校长郭学益，市委组织部副部长、市委人才工作局局长易敏华，区委书记秦国良出席活动。活动吸引来自中南大学等8所高校130名博士人才（含2名外籍人才）参会，现场签约产业攻坚博士7人。新华社、《经济日报》、中新社、《湖南日报》、湖南卫视等近20家主流媒体集中报道望城千名紧缺急需人才引进工作，全网总阅读量超2000万人次。

（范思维）

【“闪亮工程”实施】 2022年，望城区结合3.5万余名党员实际，创新实施党员“闪亮工程”，全面促进党员亮身份、当先锋、作表率，打通服务群众“最后一米”，为推动高质量发展夯实基础、筑牢保障、凝聚力量。在农村党员中实施“星火计划”，开展“敲门行动”，按照“家家党员联、户户见党员”的原则，组织1.1万余名有帮扶能力的党员干部敲门结对帮扶，并组建农业、法律、金融等服务队伍，定期走村入户提供专业服务。在机关、街道社区党员中实施“星光”计划，全面开展党员亮身份包楼栋行动，结合“热线＋网格、吹哨＋报到”等方式，纵向构建街镇、村（社区）、小区、楼栋四级网格，横向划分716个社会管理服务单元网格，成立651个楼栋功能型党小组，9000余名在职党员完成“双报到、双服务”，为群众解决问题2000余个，兑现微承诺4万余条。在“两新”组织和其他领域党员中实施“星耀”计划，选派党建指导员、联络员600名，建设雷锋驿站、楼宇商圈驿站85个，货车司机、快递外卖小哥、“e路兴农红色之家”14个，行业红色联盟

2022年6月29日，望城区在高塘岭街道紫鑫戴斯大酒店举办“智汇潇湘 才聚望城”雷锋家乡产业攻坚博士暨千名紧缺急需人才引进专场招聘会 （区融媒体中心 供图）

10个，选派700余名党员干部联企开展“送政策、解难题、优服务”行动，党建引领高质量发展效能持续突显。在《湖南日报》《长沙晚报》等媒体平台发布《激活党员“细胞”，为高质量发展凝聚红色力量》《党建聚合力，“闪亮”在望城》《望城星明照曙霞》等报道10余篇。

（范思维）

【年轻干部“四炼”营开班】 2022年4月24日，望城区年轻干部“四炼”营在望城区委党校开班，区委常委、组织部部长黄燕出席开班仪式并讲话。开班式上，区委组织部副部长曾宪泽全面解读“四炼”营培训安排，学员代表作表态发言，区委党校常务副校长姚杰为“四炼”营授班旗。此次年轻干部“四炼”营共有来自各单位、各领域、各层级学员61名，为期半年，主要立足干部队伍建设实际，聚焦“思想淬炼、政治历练、实践锻炼、专业训练”4个维度，针对工学矛盾大、长期培训难落实、短期培训难达效、优质资源难共享、干部个性化需求难满足等问题，开出“个性药方”：创新实施“必修＋选修”“研讨＋竞赛”“项目＋导师”的学分制培训模式，每半月开展一次星光充电站，每月组织一次主题党日，每两月举办一次集中培训；推动学员到产业发展、项目建设、乡村振兴、信访等一线岗位开展实践锻炼；采取“三个一”导师全程帮带机制，制定动态详尽的考核体系。

（范思维）

【湖南省党员教育培训示范基地和党员教育培训现场教学点创建】 2022年8—9月，湖南省委组织部从各市州和行业系统推荐163家单位中，确定26家单位为湖南省第二批党员教育培训示范基地，60家单位为湖南省第一批党员教育培训现场教学点。其中，中共长沙市望城区委党校被评为湖南省第二批党员教育培训示范基地，湖南雷锋纪念馆、长沙市望城区茶亭镇静慎村被评为湖南省第一批党员教育培训现场教学点。中共长沙市望城区委党校推出“走初心路”等特色培训路线，运行2年来培训5.8万人次，办班量居全省区县党校前列，在全省区县党校中率先建成智慧校园，获中组部、中央党校肯定。湖南雷锋纪念馆通过承办“雷锋精神论坛”“书写新时代的雷锋故事”等大中型活动30余场次，出版《榜样》《雷锋年谱》等丛书，创新打造品牌IP“雷小锋”“小锋同学”，开展宣讲百余场，携手省内外20余所高校推出“锋”火传承行动——湖南雷锋纪念馆服务大学生思政教育实践等方式，多措并举开展雷锋精神宣传宣教，用心用情讲好雷锋故事，年均游客接待量200万人次。茶亭镇静慎村探索农村党员教育管理新途径，探索出“1248”党员教育培训模式，即以实现“两富两美”（群众“脑袋富、口袋富”、村庄“环境美、民风美”）为目标，打造静慎百年红色党支部（崇信堂）和基层治理示范点乡贤屋场集群2处党员现场教学点，创新4种教育培训方法，倡树8个方面示范带头，抓实抓细党员教育培训工作。

（范思维）

【新时代基层干部主题培训暨科级领导干部示范培训班开班】 2022年7月22日，望城区新时代基层干部主题培训暨2022年科级领导干部示范培训班开班，区委常委、组织部部长黄燕出席开班仪式并讲话，全区100名党政领导班子成员参加培训。该次培训为期3天，以学习贯彻习近平新时代中国特色社会主义思想为中心内容，围绕“三高四新”战略定位和使命任务，立足基层干部岗位需要，着眼现代化新望城建设目标，设置乡村振兴、经济发展、国内外形势分析、传统文化、城市建设等课程。通过专家导师专题授课、现场考察、学员自学等形式，着力提升基层领导干部发展经济能力、改革创新能力、依法办事能力、公共服务能力、化解矛盾能力、风险防控能力、群众工作能力和抓基层党建能力。

（范思维）

【长沙市望城区社会组织综合党委成立】 2022年，望城区开展两新党组织组建攻坚行动，规范区民政局直接登记及无行业党委作为业务主管单位的社会组织党组织建设，7月，望城区社会组织综合总支升级为综合党委，新建社会组织党组织18个，党支部由7个扩充至25个，实现社会组织党组织覆盖率85%，开展“激发红色引擎，筑牢红色联盟”的主题党日活动，实施“闪亮工程”，引导社会组织党员主动亮身份、当先锋、做表率，紧密联系群众、服务群众。

（邓 虎 陈奕君）

宣传工作

【概况】 2022年，望城区在各级主流媒体推出报道1.6万余条，《人民日报》、中央电视台、新华社等中央主流媒体报道望城100余次。推动文旅产业全面复苏，全区接待游客1114.26万人次，实现旅游综合收入108.64亿元。指导帮扶促进全区文化企业稳步发展，全区规模以上文化企业营业收入37.98亿元，比2021年增长4.6%；文创类高新技术企业新增14家，文化出口增长6138万元。望城区宣传思想文化队伍获国家级荣誉4项、省级荣誉7项，舆论引导工作获中宣部书面表彰，多项工作被省、市宣传部门推介。

（陈 星）

【理论武装】 2022年，望城区建立健全各级党委（党组）理论学习中心组规范学习制度，组织开展区委理论学习中心组集中学习12次。通过区委常委会、中心组学习、宣讲报告会、集中轮训等形式学习贯彻中共二十大精神，打造“就认这个理·声声在望”宣讲品牌，开展中共二十大精神宣讲600余场，宣讲员侯佳蕾、高国良获评长沙市“最美基层理论宣讲人”。推进《习近平谈治国理政》第四卷等理论书刊学习宣传使用。

（李 杏）

【新闻宣传】 2022年，望城区在各级主流媒体推出报道1.6万余条，《人民日报》、中央电视台、新华社报道望城

100余次。“科学育秧”“夏粮增收”登上中央电视台《新闻联播》；“喜迎二十大”送戏下乡被《人民日报》报道；“一江两岸”招商推广宣传精准覆盖川粤沪，触达大湾区及欧洲、美洲、日本等国家和地区，借势“首届长沙市旅游发展大会”推广望城文旅，“千城万城、最爱是望城·城里乡里、在望城等你”成为刷屏推介词，持续掀起现代化新望城宣传热潮。（李杨鸣）

【社会宣传】 2022年，区委宣传部完成强省会战略、自建房安全隐患专项排查、“喜迎二十大”、学习宣传贯彻落实中共二十大精神、长沙市首届旅发大会、安全生产等重大主题活动社会宣传工作。在雷锋大道、普瑞大道、金星北路等重要主次干道设置大型户外广告牌及立柱广告30余处，设置绿植花雕3处，在大型商场、广场等区内9处大型户外LED屏幕刊播社会宣传及公益宣传图片。在公交车站、村（社区）阵地等公共场所的电子显示屏常态化开展各类主题社会宣传。（刘玉明）

【对外宣传】 2022年，望城区打造文旅融合新名片。长沙市旅游发展大会期间，《人民日报》报道望城文艺工作，中央电视台推出5期望城文旅消费报道，《中国日报》、中新网、《湖南日报》、《长沙晚报》等媒体重磅推出望城文旅整版专题报道。围绕首届长沙市旅游发展大会落户望城，《人民日报》、新华社、中央电视台等180余家中央及地方主流媒体和商业网络媒体平台报道旅发大会日程，全网全媒刊发刊播相关信息9600余条，阅读量17.1亿余人次，50余家媒体平台联动直播文旅推介会，#青春长沙风光在望#微博话题累计阅读量3.2亿人次。《旅游新方向中国铜官窑——以铜官古镇IP生动讲述对外开放故事》获评长沙市十大对外传播优秀案例。（李杨鸣）

【文旅宣传】 2022年，望城区持续推进文旅融合发展，承办首届长沙市旅游发展大会，全面展示长沙旅游业发展成就。《人民日报》、新华社、中央电视台等180余家中央及地方主流媒体和商业网络媒体平台报道旅发大会日程，全网全媒刊发刊播相关信息9600余条，阅读量17.1亿余人次，50余家媒体平台联动直播文旅推介会，“青春长沙·风光在望”微博话题累计阅读量达3.2亿人次；大会前后，《人民日报》报道望城文艺工作，中央电视台推出5期望城文旅消费报道，《中国日报》、中新网、《湖南日报》、《长沙晚报》等媒体推出望城文旅专题报道。围绕中共二十大精神开展文艺宣传，组织“春联百姓·福到万家”文化惠民系列活动，获中国书法家协会表彰，成立欧阳询书画院，文艺作品《大战“疫”》获省“五个一工程”奖，《春火》《独臂将军》获市“五个一工程”奖，电视剧《书堂少年》在湖南卫视国际频道播出。《旅游新方向·中国铜官窑——以铜官古镇IP生动讲述对外开放故事》获评长沙市十大对外传播优秀案例。（李杨鸣）

【学雷锋志愿服务活动】 2022年，望城区持续擦亮“雷锋”品牌，承办“四季同行·一路有我”湖南省文明实践志愿服务先进典型发布仪式等全省重大学雷锋主题活动。推进“志愿者之城”建设，全区注册志愿者占常住人口的21%，注册比例在全省领先。正兴学雷锋志愿服务中心获评2021年度“全国最佳志愿服务项目”，刘春香获评2021年度“中国好人”；望城区“好人宣讲团”志愿服务项目获评2021年“湖南省最佳志愿服务项目”，李江、谭荒芳、林霞3人获评2021年湖南省“最美志愿者”，冯正其、陈莉2人获评2021年度湖南省“湖南好人”；邹璋、廖志军2人获评2022年度湖南学雷锋和志愿服务先进典型，望城区人民武装部获评第三批“湖南省学雷锋活动示范点”，望城区科学技术协会“好奇之旅”科技志愿服务项目获2022年湖南省“最佳志愿服务项目”称号。（刘玉明）

【未成年人思想道德建设】 2022年，望城区未成年人思想道德建设工作围绕“我们的韶华映朝阳”主题，创立和打造“雷小锋”德育品牌。“雷小锋”德育品牌核心是“亮号行动”“超级课程”“争章工程”“青锋计划”4项内容。全区青少年拥有一个共同的名称“雷小锋”，拥有一个专属并伴随终身的“雷小锋”编号，全国道德模范周美玲被授予“雷小锋”000001号；举办“雷小锋”超级运动会、超燃文艺节、超炫科创展、超能阅读季四大活动课程，为学生搭建一个全面发展大平台。开展“新时代好少年”学习宣传、“传承红色基因”系列教育、中华优秀传统文化传承、学雷锋志愿服务、“劳动美”社会实践、“阳光成长”心理健康教育等活动。结合重要时间节点，组织开展“清明祭英烈”“争做新时代好少年”“童心向党”“向国旗敬礼”等活动，引导未成年人“扣好人生第一粒扣子”。构建“红领巾奖章”评价激励体系，出台《中小学生“雷锋章”评选工作实施办法》和若干具体细则，从“向上”“向善”“向阳”3个方面对中小学生品德教育进行规范，引领学生对标争章、不断成长；6月，评选出二星章集体78个、二星章个人3924名、雷锋章个人1496名。区教育局、团区委联合开发“青锋计划”微信小程序，让需要帮助的困难人员发布“微心愿”，“雷小锋”领取“微心愿”，搭建爱心传递桥梁；“青锋计划”小程序上线后，实现农村学生个人微心愿7591个，募集爱心物资11148件，建成农村班级图书角100个。健全学校、家庭、社会“三结合”教育网络，在社区全面建成家长学校或家庭教育指导服务站点、未成年人心理健康辅导站点、未成年人活动室等阵地，形成一批社区未成年人工作品牌。望城区少先队名师工作室30位名师深入农村学校开展“少先队基础知识”培训和中队辅导员培训50余场次，夯实农村少先队工作基础，推动全区少先队工作高质量发展。区域德育案例《活跃望城的十万个“雷小锋”》在长沙市未成年人思想道德建设优秀

案例评选中获特等奖。（李胜辉）

【公益电影放映】 2022年，望城区公益电影服务中心组织7支放映队，以上门户外放映的形式，放映公益电影1417场，受益观众26万余人次，开展“爱国主义教育电影进校园”活动，在全区中小学校放映专场电影22场，受教育1万余人次。联合党政部门放映红色爱国电影，影前放映法治宣传短片，通过寓教于乐的形式对行政事业单位干部职工开展法治宣传教育，培养依法行政理念。在重点项目工地或农民工聚居点，免费放映公益电影200余场，观众1万余人次，获群众好评。

（谭　超　徐　明）

【新闻出版（版权）】 2022年，望城区开展出版、印刷、电影行业安全生产隐患集中排查整治工作，区委常委、宣传部部长舒全球带队督查行业安全6次，开展联合执法检查50余次，下发交办函100余份，停业整顿企业11家，停止违法经营行为企业35家，有效整治行业安全生产隐患。统筹开展新闻出版及版权和农家书屋工作，开展版权“三进”活动10场次，版权作品登记数量近1.3万件，完成政府机关软件正版化率100%目标，顺利通过市对区软件正版化工作考核。（潘　伟）

【“就认这个理·声声在望”系列宣讲活动】 2022年11月15日，望城区启动“就认这个理·声声在望”系列宣讲活动。该次主题宣讲活动由区委宣传部牵头，围绕“就认这个理·声声在望”主题，以习近平新时代中国特色社会主义思想和中共二十大精神为宣讲内容，结合各阶层群众特点，开展“基层面对面、屋场微宣讲、板凳分享会、机关大讲堂、我是雷小锋、军营话初心、百姓云讲堂、车间微党课、银晖颂党恩、青春心向党”十大系列主题活动。开展系列宣讲活动650余场，受众20万人次，中央、省、市、区媒体发布望城区开展中共二十大学习宣传、宣讲相关新闻稿件1200余条，总点击率500万人次。（李　杏）

【学雷锋志愿服务先进典型发布仪式】 2022年3月3日，由中共湖南省委宣传部、省文明办、省志工委、长沙市文明委主办，中共长沙市委宣传部、市文明办、市志工委、中共望城区委、区人民政府、湖南红网新媒体集团、湖南文明网、湖南省志愿服务联合会承办，望城区新时代文明实践中心、区委宣传部、区文明办、区融媒体中心协办的“四季同行·雷锋家乡学雷锋”——2021年全省学雷锋志愿服务先进典型发布仪式在望城区雷锋大剧院举办，表彰2021年湖南省学雷锋志愿服务先进典型，举行湖南“全国最美志愿者荣誉墙”建成揭幕仪式和“网上展馆”上线仪式，启动湖南“雷锋志愿者证”建设。场外设专栏展示湖南省“四季同行·雷锋家乡学雷锋”志愿服务工作开展所获成果。“学习强国”学习平台、新华网、中新网、《湖南日报》、湖南卫视、红网等20余家媒体聚焦报道，掀起全省学雷锋纪念日活动高潮。（刘玉明）

【中国文联文艺志愿服务团走进雷锋家乡湖南望城主题活动】 2022年3月1日，中国文联文艺志愿服务团走进雷锋家乡湖南望城主题活动在湖南雷锋纪念馆举行。活动现场表彰望城区2021年度学雷锋“先进集体”和“先进个人”。全国学雷锋志愿服务“最美志愿者”——清华大学美术学院教授王铁牛向湖南雷锋纪念馆赠送雷锋主题油画。在主题演出环节，殷秀梅、大兵、乌兰图雅、孙媛媛、李丹阳、丁柳元、侯京健等艺术名家倾情出演，为现场观众及广大网友奉献精彩节目。

（姚雅庆）

【“雷锋杯”学雷锋志愿服务大赛】 2022年6月，望城区“雷锋杯”志愿服务大赛启动，有62组志愿服务项目及志愿服务组织报名参赛，涉及关爱少年儿童、群众文化、文艺服务、医疗健身、科学普及、法律服务、防灾减灾、卫生环保、心理健康、应急救援、非遗传承等领域，10个优秀志愿服务组织及志愿服务项目进入决赛。12月13日，望城区“雷锋杯”学雷锋志愿服务大赛决赛在雷锋大剧院举行。10个优秀志愿服务组织及志愿服务项目负责人以路演形式展示项目背景和内容，讲述志愿服务故事，分享所见、所思、所想、所感，展现望城区新时代文明实践志愿服务精髓和风采。决赛评选“罗嗲老兵工

2022年3月3日，湖南学雷锋志愿服务先进典型发布仪式在望城举行

（区融媒体中心　供图）

作室”、“15分钟服务圈”志愿服务项目2个项目为一等奖，名都艺术团志愿服务队、红十字“救”在身边志愿服务项目、“桃花朵朵·加油8”志愿服务队、“守望”法治先锋志愿服务队为二等奖，“幸福号”婚姻家庭调适志愿服务项目、中国航发中传青年雷锋志愿服务队、“心灵舞动”青少年心理疏导志愿服务项目、“360度幸福陪伴”志愿服务项目为三等奖，“垃圾要回家，银发守护它”志愿服务项目、“惠民宣讲间”志愿服务项目、“百趣公益科教”志愿服务项目等10个项目为优胜奖。

（刘玉明）

【“雷锋文化陈列展”暨“雷锋志愿者”认证发布活动】 2022年8月15日，“雷锋文化陈列展”暨2021年度望城区“雷锋志愿者”星级认证发布活动在望城区雷锋精神研究会暨望城区新时代文明实践中心举行。“雷锋文化陈列展”是系列陈展，其中活动现场为雷锋报纸主题展，该展持续半年时间，展示1958年以来《人民日报》《光明日报》《中国青年报》《解放军报》等19种报刊在各个时期关于雷锋、雷锋精神和学雷锋活动报道。活动对2021年“五星级雷锋志愿者”进行认证发布，根据志愿者志愿服务累计时长、参加无偿献血、捐款捐物等志愿服务活动情况，获省、市级以上志愿服务类个人奖项情况，共认证“五星级雷锋志愿者”17人（李江、陈兵、肖新征、余五一、章顺智、杨来富、彭雄伟、彭忠祥、阳志国、严实、余芬、胡亦明、龙松华、向海军、颜艳群、刘屏、沈良云）和“四星级雷锋志愿者”51人（李宇、王天、杨鑫、龙果、杨思源、李小红、刘晓云、刘文德、邹北群、金幼辉、沈婷、廖焰、张璐琪、肖婷、杨春阳、邓虎、周继开、叶建军、黄伏初、谭颂红、徐林英、李浪、常莹、胡显任、朱李俊、龚道珍、范广怡、肖淑英、佘卫东、刘玲玲、黄燕、严志华、邹敏芳、陶健、刘杏芳、米兰平、刘燕灵、谭小平、李丽霞、周自娥、刘金玲、曹慧、陈文、夏永春、高云虹、戴小开、谭笑、李鹏、肖建军、陈志伟、杨丹），根据《长沙市望城区雷锋志愿者星级认证和激励嘉许办法》，从制度层面对“五星级雷锋志愿者”在交通、医疗、养老、教育等8个方面进行嘉许，营造勇当志愿者、尊重志愿者、崇尚志愿者的良好氛围。

（刘玉明）

【“雷锋精神与中国共产党人精神谱系”研讨会暨雷锋系列新书首发仪式】 2022年8月15日，“雷锋精神与中国共产党人精神谱系”研讨会暨雷锋系列新书首发仪式在湖南雷锋纪念馆举行。《雷锋年谱》《雷锋的故事》《像雷锋那样》全国首发。3本新书分别从雷锋生平、故事、实践养成3个维度呈现雷锋故事、雷锋精神。举行新书捐赠活动，与会嘉宾向雷锋学院、雷锋学校、望城区新华书店、雷锋图书馆、消防大队雷锋班、雷锋志愿者等单位和集体赠送雷锋系列新书。新书首发仪式后，举行“雷锋精神与中国共产党人精神谱系”理论研讨会。《雷锋》杂志社总编辑、《解放军报》原副总编辑、少将陶克与湖南省政府参事室特约研究员、省关心下一代工作委员会副主任、中国毛泽东诗词研究会副会长张志初，雷锋生前好友、湖南省总工会原党组成员、副主席、纪检组组长冯健，省社科院党组成员、副院长贺培育，省委党校党史教研部主任霍修勇，长沙职业技术学院党委委员、副院长罗慧玲等省、市、区相关领导、雷锋精神研究专家、雷锋亲属及好友、志愿者等，围绕“雷锋精神与中国共产党人精神谱系”主题展开研讨，畅谈新时代雷锋精神的内涵与传承，给予雷锋系列新书高度评价。

（胡 倩）

【新时代文明实践进基层活动】 2022年，“雷锋志愿者·金种子在行动”新时代文明实践活动由望城区新时代文明实践志愿服务总队统筹调度，120余项志愿服务供给项目和96个文明实践文艺节目，采用区新时代文明实践中心“派单”、经常性文明实践活动由各街道（镇）下面的新时代文明实践所（站）进行“点单”、广大志愿者进行“接单”的工作模式，每月举办一至两场全区性文明实践活动。活动持续开展4年。活动建立新时代文明实践活动奖补机制，免费为新时代文明实践所（站）开展活动提供舞台、设施设备和基本经费保障。2022年开展文明实践活动2065场次，54.08万人次参与活动。

（易 妮）

【《雷锋年谱》出版】 2022年8月，由湖南雷锋纪念馆组织编写的《雷锋年

2022年8月15日，“雷锋精神与中国共产党人精神谱系”研讨会暨雷锋系列新书首发仪式在湖南雷锋纪念馆举行

（区融媒体中心 供图）

谱》由湖南人民出版社出版。该书以时间为经、故事为纬，是一部记述雷锋从1940年出生到1962年因公殉职，22年间生平事迹编年体著作。年谱以湖南雷锋纪念馆馆藏珍贵一手史料为主要依据，以全国公开出版历史文献资料为参照，展示雷锋生平、经历、实践活动、成长及思想发展轨迹、精神形成和发展脉络，是一本研究雷锋成长经历的工具书，为读者全面深刻了解雷锋一生提供重要资料。该书于8月15日在全国首发。

（胡　倩）

2022年9月14日，望城区在雷锋大剧院举办"同心在望"系列活动之圆梦助学篇捐赠表彰仪式

（区委统战部 供图）

统一战线工作

【概况】　2022年，望城区统一战线围绕学习贯彻中共二十大精神，举办民族文艺会演、主题座谈会、专题培训会、精神宣讲会等活动。建立完善区委常委与党外代表人士联谊交友制度、区领导联系民营企业和商（协）会工作制度等。队伍建设加强，致公党望城区总支部成立，区知联会换届选举工作完成；出台《望城区宗教团体年度考核试行办法》，实施"望新社"（长沙市望城区新的社会阶层人士联合会）会长轮值制度，设立泰嘉企业家培训基地，举办党外代表人士综合素质提升班和统战干部主体培训班。引导全区统一战线围绕"圆梦助学、应急救灾、乡村振兴、建言献策"4个主题开展"同心在望"系列行动，印发《望城区"同心创建"行动计划（2021—2025年）》，湘江村被评为省级"同心美丽乡村"，群力村被评为市级"同心创建示范点"，夏国安博物馆被评为市级"同心基地"，湛水村被评为市级"同心乡村"；天鹅塘社区被评为长沙市"民族团结进步示范单位"；铜官陶艺"1+N"实践创新基地被评为市级"新的社会阶层统战工作实践创新基地"。（周静文）

【党外代表人士联络与服务】　2022年，望城区加强民主党派、无党派人士和党外知识分子队伍建设。成立致公党望城区总支部，下设望城综合支部、望城经开区支部和海归小镇支部3个支部。召开望城区党外知识分子联谊会第二届第一次会员大会，做好区党外知识分子联谊会换届工作。着力打造新时代无党派人士、党外知识分子工作新品牌——"刘坤庭"工作室。按要求完成42名无党派人士认定登记工作。出台《关于进一步健全中共长沙市望城区委常委与党外代表人士联谊交友制度的通知》，建立联谊交友联络员制度、建言献策落实反馈制度、定期报告制度，确保区领导与党外人士联谊交友制度化和实效性。支持党外人士参政议政，履职尽责。按照省、市"四明白四清楚"（想明白想清楚、写明白写清楚、说明白说清楚、干明白干清楚）大调研活动及望城区统一战线重点课题调研工作要求，完成"智能制造人才培养""物业服务管理创新""乡村振兴""海归小镇建设"等7个重点课题调研，区知联会《精准识人、选人、用人、留人，助力海归小镇（长沙·智能制造）发展》课题，获评市委统战部优秀课题。组建一支由20余名民主党派成员组成的公益诉讼志愿者队伍，参与民主监督工作。举办"携手同心·聚力同行"望城区统战系统到龙山县洗车河镇爱心助学活动，望城区知联会、九三学社望城支社、民建望城支部等爱心团体向龙山县洗车河镇捐赠物资价值20万元。

（丁亚玲）

【新的社会阶层人士统战工作】2022年，望城区以网络问卷形式开展对望新社77名成员参政议政现状分析和对策研究的调研，撰写报告。召开望新社第六次理事会，制定并实施《望新社会长轮值制度》。开展《最美"新"力量　喜迎二十大》新的社会阶层代表人士专题宣传30期，通过融媒体平台进行传播。开展"喜迎二十大　同心护未来"望城区青少年安全知识教育暨"少年急救官"公益培育活动，联合打造以"少年急救官"为核心的"生命护航计划"，15所学校4000余名青少年参加学习，完成线上线下16场培训，提交视频及绘画作品600件，45名学员被评为优秀学员，120名学员入围全国"少年急救官"训练营。（陶　静）

【民营经济统战工作】　2022年，望城区在泰嘉科技设立企业家培训基地，组织举办"猎梦计划"民营企业代表人士培训班4期，培训200余人。制定出台《区领导联系民营企业和商（协）会工作制度》，29名区领导以"五

个一”［开展一次谈心谈话、一次看望慰问、一次实地调研、参与企业或商（协）会一次重大活动，解决一批实际问题］工作方式联络联系53家企业和18家商（协）会，走访调研解决问题114个，引导民营企业健康发展，民营经济代表人士健康成长。

（陶　静）

【侨务工作】 2022年，望城区以海归高层次人才为主体，建立台账，实时动态更新海归资源数据库。接待广州、湖南省、长沙市等地欧美同学会以及海南、无锡、济南等各级统战部门组织的多批次海归人才、部门考察海归小镇活动，组织召开海归小镇座谈会建言献策。成立区政协经济界别和台侨界别委员工作室，有成员26名，采取线上服务和线下互动工作模式，开展企业代表约访、纾困解难战疫情、普惠金融助力园区专题对接活动、海归小镇资源对接、服务人才引进等线上线下交流、实地考察等系列活动。以普及侨法为抓手开展侨法宣传活动。利用春节、端午节等重要时间节点，走访慰问侨界人士70余户。

（夏悦瑶）

【“同心在望”系列行动】 2022年9月14日，望城区举办“同心在望”系列活动之圆梦助学篇捐赠表彰仪式，启动望城区统一战线“同心在望”系列行动。活动现场，区委统战部常务副部长文德霖代表全区统一战线向区教育基金会捐赠助学资金12万元，表彰踊跃捐资助学的民建望城支部、区党外知识分子联谊会、区佛教协会等爱心团体，澳优乳业等爱心企业以及民盟盟员黄霞、民建会员邱进、谢湘波等爱心人士。“同心在望”系列行动，通过亮品牌、搭平台、畅渠道、建机制、办活动等方式来引导望城区统一战线成员围绕圆梦助学、应急救灾、乡村振兴、建言献策4个主题篇章聚心、聚力、聚智。　（周静文）

【“最美‘新’力量　喜迎二十大”系列宣传】 2022年7月7日起，区委统战部联合区融媒体中心开辟《最美“新”力量　喜迎二十大》专栏，连续报道30位新的社会阶层人士优秀事迹，树立标杆，引领更多代表人士听党话、跟党走，践行“三高四新”战略定位和使命任务，为促进全区经济社会高质量发展扛起使命担当。　（陶　静）

【党外代表人士综合素质提升班】 2022年9月27—29日，望城区与长沙开慧教育学院合作办学，组织全区54名党外代表人士集中学习。课堂教学中，来自长沙市政协、长沙市委党校的专家教授为学员分别作《参政议政能力建设》《实现中华民族伟大复兴的行动纲领——中共十九届六中全会精神解读》《把握宏观经济政策、推动四新经济发展》及《中国共产党统一战线工作条例解读》等专题报告。实地教学中，学员们参观中共第一位女党员缪伯英故居，瞻仰杨开慧陵园，举行敬献花篮仪式，增强党外人士“不忘合作初心、继续携手前进”责任感和使命感。组织学员围绕“矢志不渝跟党走、携手奋进新时代”主题开展座谈交流，加强党外代表人士之间、统战干部与党外代表人士之间的联络联谊，激发党外代表人士爱祖国、守信任、干事业、作奉献的激情和意识。

（丁亚玲）

【党外代表人士撰写社情民意】 2022年，望城区出台《重大事项向党外人士通报、征求意见的制度》《社情民意信息会商制度》等，组织各民主党派就近期社情民意信息热点进行统筹，为党外代表人士搭建参政议政平台。全年报送社情民意57条，其中，民革望城支部报送《警惕金融稳定保障基金建立运行中可能出现的风险点》被民革中央采用；民盟望城支部报送《俄乌冲突背景下全面评估我国粮食安全风险的建议》被中央统战部《零讯》、省委办公厅《湖南信息》、省政协采用；民进望城支部报送《社区矫正对象平等就学权应依法保障》被省政协采纳；致公党望城支部撰写社情民意《加快海归小镇建设亟须聚合侨海资源》被长沙市政协采纳。　（丁亚玲）

【“少年急救官”生命护航计划】 2022年7月8日，由区委统战部、区望新社、区志愿者协会联合开展“喜迎二十大　同心护未来”望城区青少年安全知识教育暨“少年急救官”公益培育计划启动仪式在湖南第一师范学院斑马湖小学举行。活动现场为全区首批“少年急救官”学生代表授旗，为区消防救援大队、区人民医院、区政协委员工作室等7家单位及澳优乳业、长沙证通云计算等6家爱心企业等支持合作单位授牌。

2022年7月8日，区委统战部、区望新社、区志愿者协会联合开展“喜迎二十大　同心护未来”望城区青少年安全知识教育暨“少年急救官”公益培育计划启动仪式

（区融媒体中心　供图）

长沙市红十字会资深讲师田国忠为青少年带来“少年急救官”培育计划第一课《防溺水及心肺复苏》。“少年急救官”生命护航计划，聚焦全区青少年群体，宣传防灾减灾、急救自救等方面知识和技能，不断增强社会公众特别是青少年群体风险意识，提高自救互救技能。

（陶　静）

政策研究

【概况】 2022年，中共长沙市望城区委办公室（以下简称区委办）坚持政治立场，履行职能职责，加强服务工作，不断提升参谋辅政水平，进一步彰显“核心智库”作用。全年上报工作信息200余条，获领导批示30余条。起草领导讲话、报告等各类文稿350余篇，编印区委党刊《新望城》2期、《区委通报》3期。

（袁芝城）

【资政信息】 2022年，区委办坚持围绕大局建言献策，创造性提出“一二三六”（突出一个主题、聚焦两个板块、抓好三个统筹、主攻六项工作）发展思路等工作建议，获区委采纳。做好相关文稿服务工作，起草区委全会报告、望城工作汇报等大型材料30余篇，撰写新华社、《人民论坛》、《高管信息·湖南》、《人民之友》、《湖南教育》等重要媒体刊物署名文章近20篇，及时准确还原区委主要领导录音整理稿130余篇。履行区委财经办职责，组织召开区委财经委会议3次，以区委财经委、区委财经办名义制发文件5个。抓牢党委信息工作，在“4·29”事故发生后，第一时间赶到现场，60分钟内电话、书面报送相关信息至省委、市委办公厅，并及时续报综合情况、动态情况等专题信息163条。全年140条工作经验、基层反映类信息被省委、市委采用，《望城区吹响基层治理“雷锋哨”织牢为民服务一张网》《望城区“三抓三促”发挥退役军人示范带头作用》经验信息获省委办公厅单篇推介。节假日安排专人值班负责信息报送，信息无一迟报、漏报、瞒报，被评为2022年度全省、全市党委信息工作优秀单位。

（袁芝城）

【调查研究】 2022年，区委办围绕产业链发展、“一江两岸”开发建设、房地产平稳健康发展、基层党建、乡村振兴等工作深入开展调查研究，形成高质量调研报告23篇，为区委科学决策提供参考依据。其中围绕基层减负开展实地调研，形成《关于基层会议、发文、报表、督查情况的调研报告》，反映基层党员干部的心声。围绕自建房安全整治深入调研，参与总结提炼的“十个一批”（加快鉴定放开一批、精准分类自住一批、动员拆除重建一批、拆危拆违销号一批、提前征收安置一批、“留证排危”处置一批、引导租户转移一批、工程加固除险一批、实物货币救助一批、修修补补销号一批）“四个一”（一个专班、一次踏勘、一次审图、一并发证）等举措，助推全区自建房安全整治克服难点，获得国家省市各级高度肯定，并促成全国首部专门规范居民自建房安全管理的地方性法规《湖南省居民自建房安全管理若干规定》出台。

（袁芝城）

机构编制工作

【概况】 2022年，望城区配合湘江新区管理体制和区划调整优化工作，稳步推进望城区管理体制调整优化；完成应急管理综合行政执法改革，优化盘活开发区管理机构编制资源，保障重点领域用编需求，调整优化其他领域体制机制；开发机构编制电子档案系统，全面推广应用省机构编制管理平台，切实优化事业单位登记管理服务；推动上一轮省委巡视机构编制专项检查反馈问题的整改销号工作，做好本轮省委巡视选人用人（机构编制部分）专项检查的迎检工作，联合区委组织部、区委督查室、区人社局等单位组成专项检查组，对街镇和部分区直部门开展机构编制专项检查。

（甘　甜）

【机构设置与调整】 2022年，中共长沙市望城区委机构编制委员会办公室（以下简称区委编办）配合湘江新区管理体制调整优化工作，深入调研，摸清底数，将基本情况汇总成册；反复排查，收集论证特殊问题，与移交组对接，起草《人员调整交接书》，划转编制1094名，在编人员935名，退休人员401名，编外人员1234名，推进白箬铺、黄金园、金山桥3个街镇托管工作有序过渡。长沙市公安局望城分局、长沙市自然资源和规划局望城分局、望城区交通运输综合行政执法大队和望城区文化市场综合行政执法大队已明确移交意向，开展人员转隶工作。第二批由市、区两级协商调整事项，经过3轮讨论协商，争取到望城机构编制事项精准解冻。整合优化应急管理系统执法职能，统筹执法资源，组建区应急管理综合执法大队，升格为副科级，编制由14名增加至20名。

（甘　甜）

【开发区管理体制改革】 2022年，望城区优化盘活开发区管理机构编制资源，望城经开区管委会升格为副厅级，明确领导班子为2正5副，共新增领导职数副厅2名、正处3名、副处5名；明确管委会设内设机构7个（副处级），内设机构性质管理办公室1个（副处级），所属事业单位3个（1个副处级、2个正科级）。推进望城经开区相对集中行政许可权改革试点工作，依法集中统一行使行政许可权及关联事项职权86项，配合望城经开区筹建行政审批服务局，推动“一枚印章管审批”改革。

（甘　甜）

【事业单位登记管理】 2022年，区委编办推行“不见面”办理、“容缺”受理服务，严格落实“限时办结制度”和简易注销登记办法，做到“申报不延时、审核不过夜”。全年完成事业单位设立登记9家、变更登记68家、注销登记103家及全区366家事业单位法人2021年度报告公示工作。

（甘　甜）

【机构编制监督检查】 2022年，区委编办对照省委巡视反馈全区机构编制五大方面33个具体问题，经与省委编办监督检查处对接汇报，全年新增销号问题4个。通过梳理台账资料、召开专题会议、开展“回头看”等方式，做好该轮省委巡视选人用人（机构编制部分）专项检查迎检工作。联合区委组织部、区委督查室、区人社局等单位组成专项检查组，对街镇和部分区直部门开展机构编制专项检查，提出纠正完善建议，要求责任单位立行立改，健全协作配合机制，形成监督检查合力，提升机构编制法治化水平。（甘甜）

区直机关党建

【概况】 2022年，望城区有区直机关党组织69个，管理党员4959人，管理的党组织中设机关党委的16个，机关党总支17个，机关党支部的36个。区直机关工委推进“三表率一模范”机关建设，实施“党建聚合力”工程，开展“强省会、勇担当、优作风、显作为”活动，推动政治机关、学习机关、活力机关、勤廉机关、服务机关“五大建设”，为现代化新望城建设贡献机关力量。（彭译萱）

【机关党组织建设】 2022年，区直机关工委开展发展党员“回头看”工作、区直机关党务工作有关问题清查整治专项行动、党的组织法规制度落实情况“回头看”专项行动、党费清查工作等，夯实党建基础。开展基层党建工作实地走访调研、核查验收工作，了解相关单位基层党建示范点创建情况、“书记工程”开展情况。采用“日分享、周抽查、月提示、季自查、年度检查述职”等形式，通过“线上”与“线下”相结合方式，强化机关党建基础工作落实。

（彭译萱）

【机关党员队伍建设】 2022年，区直机关工委在区直机关各单位开展“就认这个理·声声在望”机关大课堂活动，通过以上率下学、组织培训学、活动浸润学、典型示范学等形式，在区直机关组织学习中共二十大精神。组织召开机关党组织书记述职评议会议，为机关党建高质量发展提供坚强组织保障。严格推进党员发展工作，培训和审批一批入党积极分子、发展对象、预备党员等，储备一支党员后备队伍。（彭译萱）

【机关党风廉政建设】 2022年，区直机关工委制定《望城区直单位推进清廉机关建设工作方案》，要求各单位按照方案申报，逐年按计划、有步骤推进，实现清廉机关建设全覆盖，推动全面从严治党向纵深发展。按照上级要求和部署开展红包礼金、安全生产领域专项整治和“纠四风、治陋习”专项整治等活动，加强廉政风险隐患和安全生产方面排查。传达中央、省、市、区纪委有关会议精神，要求党员干部进一步牢固树立法纪意识，做到警钟长鸣。结合各类典型案件开展警示教育，要求党员干部从中吸取教训，引以为戒，压紧压实区直各单位党风廉政主体责任。

（彭译萱）

【党建助推中心工作】 2022年，区直机关工委完成区直机关关于出席中共二十大代表候选人推荐人选推荐提名工作、驻区行政中心单位第三届区人大代表补选工作。以“党建聚合力”工程为统揽，实施党员“闪亮工程”“星光”计划，开展“双报到双服务”工作，持续深化党建引领“热线+网格、吹哨+报到”治理模式，常态开展党员干部“五省五心”行动、“我为群众办实事”“锋行有我”机关岗位学雷锋等活动，组织铲雪除冰、无偿献血、党员慰问、文明交通志愿服务等，推动机关单位党组织和党员下沉社区一线，助力基层治理，不断增强城市基层党建整体效应。坚持党建带团建，举办区直机关职工乒乓球赛、干部职工子弟体质体能公益培训、青年干部职工征文比赛、大学新生参观学习活动、干部职工子女才艺展示赛等，丰富机关文化生活。（彭译萱）

【“三表率一模范”机关创建活动】 2022年，区直机关工委在区直单位开展“三表率一模范”（在深入学习贯彻新时代中国特色社会主义思想上作表率；在始终同党中央保持高度一致上作表率；在坚决贯彻落实党中央各项决策部署上作表率；建设让党中央放心、让人民群众满意的模范机关）机关创建活动，制定实施方案，明确总体要求和主要任务，细化工作措施，确保创建实效。

（彭译萱）

【《机关支部工作手册》编印】 2022年，区直机关工委编印《机关支部工作手册》，对“三会一课”、组织生活会、党员发展等活动，明确各机关党支部组织生活的基本流程、关键环节，规范机关党支部的组织生活。（彭译萱）

老干部工作

【概况】 2022年，长沙市望城区老干部服务中心（以下简称区老干中心）贯彻落实中共中央办公厅印发《关于加强新时代离退休干部党的建设工作的意见》精神，推进离退休干部党建工作开展。推进老年教育工作，新增桥头驿社区、望府路社区2个老年教育基层教学点，在各街镇全面铺开网络课堂工作，确保每个街镇都有村（社区）设置站点。打造老干部志愿服务活动平台，开展中共二十大主题宣讲，引导老干部加入“五老红”学雷锋志愿服务队，参与文明创建、社会治理、纠纷调解等各项工作。切实保障离退休干部政治、生活各项待遇，用心用情做好新时代老干部工作。2022年度，指导打造区人民法院、长沙市自然资源和规划局望城分局、乌山街道、桃花井社区时代倾城党支部4个市级示范党支部和“美在金秋”老党员之家，区市场监督管理局离退休干部一支部被评为省示范离退休干部党支部。

（刘一纯）

【落实离退休干部政治待遇】 2022年，望城区落实好离退休干部政治待遇，让老干部老有所为。6月23日，区委书记秦国良主持召开老干部代表座谈会，区长孔令强通报上半年望城经济社会发展情况，听取老干部意见和建议，倡导老干部继续为社会经济发展作贡献。9月，开展老干部视察重点工程活动，让老干部亲身感受望城经济社会发展新变化、新成果，不断增强“四个意识”、坚定“四个自信”、做到“两个维护”。（刘一纯）

【落实离退休干部生活待遇】 2022年，区委组织部、区老干中心、区人力资源和社会保障局联合下发文件，明确要求落实长沙市干部荣誉退休10项制度。坚持“五必访”工作制度（生病住院必访、重大节日必访、生活困难必访、老干部生日必访、老干部生日必访、丧葬大事必访），做好老干部“暖心工程”。2022年，走访慰问离退休干部及遗孀、配偶192人次，生日祝寿、生病探望、逝世吊唁老干部52人次，慰问金额24.3万元；在传统节日期间慰问老干部497人次，发放慰问金49.7万元；为离休干部实报实销医药费67万余元。开展“五老”点亮行动学雷锋志愿服务活动，机关干部与离退休干部“一对一”结对联系，掌握他们的思想状况、身体状况、家庭生活及学习活动情况，对接养老、医疗、文教等资源，解决实际困难，做实做细服务工作。（刘一纯）

【老年教育工作】 2022年，望城区有高塘岭街道中南社区、望府路社区，月亮岛街道桃花井社区、黄狮岭社区，桥驿镇桥头驿社区5个老年教育基层教学点，让广大老年人在“家门口”上大学成为现实。区老干中心结合上级安排部署，采取多种形式开展培训，提升老年教育工作者的教学工作水平和综合能力素养。6月，选派7名区老干部大学管理人员和教师参加全市老干部（老年）教育工作者专题培训班。利用“老年教育网络课堂”“离退休干部工作”微信公众号传播、推送相关内容，开展培训学习，在潜移默化中凝聚人心，获得教益。运用“互联网+党建”“智慧党建”等手段，利用“学习强国”学习平台、“三湘老干部e家”“长沙老干部”“望城党建+”等微信公众号、“离退休党支部书记”“‘五老’金牌讲师团”等微信群，为广大离退休干部党组织和党员提供学习党建理论知识、开展主题党日活动、完善党建工作管理、加强学习宣传交流的平台。推进中共二十大精神学习，组织开展“喜迎二十大·奋进新征程——一支部一故事”主题演讲活动、“声声在望·银晖颂党恩”学习宣传贯彻中共二十大精神集中学习、“就认这个理·声声在望·银晖颂党恩”中共二十大精神“五老”宣讲等活动，引导广大离退休干部学懂弄通做实中共二十大精神。（刘一纯）

【离退休老干部考察重点工程建设活动】 2022年9月29日，望城区组织离退休老干部考察重点工程建设并举行座谈会。老干部们考察望城区养老中心、大华科技有限公司、高塘岭街道湘江村彭家湖美丽屋场，了解望城基础设施建设、产业发展、乡村振兴和生态文明建设等情况，亲身感受望城经济社会发展新变化、新成果，座谈会上老干部们发表建设性意见与建议，助力望城经济社会高质量发展。（刘一纯）

【老干部发挥正能量作用引导】 2022年，区老干中心组织开展“喜迎二十大 领航新征程”主题行动和“五讲五做”主题宣讲活动，区“五老”金牌讲师团开展宣讲181场次，受众23666人次，涌现出何红专、谭荒芳、高国良等“五老”宣讲达人。借力“银龄工程”，依托小区党建、小区自治、庭院自治，全区54个离退休干部党支部和广大“五老”不忘初心、牢记使命，热心公益事业，参与文明创建、社会治理、纠纷调解、环境整治等各项工作，区市场监督管理局“经济卫士”志愿服务队、“冯正嗲工作室”等一批银龄品牌深入人心，展现出强省会赛道上的“银龄风采”。月亮岛街道黄狮岭社区雷锋义警义务巡防项目获评“全省五十佳老党员老干部志愿服务项目”，谭荒芳获评“全省百佳老党员老干部志愿服务者”；高塘岭街道西塘街社区“五老”志愿服务队、高塘岭街道中南社区“银发生辉”志愿服务队、月亮岛街道黄狮岭社区“五老红”志愿服务队获评“全市最佳‘五老红’志愿服务组织”；高国良、虢正宏、李

2022年9月29日，望城区组织离退休老干部考察重点工程建设

（区老干中心 供图）

白群、龙松华、谭荒芳获评“全市最美‘五老’志愿者”，何红专、李先骥、尚剑兴、谢海梁、闫玉兰获评“全市最美‘五老’金牌讲师”，湘陵社区“群众烦心事变社区暖心事”获评“全市‘五老’参与基层社会治理最佳案例”，区市场监督管理局“雷锋家乡的银发‘经济卫士’”获评“全市‘五老’参与基层社会治理优秀案例”。（刘一纯）

【“三缘型”党支部】 2022年，望城区按照“一方隶属、多方管理”的原则，推行建立“三缘型”党支部。即在老干部集中居住地形成“地缘”型党支部，让离退休党员“落地生根”，如湘陵社区离退休干部党支部、黄金社区“美在金秋”党支部等；在行业系统形成“业缘”型党支部，如区“五老”助学队党支部、东方明珠小区党支部等；在区老干部大学、老年教育基层教学点形成“趣缘”型党支部，区老干大学和老年教育基层教学点建立7个临时党支部。通过“三缘型”党支部的建立，使每一名离退休党员都能接受党组织教育管理，感受党组织关怀和温暖。（刘一纯）

【离退休干部党组织“一支部一故事”主题演讲活动】 2022年5月25日，望城区离退休干部党组织“喜迎二十大·奋进新征程——一支部一故事”主题演讲活动在湖南雷锋学院举行。活动现场，21名离退休党员紧扣主题，多层次全方位展示离退休干部党支部故事，展现新时代望城老干部、老党员担当和风采。自5月初“一支部一故事”主题活动启动以来，全区57个离退休干部党支部聚焦支部的过去、现在和未来，挖掘和展示21个感人故事。全区各离退休干部党组织和广大党员在挖掘故事、讲述故事、聆听故事的过程中，提升党性修养，增强“四个意识”、坚定“四个自信”，有利于离退休党员干部为现代化新望城建设贡献余热。（刘一纯）

【“声声在望·银晖颂党恩”培训班】 2022年11月22日，区委离退休干部工委、区关工委、区老干中心联合举办“声声在望·银晖颂党恩”望城区离退休干部学习宣传贯彻中共二十大精神培训班。全区各离退休干部党支部书记、区“五老”金牌讲师团全体成员、基层关工委主任及区老干中心全体干部职工参加。培训会上，省委党校副教授周树辉以《全面建设社会主义现代化国家的行动纲领》为题进行专题辅导，围绕中共二十大主题内容、核心要义、贯彻中共二十大精神必须把握的几个问题等方面，讲解中共二十大报告精神。（刘一纯）

【离退休干部党支部书记培训班】 2022年7月28—29日，望城区“喜迎二十大·奋进新征程”离退休干部党支部书记培训班在湖南雷锋学院举办。该次培训由区委组织部、区委离退休干部工委、望城区委党校共同举办，全区54名离退休干部党支部的书记和老干部服务中心全体工作人员参加培训。培训围绕学习宣传贯彻中共中央办公厅《关于加强新时代离退休干部党的建设工作的意见》，引导离退休干部弘扬党的优良传统和优良作风，主动适应新时代老干部工作新要求。培训为期2天，采取专家专题辅导、党史知识抢答、红色初心观影等相结合的方式进行。（刘一纯）

党校工作

【概况】 2022年，中共长沙市望城区委党校（以下简称区委党校）举办和承办各级各类培训班次218个（不含会务活动），比2021年增长18%；全年送课下基层163场，比2021年增长5%；被评为湖南省党员教育培训示范基地、长沙市党校系统2022年度科研工作先进单位。（李婧）

【教师队伍能力建设】 2022年，区委党校以理论学习中心组集中学习为平台，组织全体教职工学习领会中共十九届六中全会、中共二十大等重要会议精神，通过强化学习培训、调研实践，提升团队战斗力，全体教职工政治素养和业务能力显著提升。王天被评为全省干部教育培训“三百工程”优秀教师，理论教员谭胜、谭丽容被评为副高职称，丁浩波被评为中级职称。（李婧）

【教学科研】 2022年，区委党校开发教学专题24个。围绕中共二十大精神，开发《奋力谱写全面建设社会主义现代化国家崭新篇章》《全面建设社会主义现代化国家的行动纲领》等6个专题课；围绕“马克思主义为什么行”“习近平法治思想”“红色精神谱系”“党史党建”等重点热点问题，打造7个课程；以内部竞赛方式打造《坚持全面从严治党 时刻紧绷纪律规矩这根弦》《始终把纪律规矩刻在心上 挺在前面》等7个专题课。其中，教员王天《甘愿为党献头颅》红色教学专题被评为全省干部教育培训“三百工程”精品课程。组建专门课题团队，历经两年时间，打造1个以雷锋生平为主线、以朗读雷锋日记唱响雷锋歌曲为方式的沉浸式教学课程。结合望城乡村振兴和社区治理实践开发2个案例式教学课程。为提高基层干部处理突发事件能力，打造1个《提高应急处突能力》的情景模拟式课程。全年获科研成果25项。其中，课题11项，包括省级立项3项，结题1项，市级课题立项3项，结题4项；公开发表文章6篇，其中国家级期刊1篇、省级5篇；在全省党校系统理论征文中获奖3篇；在全市党校系统理论征文中获奖5篇，获长沙市党校系统科研组织“先进单位”奖。参与区委宣传部组织的中共二十大精神理论征文撰稿7篇，其中1篇在“学习强国”学习平台发布。完成年轻干部“四炼”营4个课题指导，涉及望城志愿服务、人才引进等方面。（李婧）

【干部教育培训】 2022年，区委党校送课下基层163场，完成学习贯彻中共十九届六中全会精神专题读书班、年轻干部“四炼”营、全区驻村帮扶干部

2022 年 2 月 24 日，望城区委党校组织桥驿镇 2022 年度党员培训班参训学员在望城经开区开展实地观摩　（区委党校 供图）

培训班、新时代基层干部主题培训班等列入干训计划的 18 期培训及活动，培训 5071 人次；承办非主体班次 218 个，培训 39306 人次，望城区委党校成为全区党员干部开展理论教育、党性教育，提升政治素养、综合能力的主渠道、主阵地。依托校内现场教学点廉政教育展馆，组织骨干理论教员开展集体赛课，先后开发《坚持全面从严治党 将党规党纪刻印在心上》等 8 堂廉政党课，创新打造“一场廉政教育展馆参观＋一堂专题廉政党课”廉政教育专题培训模式。全年承接廉政教育参观和开展廉政教育专题培训班 83 批次，组织省、市、区党校专家、理论教员以培训办班和送课下基层为载体，开展党风廉政专题课 86 场次。区委党校与 3 个省级教学点、11 个市级教学点、17 个区级教学点建立教学联系，被评为省级党性教育基地。

（李 婧）

【省、市系列培训班承办】 2022 年，区委党校承办省、市系列培训班次 37 个。其中，省、市高院系列培训班 18 个、长沙市政协第十三届委员会委员履职培训班 3 期，省委编办 2022 年度务虚会议 1 次。6 月 13—21 日，湖南省民宗系统学习贯彻中央和省委民族工作会议精神、全国及全省宗教工作会议精神主题培训班开班。来自全省、市、县两级民宗工作部门负责人及市级民宗工作部门部分中层干部 82 人参加学习培训。培训分两批次举行，每批为期 4 天。学习期间，重点围绕中共十九届六中全会精神、新时代党的民族宗教工作方针政策、马克思主义民族宗教观、城市民族工作、互联网宗教事务管理、基层宗教工作三级网络两级责任制建设等内容进行专题理论授课，组织学员到 1 所高校、1 个社区和 3 个宗教场所进行现场教学，安排 12 个单位和 1 所小学围绕加强基层民族宗教基础工作、铸牢中华民族共同体意识进校园进行经验交流，通过形式多样的教学实践活动，增强培训质效。

（李 婧）

网络安全和信息化管理

【概况】 2022 年，中共长沙市望城区委网络安全和信息化委员会办公室（以下简称区委网信办）守住守好网络意识形态主阵地，为加快建设现代化新望城营造良好的网上舆论氛围。开展的“百年风华 薪火相传”红色资源线上寻宝打卡活动，获长沙市 2021 年度对外传播十大提名案例；制作推送的“望城：英雄辈出的红色沃土”视频，获评 2021“讲好中国故事”创意传播大赛长沙分站赛优秀奖。单位被评为湖南省网络舆情信息工作成绩突出单位、湖南省“一刊一号”信息报送工作先进单位、湖南省网评专项活动成绩突出单位、长沙市国家安全人民防线建设先进单位、长沙市网络舆情信息工作先进单位、长沙市网络举报工作先进单位、长沙市网络安全工作优秀单位、长沙市网络安全宣传周优秀单位等。

（荆亚萍）

【网络宣传】 2022 年，区委网信办重点做好中共二十大、中共十九届六中全会、党史学习教育网上宣传，围绕“一江两岸”、项目建设、乡村振兴、文旅融合等中心工作，在中央、省、市媒体刊发全区网络宣传报道 2600 余篇，首页首屏 210 篇。创新开展“望城奋楫一江两岸”“智汇潇湘・才聚望城”等重大主题宣传，推出深度网评文章 20 余篇，头条、知乎、百度等各类短评 100 余篇，展现“强省会战略”的望城担当。围绕首届长沙市旅游发展大会，开展“青春长沙・风光在望”宣传活动，人民网、新华网等 180 余家中央、省、市主流媒体和商业网络媒体平台集中报道，“青春长沙・风光在望”微博话题累计阅读量 7 亿人次，“青春长沙・风光在望”成为网络热词。创作重点短视频作品 60 余个，策划推出“雷锋家乡学雷锋”“望城好时光”等一系列短视频传播活动，打造动漫短视频品牌 IP，全网全平台阅读量 2.4 亿人次。制作的 2 个文旅宣传短视频“挑战拍一组长沙市文旅宣传大片望城站”“长沙新锐，古韵望城”分别获首届长沙市旅游发展大会创意短视频征集活动一等奖和三等奖，制作推送的《追风少年旺小雷之网络安全篇：警惕诈骗之王》获“全民行动・无诈三湘”首届湖南省全民反诈新媒体创意大赛优秀作品奖，探索讲好望城新故事、传播望城声音的新方向。

（荆亚萍）

【网络安全和信息化】 2022年，望城区编制“十四五”网络安全规划，对关键信息基础设施开展应急演练和现场检查、巡查，发现网络安全漏洞400余个，发出56期网络安全风险整改通知，均督促整改到位。对40个项目开展网络安全审查工作，推动网络安全风险防范关口前移。发出全省首条“网络强国”科普地铁专列，组织开展虎牙直播、网络安全知识云课堂、网络安全知识定向越野竞赛等活动，制作“旺小雷”系列主题公益短视频、“防养老诈骗”主题表情包等宣传普及网络安全知识，营造全民防诈骗的良好社会氛围。
（荆亚萍）

【全省首条“网络强国”科普地铁专列】 2022年9月5日，望城区在地铁4号线发出全省首条“网络强国”科普宣传主题列车。“网络强国”科普地铁专列围绕“网络安全普法宣传”“网络知识科普”“防范电信网络诈骗”“网络文明素养”“个人信息保护”等主题展开，讲述维护网络安全对于建设网络强国的重要意义，科普网络安全相关法律法规，分享相关网络安全技能。随着主题列车发车，望城区以地铁为窗口，打造移动的“网络安全”宣传课堂。
（荆亚萍）

【“旺小雷”系列主题公益短视频推出】 2022年，区委网信办重点发展短视频主题传播，打造雷锋家乡专属的品牌IP“追锋少年旺小雷”，制作推出《追锋少年旺小雷之学习中共二十大精神》《追锋少年旺小雷之“翻墙”不可行，上网需谨慎》《追锋少年旺小雷之科普〈湖南省网络信息化条例〉》等系列主题公益短视频，通过人格化IP传播塑造可感知的形象，剧情式表达让专业的术语触达大众，深耕哔哩哔哩、抖音、视频号等青少年网民活跃聚集的平台，让当代学习雷锋新青年形象“旺小雷”成为入群进圈、破圈刷屏的正能量传播者，传递更有广度、更有力度、更有温度的好声音。（荆亚萍）

【网络安全知识定向越野竞赛】 2022年9月2日，望城区网络安全知识定向越野竞赛活动在长沙市网络安全教育拓展基地举行。全区11个街镇及区直单位等20支队伍参加竞赛，开展网络安全知识“头脑风暴”。赛程沿途的路灯杆旗、宣传栏、花草牌、墙壁等处张贴和绘制网络安全知识宣传文字和图画，营造网络安全教育氛围，让网络安全法律法规、网络安全科普知识入脑入心。
（荆亚萍）

【网络安全知识云课堂推出】 2022年9月8日，区委网信办举办长沙市网络安全知识云课堂，邀请网络安全专家走进直播间，针对多个新闻素材视频，围绕网络安全的重要性、常见网络攻击类型、安全上网小秘诀、反电信网络诈骗技巧等方面，紧贴工作实际进行解读，提升网友网络安全意识。针对网友们提出的软件下载、上网习惯、如何避免信息泄露等问题，进行现场答疑解惑。直播间人气最高59万人次。（荆亚萍）

党史研究

【概况】 2022年，长沙市望城区档案馆（以下简称区档案馆）加挂区委党史研究室牌子，区委党史联络组为区委议事协调机构，办公室设在区档案馆。党史和党史联络工作围绕党史宣教、业务指导、党史编研主线，完成《望城红色文化拾遗》编纂、《湖南脱贫攻坚口述史》采写，以及《市委工作纪事》《省委工作纪事》《毛泽东湖南足迹》《跟着总书记学党史——讲湖南红色故事》等组稿任务。启动《有名的工人运动的组织者——郭亮》连环画创作。区委党史研究室获评2022年度全省党史工作先进集体。（张理希）

【党史宣传育人】 2022年，区委党史研究室联合区委网信办审核把关区内涉党史题材内容的书刊、展览、微信公众号，在区委刊物《新望城》上开辟红色印迹专栏，刊发党史专题研究文章。联合望城经开区举办“党史进园区”开放式主题活动，与月亮岛街道金潇小学举办“党史进校园”赠书活动。推出《信仰的味道》《长沙秘密电台》《字里行间英雄气——望城英烈诗文小故事》《革命老区与省委机关》《赶考之路》《从百年党史看党的自我革命》《弘扬伟大建党精神 以赶考的清醒状态走好新时代长征路》7堂精品党史课，承接街镇、村（社区）、中小学校等基层单位的党史宣讲20余次，受众2000余人。

2022年9月2日，全区网络安全知识定向越野竞赛活动在长沙市网络安全教育拓展基地举行
（区网信办 供图）

指导和支持靖港镇、乌山街道、铜官街道、桥驿镇修复和布展刘畴西陈列室、陶承故居、团山湖雷锋精神研学基地、铜官东山寺戏台（陶业工人支部成立处旧址）、罗养真故居红色资源点，配合市委党史研究室完成6处革命遗址树标立识的基础工作。组织指导湖南和平解放秘密电台工作站等8家单位申报创建省、市党史教育基地，其中雷锋纪念馆、郭亮文化园获评省级党史教育基地，秘密电台工作站等3家单位获评市级党史教育基地。（张理希）

2022年长沙市望城区省级、市级党史教育基地一览表

表2

级别	名称	地址
湖南省党史教育基地	雷锋纪念馆	雷锋街道正兴路42号
	郭亮文化园	铜官街道郭亮村文家坝组
长沙市党史教育基地	湖南和平解放秘密电台工作站旧址	桥驿镇洪家村41号
	团山湖雷锋精神实践基地	乌山街道团山湖村
	中共湖南省委机关旧址（靖港）	靖港镇芦江社区保健街85号
	中共湖南省委机关旧址（茶亭）	茶亭镇泉丰村王老屋组

（资料来源：区委党史研究室）

【《区委工作纪事(2016.8—2021.8)》启动编纂】 2022年3月，望城区启动《中共长沙市望城区委工作纪事(2016.8—2021.8)》（以下简称《纪事》）征编工作。《纪事》采用点面结合、史论结合的编写手法，分领导关怀、党的建设、执政纪事、基层组织、群英荟萃等10余个栏目，展示2016年8月至2021年8月第二届区委任期内的战略部署和重大决策，客观记录全区各级党组织的工作实践、大事要事、热点亮点和党建工作的新成果。12月完成初稿。（张理希）

【《有名的工人运动的组织者——郭亮》连环画创作】 2022年6月，望城区启动《有名的工人运动的组织者——郭亮》党史题材连环画创作。连环画以中国工人运动领袖、望城籍革命先烈郭亮为主角，由区委党史研究室撰写脚本，望城籍画家王兵美术团队绘制画稿，用100余张图画展现郭亮成长求学、领导工人运动、被捕牺牲的史实故事，可为全区红色文化教育和党史学习教育增添新教材。12月完成初稿。（张理希）

【《望城红色文化拾遗》内部资料编印】 2022年10月，《望城红色文化拾遗》作为内部资料完成编印。该书由区委党史联络组、区委党史研究室编印，搜集大量散见于人物传记、回忆录、实物档案中与望城关系密切的红色史料，生动还原部分历史事件、历史人物的细节，可在一定程度上弥补《中国共产党望城县历史》细节和可读性上的不足，丰富望城人民的革命历史。（张理希）

【《湖南脱贫攻坚口述史》望城部分采写】 2021年12月至2022年6月，区委党史研究室到铜官街道、桥驿镇、茶亭镇、靖港镇集中采访在望城脱贫攻坚工作中涌现的先进人物、先进集体以及典型故事，客观记录望城的脱贫攻坚历史进程。拍摄影像资料120吉字节，整理录音资料14份，2022年7月向省地方志编纂院提供14篇成稿。（张理希）

长沙市望城区人民代表大会

CHANGSHA WANGCHENG DISTRICT PEOPLE'S CONGRESS

编辑　胡正科

综　述

【概况】　2022年，长沙市望城区第三届人民代表大会常务委员会（以下简称区人大常委会）依法召开人民代表大会1次，举行常委会会议8次、主任会议16次，听取审议专项工作报告24项，开展执法检查、视察调研和工作评议16次，专题询问1次，依法作出决议、决定8项。加强对街镇人大工作督促指导，协调理顺湘江新区托管“一镇四街”（白箬铺镇，白马街道、雷锋街道、金山桥街道、黄金园街道）人大工作机制，强化全区人大工作的整体效应。（季冬怡）

【人大代表构成】　2022年，望城区人民代表大会实有代表270名。其中，基层一线工人、农民和专业技术人员137人，占代表总数的50.74%；党政干部63人，占代表总数的23.33%；非公有制经济人士58人，占代表总数的21.48%；妇女代表88人，占代表总数的32.59%；党外人士86人，占代表总数的31.85%。（季冬怡）

【人大常委会自身建设】　2022年，区人大常委会牢牢把握政治机关定位，不断提高政治站位和政治自觉，把党的领导贯穿于人大工作全过程各方面。坚持党建引领，巩固党史学习教育成果，弘扬伟大建党精神，严肃党内政治生活，以高质量党建引领人大工作高质量发展。中共二十大召开后开展学习，第一时间组织学习研讨，深入基层宣讲，在学原文悟原理中培养战略、辩证、法治、底线思维。落实意识形态责任制，讲好人大故事，展示人大风采。完善制度机制，修改完善《长沙市望城区人民代表大会常务委员会工作规则》，着力提高人大工作质量和效率。审议通过《望城区人大常委会人事任免办法》，确保人事任免的法律性和程序性。加强队伍建设，完善常态化学习机制，切实提升履职能力；选优配强专门委员会委员，注重培养使用年轻干部，营造干事创业的朝气、锐气和正气。（季冬怡）

重要会议

【望城区第三届人民代表大会第二次会议】　2022年12月21—23日，长沙市望城区第三届人民代表大会第二次会议在望城区雷锋大剧院召开。会议依法采取等额选举、无记名投票方式补选望城区第三届人大常委会委员，举行新当选的国家工作人员向宪法宣誓仪式。会上，区委书记秦国良作《奋斗成就伟业》讲话，会议听取议案和建议收集处理意见报告，表决通过《长沙市望城区第三届人民代表大会第二次会议关于政府工作报告的决议》《关于长沙市望城区2022年国民经济和社会发展计划预计执行情况与2023年国民经济和社会发展计划的决议》《关于长沙市望城区2022年财政预算预计执行情况与2023年财政预算的决议》《关于长沙市望城区人大常委会工作报告的决议》《关于长沙市望城区人民法院工作报告的决议》《关于长沙市望城区人民检察院工作报告的决议》。对以上报告，代表先后进行3次分团审议。（季冬怡）

【望城区第三届人大常委会第二次会议】　2022年2月28日，长沙市望城区第三届人民代表大会常务委员会第二次会议召开。区三届人大常委会第二次会议应到常委会组成人员31人，出席30人，缺席1人。会议审议通过《长沙市望城区人大常委会2022年工作要点》。（季冬怡）

【望城区第三届人大常委会第三次会议】　2022年4月29日，长沙市望城区第三届人民代表大会常务委员会第三次会议召开。区三届人大常委会第三次会议应到常委会组成人员31人，出席29人，缺席2人。会议审议并表决通过有关人事任免事项，举行新任命国家工作人员向宪法宣誓仪式。会议听取和审议望城区人民政府《关于2021年度全区环境状况和环境保护目标完成情况报告》。（季冬怡）

【望城区第三届人大常委会第四次会议】　2022年6月17日，长沙市望城区第三届人民代表大会常务委员会第四次会议召开。区三届人大常委会第四次会议应到常委会组成人员31人，出席30人，缺席1人。会议听取和审议长沙市人大代表辞职与补选有关事项，表决通过《长沙市望城区人大常委会关于

2022年12月21—23日，长沙市望城区第三届人民代表大会第二次会议在雷锋大剧院召开。图为第一次全体会议（区人大 供图）

接受邹建辞去长沙市第十六届人大代表职务的决定》，补选秦国良为长沙市第十六届人民代表大会代表。会议听取和审议关于设立望城区第三届人大常委会代表资格审查委员会有关事项，表决通过《长沙市望城区人民代表大会常务委员会关于设立长沙市望城区第三届人民代表大会常务委员会代表资格审查委员会的决定》。会议听取和审议全区国有资产管理情况报告；审议通过《长沙市望城区人民代表大会常务委员会工作规则》《长沙市望城区人民代表大会常务委员会人事任免办法》。（季冬怡）

【望城区第三届人大常委会第五次会议】 2022年7月28日，长沙市望城区第三届人民代表大会常务委员会第五次会议召开。区三届人大常委会第五次会议应到常委会组成人员31人，出席28人，缺席3人。会议审议并表决通过有关人事任免事项，并举行新任命国家工作人员向宪法宣誓仪式。会议听取和审议望城区人大常委会执法检查组关于检查残疾人保障“一法一办法”（《中华人民共和国残疾人保障法》《湖南省实施〈中华人民共和国残疾人保障法〉办法》）实施情况的报告。会议听取和审议《长沙市望城区2022年1—6月国民经济和社会发展计划执行情况报告》以及《长沙市望城区2021年财政决算（草案）和2022年1—6月预算执行情况的报告》，表决通过《长沙市望城区人民代表大会常务委员会关于批准长沙市望城区2021年财政决算的决议》。

（季冬怡）

【望城区第三届人大常委会第六次会议】 2022年9月29日，长沙市望城区第三届人民代表大会常务委员会第六次会议召开。区三届人大常委会第六次会议应到常委会组成人员31人，上午（专题询问阶段）出席28人，缺席3人。下午出席30人，缺席1人。会议听取和审议优化营商环境工作情况报告并开展行政审批专题询问。会议听取和审议人事任免有关议案，表决通过相关人事任免事项，举行新任命国家工作人员向宪法宣誓仪式。会议听取和审议2021年“同级审（审计机关对本级政府及部门进行审计）”情况报告和《望城区国土空间规划》落实情况报告。（季冬怡）

【望城区第三届人大常委会第七次会议】 2022年10月20日，长沙市望城区第三届人民代表大会常务委员会第七次会议召开。区三届人大常委会第七次会议应到常委会组成人员31人，出席30人，缺席1人。会议听取和审议望城区人民政府关于提请决定任命康然职务的议案，决定任命康然为长沙市望城区人民政府副区长，举行新任命国家工作人员向宪法宣誓仪式。会议听取和审议望城区人民政府关于乡村振兴促进工作情况报告和望城区人大监察和司法委关于规范性文件备案审查工作报告。

（季冬怡）

【望城区第三届人大常委会第八次会议】 2022年11月22日，长沙市望城区第三届人民代表大会常务委员会第八次会议召开。区三届人大常委会第八次会议应到常委会组成人员31人，出席26人，缺席5人。会议听取和审议望城区三届人大一次会议以来代表议案和建议批评意见办理及督办情况报告并开展议案、重点建议办理工作满意度测评。会议听取和审议望城区监察委员会“清廉医保”专项整治工作报告，望城区社保基金监管工作情况报告，望城区人民政府关于2022年财政预算调整（草案）的报告，审查批准2022年财政预算调整方案。会议听取和审议望城区三届人大代表的辞职与补选有关议案，审议并表决通过《长沙市望城区人民代表大会常务委员会关于召开长沙市望城区第三届人民代表大会第二次会议的决定》。（季冬怡）

【望城区第三届人大常委会第九次会议】 2022年12月16日，长沙市望城区第三届人民代表大会常务委员会第九次会议召开。区三届人大常委会第九次会议应到常委会组成人员27人，出席20人，缺席7人。会议听取和审议《长沙市望城区2022年国民经济和社会发展计划预计执行情况和2023年国民经济和社会发展计划（草案）的报告》《2022年财政预算预计执行情况和2023年财政预算（草案）的报告》，2021年度“同级审”反映问题整改落实情况报告并进行满意度测评。会议听取和审议政府投资项目建设情况报告并开展部门评议。会议听取和审议望城区三届人大二次会议筹备工作情况汇报和《望城区人大常委会工作报告（草案）》；审定会议议程（草案）、主席团成员和秘书长建议名单（草案）、应邀在主席台就座人员名单（草案）；表决通过望城区三届人大二次会议列席人员名单。

（季冬怡）

重大决定和依法人事任免

【概况】 2022年，区人大常委会履行宪法和法律赋予的职责，依法作出决议、决定8项，任免国家工作人员和法律职务44人次，服务经济社会高质量发展。

（季冬怡）

【重大决定】 2022年，区人大常委会依法作出决议、决定8项。其中《关于设立长沙市望城区第三届人民代表大会常务委员会代表资格审查委员会的决定》，决定设立望城区第三届人民代表大会常务委员会代表资格审查委员会，组成人员7名：主任委员1名、副主任委员2名、委员4名。《关于批准2021年全区财政决算的决议》，支持政府破难题、补短板、挖潜力、抓落实，切实为老百姓管好“钱袋子”。

（季冬怡）

【依法人事任免】 2022年，区人大常委会坚持党管干部原则与人大依法任免相统一，全年任免国家工作人员和法律职务44人次。其中，任免区人大专门委员会及常委会工作机构人员 29 人次；决定任命区人民政府副区长 1 人次；决定任免区人民政府工作部门负责人 6 人次；任免区人民法院审判员 8 人次。

（季冬怡）

依法监督

【经济发展监督】 2022 年，区人大常委会坚持经济工作稳中求进总基调，听取审议计划、预决算、审计等报告，审查批准 2021 年财政决算、2022 年预算调整方案，支持政府全力以赴破难题、补短板、挖潜力、抓落实。继续推进“同级审”问题整改落实并开展满意度测评，审计查出问题整改率 90.54%。听取全区债务情况报告和望城经开区预算安排与执行情况报告，推动稳增长与防风险长期均衡。听取审议国有资产管理情况报告，确保国有资产保值增值，推进国有资产管理机制更加科学规范。听取审议优化营商环境工作情况报告并开展行政审批专题询问，推动审批提速、效能提升、服务提质。听取审议乡村振兴促进工作情况报告，开展粮食安全、农村集体经济和产业发展调研，助推打造乡村振兴新样板。开展科技创新项目视察，助力集聚高端创新要素，增强创新发展动能。听取审议全区国土空间总体规划落实情况报告，视察重点政府投资项目并持续开展调研讲评，专题调研文旅融合发展，助推全区经济社会高质量发展。（季冬怡）

【民生实事监督】 2022 年，区人大常委会听取审议 2021 年全区环境状况和环境目标完成情况报告，加强环境突出问题督促整改。开展《品质望城设计管理导则（修订版）》落实情况监督检查，助推建设文明宜居幸福城。开展非物质文化遗产法执法检查，推动相关部门进一步加强非遗保护传承工作，提升望城文化软实力。听取审议“清廉医保”专项监督和全区社保基金监管工作报告，回应群众关切，共同守护好人民群众的“看病钱”“养老钱”。视察民生实事项目，跟踪监督民生实事工程建设，促推“顺民意、解民忧、增民利”的好事。开展残疾人保障“一法一办法”执法检查，推动实现残疾人美好生活的向往。视察防洪保安工程，听取殡葬管理、教育“双减”等工作报告，专题调研宗教活动场所周边环境治理、小区物业管理、计生新政落地情况，推动补短板、惠民生，维护人民群众切身利益。开展“民族团结进步行”活动，助推新时代民族大团结大融合。制定《发挥人大职能作用助推自建房安全整治工作方案》，以制度优势促进全区安全生产治理，保障人民群众生命财产安全和社会大局稳定。（季冬怡）

【法治建设监督】 2022 年，区人大常委会开展全区打击治理电信网络诈骗违法犯罪工作调研视察，听取专项工作报告，助力提升打击治理实效。听取望城区人民法院诉源治理专项工作报告，推动从源头上减少诉讼增量，提高司法公信力和群众获得感。听取望城区人民检察院法律监督工作报告，助推增强法律监督实效。首次听取审议望城区监察委员会“清廉医保”专项监督工作报告，实现人大对“一府一委两院”（人民政府、监察委员会、人民法院、人民检察院）监督全覆盖。坚持“有件必备、有备必审、有错必纠”，审查规范性文件 9 件，开展计划生育和居民自建房领域行政规范性文件专项清理，维护法治统一。有效发挥基层立法联系点民意“直通车”作用，全年协助完成 19 部法律法规立法意见征集，提出建议意见 400 余条，望城区基层立法联系点工作得到全国人大常委会肯定，在全过程人民民主与基层立法联系点制度高端论坛等作经验交流发言，《法治日报》、湖南卫视等媒体采访报道。

（季冬怡）

【行政审批专题询问】 2022 年 9 月 29 日，区人大常委会召开第六次会议，听取和审议优化营商环境专项工作报告并开展行政审批专题询问。会前，望城区人大常委会成立调研组，深入园区、相关部门及企业，通过实地走访、召开座谈会等形式，专题调研优化营商环境工作情况，收集 4 类问题意见 40 余条。调研组对收集的问题进行归纳、整理和交办，为开展专题询问做好前期工作。会上，望城区人大常委会组成人员和列席会议的区人大代表围绕服务意识、保障措施、监管机制、政策落实 4 个方面的问题进行询问，望城区行政审批服务局、长沙市公安局望城分局、望城区发展和改革局等 15 个单位相关负责人作答。望城区人民政府副区长蔡哲在专题询问会议上作回应讲话。望城区人大常委会主任苏春光要求各相关单位以专题询问为起点，抓好问题整改落实，交出优化营商环境优秀答卷。（季冬怡）

视察调研

【概况】 2022 年，区人大常委会聚焦全区经济社会发展重点领域和中心工作，找准人大工作的切入点、结合点，开展专题视察 5 次，专题调研 7 次。（季冬怡）

【专题视察】 2022 年，区人大常委会开展科技创新项目视察，建议进一步完善人才引进、资金投入等政策体系，加大政策宣传推介的力度，加强部门、企业与高校、科研院所的对接服务，助力集聚高端创新要素，增强创新发展动能。视察重点政府投资项目并开展调研讲评，跟踪督促解决前期手续、征拆扫尾和要素保障等问题，推动项目加快建设。视察重点民生实事项目，督促相关部门及施工单位绷紧安全生产之弦，从严从紧从实从细落实好各项措施；加快工程扫尾，确保项目早建成、早投用、早受益。视察防洪保安工作，督促相关部门牢固树立“防大汛、抢大险、抗大灾”思想，全面做好防汛准备，切实守护人民群众生命财产安全。开展全区打击治理电信网络诈骗违法犯罪工作视察，听取专项工作报告，助力提升打击治理实

2022 年 4 月 15 日，区人大常委会主任会议成员到湘江东岸堤防综合整治工程等地视察防洪保安工作 （区人大 供图）

效，用法治力量守护社会安宁人民安心。 （季冬怡）

【调研考察】 2022 年，区人大常委会专题调研文旅融合发展，了解全区文旅现状、存在问题，提出针对性的意见建议，形成高质量的调研报告，为区委决策提供参考。开展粮食安全、农村集体经济和产业发展调研，助推打造乡村振兴新样板。专题调研宗教活动场所周边环境治理、小区物业管理、教育“双减”（减轻义务教育阶段学生过重作业负担和校外培训负担）工作、计生新政落地情况，推动补短板、惠民生，维护人民群众切身利益。专题调研优化营商环境工作情况，收集到4类问题意见40余条，对收集的问题进行归纳、整理和交办，推动营商环境持续优化，促推行政审批提速、效能提升、服务提质。 （季冬怡）

代表工作

【概况】 2021 年 10 月，望城区第三届人民代表大会第一次会议召开时，实有区人大代表 273 名。2022 年，接受 14 名代表资格终止，补选确认 11 名代表资格有效。至 2022 年 12 月 16 日，望城区第三届人民代表大会实有代表 270 名。区人大常委会审议通过《长沙市望城区人大代表活动经费使用管理暂行办法》，进一步支持和保障代表依法执行代表职务。完善创先争优评比机制，表彰优秀代表小组 4 个、优秀建议 12 件，优秀代表 21 名，争作贡献、争当先进的氛围更加浓厚。宣传代表事迹，在《人民之友》《长沙人大》等平台上推介代表先进事迹 80 余次，展现新时代人大代表风采。 （季冬怡）

【人大代表联络站规范化建设】 2022 年，区人大常委会坚持把推进人大代表活动阵地规范化建设，作为践行全过程人民民主的重要抓手，制定《关于加强人大代表联络站规范化建设的指导意见》，推进民主选举、民主协商、民主决策、民主管理、民主监督有效贯通、有机衔接。建好用活 27 个代表联络站，省、市、区镇四级人大代表全部进站，成为区、镇、村贯通联动的活动平台和联系群众的窗口，把人大工作扎根在人民群众之中。组织“一府两院”向代表通报半年度工作会议，邀请代表 35 人次列席常委会会议，126 人次参与视察调研、执法检查、专题询问等工作，通过代表履职保障人民知情权、参与权、表达权、监督权得到落实。 （季冬怡）

【“双联”制度落实】 2022 年，区人大常委会落实“双联”（人大常委会联系人大代表、人大代表联系人民群众）制度，31 位常委会组成人员和 198 名基层代表、700 余名各级人大代表与 4000 余名选民群众建立常态化联系，听实话、察实情、重实效，为基层群众办实事 90 余件，为困难群众落实帮扶物资或资金 900 万余元，收集意见建议 147 条，梳理整合后向相关部门交办，推动问题得到解决。组织全体区人大代表到省人大培训基地开展专题培训，有效提高代表的政治素质、法律素养和履职能力。开展“聚力强省会、代表作表率”活动，各级人大代表勇于担当作为，依法履职，立足岗位建功，为望城高质量发展建真言、谋实策、聚合力。 （季冬怡）

【“五办”工作机制建立】 2022 年，区人大常委会建立“主任会议成员重点督办、政府领导分线领办、专委会对口督办、联工委跟踪督办、区直部门主办”的“五办”工作机制，区三届人大一次会议收集到议案和建议意见，见面率、回复率、办理态度满意率均 100%。听取审议区人民政府关于代表建议办理情况的报告，首次开展建议办理工作满意度测评，对测评结果为不满意的承办单位依规依程序进行跟踪督办，推动解决“重答复、轻办理”的问题，力求建议办理出效率、出效果、出效应。 （季冬怡）

议案建议

【概况】 2022 年，望城区第三届人民代表大会第一次会议期间接受代表议案 1 件，建议、批评和意见 82 件，其中交望城区人民政府主办议案 1 件、建议 79 件，党群部门主办建议 1 件，高新区主办建议 2 件。区人大常委会建立“主任会议成员重点督办、政府领导分线领办、专委会对口督办、联工委跟踪督办、区直部门主办”的“五办”工作机制，听取审议区政府关于代表建议办理情况的报告，首次开展建议办理工作满意度测评，对测评结果为不满意的承办单位依规依程序进行跟踪督办，推动解决“重答复、轻办理”问题，力求建议办理出效率、出效果、出效应。截至2022年12月31日，全部办理完毕并逐件答复代表。其中，已经解决或基本解决、正在解决或列入计划逐步解决的61件，占办理总数的73.5%；受政策和条件限制暂时难以解决，已向代表说明情况的21件，占办理总数的25.3%；因政策原因无法办理的1件，占办理总数的1.2%。（季冬怡）

【关于加快望城“一江两岸”开发建设的议案】 2022年，望城区第三届人民代表大会第一次会议期间，刘海林等区人大代表根据望城区位优势和开发建设现状，提交《关于加快望城“一江两岸”开发建设的议案》。“一江两岸”指挥部会同相关单位通过调查研究、协调调度、督促落实，加快推进“一江两岸”开发建设。优化“一江两岸”发展规划，提升滨水新城核心区控规，完成《大泽湖片区“海归小镇”生态智慧城建设指导方案》《铜官古镇片区概念规划及重点地段城市设计》和部分专项规划编制。推进项目建设，铺排腾飞路、永通大道、湘江学校、香炉洲大桥、市四医院滨水新城院区、湘江东岸堤防综合治理工程等85个项目。举办“一江两岸”招商推介会，引进18个重大项目，总投资433亿元，签订永通通航基地、福万达华中区域总部、永旺梦乐城、德商总部、莱拓福生物科技营销总部等项目商务协议。提升城市品质，制定《关于提升望城区“一江两岸”城市建设品质的若干举措》，推进棚户区、城中村改造，实施金星大道彩化提质和雷锋大道、金甲冲路、星峰路、丁字联络线与园区路等提质改造。力争2030年形成“一江两岸”交通便利、产业聚集、商贸繁荣的城市新面貌。（季冬怡）

【关于促进全区楼宇经济及现代服务业发展的建议】 2022年，望城区第三届人民代表大会第一次会议期间，刘洪祥等区人大代表根据区域内大部分楼宇及商业空置率高的现状，提交“出台入驻企业租赁与购置、打造特色品牌楼宇及现代服务业、楼宇及现代服务业综合发展、楼宇亮化等相关支持和激励政策”的建议。区商务局会同相关部门和单位到月亮岛、高塘岭、丁字湾、金山桥等街镇以及万泰国际、正荣财富中心等楼宇企业开展楼宇经济发展情况摸底，了解各街镇的楼宇经济发展基本情况和企业发展情况。区委、区政府多次组织楼宇经济政策制定工作调度会，研讨楼宇经济政策的具体条款。根据调研情况以及相关区直单位、街镇、企业的建议和提案会办单位的意见，制定出台《长沙市望城区关于促进楼宇经济发展的若干政策意见》，审核确认全区有18家企业、37栋楼宇符合商务楼宇认定要求，将审核结果及相关情况报望城区人民政府进行会议审定。（季冬怡）

【关于进一步优化基础教育学位保障的建议】 2022年，望城区第三届人民代表大会第一次会议期间，虢亮等区人大代表根据望城中心城区基础教育学位供需矛盾日益突出的现状，提交《关于进一步优化基础教育学位保障的建议》，建议优化教育空间布局规划、开辟学校建设“绿色通道”、坚持同步规划同步建设、精准预测学位需求、统筹城乡教育均衡。区委教育工作领导小组会同相关部门，优化提升望城中心城区与三环线以东合围区域中小学专项规划，开辟学校建设审批绿色通道，专题会议研究学校建设时序保障片区学位需求，督促房地产开发商加快配建学校的建设进度。截至2022年年底，全区有中小学校102所，义务教育阶段学校均达到标准化办学水平，通过中小学入学报名系统合理安排入学。（季冬怡）

【关于加强市、县级道路安防设施的建议】 2022年，望城区第三届人民代表大会第一次会议期间，余谢毅等区人大代表根据望城交通安全现状，提交《关于加强市、县级道路安防设施的建议》，建议加快建设道路安全配套设施、加强车辆违章查处、完善道路安全标示和防护设施。区交通运输局开展实地勘察，确认茶亭镇洪开桥村、西湖寺村、望群村、梅花岭社区、九峰山村5个村（社区）约9千米道路需新增安防设施，将上述路段分年度纳入全区安防设施项目，计划用2~3年完善安防设施。（季冬怡）

【关于规范楼盘小区物业管理的建议】 2022年，望城区第三届人民代表大会第一次会议期间，朱浬等区人大代表根据以月亮岛街道为样本调研的楼盘物业管理情况，提交《关于规范楼盘小区物业管理的建议》，指出大部分楼盘未成立业主大会或业主委员会的核心原因是召开首次业主大会会议的工作经费落实不到位。区住房保障服务中心牵头制定《长沙市望城区全面加强小区治理实施方案》，通过区委常委会会议审议。方案明确健全业委会建设，要求街道社区加强对业主大会及业委会组建、换届和日常运作监督，要求行业主管部门主动积极介入物业企业选聘、维修资金使用、重大事项决策。通过协调和督促物业公司，采用物业管理工作经费、小区公共收益等渠道解决老旧小区和早期楼盘首次业主大会会议经费，鼓励楼盘小区成立业主大会和业主委员会。（季冬怡）

专门委员会工作

【民族华侨外事委员会】 2022年，望城区人民代表大会民族华侨外事委员会（以下简称民侨外委）落实好专题询问任务，深入培训学校、医疗机构等地掌握第一手资料，为行政审批专题询问工作献计出力。开展“双联”工作，切实为群众办实事解难题。督办人大代表建议批评意见，及时处理来信来访，依法维护当事人的合法权益。组织开展区属重点宗教活动场所安全工作调研，组织视察老戴公庙（道教）、石亳聚会点（基督教）、柏叶村、靖港观音寺等宗教活动场所，推动政府及相关部门高度重视宗教和民间信仰活动场所安全管理工作。组织民侨外委委员及侨联领导一同走访希杰斯建材科技有限公司、夏国安博物馆、蓝河营养食品有限公司等区域内侨企，助力解决生产生活中存在的实际问题，帮助企业排忧解难，优化营商环境。深化大统战格局下的民族团结工作为着力点，探索做好民族团结工作的新形式、新方法。邀请各民族代表参加调研、视察、交流等活动。持续关注“民族团结进步行”相关活动，配合区委、区政府组织举行“铸牢中华民族共同体意识 喜迎党的二十大胜利召开”民族文艺会演，巩固发展新时代全区民族团结进步的良好局面。（季冬怡）

【监察和司法委员会（法制委员会）】 2022年，望城区人民代表大会监察和司法委员会（法制委员会）专题调研望城区打击治理电信网络诈骗违法犯罪工作情况，组织主任会议成员视察望城区打击治理电信网络诈骗违法犯罪开展工作情况，助推全区预防、遏制和惩治电信网络诈骗违法犯罪，保障社会稳定，人民财产安全。专题调研望城区诉源治理工作，提请主任会议听取望城区人民法院关于诉源治理工作的专项报告，推动全区诉源治理工作形成强大合力，迈上新台阶。专项调研望城区人民检察院法律监督工作，提请主任会议听取望城区人民检察院法律监督工作的专项报告，助推检察法律监督工作走深走实。首次对区监察委员会开展专项监督，确定“清廉医保专项监督工作”为专项工作报告选题，开展专题调研，广泛收集意见和建议，形成调研报告。望城区第三届人大常委会第八次会议听取和审议望城区监察委员会关于“清廉医保”专项监督工作情况的报告，形成审议意见，实现人大对“一府一委两院”监督的全覆盖。采取建议督办与道路交通安全管理工作调研相结合的办法，抓好代表建议的落实。配合湖南省人大常委会做好《湖南省居民自建房安全管理若干规定（草案）》立法调研，提出30余条具有参考价值的意见和建议。全年依职权审查规范性文件9件次，开展专项审查2次（涉及计划生育内容和居民自建房），提出修改完善意见和建议6条。组织开展“司法公正长沙行”活动，推动全区法治营商环境不断优化。注重发挥基层立法联络站和立法信息员的桥梁纽带作用，全年协助完成19部全国及省、市法律法规立法意见征集，提出修改完善建议和意见400余条，采纳吸收50余条。在全过程人民民主与基层立法联系点制度高端论坛等作经验交流发言，《法治日报》《湖南新闻联播》等作采访报道。（季冬怡）

【财政经济委员会】 2022年，望城区人民代表大会财政经济委员会（常委会预算工作委员会）（以下简称财经委）组织召开调研座谈会，听取财政部门和部分预算单位预算编制思路、预算总体政策举措及相关方案情况，协助批准决算和预算调整方案。协助区人民代表大会和区人大常委会听取2022年半年度、2022年年度国民经济和社会发展计划执行情况报告及2023年度国民经济和社会发展计划报告，对报告进行初步审查，结合当前宏观经济和区域实际情况，提出区域经济发展的意见及建议。加强专项调研工作，开展半年度经济运行情况调研和全区楼盘经济及现代服务业调研，掌握了解全区经济运行情况和全区楼盘经济及现代服务业发展情况。专题调研全区政府债务管理情况，提请望城区人大常委会听取和审议望城区人民政府关于政府性债务资金管理情况的报告，对政府债务情况提出初审意见。坚持问题导向，将新增债券收入和支出纳入预算调整，政府债务管控情况纳入财政预决算报告，将政府债务纳入全口径预算管理，强化对债券资金使用的监督。加强日常监督，要求财政部门定期向望城区人大常委会报送政府债务管控情况书面报告和政府债务报表，及时掌握全区政府债务动态变化情况。听取和审议审计工作报告和整改情况工作报告。对审计报告反映的75个问题进行跟踪监督，对7家单位开展审计整改满意度测评，推动审计发现问题的整改到位，督促有关部门严肃财经纪律，规范预算资金使用。组织专题调研全区国有资产管理情况，摸清全区国有资产“家底”，了解国有资产的管理情况，提请望城区人大常委会听取和审议全区国有资产管理情况综合报告，助推改进国有资产管理，提高国有资产经营效益。（季冬怡）

【教育科学文化卫生委员会】 2022年，望城区人民代表大会教育科学文化卫生委员会（以下简称教科文卫委）开展文旅融合、计生新政落地情况、教育“双减”工作专题调研，采取问卷调查、实地走访、集中座谈等形式，形成《望城区全面二孩以来生育情况的调研报告》等调研报告，收集民意提供决策参考。组织和服务区人大常委会主任会议成员视察黄金创业园、湖南恒茂信息科技、中航起落架等公司，为全区科技创新工作出谋划策。督促区人民政府及其有关部门抓好非遗保护传承工作，开展《中华人民共和国非物质文化遗产法》执法检查。结合市人大执法检查工作，实地调研铜官古镇的非遗文化，听取区政府关于贯彻实施非遗法情况汇报。听取教育局关于中小学校建设实施情况和开学准备情况汇报，给出意见建议。督办区人大三届一次会议的涉及教科文卫线的16件代表建议，召集各承办部门召开会议督办问询，促推相关问题妥善解决。走访乔口镇、月亮岛、大泽湖3个街镇的区代表，看望慰问4名市代表。（季冬怡）

【环境与资源保护委员会】 2022年，望城区人民代表大会环境与资源保护委员会（以下简称环资委）加强政府投资项目建设监督，牵头制定《2022年部门服务政府投资项目专项讲评活动方案》，成立专项讲评工作小组，负责政府投资项目建设监督工作的组织协调、走访调研、讲评督办。与区发展和改革局等部门建立工作联动机制，每季度召开一次碰头会，梳理项目建设情况，及时反馈问题，实时跟踪和提请领导督促解决。调研项目施工现场8次，收集反馈有问题的项目56个，涉及问题67条，解决问题14条。聚焦全区314个政府投资项目，视察2次，调研组集中走访10次，向项目建设主体责任单位反馈调研情况，39个单位及时回应并处理问题。组织行政审批专题询问，收集有效意见和建议123条，帮助各应询单位改进工作。审议2021年度全区环境状况和环境保护目标完成情况的报告，形成常委会审议意见转区政府办理落实。配合市人大开展《湘江流域水污染防治条例》执法检查。听取和审议《国土空间规划》落实情况报告，督促相关部门落实常委会审议意见。督办区人大三届一次会议的涉及环资委分线的24件代表建议，走访、座谈区人大代表收集9条意见，解决4个问题。接待省、市人大对自建房安全整治"百日攻坚"专项行动视察，实地查看重建地拆违情况。对《湖南省自建房安全管理若干规定（征求意见稿）》提出合理的修改意见。（季冬怡）

【农业与农村委员会】 2022年，望城区人民代表大会农业与农村委员会（以下简称农业农村委）围绕实施乡村振兴战略，开展"美丽乡村建设促进一、三产业融合发展"、乡村建设示范片区、农村环境卫生基础设施建设、饮水安全督查和水生态水环境治理实效、乡村振兴水利保障、"一江两岸"交通建设以及农村公路建设、供销社创建全国"三位一体"示范区及改革三年行动计划、气象工作服务于"三农"、全区贯彻落实《中华人民共和国乡村振兴促进法》情况的调研视察。针对民生实事，开展粮食安全、健全完善巩固脱贫攻坚成果防返贫长效机制调研监督，组织委员考察学习特色产业发展、建设产业情况和农业品牌建设，组织4次专题调研村级集体经济，旱情期间调研农业生产情况并督促相关部门应对旱情，开展防洪保安工作视察。开展双联活动，组织农业农村委全体会议1次、农业农村委集中视察活动3次、专题学习考察活动3次，参与专题问询1次，收集农业农村委代表意见建议6条，涉及农业发展规划、农业基础设施、涉农行政审批等方面，交相关部门落实。督办区三届一次会议收到的农业农村方面的建议意见21条，涉片区开发建议4件、水利建设3件、产业建设5件、交通基础建设9件，其中《关于加强市、县道路安防设施的建议》列为重点督办建议，全部按期办结，满意率100%。（季冬怡）

【社会建设委员会】 2022年，望城区人民代表大会社会建设委员会（以下简称社会委），依法履行监督职责，协助常委会开展1次执法检查，协助主任会议成员听取2次专项报告，协助组织1次常委会会议成员视察、1次主任会议成员视察，组织社会委全体委员开展7次专题调研。围绕实施残疾人保障"一法一办法"，采取座谈会、视察、对话、暗访等方式开展执法检查。组织和服务主任会议成员视察全区殡葬设施建设情况，常委会组成人员视察重点民生实事工程建设情况。沟通联系对口部门、开展联合调研，召开工作见面会，督促办理5件代表建议。监督落实区级承担的32项省、市民生实事项目，组织走访调研和工作座谈，监督和助推民生实事项目顺利实施。全年收到备案审查规范性文件27件，其中涉及突发事件应急预案工作文件25件，其他工作文件2件，按程序在规定时间内审查完毕。组织开展临聘人员管理、医疗保障、社会治理、殡葬管理、社保基金监管、家庭教育调研。配合做好行政审批专题询问的相关工作。到华纳大药厂手性药物有限公司、湘江关西涂料有限公司、中粮可口可乐、晟通科技等企业开展安全生产调研，督促企业安全生产。召开对口单位联席会议，形成工作合力，共推社会建设工作良性有序发展。（季冬怡）

2022年长沙市望城区第三届人民代表大会第一次会议代表议案、建议一览表

表3

类别	序号	人员	标题	承办单位
议案	1	刘海林等12位代表	关于加快望城"一江两岸"开发建设的议案	"一江两岸"指挥部
建议	1	肖　松等5位代表	关于出台相关政策支持景区民宿发展的建议	区资规分局
	2	徐国新等5位代表	关于对桥驿镇沙河沿线进行生态修复的建议	区水利局
	3	易泽宏等5位代表	关于对桥驿镇杨白线进行提质改造的建议	区交通运输局
	4	毛　斌等5位代表	关于新建跨沙河及京广铁路桥梁的建议	区交通运输局
	5	陈　浪等5位代表	关于支持黑麋峰与铜官窑联合申报国家级5A景区的建议	区文旅广体局
	6	任斗霓等8位代表	关于保障高铁西城融城通道畅通的建议	区交警大队
	7	欧阳钟等8位代表	关于尽快解决金山桥辖区内雷锋大道交通拥堵问题的建议	区交警大队
	8	朱　浬等3位代表	关于规范楼盘小区物业管理的建议	区住建局 住保中心分办
	9	邓　洁等8位代表	关于规范全区城乡餐厨垃圾收运处理的建议	区城管局

续表 3

类别	序号	人员	标题	承办单位
建议	10	刘志军等 4 位代表	关于加快推进乔口镇河湖连通项目实施的建议	区水利投
	11	刘志军等 4 位代表	关于增加团头湖堤防路灯设施建设的建议	区城管局
	12	刘师伟等 3 位代表	关于望城殡仪馆服务突出公益性、解决治丧扰民的建议	区民政局
	13	何　佳等 4 位代表	关于将沙塘公路北边的沟渠纳入 2022 年区级冬修水利 项目的建议	区水利局
	14	邓　望等 3 位代表	关于解决征拆迁坟难问题的建议	区民政局
	15	赵　来等 5 位代表	关于规范“三线”寄挂线路的建议	区工信局
	16	姚帅军等 2 位代表	关于靖港古镇二次升级保护性开发的建议	区水利投
	17	姚帅军等 2 位代表	关于银行服务网点窗口增加工作人员，提高办事效率，方便群众办理业务的建议	区金融办
	18	危　双等 4 位代表	关于发展学前教育的建议	区教育局
	19	邓国红等 2 位代表	关于完善望城区美丽宜居村庄建设奖补标准的建议	区农业农村局
	20	刘佳利等 2 位代表	关于实施靖港镇千龙湖大道、靖格线道路两厢房屋立面改造的建议	区住保中心
	21	王世杰等代表	关于在月亮岛片区建设公共图书馆的建议	区文旅广体局
	22	朱　昊	关于规范望城区教培机构预付式消费的建议	区教育局
	23	李　颗	关于发展集体经济、建设农贸市场的建议	区资规分局
	24	李小英	关于完善全区旅游基建设施的建议	区文旅广体局
	25	唐　娜	关于加强限价商品房小区治理的建议	区住保中心
	26	朱宏礼	关于黄桥大道安全隐患治理的建议	区交警大队
	27	陈　丹等 4 位代表	关于加大粮食生产支持力度的建议	区农业农村局
	28	虢　亮等 5 位代表	关于将乔口田心小学打造为望城农村义务教育品牌学校的建议	区教育局
	29	罗育梅等 3 位代表	关于保护性开发望城谷山省级森林公园的建议	区资规分局
	30	李　浪等 4 位代表	关于加快推进望城区公益性墓地建设的建议	区民政局
	31	周　真等代表	关于加快月亮岛街道公共卫生服务中心建设的建议	区卫健局
	32	罗育梅	关于建立装饰装修安全入户检查机制的建议	区住保中心
	33	李　敏等 2 位代表	关于为村干部购买“工伤保险”的建议	区人社局
	34	任斗霓等代表	关于进一步加强社区办公服务用房保障工作的建议	区行政审批局
	35	卢世魁等 5 位代表	关于茶亭镇苏蓼农业公园可持续发展的建议	农科园
	36	谭光举等 5 位代表	关于茶亭镇梅花岭社区散花组、谢家冲污水管网接入集镇污水管网的建议	茶亭镇
	37	余谢毅等 5 位代表	关于加强市、县级道路安防设施的建议	区交通运输局 交警大队分办
	38	谭铁刚等 5 位代表	关于惜字塔保护性开发的建议	区文旅广体局
	39	周胜华等 5 位代表	关于白杨路延至芙蓉北大道的建议	经开区
	40	谈天柱等 2 位代表	关于加快推进靖港镇中心卫生院区域医疗次中心建设的建议	区卫健局
	41	余岁柏等 5 位代表	关于将望城汽车站通往乔口、靖港等景区的公交线路延伸到地铁 4 号线旁罐子岭站的建议	区交通局
	42	王甜佳	关于对老楼盘小区品质提升的相关建议	区住保中心
	43	易迪祥等 4 位代表	关于加快高塘岭大道北延线建设、提升城区品质的建议	区住建局
	44	谢广军等 2 位代表	关于改善梅园路道路交通状况的建议	区交警大队
	45	肖　定等 4 位代表	关于农业设施用地配备规划建设用地指标的建议	区资规分局
	46	李树玲等 4 位代表	关于牌楼坝村主干道开通公交车和提质改造的建议	高新区

续表 3

类别	序号	人员	标题	承办单位
建议	47	佘剑波	关于党建引领赋能“红色研学”与“乡村振兴”融合发展的建议	区文旅广体局
	48	周　婷	关于解决学前教育师资队伍建设问题的建议	区教育局
	49	肖建新	关于按照中心城区建设管理标准将丁字湾街道建成区域纳入区“一局三中心”进行统一建设和管护的建议	区城管局
	50	罗怡然	关于完善望城河东片区基础设施，促进河东片区经济发展的建议	区发展改革局
	51	张康龙等 2 位代表	关于协调清理芙蓉北路丁字段无序架空通讯电缆的建议	区工信局
	52	虢　亮等 3 位代表	关于进一步优化基础教育学位保障的建议	区教育局
	53	王巧兵等 2 位代表	关于白箬铺镇域内白乌线拓宽提质的建议	区交通局
	54	李　哪等 3 位代表	关于支持打造淑一珍藏馆的建议	区文旅广体局
	55	李　青等 4 位代表	关于白箬铺社区集镇提质改造的建议	区住保中心
	56	释文振等 2 位代表	关于增加宗教团体工作经费，助力解决全区宗教教职人员养老保险的建议	区民宗局
	57	张兰芳等 4 名代表	关于出台农业设施保险的建议	区农业农村局
	58	周　静等 4 位代表	关于扩建白箬铺友仁中学教学楼建议	区教育局
	59	吴丽娟等 4 位代表	关于黄桥大道以西 319 国道至白箬铺之间道路扩宽改造的建议	高新区
	60	文万清	关于加快启动太阳山路拓改工程的建议	区城投集团
	61	黄有才	关于加强丁字湾街道农业设施建设及农业产业扶持的建议	区农业农村局
	62	刘艺苗等 4 位代表	关于加大全区限价商品房基础设施投入的建议	区住保中心
	63	唐　彬等 3 位代表	关于加快月亮岛街道月亮岛社区“两安”用地处置工作的建议	区资规分局
	64	张康龙等 2 位代表	关于加强双桥小区、中油安达小区提质改造与管理的建议	区住保中心
	65	吴　卓等 5 位代表	关于出台《信息化项目建设管理规范性文件》的建议	数据资源中心
	66	代　倩等 5 位代表	关于解决爱晚花园限价商品房因区划调整导致无法办证的建议	区资规分局
	67	刘洪祥	关于促进全区楼宇经济及现代服务业发展的建议	区商务局
	68	王香元等 8 位代表	关于恢复黄桥大道白马村段路灯问题的建议	区城管局
	69	袁成香等 3 位代表	关于重建地设施配套提质提档的建议	区住保中心
	70	程府迎等 2 位代表	关于搬迁梓奕定点屠宰场的建议	区农业农村局
	71	沈　敏	关于规划建设裕农湿地公园的建议	区资规分局
	72	罗育梅	关于督促东方明珠负二层地下车库加速移交的建议	区住建局
	73	罗　宇等 2 位代表	关于规范企业供电设施安装环节管理的建议	供电公司
	74	伍友兵等 3 位代表	关于加强望城区工业用电保障的建议	区发改局
	75	龙泽文等 5 位代表	关于进一步保护望城水厂取水口水质安全的建议	区生态环境分局
	76	文　斌等 5 位代表	关于推动长沙铜官窑文化旅游区创建国家 5A 级景区的建议	区文旅广体局
	77	沈颖利等 5 位代表	关于推动铜官云母山及老街片区开发的建议	区水投集团
	78	曾荣贵等 4 位代表	关于推动城湘大道提质改造的建议	区水投集团
	79	杨　磊等 4 位代表	关于加强书堂大道、湘江大道、城湘大道、电厂大道等主干道日常管理维护的建议	区城管局
	80	杨建成等 5 位代表	关于完善书堂大道、湘江大道景观道、城湘大道亮化设施的建议	区城管局
	81	黄硕胤等 5 位代表	关于将太丰垸农业公园建设成有地方文化的主题公园	区水投集团
	82	罗　宇等 3 位代表	关于优化红旺大市场运营管理模式的建议	高塘岭街道

（资料来源：区人大办）

长沙市望城区人民政府

CHANGSHA WANGCHENG DISTRICT PEOPLE'S GOVERNMENT

编辑 周 玲

综　述

【概况】　2022年，长沙市望城区人民政府（以下简称区政府）着力保障经济运行，发展重点产业，深化改革，推进民生改善，提升城乡品质，全区地区生产总值1053.13亿元，比2021年增长4.6%，全体居民人均可支配收入53555元，比2021年增长5.8%。望城入选2022年度中国市辖区高质量发展百强、全国综合实力百强区、全国投资潜力百强区，获湖南省可持续发展实验区综合评价第二名。全区财政管理、就业社保、河湖长制、养老服务、国资盘活等30余项工作获2022年度省政府、市政府真抓实干表彰激励。（彭　睿）

【产业发展】　2022年，望城区举办“一江两岸”招商推介会等活动，引进德赛储能、大陆希望、华侨城欢乐谷、金凯循环等项目132个，其中投资超过50亿元项目3个，投资超过10亿元项目11个，“三类500强”（世界财富500强、中国企业500强、民营企业500强）项目9个，协议引进资金583.4亿元。金凯循环项目一周完成签约，刷新项目招商的“望城速度”。大华股份、永杉锂业等重大项目竣工投产，美松科技、国望智能等项目主体结构封顶，黑金刚新型合金产业园、澳优营养健康产业园等项目加快建设，吉祥腾达、证通（三期）等项目顺利开工。智能终端产业、健康食品产业、医药器械产业和新材料先进制造产业完成规模工业产值775.01亿元，比2021年增长7.4%。举办“强省会·新消费”系列活动，发放电子消费券990万元，创新推出“夜奥莱”等线上程序，全年社会消费品零售总额484.13亿元。创建全域文旅融合示范区，启动靖港古镇2.0版建设，举办首届长沙市旅游发展大会、海丝申遗城市联盟智库长沙论坛、首届湖南文旅科技产品应用展等活动，全年旅游综合收入108.64亿元。新型合金材料产业集群获评湖南省先进制造业集群，望城经开区获评“国家火炬有色金属精深加工特色产业基地”“特色产业集聚发展典范园区”。（彭　睿）

【深化改革】　2022年，望城区坚持深化改革，配合湖南湘江新区优化管理体制，有序实施区级管理体制改革。完成国企改革三年行动计划，城发集团、经开集团获AA+主体评级，产投集团混合所有制改革取得新进展。出台纾困增效“新六条”、促进楼宇经济发展“望十条”等政策提升营商环境，开展“送政策、解难题、优服务”行动，望城经开区开展相对集中行政许可权改革试点，实现“企业办事不出园”“一枚印章管审批”。新增减税降费29.8亿元，惠企政策兑现6亿元；在全市率先出台银行业金融机构服务地方经济激励评价办法，“金融超市”为中小微企业融资12亿元；拓展“10分钟企业开办服务圈”成效，企业数量比2021年增长18.7%。（彭　睿）

【城镇建设】　2022年，望城区按照国土空间总体规划“三区三线”（城镇空间、农业空间、生态空间，城镇开发边界、永久基本农田、生态保护红线）科学划定，完善“一江两岸”发展规划、滨水新城核心区控制性详规，更加明晰城市功能定位和发展路径。加快建设全国首个揭牌运营的欧美同学会海归小镇，推进研发中心（一期）、近自然湿地公园、腾飞路等项目，完成中交湘江总部主体结构封顶。引进华侨城欢乐谷、中国长沙国际航空飞行营地等项目，推进铜官古镇创建国家级旅游度假区，建设靖港古镇2.0版。加速构建现代化综合交通运输体系，完成香炉洲大桥项目墩身建设、兴联路大桥70%桥梁桩基，启动地铁4号线北延线勘察和太阳山路霞凝跨线桥改造，建成潇湘路北延线、观音岩路（二期）等道路，实现银杉路、城湘大道、千龙湖大道、靖格线等项目提质，改造G319、G240等国道、省道和14座危桥。推进智慧电网建设，实施顺达220千伏输变电工程、桥驿变电站建设等主网项目，投产金峰、高冲、新华联等110千伏变电站。总体规划城乡供水一体化，实施居民小区二次供水改造试点。铺设燃气管道85千米，华润燃气望星门站投产送气。优化城市主干道临街建筑形象，实施46条支路街巷提质改造，推进38个老旧小区改造。推进“解决停车难、治理停车乱”两年行动，新增停车场27个、车位21483个，设置“潮汐车位”1200个。建成开放七峰公园、桂芳公园，加快建设白马市民文化广场，雷锋公园获评全市“人民满意公园”。全年空气质量优良率84.7%，国省控断面水质达标率100%，重点建设用地安全利用率100%。（彭　睿）

【民生改善】　2022年，望城区全体居民人均可支配收入53555元，比2021年增长5.8%。其中，城镇居民人均可支配收入60812元，农村居民人均可支配收入44127元。新增中小学优质学位1.2万个，公办幼儿园学位1万个，麓山国际望城实验学校、长郡双语白石湖中学、长月二小东校区等建成开学。拥有各类医院、卫生院、社区卫生服务中心40个，床位4056张，卫生技术人员5044人，其中执业（助理）医师2156人，婴儿死亡率由2010年的5.6‰下降到2022年的1.26‰，区内首家三甲医院——长沙市四医院滨水新城院区运营，区人民医院整体搬迁项目完成外墙装饰和机电安装，区疾控中心通过省级标准化建设验收。推行就业指导员制度，城镇新增就业12630人，农村劳动力转移就业4011人，零就业家庭动态清零，城镇登记失业率控制在3.5%以内。三项社会保险参保人数69.36万人，全年基金征缴收入15.42亿元，支出养老金14.07亿元，城乡居民养老保险参保覆盖率100%。基本医疗保险参保人数81.96万人，参保率96.1%。其中职工医疗保险参保16.21万人，城乡居民医疗保险参保45.2万人，区外参保20.55万人。发放城乡低保、特困供养、残疾人“两项补贴”（困难残疾人生活补贴和重度残疾人护理补贴）等各类救助资金1.3亿元。在全市率先创新“公建国营”养老服务模式，区养老和社会福利中心投入运营，建设15家省、市老年友善医院，“百岁健康示范区”创建省级评审通过。做好“4·29”居民自建房倒塌事故应急救援和善后处置工作，完成自建房安全整治“百日攻坚”行动。建成全市第一座进口冷链食品集中监管仓，通过省级食品安全示范区创建验收。“热线＋网格、吹哨＋报到”成为社会治理新样板，获评全国“12345”便民热线“服务精进典范”。（彭　睿）

【建议和提案办理】 2022年，区政府承办区人大代表议案1件、建议79件，重点督办“关于加快望城‘一江两岸’开发建设的议案”“关于保障高铁西城融城通道畅通的建议”等议案和建议，推进“关于发展学前教育的建议”等61件A类建议解决或列入解决计划，将“关于白杨路延至芙蓉北大道的建议”等受政策和条件限制暂时难以解决的18件B类建议纳入工作计划逐步推进解决，解答因政策原因无法办理的C类建议1件，议案与建议全部办理完毕并逐件答复代表。区政府承办区政协提案73件，重点督办“关于我区楼宇经济高质量发展的提案”等10件提案，推进“关于加快启动河东片区新建水厂建设的提案”等50件A类提案解决，将“关于加快黑麋峰环保科普主题公园规划建设的提案”等21件B类提案列入计划逐步解决，对“关于优化晋升职称的提案”等2件因条件或政策限制暂难解决C类提案进行解释说明，面商率、答复率、办理态度满意率、办理结果满意率均达100%。（彭　睿）

重要会议

【概况】 2022年，区政府组织区政府常务会12次，审议议题77项；组织召开区长办公会33场次，研究部署工作66项。（彭　睿）

【区政府常务会议】 2022年，区政府组织区政府常务会12次，审议议题77项。

2022年1月27日，区第三届人民政府第三次常务会议召开。会议研究以下事项：传达学习中央、省、市新冠疫情防控工作有关会议精神，研究部署春节前后新冠疫情防控工作；研究当前安全生产工作，部署春节、冬奥期间安全防范工作，防范低温雨雪冰冻天气有关工作；审定《长沙市政府〈政府工作报告〉2022年涉及望城区目标任务责任分解表》《2022年湘江新区党工委经济工作会议涉及望城区主要目标任务责任分解表》；传达学习《全国政府系统值班工作规范（试行）》及研究部署政府系统值班工作；传达学习《关于更加有效发挥统计监督职能作用的意见》等文件精神；研究2022年投资建设项目计划；审议区水投集团《区属公办养老机构接管方案》；审议《长沙市望城区“十四五”科技创新发展规划（2021—2025）（送审稿）》《长沙市望城区“十四五”工业发展规划（2021—2025年）（送审稿）》《望城区“十四五”生态环境保护规划（送审稿）》《望城区“十四五”大数据发展规划（送审稿）》，并传达学习《长沙市政务数据资源管理办法》。会议分别听取区卫健局、区应急管理局、区政府办、区统计局、区发展和改革局、区水投集团、区科技局、区工信局、生态环境望城分局、区数据资源中心等单位所作的相关工作情况汇报。

2022年2月23日，区第三届人民政府第四次常务会议召开。会议研究以下事项：传达学习习近平总书记关于国家粮食安全的重要论述精神、《湖南省地方储备粮管理办法》、中央一号文件精神及研究全区粮食生产及春耕备耕工作；研究信访有关工作；研究生态环境保护工作；研究土地划拨和非经营性土地协议出让价格问题；审议《望城区金融机构（银行）服务地方经济激励评价办法（试行）（送审稿）》；研究审定区管国有企业运营管理情况；审议2021年度第一批区制造业高质量发展奖补项目资金；审议《长沙市望城区教育事业发展“十四五”规划（送审稿）》。会议分别听取区粮食和物资储备中心、区农业农村局、区信访局、生态环境望城分局、区自然资源和规划分局、区金融办、区国资中心、区工信局、区教育局等单位所作的相关工作情况汇报。

2022年3月24日，区第三届人民政府第五次常务会议召开。会议研究以下事项：通报2021年市对区征求意见办理情况及审定《湖南省人民政府〈2022年真抓实干督查激励措施〉目标任务责任分解表》；传达学习全省自然资源工作会议精神；研究全区完善防汛抗旱工作机制有关工作，审议《关于调整望城区防汛抗旱指挥部组成人员及职责的通知（送审稿）》；审议《长沙市望城区“十四五”人力资源和社会保障事业发展规划》；研究全区城镇燃气安全生产专业委员会组建及安全排查整治工作；研究审定区属国有企业组织架构调整相关情况。会议分别听取区政府办、区自然资源和规划分局、区应急管理局、区人社局、区城管执法局、区国资中心等单位所作的相关工作情况汇报。

2022年4月27日，区第三届人民政府第六次常务会议召开。会议研究以下事项：传达学习《关于实施强省会战略支持长沙市高质量发展的若干意见》政策精神，传达学习习近平总书记关于安全生产工作指示批示和全国、全省、全市安全生产视频会议精神、省总河长令第8号，《关于开展妨碍河道行洪突出问题排查整治的决定》，研究部署安全生产、新冠疫情防控工作，审议长沙市望城区森林火灾应急预案等8个应急预案以及《关于调整长沙市望城区安全生产专业委员会的方案（送审稿）》；传达学习省委一号文件精神并审议《长沙市望城区持续壮大农村集体经济行动方案（2022—2024年）（送审稿）》；审议《长沙市望城区村（社区）党群服务中心品质提升三年行动计划（送审稿）》；审议《长沙市望城区“十四五”文体和旅游发展规划（送审稿）》《长沙市望城区商务线“十四五”专项规划审定（现代服务业、现代物流与电商快递、开放型经济发展）（送审稿）》；审议《关于提升望城区“一江两岸”城市建设品质的若干举措（送审稿）》、《长沙市望城区关于切实加强社会保险基金监管工作的通知（送审稿）》及相关事项；审议《望城区政府投资信息化建设项目管理办法（送审稿）》；审议华廷筑邦工业地产项目准入及巨星建材遗留问题相关事项解决方案。会议分别听取区发展和改革局、区应急管理局、区水利局、区卫健局、区农业农村局、区民政局、区文旅广体局、区商务局、区住建局、区人社局、区数据中心、望城高新区等单位所作相的关工作情况汇报。

2022 年 5 月 26 日，区第三届人民政府第七次常务会议召开。会议研究以下事项：传达学习习近平总书记和中央、国务院、省、市安全生产及自建房安全整治有关指示、批示及讲话精神，研究部署自建房安全整治“百日攻坚”行动和安全生产大检查工作，审议《长沙市望城区商贸流通安全生产专业委员会工作实施方案（送审稿）》；传达学习《关于更加有效发挥统计监督职能作用的意见》；传达学习《最高人民法院关于行政机关负责人出庭应诉若干问题的规定》、审议《长沙市望城区行政机关负责人出庭应诉工作实施方案（送审稿）》；审议《关于贯彻落实强省会战略的行动方案（2022—2026 年）（送审稿）》；审议《国务院、省政府、市政府真抓实干工作望城区激励方案（送审稿）》及《望城区落实市政府 2022 年真抓实干督查激励措施任务分解（送审稿）》；审议《长沙市望城区“十四五”卫生健康事业发展规划（2021—2025）（送审稿）》。会议分别听取区应急局、区住建局、区商务局、区统计局、区司法局、区发展和改革局、区政府办、区卫健局等单位所作的相关工作情况汇报。

2022 年 6 月 23 日，区第三届人民政府第八次常务会议召开。会议研究以下事项：传达学习习近平法治思想重点内容和《国务院关于进一步贯彻实施〈中华人民共和国行政处罚法〉的通知》，审议《长沙市望城区人民政府工作规则（送审稿）》；传达学习国务院“稳经济 33 条”和湖南省稳经济“1+8”政策体系精神及研究贯彻落实稳经济大盘政策相关工作；研究全区城镇燃气安全工作、生态环境保护工作；传达省、市有关信访工作精神及研究全区当前信访工作；审议《望城区“十四五”国土空间发展规划（送审稿）》《望城区滨水新城“十四五”发展规划（2021—2025）（送审稿）》《长沙市望城区推进新建商品房“交房即交证”改革实施细则（送审稿）》。会议分别听取区司法局、区政府办、区发展和改革局、区城管执法局、生态环境望城分局、区信访局、区自然资源和规划分局、滨水新城等单位所作的相关工作情况汇报。

2022 年 7 月 27 日，区第三届人民政府第九次常务会议召开。会议研究以下事项：传达学习全国、全省、全市安全生产电视电话会议精神及《湖南省生产安全事故调查处理办法》，研究部署安全生产工作；研究当前新冠疫情防控工作；研究未成年人保护有关工作；研究望城区巡游出租车经营权到期续期相关工作、雷锋纪念馆信息化项目运行维护管理相关工作；审议《关于全面推行田长制严格耕地保护的实施方案（送审稿）》。会议分别听取区应急管理局、区卫健局、区民政局、区交通局、雷锋纪念馆、区自然资源和规划分局等单位所作的相关工作情况汇报。

2022 年 8 月 25 日，区第三届人民政府第十次常务会议召开。会议研究以下事项：传达学习《重大行政决策程序暂行条例》和《长沙市法治政府建设实施方案（2022—2025 年）》《长沙市法治社会建设实施方案（2022—2025 年）》《湖南省政务服务中心管理办法》等有关文件精神，研究部署望城区政务服务管理及迎接配合国务院第九次大督查相关工作；传达贯彻抗旱保收、森林防火相关会议和文件、指示精神，研究部署全区抗旱保收、森林防火工作；审议《长沙市望城区农村宅基地和村民住宅建设审批管理办法（试行）（送审稿）》《长沙市望城区自建房帮代及手续办理降费减负实施方案（送审稿）》；研究调整 2022 年投资建设项目计划。会议分别听取区司法局、区行政审批局、区政府督查室、区水利局、区应急局、区农业农村局、区自然资源和规划分局、区发展和改革局等单位所作的相关工作情况汇报。

2022 年 9 月 29 日，区第三届人民政府第十一次常务会议召开。会议研究以下事项：传达学习《“十四五”全国道路安全规划》、《湖南省安全生产条例》、《关于迅速落实国家森防办警示函和省领导批示要求进一步做好当前森林防灭火工作的通知》、省委省政府主要领导关于安全生产批示精神，研究部署高层建筑重大火灾风险隐患整治及安全生产工作、全区新冠疫情防控及全区信访工作；传达学习全国、省、市深化“放管服”改革，持续优化营商环境电视电话会议精神及研究部署有关工作；传达学习国务院《地名管理条例》；传达学习《防范和处置非法集资条例》、研究落实《防范和处置非法集资条例》有关行政执法事项；审议《2022 年度由政府安排工作退役士兵安置实施方案（送审稿）》及研究退役士兵相关工作。会议分别听取区交警大队、区应急管理局、区消防大队、区卫健局、区信访局、区行政审批服务局、区民政局、区金融办、区退役军人事务局等单位所作的相关工作情况汇报。

2022 年 10 月 27 日，区第三届人民政府第十二次常务会议召开。会议研究以下事项：研究全区安全生产、森林防火、新冠疫情防控工作；审定《长沙市望城区行政许可事项清单（2022 年版）（送审稿）》、2022 年水利建设及秋冬修项目计划；研究 2022 年度新设社区工作；审定《长沙市望城区重点民生实事“雪亮工程”建设工作方案（送审稿）》、《长沙市望城区区管国有企业经营投资尽职合规免责事项清单（送审稿）》。会议分别听取区应急局、区自然资源和规划分局、区卫健局、区行政审批局、区水利局、区民政局、区数据中心、区国资中心等单位所作的相关工作情况汇报。

2022 年 11 月 29 日，区第三届人民政府第十三次常务会议召开。会议研究以下事项：传达学习习近平总书记对河南安阳市凯信达商贸有限公司火灾事故的重要指示精神及中央、省、市安全生产有关批示指示和文件精神，研究全区安全生产、新冠疫情防控工作，审定《长沙市望城区新兴行业领域安全生产监管责任分工（送审稿）》；研究湖南“盛大金禧”金融服务有限公司涉稳风险应对处置工作；传达学习《湖南省重大行政决策事项目录管理办法》、审议《长沙市望城区人民政府 2022 年度重大行政决策事项目录（送审稿）》；研究全区交通问题顽瘴痼疾集中整治、打击治理电信网络诈骗违法犯罪、禁毒工作；审定《长沙市望城区关于推动科技创新发展的若干政策（送审稿）》《长沙市望城区推动制造业高质量发展若干政策（送审稿）》《关于贯彻落实“强省会”战略 推进产业发展“千百十”工程实施方案（送审稿）》《长沙市望城区全民科学素质行动规划纲要实施方案（2021—2025 年）（送审稿）》。会议分别听取区应急局、区卫健局、区金融办、区司法局、区公安分局、区科技局、区工信局、区科协等单位所作的相关工作情况汇报。

2022 年 12 月 14 日，区第三届人民政府第十四次常务会议召开。会议研究以下事项：审议《区政府工作报告（送审稿）》《2023 年望城区主要经济社会指标预期目标》《关于长沙市望城区 2022 年国民经济和社会发展计划预计执行情况与 2023 年国民经济和社会发展计划草案的报告》《2023 年财政预算（草案）》；研究化工园区（铜官）安全整治提升工作；审定《长沙市望城区行政事业单位国有资产管理办法（送审稿）》。会议分别听取区政府研究室、区发展和改革局、区财政局、望城经开区高新办、区国资中心等单位所作的相关工作情况汇报。（彭　睿）

【区长办公会议】 2022 年，区政府组织召开区长办公会 33 场次，研究部署工作 66 项。

1 月 19 日，研究书堂山欧阳询文化园项目有关事项。

2 月 16 日，研究湘江西岸望城段城市防洪堤防提标改造工程相关工作，研究长沙市望城区太阳山路霞凝跨线桥改造项目建设相关事项。

2 月 17 日，研究雷锋大道（岳麓界至沩水桥）综合提质改造项目相关工作。

3 月 10 日，研究 2022 年度交通问题顽瘴痼疾集中整治相关工作、2022 年全区禁毒工作、2022 年全区打击治理电信网络新型违法犯罪工作。

3 月 16 日，研究德商总部项目相关工作，研究全区楼宇经济发展工作，研究原县政府机关大院盘活利用有关工作。

3 月 17 日，研究 2021 年“热线 + 网格、吹哨 + 报到”工作情况、市容环境、全区“十年禁渔”工作。

4 月 1 日，研究关于开展“纾困增效”行动稳定经济运行的若干措施有关工作。

4 月 7 日，审议《望城区环卫工人休息室建设三年行动计划实施方案（2022—2024）（送审稿）》，审议《望城区市政应急装备提升三年行动计划（2022—2024）（送审稿）》，审定望城区合作办学相关事项，审议养老领域非法集资重点案件处置工作方案。

4 月 21 日，研究 2022 年秋季新开学学校建设工作。

5 月 11 日，研究行政审批事项办理流程和雷锋政务超市优化布局工作。

5 月 16 日，研究关于智慧交通建设运营工作，研究关于公安刑事技术和网络安全保卫业务用房建设工作。

5 月 23 日，研究美的集团智慧家居湖南总部落户有关工作，审议大众垸防洪整治工程（二期）二标段高压旋喷桩结算事项，研究临聘人员待遇有关事项。

6 月 6 日，审议黄桥大道与雷锋大道交叉口节点规划方案，审议香炉洲大桥西延工程规划方案，审议大泽湖生态智慧城海归小镇环湖路规划方案。

6 月 21 日，研究关于稳经济大盘政策相关精神传达和落实情况，研究关于“强省会、勇担当、推动制造业高质量发展”奖补项目相关事宜。

6 月 16 日，研究乌山街道长益复线重建地安置遗留问题处置有关工作。

7 月 21 日，研究乌山创业富民园（五期）重建地有关信访事项。

7 月 25 日，研究全区 2022 年度耕地恢复有关工作，研究全区地质灾害防治有关工作。

9 月 1 日，研究促进全区建筑业发展工作有关问题，研究养老服务真抓实干督查激励相关工作。

9 月 14 日，研究区人民医院建设发展有关工作。

9 月 22 日，研究铜官陶瓷总公司公房安全隐患整治工作。

10 月 12 日，研究乔口镇乡村振兴工作。

10 月 14 日，研究城发集团“一堤两路”提质改造工程——湘江西岸望城段堤防提标暨景观道拓宽改造工程相关工作。

10 月 18 日，研究区城发集团“一堤两路”提质改造工程——潇湘北路快捷化改造项目相关工作，研究铜官窑国际文化旅游度假区项目政策兑现事宜。

10 月 31 日，研究全区供水有关问题。

11 月 18 日，研究公交行业补贴资金相关工作，研究大众垸堤委会办公用房搬迁相关工作。（彭　睿）

民生实事

【概况】 2022 年，望城区完成省、市重点民生项目共 15 项 32 个指标任务，其中，省考项目 8 项 19 个指标，市考项目 7 项 13 个指标，涵盖乡村振兴、养老、教育、人居环境等方面。

（唐定乾）

【省考项目】 2022 年，望城区完成省级重点民生项目 8 项 19 个指标。为

2022 年长沙市望城区重点民生实事项目一览表

表 4

类别	序号	主要责任单位	项目任务及指标		计量单位	区县（市）	望城区
省考项目	1	市教育局	增加公办义务教育学位	提高公办义务教育学位占比至 95% 以上	个	任务	1000
						进度	100%
	2		职业教育楚怡行动	启动楚怡公办中职学校改扩建工作	所	任务	—
						进度	—
	3	市卫生健康委	特殊群体健康保障	完成孕产妇免费产前筛查	人	任务	4300
						进度	161%
	4			完成新生儿先天性心脏病免费筛查	人	任务	5200
						进度	116%
	5	市妇联 市卫生健康委		完成农村适龄妇女及城镇低保适龄妇女“两癌”免费检查	人	任务	8500
						进度	139.5%
	6	市医保局		每个县市区至少 1 家定点医疗机构实现普通门诊医疗费用跨省直接结算	个	任务	1
						进度	100%
	7			每个统筹区实现门诊慢特病治疗费用跨省直接结算	个	任务	—
						进度	—
	8	市残联		康复救助残疾儿童	人	任务	200
						进度	146%
	9			完成困难残疾人家庭无障碍改造	户	任务	100
						进度	100%
	10	市民政局	城乡低保和残疾人“两项补贴”提标	城市低保标准	元 /（人·月）	任务	750
						进度	100%
	11			农村低保标准	元 /（人·年）	任务	9000
						进度	100%
	12	市民政局	城乡低保和残疾人“两项补贴”提标	困难残疾人生活补贴标准	元 /（人·月）	任务	140
						进度	100%
	13			重度残疾人护理补贴标准	元 /（人·月）	任务	100
						进度	100%
	14		老年人服务保障	完成困难老年人居家适老化改造	户	任务	97
						进度	100%
	15			养老机构新增护理型床位	张	任务	70
						进度	100%
	16	市人居环境局	城镇老旧小区改造	开工改造城镇老旧小区	个	任务	15
						进度	100%
	17	市公安局	中小学安防设施建设	建设联网中小学幼儿园周边等重点部位安防设备	个	任务	2260
						进度	100%
	18	市生态环境局	农村饮用水水源地突出环境问题整治	完成农村千人以上集中饮用水水源地突出环境问题整治	个	任务	—
						进度	—
	19	市交通运输局	农村“三路”建设	完成农村旅游路、资源路、产业路提质改造	千米	任务	34
						进度	115.6%
	20			建设农村公路安防设施	千米	任务	80
						进度	128.6%

续表 4

类别	序号	主要责任单位	项目任务及指标		计量单位	区县（市）	望城区
市考项目	21	市水利局	农村水源保障及灌溉能力提升	新增蓄水能力	立方米	任务	68
						进度	100%
	22			恢复和改善灌溉面积	亩	任务	16000
						进度	100%
	23	市教育局	完成“双减”工作重点监测目标任务	减轻作业负担，加强作业监管，作业公示制度学校占比	%	任务	100%
						进度	100%
	24			优化课后服务，开展课后服务学校占比		任务	100%
						进度	100%
	25			学科类校外培训机构预收费纳入监管占比		任务	100%
						进度	100%
	26			家长、学生满意率		任务	90% 以上
						进度	100%
	27	市城管执法局	建设城区学校人行天桥		座	任务	—
						进度	—
	28	市民政局	建设社区养老服务设施		家	任务	8
						进度	100%
	29	市住房城乡建设局	既有多层住宅加装电梯		台	任务	—
						进度	—
	30	市交通运输局	新改建农村公路		千米	任务	80
						进度	100%
	31	市市场监管局	推进食品安全放心工程	完成放心肉智能监管平台推广与应用	户	任务	1352
						进度	100%
	32			建立街镇食品安全快检室	个	任务	14
						进度	100%
	33	市体育局	新改建室外运动场		个	任务	30
						进度	100%
	34	市城管执法局	新改建“厕位”	新建公厕	座	任务	9
						进度	100%
	35			提质改造公厕	座	任务	28
						进度	100%
	36	市重大交通设施建设事务中心	新改建停车场	新改建停车场	个	任务	27
						进度	100%
	37			新增停车位（含路侧停车位）	个	任务	15500
						进度	137.3%
	38	国网长沙供电公司	完成 2022 年全市农村电网乡村振兴工程		万元	任务	—
						进度	—

说明：1. 2022 年长沙市共铺排重点民生实事项目 20 件 38 个指标，其中省考项目 10 件 22 个指标，市考项目 10 件 16 个指标；
2. 路侧停车位由市本级统筹，区县（市）停车位建设任务不含路侧停车位；
3. 完成 2022 年全市农村电网乡村振兴工程项目由国网长沙供电公司各地区分公司负责完成，各区县（市）政府支持配合。

（资料来源：区人社局）

特殊群体提供健康保障，全年开展孕产妇免费产前筛查6923人，新生儿先天性心脏病免费筛查6032人，农村适龄妇女和城镇低保对象“两癌”免费筛查11842人，康复救助残疾儿童292人，完成困难残疾人家庭无障碍改造100户。提升社会保障标准，城乡低保月保障标准750元/人，发放残疾人“两项补贴”（困难残疾人生活补贴和重度残疾人护理补贴）1847.768万元，完成97户困难老年人居家适老化改造，新增养老机构护理型床位70张。优化农村基础设施，提质改造农村资源路、产业路、旅游路39余千米，新增农村水源蓄水能力68万立方米，恢复和改善灌溉面积1066.67公顷。区职业中专立项湖南省楚怡优质中职学校A类建设单位。（唐定乾）

【市考项目】 2022年，望城区完成市重点民生项目7项13个指标。完成“双减”工作重点监测任务，强化作业管理、教育教学管理和课后服务管理，与长沙银行合作建立校外培训学校资金监管平台，所有培训机构开设并使用监管账户和结算账户，实现大额资金异动预警。建设8个社区养老服务设施，新改建农村公路80千米，推广应用放心肉智能监管平台1352户，建立14个街镇食品快检室，新改建室外运动场30个，新建公厕9个，提质改造公厕28个，新改建停车场27个，新增停车位21483个。（唐定乾）

招商引资

【概况】 2022年，长沙市望城区商务局（以下简称区商务局）加大招商力度，完善招商政策，出台《长沙市望城区招商引资项目操作规程》，对招商项目准入、决策、签约、实施评估、退出等进行全过程闭环责任管理。提高招商引资项目的准入门槛，加强招商引资项目的前期论证，从源头上减少履约风险，切实提升项目履约能力和招商引资质量。组织各招商引资平台单位包装重大项目40个，其中6个项目纳入省级重点项目对外推介。制作全区招商宣传片、宣传折页，多平台、多维度推介招商。强化项目履约监管，全年督促22个履约不到位的项目完成整改，整改完成率100%，涉及投资160亿元，涉及用地176.41公顷，完成省委巡视整改问题销号。（黄雅诗）

【对外交流和合作】 2022年，望城区于2月10日和8月18日两次举办全区重大项目集中签约仪式暨招商推介会等招商活动。先后组团参加湘商大会、沪洽周、岳麓峰会、省、市旅发大会等各级招商节会，利用节会平台推介招商资源、营商环境，对接重点项目，促进在谈项目签约落地。（唐海蛟）

【重点产业招商】 2022年，望城区聚焦重点产业招商，结合“一江两岸”产业规划和“一主三特”产业定位，深挖片区招商资源特色，对接洽谈永旺商业、美的长沙、大陆希望、华侨城、德赛储能等一批“三类500强”、预期投资强度大的行业引领性产业招商项目。（周　帆）

【投资项目管理】 2022年，区发展和改革局摸排、梳理全区政府投资、社会投资项目计划，坚持“稳字当头、稳中求进”经济发展总基调，紧盯社会民生、城市更新、乡村振兴、生态环保、基础设施等十大领域，聚焦“一江两岸”“湘江古镇群”“高铁西城”“一园三带”四个重点投资板块，铺排望城区2022年投资建设项目计划。2022年铺排实施项目582个，计划投资775.07亿元，其中区本级政府投资项目341个，投资172.45亿元；社会投资项目225个，投资529.46亿元。（徐　航）

【“一江两岸”投资环境推介暨重大招商引资项目集中签约】 2022年2月10日，长沙市望城区“一江两岸”投资环境推介暨重大招商引资项目集中签约仪式在望城区紫鑫戴斯大酒店举行，近200名来自先进制造业、科创类、现代服务业等领域的企业嘉宾应邀参会。活动有18个重大项目签约落户，涵盖总部经济、文旅休闲、商业综合体、智能制造等多个领域，其中，央企投资项目4个，投资100亿元以上的项目1个，投资50亿元以上的项目2个。主要包括世界500强企业的项目4个，分别是永旺梦乐城长沙望城项目，中建国际、中国有色金属产业联盟科创项目，中核集团中南区域总部项目，美的智慧家（长沙）智能家居项目；中国500强企业项目3个，分别是华侨城集团系列合作项目，东方电气、大陆希望氢能产业发展战略合作项目，德赛电池储能电芯项目；行业龙头企业项目8个，为腾达全球智造基地及华中研发总部项目，兆兴博拓汽车电子智造及华中总部项目，长沙医疗器械产业园项目等。该次集中签约项目总投资433亿元，现场启动望城区“招商信息云平台”。该平台是集招商信息推介、招商项目洽谈、项目履约管理等功能于一体的投资环境展示及服务平台，链入鲲鹏体系智慧政务系统。平台将利用大数据实现招商项目全生命周期闭环跟踪服务，进一步统筹招商推介、项目信息、招商资源，全面实现招商引资信息化管理。（黄雅诗）

政府投资项目管理

【概况】 2022年，望城区铺排政府投资建设项目60个（含续建项目12个、新建项目28个、预备项目20个），另有社会投资监管项目7个，其中21个市重大项目全部按考核目标提前开工、竣工或完成年度考核任务。全年实现21个项目竣工，另向湘江新区移交26个项目，总投资额20.7亿元。（刘冰冰）

【项目管理】 2022年，长沙市望城区重点建设项目事务中心（以下简称区重建中心）创新审批模式，探索技术审查先行、容缺审批、线下审批，办理各类报规报建批复296个；协调相关职能部门，解决长期以来不动产权需由建设单位转登记至使用单位的程序冗余难题，节约办证时间2个月以上。针对地勘不准、图纸错误、预算漏项等问题，在签订合同之前对履约团队进行笔试、面试和考察，确保履约团队品质；采用专题会议、通报、讲评、约谈、发律师函、上门等手段，对中介机构按照“出错即出局”原则进行考评，全年淘汰4家单位。成立专班，对既往存在程序瑕疵的项目逐一销号，完善供地、竣工验收、不动产证办理等项目建设手续；依法依规建设，对用地不符合土规、城规或短时间不能取得用地红线的项目暂缓前期工作，项目没有取得施工许可证前不开工；对施工、监理单位实行“红黑榜”管理、聘请第三方专业机构常态化开展安全检查41次，检查项目192个次，排查安全隐患535处，形成自查、抽查、交办、落实、反馈5个环节闭合的安全管理机制，全年未发生安全生产责任事故。每月对施工单位文明施工费使用情况和环境保护资金投入、设施设备安装情况进行检查通报；每周对各在建工地扬尘污染防治、污水排放和噪声扰民工作进行巡查，并对施工过程中发生的问题督促整改、实时跟踪、长效监管；潇湘北大道纳污干管污水提升泵站等3个项目获评“长沙市建筑施工绿色工地”。总结实施的3个EPC项目（设计采购施工总承包项目）的经验，到长沙市公建中心学习，在望城区首次采用集成式EPC招标计价模式用于望城一中观音湖学校，有效将项目投资控制在合同价以内；严谨规模论证，节约财政投资，如公安三中心、乌山街道第一社区卫生服务中心门诊住院综合楼、茶亭镇中心卫生院住院综合楼、职业中专体育馆项目，经批复后的可研投资较原使用单位提出的建设规模投资减少约1.2亿元；严格变更程序，杜绝未批先建，10万元以下的单项变更进行归口管理，累计变更金额达50万元或合同价3%的必须上党组会审定，减免不必要的变更1800万元。组织“项目攻坚争先锋、幸福新城我建功”项目建设大会战及“奋战三季度、决胜全年度”两次项目攻坚行动，从“进度、质量、投资、安全、环保、口碑”六方面进行考核评比，打造一批“六好”项目。（刘冰冰）

【项目建设】 2022年，望城区完成麓山国际望城实验学校、望城一中观音湖学校、前进小学改扩建、望城一中改扩建等项目，4所学校提前竣工，新增学位1万余个、车位1000余个、床位100余个，铺设雨污水管网15.04千米。区重建中心全年取得各类批复185件次，办理结算51项，供地28宗，完成16个项目的竣工验收和移交使用，解决12个老旧项目的历史遗留问题，办理完成25份交地证明。长沙应急救援基地项目（一期）获“芙蓉奖”，望城区委党校改扩建（雷锋学院）、长沙应急救援基地项目（一期）、普瑞大道提质改造3个项目获评“湖南省优质工程”。（刘冰冰）

2022年7月30日，麓山国际望城实验学校项目交付使用 （王 凯 摄）

【营商环境优化】 2022年，区重建中心更新完善房建类项目管理全过程流程图，编制业务部室《企业办事指南》，实现每笔业务“最多跑一次”。发布各部室内部工作要点，内部管理体系愈加清晰顺畅。以宝粮学校工地为试点，探究项目全过程标准化建设，全程参与项目的方案研究与现场布置，以实操为根本编制出台《项目现场管理手册》，为标准化管理项目提供优质范本。（刘冰冰）

【项目攻坚尖刀队】 2022年，区重建中心党组书记带领优秀党员骨干组建“项目攻坚尖刀队”，发挥优秀人才聚集效应。以“建设精美城市，建造精品工程”为工作目标，在“精美方案设计、创新投资管控、优化工程管理、提升建设品质”4个方面创新实践。尖刀队员们利用晚上或周末时间苦练内功，组织理论及专业学习20余次，及时总结项目建设经验，形成论文3篇，其中1篇在国家级刊物《中外建筑》上发表。（刘冰冰）

【高塘岭大道（旺旺路—雷锋东路）污水管道工程开工】 2022年4月12日，高塘岭大道（旺旺路—雷锋东路）污水管道工程打围施工。该项目南起旺旺路，北至雷锋东路，全长约2.2千米，对高塘岭大道排水管道进行雨污分流改造，并对沿线住户及道路交叉口有改造需求的增设污水支管接入。主要建设内容包括路面破除及恢复、沟槽开挖与回填、基坑支护与基础处理、管道敷设、检查井、管线保护、绿化破坏与恢复等。项目建成后有效治理老城区雨污合流、重建地及小区管井排水不畅导致污水溢流等问题，还群众湖清河畅的社居环境。（刘冰冰）

【旺旺路（金星大道—雷锋大道）污水管改造项目开展地勘作业】 2022年4月20日，旺旺路（金星大道—雷锋大道）污水管改造项目开展地勘作业。该项目设计的污水管道东起原中线干管，西至雷锋大道，管道长度总计约0.65千米。项目建成后，新建的污水管道收集旺旺路（金星大道—雷锋大道）两侧企业、居民的生产生活污水排至雷锋大道新建中线干管，明显改善人居环境质量，有效提升城市整体形象。

（刘冰冰）

政府综合事务

【概况】 2022年，望城区推进“一件事一次办”改革，实现254项“一件事一次办”事项全省无差别受理、同标准办理。公布2022版基层政务公开目录，全区依申请公开件办结率100%。政府门户网站总访问量1250万次，发布信息21187条。“12345”便民热线被评为全国“服务精进典范”。（周祎祎）

【政务公开】 2022年，望城区落实政务公开工作，对29个领域的基层政务公开目录进行梳理、更新，编制成望城区2022版基层政务公开目录并对外公布。依法依规处理区政府的政府信息依申请公开37件，处理本单位的政府信息依申请公开9件。组织各区直单位和街镇开展政务公开主题日活动，在区政府门户网站开设政务公开主题日专栏，将活动开展情况等相关信息上传至专栏，并根据全区开展活动情况总结经验，形成特色材料宣传推介，全年开展“政务公开主题日”活动19次。在区级政务大厅设立政务公开专区，配备电脑、打印机等设备，为群众和企业提供政策咨询查阅、办事服务指引、依申请公开指导等服务。（周祎祎）

【“一件事一次办”改革】 2022年，望城区按“一事一标准”要求高效落地省三批次区级权限254项“一件事一次办”事项，实现“同一件事”湖南省无差别受理、同标准办理，年办件量80万余件；推进服务特殊群体、施工许可等13个主题式、套餐式场景应用。拓展“一件事一次办”服务范围，流动人员（应届毕业生）人事档案托管全程网办微创新，残疾人换三代证“帮代办”“送证上门”；实现169项事项“红色传承，绿色发展”湘鄂赣3省22县（市、区）跨省通办，40项事项与江西萍乡市安源区跨省通办、64项事项长株潭通办、45项事项与湘阴县通办。（周祎祎）

【“12345”政务服务热线】 2022年，区社会治理服务中心落实中心热线工作周、月例会制度，督促街镇和区直部门成立政务热线工作专班，调优配强政务热线工作人员，制定下发《长沙市望城区“热线+网格、吹哨+报到”工作考核办法（试行）》，每月对全区“热线+网格、吹哨+报到”工作情况进行通报，分管区领导定期组织工作讲评，传导工作压力，督促各单位抓好工作落实，压实工作责任。通过“走下去”与“请上来”相结合的方式，对全区各街镇及相关区直单位热线工作人员共230余人进行业务培训以及跟班轮训，重点在工单办理、结案、问题解决等方面下功夫，提升全区政务热线工单办理质量。同时，加强与长沙市“12345”政务热线中心的沟通对接，指导生态环境望城分局、区城管执法局、区住建局等部门，加强“12345”政务热线“知识库”建设，简单咨询问题由市政务热线前台话务员在线解释并在线办结，减少向望城区派发的工单量，减轻基层热线工单办理压力。落实“12345”政务热线工单入三级网格制度和“12345”政务热线办理短信信息提醒机制。2022年1月1日至12月31日，推送“12345”政务热线工单5771条，与投诉人对接联系5770条，工单响应率99.98%。同时，加强对疑难问题的督查督办，并以交办单、提醒函、短信等方式对群众反映强烈的问题进行提醒预警，发送提醒短信8113条。紧盯市对区考核排名指标，实时跟踪各处置单位尤其是重点处置单位的各项热线工单数据。每周2次向责任单位反馈工单办理情况，重点对解决率较低的单位进行跟踪督办，对诉求量较大的街道和部门，安排专人每天对相关工单办理进行业务指导，确保群众诉求及时有效解决。“12345”政务服务热线获评全国“服务精进典范”。（郑梦窈）

【政府门户网站运行】 2022年，望城区加强区政府门户网站建设与管理工作，落实网络意识形态责任制和网络安全责任制，采取“系统+人工”监测手段，通过日巡检、周总结、月通报的工作模式，确保网站安全性、访问性、健康性、更新性等各项指标优良。围绕区委、区政府决策部署，配合区直各职能部门重点工作，开设“智汇潇湘·才聚望城”等专题专栏，发挥平台载体作用。深化政务公开，推动领导信箱系统与“雷锋哨”平台对接，促进信息资源共享，群众关注度不断提升。加强政务新媒体监管监测管理，定期梳理全区政务新媒体名单，监督提醒关停注销“僵尸”账号，全区19个政府系统政务新媒体上报国办管理系统纳入全面监测范围。按照长沙市数据局要求，按时完成每月各涉税单位增量信息的数据收集和系统报送工作。

（戴　喆）

【“清廉大厅”建设】 2022年，望城区推动雷锋政务超市“清廉大厅”建设，开展“大起底、大排查”，形成自查自纠问题清单，明确责任部门、整改时限。严格落实《推进“清廉大厅”建设十条措施》内容及区政务服务中心各项办事制度、管理制度，加大大厅巡查力度，强化督查考核，推动窗口作风建设，着力提升服务效能，着力打造“清廉大厅”望城样本，申报全省清廉单元样本培树点，人民网、《湖南日报》、《长沙晚报》、“清廉长沙”微信公众号分别进行相关报道。（周祎祎）

智慧城市建设

【概况】 2022年，望城区推进新型智慧城市建设、统筹信息化建设等工作。新型智慧城市建设经验被纳入省政府2021年度重点工作综合大督查发现的典型经验做法予以通报表扬，连续两年获“中国领军智慧城区”奖，基于鲲鹏体系的新型智慧城市建设获评2021年度中国软件大会“最佳技术应用奖”，“最多报一次系统”获长沙市新型智慧城市“十大典型应用”，中央电视台《新闻联播》、新华社、《中国改革报》、《湖南日报》等均对望城区新型智慧城市建设进行专题推介。（戴　喆）

【数据资源共享】 2022年，望城区依托鲲鹏云打造政府信息整合和数据共享服务的平台，搭建智慧望城鲲鹏云平台，部署智慧交运、智慧园区等40余个系统，汇聚数据2.6亿条，完成39个区直部门信息资源目录及数据资源目录的编制，共计目录461条，推动跨部门、跨地域、跨层级政务信息资源共享利用，实现政务信息的“网络互通、数据共享、业务协同、服务融合”。在长沙市数据局的支持下复用市政务云基础库80余类数据资源，建设人口、法人、电子证照、城市部件等基础数据库，人口库有131万人（户籍人口、常住人口、部分流动人口）的基础信息。法人库数据归集事业法人、企业法人、个体工商户等15.1万余条基础信息。接入城管、水利、交通、教育等领域视频，统一提供视频点播、视频巡逻、视频运维等服务。（戴　喆）

【新型智慧城市建设】 2022年，望城区围绕“放管服”改革，推进“无证城市”“就学一件事”和“智慧医疗”等子项目建设，打通服务群众“最后一公里”。“智慧教育”推出“就学一件事”系统，打通公安、人社、民政等6大部门数据壁垒，共享户籍、房产、社保等64类资料和信息，节省约90%的人力、时间投入。“智慧医疗”系统打通省、市公立医院就诊数据，实现全区医疗信息系统互联互通，累计注册用户44.6万人，累计使用140万次，完成线上支付1亿余元。“智慧政务”系统以工程建设项目审批为突破口，推进审批“一站式”，全区26项工程建设审批职能全权授权区行政审批服务局，实现“三无两零”（清单之外无审批，清单之外无资料，大厅之外无盖章，大厅之外零跑腿，资料提交零重复）。工程项目审批基本实现“一网通办”，审批时间缩短40%以上。“金融超市”上线以来注册用户1.6万人次，入驻金融机构28家，上架金融产品143个，撮合中小企业信用贷款713笔，发放贷款129.45亿元。培育基于数据共享、公用的智慧治理生态圈，重点打造雷锋哨平台、智慧工地、智慧交通等应用场景。“雷锋哨”平台深度融合“12345”政务热线、网格化管理和“吹哨报到”工作，实现社会治理事件“主动治理、未诉先办”，上线以来工单总数8988条，结案工单8424条。“智慧工地”采用5G、物联网、人工智能等新兴技术，建设塔机监控、环境监测、施工升降机预警等系统，对施工现场安全生产、环境卫生、人员作业、特种设备等进行智能化监管，有效改善工地环境和工地安全。“智慧交通”突出信号控制智能化、指挥调度智能化、交通态势可视化等交通管控功能，实现“单点自适应、平峰实施绿波控制、高峰期实施拥堵协调”，缓解交通拥堵，提升交通行业治理能力。“最多报一次”平台实现基层数据“一次采集、动态更新、跨域协同、多方利用”，以数据转型驱动基层治理改革，有效破解基层多头报、重复报问题，为基层减负。（戴　喆）

【政务网络平台管理维护】 2022年，望城区建设电子政务外网及各单位业务需求新增线路64条，处理电子政务外网和教育城域网故障192起，处理区、市两级网络安全监管部门下发的网络安全预警事件40余起，区电子政务中心机房正常稳定运行，区电子政务外网平台未发生网络安全事故。（戴　喆）

【智慧政务新架构】 2022年，望城区推动智慧政务建设，“四个一”（一套机制保障、一个平台赋能、一批事项拓展、一流效率服务）打造全省无证明城市“区块链+”望城样板。智能填单设备安装及系统上线，截至2022年年底上线7个部门30个表单，其中区民政局2个、区人社局7个、区卫健局2个、区市场监督管理局5个、区不动产登记中心3个、区住房公积金中心5个、区住建局4个。加强与长沙市民云公司对接，完成“我的长沙”App望城专版功能上线，包括在线预约、远程审批、远程踏勘、秒办等功能。分析梳理事项，“一点通”完成1000余项事项上线工作。对接长沙市电子证照系统，秒办功能完成卫健局公共场所卫生许可证（新办）业务上线，实现电子材料的自动核验和办理结果的自动生成。优化排队叫号系统中叫号信息滚动显示、过号信息展示、叫号语音效率功能。（周祎祎）

【智慧望城“雷锋哨”平台运行】 2022年，望城区开发智慧望城“雷锋哨”平台和App，完成“哨单”派发、短信通知、网格员管理、统计报表、线上督办、“街镇吹哨、部门报到”、平台展示、智能派单等功能，创新开发“12345”政务热线工单“双推送”功能模块，并与视频云平台实现对接，已接入14047个点位视频。融合建设综治信息功能模块，婚姻调解、民意调查、任务下达、护路护线、群防群治等功能上线运行，并与区公安分局、区检察院、区法院、区司法局、区应急管理局、区教育局等单位数据实现对接。（郑梦窈）

【湖南省首个“智慧园区”系统】 2022年，望城区打造湖南省首个“智慧园区”系统，布局能源物联网、5G+工业互联网等应用场景。能源物联网平台接入 34 家企业，为园区企业科学用能、节约用能、降低能耗提供数字化管理和大数据决策，工业互联网平台为近 10 家企业提供服务，实现对园区重点项目、重点企业、重点工作领域的全覆盖，上榜“2019 中国智慧城市十大智慧园区”。（戴 喆）

【望城鲲鹏云平台·无证城市获“赛迪 2022 智慧城市综合运营优秀实践案例”奖项】 2022 年，望城鲲鹏云平台·无证城市在全省率先实现全区政务服务、公共管理、社会治理等领域 127 项证照类申请材料“免提交、无纸化、刷脸办”，打造全省公众无证应用更便利、数据可靠更安全的“无证城市”望城样板。平台上线后，大厅使用单位 23 家，窗口 80 个。累计人脸数据 6846 人，刷脸办事 147 人，授权使用证照数 495 个，人脸识别取号数 8478 个。2022 年 11 月 3 日，由赛迪网、《数字经济》杂志社主办的 2022 行业信息化技术创新发展峰会在北京召开，峰会重点发布“2022 行业信息化竞争力成果推优”榜单，望城鲲鹏云平台·无证城市获“赛迪 2022 智慧城市综合运营优秀实践案例”奖项。（戴 喆）

行政审批服务

【概况】 2022 年，区行政审批服务局瞄准打造全省工改试点区县、“1050”（全省前 10、全国 50 强）营商环境目标，贯彻落实中央、省、市、区各项决策部署和指示要求，在全省率先打造无证明城市“区块链 +”望城模式，工改试点成示范，构建全省清廉单元样本培树点，擦亮“一件事一次办”金字招牌、雷锋政务服务品牌，实现政务服务再提质、行政效能再提速、营商环境再提标。2022 年度获评区级优化营商环境先进单位。（周祎祎）

【行政审批制度改革】 2022 年，望城区推进“一件事一次办”改革，推动“一件事”同标准跨域通办，特色优化创新“一件事”，推出特殊群体“一件事”，走顺“一件事”全流程。梳理形成《长沙市望城区行政许可事项清单（2022 年版）》并对外公布，涉及区级主管部门 26 个，实施部门覆盖区本级、望城经开区和街镇，其中涉及经开区事项 24 项，乡镇人民政府事项 5 项，街道办事处事项 4 项。动态调整望城区权责清单和《长沙市望城区村（社区）“一门式”服务高频事项清单（2022 版）》。深化“三集中三到位”（行政审批职能向一个科室集中、承担审批职能的科室向行政服务中心集中、行政审批事项向电子政务平台集中，事项进驻大厅到位、审批授权窗口到位、电子监察到位）改革，进一步优化窗口布局，改造、提质后台硬件设施设备，推动“清廉大厅”建设，区政务大厅共进驻窗口单位 44 个，设置窗口 148 个（开窗 123 个），进驻事项 1226 项。2022 年接待办事人员 93.06 万人，受理事项 90.72 万件，办结事项 90.23 万件。（周祎祎）

【工程建设项目审批改革】 2022 年，望城区推进工程建设项目审批制度改革，实施事项合并，承诺减费办证，审批流程优化再造。推出分阶段核发施工许可审批流程和资料简化，采取合规指导、告知承诺、容缺受理、技术审查先行等措施，实现即申即办，审批时限大幅压缩。着力“开工即配套”，落实“一个电话全程帮”。探索全程留痕，无纸化审批，推进“三无两零”（清单之外无审批，清单之外无资料，大厅之外无盖章，大厅之外零跑腿，资料提交零重复）。开创性开展政府性投资项目“整体规划，分期分步实施”、社会性投资项目“分阶段施工许可”的审批模式，实现审批提速 30%。（周祎祎）

【“走流程、解难题、优服务”活动】 2022 年，望城区开展“走流程、解难题、优服务”行动，组织全区 25 个部门 100 余名领导干部聚焦与企业群众生产生活息息相关的重点难点事项，以普通办事群众和窗口工作人员双重身份走进政务大厅，体验办理政务服务事项，在办事过程中查找问题堵点痛点，为优化再造流程、提质审批服务提供方向。全年开展“走流程”117 次，找出“堵点”“痛点”101 项，完成整改举措 102 条。（周祎祎）

【“无证明城市”应用运行】 2022 年，望城区在全省率先引入区块链技术，探索创新建立一套机制、搭建一个平台、助力一切应用、提供一流服务，打造成本低、复制易、推广快的全省无证明城市“区块链 +”望城模式。“无证明城市”实现区级、园区、街道、村（社区）全覆盖，9 项电子证明材料线上开具，412

2022 年 4 月 26 日，区行政审批服务局领导班子开展“走流程、解难题、优服务”活动（陈 瑶 摄）

项政务服务事项无须携带实体证件，通过“刷脸”或“扫码”可获取10类证件证明。先后获包括中央电视台在内的10余家主流媒体宣传推介，网络点击近300万次。“无证明城市”工作获湖南省政务管理服务局2022年“放管服”改革“揭榜竞优”经验做法推介。

（周祎祎）

【“只听意见不点赞，问需暖企促发展”座谈会】 2022年，区行政审批服务局、区住建局、区自然资源和规划分局、望城经开区规划建设局到项目一线开展“只听意见不点赞，问需暖企促发展”座谈会，向企业详细介绍望城区行政审批创新改革举措、推进情况、工作定位以及形势要求，与企业一道共同寻找破题思路和解决办法，针对各企业提出的60个问题，明确分工，责任到人，建立清单制、责任制、调度制、报告制、协同制，营造“直面问题成常态，分析问题有思路，解决问题有举措”的发展氛围。（周祎祎）

信访工作

【概况】 2022年，望城区以开展全省“信访工作示范区”创建为依托，以“三到位一处理落实落地”和“新《信访工作条例》生根生威”为抓手，强化积案清仓、访源防治、重复访治理和满意度提升，信访工作综合排名全市第二、进位全省前30，被长沙市评为“2022年度全市信访工作责任目标管理考核优秀单位”。“三个坚持”（坚持坐班接访面对面、包案化解实打实、督导问效硬碰硬）破解信访难题与信访工作重心下移的经验做法分别于2022年7月、11月被《法治日报》推介和点赞。

（沈　磊）

【信访责任落实】 2022年，望城区落实“党政同责、一岗双责”“属地管理、分级负责”“管行业必须管信访”“谁主管、谁负责”的责任体系，明确各街镇、各单位“一把手”是信访工作第一责任人，对重点信访问题实行党政主要领导包案、成立专班化解，真正压实信访工作责任。建立“日提醒、周调度、月讲评、季分析、年考核”工作机制，落实清单化管理、实施挂图作战，严格排名通报、红黄牌预警和分级约谈等制度，不定期向区级领导推送包案温馨提示和信访工作进度，以讲评通报推进工作，以分级约谈传导压力。全年编制《信访情况日报》37期，专题通报4次，发问责建议函1份，先后对群众满意率、重复访比2021年下降率等指标亮红牌的4个街镇及7个部门的负责人，进行2次集中约谈。（沈　磊）

【初信初访工作】 2022年，望城区着力在解决群众初信初访上下功夫。压实首接首办责任，强化接诉即办、事不过夜，推行初件“1—3—5”（对一般性信访问题，第1天受理联系告知信访对象、3天内有成效推进、5天内办结得好评）办理模式，责任单位认真负责、依法依规、及时高效的办理每一件信访事项，实现“案结事了”。重视网上投诉，对群众不满意的事项，迅速跟进做好工作，防止引发初信初访转重复访。开展“敲门行动”，责任单位对居住地在长沙市城区范围内的无条件落实“敲门行动”，各级各部门始终带着感情为群众办事，敢于与信访人面对面交流，提升参评见面率和沟通质量、答复质量，减少超期未评价件，消除群众怨气和误解，争取信访群众满意，切实提高群众参评满意率。2022年，全系统申诉、求决类初信初访1257件，一次性化解1178件，一次性化解率93.72%。（沈　磊）

【访源防治】 2022年，望城区开展省级“信访工作示范区”创建和“三无”（无重复上访、无集体上访、无信访积案）街镇（村社区）打造，在全市率先建立并实体运行街镇信访联席会议机制，申请专项经费激励街镇组建联络员队伍运行信访信息预警系统，建立含“雷锋哨”在内的多元化信息汇集网络，推动矛盾风险源头预防、排查预警、协调化解、应急处置联动推进、精准落实，有效避免和减少集访群访产生。2022年，集中组织隐患摸排6次，重点排查4次，丁字湾、铜官、高塘岭、乌山、白沙洲、桥驿、茶亭、乔口、靖港等9个街镇被认定为全市信访工作“三无”街镇。（沈　磊）

【信访积案化解】 2022年，望城区开展信访积案“百日攻坚”活动和重复信访治理“百日行动”，通过提级包案、专案专班、帮扶救助等方式，化解各类信访积案125件，市委主要领导交办的5件5年以上信访积案、联点市领导包案的3件信访件、市重点重复信访事项30件全部办结销号；中央、省、市先后交办的14件重点案和12件集体访全部办结销号；中央联席办“治理重复信访、化解信访积案”专项工作三年分两批交办的232件信访事项全部化解办结。

（沈　磊）

【依法治访】 2022年，《信访工作条例》2022年修订版（以下简称《条例》）施行后，区信访局研究制定《望城区学习宣传贯彻落实〈信访工作条例〉工作方案》，推动将《条例》纳入各级党委（党组）理论学习中心组学习、望城区委党校（雷锋学院）教学培训、法治望城建设重要内容，集中时间专门举办全区信访系统学习宣传贯彻落实《条例》专题辅导暨信访干部履职能力提升专题培训班，提升信访干部理论素养、知识水平以及履职能力，使领导干部都能熟练掌握和正确运用《条例》。以开展《条例》宣传月暨第五个信访法治宣传月活动为契机，开展《条例》“七个一”（举办一场启动仪式、开展一次全员培训、展开一系列群众性主题宣讲、组织一次答题活动、进行一次网络正能量作品创作大赛、举行一次主题征文活动、实行一系列信访法治宣传）巡回宣讲，发放宣传资料1万余份，引导群众依法理性表达诉求，营造办事依法、遇事找法、解决问题用法、化解矛盾靠法的环境。

（沈　磊）

【街镇信访联席会议机制建立】 2022年，望城区出台《关于在全区各街镇建立信访工作联席会议机制的通知》，推动11个街镇建立建成“有办公场所、有组织机构、有工作队伍、有职能职责”的信访工作联席会议制度，启动各街镇信访预警信息联通联报、信访突出问题联商联办机制，结合“街镇吹哨、部门报到”工作机制，整合部门力量和基层力量，自下而上逐级化解各类初信初访和信访积案，推动信访问题在基层就地解决的鲜明导向，做到“问题不累积、矛盾不升级、风险不扩散”。

（沈　磊）

外事联络

【概况】 2022年，区委外事部门规范外事工作管理。坚持用习近平外交思想指引全区外事工作，组织中心组学习研讨、开展专题讲座，夯实思想理论根基。发挥区委外事委的统筹作用，强化对全区对外工作的宏观谋划、统筹协调、检查督办。严守外事工作纪律，切实做好防渗透、防破坏、防颠覆工作。

（唐忆清）

【外商外企服务】 2022年，区委外事部门着力推进对外交流合作，服务园区澳优集团、蓝河集团、欧比佳乳业、中信戴卡、泰嘉新材、新汇制药6家企业开展对外经济合作。协调回复澳大利亚可可秀有限公司来函，协助提供有关“如辉”消毒纸巾问题调查核实的相关证明材料，促成澳大利亚可可秀有限公司在澳大利亚墨尔本法院诉讼案中完善证据采集，解决纠纷。深度融入“一带一路”建设，发挥“海上丝绸之路”重要节点城市作用。2022年11月，铜官窑遗址管理处到澳门出席“海上丝绸之路”国际文化论坛，推动“海上丝绸之路”保护和申报世界文化遗产工作。

（唐忆清）

涉台事务

【概况】 2022年，望城区强化涉台教育，筑牢思想理论根基。推进涉台教育进党校、进中心组，学习中共二十大关于对台工作的重要内容以及习近平总书记关于对台工作的重要论述。浓厚区内3个涉台教育基地宣传氛围，增强广大干部群众和青少年对台湾的了解，提升全社会对祖国统一大业的认知。精细台企服务，做好对台经贸工作。（唐忆清）

【投资环境优化】 2022年，望城区持续完善“四零”（零障碍、零仓储、零物流、零损耗）采购对接平台，助推旺旺、大杰、罗莎等企业开辟本地市场，经验做法获评人民网全国落实“六稳”“六保”任务创新案例。持续落实惠企政策“免申即享”，兑现奖励资金6000万元，惠及旺旺、台杰等180余家企业。（唐忆清）

【台企台胞台属服务】 2022年，望城区强化政策引导，推动台资企业从2.0、3.0到4.0统筹发展，产业从“自动化制造”到“智能制造”“绿色制造”转变。2022年，14家台资企业实现产值29.5亿元，纳税2.7亿元。其中湖南旺旺实现产值24.3亿元，上缴税收2.6亿元，继续担当园区台资经济发展的领头雁。深化企业联点，“一对一”“无延时”服务台资企业，确保企业诉求第一时间得到响应。年内收集并解决旺旺、台杰、安佑等台资企业反馈的困难问题16件。区委台办深化涉台协调服务，服务台胞台属需求。结合重大节日契机走访台胞台属台企，完善相关数据资料。2022年，区委台办统筹协调区教育局共同解决台胞台商子女在望城区入学问题，走访慰问困难台胞陈昌铜，为台湾同胞在望城安居乐业提供稳定的外部环境。

（唐忆清）

人事人才

【概况】 2022年，望城区招聘工作人员820人，其中机关事业单位48人（含引进博士3人），教育、卫健系统专技人才772人；申报推荐卫生、农业、教育等系列中高级职称1200人次，认定初级职称900人次；落实“长沙市人才政策22条”“升级版45条”等省、市、区人才政策，发放人才奖补资金1121万元；贯彻中央、省、市推行职员等级晋升制度的决策部署，为130人晋升职员等级，兑现工作待遇。（唐定乾）

【人事综合平台系统】 2022年，区人社局人事综合平台系统办理审批各类日常工资异动业务，办理全区机关、事业单位人员各类工资异动23879人次，其中办理新增和人员调动1672人次、审批退休260人次、职务和岗位变动1763人次、基本工资调整9323人次、年初晋升10553人次、基本信息修改308人次。

（唐定乾）

【事业单位人员绩效考核】 2022年，区人社局完成全区85个事业单位8700名工作人员绩效考核，确定区嘉奖668人（含市管事业领导干部4人、区管事业领导干部18人），其中申报记功94人。

（唐定乾）

中国人民政治协商会议
长沙市望城区委员会

CHANGSHA WANGCHENG DISTRICT COMMITTEE OF THE CHINESE PEOPLE'S POLITICAL CONSULTATIVE CONFERENCE

编辑　周　玲

综述

【概况】 2022年，中国人民政治协商会议长沙市望城区委员会（以下简称区政协）有委员221名，召开政协全体会议1次，召开政协常务委员会会议8次，主席会议视察5次，常务委员会会议视察2次，召开专题议政性常务委员会会议1次、专题协商会议1次、界别协商和对口协商会议4次。 （易思汗）

【政协委员构成】 2022年，区政协第三届委员会委员规模为225名，截至年末实有委员221名。委员构成主要包括各民主党派、无党派人士、人民团体和各界爱国人士。其中，非中共党员134人，占60.63%；非公有制经济人士40人，占18.1%；女性86人，占38.91%；连任委员80人，占36.20%。另外有党政干部70人，少数民族5人。 （易思汗）

【政协委员培训】 2022年，区政协组织开展为期2天的政协委员履职能力提升专题培训班，全体政协委员参加。区政协机关及区委统战部相关领导围绕《中国共产党政治协商工作条例》、中办发〔2021〕57号文件精神、中央统战工作会议精神等进行解读，并对提案工作和委员工作室工作进行专题培训，提高委员的政治把握能力、政协工作意识、履职尽责本领。 （易思汗）

【乡村振兴助力】 2022年，区政协围绕乡村振兴战略，组织政协委员深入乡村一线开展调研，提交《关于整合教育资源，推动农村教育高质量发展的提案》《关于以民宿产业开辟乡村振兴新赛道的提案》等15件提案，面商率、答复率均100%。 （易思汗）

【文史工作】 2022年，区政协编辑整理《望城文史21辑——雷锋家乡学雷锋60年专辑》，客观记录雷锋家乡学雷锋60年历程，集中展现全区60年来守护、纪念、宣传、推动、践行、创新雷锋精神所涌现的系列感人场景和动人故事，突出新时代望城学雷锋成果，持续擦亮“雷锋家乡学雷锋”活动品牌。联合区融媒体中心策划制播《我的少年伙伴雷锋》《隐蔽的革命战士》《静静流淌的蓝染时光》《铜官陶瓷再“出海”》《书香润望城》等17期“望城故事”纪录片，在望城电视台播出，增强文史工作服务区域中心工作的针对性、影响力。 （易思汗）

重要会议

【政协长沙市望城区第三届委员会第二次会议】 2022年12月21—22日，政协长沙市望城区第三届委员会第二次会议在长沙市望城区雷锋大剧院召开。区委书记秦国良出席会议并作“团结才能胜利”主题讲话。会议同意区委副书记、区长孔令强代表区人民政府所作的政府工作报告，同意区人民法院工作报告、区人民检察院工作报告及其他工作报告；会议听取并审议批准区政协主席李雪龙代表区政协第三届委员会常务委员会所作的工作报告，审议批准区政协党组副书记、副主席丁四明代表区政协第三届委员会常务委员会所作的提案工作情况报告；5名委员分别以《关于将“一江两岸”打造成精品城区的建议》《关于整合教育资源，推动农村教育高质量发展的建议》《关于打响“雷锋志愿者”服务品牌、建设全国最具影响力的“志愿者之城”的建议》《关于开展农民安置房小区公共安全综合治理的建议》《关于加快打造望城区“零工线上+线下求职服务平台”的建议》为题作大会口头发言，另有《关于凝聚大泽湖海归小镇建设合力的建议》《关于做好“留才”文章，稳住人才基本盘的建议》等10篇作大会书面发言；全体委员围绕区域经济社会发展的重大问题和关系群众切身利益的现实问题，协商讨论、建言献策、凝聚共识。 （易思汗）

【政协长沙市望城区第三届委员会常务委员会第二次会议】 2022年3月11日，区政协三届常委会第二次会议在雷锋大剧院一楼主席团会议室召开，65人参会。会议传达学习中共中央办公厅《关于加强和改进新时代市县政协工作的实施意见》文件及省、市政协两会精神，审议《政协长沙市望城区委员会2022年工作要点》，讨论《政协长沙市望城区委员会2022年度协商与监督工作计划》《政协长沙市望城区委员

2022年12月21—22日，中国人民政治协商会议长沙市望城区第三届委员会第二次会议在雷锋大剧院召开。图为第一次全体会议 （区融媒体中心 供图）

会2022年监督与协商工作实施方案》，通报《政协长沙市望城区委员会委室兼职副主任人选名单》《政协长沙市望城区委员会主席会议成员联系常委、常委联系委员工作制度》《望城区政协委员2022年度培训工作计划》《政协长沙市望城区委员会反映社情民意信息工作评选表彰办法》《政协长沙市望城区委员会优秀提案评选表彰办法》，审议《政协长沙市望城区委员会委员履职工作规则》《政协长沙市望城区委员会关于政协常委提交年度履职报告工作办法》。

（易思汗）

【政协长沙市望城区第三届委员会常务委员会第三次会议】 2022年7月28日，区政协三届常委会第三次会议暨专题议政性常委会会议在智慧城市运营中心一楼会议室召开，109人参会。会议组织与会人员协商交流发言，审议通过《政协长沙市望城区委员会常务委员会“加快美丽宜居村庄建设，树立全市乡村振兴新标杆”调研报告》。（易思汗）

【政协长沙市望城区第三届委员会常务委员会第四次会议暨常委会会议视察】 2022年9月28日，区政协三届常委会第四次会议召开。56名参会人员到湖南恒茂信息技术有限公司、湖南有色中央研究院有限公司、中航飞机起落架有限责任公司专题视察科技创新平台。（易思汗）

【政协长沙市望城区第三届委员会常务委员会第五次会议】 2022年11月24日，区政协三届常委会第五次会议暨民主评议区直部门服务社会投资项目工作情况在雷锋大剧院一楼主席团会议室召开，75人参会。会议审议通过《政协长沙市望城区委员会民主评议“区直部门服务社会投资项目工作情况”的报告》。

（易思汗）

【政协长沙市望城区第三届委员会常务委员会第六次会议】 2022年12月16日，区政协三届常委会第六次会议在行政中心主楼十楼区政协常委会议室召开，55人参会。会议组织中共二十大精神研讨发言，区政协常委代表口头报告履职情况。宣读区委关于区政协人事任免的事项。审议区政协委员调整事项，审议通过关于召开通过政协长沙市望城区第三届委员会第二次会议决定（草案）、议程（草案）、日程（草案），审议区政协三届二次会议与会人员和委员分组办法（草案）、分组讨论人员名单，审议通过《政协长沙市望城区第三届委员会常务委员会工作报告》，审议通过《政协长沙市望城区第三届委员会常务委员会提案工作情况报告》《提案截止日期的决定（草案）》。（易思汗）

【政协长沙市望城区第三届委员会常务委员会第七次会议】 2022年12月21日，区政协三届常委会第七次会议在雷锋大剧院二楼主席团二会议室召开。会议听取各组审议常委会工作报告、提案工作报告的意见。（易思汗）

【政协长沙市望城区第三届委员会常务委员会第八次会议】 2022年12月22日，区政协三届常委会第八次会议在雷锋大剧院二楼主席团二会议室召开。会议听取各组协商政府工作报告、财政和法院、检察院工作报告的意见。

（易思汗）

民主监督

【概况】 2022年，区政协连续第6年开展“区直部门服务社会投资项目”民主评议，策划制播8期电视议政栏目《幸福望城大家谈》。（易思汗）

【民主评议】 2022年，区政协坚持协商式监督的定位，连续第6年开展“区直部门服务社会投资项目”民主评议，组织委员100余人次对225个社会投资项目进行调研，收集意见建议107条，总结归纳机制体制等方面的共性问题提交区委区政府决策，累计促推解决问题67个。创新将民主评议大会与专题协商会结合起来，首次对区直部门服务情况进行现场民主测评并公布结果。

（易思汗）

【民生热点监督】 2022年，区政协策划制播8期电视议政栏目《幸福望城大家谈》，吸纳委员、专家参与“美丽宜居村庄建设”“基层治理”“‘双减’政策”等群众身边事讨论，视频获“学习强国”学习平台推送，扩大政协声音。

（易思汗）

协商议政

【概况】 2022年，区政协着力完善协商议政格局，加强全体会议广泛协商，首次开展专题议政性常委会会议协商和界别协商，开展专题协商1次、对口协商3次。（易思汗）

【协商议政会】 2022年，区政协召开全体会议1次，专题议政性常委会会议1次，专题协商会议1次，界别协商会议1次，对口协商会议3次。（易思汗）

【专题议政性常委会会议协商】 2022年，区政协围绕“加快美丽宜居村庄建设 树立全市乡村振兴新标杆”主题，首次召开专题议政性常委会会议。委员们围绕防范新增村级债务风险、多渠道引入维护主体、美丽庭院和文化元素融入等方面进行发言，从强化统筹规划、质量要求、要素保障、产业发展和长效机制等方面提出建议。区委书记秦国良出席会议听取建议，肯定协商成果。

（易思汗）

【专题协商】 2022年，区政协围绕“全区中小学校规划建设及学位保障”开展专题协商，邀请区政府领导和相关职能部门负责人参加专题协商会议。提出优化规划标准，科学合理选址；加强学位预判，严把招生关口；整合教育资源，

2022 年 6 月 9 日，望城区政协 1 号重点提案办理督办会议召开

（区融媒体中心 供图）

加大农村投入；保障人才供给，促进教育均衡；科学铺排项目，确保建设时长等建议。形成协商报告提交区委区政府作决策参考。（易思汗）

【界别协商】 2022年，区政协围绕“促进蔬菜产业发展 助力望城乡村振兴”首次开展界别协商，形成培育蔬菜经营主体、提升组织化程度，建立服务体系、减轻企业经营压力，重新审视蔬菜产业、优化蔬菜区域布局，完善政策体系、加大蔬菜产业支持力度，加强品牌建设、提高蔬菜产品竞争力 5 条建议获相关部门回应。（易思汗）

【对口协商】 2022 年，区政协各专委会立足区委区政府主推之事、人民群众翘盼之事开展对口协商。围绕“依法平等保护民营企业合法权益，优化营商环境”，形成以规范行为打造法治化社会氛围、以提升执法能力强化队伍建设促进、以联动联合增强法治服务指导实效、以主动服务畅通政企信息沟通等建议。围绕“国有企业参与社会化养老服务”，形成补齐“公建国营”的养老管理短板、优化“公建国营”的养老政策支持、强化“公建国营”的养老基础保障等建议。围绕“加快河东片区水厂建设”，形成在战略部署上汇聚推进合力、在水厂建设上加快推动落实、在能力提升上补齐要素短板等建议。提高深度协商互动、意见表达、广泛凝聚共识水平。（易思汗）

提案与社情民意

【概况】 区政协三届一次会议期间收到提案 106 件。经审查立案 88 件（含 3 件并案），转社情民意 9 件，作来信处理 9 件。所立提案分别送交 64 个区直单位和长沙市高新区办理，面商率、答复率均为 100%。其中，已经解决或基本解决的 A 类 59 件，占 67%；部分解决或已列入计划逐步解决的 B 类 26 件，占 29.5%；因条件所限近期不能解决的 C 类 3 件，占 3.5%。提案所提意见建议在补齐弱项短板、出台相关文件规定、推动相关工作中得到采纳，为推动区域经济高质量发展、社会事业进步、民生福祉改善等作出贡献。2022 年，区政协确定 12 件重点督办提案。区委区政府领导高度重视提案工作，对大会发言（转作重点提案）作出批示，区政府常务会议专题研究部署提案办理工作。区政协主席、副主席牵头重点督办，深入承办单位了解办理情况、听取办理意见，召开对口协商会议，以点带面，推动提案工作。（易思汗）

【关于聚合侨海资源加快海归小镇建设的提案】 2022 年，区政协三届一次会议收到致公党望城综合支部提出的《关于聚合侨海资源加快海归小镇建设的提案》，交由区委统战部牵头，联合滨水新城发展中心、科技局、人社局、金融办等会办部门办理。区政协全程跟进督办，组织承办单位召开座谈会议，了解提案办落实情况，提出意见与建议。6 月区委统战部形成答复，针对提案“打造一个品牌，提升引侨形象”“拓展双向侨路，搭建引侨载体”“建设三个平台，优化引侨环境”等建议，提出明确定位、加快规划、推进项目、扩大宣传树立并提升海归小镇引侨引才形象，拓展“线下侨商交流之路”“线上侨商投资之路”，创建重大实验设备共享公共服务平台、科技创新公共服务平台、金融资本服务平台等办理措施。（易思汗）

【关于积极引导社会组织助力乡村振兴的提案】 2022 年，区政协委员学习联络委员会通过实地走访调研，向区政协三届一次会议提交《关于积极引导社会组织助力乡村振兴的提案》，提出“加大面向乡村振兴的社会组织培育力度，夯实载体基础”“健全社会组织助力乡村振兴参与机制，营造制度环境”“强化社会组织助力乡村振兴资金保障，提升参与效能”建议。提案交由区民政局办理，5 月形成答复，明确 2022 年成立 4 个乡镇（街道）社区社会组织联合会或社区社会组织发展服务中心，在全区登记注册的 488 家区级社会组织建立党组织、选派党建指导员、建群团组织实现党建覆盖，开展乡村文化志愿服务活动，搭建平台培育高素质农民和农村实用人才、创新创业带头人，在支持社会团体（协会）发展专项资金中新增区蔬菜协会、区乔口荷花虾产业协会和区小龙虾产业协会 27 万元资金等措施，引导社会组织助力乡村振兴。（易思汗）

【关于在养老社会化服务中强化国企引领的提案】 2022年，区政协提案委员会向区政协三届一次会议提交《关于在养老社会化服务中强化国企引领的提案》，针对全区养老服务业面临着有效供给不足、发展质量不高等困难，提出推进公办养老机构改革，构建具有承载能力、服务能力的养老服务体系，提升全区养老综合服务能力。提案交区民政局办理，5月形成答复，由区水投集团旗下国泽康养公司接管区属公办养老机构，作为投资建设主体对全区公办养老机构实行公司化运营管理，并完成人员、资产、财务接管。采取“公建国营”机构养老新模式，发挥政府在推进老龄事业发展中的主导和兜底作用，规范引导养老服务按照保本微利原则持续提供优质稳定的服务，推动养老事业和养老产业协同发展。（易思汗）

【关于加快构建智慧排水体系的提案】 2022年，区政协三届一次会议收到农工党望城支部提出的《关于加快构建智慧排水体系的提案》。提案交由区住房和城乡建设局办理，6月形成答复。区住房和城乡建设局与经开区联合完成约726千米管网普查及功能性分析，根据排查结果绘制现状排水分区图和污水收集管网图。按照楼盘住宅小区、重建地、商业、企事业单位等类别划分167个管控单元格，对每个单元格的排口位置、排水情况、污染源等进行分类和编码，实施排水单元格控源截污。全区初步建立排水管网GIS系统（城市排水管网数字化管理和专业化分析研究应用软件），系统可在线监测及分析雨污混流、水质异常、排水户偷排、污水厂进水浓度低等情况，为管网建设、运行维护、城区防涝排渍等工作提供数据依据。6月完成排水管网GIS系统一期建设，建设数据库，搭建基础系统平台，布设部分试点水质水量监测设备进行功能测试。（易思汗）

【关于进一步凝聚文旅融合示范区建设合力的提案】 2022年，区政协文教卫体和文史委向区政协三届一次会议提交《关于进一步凝聚文旅融合示范区建设合力的提案》，提出通过加强决策、保障配套、品牌营销打造文旅融合示范区。提案交区文旅广体局办理，4月形成答复。望城区通过编制《铜官古镇片区概念规划及重点地段城市设计》《河东片区产业深化策划方案》，明确铜官片区的产业组团、业态植入、基础设施功能设计等具体实施方案。在铜官片区提质改造古窑路等路面改造，完善停车场、观景平台等旅游基础设施建设。累计投资2000余万元盘活片区内铜官陶瓷总公司等闲置资产。围绕湘江古镇群与铜官片区特色，创作舞剧《红于二月花》《君生我未生》，开发陶艺、剪纸、皮影戏等非遗项目，组织举办各类文化交流创作活动，打造铜官窑文化旅游形象品牌。（易思汗）

【关于规范高层民用建筑内电动自行车消防安全管理的提案】 2022年，区政协三届一次会议收到燕路委员提出的《关于规范高层民用建筑内电动自行车消防安全管理的提案》。提案交由区住房保障服务中心主办，区住建局、区行政审批局、区市场局、区公安分局、区消防大队、区应急管理局、区交警大队会办，6月形成答复。区住房保障服务中心多次组织物业从业人员消防安全培训，联合区消防大队进小区开展消防演练和消防安全法律法规宣传。居民小区全部在小区单元门和电梯口等张贴警示性宣传标语，物业公司在业主微信群、小区显示屏等强化电动车消防安全的宣传。在上下班高峰期由物管人员及楼栋长、志愿者等在小区单元门口进行值守严禁电动的进入。物业公司加大日常巡检力度，对电动车违规停放、飞线充电等行为及时制止纠正。督促充电及停放设施不足的小区物业公司、业委会按要求增设到位。行政审批部门加强消防设计审查的力度，加大对小区配套电动自行车集中停放、充电的设施设备及配套的消防设施设计的审查力度。区住建局严格对建设工程消防设施设备的验收予以把关。区市场监督管理局加大电动车及相关产品质量的监管，查处违法违规销售电动自行车及维修门店违规拼装改装电动机、蓄电池、速度装置等行为，杜绝因产品质量和非法改装造成的电动自行车火灾事故的发生。区交警大队加大电动自行车登记上牌工作力度，采取带牌进社区进小区等方式办理登记服务。（易思汗）

【微建议】 2022年，区政协收集“微建议”106条，完善微建议、微协商、微监督“三微联动”工作机制，解决群众的微困难、微需求，让最基层声音、最真实情况在政协渠道得到反映。（易思汗）

【社情民意信息工作】 2022年，区政协加强社情民意信息员队伍建设，做好社情民意的收集、整理、报送工作，搭好政府群众“连心桥”。收到社情民意信息45篇，其中《基层数字防疫存三不足建议强化基层大数据支撑提升疫情防控精准度》被全国政协采用、《私安电动汽车充电设施消防安全需要重视》《发展湖南旅游要善用画家生花妙笔善借摄影家点睛妙手》《青少年心理健康问题亟待进一步重视》等5篇被省政协采用、6篇被市政协采用，区级社情民意编发12期。（易思汗）

视察调研

【概况】 2022年，区政协开展主席会议视察5次，常委会会议视察2次，组织专题调研，完善专题视察沟通调研、互动协商、成果转化机制。（易思汗）

【专题视察】 2022年，区政协围绕望城“一江两岸”大泽湖片区、高铁西城片区等现代化新望城建设热点，组织主席会议成员、常委会会议成员视察。聚焦公共法律服务体系建设，提出“加强法治宣传力度，推进依法治区进程”等建议。聚焦院前医疗急救服务体系建设，提出“优化资源配置，完善服务网

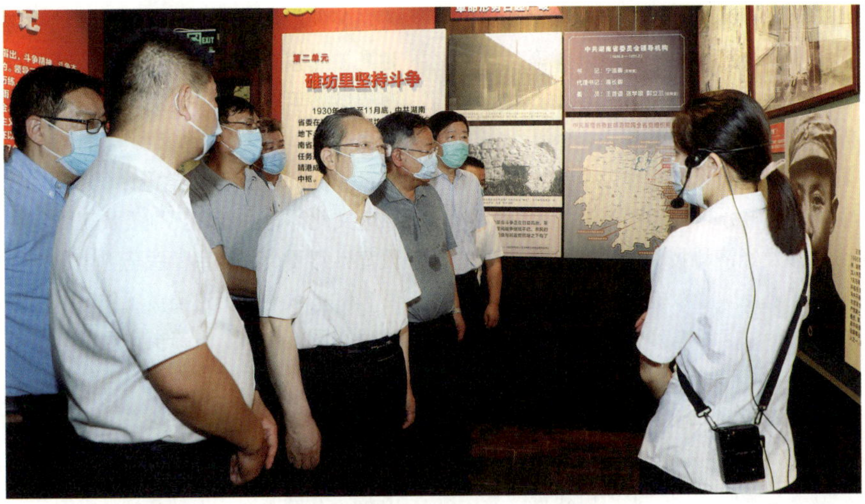

2022年6月7日，全国政协农业和农村委员会副主任王晓东（左起第五位）率全国政协调研组到望城就“大力发展新型农村集体经济、积极助力乡村全面振兴”开展专题视察 （靖港镇 供图）

络”等建议。聚焦农家书屋建设，提出“突出图书特色化，实现服务精细化”等建议。聚焦防洪保安工程建设、街镇特色工作，开展专题视察。 （易思汗）

【调研考察】 2022年，区政协各专委会结合主责主业和业务优势，坚持以人民为中心的发展思想，关注民生，反映民意，重点针对“将‘一江两岸’打造成精品城区”“整合教育资源，推动农村教育高质量发展”“打响‘雷锋志愿者’服务品牌、建设全国最具影响力的‘志愿者之城’”“开展农民安置房小区公共安全综合治理”“加科目打造望城区‘零工线上+线下求职服务平台’”等课题开展视察调研，形成15篇大会发言材料，其中8件转化为重点提案，由区领导领衔督办。 （易思汗）

委员工作

【委员服务管理】 2022年，区政协建立健全联系走访委员和党外人士机制，召开各民主党派、工商联负责人座谈会，提高团结联谊质量。组织“喜迎二十大 奋进新征程”委员读书、“走访委员月”、乒乓球赛、羽毛球赛、气排球赛等活动，增进政协系统交流。 （易思汗）

【履职能力建设】 2022年，区政协制定《政协长沙市望城区委员会委员履职工作规则》、《政协长沙市望城区委员会关于政协常委提交年度履职报告工作办法》、委员履职工作规则、委员年度考核办法、政协常委提交年度履职报告工作办法、委员工作室考核办法等并组织实施。持续推动“书香政协”建设，常态化开设“委员讲堂”，加大委员培训力度，举办委员履职能力提升培训班，加强政协委员队伍建设，引导委员在本职岗位上建功立业、在政协工作中履职尽责、在界别群众中示范引领。

（易思汗）

【“望事好商量”委员工作室品牌建设】 2022年，区政协全面推进委员工作室建设提质扩面增效，打造“望事好商量”品牌，全区16个街镇和17个界别建立30个委员工作室，实现“街镇和界别委员工作室、委员进驻工作室、线下工作室入驻政协云”三个全覆盖。青丁政协委员工作室、社会福利界别委员工作室获评省示范性委员工作室。各委员工作室共开展政策宣讲活动105场，主题履职活动160场，公益帮扶活动98次，微协商86场，微监督47场，走访界别群众4300人次，解决具体问题159个，人民群众切实感受到“委员就在身边，政协离自己很近”。 （易思汗）

【“委员讲堂”开设】 2022年，区政协秉承“不调研不协商，调研后方可协商”理念，提出“不培训不调研，先培训再行调研”要求。调研前，以“委员讲堂”等形式对调研组成员进行培训，让委员知情明政、提前熟悉调研内容的理论政策和有关情况，推动发现问题更加客观全面、分析问题更加精准透彻、意见建议更加务实可行，努力做到议政建言不跑题、不偏向、不添乱。

（易思汗）

专门委员会工作

【委员学习联络委员会】 2022年，区政协委员学习联络委持续擦亮“望事好商量”工作品牌，推进第二批委员工作室建设，制定出台《长沙市望城区政协委员工作室考核管理办法》，全区16个乡镇（街道）和17个界别建立30个委员工作室。青（青联界别）丁（丁字湾街道）政协委员工作室、社会福利界委员工作室被评为省示范性委员工作室。制定并印发《政协长沙市望城区委员会委员履职工作规则》的通知、《政协长沙市望城区委员会关于政协常委提交年度履职报告工作办法》的通知，进一步完善区政协委员履职能力建设、考核评价、人事调整等方面制度规定，提高政策业务水平。全年调整委员24人次，调整优化委员入驻界别工作。加强委员联系走访，深入基层听取委员意见建议。加强与委员活动组的联系指导，完善专委会活动机制，扩大委员履职参与覆盖面。引导委员以界别活动组开展学习和活动，更好发挥委员联系和服务界别群众的作用，就“政协委员工作室的提质增效工作”开展调研。 （易思汗）

【提案委员会】 2022年，区政协提案委员会（以下简称提案委）针对区政协三届一次会议收到106件提案，创新督办方式，采取重点提案主席督办、区政协各办委室根据对口联系部门和单位参与督办的方式，推进提案办理取得实效。开展办理“回头看”，搭建承办单位和委员沟通平台；开展“提案双向评议”工作，收到意见建议85件。加强与区委办、政府办工作联动，加强对各街镇、界别、民主党派、工商联提案选题、调研、撰写的业务指导，制定《政协望城区委员会优秀提案评选表彰办法》，营造良好提案工作环境。三届一次会议征集的106件提案全部办复，面商率、答复率100%，提案办理结果在湖南“政协云”平台公开。提案委全年组织开展“河东片区水厂建设”“强化国企担当，提升社会化养老服务水平”课题调研2次，牵头组织河东片区水厂建设、构建养老服务新业态对口协商2次，组织区政协主席会议成员视察“农家书屋建设”活动1次。协助政协办公室举办“社情民意交流会”，拓宽委员参政议政和社情民意反映的渠道，全年提交全国社情民意2篇，采用1篇；省级社情民意4篇，采用2篇；市级3篇，采用2篇。撰写关于海归小镇建设、河道保护性采砂、“一江两岸”开发建设的省级提案，关于海归小镇建设、雷锋大道快速化改造的市级提案2件，为经济社会发展争取外部支持。（易思汗）

【经济科技和外事委员会】 2022年，区政协经济科技和外事委员会（以下简称经科外事委）以民主评议助推经济高质量发展，制定出台《区政协民主评议区直部门服务社会投资项目工作方案》，组织召开动员大会，通过会上发动和会后跟进，收集存在问题项目42个，反馈问题107条，形成分析报告呈送区委、区政府，将问题反馈32份书面函件至相关区直部门、园区和街镇，促成解决问题67个，全区社会投资项目开复工191个，开复工率91.39%。其中，92个新建项目开工74个，开工率80.43%；117个续建项目全部复工，复工率100%，部门优质服务和问题整改满意率99%以上。开展城乡公交补贴机制专项调研，形成《望城区城乡公交财政补贴机制调研报告》报区委区政府决策参考。组织开展区科技创新平台专题视察，到湖南恒茂信息技术有限公司等企业实地了解科技创新情况。指导经济和台侨界别、科技界别、工商联3个界别完成委员工作室的标准化建设和挂牌验收。全年协助督办“关于楼宇经济发展”等16件涉及经济科技类的提案，助推提案办理时限及质量双提升，推荐优秀提案2件。（易思汗）

【农业农村和人口资源环境委员会】 2022年，区农业农村和人口资源环境委员会实地考察调研区内7个街镇和长沙县、浏阳市、宁乡市20余个美丽宜居村庄，就如何加快美丽宜居村庄建设召开10余次座谈会，开展“政协委员建言献策美丽宜居村庄建设”活动，召开区政协首次专题议政性常委会协商会议，为助力加快美丽宜居村庄建设提供建议。围绕“促进蔬菜产业发展 助力望城乡村振兴”主题，组织开展本届首次界别协商活动。督办8个单位承办的20件提案，到承办单位召开座谈会议了解提案办落实情况，协商研究办理工作。组织区政协主席会议成员开展全区防洪保安工作专项视察，寻找差距，提出对策。开展农安房小区提质改造项目走访调研，听取相关意见建议，形成调研成果。加强农业界别委员工作室、社会福利界别委员工作室、靖港镇政协委员工作室和乔口镇政协委员工作室的指导联系，组织各委员工作室开展“委员活动月”活动，服务界别群众。（易思汗）

【文教卫体和文史委员会】 2022年，区政协文教卫体和文史委围绕群众关切的教育、医疗问题，将“全区中小学校规划建设及学位保障”作为区政协2022年度专题协商课题，牵头组织开展实地调研，召开调研工作动员及培训会、座谈会、专题协商会，共谋办好人民满意教育。以全区医疗急救服务体系建设为重点，配合组织主席会议视察，调研医疗急救服务体系建设的现状、存在的问题。开办电视文史栏目《望城故事》，策划制播《我的少年伙伴雷锋》《隐蔽的革命战士》《静静流淌的蓝染时光》《铜官陶瓷再“出海”》《书香润望城》等17期“望城故事”。编辑《望城文史21辑——雷锋家乡学雷锋60年专辑》，记录雷锋家乡学雷锋60年历程。推进文化体育和新闻界别委员工作室、教育界别委员工作室、医药卫生界别委员工作室、铜官街道委员工作室、白箬铺镇委员工作室、雷锋街道委员工作室建设，各委员工作室全年接待群众来访168人，收集意见建议42条，组织开展履职调研活动39场，开展微协商活动16场，开展微监督活动8场，组织政策宣讲活动17场，走访界别群众183人，开展公益帮扶活动15次。指导文化体育新闻界别、教育界别、医药卫生界别委员提案提交工作，开展走访调研及提案办理，督办《关于进一步凝聚文旅融合示范区建设合力》《关于规划建设望城的“三馆一中心”》《关于完善我区院前医疗急救服务体系》《关于进一步优化城区义务教育入学工作》等提案，提升界别提案的办理实效。（易思汗）

【社会法制和民族宗教委员会】 2022年，区政协社会法制和民族宗教委员会以“依法平等保护民营企业合法权益，优化营商环境”作为年度对口协商课题开展调研，发放调查问卷100余份，走访20余家中小企业、召开区直部门座谈会，收集民营企业合法权益保护实施情况，形成高质量调研报告，召开对口协商会议，维护民营企业合法权益。围绕完善公共法律服务体系，配合组织主席会议视察，调研区三级公共法律服务体系建设的现状、存在的问题等。调研全区民办养老机构法律风险防控情况，形成高质量调研报告提交区委区政府决策。指导、服务和保障社科、民族宗教2个界别委员工作室及联系3个街镇委员工作室创建及运行，更好联系服务界别群众。指导委员提案、社情民意、微建议提交工作，联系的委员全年提交微建议14篇，社情民意10篇。督办区三届一次会议11件提案，落实为群众办实事。（易思汗）

中国共产党长沙市望城区纪律检查委员会
长沙市望城区监察委员会

CPC CHANGSHA WANGCHENG DISTRICT DISCIPLINE INSPECTION COMMITTEE AND CHANGSHA WANGCHENG DISTRICT SUPERVISION COMMITTEE

编辑　胡正科

综　述

【概况】 2022年，望城区各级纪检监察组织深化正风肃纪反腐，发挥监督保障执行、促进完善发展作用，推动纪检监察工作高质量发展。纪检监察系统全年召开重要会议31次，组织实施2轮常规巡察和1次巡察整改督查，处置问题线索784件，推动问题整改30个。

（张裕天）

【管党治党责任落实】 2022年，中国共产党长沙市望城区纪律检查委员会、长沙市望城区监察委员会（以下简称区纪委）创新推出全面从严治党主体责任提醒函，出台《领导干部开展谈话提醒情况报告制度》，区四大家班子成员与下级党组织主要负责人、重点岗位人员谈话提醒2093人次，区委书记与下级“一把手”谈话、新任领导干部廉政谈话等180余人次。加强对《党委（党组）落实全面从严治党主体责任规定》执行情况的监督检查，组织开展党风廉政建设责任制考核，实施一案双查，问责14名党员干部、2个党组织。

（张裕天）

【纪检监察队伍自身建设】 2022年，区纪委坚持党对纪检监察工作的全面领导，重大事项及时向市纪委监委和区委报告。坚持“第一议题”制度，跟进学习习近平新时代中国特色社会主义思想，学习宣传贯彻中共二十大精神，全年专题学习30余次。组织参加中央和省、市纪委各类培训，到上级纪委跟班学习123人次。对长期奋战一线的干部开展“暖心家访”、交心谈心。选优配强纪检监察系统12名中层副职。开展案件质量评查，致力打造“铁案工程”。区纪委监委机关获评市级文明标兵单位。对市纪委监委开展的“内部小巡察”反馈意见，列出清单抓整改。依法向区人大常委会报告清廉医保专项工作。聘请10名特约监察员开展综合监督。对省纪委“十二条负面清单”执行情况开展3次监督检查，严防“灯下黑”。

（张裕天）

重要会议

【概况】 2022年，区纪委召开重要会议31次，其中召开区纪委全会1次，全区作风建设大会1次，区纪委常委会会议18次，理论学习中心组学习6次，全区纪检监察系统学习宣传贯彻中共二十大精神会议1次，季工作调度会议4次，推动全区纪检监察系统各项工作取得实效。

（张裕天）

【区纪委全会】 2022年2月24日，中共长沙市望城区第三届纪律检查委员会第二次全体会议在雷锋大剧院召开。区委常委、区纪委书记、区监委主任王明玖作工作报告。区委书记张作林出席全会并讲话，要求以习近平新时代中国特色社会主义思想为指导，全面贯彻落实中共十九届六中全会、十九届中央纪委六次全会精神和省纪委十二届二次全会精神、市纪委十四届二次全会精神，弘扬伟大建党精神，永葆自我革命精神，加快“清廉望城”建设，不断将全面从严治党向纵深推进，为全面落实“三高四新”战略定位和使命任务、深入实施强省会战略、推进高质量发展、建设现代化新望城提供坚强保障。区领导李雪龙、周剀、郑以仁、戴水文、舒全球、王明玖、易文龙、黄燕、杨钦涵及全体在职副县级以上领导干部出席会议，参会460人。全会组织集中观看专题警示教育片《号角2022——长沙市年度典型违纪违法案例警示录》。（张裕天）

【区纪委常委会会议】 2022年，区纪委召开区纪委常委会18次，贯彻“第一议题”制度，传达学习习近平总书记重要讲话重要指示批示精神、中央纪委全会精神和中央纪委有关领导讲话精神，以及省、市纪委全会精神，审议全区纪检监察工作的重要问题、重要事项，听取区纪委立案审查的有关案件情况通报，按照权限讨论和决定对违犯党纪的党组织、党员处理、处分等事项，按照干部管理权限审议干部任免事项。

（张裕天）

监督执纪

【概况】 2022年，区纪委处置问题线索784件，运用“四种形态”（经常开展批评和自我批评、约谈函询，让“红红脸、出出汗”成为常态；党纪轻处分、组织调整成为违纪处理的大多数；党纪重处分、重大职务调整的成为少数；严

2022年2月24日，中国共产党长沙市望城区第三届纪律检查委员会第二次全体会议在雷锋大剧院召开

（区融媒体中心 供图）

重违纪涉嫌违法立案审查的成为极少数）处理851人次。　（张裕夭）

【政治监督】　2022年，区纪委推动问题整改30个。开展违规举债和虚假化债专项监督，处理2人；开展“纪委帮企业解难题”活动，推动解决问题35个；组建专班全力配合开展“4·29”事故善后处置、追责问责，监督居民自建房安全专项整治和“百日攻坚”行动，推动全区2092处重大隐患整改到位。跟进监督省、市重大投资项目、重点民生工程等重点任务。推动贯彻落实问责条例，问责3人；开展纪律处分执行情况专项监督，督促问题整改45个。

（张裕夭）

【日常监督】　2022年，区纪委紧盯“关键少数”带动监督“大多数”，完善更新814名领导干部电子廉政档案，对区管领导干部谈话提醒180人次。运用“四种形态”处理851人次，其中第一、二种形态占95.3%，关口前移、抓早抓小监督防线日渐牢固。探索开展政治生态分析研判，推进政治生态“画像”试点。加强选人用人监督，严格回复党风廉政审查意见。加强对派驻机构直接领导和统一管理，强化驻点监督，全区派驻机构处理问题线索209件，立案16件；强化“室组地”联动监督模式，发现问题65个，发提醒函49份；推动纪检监察、巡察、审计“三类监督”贯通协调高效，发现问题5个，处理3人，制度优势有效释放。　（张裕夭）

【违反中央八项规定精神问题查处】　2022年，区纪委深化作风建设，严防“四风”问题变异回潮，紧盯重要节点，一体治理“四风”和腐败问题。全区各单位对照整治清单开展自查自纠，发现问题立即整改；区纪委监委履行监督责任，围绕“四风”问题、整治违规吃喝等开展专项督查，13个派驻纪检监察组、5个派出纪工委和14个街镇纪（工）委同步开展。查处违反中央八项规定精神问题63起105人，党纪政务处分36人，通报曝光典型案例1起6人。坚持惩治腐败、纠正“四风”同向发力、一体纠治，建立作风腐败问题同查同析工作机制，在查处违反中央八项规定精神问题的同时，注重深挖彻查背后的腐败问题；在查办违纪违法案件时，把涉案对象存在的作风问题列为查处重点，深挖问题根源，查找制度漏洞，开展警示教育，做细做实以案促改。　（张裕夭）

【案件查处】　2022年，区纪委处置问题线索784件，立案105件，结案119件，党纪政务处分107人，其中乡科级干部6人。查处违反政治纪律案件2件，处分2人。　（张裕夭）

党风廉政建设

【概况】　2022年，区纪委分析全区党风廉政建设阶段性特征，叠加惩治威慑力、制度约束力、政策感召力、文化影响力，开展专项整治查处“四风”等典型问题149起262人，开通廉洁文化公交专线，开展送廉政文艺下乡巡演，推动清廉望城建设。　（张裕夭）

【清廉望城建设】　2022年，望城区出台《关于推进清廉望城建设的实施意见》，一体推进“三不腐”、一体纠治“由风及腐”、一体打造“清廉单元”、一体建设“廉洁文化”。在查处违纪违法案中，坚持惩、治、防全周期管理，同步推进“不敢腐”的震慑、“不能腐”的笼子和“不想腐”的自觉。对“关键少数”开展专题“以案促改”警示教育。全区深化“一案一整改”，细化加强对“一把手”和班子成员监督27条措施，明确规定招投标领域线索移送、标后监管等系列制度，推动深层治理。坚持以案看风，分析作风“活情况”“新动向”，打出“日常监督”组合拳，一体纠治“由风及腐”。在严查严处风腐问题同时，持小切口治理，统筹推进8类清廉单元创建，培树11个清廉单元样本，强化“清廉国资国企”建设，以一域示范带动全域清廉建设，一体打造“清廉单元”。7月组织园区、重点企业、相关部门共签“亲清”盟约，通过“廉优共建工程”构建防腐“廉盟”；组建“亲清服务团”深入企业问需解困，扫描并纠治党员干部和公职人员在服务企业中存在的问题，深化清廉园区、清廉企业建设，廉洁文化“两馆一园”（雷锋纪念馆、廉政教育展馆、廉洁主题公园）成为党员干部打卡网红地。运用革命精神、村规民约、忠孝文化等本土特色文化，形成“一乡一品”格局，推进一体廉洁文

2022年9月2日，区委党校廉政教育展馆接待区老干中心领导干部参观学习

（区委党校　供图）

化建设。区委出台《关于强化政治监督开展清廉建设的实施方案》，压实清廉建设责任，通过查办案件、健全制度、强化监督、文化引导，整体推进清廉望城建设。（张裕天）

【“四风”问题整治】 2022年，区纪委深挖腐败案件中的“红包”问题，查处典型问题7起10人。开展“奋力强省会、喜迎二十大”主题活动“强作风”专项行动，开展“不作为、慢作为、乱作为”专项整治，查处典型问题45起78人，处分20人。开展作风建设暗访和专项督查10次，发提醒函56份，召开全区作风建设大会，播放“四风”问题专题片，督促12个单位对其中反映的问题进行立行立改。澄清不实举报18起，暖心回访58名受处分人员，激励“闯”“创”“干”，愿担当、敢担当、善担当蔚然成风。（张裕天）

【专项整治】 2022年，区纪委聚焦乡村振兴，查处群众身边腐败和作风问题76起116人，处分49人。坚持“一领域一专题”集中整治，查处突出问题4起17人，督促问题整改27个。深化粮食购销领域专项整治，处理23人。开展清廉医保专项监督，处分10人，追回违规医保基金3755万元。深化惠民惠农财政补贴资金“一卡通”问题专项治理，查处典型问题7起30人。深化“五位”突出问题专项治理，查处典型问题10起11人。（张裕天）

【望城“510清风号”公交车运行】 2022年10月20日，望城区W510路“清风号”廉洁文化公交专线开通，60辆被赋予弘扬新时代廉洁文化使命的公交车，成为穿梭行进在城乡中的廉洁文化“移动宣传栏”，让廉洁文化融入日常生活，让廉洁意识深入人心。（张裕天）

【“红廉课堂”开设】 2022年10月8日，望城区委党校在雷锋学院建设800平方米廉政教育展馆，整合全区廉政教育师资及课程资源，通过研究好、宣讲好郭亮、周以栗、周炳文、刘畴西、陶承、雷锋等望城本土红色人物、先模人物的廉洁故事，创新开设“红廉课堂”，不断做实“廉文章”。全年开发专题廉政党课7堂，承接专题培训班55批次，5700余人次接受教育。（张裕天）

【送廉政文艺下乡巡演】 2022年11月24日，望城区第十六届送廉政文艺下乡巡演在桥驿镇启动。巡演现场上演望城本土革命烈士周炳文为原型创作的情景剧《炳文轶事》。该情景剧由望城本土剧团自编自导自演，通过现代大学生小筠与不同时期的周炳文穿越时空“相遇”，讲述革命先烈清正廉洁、一心为公，坚决不动组织分文、痛斥乡绅地主、为民振臂发声的“红廉”故事。随后，红色宣讲《秘密电台》、小组唱《清廉是福》等多个“红廉”文化主题节目逐一亮相，赢得现场观众阵阵掌声。除“红廉”主题节目，此次巡演节目均来自身边人、身边事，旨在以喜闻乐见的艺术形式涵养清风正气，让广大党员干部从中汲取力量、勇毅前行。望城依托本土剧团资源优势，连续16年开展送廉政文艺下乡巡演，坚持年年有主题有新意有侧重，创作编排《传家宝》《面子》《礼》等一批紧跟时事、源于生活、格调清新的廉洁文艺作品，推动廉洁文化融入基层、贴近群众，营造出崇廉尚洁良好社会氛围。2022年，全区开展巡演活动400余场，受众10万人次。（张裕天）

2022年11月24日，望城区第十六届送廉政文艺下乡巡演在桥驿镇启动

（桥驿镇 供图）

巡　察

【概况】 2022年，中共长沙市望城区委巡察工作领导小组办公室（以下简称望城区委巡察办）围绕“发现问题、形成震慑、推动改革、促进发展”总方针，组织实施2轮常规巡察和1次巡察整改督查，促推全面从严治党政治责任在望城区的落地、落细、落实，相关特色亮点工作先后8次在新湖南、“清廉长沙”、《长沙晚报》、“望城发布”等媒体上宣传报道。（熊宝忠）

【巡察工作规划】 2022年，望城区委巡察办制订有关巡察规划。3月27日，区委召开常委会会议，审议通过并印发《区委巡察工作规划（2022—2026年）》，明确在该届内高质量实现巡察全覆盖。4月，区委巡察工作领导小组研究制定并出台《村（社区）党组织巡察全覆盖专项规划（2022—2026年）》，对全区146个村、社区按照一般关注类、风险关注类、重点

隐患类逐一分类，明确巡察重点方向和计划安排。（熊宝忠）

【巡察全覆盖】2022年，望城区委巡察办完成1轮专项巡察扫尾工作，开展2轮常规巡察，对35个单位党组织进行巡察（不含市委提级巡察），新一届区委巡察全覆盖进度为23%。发现问题767个，移交问题线索21条（第一轮巡察移交4条，全部办结，立案调查1人，诫勉谈话3人，提醒谈话2人，批评教育3人，追缴资金4400元；第二轮巡察移交17条，相关情况均在初核），交办立行立改问题85个，全部整改到位，解决群众急难愁盼问题9个。（熊宝忠）

2022年4—7月，望城区委巡察办对6个区直单位党组织和6个村（社区）党总支开展常规巡察。图为4月22日，区委巡察组在财政局查阅党建工作资料（望城区委巡察办 供图）

【监督贯通融合】2022年，望城区委巡察办配合好市委第三巡察组对市资规局的延伸巡察。对全区村（社区）进行摸底，将乌山街道高冲村、大泽湖街道南塘村2个村报市委巡察办接受市委提级巡察，做好支持配合工作，督促2个村对交办的问题立行立改。抽调7名基层经验丰富的工作人员（含2名科级以上领导干部），完成对开福区秀峰街道湘荷村、青竹湖街道新源村巡察任务。根据省委提级巡视村（社区）要求，完成对高塘岭街道高塘岭社区提级巡视，发现问题18个，相关工作做法刊发在“湖南巡视”微信公众号上。（熊宝忠）

【巡察整改和成果运用】2022年，望城区委巡察办细化相关部门责任，印发《关于进一步贯彻落实巡视巡察整改和成果运用文件精神的工作提示》，督促各有关部门建立相关工作机制和落实整改主体责任和整改监督责任。第三届区委第二轮巡察有2名区委常委、2名副区长参加巡察反馈会，压实被巡察单位整改责任，采取“一对一”和集中反馈等形式反馈巡察发现问题，督促修改完善制度规定56项，清退违纪违规资金54.23万元。起草《巡察整改督查评分标准》，进一步量化被巡察单位整改完成情况，将巡察整改纳入各单位绩效考核。组织开展巡察整改督查，协调区纪委监委、区委组织部等部门组成3个督查组，对第三届区委第一轮巡察11个街镇的整改情况进行集中督查，其间召开汇报会11次、谈话61人次、发放调查问卷614份、实地走访40处，形成问题清单44个。（熊宝忠）

【第三届区委第二轮巡察】2022年4—7月，根据区委统一安排，望城区委巡察办派出3个巡察组，对区财政局党组、区发展和改革局党组、望城城市建设投资集团有限公司党委、望城水利建设投资管理有限公司党委、区自然资源和规划分局党组、区住房保障服务中心党组6个区直单位党组织和月亮岛街道杨丰社区、黄狮岭社区，铜官街道郭亮村、彩陶源村，乔口镇田心坪村、大垅围村6个村（社区）党总支开展常规巡察。巡察期间，巡察组召开动员大会，进行民主测评，设置意见箱收集意见，开展个别谈话，查阅会议记录、财务凭证、工程建设、主题教育等资料，发现问题449个，形成专题报告2个，开展明察暗访175次，谈话414人次，移交问题线索17条，交办40个立行立改问题。（熊宝忠）

民主党派与工商联

DEMOCRATIC PARTIES AND FEDERATION
OF INDUSTRY AND COMMERCE

编辑　胡正科

中国国民党革命委员会望城区支部

【概况】 2022年，民革望城支部有党员31人，平均年龄36岁。其中，女党员15人，占比48.39%；大学本科及以上学历党员占比93.55%；有区人大代表2人，区政协委员4人。 （丁亚玲）

【参政议政】 2022年，民革望城支部开展课题研究，助力经济社会发展。开展《党建引领物业服务创新，打造优质红色物业服务》课题调研；《关于凝聚海归小镇建设合力的建议》提案被列入区政协三届二次会议发言材料。撰写社情民意，反映人民群众呼声。立足社会现实和基层群众的迫切需要，报送《关于城市高层建筑消防安全的相关建议》《综合类商贸市场火灾隐患不容觑》等社情民意14篇，其中《警惕金融稳定保障基金建立运行中可能出现的风险点》被市委统战部和民革中央采用。组织党员参加各级调研、征文活动，其中民革党员唐良兵撰写的《不忘合作初心，共担时代使命——再次参观民革党史教育基地“唐生智故居”有感》获民革湖南省委会“讲述·非凡十年”征文比赛三等奖；民革党员张波参加湖南省政协“人民政协和全过程人民民主”主题征文，撰写的理论文章《强化政协委员责任担当研究》获优秀奖；民革党员谢迎辉参加民革长沙市委开展的高质量推进诉源治理工作调研。 （丁亚玲）

【社会服务】 2022年，民革望城支部开展关爱抗战老兵活动。在节假日组织开展慰问抗战老兵叶菊明活动，为他送去慰问金和慰问礼品，尽力帮助老人解决生活难题。赋能乡村振兴，2022年9月3日，举办“奋力强省会·喜迎二十大”民革望城支部助力乡村振兴活动。活动当天，民革省委会“三农”委员会助力乡村振兴专家服务团望城工作站揭牌。工作站集聚专业人才力量，为望城“一县一特”蔬菜、小龙虾产业提供技术服务和智力支撑；与此同时，“乡兴湘味”民革长沙市委兴农电商平台望城馆上线，众多望城特色农副产品吸引众多消费者下单，上线仪式现场，20余家企业认购望城馆内产品，认购金额22万元。 （丁亚玲）

【组织建设】 2022年，民革望城支部通过多种形式传达学习中共二十大精神、习近平总书记在参加中共二十大广西代表团讨论、二十届中共中央政治局常委同中外记者见面、中国共产党第二十次全国代表大会闭幕式等一系列重要讲话，不断提高党员政治把握、参政议政、民主监督能力。支部被民革湖南省委评为先进基层组织。 （丁亚玲）

【民革望城支部助力乡村振兴活动】 2022年9月3日，民革长沙市委会、民革湖南省委会“三农”委员会、区委统战部指导，民革长沙市望城区支部委员会主办，区工商业联合会、区农业农村局、区乡村振兴局支持，长沙市望城区融媒体中心执行的“奋力强省会喜迎二十大” 民革望城支部助力乡村振兴活动启动。活动中，民革湖南省委会“三农”委员会助力乡村振兴专家服务团望城工作站揭牌，由民革湖南农大支部副主委、民革湖南省委会“三农”委员会委员、湖南农业大学经济学院副院长吴玉宇任站长，并带领多位专家入驻。工作站集聚专业人才力量，为望城“一县一特”蔬菜、小龙虾产业提供技术服务和智力支撑。同步启动“万企兴万村”行动，30家民营企业及商（协）会与区内30个村（社区）结对帮扶。“乡兴湘味”民革长沙市委兴农电商平台望城馆上线，通过发挥民革的影响力，帮扶湖南本土及全国优质农副产品 开拓渠道、增加销量、推广品牌。舒记果园黄金李、千龙湖翘嘴红鲌、乌山贡茶、云游毛尖、靖港八大碗等望城特色农副产品吸引众 多消费者下单，上线仪式现场，20余家企业认购望城馆内产品，认购金额22万元。活动得到民革中央《团结报》、新湖南、湖南经视、红网、“掌上长沙”、长沙新闻频道、今日头条、“望城视界”微信公众号等媒体报道。

（丁亚玲）

中国民主同盟望城区总支部

【概况】 2022年，民盟望城区总支部（下辖民盟望城区综合支部和民盟望城区信息学院支部）有盟员26人，平均年龄46岁。其中，女盟员13人，占比50%；大学本科及以上学历盟员占比95.65%。有市人大代表1人，区政

2022年9月3日，“乡兴湘味”民革长沙市委兴农电商平台·望城馆上线
（区融媒体中心 供图）

2022 年 9 月 5 日，民盟望城区总支部承办民盟湖南省委会“喜迎二十大·永远跟党走”庆祝 2022 年教师节盟员教师谈“双减”座谈会

（民盟望城区总支部 供图）

协常委 2 人。民盟信息学院支部现有盟员 15 人，平均年龄 44 岁；其中，女盟员 11 人，占比 73.33%；大学本科及以上学历盟员占比 100%。有省人大代表 1 人，区政协常委 1 人。（丁亚玲）

【参政议政】 2022 年，民盟望城区总支部围绕长沙市、望城区经济社会发展的重点热点难点问题，组织盟员通过课题调研、撰写议案提案、反映社情民意等方式，发挥参政议政作用。总支联合两个支部开展《充分发挥我区职业教育资源、推动企业劳动力要素保障》课题调研，课题组通过召开座谈会、实地走访高校和企业，形成高质量调研报告，并作为区政协全会大会发言；盟员牵头撰写的《关于促进我区楼宇经济高质量发展的建议》提案，作为区政协全会口头发言，得到区委主要领导批示并交由区政府办理；盟员撰写的《关于精准预测学位情况、打造智慧教育平台》提案，交教育部门办理并采纳实施。总支的市、区两级人大代表、政协委员参加人大、政协组织的各项调研视察活动，围绕乡村振兴、科技创新等主题建言献策，发挥代表、委员的参政议政作用。

（丁亚玲）

【社会服务】 2022 年，民盟望城区总支部围绕扶贫帮困、捐资助学、关爱留守儿童等方面开展社会服务。支部盟员定期捐资资助困难家庭子女就学，帮助解决学习生活中的困难；综合支部联合暖心义工组织开展捐资助学，全年资助贫困学生 122 人次，发放助学金 12 万余元；总支联合综合支部和信息职院支部开展“逆风飞翔·事实孤儿同行计划”活动，重点帮扶问题少年，进行心理辅导和生活资助，爱心助学重点向事实孤儿倾斜。（丁亚玲）

【组织建设】 2022 年，民盟望城区总支部开展系列主题学习活动。召开“矢志不渝跟党走、携手奋进新时代”政治交接主题教育，组织全体盟员集中收看中共二十大开幕会，撰写心得体会；承办民盟湖南省委会“喜迎二十大·永远跟党走”庆祝 2022 年教师节盟员教师谈“双减”座谈会。循序渐进优化支部盟员队伍，按照民盟市委组织发展计划，对照区委统战部选人用人的要求，注重把政治思想素质高、业务能力强、热心盟务工作、有一定参政议政能力的代表人士吸收到组织中来，增强组织活力；严格按照程序，听取发展对象所在单位党组织意见，做到成熟一个发展一个，年内发展新盟员 2 人，均来自教师一线队伍。总支注重加强两个支部的统筹协调，特别是指导信息职院支部开展盟务工作，实现组织更加科学、管理更加合理、履职更加充分。

（丁亚玲）

【“暖心助学”活动】 2022 年，民盟望城区综合支部发动盟员捐款，并参加以盟员黄霞为发起人的暖心助学小分队。在春秋两季开学时，民盟盟员深入学校、乡镇开展助学活动。年内，民盟望城区综合支部深入望城一中、长郡斑马湖中学、望城职业中专等学校和桥驿、铜官、靖港、乌山、白箬铺等街镇开展助学活动。拥有国家二级心理咨询师证的盟员戴金利利用所学知识为学生开展心理辅导，职业中专的盟员蔡孝妮教师为学生出谋划策帮助做好职业规划，盟员丁紫凌、樊敏等教师利用节假日义务为学生补课。（丁亚玲）

【“逆风飞翔·事实孤儿同行计划”活动】 2022 年，民盟湖南信息职院支部组织盟员教师利用周末假期，参与由民盟长沙市委会和大爱无疆公益组织发起的关爱事实孤儿社会服务活动，看望慰问望城区“逆风飞翔·事实孤儿同行计划”项目资助的事实无人抚养儿童，并开展爱心助学活动。盟员教师走进孩子家中与受助儿童及其监护人进行交流互动，了解受助儿童近期生活、学习情况，鼓励他们热爱生活、茁壮成长。此活动系民盟长沙市委会 2022 年度重点建设品牌——关爱事实无人抚养儿童项目的重要工作之一。望城区“逆风飞翔·事实孤儿同行计划”项目于 2020 年 7 月 18 日启动。此项目由团区委牵头，整合社会资源，加强帮扶支持，以提升望城本地青年社会组织服务青少年能力水平，为偏远街镇事实孤儿开展助学、陪伴行动等智力扶贫行动，保障事实无人抚养儿童接受公平教育的权利，并通过情感陪伴与家庭环境支持，促进其心理健康发展与正确价值观的形成。

（丁亚玲）

中国民主建国会望城区支部

【概况】 2022年，民建望城支部有会员27人。其中，女会员7人，占比25.93%；大学本科及以上学历会员占比70.37%。有市人大代表1人，区人大代表2人，区政协委员7人。 （丁亚玲）

【参政议政】 2022年，民建望城支部开展课题调研。配合民建长沙市委会开展望城区“凝共识、强省会、促发展大走访大调研”活动；完成《望城区限价商品房物业管理》的课题调研，向区委统战部提交调研报告；支部副主委邱进作为望城区政协经济界别召集人，组织该界别政协委员与支部会员共同商讨企业急难愁盼问题，协同开展相关课题研究；鼓励、支持会员中的人大代表、政协委员参加各级会议、学习培训、调研活动，主动建言献策，撰写提案、建议、社情民意等。年内，会员撰写提案6篇，其中会员谭思主笔撰写的集体提案《关于开展农民安置房小区公共安全治理的建议》被确定为政协长沙市望城区第三届委员会第二次会议开幕会的提案发言之一。 （丁亚玲）

【社会服务】 2022年，民建望城支部组织发动支部会员参与望城区委统战部“同心在望”的各项爱心活动，捐赠龙山安全饮水工程、资助望城区贫困学生，支部获“爱心团体称号”，支部8名会员获“爱心个人称号”；与望城区丁字湾街道双桥村结对“同心创建”；组织支部会员到湖南师大附中星城实验青石学校开展“同心慰问”活动，给青石学校的少数民族孩子们带去会员的关爱，鼓励他们克服困难，争做新时代优秀少年。民建会员谢湘波被评为民建长沙市委2022年度“社会服务先进个人”，会员朱小勇被评为民建长沙市委2022年度“抗击疫情先进个人”。 （丁亚玲）

【组织建设】 2022年，民建望城支部夯实理论强素质。组织支部会员学习贯彻中共二十大精神，召开专题会议学习讨论，并向市委会提交个人心得12篇；班子成员参加区委统战部组织的集体学习与调研活动5次，选派4名优秀骨干会员参加区委统战部党外代表人士综合素质提升班；开展“矢志不渝跟党走、携手奋进新时代”政治交接主题教育；5月24日，省委党史研究院向民建望城区支部捐赠一批特色党史读物；为进一步加强支部文化建设，引导支部会员提高政治站位，利用捐赠书籍，在支部会员之家开展“共迎二十大、梦想与信念同行”读书分享活动。规范管理强基础。进一步完善支委班子分工，将考核责任分解落实，严格执行支部工作规程和会员考核制度；配合省委会完成民建湖南省第十次代表大会换届任务，支部2人担任大会代表；民建望城支部被民建长沙市委评为2022年度先进集体一等奖。 （丁亚玲）

【民主监督】 2022年，民建望城支部主委梁茜继续被聘为望城区监委“特约监察员”，通过列席区纪委全会、参与联合监督检查、提出意见建议等方式，对区纪检监察机关及工作人员履行职责情况进行监督。会员周云、余智明、卢世魁、郭军兵、罗育梅被聘为望城区人民检察院“益心为公”检察云平台志愿者，监督各领域的公益损害问题，通过云平台在线向检察机关反映线索。 （丁亚玲）

2022年11月23日，民建望城区支部到湖南师大附中星城实验青石学校慰问部分少数民族学生 （民建望城区支部 供图）

中国民主促进会望城区支部

【概况】 2022年，中国民主促进会望城支部有会员27人，平均年龄40岁。女会员15人，占比55.56%；大学本科及以上学历会员占比84.62%。有市人大代表1人，区人大代表2人，区政协委员3人。 （丁亚玲）

【参政议政】 2022年，民进望城支部结合区委政府工作实际，开展课题调研。承担望城区委统战部调研课题“望城文化旅游融合发展”，形成一篇调研报告。支部会员苏慧钧、张立宇加入市委会课题“深化职业教育产教融合、助力强省会战略实施”“‘双减’政策实施过程中出现的问题及对策研究”，参与调研座谈，完成课题成果。以会员微信群讨论、参政议政小组讨论等形式，支部会员参与社情民意报送的积极性，全年收集社情民意选题 20 条，其中 12 条转化上报民进市委会，《社区矫正对象平等就学权应依法保障》《加强湖南海上丝绸之路史迹保护的建议》等被省政协采纳。加强支部工作宣传信息报送，向民进市委会报送工作信息 8 篇，发表在长沙民进网站、“长沙民进”微信公众号等，并及时在会员群中转发宣传，增强会员交流与集体意识，宣传民进党派的良好形象。　（丁亚玲）

【社会服务】 2022 年，民进望城支部巩固“温暖同行”品牌。坚持开展“情系玉树、温暖同行”爱心衣物捐赠活动，向青海玉树州称多县捐赠价值 30 万余元的爱心衣物与学习用品，活动邀请区委统战部和区教育局领导参加。新冠疫情防控期间，支部组织“同心系教、助力抗疫”防疫物资爱心捐赠活动，向长郡月亮岛学校捐赠价值 3 万余元的防疫物资，传达民进与教育界同心系教、同心抗疫的决心。擦亮“助学帮扶”品牌。支部会员坚持继续与帮扶学子开展“结对帮扶”活动，与联系结对的 20 名贫困学子开展物质帮扶和走访交流。做实“阅读·梦飞翔”品牌。支部联合区教育局与雷锋图书馆，启动望城区“爱‘阅’团”青少年阅读培育计划暨“阅读·梦飞翔”培训计划，走进砂子塘新世博学校、湖南师大附中星城实验第一小学组织项目体系与阅读教育培训讲座，并进行阅读指导，学校校长与相关教师 100 余人参加活动，切实发挥出“阅读·梦飞翔”项目在校园阅读教育方面的促进作用。　（丁亚玲）

【组织建设】 2022 年，民进望城支部班子坚持开展“矢志不渝跟党走、携手奋进新时代”政治交接主题教育。结合“学习二十大·携手共奋进”主题，年内组织召开会议 2 次、主题教育 1 次、集中观看学习 1 次，以自学、会议学、实地学、集中学多种形式，学习贯彻中共二十大精神，传达上级部门会议精神，不断加强支部会员的理论教育。支部成员参加区委统战部组织的集体学习与调研活动 5 次，组织 5 名会员参加民进市委会、区委统战部举办的信息员培训、基层组织负责人培训、骨干成员培训等。新冠疫情防控期间，支部通过微信群强化工作联系，传达上级精神、探讨支部工作，不断增强支部凝聚力。支部副主委王奇被提拔任长沙铜官窑遗址管理处副主任，会员张兰芳获评“长沙市十佳新型职业农民”、张立宇获评“长沙市 2021 年度国家教育考试工作先进个人”，苏慧钧获评征兵工作先进个人、获区政府嘉奖，王奇、杨婷获评民进全市社情民意信息工作先进个人，文丽蓁获评全市书香民进活动先进个人等。

（丁亚玲）

【社情民意选题被省政协采纳】 2022 年，民进望城支部组织会员参政议政，建言献策，全年收集社情民意选题 20 条，其中 12 条报送民进长沙市委会，《社区矫正对象平等就学权应依法保障》《加强湖南海上丝绸之路史迹保护的建议》等被湖南省政协采纳。

（丁亚玲）

【“阅读·梦飞翔”培训计划启动】 2022 年 6 月 1 日，由望城区文旅广体局、区教育局与民进望城支部联合举办的长沙市望城区“爱‘阅’团”青少年阅读培育计划暨民进望城支部“阅读·梦飞翔”培训计划启动仪式在砂子塘新世博学校举行。“阅读·梦飞翔”项目通过在帮助共建学校配备各学科教学拓展和延伸图书，为学科学习提供全过程的立体式阅读，提高学生的学科素养和核心素养。民进望城区支部于 2020 年开始对接沟通“阅读·梦飞翔”项目在望城的落地，先后与望城区一师斑马湖小学、星城实验小学、师大附中星城实验学校第一小学、桥驿明德中心小学等学校签署合作协议。11 月 9 日，民进望城区支部在湖南师大附中星城实验第一小学组织举行“阅读·梦飞翔”项目阅读研讨暨主题培训活动，通过走进学校开展“阅读·梦飞翔”专题培训，推广中小学阅读教育的科学理念与方法，推进望城区中小学校书香校园建设。

（丁亚玲）

【“情系玉树、温暖同行”捐赠寒衣活动】 2022 年 11 月 11 日，由民进望城支部发起，与区教育局共同主办，湖南第一师范学院斑马湖小学承办的“情系玉树、温暖同行”捐赠寒衣活

2022 年 6 月 1 日，望城区“爱‘阅’团”青少年阅读培育计划暨民进望城区支部“阅读·梦飞翔”培训计划启动仪式在望城区砂子塘新世博学校举行

（民进望城区支部 供图）

动发车仪式在一师斑马湖小学综合楼报告厅举行。中共望城区委统战部常务副部长文德霖，民进望城支部主委、区文化旅游广电体育局局长袁艺，区教育局副局长戴金利，湖南第一师范学院斑马湖小学校长黄义等出席发车仪式。民进望城支部会员代表、学校师生代表200余人参加活动。10月以来，民进望城支部开始与一师斑马湖小学对接，共同发起“2022年‘情系玉树、温暖同行’捐赠寒衣活动”的宣传倡议，得到全校3000余名学生和家长的响应，募集5000余件御寒衣物、400余件学习用品，还有画笔、书包等文具，价值30万余元；在对每件捐赠衣物进行细致消毒与包装的同时，每个孩子都留下爱心小卡片，写下对玉树州孩子的牵挂和祝福，全校学生活动参与率100%。仪式结束后，募集的爱心御寒衣物、文具和体育用品通过邮政快递车向青海省玉树州称多县拉布乡中心寄宿制学校起运。2022年是民进望城区支部连续10年开展“情系玉树、温暖同行”爱心捐赠活动，寄出御寒衣物数万件，发扬“雷锋家乡出雷锋、出了雷锋做雷锋”的优良传统。（丁亚玲）

2022年4月2日，农工党望城支部组织开展“同心抗疫 共待胜利”慰问活动

（农工党望城支部 供图）

中国农工民主党望城区支部

【概况】 2022年，农工党望城支部有党员30人，平均年龄40岁。女党员12人，占比40%；大学本科及以上学历党员占比90%。有市政协委员1人，区政协委员4人。（丁亚玲）

【参政议政】 2022年，农工党望城代表参加农工党湖南省第九次代表大会，履行代表职责。参与望城区统一战线重点课题调研，深入基层了解社情民意，通过多方调研，完成《实现乡村振兴首要做好乡村治理——以茶亭镇九峰山村为例》等调研报告。党员尹迪波牵头组织开展实地踏勘调研、交流探讨，提交《关于举全区之力、将“一江两岸”打造成精品城市的建议》，农工党员中的政协委员在2022年年底两会上履职建言。农工党望城支部提交的《构建智慧排水体系、促进城市排污能力提升》提案，被评定为2022年优秀提案。党员彭卫主持的课题《基于生态文明的小学低年级垃圾分类问题及对策研究》被评为望城区2022年教育科研课题成果二等奖。（丁亚玲）

【社会服务】 2022年新冠疫情防控期间，农工党望城支部组织开展“同心抗疫 共待胜利”慰问活动，对白芙塘社区、湘陵社区防疫工作人员进行慰问，并捐款捐物价值4万元。来自卫生系统的5名党员，坚守本职岗位，全身心投入新冠疫情防控工作。管理企业的彭贵华、危志恒、尹迪波等党员在做好企业新冠疫情防控、推进复工复产的艰难情况下，开展捐资助学、扶贫帮困等工作。党员尹迪波通过芷江县教育局定向联系捐助6000元帮扶1名困难学生。王志来、谢玲2名党员立足本职，参与公益事业，加入“益心为公”检察云平台，成为望城区人民检察院“益心为公”志愿者。（丁亚玲）

【组织建设】 2022年，农工党望城支部强化学习教育，注重提升政治理论水平。年初，组织召开支部党员大会，总结2021年度工作开展情况，表彰优秀党员，对2022年工作进行系统安排。组织党员学习中国特色社会主义理论体系、中共二十大精神、中央及省、区有关文件和会议精神，参加区委统战部组织的报告会、座谈会。组织党员收看中共二十大开幕会，学习中共二十大报告。参与望城区政协组织的“喜迎二十大、奋力新征程”羽毛球赛、乒乓球赛、气排球赛等各类体育健身活动。按计划、有步骤开展组织发展工作。年内，发展谭党等4名优秀人士加入农工党。农工党望城支部是望城区唯一设有2个委员工作室的民主党派，党员尹迪波牵头成立的社科界别委员工作室，常设在党员企业湖南省新希望城市建筑设计有限公司。组织开展以“喜迎二十大、委员在行动”为主题的法律讲堂进社区等系列活动；党员危志恒在企业所在地常设望城区政协经济界别与台侨界别委员工作室，成为政协委员履职尽责的新活动阵地。支部凝聚力、战斗力不断提升，支部被农工党湖南省第九次代表大会授予

先进基层组织称号，党员尹迪波被评为优秀党务工作者，党员王志来、危志恒被评为优秀党员，党员彭卫被评为建设更高水准全国文明城市工作先进个人，党员周垚、王志来、宁靖宇等获望城区人民政府嘉奖。党员姜君获评高级工程师，并取得2项实用新型专利。

（丁亚玲）

【“同心抗疫、共待胜利”活动】 2022年1月、4月，农工党望城支部分别组织志恒建工、新希望城市建筑设计公司、振兴中药等爱心企业对高塘岭街道白芙塘社区、湘陵社区开展“同心抗疫、共待胜利”慰问活动，送去一批价值4万元的防疫急需保障物资。

（丁亚玲）

【支部会员被聘为“益心为公”检察云平台志愿者】 2022年5月20日，长沙市两级检察院共同举行“益心为公”检察云平台志愿者聘任仪式暨业务培训会，来自全市各行各业的221人成为长沙首批“益心为公”志愿者。农工党员王志来、谢玲立足本职，参与公益事业，加入“益心为公”检察云平台，被聘为望城区人民检察院“益心为公”检察云平台志愿者。“益心为公”检察云平台是最高人民检察院部署建设的集线索提报、线索评估、专业咨询、参与听证、跟踪观察、辅助办案等功能为一体的互联网平台。志愿者对发生在身边的生态环境和资源保护、食品药品安全、国有财产保护、国有土地使用权出让等各个领域的公益损害问题，可以在线向检察机关反映并受邀参与辅助相关案件办理。通过办案及时解决人民群众最关心最直接最现实的公益问题。（丁亚玲）

2022年长沙市望城区各民主党派成员参与“益心为公”检察云平台志愿者一览表

表5

序号	姓　名	单位及职务	政治面貌	人大、政协任职情况
1	吴　鑫	湖南星城律师事务所律师	中国国民党革命委员会	
2	谢迎辉	望城区司法局人民调解员	中国国民党革命委员会	区人大常委
3	王　伟	湖南星城律师事务所律师	中国国民党革命委员会	
4	蔡孝妮	望城区职业中专教师	中国民主同盟	市人大代表
5	徐燕青	望城区人民法院雷锋法庭庭长	中国民主同盟	
6	童　俊	湖南信息职业技术学院教师	中国民主同盟	
7	卢世魁	湖南大果油茶研究院有限公司负责人	中国民主建国会	区人大代表
8	余智明	长沙智泓财务咨询有限公司执行董事	中国民主建国会	
9	郭军兵	湖南湘之说律师事务所律师	中国民主建国会	
10	罗育梅	长沙市建筑装饰装修行业协会秘书长	中国民主建国会	区人大代表
11	周　云	黄金园街道青天寨农庄总经理	中国民主建国会	
12	杨　婷	望城区司法局社区矫正工作科副科长	中国民主促进会	
13	谢　杰	湖南湘晋律师事务所律师	中国民主促进会	区政协委员
14	王志来	望城区土地储备中心副主任	中国农工民主党	
15	谢　玲	湖南弘一律师事务所律师	中国农工民主党	
16	范时斌	湖南海川律师事务所专职律师	中国致公党	
17	黄春芳	湖南信息职业技术学院教师	九三学社	
18	浣溪沙	滨水新城发展中心办公室主任	九三学社	
19	周成明	湖南省新希望城市建筑设计有限公司城市规划工作人员	九三学社	
20	曾龙辉	湖南天地人律师事务所律师	九三学社	
21	刘晓云	望城区雷锋研究会副秘书长	九三学社	区政协委员

（资料来源：区委统战部）

中国致公党望城区总支部

【概况】 2022年，致公党望城总支部有党员32人，平均年龄39岁。女党员14人，占比43.75%；大学本科及以上学历党员占比100%。有区人大代表2人，区政协委员6人。（丁亚玲）

【参政议政】 2022年，致公党望城总支发挥资源优势，打造履职新平台。协助成立大泽湖海归小镇致公联合界别四级政协委员工作室，总支6名区政协委员全部入驻，联系服务界别群众，助力海归小镇建设。发挥专业优势，建言献策。社情民意《加快海归小镇建设亟需聚合侨海资源》被长沙市政协采纳；政协长沙市望城区第三届委员会第二次会议和长沙市望城区第三届人民代表大会第二次会议期间，与会代表、委员总支作题为《整合教育资源，推进乡村教育高质量发展的建议》的大会发言，向大会提交《关于设置区内优秀建筑/项目的设计或成果奖励的建议》《关于打造特色劳动教育点的建议》《关于加强普瑞西路交通综合管理的建议》《关于扩大“海外朋友圈”推广海归小镇的建议》等4篇建议、提案；《关于聚合侨海资源加快海归小镇建设的提案》被评为2022年度优秀提案。结合区位优势，开展课题调研。借助望城大泽湖片区加快推进海归小镇建设契机，对接致公党省委、市委，成立三级联动课题组，形成课题研究成果《创新服务平台，助力

海归小镇建设》。（丁亚玲）

【社会服务】 2022年，致公党望城总支部热心扶贫，助力乡村振兴。参观走访虢大湾美丽宜居村庄，感受乡村新貌，为农业产业发展出点子、谋思路；助力重庆酉阳县脱贫攻坚，党员通过电商平台购买酉阳农特产品，展现民生关切与大爱情怀；参与致公党市委会“爱心妈妈”结对活动，帮扶困难儿童，助力宁乡市双凫铺镇双明村乡村振兴；参与致公助学致爱小组活动，开展学生就业指导2次，培训致公助学班学生100余人次。（丁亚玲）

【组织建设】 2022年，致公党望城总支部优化组织架构，形成“1个总支+3个支部”的双层组织体系，总支班子成员分工明确，3个支部搭建新支委班子，责任上肩，各具特色。建立健全制度。对标致公党市委会活力指数考核评估方案，制定并印发总支班子分工、所属支部及党员活力指数考核评估方案3个文件，促进支部规范建设、党员履职开展党员企业走访，参观华中涉外职业高中，实地观摩虢大湾美丽宜居村庄建设，举办“点燃读书激情·共建书香社会”读书分享会，组织党员参加致公党市委组织的羽毛球团体赛、乒乓球赛、区政协系统气排球赛等文体赛事。总支有4名党员担任致公党省委会专业委员会职务，7名党员担任致公党长沙市委会专业委员会职务，发挥专长，履职尽责；李璇、刘云峰、胡再明入选“致公党长沙市委员会四十年四十人”名录，林榕获评省委会“优秀侨海工作者”，沈佳、李颖娟获评市委会2022年度“优秀党员”。（丁亚玲）

【助力海归创新创业平台搭建】 2022年，致公党望城总支部协助省委、市委举办第九届海归论坛，开展“海归项目路演”“海归人才潇湘行”“线上推介会暨云聘会”“开放兴湘海归谈”“海归人才洽谈会”“留学人员创业启动支持计划项目选拔大赛”等多场活动，评选出留学人员创业启动支持计划项目20个，22家用人单位和75名海归博士达成用人意向，7名海归博士入职湖南各高校和企业，5个项目顺利签约。这一系列活动逐步成为凝聚海归人才来湘创业就业的重要平台和人才交流及科研成果转化的有效载体。（丁亚玲）

2022年6月24日，中国致公党长沙市望城区总支部成立会议在望城召开

（致公党望城区总支部 供图）

【《关于聚合侨海资源加快海归小镇建设的提案》被评为优秀提案】 2022年，区政协三届一次会议1号提案《关于聚合侨海资源 加快海归小镇建设的提案》在望城区人大、政协优秀议案提案评选中被评定为“优秀提案”。在2021年10月20日政协长沙市望城区第三届委员会第一次会议上，此提案被遴选为大会发言。该提案根据致公党省、市、区三级联动重点调研成果，围绕大泽湖·海归小镇核心区，就如何聚合侨海资源、引进海归人才、完善侨海资源配套服务体系、体制机制等，从“打造一个品牌，提升引侨形象”“拓展双向侨路，搭建引侨载体”“建设三个平台，优化引侨环境”等方面提出具体建议。望城区政协委员、致公党长沙市委侨海工作委员会副主任林榕在大会上代表致公党望城综合支部作大会发言，获中共长沙市望城区委书记张作林正面批示。（丁亚玲）

九三学社望城区支社

【概况】 2022年，九三学社望城区一支社有社员21人，平均年龄37岁。女社员7人，占比33.33%；大学本科及以上学历社员占比100%。有区人大代表1人，区政协委员2人。九三学社望城区二支社成立于2019年11月，现有社员15人，平均年龄41岁。女社员5人，占比33.33%；大学本科及以上学历社员占比93.33%。有区政协委员5人。（丁亚玲）

【参政议政】 2022年，九三学社望城支社多次深入各行各业开展调研，社员们发挥自身优势，围绕经济社会发展重大问题，以多种方式广泛凝聚共识，开展履职活动，区人大、政协两会期间，一支社提交集体提案《关于进一步提高经开区土地利用效益的提案》1篇；个人提交政协提案的有朱宇立《擦亮党建引领底色，共建美丽宜居村庄》、刘晓云《美丽宜居村庄建设要注入文化元素》《关于进一步重视我区职业教育的建议》、赵月明《关于优化美丽宜居村庄验收指标的建议》4篇；提交社情民意有张亚超《关于对部分城区道路绿化

2022 年 3 月 31 日，九三学社望城支社组织全体社员参与开展慰问基层工作人员捐赠活动 （九三学社望城支社 供图）

带开口进行优化的提案》，朱宇立《建议修改疫情防控数据核查长沙市系统办结时间的建议》、刘晓云《乡村"网红打卡地"要内外兼修》、赵月明《关于将"隆平精神"打造为全省精神名片的建议》4 篇。刘晓云参与芙蓉区工委《新能源车市场发展分析》课题调研，并参与撰写《长沙市新能源汽车行业发展调研报告》1 篇。选派浣溪沙、许思奕、彭小雨等社员参加 2022 年度的党外代表人士综合素质提升班。赵月明、刘晓云等社员多次参加省、市、区政协组织的课题调研活动，先后到常德、衡东、望城等地就乡村振兴工作开展调研，参与撰写的调研报告、提案等获各级领导的认可，其中《美丽宜居村庄建设要注入文化元素》提案，在政协长沙市望城区委员会"加快美丽宜居村庄建设 树立全市乡村振兴新标杆"专题议政性常委会协商大会作为优秀提案发言；《长沙市新能源汽车行业发展调研报告》作为社省委专委会课题上报。（丁亚玲）

【社会服务】 2022 年，九三学社望城支社组织全体社员参与捐赠防疫洗护用品公益活动；20 余名社员志愿者主动下沉一线，到月亮岛、大泽湖、乌山、高塘岭、黄金园等街道逐户开展居住人口核查、新冠疫情防控等工作。二支社主委潘正伟在疫情防控期间慰问乌山街道一线医务工作者并捐款 2000 元；一支社联合滨水新城发展中心开展"关爱下一代·书香助振兴"图书捐赠活动；黄春芳、浣溪沙、周成明、曾龙辉、刘晓云 5 名社员成为长沙市检察院首批"益心为公"志愿者。"4·29"居民自建房坍塌事故发生后，陈立祝等多名社员主动参与事故善后处置工作，其中刘晓云作为雷锋志愿者到湘雅三医院，24 小时轮班陪护受害人员并给其做心理疏导。 （丁亚玲）

【组织建设】 2022 年，九三学社望城支社加强学习，参加活动，提高社员综合素质。10 月，支社组织集中收看中共二十大开幕会，分别在 10 月、11 月开展中共二十大精神专题学习，平时开展自学和网络交流，不断提高自身的政治鉴别力和政治敏锐性。支社组织社员集中观看爱国主义题材电影，依托"学习强国"学习平台、"社员之家"App，鼓励社员参加线上自学、交流学习心得，促进社员进一步坚定理想信念，提高履职意识。组织社员队伍参加区政协组织的"喜迎二十大·奋力新征程"羽毛球赛、乒乓球赛，获羽毛球团体亚军、乒乓球团体优胜奖。注重责任担当，立足本职服务能力。年内，支社发展新社员 3 名，共有社员 36 人，其中中高级以上职称 24 人，支社发挥人才集中、智力密集的优势，把广大社员的智慧和力量凝聚到望城现代化建设目标上来。社员活跃在望城国家级经开区、"一江两岸"片区、"海归小镇"片区、铜官文旅片区、街镇一线、生物医药、大专院校等多个行业领域。一支社主委欧洋担任望城经开区规划建设局局长以来，在谋划战略空间、挖掘片区潜能、科学规划修改、创新审批方式、提升服务质量、提升城市品质、全程监督管理等方面做细做实，为国家级经开区赶超跨越发展提供硬支撑。一支社副主委陈立祝参与完成长沙"十个重大城市片区"之一的大泽湖片区"海归小镇"生态智慧城建设指导方案编制、滨水新城"十四五"发展规划、谷山——汉王陵周边生态公园策划研究等相关工作，助力大泽湖·海归小镇成为全国第一个揭牌的海归小镇。社员朱宇立、浣溪沙等被评为 2021 年度区"先进工作者"；社员胡强获评 2021 年度望城区经开区"先进工作者"；社员赵月明在 9 月连任九三学社湖南省委农林专门委员会委员，11 月获评高级职称；社员刘晓云在 8 月获评望城区 2021 年度"四星志愿者"，9 月当选九三学社湖南省第九届委员会社会建设专门委员会副秘书长；社员彭小雨入选湖南省首批"小荷"人才。 （丁亚玲）

【《美丽宜居村庄建设要注入文化元素》提案被评为优秀提案】 2022 年，九三学社望城支社社员刘晓云撰写的《美丽宜居村庄建设要注入文化元素》提案在望城区人大、政协优秀议案提案评选中获评"优秀提案"。4 月 22 日，区政协"加快美丽宜居村庄建设·树立全市乡村振兴新标杆"专题议政性常委会会议协商启动培训会暨"委员讲堂"第一讲开讲。在"委员讲堂"环节，《美丽宜居村庄建设要注入文化元素》提案作为优秀提案发言。2022 年， 望城将分类开展以自然村落（屋场）为主体、美丽庭院建设为基础的“美丽宜居村庄”创建活动，打造120个美丽宜居村庄，连片推进打造10个以上美丽宜居村庄集群，推动美丽宜居村庄提质连片建设，推进全区农村人居环境“美丽”升级，助力乡村振兴。区政协将“加快美丽宜居村庄建设·树立全市乡村振兴新标杆”作为专题议政性常委会会议协商，重点调研美丽宜居村庄建设中党建引领、规划设计、建设理念等内容，为区委、区政府提出具有全局性、前瞻性和可操作性的意见建议。（丁亚玲）

2022年6月27日，区工商联组织民营企业家到长沙戴卡科技有限公司开展企业高质量发展主题研讨活动。图为参观长沙戴卡科技有限公司车间

（区工商联 供图）

望城区 工商业联合会

【概况】 2022年，长沙市望城区工商业联合会（以下简称区工商联）有执委112人，辖街镇商会11个、行业商（协）会6个、异地商会1个，会员1144名。区工商联与区公安分局合作，共同优化法治营商环境，取得成效，入选全国工商联、公安部《工商联与公安机关沟通联系合作机制典型事例(2021—2022年)》（全国100个，湖南仅3个）。（瞿 瑛）

【民营经济人士培训教育】 2022年，区工商联联合区法院、区检察院、望城经开区共同举办望城区优化法治化营商环境主题培训班，采取专家讲课方式，结合具体案例，助力160余名企业家风险防控。与长沙新闻广播电台合作推出《企业家之声》栏目10期，宣传优秀企业家先进事迹，弘扬企业家精神。全国工商联第六联系调研组第三小分队走进望城工商联、商会和民营企业，开展政策宣讲，与民营经济代表人士谈心谈话，有针对性加强思想政治引导。

（瞿 瑛）

【民营经济法律服务】 2022年，区工商联与区检察院联合制定《关于涉民营经济案件联席工作办法》，以点到面分析企业经营中普遍面临的风险问题。持续开展“法律顾问进商会”活动，聘请律所为商协会提供优质法律服务。与区检察院探讨建立望城区企业合规管理专家库，与湖南芙蓉律师事务所合作对会员企业开展合规“体检”。推荐16名民营企业负责人为区涉企案件公开听证专家人才库专家，参与涉企案件听证。

（瞿 瑛）

【民营经济调查研究】 2022年，区工商联持续落实工商联专职班子分片联系、兼职企业家班子对口联系商协会的“双联系”制度，深入100余家民营企业调查研究，听取意见建议，改进工作方式方法，践行“亲”“清”政商关系。落实兼职副主席（副会长）轮值述职制度，在长沙戴卡科技有限公司举办企业高质量发展主题研讨活动，邀请近30名民营企业家集思广益，建言献策。召开民营经济统战工作暨街镇商会发展座谈会，探讨如何促进望城区民营经济高质量发展，助推政企沟通。

（瞿 瑛）

【服务民营经济发展】 2022年，区工商联党组报请区委、区政府印发《区级领导干部联系民营企业和商协会工作制度》，持续开展区领导联系民营企业和商协会联谊交友活动。加强部门联动，指导黄金园街道商会开展政企早餐会，个私协会举办银企对接，乌山街道商会举办法律宣讲等活动。不定期与区公安分局、区法院、区检察院等部门开展涉企事项交流对接，及时预警。与区发展和改革局、区工信局、区住建局、区农业农村局、区商务局等职能部门联合开展50余家重点企业走访服务活动，通过建立定期走访工作制度、明确服务专员、发放“政企连心卡”、收集意见建议等方式，助力优化营商环境。

（瞿 瑛）

【商会建设】 2022年，区工商联召开区工商联（总商会）三届二次执委会，表彰一批先进商协会、优秀会员、优秀会长和优秀秘书长并进行经验交流分享，发挥示范典型激励作用。省工商联调研望城街镇商会组织建设工作，实地走访考察月亮岛街道商会并召开座谈会。女企业家协会、广告协会完成换届，选举产生新一届领导班子。加强对外沟通交流，组织黄金园街道商会赴长沙县塅梨商会考察学习。区青年企业家商会获评2021—2022年度全国、湖南省“四好”商会。（瞿 瑛）

【民营经济人士参政议政】 2022年，区工商联接待市政协、市工商联到望城开展“奋力强省会 民意直通车”视察，走访调研湖南泰嘉新材料科技、湖南金龙科技、长沙亿达智造产业小镇等省、市、区三级政协委员企业，听取对长沙产业生态、做优存量中培育增量、促进“两个健康”等方面意见建议。围绕民营企业转型升级、文化建设、优化营商环境等课题深入商协会和民营企业开展调研，形成调研报告和社情民意3篇。《关于建立省级金融稳定保障基金的建议》获评长沙市工商联系统2022年度优秀调研成果三等奖。引导会员中人大代表、政协委员在区两会上提出议案、提案和建议，建言献策。（瞿 瑛）

2022年6月16日，望城区工商联企业家培训基地揭牌 （区工商联 供图）

【民营经济党建】 2022年，区工商联党组履行对商协会和会员企业的政治责任，新组建商协会党组织14家，实现全区22家商协会党组织全面覆盖，引导民营经济代表人士听党话、跟党走。以“企业家日”活动为契机，邀请区长专场专题为全区100余名民营经济代表人士宣讲中共二十大精神。以党建促会建，投入100万元用于商协会改革发展，培育和发展中国特色商协会组织，发挥基层商协会战斗堡垒作用。（瞿 瑛）

【民营经济社会服务】 2022年，区工商联落实长沙市“万企兴万村”行动，组织15个长沙异地商会、市工商联15个骨干企业和结对联系望城的15个村（社区）召开见面会，加强沟通联系。组织兼职副主席、副会长到白箬铺镇光明村开展“万企兴万村”行动考察交流活动。全区商协会和会员企业同心抗疫，到各村（社区）和基层一线参与志愿服务近500人次，捐赠防疫物资价值约75万元，彰显“雷锋家乡”民营企业社会担当。（瞿 瑛）

【民营企业安全生产排查】 2022年，区工商联落实自建房安全隐患排查工作，严格按照“一表一册一踏勘”原则，上门对22家商协会阵地开展地毯式摸排。4名领导班子成员分别带队对各地域、各街镇的重点企业尤其是兼职副主席（副会长）企业进行安全生产宣讲检查，压紧压实安全责任。（瞿 瑛）

【“牵手工程”启动仪式】 2022年11月10日，区工商联以“企业家日”活动为契机，举行学习贯彻中共二十大精神暨“牵手工程”启动大会。邀请区长为全区100余名民营经济代表人士宣讲中共二十大精神，启动长沙市望城区工商联“牵手工程”，举行“企业家日”活动、“猎梦计划”主题商道分享和“青年企业家训练营”结营仪式。“牵手工程”以帮扶企业为目的，通过实施“雏鹰计划”“护航计划”“伙伴计划”和“猎梦计划”等行动，开展精准帮扶、常态帮扶，促进政企、银企、企企有效对接，使全区民营企业梯队培育显著增强、创新能力明显提升、智能水平大幅提高、绿色发展成效显著。（瞿 瑛）

【望城区首个企业家培训基地落户泰嘉新材料】 2022年6月16日，区工商联企业家培训基地举行挂牌仪式。培训基地设在湖南泰嘉新材料股份有限公司，以适应产业、行业、企业需求为导向，邀请知名专家、学者、企业家等，多层次、宽领域、高效能地开展培训，培育年轻一代民营企业家，助推企业做强做大和望城区民营经济高质量发展。挂牌仪式后，首期“猎梦计划”青年企业家训练营开班，市工商联兼职副主席、泰嘉新材料董事长方鸿围绕有效实施企业战略、泰嘉新材料的实践经验等内容进行授课，全区青年企业家40余人参加培训，开展为期2个月的互动式学习。（瞿 瑛）

【乡村振兴暨“万企兴万村”专场活动】 2022年9月3日，区工商联启动“万企兴万村”行动，出台《长沙市望城区“万企兴万村”行动实施方案》，组织区内30家有实力、有责任心的商（协）会和民营企业与30个村开展结对帮扶，为当地农产品企业与助农电商平台牵线搭桥，推动农产品销售。活动现场20余家爱心企业认购望城特色农副产品，金额22万元。（瞿 瑛）

人民团体

PEOPLE'S ORGANIZATIONS

编辑　周　玲

望城区总工会

【概况】 截至2022年年末，望城区有总工会1个，街镇工会11个、系统工会11个、直属工会15个、园区工会3个、其他基层工会937个，会员142002人。2022年，长沙市望城区总工会（以下简称区总工会）在全区重点企业举办职工思想政治课20余堂；开展培训班9期，培训产业工人、困难职工、农民工1391人；开展“十行状元、百优工匠”劳动竞赛和职工技能技术比武；举办长沙市师徒结对望城分会场活动，500对师徒结对。签订工资集体协商企业数729家；开展工会“四送四助”（春送岗位、夏送清凉、秋送助学、冬送温暖，医疗互助、大病救助、就业扶助、法律援助）活动，筹集资金101.62万元，救助慰问困难职工1189人次；持续推进职工医疗互助工作，全年参加全市职工医疗互助计划单位278家，参加人数30702人，缴费金额153.51万元。打造“小三级”工会示范点10个；新建工会户外劳动者服务站点30个；打造各具特色的职工书屋8家；新建母婴关爱室2个。（万　可　邱玉洁）

【基层工会建设】 2022年，区总工会创新建会入会机制，新建工会组织101家，发展会员10151人，加大“四大群体”、新就业形态劳动者建会入会宣传，摸清底数，建立台账，网约车司机、货车司机、快递员、外卖员、网络主播等新就业形态劳动者入会数增加，工会组织覆盖面更广。以模范职工之家为抓手，加强基层工会规范化建设。茶亭镇工会联合会获评湖南省“百佳”乡镇（街道）工会；泰嘉科技获评湖南省模范职工之家；澳优乳业、中交建设、松源生物获评长沙市模范职工之（小）家；湾田商贸物流园物流业联合工会获评长沙市新就业形态建会入会创新优秀项目。夯实职工阵地建设，打造“小三级”（乡镇以下基层工会组织）工会示范点10个；改善户外劳动者工作条件和环境，新建工会户外劳动者服务站点30个，其中省级百优驿站4个，市级五星级站点1个、四星级站点2个。（万　可　邱玉洁）

【职工文体活动】 2022年，区总工会组织开展“网聚职工正能量、争做中国好网民”活动，全区选送35个优秀网络正能量作品参加评选，获全国“最具潜力”正能量职工网络达人1名、长沙市最具正能量网络达人2名、长沙市网络金点子2个、长沙市最具正能量微视频1个。2022年12月，区总工会举办长沙市望城区全民健身节第二届机关事业单位射箭邀请赛，超过500名职工参与，赛程2天，提升职工身体素质、丰富职工业余生活。（万　可　邱玉洁）

【劳动竞赛和技能比武】 2022年，区总工会开展“十行状元、百优工匠”劳动竞赛和职工技能技术比武，选拔63名优秀选手参加全市新能源汽车维修、焊工、钳工、工业机器人、数控加工、维修电工、网络安全维护、快递收派技术、乡村美食制作等9个项目的竞赛，4人获长沙市工匠称号。组织动员广大职工开展科技创新活动，铜官窑劳模工匠创新工作室获长沙市示范性劳模和工匠人才创新工作室称号，联智科技的“基于卫星和AI驱动的桥梁智慧监测技术及装备研究”获长沙市优秀职工科技创新一等奖。开展全国五一劳动奖和工人先锋号申报工作，长沙戴卡科技股份有限公司获全国五一劳动奖状，中航飞机起落架有限责任公司长沙精益制造中心起落架制造车间获全国工人先锋号。（万　可　邱玉洁）

【劳模（工匠）关爱服务】 2022年，区总工会开展劳模生活调查摸底和免费体检、走访慰问活动，筹集资金7万余元，对全区各级劳模和先进工作者进行走访慰问。（万　可　邱玉洁）

【职工思想政治引领】 2022年，区总工会在全区重点企业举办职工思想政治课20余堂，引导广大职工更好运用中共二十大精神武装头脑、指导实践、推动工作。2022年11月16日，区总工会开展中共二十大精神宣讲进企业、进车间、进班组活动，对产业工人进行思想政治教育培训，引领广大职工坚定理想信念、奋进新征程。邀请市委党校党史党建教研部主任周伟东到澳优乳业（中国）有限公司以“中国式现代化全面推进中华民族伟大复兴”为题授课。（万　可　邱玉洁）

【和谐劳动关系创建】 2022年，望城区签订工资集体协商企业数729家，长沙市犇达物流有限公司获评长沙市“职代会和工资集体协商工作典型企业”。10月，区总工会、区人社局与望城经开区社会事务协调服务中心、区司法局、区法院共同成立望城区劳资纠纷快处快结调解中心。该中心自10月8日试运营到12月31日，调处劳资纠纷18件，涉及资金16.35万元。中心接收到的劳资纠纷案件70%通过调解完成。（万　可　邱玉洁）

【工会普惠服务】 2022年，开展工会“四送四助”活动。加强困难职工帮扶和常态化送温暖工作，共开展常态化送温暖、非湘籍留长人员新春慰问、庆丰收迎盛会慰问、建档立卡户困难救助、爱心助学、大病救助等帮扶活动8次，筹集资金101.62万元，救助慰问困难职工1189人次。推进职工医疗互助工作，2022年参加全市职工医疗互助计划单位278家，参加30702人，缴费金额153.51万元。医疗报销人数1168人，报销金额68.69万元。开展职工生活品质提升试点工作，澳优乳业、泰嘉科技、金龙集团3家企业获评长沙市提高职工生活品质试点企业；开展“百优食堂”竞赛创优活动，湖南大旺、黑麋峰抽水蓄能2家企业申报湖南省“百优食堂”，湖南盾石、中交建设等9家企业获评长沙市“百优食堂”。开展“抗疫有我、暖心盒饭”活动，下拨专项资金110万余元，配送“暖心盒饭”和抗疫物资4000余份，关心关爱一线抗疫人员和志愿者。开展新就业形态劳动者服务月、服务季等活动 20 余场，配送新就业形态劳动者“暖心包”500 余份，进一步保障重点职工群体的合法权益。

（万　可　邱玉洁）

【产业工人队伍建设】 2022 年，区总工会创新“一户一产业工人”培训工程，开展乡村厨艺、育婴师、导游、文旅服务、抖音直播带货、乡村建筑工匠等培训班 9 期，培训产业工人、困难职工、农民工共 1391 人，获长沙市 2022 年度“一户一产业工人”培训工程优秀项目一等奖。（万　可　邱玉洁）

【户外劳动者服务站点暖心活动】 2022 年，区总工会为各个户外劳动者服务站点配备微波炉、应急药箱和充电装置、无线网络、打印机等设施，在每周三、周五开展定时工会直播帮扶，提供心理咨询、送帮扶、送清凉、送岗位、送知识等服务，工会户外劳动者服务站点把“雷锋精神”贯穿到线上。2022 年 3 月以来，各站点辖区内医院、理发店、律师事务所也纷纷加入站点每月一次的志愿服务活动中来，定期开展合作，为户外劳动者提供服务。（万　可　邱玉洁）

【工会干部培训】 2022 年 8 月 2—4 日，区总工会在湖南省工会干部培训基地举办望城区 2022 年工会干部培训班，来自全区各区直机关工会、街镇及望城经开区工会联合会和重点企业的工会主席、工会干部 150 人参加培训。培训采取理论讲授与现场教学相结合的方式，邀请湖南省总工会干部学校的教授、专家为参训学员授课，鼓励学员讨论交流、深化认识、畅谈理解、撰写心得，为全区工会工作者搭建学习交流平台。

（万　可　邱玉洁）

【关爱新就业形态劳动者】 2022 年 12 月 21 日，由湖南省总工会、湖南省职工帮扶基金会主办，长沙市总工会、望城区总工会承办的“工会进万家·新就业形态劳动者温暖行动”项目启动仪式在望城区星月公园工会户外劳动者服务站点举行。启动仪式上，100 余名货车司机、网约车司机、快递员、外卖配送员等新就业形态劳动者代表收到“娘家人”送来的“温暖大礼包”。

（万　可　邱玉洁）

2022 年 12 月 22 日，区总工会“工会进万家·新就业形态劳动者温暖服务”活动在高塘岭街道西塘街社区红旺大市场红色司机之家开展　（区融媒体中心 供图）

【师徒结对传技艺】 2022 年 9 月 27 日，望城区举行长沙市“强省会 勇担当 产改进行时”万名师徒结对仪式暨“中国梦·劳动美”劳模大讲坛宣讲活动望城分会场活动。活动主会场设湖南晓光工匠学院，望城区设立分会场同步连线直播，并与主会场互动，集中学习主会场颁布的《新时代导师（师父）标准》《新时代徒弟（学徒）标准》。望城区分会场邀请区内获得市级以上荣誉的工匠，采用徒弟向师父敬茶的传统礼仪，成功结对 500 名师徒，其中 5 对师徒入选长沙市“优秀师徒结对名单”。活动通过搭建学习交流的平台和传承技艺的桥梁，营造良好的技艺传承氛围，推进新时期产业工人队伍建设。

（万　可　邱玉洁）

中国共产主义青年团望城区委员会

【概况】 2022 年，共青团长沙市望城区委（以下简称团区委）有下级组织 869 个。其中团委 48 个，团工委 11 个，团总支 92 个，团支部 718 个。有团员 14069 人。开展庆祝建团百年系列活动，组织学习宣传贯彻中共二十大精神主题宣讲活动，持续开展先进典型选树工作、深化推优入党机制。深化“互联网＋共青团”工作格局，升级“望城青年”云媒体宣传矩阵，“粉丝”逾 10 万人，阅读量 40 万余人次。组建青年突击队 32 支，重点围绕“一江两岸”片区建设、全域文旅融合示范区建设等全力推进望城青年建功强省会五年行动计划。推进青年发展型城市建设试点建设，编制出台《望城区关于贯彻落实〈长沙市青年发展型城市建设试点方案〉主要任务清单》，明确 21 项主要任务。抢抓改革试点机遇，把弘扬雷锋精神贯穿望城区基层团组织改革试点工作全过程。

（陈思缤）

【青少年思想政治引领】 2022 年，团区委在全区共青团系统组织学习宣传习近平总书记在庆祝中国共产主义青年团成立 100 周年大会上的重要讲话精神，开展庆祝建团百年系列活动。组织学习宣传贯彻中共二十大精神主题宣讲活动，团省委书记李志超到望城作宣讲，激发望城青年学习践行中共二十大精神的政治自觉和立足岗位建功职责使命。开设“每日一句”栏目，联合区委组织

部发动团员青年录制学习《习近平谈治国理政》第四卷理论文章音频。（陈思缤）

【青年先进典型选树培育】 2022年，团区委引导青年投身乡村振兴，发挥“农创联”组织协调作用，推报4个市青年农业创新创业示范基地，培育青年农民姚栋、舒岳礼获2022年长沙“十佳农村青年领头雁”；培育青年农民曾世杰获2022年度“湖南省乡村振兴青年先锋”标兵、驻潭州社区第一书记李柔获“湖南省乡村振兴青年先锋”；推报湖南文和友小龙虾产业研究院有限公司为“湖南省乡村振兴青年先锋集体”。（陈思缤）

【智慧团建】 2022年，团区委印发《加强中学共青团建设的实施办法》，严格执行学校团委、教育团工委、团区委三级审核制度，将8学时团前教育、年度20小时志愿服务时长作为入团必要条件。建设好中学共青团信息数据库，“智慧团建”系统团员录入率、团组织录入率、团干部录入率、团组织关系转接率均100%，实现团员纸质档案和电子档案的协同核查、相互印证。（陈思缤）

【青少年权益维护】 2021年4月以来，团区委推出雷锋号“希望小屋”青少年关爱项目，根据“经济、适用、环保”原则，按照“五个一”（让青少年拥有一个整洁的住房、一张安静的书桌、一张舒适的小床、一盏明亮的台灯、一个筑梦的空间）要求，为基层家庭经济困难青少年量身打造舒适、独立的生活与学习空间，帮助他们树立信心，助力圆梦。2022年，团区委启动雷锋号“希望小屋”项目，全年社会化募集资金194.06万元，为全区126名品学兼优的困难学生建设“希望小屋”。（陈思缤）

【青年就业创业服务】 2022年，团区委坚持“引育培留”青年人才，协助望城区委做好“智汇潇湘·才聚望城”招才引智活动。参与望城区靖港镇青云人才驿站第七届全国爱故乡大会暨湖南乡村振兴论坛，吸引全国近500名乡村振兴领域专家考察交流，展示支持青年就业创业良好氛围。截至2022年，望城引进“产业攻坚博士团”“事业引才博士团”博士60余名，培养市级高层次人才126人、区级骨干人才453人，引进海归人才65人。（陈思缤）

【青年人才服务】 2022年7月6日，望城区举行“智汇潇湘·才聚望城”2022年“青锋计划”大学生暑期社会实践活动见面会，区委组织部、区人社局、团区委相关负责人出席会议，各街镇分管人事负责人、各街镇团（工）委副书记及40名街镇实习大学生参加会议。该次社会实践活动收到来自北京、上海、湖南等120余所高校近400名学生报名，确定90名报名人员分配至各实习岗位，其中硕士研究生及以上学历超过60%，安排至街镇实习岗位40人，安排至企业实习岗位50人。（陈思缤）

2022年4月28日，团区委、区教育局联合举行“喜迎二十大 永远跟党走 奋进新征程”庆祝中国共青团建团100周年望城区新团员集体入团仪式

（区教育局 供图）

【青年志愿服务】 2022年，团区委完善志愿服务队伍建设，联合望城区青年志愿者协会，在全区11个街镇动员组建144支青年雷锋志愿服务队，形成区、镇（街道）、村（社区）三级组织联动，为持续擦亮“雷锋家乡学雷锋”品牌，建设全国最具影响力的“志愿者之城”贡献青年力量。全年组织青年雷锋志愿者开展除冰融雪、义务植树、清明防疫防火督导、“雷锋故里·碧靓望城”净滩活动、“清新环境你我帮 拒绝烟扰促健康”无烟日宣传等志愿服务活动，为湖南学雷锋志愿服务先进典型发布仪式、首届长沙市旅游发展大会等重大活动提供志愿服务，提供接送引导、信息问询、语言翻译、应急救助、文化宣传等服务，彰显雷锋家乡望城青年的新时代志愿服务风采。（陈思缤）

【少先队工作】 2022年，团区委深化推优入党机制，开展集中入团仪式32场、成人礼6场、主题团队课79场、主题团队日312场、主题宣讲活动19场，推优参评各级“红领巾奖章”24433枚。（陈思缤）

【“青年之家”建设】 2022年，团区委整合多方资源共建服务阵地，新增“雷锋号”青少年关爱家园青年之家8家，按照“有标识、有队伍、有场地、有机构、有制度、有台账、有平台、有活动”的“八有”工作标准实施项目，制定完善《望城区“雷锋号”青少年关爱家园规范运行标准》，引进9家省、

2022年8月2日，望城区举办“雷锋号”青少年关爱家园“青春湘伴 护航成长”夏令营，组织青少年参观望城消防站　　（区青志协 摄）

市级专业社会组织运行初步形成团属青年社会组织、“青年之家”、基层团组织等相互融合的基层组织格局。截至年末，全区有站点28个、志愿者1300余人。志愿者利用寒暑假和周末，为青少年提供课业辅导、兴趣培养和心理咨询等关爱服务，使近万余名孩子受益，形成“雷锋号”青少年关爱家园青年之家特色团青品牌。（陈思缤）

【服务青年工作】 2022年，团区委深化“青锋计划”大学生寒暑期社会实践活动，吸引124所高校近400名优秀学子报名参加。联动中传开展“‘中’情与你，‘传’为佳话”系列青年交友活动2场，努力打造青年信赖的交友品牌。开发“青锋计划”微信小程序，打造望城区青少年学雷锋网络阵地，到龙山、绥宁、慈利等地完成7591名中小学生微心愿，募集爱心物资11148件，捐赠爱心图书角100个。（陈思缤）

【望城青锋专项爱心基金】 2022年，团区委在长沙市青基会支持下，成立“望城青锋专项爱心基金”，募集资金近200万元，资助250余名贫困学子步入大学。（陈思缤）

【“望城青锋”助力靖港镇福塘村采收富硒皇菊】 2022年11月11日，团区委以实际行动助力乡村振兴，指导靖港镇青年雷锋志愿服务队、青年突击队60余名“望城青锋”参加福塘村皇菊采摘志愿服务活动，协助抢抓晴好天气采摘皇菊，抢鲜上市，助农增收。（陈思缤）

望城区妇女联合会

【概况】 2022年，长沙市望城区妇女联合会（以下简称区妇联）下辖11个街镇妇联，80个机关妇委会，124个村（社区）妇联，有4个团体会员。2022年，区妇联表彰区级“最美庭院”“文明家庭”和“五好”人员908户（人），推评市级“五好家庭”“最美家庭”“最美庭院”等42户，多维度助力乡村振兴战略实施、多方位维护妇女儿童合法权益、多层次推进家庭家教家风建设，为推动妇女儿童事业创新发展提供动力。（杨京瑗）

【妇女思想政治引领】 2022年，区妇联以学习宣传贯彻中共二十大精神为首要政治任务，组织开展党组中心组学习、基层妇联“领头雁”培训、“巾帼大宣讲”18次，其中2次邀请专家学者和宣讲团成员专题宣讲中共二十大精神，引导各界妇女干部群众围绕中共二十大报告谈感想、议发展、话未来。发展青年入党积极分子2名，在乡村振兴联系点、支部结对共建社区和居住地社区开展慰问帮扶、书香驿站建设、公益性家庭教育等志愿服务。加强正面舆论宣传引导，通过微信公众号、政务新媒体网站发布各类正面宣传报道300余篇，总阅读量20万余人次。（杨京瑗）

【服务妇女创业创新】 2022年，区妇联创新推进“美家美妇美庭院”建设，在茶亭镇谭家园村、丁字湾街道兴城社区试点实施“湘妹子能量家园”项目，引导广大妇女群众参与基层社会治理、助力乡村振兴。区妇联、茶亭镇妇联获评长沙市“最美庭院”创建工作先进单位，湖南省妇联副主席卢妹香专题调研望城区“美家美妇美庭院”创建工作。指导广源种植专业合作社获评全国巾帼现代农业科技示范基地，区人民检察院第一检察部获评湖南省巾帼文明岗，城发集团风控审计部等3个（名）单位、个人分别获评长沙市巾帼建功先进集体（标兵）和巾帼文明岗，高塘岭街道财政所等6名（个）个人（单位）分别获评长沙市三八红旗手（集体）。（杨京瑗）

【维护妇女儿童权益】 2022年，区妇联接处来信来访来电93件，接处长沙市妇联、区信访局和“12345”热线平台交办、转接案例12件，协助高塘岭派出所审理4名未成年人犯罪案件。召开反家庭暴力联席会议，开展家庭教育“一法一条例”主题培训暨“利剑护蕾”专项工作调度会，落实接触未成年人从业查询制度、侵害未成年人案件强制报告制度等，对1起性侵未成年人案件进行强制报告。深化“幸福号”三级婚调平台建设，招募志愿者58人，指导区婚调中心调处妇联系统转介案例101例，为1021对新人进行婚前辅

2022 年 6 月 1 日，团区委、区妇联联合举办的雷锋号“希望小屋”青少年关爱项目推广暨“爱心妈妈”结对志愿服务活动在高塘岭街道望府路社区举行

（区妇联 供图）

导，为 1069 对离婚夫妻提供调适服务，调和率 46.02%，推荐区婚调中心获评 2017—2020 年度平安湖南建设先进集体。开展婚姻家庭矛盾纠纷和维护妇女儿童合法权益重点难点大排查，建立涵盖 2934 名（户）重点妇女儿童和家庭的摸排台账。做实“星城家事”和“幸福号 让爱回家”志愿服务项目，为 185 人提供心理疏导及调适服务。举办“建设法治长沙 巾帼在行动”法治巡讲等活动，进行反家暴、青春期安全教育、禁毒、民法典等主题线上线下宣传 124 场次。（杨京瑗）

【妇联基层基础建设工作】 2022 年，区妇联坚持党建汇聚工作合力，将“美家美妇美庭院”行动作为党组“书记工程”重点部署重点推进，激励妇联党员干部围绕各项中心任务发挥先锋模范作用。指导白沙洲街道响堂湾社区等 5 个村（社区）创评市、区级精品“妇女儿童之家”。建立“两新”组织（新经济组织、新社会组织）妇女组织 50 个，在美丽庭院重点建设村（社区）建立妇女小组、巾帼理事会 20 个，激发各级妇联组织和妇联执委活力。推进“两新”领域党组织建设，指导妇联业务主管的社会组织成立群团类社会组织第三联合支部，引导支部共同参与家庭教育、婚姻调适、美家美妇美庭院建设等中心工作，促进妇联基层基础工作的建设。（杨京瑗）

【家庭家教家风建设】 2022 年，区妇联以科学家教指导家庭建设，牵头推进家庭教育指导服务中心试点建设，联合高塘岭街道斑马湖社区打造区级家庭教育指导服务中心，培养专兼结合的家庭教育指导服务人才队伍，推动联合国 ECD（儿童早期发展社区家庭支持项目）项目顺利结项，开展婴幼儿早教公益活动和个案服务 345 次，惠及 3911 组家庭共 8000 余人次。以典型评选弘扬文明家风，举办“美家美妇美庭院 雷锋故乡好风尚”庆“三八”系列活动，表彰区级“文明家庭”和“五好”人员 78 户（人），征集到“美家美妇美庭院”摄影、短视频大赛参赛作品 695 件，推选 12 户家庭获评市级“五好家庭”“最美家庭”，引导全区广大妇女投身家风文明建设、乡村振兴建设。（杨京瑗）

【困境妇女儿童帮扶】 2022 年，区妇联实施“女性健康工程”，11842 名农村适龄妇女和城镇低保对象接受“两癌”免费筛查。争取全国和省、市妇联支持，整合本级资金，专项救助 110 名贫困“两癌”妇女共 51.2 万元。募集“关爱她健康 守护幸福家”公益资金 12.99 万元，为 1299 名困境妇女捐赠一年期“女性关爱保”。募集到“出手吧姐姐——温暖 2022”关爱困境妇女儿童公益款项 11.86 万元，慰问 368 名困难妇女儿童共 37.16 万元，为广大妇女儿童办好实事。招募第七批次“爱心妈妈”25 名，举办庆六一雷锋号“希望小屋”青少年关爱项目推广暨“爱心妈妈”结对志愿服务活动，共同护航困境青少年的健康成长。开展 2022 年“六一”儿童节特困家庭儿童资助活动，为 50 名特困儿童发放慰问金共 3.28 万元。（杨京瑗）

【“美家美妇美庭院”三年行动计划】 2022 年 3 月，区妇联启动长沙市望城区“美家美妇美庭院”三年行动计划，创新性将家庭家教家风建设、女性素质提升、妇女发展融入美丽庭院建设，联合区乡村振兴局出台《长沙市望城区“美家美妇美庭院”三年行动计划实施方案》，按照“六个一”（一套系列公益课程、一本指导手册、一支指导团队、一个宣传专栏、一批典型评比、一个赋能平台）的工作内容统筹推进工作，指导茶亭花海片区分类连片建设美丽庭院，扎根谭家园村试点探索工作机制。评选出 2022 年度区级“最美庭院”830 户、“最美庭院”创评工作先进集体 13 个，创评市级“最美庭院”30 户。

（杨京瑗）

【“清廉家庭”建设】 2022 年 4 月，区妇联联合区纪委印发《长沙市望城区开展“清廉家庭”建设工作实施方案》，落实党风廉政建设主体责任，动员和引导全区领导干部重视家庭建设，带头共建清廉家庭。持续打造“5·20”家庭助廉活动品牌，联合区纪委、区教育局开展“廉洁好家风”廉洁家书征集活动，在 173 件投稿中评定出一、二、三等奖及优秀奖作品共 36 个。5 月 20 日，联合区纪委举办“5·20”家庭助廉日“纸短情长话清廉”家书分享活动，邀请部分获奖者与部分区直单位领导干部及重

要岗位配偶代表来到现场，交流分享廉洁家书背后的故事，持续发挥家庭助廉宣教影响。（杨京瑗）

【长沙市“最美庭院”创建暨“巾帼兴粮节粮”现场推进会】 2022年12月22日，长沙市“最美庭院”创建暨“巾帼兴粮节粮”现场推进会在茶亭镇召开。会议由长沙市乡村振兴局、市发展和改革委员会、市妇女联合会联合主办，区委、区政府承办，区乡村振兴局、区妇女联合会、茶亭镇党委、茶亭镇政府执行，会上举行2021年“最美庭院”示范户代表及创建工作先进单位颁奖仪式，组织与会人员观摩九峰山村、谭家园村美丽庭院，观看长沙市“最美庭院”及“巾帼兴粮节粮”专题视频。2021年9月，市妇联和市乡村振兴局联合启动长沙市全域推进美丽宜居村庄建设创“最美庭院”行动，以卫生干净环境美、摆放有序整齐美、养花种树绿色美、家风文明风尚美“四美”为创建标准，发挥妇联组织独特优势，动员广大妇女为乡村振兴创建贡献巾帼力量。经家庭申报、联合验收，最终评定2021年度长沙市“最美庭院”示范户200户、“最美庭院”创建工作先进单位12个。望城区30户家庭被评为“最美庭院”示范户，望城区妇联被评为“最美庭院”创建工作先进单位。（杨京瑗）

2022年12月22日，长沙市“最美庭院”创建暨“巾帼兴粮节粮”现场推进会在茶亭镇召开，区妇联、茶亭镇妇联获评2021年长沙市“最美庭院”创建工作先进单位

（区妇联 供图）

望城区科学技术协会

【概况】 2022年，长沙市望城区科学技术协会（以下简称区科协）履行“四个服务”（为科技工作者服务、为创新驱动发展服务、为提高全民科学素质服务、为党和政府科学决策服务）基本职能，助推科协事业发展。承办第二十四届中国科协年会活动获评中国科协年会优秀组织单位，科技志愿服务“好奇之旅”品牌项目获2022年中国科协志愿服务项目先进典型和湖南省学雷锋最佳志愿服务项目先进典型，全国科普日长沙市望城区主场活动获评中国科协2022年全国科普优秀活动。（范 欢）

【科协基层组织建设】 2022年，望城区有街镇科协11个，村（社区）科普组织144个，区级农村专业技术协会2个，区老科技工作者协会1个。区科协申报1个省级“科普小镇”项目、3个市级科普项目，推荐获评3家市级科普基地、2个市级科普社区、1名市级科普带头人，考察认定27个区级科普项目，通过培育发展一批具有示范带动作用的科普主体，提升科普能力。

（范 欢）

【科普宣传】 2022年，区科协依托“望城发布”微信公众号和红网“时刻”App望城频道，推送科普知识、科技政策等相关资讯300余条，宣传科学思想，传播科学知识，“望城科普”影响力进一步扩大。（范 欢）

【科普活动】 2022年，区科协牵头制定《长沙市望城区全民科学素质行动规划纲要实施方案（2023—2025年）》。举办青少年科技创新、青少年机器人、中小学生创意编程和纸质模型等各类青少年科技竞赛，培养青少年科学创新精神和实践能力，营造科技创新氛围。承办“喜迎二十大，科普向未来”2022年全国科普日长沙市望城区主场活动。打造“好奇之旅”基层科普品牌，全年组织开展科普“四进”（进机关、进社区、进学校、进企业）活动32场，服务群众1万余人次。（范 欢）

【科普服务】 2022年，区科协围绕全区产业发展和乡村振兴，搭建服务创新驱动发展平台，在技术攻关、战略决策、成果转化、人才培养等方面开展合作。推荐澳优乳业设立省级院士工作站；助推设立单杨院士创新团队澳优工作室；金龙铜业被评为“模范院士专家工作站”；推荐长高电新科技评为省级专家工作站；普瑞酒店玫瑰园被评为“省级科普基地”；推荐长沙创新药物工业技术研究院、林熹生物科技、澳优乳业3家单位获评市级专家工作站；四祥生态种养、益仕兴农业、舒记生态农业3家单位认定为长沙市科技助力乡村振兴专家服务站。推荐澳优乳业、中国航发中传机械入选首届湖南省先进制造业科技创新大赛“十大科技创新企业”。春节前夕，走访慰问基层困难科技工作者30人，“全国科技工作者日”期间，在云游茶业组织召开优秀科技工作者代表座谈会。推荐澳优乳业彭小雨、省交通规划勘察设计

院邓昆入选湖南省首届“小荷”人才；推荐省交通规划勘察设计院赵恺申报“湖南省科技人才托举工程项目”年轻优秀科技人才培养计划；推荐省交通规划勘察设计院周旋、湖南联智科技周俊华入选长沙市“小荷”青年人才创新项目；推荐绿建科技谢向荣入围湖南省企业“创新达人”；推荐中国航发中传机械许浩入选首届湖南省先进制造业科技创新大赛“科技创新人物”；推荐省交通规划勘察设计院戴旺的“中低速磁浮工程技术创新与工程应用”入选首届湖南省先进制造业科技创新大赛“十大科技创新技术”。（范　欢）

2022年9月20日，以“喜迎二十大，科普向未来”为主题的2022年全国科普日长沙市望城区主场活动在南雅望城学校启动　（区融媒体中心　供图）

【“好奇之旅”品牌项目获评2022年中国科协志愿服务项目先进典型】 2022年，区科协开展科技志愿服务和科普活动，在全省率先打造“好奇之旅”基层科普品牌。秉承“学习雷锋、奉献他人、提升自己”志愿服务理念，发挥科协组织优势，融入新时代文明实践，以提升全民科学素质为目标，创新服务手段，优化服务举措，让科技志愿服务真正融入实践、落到实处、取得实效。全年组织开展科普“四进活动”（进机关、进社区、进学校、进企业）32场，服务群众1万余人次，擦亮“好奇之旅”科技志愿服务品牌，激发公众爱科学、学科学、用科学的兴趣。“好奇之旅”品牌项目获评2022年中国科协科技志愿服务项目先进典型和湖南省学雷锋最佳志愿服务项目先进典型。（范　欢）

【全国科普日长沙主场活动在望城举行】 2022年9月20日，以“喜迎二十大，科普向未来”为主题的2022年全国科普日长沙市望城区主场活动在南雅望城学校启动，活动设有7大主题展区10余个体验区，邀请高科技企业、科普场馆、创客团队，开展科技创新产品和成果展示、科学实验等活动。结合望城创建食品安全示范区、乡村振兴等内容，向学生科普食品安全、生态环境保护等知识，把高精尖科技成果带到青少年身边。该次活动获评中国科协2022年全国科普日优秀活动。（范　欢）

【中国科协年会望城分会场活动】 2022年6月，区科协承办中国科协第二十四届年会唯一的农业板块——乡村振兴科技惠农连潇湘行动，举办科技助力乡村振兴（潇湘）论坛、院士专家科技志愿服务基层行和科技志愿服务培训交流观摩活动，线上线下近10万人参加，区人民政府获中国科协年会组委会来信感谢，区科协获评中国科协年会优秀组织单位。在科技助力乡村振兴（潇湘）论坛上，柯炳生、张福锁、印遇龙、刘仲华等院士专家分别围绕贯彻落实中央1号文件、农业绿色发展、生猪产业、茶产业分析存在问题，提出发展建议；举办3场“院士专家科技志愿服务基层行”活动，组织柏连阳、王冬武、李周等院士专家团队面向重点农业产业和新材料产业开展精准咨询和科技服务；组织全国科技志愿者代表到雷锋纪念馆和月亮岛街道桃花井社区开展“乡村振兴”科技志愿服务培训交流观摩活动，提升望城科技志愿服务在全国的影响力和知名度。（范　欢）

望城区归侨侨眷联合会

【概况】 2022年，望城区有侨联组织1个，无下属分支机构，有侨联委员23人、归侨侨眷约400人。长沙市望城区归侨侨眷联合会（以下简称区侨联）以“为侨服务”为主线，坚持政治引领，广泛联系侨界人士，为助推区域经济发展作出贡献。（夏悦瑶）

【侨界服务经济发展】 2022年，区侨联以海归小镇建设为平台，服务中心工作。以海归高层次人才为主体，实时动态更新海归资源数据库，建立台账。对接省、市涉侨部门、涉侨社团，邀请并接待湖南省、长沙市、广州市等地欧美同学会以及海南、无锡、济南等各级统战部门等组织的多批次海归人才150余人考察海归小镇，多次组织召开海归小镇建言献策座谈会，加大海归小镇宣传推介力度，加强与归国留学人员的沟通联系，吸纳海归人才的意见建议，助力海归小镇建设。（夏悦瑶）

【侨胞侨属权益维护】 2022年，区侨联以普及侨法为抓手，依法维护侨胞侨属权益。指导雷锋路社区、名都社区等市级侨胞之家在中国传统元宵节和端午节期间，开展欢乐闹元宵、猜灯谜、包粽子、插菖蒲和艾叶、做香包、慰问孤寡困难侨胞亲属等活动，进一步弘扬传统文化，让侨界人士感受节日氛围。在雷锋路社区开展侨法宣传活动。开展侨界人士春节走访慰问，走访70余户，送慰问金及物资7万余元。帮助侨眷杨某某申请市侨联扶侨帮困资助1万元，帮助老挝归侨解决身份认定问题。

（夏悦瑶）

【侨界联络联谊】 2022年，区侨联以联络沟通为主线，全力为侨服务。与工商联、侨青委、欧美同学会、望新社等涉侨社团开展联谊，深化交流交往。依托雷锋路社区、名都社区等市级侨胞之家，组织辖区内侨界人士、归国留学人员集中收看中共二十大开幕会。开展侨企走访活动，围绕侨联换届、海归小镇建设、优化营商环境等内容进行沟通交流，宣传政策，了解企业运营现状及存在的困难和问题，有针对性的服务好侨企。依托省级华侨文化交流基地梦蝶庄艺术馆开展各类活动，接待国内外游客5万余人次，举办青少年专场活动10场次，举办专业学术讲座及艺术活动8场次。

（夏悦瑶）

【侨界履行社会责任】 2022年，区侨联联合区政协经济界别创建望城区政协经济界别和台侨界别委员工作室，引导并服务好侨界委员和代表参加各类活动。组织侨界人士围绕海归小镇建设、人才服务、片区经济发展等方面建言献策，侨界人大代表和政协委员提交各类意见、建议8篇，周恺罡等委员撰写的《关于加快打造望城区“零工线上+线下求职服务平台”的建议》的提案在区政协大会上发言。鼓励引导全区侨企和侨界人士参与社会公益事业，捐资捐物价值900万余元。

（夏悦瑶）

【侨界人士走访慰问活动】 2022年，望城区开展“侨界送温暖”春节慰问活动，为90余名归侨侨眷提前送上新春祝福，并通过他们向海外亲人致以亲切问候和节日祝福。慰问组详细了解归侨侨眷的工作生活情况，拉近彼此间的距离，倾听他们对侨联工作的意见和建议。望城区每年坚持走访慰问侨界群众，让归侨侨眷感受党和政府的温暖，向他们的海外亲人讲述祖国日新月异变化。

（夏悦瑶）

2022年5月12日，长沙欧美同学会“建言献策海归小镇”座谈会在大泽湖·海归小镇（长沙·智能制造）核心区展示中心召开　（区融媒体中心 供图）

【望城区侨联一届十二次全委（扩大）会议】 2022年1月6日，望城区侨联一届十二次全委（扩大）会议在金山桥街道观音湖社区召开，20余名侨联委员、侨界代表和基层工作者参加，区侨联主席罗丽华出席会议。会前，与会人员参观市级“侨胞之家”——观音湖社区，实地察看社区服务侨胞侨眷的阵地。会上，学习传达中共十九届六中全会、省、市党代会及市十一次侨代会和市委书记吴桂英在市侨代会上的讲话精神，回顾总结2021年区侨联工作，展望2022年工作。各位侨联委员、侨界代表和基层工作者围绕助力区域经济社会发展、支持海归小镇建设、加强侨界资源共享和合作共赢、丰富侨联活动等方面提出意见建议。罗丽华指出，2022年区侨联主要做好4个方面的工作：注重学习引导，强化示范引领，扩大对外宣传，画好最大同心圆；聚焦服务全区重大战略和高质量发展，以聚合力服务中心大局；强化自身和组织建设，维护侨益；树立大侨务理念，加强对外文化交流和联络联谊工作。

（夏悦瑶）

【“海归人才”建言献策座谈会】 2022年5月12日，由长沙市委统战部副部长、市侨办主任饶福明带队，长沙市欧美同学会、新侨代表一行10余人到大泽湖·海归小镇（长沙·智能制造）核心区展示中心参观考察，并召开“海归人才”建言献策座谈会，围绕大泽湖·海归小镇的未来发展、如何吸引“归国人才”落户就业、如何搭建留学人员回国创新创业服务互动平台等方面建言献策。海归优秀代表提出，要以全球视野、战略眼光和国际标准来规划建设“大泽湖·海归小镇”，出台极具吸引力的“人才政策”，推动契合片区定位的优质产业发展，为海归人才打造梦想成就之地。饶福明希望海归人才利用海归优势资源，把更多的科研成果和创新思路带回家乡，凝聚侨心、汇聚侨智、发挥侨力，助力大泽湖·海归小镇高质量发展。

（夏悦瑶）

法　治

RULE OF LAW

编辑　胡正科

政法委与综治

【概况】 2022年，望城区政法系统履行维护国家政治安全、确保社会大局稳定、促进社会公平正义、保障人民安居乐业的主要职责。区公安分局第5次获评“全国优秀公安局”，区法院第4次获评“全省法院先进集体”，区检察院连续2年获评“全市先进基层检察院”，区司法局指导创建全国“民主法治示范村”1家。（刘 珏）

【平安建设】 2022年，望城区全面贯彻落实《长沙市平安建设条例》，抓好诉源治理、积案化解等机制运用，强化督导考核，制定《平安建设考评办法》，坚持显性用警，长抓群防群治，常态化开展红袖章“月月亮剑”行动，创新“雷锋义警”群防群治队伍，着力防范化解风险，保障治安形势安全稳定，信访形势持续好转。学习借鉴新时代“枫桥经验”，推进社会治理现代化，开展平安校园、平安医院、平安园区等创建活动，望城区婚姻家庭调适服务中心获评“平安湖南建设先进集体”，比亚迪园区警务室成为园区警务的望城样板。推动社会治理智能化建设，全面完善“二化三中心”（基层治理网格化、信息化，综治中心、网格管理中心、应急指挥中心）基层治理体系，拓面平安乡村视频，借力科学技术保障人民群众生命财产安全。（刘 珏）

【社会治安综合治理】 2022年，望城区持续深化平安创建、扫黑除恶、禁毒、养老诈骗打击整治等工作，各类发案率显著下降，区公安分局获评“全国优秀公安局”。常态开展扫黑除恶斗争，坚持打早打小，促进常治长效，移送审查起诉的涉黑涉恶案件5件22人。推进行业领域整治，在金融放贷、教育、市场流通等领域开展行业“大扫除”，进一步铲除黑恶势力滋生土壤。组织开展打击整治养老诈骗专项行动，强化建章立制，制发《长沙市望城区养老服务体系建设规划（2022—2026）》等系列文件，引导养老服务业健康高质量发展。践行新时代“枫桥经验”，筹建区矛盾纠纷多元化解中心，“三调联动”机制不断完善。强化行（专）调解室建设，通过政府购买服务聘用专职调解员，各级人民调解组织受理矛盾纠纷1.13万余起，调解成功率98%。“热线+网格、吹哨+报到”成为社会治理新样板，获评全国“12345”便民热线“服务精进典范”。（刘 珏）

【营商环境法治保障】 2022年，望城区主动融入望城经济发展大局，强化营商环境法治保障，助力“发展”第一要务，紧扣司法职能安商惠企，陆续组建74名专家学者组成“八五”普法讲师团、望城青年律师志愿服务队和企业法律服务团，为150家企业开展法治宣讲服务；开展“红心暖企 法治惠企”营商服务预约活动，聚焦债务催收、合同规范与管理、知识产权保护等企业个性化法律需求，组织律师深入湾田国际物流园区、望城经开区等地开展专项法律服务活动。还在中粮可口可乐、航天磁电等重点企业内设立“和谐劳动关系法律服务站”，实现知识产权公共服务（保护）工作站全覆盖。推进企业合规改革，对7家企业启动合规建设，数量居全省前列。推动法治政府建设，严格落实合法性审查制度，参与区内招商引资会议谈判，服务项目依法有效落地。优化市场化、法治化营商环境。审结民间借贷、借款合同等纠纷案件1300件，维护金融市场持续健康发展。（刘 珏）

【政法队伍建设】 2022年，中共长沙市望城区委政法委员会（以下简称区政法委）专题制发《2022年全区政法系统队伍建设工作要点》，坚持把党史学习教育与政治教育、警示教育、英模教育融合推进，创新成立“智勇法制工作室”，在全市率先实现法官、检察官担任法治副校长校区全覆盖。年内，举办集中培训17次，轮训政法干警5000余人次。（刘 珏）

【司法公信力建设】 2022年，严格规范公正文明执法，推进行政执法“三项制度”（行政执法公示制度、执法全过程记录制度、重大执法决定法制审核制度），落实行政执法信息月报和公示制度，分两轮对法院、检察、公安、司法48件案件进行评查，以评促改，规范执法行为。扩大公开听证范围，提升司法公信，邀请政协委员旁听重大案件庭审、监督重大案件执行，自觉接受人民监督，坚持做到“能公开、尽公开”，

2022年2月21日，区教育局与区检察院举行检察官法治副校长聘任仪式
（区融媒体中心 供图）

组织案件公开听证 204 件，比 2021 年增长 482%。邀请社会各界人士参加“法院开放日”、旁听庭审 7 次 210 余人次，执行公开 4 次。推进“四大司法公开平台建设”，裁判文书上网 13908 份，庭审直播 6037 场次，直播率 45.36%，直播观看数 90.49 万人次，满足人民群众对审判工作的知情权、参与权和监督权；做好司法过程中困难群众的救助工作，发放司法救助资金，有效维护当事人的合法权益，让困难群众切实感受到党和政府的温暖。 （刘　珏）

【社会治理创新】 2022 年，望城区不断促进社会治理现代化，建立由社区干部、小区物业保安、楼栋长、党员干部、网格员、治安积极分子、志愿者等构成的 4000 余人的“雷锋义警”队伍，全面开展平安建设和综合治理各项工作，实现社会治安情况不断好转。推进“分区分类层进式”诉源治理模式，通过调解平台进乡村、进社区、进网格，在化解房屋办证、物业纠纷、家庭矛盾等方面取得实效。联合区妇联研发“婚姻调解”微信小程序，使广大群众更加科学、便捷、快速地解决在婚姻生活中遇到的矛盾纠纷和困惑问题。开发“雷锋哨”App，开展护路护线联防巡查，涉及铁路的街镇护路员通过该功能实现巡查实时记录、问题实时上报，更加有效、便捷、快速地解决铁路沿线安全隐患。打造全省首个“无证城市”，深化社会治理创新，丁字湾派出所被评为省级枫桥式派出所。 （刘　珏）

法治政府建设

【概况】 2022 年，望城区推动法治政府建设，召开区委全面依法治区委员会第四次会议，建立健全区委领导法治建设的工作体制机制，出台望城区“十四五”法治建设规划，落实法治政府建设年度报告制度，实现全区党政机关法律顾问全覆盖，组织开展市场监管、城市管理等重点执法领域和街镇实地督察。法治政府建设工作获《湖南日报》等新闻媒体推介，桥驿镇申创全省法治政府建设示范地区，谭家园村获评全国“民主法治示范村”。 （钟涵琦）

【行政执法监督】 2022 年，望城区推进行政执法“三项制度”（行政执法公示制度、执法全过程记录制度、重大执法决定法制审核制度），分两轮对 30 个执法单位 80 本案卷进行评查，以评促改，规范执法行为。组织道路安全监管领域执法检查，推动扭转在全市安全监管领域执法排名不利的局面。指导乡镇街道在应急领域委托执法中运用新的裁量基准，对安全违法行为严管重罚。开展道路交通领域、自建房领域执法检查，督促执法单位责任上肩。在卫生健康、城市管理等领域探索“首错免罚”制度。应对省、市两轮法治督察，切实推动各项整改，获省、市督察组对望城法治建设成绩的客观评价和认可。紧抓上级法治建设督察整改“回头看”，实行清单销号式管理。区人大、区委政法委、区政府督查室等多部门联合对市场监管、城市管理、自然资源管理等重点执法领域和矛盾纠纷较多的重点街镇进行实地督察，促使压力传导到位。办理人大代表议案建议、政协提案，让自觉接受监督、主动履职尽责成为常态。 （钟涵琦）

【行政复议应诉】 2022 年，望城区推进行政复议体制改革，印发《长沙市望城区行政复议决定履行监督制度》，规定行政复议被申请人履行行政复议决定的时限，明确区政府行政复议办公室对行政复议决定履行监督职责。区政府行政复议办公室每年定期向区委、区政府报告行政复议工作情况，监督行政复议决定的履行。截至 2022 年年底，纠错行政复议决定全部履行完毕。进一步规范全区行政机关负责人出庭应诉工作，将“依法治区”单列绩效考核项目，设置行政复议纠错率、行政机关负责人出庭应诉率、行政执法案卷评查等指标。区政府常务会议专题研究并专门出台《长沙市望城区行政机关负责人出庭应诉工作办法》，以区政府为被告的行政诉讼一审案件行政机关负责人出庭率超 95%，全区行政机关负责人出庭应诉率 91%。办理行政案件 237 件，其中行政复议案件 103 件，行政诉讼案件 116 件，行政复议答复 18 件，区政府作出的行政行为无一被复议机关和司法机关撤销、变更或确认违法。 （钟涵琦）

【合法性审查】 2022 年，望城区印发《长沙市望城区人民政府重大行政决策事项目录管理办法》，坚持重大行政决策审查前置程序，对政府常务会议、区长办公会等涉法议题实施前置法制审查。全区党政机关实现法律顾问全覆盖。区司法局年内审查文件 108 件，经“三统一”（统一登记、统一编号、统一公布）程序制发政府规范性文件 9 件，均及时向市政府、区人大备案，对 10 件部门规范性文件进行“三统一”，规范性文件备案率 100%。开展涉计划生育等内容的规范性文件专项清理，并对全区规范性文件效力进行动态调整。审查政府合同 47 件，对区内委托办学协议及德商、永通通航等招商引资项目合同进行合法性审查，参与区内招商引资会议谈判，服务项目依法有效落地。审查区委、区政府交办事项及会议议题资料 185 件次，为区委、区政府决策提供法律参谋意见。 （钟涵琦）

【行政争议化解】 2022 年，望城区增加行政复议专项经费，配备办公室、接待与听证室、调解室、档案室，听证室配备全程录音录像设备，基本完成行政复议办公场所、设备规范化建设，落实复议决定书网上公开制度。年内，办理行政复议案件 103 件，暂无败复议案件，发挥行政复议化解行政争议主渠道作用，实现复议案件“集中办、规范办、协同办”。 （钟涵琦）

【政务公开】 2022 年，望城区开展年度省、市、区重大行政决策申报公示工作，区政府办下发申报事项文件通知。根据《长沙市望城区人民政府重大行政决策事项目录管理办法》规定的事项范围，区政府常务会审议通过本级政府2022年度重大行政决策事项目录，以区政府办名义印发、公示。制定“政务公开主题日”活动实施方案，印发《长沙市望城区2022年“政务公开主题日”活动计划安排表》通知，开展宣传活动，营造政务公开营商环境浓厚氛围。加强网站建设，优化信息公开栏目设置，推进政府信息全面公开。加强答复、复议、应诉流程规范，做好依申请公开的受理、登记、归档工作，提升依申请公开办理质量。推进基层政务公开标准化规范化便利化建设，印发《关于进一步深化基层政务公开标准化规范化工作方案》的通知，规范全区基层政务公开工作。在2021年基层政务公开基础上，2022年新增新闻出版、交通运输、统计、广播电视、旅游、自然资源等领域的基层政务公开栏目内容。编制《望城区基层政务公开目录(2022版)》并对外公示。全区基层政务公开线上专栏内容实时更新。区政务大厅和14个街镇都设立标准规范的政务公开专区。依托“12345”热线、实体政务大厅和政务服务网设立政策咨询综合服务窗口，对接长沙市线上政府信息政策库，为企业群众提供精准、便捷的政策咨询服务。组织全区政务公开业务人员参加全市政府信息依申请公开线上业务培训。区本级专门组织开展全区政务公开工作人员梳理2022年基层政务公开目录和网上录入的业务培训，提升全区各部门各街镇政务公开工作人员业务能力和政务公开平台使用效率。对各部门各街镇子网站法定主动公开内容进行每周巡检，在工作交流群通报，限时整改。按时编制发布长沙市望城区政府信息公开年度报告，收集、审核、汇总区直有关部门和14个街镇的政府信息公开工作年度报告，在区政府门户网站政府信息公开年报专栏向社会公示，督促区直有关部门、各街镇依法完成年报的发布工作。将政务公开纳入营商环境，对全区各街镇和区直部门进行年度考核。结合2022年全国、省政务公开第三方评估指标，指导、督促全区各级各部门做好对全区政务公开的评估落实工作，形成以评促管的政务公开新常态。实施政务公开清单管理，依申请公开件办结率100%。

（钟涵琦）

2022年9月22日，月亮岛街道开展“政务公开主题日”活动，向群众推广“湘易办”App

（月亮岛街道 供图）

公 安

【概况】 2022年，望城区围绕中共二十大安保维稳工作主线，深入贯彻落实“强省会”战略，统筹新冠疫情防控和平安建设，治安打击整治“百日行动”、中共二十大安保维稳、绩效考评均排名全市前列。长沙市公安局望城分局（以下简称区公安分局）获“一稳五降双国优”的优异成绩：社会大局总体平稳，牢牢守住“五个严防、三个确保”工作底线；刑事发案、八类恶性案件、侵财案件、电信网络诈骗案件、行政案件比2021年分别下降20.8%、17.7%、28.1%、23.2%、40%。按照省委关于湘江新区区划调整要求，10月1日起，白箬铺派出所、黄金派出所调整为湘江新区区域；白箬铺派出所归属至岳麓分局，黄金派出所归属至高新分局。区分局第5次被评为“全国优秀公安局”，民警刘智勇获“全国优秀人民警察”称号；打造全省首个“无证城市”，深化社会治理创新，丁字湾派出所被评为省级“枫桥式派出所”。分局队伍涌现一大批先进集体和先进个人，1个集体立三等功、1人立二等功、14人立三等功、44人受到各级嘉奖、132人次获市级以上奖励；分局在全市内保工作年度考核中居第一，受邀在全市内保工作大会上作典型发言。

（梁景宇）

【打击犯罪】 2022年，区公安分局突出打击开路，立足侦破打击主责主业，推进扫黑除恶斗争常态化、“冬春攻势”、夏季治安打击整治“百日行动”、“岁末冲刺”等专项行动，重拳打击各类违法犯罪，人民群众安全感、满意度显著增强。分局“扫黑除恶”“利剑护蕾”“打击拐卖妇女儿童”“打击多发性侵财”等多项工作均排名全市第一。年内，破获各类刑事案件1079起，现行破案率48.4%；抓获违法犯罪人员3510人，其中采取刑事强制措施1547人、行政拘留1208人。落实“恶性全破”“快侦快破”工作机制，全区14起八类恶性案件、2起命案，均快速侦破，连续13年保持现行命案全破纪录。开展“断卡”“断流”等集中打击电信网络诈骗行动，破获电信网络诈骗案件298起，其中4起百万元以上电诈案件全部侦破。全面推进禁毒人民战争，侦破“7·3”“2·8”部督目标案件；全区污水涉毒监测指数四县市最低，市对区禁毒绩效考核居四区县（市）第一位。（梁景宇）

【社会治安管理】 2022年，区公安分局快警平台出动警力4378人次、警车2088台次、铁骑680台次。参与处置警情132起，均妥善解决。日常巡逻警力出动4920人次、车辆1712辆次，以步巡、车巡形式开展社会面清查、设卡盘查、圈层防控等。武装联勤巡逻363次，出动警力2140人次、车辆303辆次。各类型安保171次，范围覆盖全区，类型包括楼盘纠纷、聚众维权等，安排警力3288人次、车辆352辆次。参与省、市各类经济、旅游发展等大会安保、司法强拆、协助拆迁、大项目开工、重点施工项目现场维护等46次，出动警力1428人次、车辆540辆次。实现城乡主干道视频探头全覆盖，分局利用视频破案的作用率71%以上。建成智慧安防单位111家、智慧平安校园319所、智慧安防小区115个、智慧安防村庄（组）3920个。对消防重点场所100%落实检查、一般消防单位抽检10%的检查制度，做到消防隐患早发现、早处理，最大限度将消防隐患防范在萌芽状态。全面强化“九小”场所消防安全检查，提高小型经营场所业主消防安全防范意识，及时消除消防安全隐患，共检查“九小”场所1146家，整改消防安全隐患192个，责令停业整顿211家。实行“全域查+立体巡+重点清”黄赌查控模式，持续开展拉网式黄赌打击整治。加大对娱乐场所、足疗按摩、歌厅洗浴等行业场所清查和打击整治力度，针对性加强巡逻防控、组织清查行动，强力打击震慑涉黄赌违法犯罪行为。全局侦办涉黄刑事案件16起、行政案件40起、涉赌刑事案件25起、行政案件74起；抓获涉黄赌违法犯罪嫌疑人960人（涉赌604人、涉黄356人）；刑事拘留涉黄赌违法犯罪嫌疑人176人（涉赌 104 人、涉黄72人），行政拘留691人（涉赌 427人、涉黄264人），有效净化社会风气，黄赌警情明显下降。（梁景宇）

【户政管理】 2022年，区公安分局各窗口及线上共办理各项户口业务33216条次，受理身份证业务43464证次，受理并制发临时证886证次，处理高考等绿色通道572证次，为26名老弱病残人员上门办证，为7名不能回国人员申办身份证；受理出国境证575本，其中接受电话咨询劝阻人员1600余人。全年网办业务28项，全局户政窗口受理网办业务6848件次，办结4468件次，其中，购房和自贸区落户、夫妻投靠、辅项变更、出生上户为重点。分局按照上级统一部署，自2021年11月起全面开展“跨省通办”“全省通办”业务，陆续推行全省户籍证明全流程网上办理、湘粤新生儿出生入户跨省通办、首领二代身份证跨省通办、户口迁移跨省通办、新生儿上户跨省通办、户籍类证明跨省通办等，不断满足群众对便捷办理相关证件日益增长的需要。（梁景宇）

【道路交通安全管理】 2022年，望城区亡人交通事故比2021年下降11.4%，较大及以上交通事故零发生。区公安分局开展“百日攻坚”“二十大交通安保”和岁末年终冲刺等专项行动，查处各类交通违法行为41.15万起，其中查处酒醉驾1197起，“一盔一带”交通违法11.58万起。为有效整治月亮岛片区违停乱象，设置37条严管路段，区政府投入100万元组建鹰眼铁骑小分队，共查处违停10.95万起。车管窗口接待群众逾10万人次，精准宣教10万人次，全区戴帽率95.36%。在全省交通问题顽瘴痼疾集中整治行动考核连续3年名列前茅，被评为全省先进集体。（梁景宇）

【出入境管理】 2022年，区公安分局持续推进和落实“非紧急必要情形不出境”的出国境管控措施。落实管控数据录入，逐月从执法办案系统中调取监外犯罪嫌疑人（取保、监居等）数据，录入法定不准出境系统。与组织部门、国保部门核查录入人员数据。新增录入法定不准出境人员1338人次，维护特定身份证人员145人次。（梁景宇）

【监所管理】 2022年，区公安分局全体民辅警按照公安部“规范执法、创新管理、化解矛盾”3项重点工作为基准，以“政治建警”统领业务工作，开展“百日行动”专项工作，以“教育、感化、挽救”为方针，严格监所安全、规范落实被拘留人员一日生活制度、主抓被拘人员感化教育和社会矛盾化解工作。全面加强监所管教队伍建设和基础设施建设，严格队伍管理，实现班子团结好、队伍持续好、业务工作先进的良好局面。确保监所绝对安全。（梁景宇）

【重点单位安全保卫】 2022年，区公安分局检查各级治安保卫重点单位和保安从业单位、养老机构2178家次，累计发现各类隐患1470处，当场整改隐患702处，下发责令限期整改通知书761份；出动警力5561人次，政府综治力量参与427人次，排查园区企业单位3232家次，发现各类安全隐患2554个，下发整改通知书337份，整改安全隐患问题2512个，发现重点矛盾纠纷问题16人，排查化解矛盾纠纷16起，约谈企业128家，办理刑事案件（园区内）8起，刑事处罚7人，办理治安案件（园区内）6起，行政处罚4人，企业视频接入98家，企业“110”一键接入129家，收集企业意见建议43条；对全区学校开展集中清查行动3次，出动警力1872人次，检查校园959所次，下发责令限期整改通知书378份，校园保安从业人员进行背景审查789人，开展各类安全

2022 年 5 月 24 日，在高塘岭实验第一小学、周南望城学校、长沙市一中金山桥学校门口，3 所学区警务室揭牌成立　　（区公安分局 供图）

演练 263 场次，开展校园安全法治教育课 336 场次，编发护学岗视频巡查通报 20 余期，办理涉校违法犯罪案件 2 起，排查化解涉校矛盾纠纷 37 起，完成区内各级各类考试安保工作任务 40 余场次，新建长沙市一中金山桥学校、周南望城学校、高塘岭实验第一小学 3 所学区警务室，在各警务室配备 1 名民警和 2 名辅警。　　（梁景宇）

【警务督察】 2022 年，区公安分局党委为做好中共二十大安保维稳工作，坚持全面从严总基调，围绕“防风险、保安全、迎二十大”主线，扛牢政治责任，周密管控，严防死守，确保维稳安保工作万无一失；围绕省公安厅开展中共二十大安保维稳专项督查工作细则，采取“四不两直”（不发通知、不打招呼、不听汇报、不用陪同接待，直奔基层、直插现场）、明察暗访等方式持续开展真督实察，打赢中共二十大安保维稳决战决胜硬仗。开展“回头看”，跟踪问效，督察工作以高站位、实举措、好作风完成各项工作部署。咬住问题不放松，坚持立行立改。对市局通报的问题，制订整改清单，明确整改责任单位和整改措施，分门别类做到立行立改、限期整改、长期整改，形成工作闭环。市局《中共二十大安保维稳及“百日行动”专项督察通报》通报望城分局问题 11 个，全部整改到位，问题解决率 100%。聚焦工作任务，压实各警种责任，哪里出问题就督在哪里，确保万无一失。针对督察通报的问题，注重系统整改，坚持举一反三、深挖根源，聚焦各类风险隐患，压实警种条线督导责任，瞄准重点督，盯住问题改，力争做到用好一次督察整改，完善一套制度，消除一批隐患。注重整改效果。落实主体监督责任，对市局通报的问题整改情况“回头看”，对问题多发频发反复发生的单位挂牌督办，加快整改进度，用实的整改措施保证问题不整改到位不放过，打通措施落实的“最后一公里”，确保实效。自中共二十大安保维稳及“百日行动”开展以来，发专项督察通报 11 期，通报并整改各类问题102个，通报单位50余次、个人 80 余人次。　　（梁景宇）

【网络安全治理】 2022 年，区公安分局检查互联网信息营业场所 51 家，督促整改安全隐患 24 处，查处黑网吧 4 家，侦办“网络水军”案件 3 起，采取刑事强制措施 32 人。配合组织攻防演练 2 次，督促整改企业网络安全隐患漏洞 16 处。对辖区内无人机违规乱象进行集中整治，办理无人机黑飞案 2 起，其他涉网类行政案件 8 起。　（梁景宇）

【危爆物品管控】 2022 年，望城区有被区公安分局列入管控的烟花销售企业 1 家（靖港兴平烟花爆竹销售公司）、易制爆危险化学品企业 184 家、剧毒化学品企业 18 家、危化品仓储企业 3 家。危险化学品主要分布在“一区、两园和湾田化工市场”，集中在铜官所、丁字湾所、白沙洲所、同兴所辖区。安全生产工作形式稳中向好，未因民用爆炸物品、剧毒化学品、易制爆危险化学品、烟花爆竹发生各类安全事故。加强源头管控，坚持“重点整治”。全面查清生产、销售、购买、使用单位的危爆物品用途和流向，彻底消除安全隐患，严防发生安全生产案事件。坚持“严处重罚”，防止以“整改”代替“处罚”，发现涉危涉爆企业存在违法行为的，一律处罚处理到位，不得降格处理，不得以“教育、整改”简单了事。严防形成只处罚单位、忽视隐患整改的惯性思维；坚持“联合惩治”。贯彻最高人民法院、最高人民检察院、公安部等 10 个部门联合下发的《关于依法惩治涉枪支、弹药、爆炸物、易燃易爆危险物品犯罪的意见》，强化与检察、法院、行政执法机关的沟通联系、配合协作，有效打击违法犯罪活动。结合“强执法”“打非治违”等行动，分局办理安全生产刑事案件 1 起，刑事拘留 1 人；办理涉危涉爆行政案件 80 余起，行政拘留 1 人，罚金 3 万余元；处罚单位（企业）20 家，责令限期改正 20 家。始终保持对涉危涉爆违法犯罪的严查严打高压态势，最大限度消除涉危涉爆安全隐患。

（梁景宇）

【“110”接处警】 2022 年，区公安分局“110”话务量 516806 起，“110”有效警情数 83837 起。其中，刑事案件报警 2811 起，治安案件报警 10042 起，交通事故、交通其他类报警 37695 起，纠纷类报警 18806 起，求助类报警 3557 起，投诉类报警 78 起，举报类报警3038起，其他类报警7810起。刑事类警情1088起，主要以侵财类盗窃、诈骗警情为主。其中，盗窃类373起，占刑事警情的34.28%；诈骗类651起，占刑事警情的59.83%；敲诈勒索类17起，占刑事警情的1.56%；强奸类8起，占刑事警情的0.74%；伤害类9起，占刑事警情的0.83%；其他刑事案件类30起，占刑事警情的2.76%。治安类警情2789起。其中盗窃类835起，占治安警情的29.94%；诈骗类193起，占治安警情的6.93%；打架斗殴类1041起，占治安警情的37.33%；故意损坏公私财物类262起，占治安警情的9.40%；家庭暴力类3起，占治安警情的0.11%；赌博类26起，占治安警情的0.93%；敲诈勒索类2起，占治安警情的0.07%；抢夺类2起，占治安警情的0.07%；扰乱秩序类1起，占治安警情的0.03%；色情淫秽类4起，占治安警情的0.14%；非法侵入他人住宅类1起，占治安警情的0.03%；其他治安事件类419起，占治安警情的15.02%。（梁景宇）

【公安信访工作】 2022年，区公安分局创新制定出台《长沙市公安局望城分局关于依法规范办理信访投诉事项的工作措施》，明确责任领导、信访专干，规范信访流程，严格考评考核。区分局办理人民群众来信来访448件。其中，接待来信来访87件，公安信访综合信息系统交办114件，省信访系统交办98件，网络问政交办11件，局长信箱交办31件，市长信箱交办78件，各级交办件27件，问政湖南2件。该448件中已办结428件，20件正在办理之中。局领导接访43次。另外，分局还受理"12389"系统涉警投诉39起、"12337"系统投诉6起、"110"报警投诉52起、在分局现场投诉12起；此类109起已办结107起，2起办理中。（梁景宇）

【公安科技信息化建设】 2022年，区公安分局根据区政府办关于"无证城市"推进会议备忘及分局党委会议精神，成立"无证城市"专班，支援区政府"无证城市"建设。3月，完成电子证明的上线配置及街镇、村社大厅的全面推广工作。5月，完成区直大厅、街镇、村社的工作人员操作培训，完成可信电子证照核验服务系统的建设，并上线10个常用的电子证照及9个电子证明，区直大厅17个部门确认事项286个、街镇确认事项73个、村社确认事项53个可利用本系统实现减（免）证办理。2022年5月，对区直大厅窗口人员（60人以上）再次进行培训，并组织街镇和村社负责人（120人以上）进行专题培训。截至12月底，录入人脸库数据5661人，使用刷脸办事134人次，授权使用481个证照，使用人脸识别取号6858人。（梁景宇）

2022年3月13日，区公安分局巡警大队开展人员密集场所巡逻防控
（区公安分局 供图）

【平安建设】 2022年，区公安分局推进平安创建、市域社会治理，全面加强立体化治安防控体系建设，着力打造社会安定、人民安宁的平安高地。落实"1、3、5分钟"（按照核心区域1分钟内，重点区域3分钟内，其他区域5分钟内到达现场）快反机制，启动公安武警联勤武装巡逻，快警、铁骑、派出所24小时动态巡防，提请区委政法委牵头，各街镇组建4000人的"雷锋义警"群防群治队伍，建设运行83个群防群治快速反应支援平台，落实四级快反机制，形成"群防群治志愿者"参与的治安防控新模式。立刑事案件1892起，比2021年下降20.8%。侵财犯罪1377起，比2021年下降28.1%。其中，电信诈骗犯罪937起，比2021年下降23.2%。不断完善派出所矛盾纠纷调解室建设，配备专职调解员14人，对全区纠纷警情全量回访。分局矛盾纠纷录入率全市排名第一，排查化解矛盾纠纷5000余起，化解率98%以上，全年实现"民转刑""刑转命"案件零发生。（梁景宇）

【警务改革】 2022年，区公安分局以园区风险隐患排查整治行动为抓手，全面起底风险隐患，规范园区企业安全管理，形成园区警务"三三制"（创新园区警务工作平台、园区警务信息化管理平台、园区平安建设服务平台"三个平台"，分级分类推进园区公共安防、重点企业安防、中小微企业基础安防"三类安防建设"，优企业内保防控网、园区平安综治防控网、警保联动联防联防网"三网联动机制"）工作示范模式，为全省园区警务探索经验、打造样板。加快完善"无证城市"建设，深化"放管服"改革，牵头完成望城区"无证城

市”一期建设，打造“一件事一次办”改革升级版；引入“区块链”技术，对接省、市多部门数据，搭建综合服务平台，实现17个部门、412个事项实现刷脸办理10类证件证明，将望城区“无证城市”建设打造成全省标杆。建成智慧安防单位111家、智慧平安校园319所、智慧安防小区115个、智慧安防村庄（组）3920个，平安基石进一步筑牢。（梁景宇）

【公安执法规范化建设】 2022年，区公安分局推进执法规范化建设。擦亮法制民警刘智勇“全国优秀人民警察”品牌，发挥模范引领作用，成立“智勇法制工作室”，拓展“法制服务、法制宣传、法制创新”业务。研发非羁押人员数字化监管平台，对违反监管规定的人员予以警告惩戒20余人次，未发生脱管失控问题。做强“智慧公安·精诚执法”系统，创新“取保候审保证金退还确认书”，有效服务执法实战。挂牌成立侦查监督与协作配合办公室，加强检侦协作；开展顽瘴痼疾整治，守住执法监督管理阵地。落实随警作战、法制“夜校”、庭审观摩、“螺丝钉”小程序等举措，加强执法主体能力建设。“法治公安建设”考评排名全市前列，移诉率90%、退补率2.43%，移送起诉1497人，没有发生一起绝对不捕和绝对不诉案件。警务评议“案件受害人”项目满意率94.94%，排名全市第二。（梁景宇）

【“交所合一”改革】 2022年，望城区推进县域警务“交所合一”工作。按照“中队建起来、派出所联起来、亡人事故控下来”的指导思想，创新交警中队网格和派出所网格管理“双网”运行的“交所合一”新模式，推进全区道路交通安全管理工作，全力防范交通安全领域风险隐患。全年现场查处各类交通违法行为11456起，无证驾驶摩托车行政拘留92人，摸排管控交通违法肇事等七类人员3523人，开展屋场会、交通安全第一课、开学第一课156场次。

2022年1月10日，区公安分局举行庆祝“中国人民警察节”升警旗暨“湖南公安荣誉章”颁授仪式（区公安分局 供图）

有效压减交通事故，交通事故死亡人数比2021年下降11%。（梁景宇）

【庆祝“中国人民警察节”升警旗暨“湖南公安荣誉章”颁授仪式】 2022年1月10日，区公安分局举行庆祝“中国人民警察节”升警旗暨“湖南公安荣誉章”颁授仪式。全体局领导，150名民警代表参加仪式。13名护旗手护卫警旗入场，伴随着《中国人民警察警歌》升起警旗，人民警察列队肃立，面向警旗庄严敬礼。升警旗仪式后，副区长、公安分局党委书记、局长廖勇为5名（分局党委副书记、副局长梁志刚，乌山派出所所长杨仕贵，桥驿派出所民警胡湘宏，水上派出所副所长唐伟，治安大队民警袁红专）获“湖南公安荣誉章”的民警代表颁发荣誉章。（梁景宇）

【“6·15”跨境网络赌博案侦破】 2022年8月26日，公安部“122”机制办因“6·15”跨境网络赌博案涉案人员层级高、涉及区域广，为查明全案犯罪事实，完善证据链条，全面打击涉案团伙成员，将此案列为国家“122”机制办挂牌督办案件并开展全国集群战役。长沙市公安局望城分局推进打击跨境网络赌博专项斗争，于2020年6月18日立案侦办“6·15”跨境网络赌博案。经过前期大量细致的侦查工作，分别于2020年7月15日、2020年8月26日、2021年3月1日对“6·15”跨境网络赌博案发起三轮收网，行动共出动警力100余人，分别在湖南省、福建省、湖北省、广东省、北京市等省市抓获违法犯罪嫌疑人26人，刑事拘留23人，治安处罚3人，查实涉案资金3.4亿元，扣押作案手机近百台，打掉国内第三方支付工作室2个，斩断菲律宾九龙集团在中国境内3个较大的赌博代理团队。（梁景宇）

【“2022·6·16假冒注册商标”案侦破】 2022年6月16日，区公安分局侦破“2022·6·16假冒注册商标案”，抓获主要犯罪嫌疑人7人，其中采取刑事强制措施7人，现场扣押“廖源堂商标医用外科口罩包装袋”11610只、“廖源堂商标医用外科口罩合格证”14950只、“廖源堂商标医用外科口罩”234920只、封口机2台，暂查证涉案金额56.7万元，捣毁制售、仓储假口罩窝点3处，斩断形成规模化生产、加工、销售为一体的制假售假口罩产业链条。该案犯罪销售网络涉及全国18个省、市，且涉及其他在诉案件。为全面固定犯罪证据，做到团伙定性准确、法律适用到位，

提高整体打击质效，特将该案列为省督案件。（梁景宇）

【系列白天技术开锁入室盗窃案侦破】 2022 年，区公安分局党委为贯彻落实公安部、省公安厅、市公安局党委关于开展夏季治安打击整治“百日行动”部署要求，高度重视辖区内现行盗窃案件的侦破工作，切实保护人民群众的财产安全。分局通过“快勘查”系统查询比中辖区“2022·7·16”富基世纪公园盗窃案同种类型鞋样，结合视频侦查开展工作，视频串并案件3起，最终锁定并抓获犯罪嫌疑人谢某某，侦破涉案价值37万余元的涉及望城、岳麓等地的系列白天技术开锁入室盗窃案。

（梁景宇）

2022 年 2 月 9 日，长沙市公安局望城分局第二十届“十佳雷锋式民警”演讲比赛举行（区公安分局 供图）

【湖南君湘石油化工有限公司虚开增值税专用发票案侦破】 2022 年 8 月 29 日，区公安分局对湖南君湘石油化工有限公司虚开增值税专用发票案立案侦查。在长沙市公安局经侦支队牵头和指导下，望城分局经侦大队通过对申请留抵退税的企业的成品油类发票的来源进行深度剖析，综合运用发票流穿透、企业账目关联、资金流分析、大数据研判等手段结合，侦破涉及该虚开网络的开票企业、黑中介、受票企业环节，摧毁一个完整的成品油虚开发票及骗取留抵退税犯罪链条。抓获犯罪嫌疑人5人，打掉3个虚开团伙，打击涉案公司5家，深挖拓展出涉及湖南省、山东省、陕西省、天津市等15个省、市的涉案企业79家，涉案金额价税合计1.7亿余元。

（梁景宇）

【“2·18”生产销售有毒有害食品案侦破】 2022 年 2 月 8 日，区公安分局接到群众报案称，其通过电话方式，购买2瓶“尕乐蜂蜂蜜”保健品，食用后发现有明显壮阳的作用，怀疑保健品添加有毒有害物质。获悉该线索后，民警立即将报警人购买的“尕乐蜂蜂蜜”送至中国检验认证集团湖南有限公司进行检验。经检验发现，“尕乐蜂蜂蜜”含有严禁添加的他达那非成分。警情上报后，分局迅速组织警力展开侦查，逐步梳理出一个以湖南益阳籍男子熊某为首的销售有毒有害食品的犯罪团伙。经过5个多月深度侦查，分局成立“2·18”专案组，于2022年7月7日出动警力100余人，辗转新疆、常德、长沙、益阳、娄底多地，打掉“2·18”针对老年人生产销售有毒有害食品的犯罪集团，端掉团伙窝点6个，抓获犯罪嫌疑人40余人，现场查扣价值300万余元的有毒有害蜂蜜，成品蜂蜜50桶、未灌装玻璃瓶价值15万元、他达那非15千克，以及手机、电脑等作案工具一大批。该案涉案价值3000万元，是近年来食药环领域且针对老年人群体影响最大、规模最大的案件。（梁景宇）

【长沙市公安局望城分局白沙洲派出所、大泽湖派出所揭牌仪式】 2022 年 1 月 10 日，是第二个“中国人民警察节”。当天，长沙市公安局望城分局白沙洲派出所和大泽湖派出所举行揭牌仪式。区委常委、区委政法委书记，副区长、公安分局党委书记、局长廖勇出席仪式并为两个派出所揭牌，白沙洲街道、大泽湖街道相关负责人，公安分局全体班子成员、各科、室、所、队主要负责人参加。在白沙洲派出所揭牌仪式上，举行升国旗仪式，白沙洲派出所所长刘四海致答谢词。根据公安部“一街一所”要求，成立白沙洲派出所，“星城派出所”更名为“大泽湖派出所”。（梁景宇）

【第二十届“十佳雷锋式民警”演讲比赛】 2022 年 2 月 9 日，区公安分局举行第二十届“十佳雷锋式民警”演讲比赛。局领导，各科室所队主要负责人、教导员，第十七、十八、十九届“十佳雷锋式民警”称号获得者，参赛民警所在单位民辅警代表180余人现场观赛，来自分局各警种的19名“十佳雷锋式民警”候选人参与演讲。经过激烈角逐和评委打分，阳雄、虢仲谋、邹佳、刘真、常兰兮、朱继威、罗献祥、邱从伟、何威、李波等10人获第二十届“十佳雷锋式民警”称号。

（梁景宇）

检　察

【概况】 2022 年，长沙市望城区人民检察院（以下简称区检察院）围绕建设“雷锋式检察院”总目标开展检察工作。办理刑事、民事、行政和公益诉讼检察案件4392件，比2021年上升59%。少捕慎诉慎押、未成年人保护、公益诉讼检察、检察宣传、文化建设和对口帮扶等6项工作被最高人民检察院、省人民检察院推介或表彰，连续两年获评“全市先进基层检察院”。

（王沐子）

【刑事检察】 2022年，区检察院会同公安机关设立侦查监督与协作配合办公室，促进办案质量提升。针对有案不立，监督立案26件；针对不当立案，监督撤案29件。纠正漏捕8人、漏诉113人，纠正侦查活动违法201件。监督立案的康光明等5人集资诈骗案，康光明被判处无期徒刑。加强刑事审判活动监督。重点监督“诉判不一”案件，对认为确有错误的刑事裁判，提出抗诉2件。开展刑事执行专项监督。纠正社区矫正监管不当86件次，纠正监管活动违法21件次。纠正减刑、假释、暂予监外执行不当21件次，监督对45起刑事案件罚金刑执行到位。

（王沐子）

【民事行政检察】 2022年，区检察院办理各类民事检察案件767件，比2021年上升284%。开展虚假诉讼专项监督。审查发现丁某洋等人与中介串通，通过虚假诉讼，拍卖限购房屋，对此发出再审检察建议，获法院采纳；向住建部门制发检察建议，推动全区开展房产交易领域专项整治行动。注重保护弱势群体。支持202名购房者起诉违约开发商，最大程度维护群众合法权益。办理各类行政检察案件426件，比2021年上升335%。加强协作，优化监督环境。争取区委、区政府支持，将检察建议采纳整改情况纳入绩效考核，提升监督刚性。发出检察建议102份，行政机关均采纳整改并回复。主动协调，促进争议化解。通过公开听证、司法救助等多种方式，促进化解行政争议45件，实现案结事了政和。

（王沐子）

【公益诉讼检察】 2022年，望城区建立“益心为公”志愿服务平台，与“12345”政务热线建立协作机制，将人民群众反映强烈的问题转化为案件线索，办理公益诉讼案件140件。以诉前实现维护公益目的为最佳司法状态，通过磋商、检察建议，111件案件在诉前解决公益损害问题。针对21家医疗卫生机构不规范录存个人信息行为，发出全省首份保护公民生物信息检察建议，医疗机构迅速整改，消除80万余条敏感生物信息泄漏风险。把起诉做成法治样本，依法提起刑事附带民事公益诉讼9件，全部获判决支持。孙某等4人销售“毒狗肉”，严重侵害公民身体健康，法院采纳指控意见，判处孙某等人有期徒刑，并支付惩罚性赔偿金18万元，让肆意损害公益者付出更高代价。

（王沐子）

【未成年人检察】 2022年，区检察院依法处理涉未成年犯罪。对侵害未成年人的犯罪“不手软”，开展“利剑护蕾”行动，批捕34人，起诉26人。对涉罪较轻的未成年人“不放弃”，最大限度教育感化挽救，不起诉31人，附条件不起诉28人，占结案总数的41%。发出督促监护令112份，引导、监督涉罪未成年人的家长履行监护职责；对较重犯罪的未成年人“不放纵”，坚决起诉18人，比2021年上升16.7%。凝聚未成年人保护合力。开展校园饮用水和食品安全、电子烟、旅馆入住等公益诉讼专项行动，发现问题39个，全部督促整改。在一起盗窃案中，跨市州协调多家行政单位，为被告人无人照料的3名未成年子女申请低保救助和政府监护，此做法被最高人民检察院推介。持续推进“一号检察建议”。对全区7355名教育工作者开展犯罪调查和入职查询，做到全覆盖、无死角。落实侵害未成年人强制报告制度，发现犯罪线索并督促立案1人。选派27名检察人员担任29所中小学（幼儿园）法治副校长，推动法治教育和保护未成年人从娃娃抓起。

（王沐子）

【检察监督】 2022年，区检察院做优刑事诉讼监督。完善侦查监督制约机制，会同公安机关设立侦查监督与协作配合办公室，促进办案质量提升。针对有案不立的现象，监督立案26件；针对不当立案问题，监督撤案29件。纠正漏捕8人、漏诉113人，纠正侦查活动违法201件。加强刑事审判活动监督，重点监督“诉判不一”案件，对确有错误的刑事裁判，提出抗诉2件。开展刑事执行专项监督，纠正社区矫正监管不当86件次，纠正监管活动违法21件次；纠正减刑、假释、暂予监外执行不当21件次；监督对45起刑事案件罚金刑执行到位。做强民事检察监督，办理各类民事检察案件767件，比2021年上升284%。开展虚假诉讼专项监督，审查发现丁某等人与中介串通，通过虚假诉讼，拍卖限购房屋，对此发出再审检察建议，获法院采纳。向住建部门制发检察建议，推动全区开展房产交易领域专项整治行动。注重保护弱势群体，支持202名购房者起诉违约开发商，最大限度维护群众合法权益。做实行政检察监督，办理各类行政检察案件426件，比2021年上升335%。加强协作，优化监督环境。争取区委、政府支持，将检察建议采纳整改情况纳入绩效考核，提升监督刚性。发出检察建议102份，行政机关均采纳整改并回复。通过公开听证、司法救助等多种方式，促进化解行政争议45件。做好公益诉讼检察监督，建立“益心为公”志愿服务平台，与“12345”政务热线建立协作机制，将人民群众反映强烈的问题转化为案件线索；以诉前实现维护公益目的为最佳司法状态，通过磋商、检察建议，多起案件在诉前解决公益损害问题。针对医疗卫生机构不规范录存个人信息行为，发出全省首份保护公民生物信息检察建议，以消除敏感生物信息泄漏风险。

（王沐子）

【检务公开】 2022年，区检察院自觉接受人大监督和政协民主监督。向区人大常委会专题报告工作3次，办理人大代表、政协委员事项3个，邀请20余名人大代表、政协委员走进检察机关现场监督指导工作。依法接受履职监督。在全市率先建立本地听证人才库，吸纳60名企业代表、行业专家“面对面”监督办案质效；邀请人民监督员监督办案活动114人次，让公平正义更加可视、可评、可感。真诚接受社会监督。深化检务公开，依法接待律师694人次，接受案件信息查询545次，发布检察信息2600余条，以公开促公正、赢公信。

（王沐子）

【检务为民服务】 2022年，区检察院依托“守望”法治先锋服务队开展法治宣讲57场，平均每6天开展1次法治志愿活动，服务群众2万余人。探索轻微犯罪“慎诉”机制，对轻微犯罪嫌疑人不起诉时，设置赔偿和解、生态修复、公益服务、慈善捐赠等5个方面的悔罪考察程序，引导拟不起诉人参与公益服务3万余个小时，自愿捐赠的拟被不起诉人直接将惩戒性慈善金捐给青少年发展基金会，用于雷锋号“希望小屋”青少年关爱项目，帮助80余名基层家庭经济困难青少年改造居住空间。

（王沐子）

【检察改革创新】 2022年，区检察院成立“数据检察”工作领导小组，组建由办公室技术人员、业务部门检察人员组成的数据专业团队。探索“以数字检察为动能，以类案监督为抓手，以促进溯源治理为目标”的创新发展新路子。为解决好非羁押人员持续增长，传统的“人盯人”方式效率低下，以及非羁押人员失联脱管、传唤不到案等难题，联合区公安分局研发非羁押人员云监管平台，通过人脸识别、电子围栏、轨迹追踪、违规预警等功能，实现对非羁押人员的全天候“云”监管。云监管平台上线一年，对非羁押人员进行“云”监管，监督执行机关对违反监管规定的人员进行警告、惩戒151人次，无一人失控、脱管、脱逃，得到省、市院推介。

（王沐子）

【审查逮捕和审查起诉】 2022年，区检察院受理提请逮捕案件451件816人，人数比2021年下降21%；经审查，批准逮捕犯罪嫌疑人435人，比2021年下降41%。受理移送起诉案件931件1860人，人数比2021年上升24%；经审查，提起公诉1268人，比2021年上升11%。

（王沐子）

【营造法治化营商环境】 2022年，区检察院紧扣司法职能安商惠企，对侵害企业权益的犯罪从严打击，批捕12人，起诉69人，为企业追回损失3500万余元。为150家企业开展法治宣讲，解决涉法问题20件次。

（王沐子）

【“守望”法治先锋服务队法治宣讲】 2022年12月13日，区检察院“守望”法治先锋服务队志愿服务项目获评长沙市望城区“雷锋杯”志愿服务大赛二等奖。区检察院“守望”法治先锋服务队于2021年12月3日成立，是一支以“80后”青年干警为主体，全体检察人员参加、为提升检察助力市域治理能力水平的雷锋式志愿法治服务队。2022年，守望法治先锋服务队中有34名队员担任辖区42所学校法治副校长，实现区域内法治副校长全覆盖，“进机关、进学校、进乡村、进社区、进企业、进特殊群体”开展《学习贯彻中共二十大精神，依法执教育人，传承优良师风》法治课、《中华人民共和国家庭教育促进法》法治宣讲进社区、“开学第一课”法治进校园巡讲活动等法治宣讲，授课57批次，受众2万余人。

（王沐子）

【规范养老机构依法运营行政公益诉讼案督促】 2022年9月，区检察院经过近 年的情况排查、立案办理、行政公益诉讼立案，针对运营不规范甚至涉嫌违法经营的养老机构向有关行政部门发出检察建议，督促区民政局与区市场监督管理局、区公安分局、区消防大队等8家单位开展联合行动，促进监管职能到位，相关行政机关对运营不规范的养老机构依法查处，对养老机构非法集资安全隐患进行排查和防范，规范养老机构依法运营。2021年11月，区检察院在履职中发现辖区内几十家养老机构普遍存在问题。对此，2021年11月，区检察院依法进行行政公益诉讼立案，先后向区民政局、区市场监督管理局等相关职能部门发出诉前检察建议，督促职能部门尽快进行风险排查，进一步加大对养老机构监督检查力度，堵塞监管漏洞。2022年7月，区民政局、区市场监督管理局书面回复已建立有效的衔接机制，并制定防范养老领域非法集资和养老诈

2022年12月13日，区检察院“守望”法治先锋服务队志愿服务项目获长沙市望城区“雷锋杯”志愿服务大赛二等奖　（区融媒体中心 供图）

骗联合检查等行动方案。2022年9月7日，区民政局与区市场监督管理局、区公安分局、区消防大队等8家单位开展联合行动，重点检查以提供养老服务等为名实施侵害老年人合法权益的违法行为，对运营不规范的养老机构当场下达责令整改通知书4份。（王沐子）

法 院

【概况】 2022年，长沙市望城区人民法院（以下简称区法院）受理各类案件24695件，审（执）结20875件，分别比2021年上升32.01%、18.27%，结收比88.31%。推进认罪认罚从宽制度改革，开展“利剑护蕾”专项行动，严厉打击拒执等违法犯罪行为。优化人民法庭布局，白沙洲人民法庭挂牌，建成云上法庭9套。严格执行防止干预司法“三个规定”（《领导干部干预司法活动、插手具体案件处理的记录、通报和责任追究规定》《司法机关内部人员过问案件的记录和责任追究规定》《关于进一步规范司法人员与当事人、律师、特殊关系人、中介组织接触交往行为的若干规定》），各项工作稳步推进。区法院获全省法院先进集体，39人次在最高法院及省、市、区立功受奖。（任 静）

【刑事审判】 2022年，区法院受理刑事案件681件1372人，审结640件1328人。推进扫黑除恶斗争常态化，审结涉黑涉恶犯罪案件3件15人。依法严惩群众反映强烈的各类违法犯罪活动，审结抢劫、强奸、聚众斗殴、诈骗等犯罪案件31件63人；审结非法捕捞、非法采矿、盗伐林木等生态环境犯罪案件11件25人。开展“利剑护蕾”专项行动，审结性侵未成年人犯罪案件23件25人。以零容忍态度反腐惩恶，审结贪污贿赂等职务犯罪案件3件3人。（任 静）

【民事审判】 2022年，区法院受理民商事案件13529件，审结11831件。深化家事审判改革，审结婚姻、继承等家事纠纷案件643件，发出人身保护令10份；审结教育、医疗、就业等案件101件；审结涉房产交易、装饰装修、物业服务等案件4387件，保障人民群众安居乐业；审结劳动争议案件614件，构建良性和谐劳动关系；审结健康权、荣誉权、隐私权等人格权纠纷案件72件，保障人格尊严不受侵害；审结交通事故、高空坠物等侵权责任纠纷案件431件，维护被侵权人合法权益。（任 静）

【司法服务】 2022年，区法院严厉打击涉众型金融犯罪，审结“华创远大”“鼎治泰达”“万佛岭”等非法集资案件28件100人。集中管辖省高院交办的大型房企因资金链断裂引发的系列房地产纠纷案件，有序接收全省移交案件6490件，分类分批审理，衔接稳控执行，配合落实“复工复产保交楼”工作。分批分片参加自建房大排查、大整治，消除安全隐患。及时化解租赁合同纠纷案件32件，支持盘树湾组征收拆迁工作。（任 静）

【案件执行】 2022年，区法院受理执行案件8596件，执结7569件，执行到位金额7.7亿元。依法严厉打击拒执等违法犯罪行为，移送犯罪线索12件，追究刑事责任1人。加大信用惩戒力度，将700个（名）单位、个人纳入失信被执行人名单，对3758个（名）单位、个人限制高消费，官微官网发布相关信息、曝光失信名单3批次。开展涉民生案件专项行动，执结涉民生案件583件，执行到位金额4823.66万元，其中执结涉农民工工资案件241件，追回农民工工资1027.76万元。（任 静）

【诉讼制度改革】 2022年，区法院推进认罪认罚从宽制度改革，审结认罪认罚案件620件1312人，适用速裁程序案件162件。推进以审判为中心的刑事诉讼制度改革，落实“三项规程”（《人民法院办理刑事案件庭前会议规程（试行）》《人民法院办理刑事案件排除非法证据规程（试行）》《人民法院办理刑事案件第一审普通程序法庭调查规程（试行）》），排除非法证据，防范冤假错案。完善繁简分流机制，配齐配强速裁团队力量，推广小额诉讼程序，适用小额诉讼程序办结案件702件，从简从快审理案件。全面准确落实司法责任制，细化审判权力和责任清单，加强“四类案件”（重大、疑难、复杂、敏感的案件，涉及群体性纠纷或者引发社会广泛关注，可能影响社会稳定的案件，与该院或者上级人民法院的类案裁判可能发生冲突的案件，有关单位或者个人反映法官有违法审判行为的案件）监管。坚持院庭长带头办案，院庭长办理疑难复杂案件4308件。（任 静）

【诉讼服务体系建设】 2022年，区法院完善诉讼服务中心和人民法庭诉讼服务窗口建设，深化诉调对接，诉前分流案件7741件。受理现场立案9883件、网上立案3646件，为江苏、新疆等异地当事人提供跨域立案16件。优化在线鉴定、诉讼保全、道交一体化等专业平台，在线委托鉴定8件，网上诉讼保全1216件，交通事故“网上数据一体化”成功调成案件285件。加大巡回审判力度，员额法官就近担任望城一中等中小学法治副校长，以公开宣判、以案说法、送法下乡等形式不断满足基层群众司法需求。（任 静）

【便民诉讼工作创新】 2022年，区法院推进现代化诉讼服务体系建设，完善便民诉讼服务网络，加大巡回审判和法治宣传力度。坚持把非诉纠纷机制挺在前面，坚持和发展新时代“枫桥经验”，快速解决争议。深入推进人民法院调解平台进乡村、进社区、进网格，通过法官“包村包社区”，与150个村（社区）构建常态化联系，形成覆盖辖区网络的诉源治理服务平台，采取巡回审判、专题法律讲座，“普法直通车”等方式加强诉源治理，全年诉前调解7741件，调成4451件，诉前化解矛盾成功率

57.5%，将矛盾纠纷化解在源头。按照最高人民法院指导案例或公报案例标准，不断加强裁判文书释法说理，努力提高裁判文书质量，继续推进裁判文书上网公开，实现看得见的正义。（任 静）

【审判公开制度改革】 2022年，区法院推进四大司法公开平台建设（审判流程公开、庭审活动公开、裁判文书公开、执行信息公开），向当事人及时发送审判执行流程信息，裁判文书上网14707份，庭审直播6398场次，直播率45%，直播观看94万人次，保障人民群众对法院工作知情权、参与权和监督权。发布婚姻家庭、土地权益保护、企业普法专刊，发放《望城法眼》700份，营造良好学法、尊法氛围。（任 静）

【助力营商环境优化】 2022年，区法院受理商事纠纷案件11429件，审结10127件。审结建设工程、大宗商品交易等合同纠纷案件721件，合理平衡双方利益，依法化解东马国际熙庭原著项目300余户合同纠纷案件。审结与公司、票据、保险等有关案件582件，维护市场交易秩序。受理破产清算案件（含强制清算）6件，加大府院联动力度，实现企业“当清则清”。审查土地征收等行政非诉案件23件，依法支持重点项目建设，以实际行动全面落实“三高四新”战略定位和使命任务。（任 静）

【基层社会治理参与】 2022年，区法院优化人民法庭布局，白沙洲人民法庭挂牌。人民法庭和派驻巡回法庭共受理案件5647件，为辖区群众提供就近高效便民的诉讼服务。依法审理涉农金融案件，审结民间借贷、金融借款等案件1474件，服务中小微企业融资，实现民间资本有序流动。推进诉源治理，拓宽第三方参与矛盾化解渠道，携手长沙市价格认证中心调解省内首例涉价格争议诉前纠纷。人民法院调解平台进社区、进网格、进乡村，重点街镇、（村）社区全覆盖，全年诉前调解案件4451件。（任 静）

2022年6月22日，区人民法院白沙洲人民法庭揭牌成立

（区融媒体中心 供图）

【智慧法院建设】 2022年，区法院建成云上法庭9套，通过人民法院在线服务、云上法庭等远程视频方式审理案件2513件，助力办案质量和效率双提升。建成集远程提讯开庭、同步录音录像、网络庭审直播于一体的远程法庭，实现新冠疫情防控与办案执法双统筹。加强审判流程标准化建设，推动案件全程留痕，实现从立案到结案归档各个节点的待办提示、临期催办、风险预警。推广文书智能编写、庭审语音识别、机器人自动盖章，提升审判执行信息化水平。（任 静）

【湖南首例携手市价格认证中心调解纠纷】 2022年10月17日，长沙市发展和改革委员会市价格认证中心与长沙市望城区人民法院携手，调解一起因价格争议引起的民事纠纷。这是最高人民法院、国家发展改革委及司法部联合印发《关于深入开展价格争议纠纷调解工作的意见》以来，湖南省第一例由价格认定机构参与“人民法院调解平台”总对总在线调解平台诉前调解成功的涉价格争议民事纠纷。市发改委价格认证中心参与涉价格争议民事纠纷的调解，是湖南省价格认定机构在价格争议纠纷调解迈出的第一步，也是长沙法院一站式多元解纷机制的完善与深化。（任 静）

司法行政

【概况】 2022年，长沙市望城区司法局（以下简称区司法局）指导谭家园村获评第九批“全国民主法治示范村（社区）”，区法律援助中心获评2022年全省法律援助案件质量评估优秀单位，区司法局机关干部刘甜获评全省司法行政工作先进个人。（钟涵琦）

【法治宣传】 2022年，望城区出台“八五”普法规划，全面落实“谁执法谁普法”责任制。区司法局对12个村（社区）进行区级“民主法治示范村（社区）”验收，指导谭家园村申创全国“民主法治示范村”，指导九峰山村等3个村申创全市“法治乡村示范点”。加强习近平法治思想学习宣传，推动将其纳入区委、区政府中心组和党校“四炼”营课程。利用农村法治宣传月、安全生产月、国家安全日等重要节点，开展“大学生‘送法下乡’助力美好生活”等法治文化宣传活动19场。（钟涵琦）

【公共法律服务】 2022年，望城区建优三级公共法律服务平台，实现村（社区）法律顾问全覆盖，提高法律服务项目建设、民生事业、社会治理、党政机关的质量。区司法局全年办理法律援助案件513件，获评全省法律援助案件质量评估优秀单位。组织实施“八五”普法，落实“谁执法谁普法”责任制，推动“法律八进”，开展“大学生‘送法下乡’助力美好生活”等法治文化宣传活动。组织国家工作人员参加学法考法，通过率100%。（钟涵琦）

【社区矫正】 2022年，望城区全面提升社区矫正和安置帮教规范化水平，开展排查整治专项活动，为中共二十大召开营造安全稳定的社会环境。区司法局进行信息化、通信电话核查3.5万人次，训诫、警告25人次，提请收监执行建议6人；与区检察院进行脱漏管信息比对35人次，完成公安出入境报备、限制出境385人；组织集中教育18场次，走访、个别谈话2684人次，帮扶救助困难矫正对象15名。全区在册社区矫正对象未出现脱管失控、重大恶性案件、重大群体性事件和重大负面舆情事件。加快推进智慧矫正二期项目实施。（钟涵琦）

【人民调解】 2022年，望城区完善“三调联动”（人民调解、司法调解和行政调解联动）为主和专（行）群调解结合的模式，各街镇调委会、村（社区）调委会、行业调委会做到“六统一”（标牌、印章、标识、程序、制度、文书统一）。坚持和发展新时代“枫桥经验”，开展“调解促稳定 喜迎二十大”专项活动，指导督促各司法所每月定期开展矛盾纠纷排查、村（社区）每周排查。受理矛盾纠纷1.13万余起，调解成功率98%，无一起“民转刑”案件发生。强化行（专）调解室建设，通过政府购买服务形式聘用32名专职调解员，每年固定投入150万元。完善人民调解“以奖代补”制度，每年用于“以奖代补”经费约60万元。开展人民调解员和专职调解员培训，提升调解业务能力水平。建立健全商事纠纷调解网络，累计受理商事纠纷1000余起，调解成功率93%，协议金额约2500万元。设立劳资纠纷快处快结调解中心，成立劳动争议纠纷人民调解委员会，涵盖劳动监察、劳动仲裁、司法确认和法律援助等功能，实现劳资纠纷一站式快处快结、“只跑一次”，及时有效处理涉企纠纷。（钟涵琦）

【律师工作】 2022年，望城区有3家区直律师事务所、3家市直律师事务所，执业律师54人，区司法局开展律师事务所年度考核实地检查，现场查看党建工作记录、业务卷宗、执业档案、收结案登记簿、制度汇编等内容，详细了解律师事务所在党建工作开展、队伍建设、业务活动开展、办公场所布置和内部管理规范等方面的情况。组织律师定期到村（社区）提供现场法律服务。（钟涵琦）

【公证工作】 2022年，区司法局下属的二级机构湘江公证处共办理各类公证案件23043件，其中境内民事案件18534件、涉外案件4062件、涉台407件、涉港澳40件。2022年为企业办理保全证据公证案件60余件，开展公证法律服务宣传2次。办理“只跑一次”公证案件10余次，为有需要的企业提供“上门服务”10余次，接待企业咨询120余件。（钟涵琦）

【法律援助】 2022年，望城区建优三级公共法律服务平台，实现村（社区）法律顾问全覆盖。区司法局进一步简化法律援助受理审查程序，办理法律援助案件459件，其中民事案件168件、刑事案件271件、认罪认罚案件20件。开展律师事务所、法律服务所年度考核实地检查。落实“一村（社区）一法律顾问”制度，组织法律顾问到村（社区）提供现场法律服务，解答咨询1000余件，办理法律援助事项近30件，参与纠纷调解100余起。望城区司法局获评全省法律援助案件质量评估优秀单位。（钟涵琦）

2022年6月15日，区司法局举行司法所社区矫正专干工作培训（陈 光 摄）

【依法行政能力提升】 2022年，望城区严格规范公正文明执法，推进行政执法“三项制度”（行政执法公示制度、执法全过程记录制度、重大执法决定法制审核制度）。区司法局落实行政执法信息公示制度，分两轮对30个执法单位80本案卷进行评查，以评促改，规范执法行为。组织道路安全监管领域执法检查。指导乡镇（街道）在应急领域委托执法中运用新的裁量基准，对安全违法行为严管重罚。开展道路交通领域、自建房领域执法检查，督促执法单位责任上肩。加强执法队伍建设，组织执法队伍培训和全区行政执法资格考试报名工作，完成全区690人行政执法证申领工作。在卫生健康、城市管理等领域探索“首错免罚”制度。推进行政复议与应诉工作，加强望城区行政机关负责人出庭应诉能力，规范出庭应诉行为，提请区政府常务会审议通过《长沙市望城区行政机关负责人出庭应诉工作办法》，将行政机关负责人出庭应诉情况纳入法治政府建设考核，以区政府为被告的行政机关负责人出庭应诉率超91%，全区行政机关负责人出庭应诉率84%。办理行政案件237件，其中行政复议案件103件，行政诉讼案件116件，行政复议答复18件，暂无败复议案件。服务全区征拆中心工作，参加一、二、三轮会审80余次。（钟涵琦）

【“全国民主法治示范村（社区）”指导创建】 2022年，区司法局指导茶亭镇谭家园村创建“全国民主法治示范村”。派出驻村法律顾问授课，通过授课加强村干部、村民等群体的法治教育，发挥“法律明白人”在基层民主法治建设，提高群众法治素养、预防和化解社会矛盾中的示范引领作用。组织司法所、派出所的普法骨干到村里开展法治宣传教育。谭家园村基本实现小纠纷不出组、大矛盾不出村，矛盾调解成功率97%，无民事纠纷引起的刑事案件，无民间纠纷引起的治安案件和群体性上访事件。谭家园村落实“四议两公开”，保障村民正确行使民主权利。通过“民主法治示范村”创建活动，谭家园村在民主法治、村容村貌、乡村治理等方面得到提升，提高村干部民主决策、民主管理的自觉性，促进村民观念的转变，增强村民的民主法治意识。2022年年底，谭家园村获“全国民主法治示范村”称号。（钟涵琦）

仲 裁

【概况】 2022年，望城区受理劳动争议案件1505件，调解率60%。在全市率先设立“劳资纠纷快处快结调解中心”，调处各类劳资纠纷51件，涉及金额88.91万元。（唐定乾）

【劳动仲裁】 2022年，望城区劳动人事争议仲裁委推进多元化纠纷解决机制，受理各类劳动争议案件1505件，裁决429件，调解380件，撤诉275件，不予受理197件，逾期证明30件，中止审理14件，移送芙蓉区处理1件，双方送达后等待开庭的案件137件，处理中案件42件。调解率60%。实现仲裁案件多元解决纠纷，满足群众差异化司法需求。（唐定乾）

【劳资纠纷化解】 2022年，望城区劳动人事争议仲裁委处理“12345”政务热线工单5229条。处理行政复议申请案件1件，审结1件，复议维持1件，复议维持率100%。处理行政诉讼案件17件，审结14件，审结案件中，撤诉4件，驳回原告诉讼请求6件，判决撤销4件。处理各类信访件71件、区长信箱46件、省长交办件8件，省委巡视组交办件6件、申请政府信息公开2件。对于来访者和群众所反映的问题，及时做好台账，做到及时受理、依法答复。落实行政机关出庭应诉，安排熟悉相关业务的工作人员与专业的律师按时出庭应诉，支持法院受理行政案件，尊重并执行法院生效裁判。指导完成区内2021年企业薪酬调查填报工作，涉及区内277家企业，完成率100%。（唐定乾）

【劳资纠纷快处快结调解中心成立】 2022年9月，区人社局牵头，联合区总工会、望城经开区、区司法局、区法院，在全市率先设立“劳资纠纷快处快结调解中心”。调解中心位于经开区，设立“一台两室”（咨询服务台、受理登记室、案件调解室）的组织架构，采取“三环紧扣”（前台坚持首问服务，分类导流；中室登记受理，全程调解；后院依法处理，多元化解）的流程，涵盖劳动监察、劳动仲裁、司法确认和法律援助等功能，实现“人民调解、行政调解和司法调解”三大调解有机衔接，形成“一体化调解”的综合调解联动模式。截至2022年年底，调解中心接待各类来电来访、咨询155人次，涉及金额205万余元；调处各类劳资纠纷51件，涉及金额88.91万元。（唐定乾）

军　事

MILITARY AFFAIRS

编辑　李富强

区人武部

【概况】 2022年，长沙市望城区人民武装部（以下简称区人武部）坚持以习近平强军思想为指导，贯彻党中央、中央军委和上级党委决策部署，围绕“坚定举旗铸魂、聚力备战打仗、落实改革要求、夯实基层基础、确保安全稳定”建设思路，全面建设稳步提升，被中央军委国防动员部评为“正规化建设先进单位”，被湖南省军区评为“军事训练先进单位”，被省委宣传部确定为第三批学雷锋活动示范点。（胡满兰）

【思想政治建设】 2022年，区人武部着眼夯实党管武装思想根基，坚持不懈用习近平新时代中国特色社会主义思想和习近平强军思想浇灌部队、武装官兵，坚决把思想和行动统一到党中央的决策部署上来，传达学习全国两会期间习近平主席参加解放军和武警部队代表团全体会议重要讲话精神，以及国防和军队建设一系列重要指示。学习宣传贯彻中共二十大精神，组织全体干部职工和民兵模范连收看中共二十大开幕会，组织中共二十大精神专题集中学习5次，专题研讨会4次，全体干部职工撰写心得体会和研讨材料50余篇。组成雷锋特色民兵宣讲队伍，深入企业、学校、屋场、村（社区）开展中共二十大精神宣讲活动300余场次，推动中共二十大精神飞入寻常百姓家。深化“忠诚维护核心、矢志奋斗强军”主题教育成效，抓好基干民兵思想政治教育，打好意识形态领域斗争主动仗，军地联合开展净化涉军网络环境、“固网”“飓风”等专项行动，常态组织形势政策教育，全体干部职工、专武干部和广大民兵队伍保持高度集中统一。（胡满兰）

【备战能力建设】 2022年，区人武部坚持把备战打仗作为党委第一要务紧抓不放。召开民兵调整改革领导小组暨民兵建设任务部署会，先后5次组织整组培训、3次组织基层武装部和编兵单位潜力数据会审，按照专业对口、力量集中、属地管理原则，完成全区基干民兵整组任务和预征装备任务。指导推进新域新质民兵力量建设。10余次深入新域新质民兵分队开展现场调研，总结梳理民兵工作规范和试点经验，完成红蓝攻防、战场侦察等搜救课目演示，组织开展第三届“最美民兵”评选活动，在警备区民兵整组潜力数据会审排名全市第二，民兵工作集合点验暨阶段性工作检查排名全市第一，专武干部参加省军区《民兵组织整顿工作实施办法（试行）》知识学习竞赛获个人第二名、团体第三名。突出抓好机关基本技能训练和应急应战业务训练，狠抓民兵分队任务行动训练和整建制备勤拉动演练，严格落实重大节日战备教育和营区防偷袭演练，以机关带民兵分队实战化拉动训练演练模式组织新年度开训动员，每季度常态落实党委议战议训、军情研究、请示报告制度，集中精力组织机关年度备考强化训练，全年完成任务分队基地集中训练和在岗训练，超额完成年度训练任务，组织开展“接过雷锋钢枪、争当民兵榜样”（第三季）集中点验暨民兵分队实战化课目演示活动，会同区应急、水利、人防等部门组织开展军地联合防汛抗洪演练，组织现役军官和文职人员开展新时代民兵课题和俄乌冲突战法研究。区民兵应急分队8天坚守在望城“4·29”居民自建房倒塌救援一线，转移疏散群众1000余人，运送救援物资40余吨。（胡满兰）

【国防动员】 2022年，区人武部深入辖区高校、企业、街镇开展征兵宣传活动，发放征兵宣传手册。推送征兵宣传信息，开展“像雷锋那样当兵”新兵入伍欢送仪式，邀请10名雷锋生前所在部队望城籍退役士兵为新兵传递雷锋钢枪，激发当兵热情，播撒雷锋精神的种子，完成年度兵役征集任务，实现连续3年“无责任退兵”。组织湖南电子科技职业学院开展高校“预征班”建设试点，与湖南军联教育科技公司、望城城发集团、望城水投集团3家企业开展企业征兵试点，完成新入职大学毕业生应征入伍试点任务。推进乡镇街道党管武装工作制度落实，严密组织专武干部业务轮训和资格认证培训，抓好基层武装部星级达标建设。（胡满兰）

【雷锋品牌打造】 2022年，区人武部推动雷锋品牌特色发展，依托辖区红色资源，统筹建好军地国防教育讲师、

2022年3月17日，“像雷锋那样当兵（第三季）”长沙市2022年上半年新兵入伍欢送仪式在望城区人武部举行（区人武部 供图）

女子民兵宣讲队和雷锋志愿者宣传队三支队伍，开通W305路“雷锋·强军号”公交专线，打造成中共二十大精神、雷锋精神、征兵信息移动讲堂。协调中南大学、湖南大学、湖南农业大学等高校在人武部建立雷锋精神践行基地。设立军营开放日，开办雷锋大讲堂，邀请雷锋生前好友冯健、“中国好人”徐正祥等讲雷锋故事，讲战斗精神，组建雷锋大讲堂讲师队伍，邀请党校教师、雷锋纪念馆专家、《雷锋》杂志总编陶克将军辅导授课，推进现场教学课程开发，全年有300余批次9000余人受到精神洗礼。开展“红心向党”诗歌朗诵和“缅怀英烈”“与雷锋同行”纪念革命英烈等系列活动，到大中小学校宣讲国防教育课，打造国防班，巩固国防教育基地教育功能，望城特色国防教育品牌传播及雷锋家乡学雷锋影响力显著增强。编撰《红色望城》《文化望城》《雷锋精神的种子》《像雷锋那样当兵》《他们从雷锋家乡走来》等系列丛书，制作《像雷锋那样忠诚》《雷锋从这里出发》等宣传短视频，带动雷锋东路一条街建设，把“雷锋家乡学雷锋”品牌进一步传承和发扬。（胡满兰）

【安全保障管控】 2022年，区人武部坚持从经常性基础性工作抓起，突出抓好经常性警示教育，常态传达学习安全保密教育录像片、相关违规违纪案例、安全管理知识手册，强化遵规守纪意识。落实部党委每月安全形势分析制度，重大活动组织安全风险评估，将安全预防工作纳入各项工作之中。紧盯“人车枪弹密、气暖电钱网”和营区自身安全防范工作不放松，定期组织安全隐患排查，及时发现和消除安全隐患苗头。紧盯征兵工作、地方慰问、财务审批等涉军涉地复杂问题，规范程序，常讲常查，确保不发生违规违纪问题。重点抓好互联网管理、文电管理、行车安全、微信清理、训练中安全工作和人员“八小时以外”管理等重点部位和环节，形成人人讲安全、事事抓安全的群防群治局面。（胡满兰）

【双拥共建】 2022年，区人武部组织开展“大手牵小手”接力助学、“栽下一棵雷锋树、许下一个从军梦”新兵植树、“携手夕阳红”敬老院结亲、“戍边情·报母恩”功臣家庭走访等活动，组建基干民兵学雷锋志愿服务队开展义务送学、扶贫帮困活动。（胡满兰）

【“像雷锋那样当兵”主题实践活动】 2022年2月11日，区人武部组织预征青年到湖南雷锋纪念馆开展“像雷锋那样当兵”主题实践活动，组织预征青年面向雷锋雕像庄严宣誓，传承弘扬雷锋精神，引导广大应征青年“像雷锋那样当兵，当雷锋那样的兵”。区人武部通过与湖南雷锋纪念馆建立联动机制，邀请雷锋生前战友、同事和雷锋班班长给应征青年讲述雷锋故事，结合役前训练开展主题实践活动，激发应征青年建功军营的热情。建立望城籍现役官兵回访联系制度，持续跟进鼓励官兵积极投身强军事业。（胡满兰）

2022年9月17日，望城召开纪念《中华人民共和国国防教育法》颁布21周年暨国防教育先进表彰大会（区融媒体中心 供图）

【区人武部被中央军委国防动员部记集体三等功】 2022年3月，区人武部被中央军委国防动员部记集体三等功，成为此次国防动员系统唯一获此殊荣的单位。区人武部突出抓好民兵整组、练兵备战和兵役征集工作，连续3年举办“接过雷锋钢枪、争当民兵榜样”和“像雷锋那样当兵”等主题活动，组织民兵完成望城铲冰除雪疏导交通、千龙湖龙舟赛安保执勤任务，多次承担长沙市抗洪抢险民兵演练任务。通过打造雷锋文化墙、雷锋步道、雷锋花园、雷锋大讲堂等，拍摄《像雷锋那样忠诚》宣传片，开通“强军号·雷锋”巴士公交专线，组建雷锋民兵志愿服务队等，传播雷锋精神。（胡满兰）

【《中华人民共和国国防教育法》颁布21周年暨国防教育先进表彰大会】 2022年9月17日，望城区召开纪念《中华人民共和国国防教育法》颁布21周年暨国防教育先进表彰大会，对陈光辉等20名国防教育先进个人和望城区第六中学、靖港镇柏叶小学、湖南军联国防教育基地等10个国防教育先进单位进行表彰。组织各条战线、岗位的400余名群众、学生、军人等，手捧《中华人民共和国国防教育法》读本，重温政策法规，增强社会各界国防意识与国防观念，携手共助全区全民国防教育事业发展。（胡满兰）

【区人武部被评为第三批湖南省学雷锋活动示范点】 2022年12月26日，中共湖南省委宣传部第三批全省学雷锋活动示范点和岗位学雷锋标兵宣传推选活动名单公示，区人武部被评为第三批全省学雷锋活动示范点。望城区人武部建成“八个一”雷锋文化场所，设置“雷锋精神”打卡墙、雷锋亭，制作《像雷锋那样当兵》《红色望城》书籍画册和短视频，开通W305路“雷锋·强军号”公交专线，成立雷锋特色宣讲分队开展宣讲600余场次。（胡满兰）

武警望城中队

2022年9月11日，武警望城中队举行读书分享会活动

（武警望城中队 供图）

【概况】 2022年，武警望城中队按照“抓规范、抓表率、抓效能、出名次、出人才”的总体思路，突出官兵主体地位，营造奋发向上的氛围，着力打造军事样板、岗位能手、文化育人“三个高地”，坚持在“精”字上下真功夫、在“安”字上下实功夫，开拓创新，锐意进取，推动中队全面建设不断前进。2022年，被共青团湖南省委评为“湖南青年五四奖章集体”，被武警长沙支队评为基层建设“四铁”先进单位，1人立三等功，12名官兵获“四有”优秀个人，15名官兵获嘉奖。（欧阳智）

【思想政治建设】 2022年，区武警望城中队以学习宣传贯彻中共二十大精神为牵引，学习《军队基层建设纲要》《中国共产党章程》《习近平谈治国理政》《习近平论强军兴军（三）》等规定书籍，结合学习法规文件，对部队建设形势进行思考和理性分析，支部一班人工作方向更明、思路更清。结合“两征两退”政策，利用老兵退伍和新兵补入时机，及时增补和改选两大组织（团支部、军人委员会），抓好《军队共青团工作规定》和《军人委员会工作规定》的学习贯彻，对组织成员进行考核上岗。团支部统筹制作节假日文体活动方案，开展重温誓词、读红色书籍、写读书心得、讲红色故事等活动20次，组织集体生日10次。中队开展“强军文化”系列活动，将“读书、娱乐、健身”活动和练兵备战结合起来，干部骨干带头参与，班长骨干每周利用办公软件撰写工作汇报、制作会操成绩表、编写教案，从不懂不会到独立完成，取得明显成效。八一建军节，中队协调长沙市图书馆开展“书香进军营 文化助强军”活动，为官兵补足“精神粮食”，加深“军民鱼水情”。完成武警湖南总队政治工作部组织的各类参观建学活动9批次。中队广泛开展新兵下队“十个一”（一场仪式迎接到来、一次点验整理行装、一通电话报告平安、一次谈心解决困难、一次队史学习、一次讲解了解勤务、一场晚会拉近友谊、一次参观品悟荣誉、一顿美食去掉疲惫、一次调整明确部署）及“大谈心”活动，通过“面对面”沟通、“心贴心”交流、“点对点”指导、“一对一”帮带，过实过细了解掌握官兵的思想心理，形成“心事有人听、困难有人帮、犯错有人管、进步有人夸”良好氛围，进一步打牢官兵安心部队建设思想根基。2022年，中队全部青年团员向党支部递交入党申请书，3名入党积极分子发展为预备党员，2名预备党员按期转正。（欧阳智）

【备战能力建设】 2022年，武警望城中队严格落实武警部队新时代执勤安保规范化网上集训精神，结合实际制定中队《执勤精细化管理实施办法》，促进执勤训练水平不断提高。落实常态化新冠疫情防控条件下哨兵防护措施，着力提高官兵情况处置能力。方案演练树导向，以“一句话命令加补充指示”指挥流程为依据，修订完善方案，规范编携配装，严密组织联合方案演练。与目标单位开展执勤隐患排查治理，清理监区周边的树木，更换监区钢网墙、刀刺网、高压电网，及时排除执勤隐患，确保执勤工作安全。2022年，完成武装押解勤务、联勤武装巡逻勤务、望城区“4·29”居民自建房倒塌事故外围警戒、驻地居民房屋自燃救援等重大任务。严格支部议训制度，科学制订训练计划，逐步增加训练强度，夯实训练安全底线。对《军事训练大纲》新增科目、重难点科目重点学习研究，采取“强力抓、下力研、大胆试、扎实做”等方法举措，稳妥展开科目训练，提高军事训练整体质量。结合分队警官指挥技能训练，开展作战勤务标图、战例评析、识图用图等科目训练，及时上报作业成果，指挥技能进步明显。每天坚持一小时体能训练，每周坚持训练科目摸底考核，每月坚持组织一次军事会操，部队军事训练

成绩进步明显。12月，中队官兵在支队军人运动会暨创破纪录活动中，3人取得项目前三名，1人打破支队自动步枪射击纪录。在一至三季度参加支队季度按纲建队考核中分别取得第三名、第一名、第二名。（欧阳智）

【雷锋精神铸魂】 2022年，武警望城中队持续坚持用雷锋精神建队育人。常态开展以"组织一次'争当雷锋接班人，争做雷锋故乡兵'宣誓、进行一次《学雷锋、当先锋》教育、齐唱一次《学习雷锋好榜样》歌曲、讨论一次'新时代如何传承和发扬雷锋精神'、参观一次雷锋纪念馆、领学一次《雷锋日记》"为内容的"六个一"活动，营造浓厚氛围。开展军营开放日活动，中队用零距离的军旅生活和官兵过硬的军事素质及优良传统，对参观人员进行国防教育，2022年接待学习参观人员300余人次。中队官兵利用日常零钱、废品收入及他人捐助等筹集中队"雷锋基金"3000余元，用于延续中队"坚守十四年的约定"，开展"大手牵小手"活动，资助湘江新村严娇、严文俊姐弟生活学习。中队坚持为人民群众办实事、办好事，定期帮助驻地周边老人修家电、剪头发、量血压、做理疗，2022年，收到各类锦旗感谢信20余件。（欧阳智）

【雷锋精神宣讲队建设】 2022年，雷锋精神宣讲队在武警望城中队的统一指导下，利用周末和节假日时机到雷锋纪念馆、街道社区、学校企业教唱雷锋歌曲、讲述雷锋故事、普及国防知识累计80余批次，服务群众2000余人次，2名官兵成为雷锋纪念馆"红肩章"志愿讲解员，10余人被乌山小学聘为"荣誉班主任"。武警望城中队坚持建设一支雷锋精神宣讲队，结合每年新兵下队时机组织人员报名、培训、考核，通过以老带新、现地教学、持证上岗等方式，有效提升雷锋精神宣讲队人员的素质水平，确保能够将雷锋精神讲深、讲透、讲实、讲活。（欧阳智）

人民防空

【概况】 2022年，长沙市望城区人防办公室（以下简称区人防办）按照"长期准备、重点建设、平战结合"方针，有效履行"战时防空、平时服务、应急支援"职能使命，发掘望城特色资源，做到人防宣传"一市一特色、一县（区）一品牌"，完成人防工程认定项目。9月27日，因行政区划调整，望城区金山桥街道、黄金园街道和白箬铺镇人防工程及人防警报设施移交隶属湘江新区经济发展局管理。12月，因机构改革需要，望城区人民防空办公室调整组建为区国防动员办公室（以下简称区国动办），与区发展和改革局合署办公。区人防办被评为全市人防战备能力建设先进单位、全市人防宣传教育先进单位，熊友明被评为望城区"全民国防教育"先进个人。（周 硕）

【人防宣教】 2022年，区人防办发掘望城特色资源，打造人防宣传"一市一特色、一县（区）一品牌"。创新宣传方式，与望城花鼓戏剧团（雷锋艺术团）签订合作协议，通过"送戏下乡"活动平台，利用流动舞台车宣传优势开展人防宣教活动，演出76场次，用通俗易懂的语言、诙谐幽默的形式演出防空防灾"三句半"节目，增强市民群众国防观念、人防意识和应急避险自救能力；突出人防宣教进机关重点，利用辖区地下防空洞资源，融入国防教育内容，让宣教基地发挥对外展示和最大应用功能，建设区人武部国防（人防）宣教基地；结合乡村振兴、美丽乡村建设，在茶亭镇谭家园村新建一处人防宣教基地；结合"5·12"全国防灾减灾日和"11·1"全省警报试鸣日，抓住重要时间节点开展形式多样的人防宣传活动，在靖港镇、铜官镇、月亮岛砂之船广场、兴望社区等地现场居民宣演防空防灾知识、科学避险及自救互救常识，提高群众国防意识、人防意识和防灾减灾知识技能。（周 硕）

【防空应急疏散和救援演练】 2022年，望城区常态化开展防空应急疏散演习和突发事故紧急救援演练。11月1日（全省警报试鸣日），组织东马小学全校师生1500余人开展防空应急疏散演练，提高学校安全应急处置能力，增强师生安全防范意识和自我保护能力。联合区人武部举办"接过雷锋钢枪、争当民兵榜样"——2022年度雷锋民兵分队集中点验仪式，开展暴雨触电救援演练，模拟暴雨环境下突发人员触电紧急事件。（周 硕）

【人防工程隐患排查】 2022年，区人防工程服务中心贯彻省、市人防安全生产指示精神，加强人防工程监管巡查，搞好季度巡查、日常巡查、重点巡查，建立健全巡查台账，实现销号整治，确保人防安全监管到位，隐患排查整治到位。区人民政府副区长、人防办主要领导带队对全区早期、结建式、单建式人防工程开展安全巡查工作，委托望城拓望检测公司开展人防工程结构安全检测，进行相关隐患问题专题研究和交办处置。（周 硕）

【人防类行政审批规范】 2022年，区人防办严格按照人防法律法规和政策要求执行审批制度，做到人防建设费用应收尽收，人防工程应建则建。（周 硕）

【备战能力建设】 2022年，区人防办每月与省人防办进行一次自主选频互联互通，每周与市人防办进行短波、超短波、海事卫星、视频会议系统联调联试，沟通率100%。组织人防专业队和住建民兵、武装部民兵进行军事理论学习、队列、射击训练，开展卫生与救护、防毒面具使用等救援技能专业训练，不断提升实战能力。组织有关人员参加省、市举办集中理论培训和军训，组织人防专业队开展准军事化训练，参加区人武部的实战演练。（周 硕）

【防空防灾宣教活动】 2022年5月12日（全国防灾减灾日），区人防办联合区人武部在正荣财富广场布设征兵、人防宣教咨询台，现场解说征兵和人民防空相关政策，教授防灾救灾、应急自救技能并发放宣传资料、灭火器等，向雷锋纪念馆、新河村、月圆村、谭家园村赠送《大众防空防灾》《人防小博士》等人防宣教书籍1.7万册；通过中国移动发送人防宣传手机短信15万余条，营造全社会了解人防、关注人防、关心人防、支持人防的良好氛围。（周 硕）

【人防宣传进社区活动】 2022年5—6月，区人防办联合花鼓戏剧团在靖港镇、茶亭镇、铜官镇、月亮岛街道等地的社区（村）开展“送戏下乡”暨人防宣传进社区活动。花鼓戏剧团演出防空防灾“三句半”节目，向现场居民宣演防空防灾知识、科学避险及自救互救常识。区人防办在演出现场开展“减轻灾害风险，守护美好家园”人防宣传活动，通过人防宣传横幅、人防宣传展板，发放宣传资料、播放《人防小卫士》宣传视频等方式，增强群众人防意识。开展防空防灾宣传27场次，参与活动1.2万余人，发放各类人防宣传资料2万余册，营造全社会关心人防、支持人防、建设人防的良好氛围。（周 硕）

【防空警报试鸣】 2022年11月1日9时30分至9时49分，望城区试鸣全区防空警报。每年的11月1日是全省警报试鸣日，全省各地都会进行防空警报器试鸣。此举措是根据《中华人民共和国人民防空法》相关规定进行，目的是为检验全区防空警报设备性能和效果，使广大市民了解和熟悉防空警报信号，提高国防观念和防空意识。2022年，望城区加强防空警报器日常维护管理，通过日常保养与重点维护相结合方式，每个警报点定点、定岗、定责到人，以确保防空警报器保持良好状态，确保人防警报设施始终保持覆盖率、鸣响率、统控率均达100%。（周 硕）

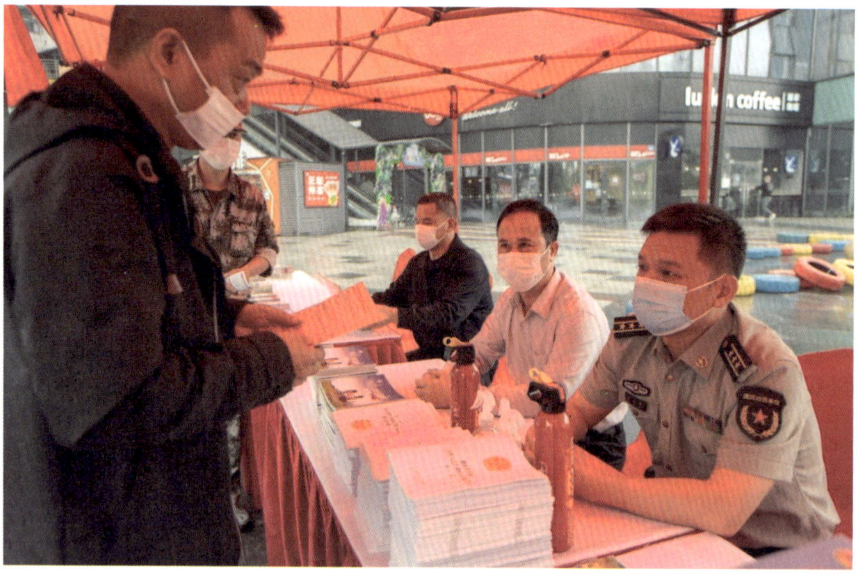

2022年5月12日，区人武部、区人防办在正荣财富广场联合开展防空防灾宣传教育活动（区住建局 供图）

退役军人事务

【概况】 2022年，望城区退役军人事务局（以下简称区退役军人事务局）践行“懂军人、爱军人，全心全意服务退役军人”的工作理念，打基础、补短板、解难题、创特色，建成18个模范型服务站、23个标杆型服务站和20个示范型服务站，为“五有”（有机构、有编制、有人员、有经费、有保障）向“五优”（组织领导优、政治引领优、硬件设施优、业务能力优、服务实效优）推进打下坚实基础。（崔淙豪）

【优抚优待】 2022年，区退役军人事务局规范办理残疾军人新增、新评、提级手续，完成带病回乡、年满60周岁等退役军人新增审批工作，调整提高抚恤补助标准。2022年7月，制定《望城区退役军人和其他优抚对象建档立卡、优待证申领工作实施方案》，成立工作专班，召开推进会议，领导分片包干，为全区退役军人和其他优抚对象采集信息和制发优待证。加强零散烈士纪念设施的维修、保护与管理。制定《望城区退役军人和其他优抚对象困难援助资金暂行管理办法》，对困难退役军人给予临时性、应急性、过渡性特困援助。开展走访慰问和送喜报活动，在春节和八一建军节、烈士纪念日等时间节点，对驻地部队、全区退役军人及其他优抚对象进行走访慰问。策划获二等功的铜官街道黄铸佳、茶亭镇谢啸宇和白箬铺镇张雄的送喜报活动。（崔淙豪）

【双拥工作】 2022年，区退役军人事务局做好双拥宣传，在公交站、旅游景点、公共场所设置军人优先窗口。八一建军节期间，与区融媒体中心一起制作双拥宣传片，展示全区双拥工作成果，点击播放量16.1万人次，社会反响很好。加强双拥设施建设，着力打造有温度、有真情、有方向的双拥工作示范点，望城区推选乔口镇湛水村、月亮岛街道月亮岛社区、乌山街道团山湖村、高塘岭街道西塘街社区、雷锋纪念馆双拥示范窗口通过市级创建验收。（崔淙豪）

【退役军人接收安置】 2022年，区退役军人事务局开展自主择业军转干部党员主题教育，联合区人武部开展退役军人退役返乡接站活动，组织自主就业退役士兵“返乡第一面”暨适应性教育培训活动。组织退役士兵参加市级免费技能培训，开设退役军人免费网络直播创业班，提高退役军人就业能力。联合区人社局、望城经开区、高塘岭街道、月亮岛街道、白沙洲街道、铜官街道等召开退役军人招聘会8场。加入经开区企业招聘群，及时了解企业用人需求，在区退役军人服务中心大厅电子屏滚动播放；加强部门联动，提高退役军人就业率，利用区人社各种平台，发布重点人群招聘岗位，突出退役军人群体，在公安辅警招录时，协调区公安分局将退伍军人年龄放宽至35周岁、最低学历放宽至高中，在城市社区专职工作招聘中定向招录退役军人，自主就业退役士兵就业率90%。（崔淙豪）

2022年6月2日，区退役军人事务局组织全区自主择业军转干部开展“戎装虽解、军魂永铸，老兵喜迎二十大”主题党日活动　（区融媒体中心 供图）

【退役军人服务保障体系】 2022年，区退役军人事务局制定《望城区推进退役军人服务保障体系建设实施方案》，明确“五优”服务站点建设内容与措施，实施奖补政策，分批对全区退役军人服务站提质增效，乡级服务站2个、村级服务站11个通过长沙市“五优”验收。以“三争三创”（争当学雷锋爱岗敬业之星、争当学雷锋真诚服务之星、争当学雷锋昂扬向上之星，创示范型退役军人服务站、创优秀退役军人志愿服务队、创退役军人特色双向服务项目活动）为抓手，对湘陵社区退役军人红色服务圈、罗嗲老兵工作室及优秀个人朱亚杰等单位和个人予以通报表彰，通过各级媒体进行宣传报道。《望城区“三抓三促”发挥退役军人示范带头作用》在省、市两办要情作经验交流。（崔淙豪）

【烈士纪念】 2022年，区退役军人事务局开展“清明祭英烈”活动，组织干部职工到郭亮纪念园进行祭扫，倡议广大市民网上祭扫，寄托哀思。加强零散烈士纪念设施维修、保护与管理，投入资金整修烈士墓，与属地签订县级以下零散烈士墓管理保护责任书，推动管护责任明确化、管护工作常态化、维修投入长期化。（崔淙豪）

【退役军人学雷锋系列活动】 2022年3月2日，区退役军人事务局组织开展“追锋行动，善暖春风”——退役军人学雷锋主题系列活动。全区退役军人志愿服务队负责人、志愿者代表、学校师生代表参加。活动联合高塘岭中心小学表彰12名“雷锋式”好少年，向6名学生发放助学金3000元，赠送“雷锋日记”，区退役军人学雷锋志愿服务队与师生一起，给参战功臣模范高实现等6名困难老兵送去慰问金，聆听红色故事。推进全区退役军人学雷锋活动常态化、规范化、制度化。重点推进红色故事宣讲、守护和谐社区、关爱烈属、守护烈士墓地、就业创业指导等志愿服务队建设，并逐步向全区镇、村两级推广，打造“听老兵说”、罗嗲老兵工作室、退役军人红色管家等优秀志愿服务项目，引导全区退役军人传承雷锋精神、展现退役军人风采，书写新时代雷锋故事。（崔淙豪）

【自主择业军转干部党员主题教育】 2022年6月2日，区退役军人事务局组织全区自主择业军转干部在百果园生态农庄开展“戎装虽解、军魂永铸，老兵喜迎二十大”主题党日活动。自主择业军转干部先后参观党建教育基地，重温入党誓词，感受党的百年奋斗伟大成就。参观百果园现代农业高科技示范基地，感受望城区近年来在农业基础设施、乡村振兴日新月异的变化，进一步增强自主择业军转干部关注和支持家乡建设的信心。（崔淙豪）

经济管理

ECONOMIC MANAGEMENT

编辑 周 玲

宏观经济管理

【概况】 2022年，望城区固定资产投资增速8%；其他营利性服务业上报73.6亿元，年增速约9.7%。长沙市望城区发展和改革局（粮食和物资储备局）（以下简称区发展和改革局）牵头制订《长沙市望城区“五区”建设三年行动计划（2021—2023年）》《长沙市望城区关于贯彻落实强省会战略的行动方案（2022—2026年）》及“稳经济”专项工作实施方案，协调汇总稳经济大盘政策兑现及“两个统筹”工作落实情况，推动重大政策落实落地。做好项目储备，争取保障性安居工程等专项中央预算内资金1.01亿元。抢抓国家扩大地方政府专项债发行规模的政策机遇，统筹做好地方政府专项债项目包装策划和申报入库工作，共申报20个项目（含8个续发项目），其中17个项目发行47.69亿元，位列九区县（市）第二。牵头申报欧美同学会海归小镇，实现全国首家揭牌运营。聚焦政务商务诚信，加快社会信用体系建设。领导小组成员单位72家，信用望城网站归集“双公示”数据51096条，7天公示率99.94%，政务诚信提高。信易贷服务中小微企业贷款，新增贷款授信129亿元。全区范围评选“诚信之星”“诚信经营企业”，组织区市场监督管理局与3家婴幼儿奶粉企业开展诚信面对面直播访谈，吸引16万人次浏览，树立良好的商务诚信典范。推进电力“630攻坚”及智慧电网项目建设，全区供电能力达134万千瓦，电力供应得到保障。组织开展执法检查，督促油气管道、电力企业严格落实安全生产主体责任，加强宣传教育培训，狠抓隐患排查治理，全年开展检查督查47次，治理安全隐患92处，举办3期安全（消防）培训班，培训200余人次，组织开展1次大型长输油气管道突发事件应急救援演练活动，提升应急处置能力，能源领域总体形势安全稳定。2022年，获市级2021年度真抓实干工作“做大城区”和“做实县区”两个序列单项先进。（徐航）

【营商环境建设】 2022年，望城区出台《长沙市望城区“营商环境夯实年”行动方案》，形成重改革、提效能、强监管、保权益、优服务五大方面75项重点任务。制订营商环境绩效考核方案、迎评方案和迎评督查方案等系列文件，确保各项工作任务落实落地，湖南省评价位列中心城区组第一、获长沙市真抓实干督查激励、信用监管在湖南省县市区中列第四名。获评全国综合实力百强区、“中国领军智慧城区”、“湖南省优秀可持续发展实验区”等。区工商联与区公安分局共建沟通联系合作机制的做法入选全国典型事例，区税务局纳税缴费“码上知”咨询模式作为全市营商改革创新示范案例被表彰通报，区域级工业互联网平台等在全省率先建成、光伏储能电站等工作在全市率先完成。干部联企解难题、精准引才等百项工作获《人民日报》《湖南日报》等省级以上媒体宣传推介。（徐航）

【发展规划编制】 2022年3月9日，望城区出台《关于长沙市望城区2021年国民经济和社会发展计划预计执行情况与2022年国民经济和社会发展计划的报告》，明确2022年国民经济和社会发展主要任务为：聚焦产业力推高质量发展，突出项目打造城乡统筹主阵地，深化改革打造改革开放高地，注重民生共享发展成果。8月29日，出台《长沙市望城区“十四五”优化营商环境发展规划》提出到2025年建成具有区域影响力与投资吸引力的“极省”营商环境高地的目标。主要任务为：优化便捷高效的政务环境，营造公平活力的市场环境，建设公平正义的法治环境，构筑包容普惠的人文环境。6月3日，制定《长沙市望城区贯彻落实强省会战略行动方案（2022—2026年）》。提出到2026年实现综合竞争力、产业支撑力、科技创新力、城市开放度、居民幸福感大幅提升的5个目标要求，实施“制造强区、创新引领、数字赋能、开放融通、交通枢纽、能源保障、绿色低碳、精美城乡、文旅名城、全龄友好、金融保障、人才强区”12个专项行动，打造望城经开区、“一江两岸”片区、乡村振兴示范片区、城市管理典范街区。（徐航）

【经济运行分析监测】 2022年，区发展和改革局每季度开展经济形势分析，对地区生产总值、规模工业增加值、社会消费品零售总额、地方收入、第三产业增加值、固定资产投资等主要经济指标进行数据分析，及时发现倾向性、苗头性问题，完成经济形势分析文章4篇，提出有针对性的对策措施36条，助力稳住宏观经济大盘。全年完成9个商品房项目价格监制汇总、协调、上报工作，办理31家物业服务企业前期物业服务收费备案，助推商品房市场良性发展。采集并上报重要民生商品价格监测分析材料197篇，区价格监测中心在各季度省级综合质量考核中均居前三位。（徐航）

【项目资金争取】 2022年，区发展和改革局根据中央预算内资金政策走向，围绕社会民生改善、重大基础设施建设、重点流域、污染治理等领域做好项目储备，争取保障性安居工程等专项中央预算内资金10072万元。抓住国家扩大地方政府专项债发行规模的政策机遇，牵头做好专项债项目包装策划及申报入库工作，策划申报20个地方政府专项债项目（含8个续发项目），申报资金需求73.85亿元，其中17个项目发行47.69亿元。牵头申报欧美同学会海归小镇，实现全国首家正式授牌运营启动。（徐航）

【重点项目建设】 2022年，望城区加快推动重点项目建设，全年实施项目561个（因街镇托管及部分项目暂缓，实际实施项目526个），已开复工项目436个，开复工率82.89%；新建项目开工 233 个，开工率 72.36%，续建项目复工 203 个，复工率 99.51%（区生活垃圾转运站未复工）。其中 171 个市重大项目总体开复工率 98.83%，投资完成率 128%，彰显项目建设的“望城速度”。大华 5G 智能终端产业园、金属耐磨材料生产基地、华秋电子等产业项目竣工投产，长润路、桑梓西路、聚缘路等基础设施项目完成建设，香炉洲大桥、兴联路大桥全速推进，雅礼望城实验学校、银杉九年一贯制学校、金甲小学等学校项目建成交付使用，为扩大有效投资提供支撑。（徐 航）

【信用监管】 2022 年，望城区加快社会信用体系建设，强化信用信息共享，归集行政许可 46660 条，行政处罚 1973 条，双公示 7 天公示率 99.95%。建设望城区金融综合服务平台（以下简称望城区金融超市），打造信贷惠企模式，加强信用信息共享应用帮助中小微企业纾困发展。促成贷款 690 余笔、11.29 亿元，破解中小微企业融资难的困境。（徐 航）

【经济体制改革】 2022 年，望城区推进国企国资、金融机制和营商环境改革。完成国企改革 3 年行动计划，城发集团、经开集团获 AA+ 主体评级，原望城水投集团转型整合为产投集团，形成重大基础设施建设、文旅产业、养老产业、砂石建材产业以及国有资产经营五大业务板块。在全市率先出台银行业金融机构服务地方经济激励评价办法，持续做优“金融超市”，为中小微企业融资 12 亿元。出台纾困增效“新六条”、促进楼宇经济发展“望十条”等政策，开展“送政策、解难题、优服务”行动，新增减税降费 29.8 亿元，惠企政策兑现 6 亿元，营商环境显著提升。拓展“10 分钟企业开办服务圈”成效，企业数量比 2021 年增长 18.7%。经开区开展相对集中行政许可权改革试点，实现“企业办事不出园”“一枚印章管审批”。出台支持开放型经济发展奖励办法，进出口总额比 2021 年增长 15%。（徐 航）

土地资源管理

【概况】 2022 年，望城区获批建设用地 118.2 公顷，拆迁腾地 538.73 公顷，出让土地 399.42 公顷，划拨土地 366.01 公顷。入库国土基金收入 165 亿元，超额完成年初目标任务（90 亿元），占比 183.3%。第三次国土调查工作得到湖南省政府办公厅通报表扬。获 2022 年长沙市政府耕地保护真抓实干督查激励。（李 宇）

【建设用地保障】 2022 年，长沙市自然资源和规划局望城分局（以下简称区自然资源和规划分局）实施年度报批计划，获批建设用地 118.2 公顷，为全区项目建设提供用地保障。编制土地征收成片开发方案，规范征地程序，严格补偿标准，依法开展盘树湾安全整治、大泽湖海归小镇腾飞路至永通大道地块等 70 个项目 533 公顷拆迁腾地，常益长铁路项目创造征拆工作“望城速度”，获湖南省自然资源事务中心通报表彰。落实月清“三地两矿”工作要求，处置批而未供土地 333 公顷。盘活闲置土地 93 公顷，完成年初目标任务（53.33 公顷）的 174.3%。完善周转用地、标准地和弹性供地政策，供应土地 765.4 公顷，其中，成交经营性土地 229.75 公顷，完成入库国土基金收入 165 亿元，完成年初目标任务（90 亿元）的 183.3%。（李 宇）

【耕地保护】 2022 年，望城区建立区镇村“三级 +”田长制体系，实现耕地保有量不少于 18453.33 公顷目标；恢复耕地 746.67 公顷，超额完成 220.33 公顷。制定全区耕地“进出平衡”总体方案，补充建设用地项目 35 个，补充耕地 71.94 公顷（含增减挂钩指标），补充其他农用地 16.79 公顷。利用全省建立铁塔视频契机，专题向省自然资源厅申请成为全省二十个先行县之一，安装多个高清摄像头，耕地覆盖率 90%，实现“人巡 + 技巡”全方位巡查。超额整改年度变更图斑，完成举证约 160 公顷并通过省第二测绘院审核。推进耕保问题整改，基本完成 2021 年度耕地保护动态监测图斑解冻解扣，解扣解冻 66.88 公顷，解扣解冻率 94.68%。处置月清“三地”（逐宗研究处理撤批土地、闲置土地、违法用地，月发现、月处置、月清零）的“耕地减少”图斑，整改率 100%，完成 2021 年度国家例行督察耕地保护图斑整改销号。（李 宇）

【不动产登记办理】 2022 年，望城区推行“交房即交证”改革，制定《长沙市望城区推进新建商品房“交房即交证”改革实施细则》。区自然资源和规划分局化解房地产“办证难”问题项目 29 个，化解 2.34 万户业主办证难问题。全年办理不动产登记业务 15.03 万笔，办理购房资格审查业务 3517 笔，办理查询业务 127.19 万次，办理自然资源部、湖南省自然资源厅交办的精准查询 259 批次、18010 人；核发不动产权证书（证明）14.17 万本（张）（证书 7.04 万本、证明 7.13 万张），5 个工作日办结率 99%。（李 宇）

【土地确权登记】 2022 年，望城区农村宅基地和集体建设用地房地一体确权登记共涉及 14 个街镇，116 个村（社区），总量 10.4 万宗，应登记发证 7.2 万宗。2022 年完成农村宅基地和集体建设用地权籍调查建库、县级自检、市级验收和省级抽查检查工作，完成“六方”联审，登簿 5.7 万宗，得到国务院调查组及省、市各级的共同认可。在此基础上，对农村宅基地和集体建设用地房地一体确权登记工作进行“回头看”，并组织各街镇对已通过联审房屋与安全鉴定为 C、D 级房屋进行核对，排除房屋安全隐患，确保发证的准确性。（李 宇）

【土地执法监督】 2022 年，区自然资源和规划分局完成 52 个项目规划竣

2022年6月25日，区自然资源和规划分局在雷锋大剧院举办《湖南省实施〈中华人民共和国土地管理法〉办法》解读宣讲会暨“一法一条例一办法”知识考试

（区自然资源和规划分局 供图）

工验收，核发91份竣工规划验收合格证，验收总建筑面积386.5万平方米，全年项目日常检查中发现违法建设情形及时函告街镇66次并城管执法部门45次，函复违法违规建设的专业咨询76份。根据自然资源部土地市场供后监管与监测系统预警，完成377个项目土地供后巡查及监管，其中开工巡查292个，竣工巡查85个，对未按时开竣工项目下达履约通知书65份。完成盘树湾安置区自建房技术认定工作，出具专业咨询函复45份。在6月25日第32个全国土地日，举办《湖南省实施〈中华人民共和国土地管理法〉办法》解读宣讲会暨“一法一条例一办法”知识考试，提高资规系统土地执法监督水平。

（李 宇）

【自建房管理机制完善】 2022年，望城区出台《关于明确五类居民自建房审批事项的通知》，分类分步骤确保做到个人建房管理资格审查到位、前期测绘地勘到位、建前证件办理到位、批后监管发证到位。出台《长沙市望城区自建房帮代办及手续办理降费减负实施方案》，建立健全部门、街镇、技术服务单位和户主之间“户申请、村联络、镇街代办、部门审批、纪委监督”自建房审批帮代办机制，做到审批事项专人负责，快速办结，全流程指导群众自建房的报规报建。从结构安全鉴定、测绘、地勘、设计、图审、报建、监理、专业施工等方面全面减轻自建房建设前期费用。出台《长沙市望城区自建房行政审批效能监督办法（试行）》，对建房户新建房屋审批办证全过程效能进行监管，让办证更有效率。针对进入自建房合法合规性专项整治隐患库的房屋，厘清底子，分类挂牌，拟定初步处置方案。截至2022年年底，全区有自建房数据103656条，核实合法合规性自建房隐患数据6.91万条，进入整治清单17612条，进入整治库1.73万条（另331条数据待其他部门核实后进入整治库），整治销号69户（不计入整治库数据）。2022年办理建房设计要求告知函24份，核发建设用地规划许可证24本、国有建设用地批准书23本、建设工程规划许可证40本。自建房审批纳入基本建设程序管理试点工作，省自然资源厅下发全系统学习《关于转发〈长沙市自然资源和规划局望城分局 长沙市望城区住房和城乡建设局关于明确五类居民自建房审批事项的通知〉的通知》。

（李 宇）

国有资产监督管理

【概况】 2022年，望城区盘活资金、资产、资源19.6亿元，为市定目标任务15亿元的131%，排名全市第一。完成国有资产（源）有偿使用收入6.2亿元，为预期目标（4亿元）的150%，比2021年增长185%，超额完成全年目标任务。

（戢伟豪）

【国有企业改革】 2022年，望城区实施国企改革三年行动，突出考核与发展大局同频共振、用人与专业岗位科学匹配、薪酬与经营业绩紧密挂钩，出台国企监管权责清单和尽职合规免责事项清单，国企改革经验入选长沙市国企改革成功案例并向上推荐。优化2022年度国企经营业绩考核指标，健全绩效考核和激励约束机制。实施区广电传媒等10家国企清产核资，进一步核实家底、规范管理。长沙市望城区国有资产事务中心（以下简称区国资中心）配合区纪委、区财政局开展政府债务专项监督检查，推动行业部门下属10余家国企规范融资行为。推进民企挂靠国资整改工作，维护国有资本合法权益。编制国企财务收支、融资化债、项目建设计划，促推国企抓运营、促发展。推动振望基金、望玥基金支持“一特二主”产业发展壮大，累计完成8个项目实际投资2.6亿元。落实纾困增效政策，减免480家中小微企业及个体工商户国有经营性房屋租金477万元。

（戢伟豪）

【国有资产管理】 2022年，区国资中心实施清查处置闲置国有资产资源专项行动，聚焦六大资源、五类资产、两类资金，采取用、售、租、融方式，实行专班管理、快清快交，完成45宗资产有偿转让至区管国有企业，办理不动产权证近300本，涉及土地33.33公顷，房屋9万平方米。落实行政事业单位国有资产年度报告制度，实施卫健系统资产专项清查，做到底子清、情况明。严格行政事业单位资产日常管理，依法依规依程序做好1670万元资产移交、报废工作。完成老县政府机关大院盘活利用，设立行政事业单位“公物仓”，促进国有资产集约节约利用。向区人大常委会综合报告行政事业单位、国有企业、自然资源国有资产管理情况。压实安全生产主体责任，完善组织机构，健全管理制度，开展长效检查，推动流程化、制度化、规范化管理。实施国有房屋建筑安全隐患排查，推动各单位做好安全鉴定、隐患排查整改等工作，确保不漏一房一栋，实现全面清零。（戢伟豪）

【望城区国企改革经验被推介】 2022年12月，《长沙市国企改革三年行动典型经验及优秀案例汇编》推介望城区国企改革典型经验做法。望城区落实中央、省、市国企改革决策部署，锚定做优做活做强国有资本和国有企业的目标导向，坚持党对国企的领导，坚持管好与放活并重，着力优化国有资本布局，健全国资监管体制，提升国企活力效益，为践行“强省会”战略，推动区域经济社会高质量发展提供支撑。（戢伟豪）

【“三资”盘活经验做法被推介】 2022年12月21日，《湖南省人民政府办公厅关于对省政府2022年综合大督查发现的典型经验做法给予表扬的通报》推介望城区“三个着力”盘活国有资产资源的典型经验做法。2022年，望城区全面清查处置六大资源（矿产、林业、水利、能源、土地、数据）、五类资产（实物、债权、股权、特许经营权、未来收益权）、两类资金（闲置、低效资金），坚持“国有资源资产化、国有资产证券化、国有资金杠杆化”三大原则，用好“用、售、租、融”四种方式，盘活资金、资产、资源19.6亿元，处置批而未供、闲置低效土地134公顷、闲置标准化厂房3.2万平方米，最大限度地提升存量资金、资产、资源使用效益。（戢伟豪）

【区属国有企业成立养老公司】 2022年，区国资中心推动区属国企以国有养老服务公司形式运营公办养老机构，依法统筹归集14个公办敬老院和养老中心资产，全面打造“1+12+N+X”医养结合健康养老服务全生态，以创新管理服务模式引领全区公办养老机构改革升级，实现“公建国营”连锁化运营。国有养老产业坚持“公益兜底、普惠微利”经营原则，在满足“刚性”需求基础上有针对性提供个性化、多层次服务产品，在履行社会责任的同时，以市场化、专业化的手段打造示范样本，推进养老事业与养老产业深度融合，促进全区公办养老机构及康养产业健康长足发展。（戢伟豪）

财 政

【概况】 2022年，长沙市望城区财政局（以下简称区财政局）聚焦财源建设、投资服务、争资协调、效能提升4个方面工作，克服经济下行和湘江新区体制调整优化等因素影响，服务稳经济大盘，财政管理工作获省政府真抓实干督查激励，财源建设工作获市政府督查激励。落实中央政策，新增减税降费退税29.8亿元，兑现产业扶持、纾困增效资金6亿元，提供中小企业无费担保、融资转贷、贷款贴息等政策优惠资金3380万元，支持实体经济增长和稳住税收贡献。投入重点项目建设资金16.7亿元，争取政府专项债券资金47.69亿元，2022年地方收入增幅、收入质量居全市前列。执行经费支出管理规定，严控新增项目数量和规模，压减“三公”经费、非刚性支出。优化支出结构，加快支出进度，确保直达资金投入关键处、急需处，全年收到各类惠企利民直达资金7.5亿元，发挥直达资金兜牢基层“三保”底线，落实“六稳”“六保”任务的重要作用。坚持“三保”优先位置不动摇，保障新冠疫情防控、“健康望城”建设、乡村振兴、教育均衡发展、城市建设等重点领域支出。推进“预算一体化”，将预算编制、资金支付、会计核算纳入一体化系统，实现预算全流程规范化管理。将绩效理念和方法深度融入预算编制、执行、监督全过程，将落实全区重大决策部署作为绩效管理重点，全年对25个项目和单位开展重点绩效评价。加强国库库款管理，统一资金调度和应急保障，优先“三保”等重点支出。精简资金支付流程，将资金拨付最后环节下沉集中支付预算单位，实现财政资金直付。（王帆）

【一般公共预算执行情况】 2022年，剔除减免缓政策性因素后望城区完成省市区地方一般公共预算收入98.02亿元，剔除减免缓政策性因素后增幅为8.13%。税收收入77亿元，税收占比为78.6%。完成一般公共预算支出126.08亿元，为年初预算116.7亿元的108.04%，比2021年增长7.24%。（王帆）

【财源建设】 2022年，望城区建立区财源建设联席会议制度、五办联动机制及街镇园区协税护税办三级协调机制，形成部门配合、协调联动、齐抓共管工作格局。新增减税降费退税29.8亿元，兑现产业扶持、纾困增效资金6亿元，提供中小企业无费担保、融资转贷、贷款贴息等政策优惠资金3380万元，推动“一主二特”产业发展。新增规模工业企业18家，加快释放澳优乳业、中信戴卡等龙头企业发展潜能，支持实体经济增长和稳住税收贡献。投入重点项目建设资金16.7亿元，推动香炉洲大桥、腾飞路、银杉路综合提质改造等重大项目建设。争取政府专项债券资金47.69亿元，确保湘江古镇群配套工程、望城经开区大河西交通物流枢纽区等重点项目推进，实现投资拉动增长。发挥“三高四新”财源建设工作机制作用，用好用活综合治税平台，全年地方收入增幅、收入质量稳居全市前列。（王帆）

【重点领域税源征管】 2022年，区财政局强化重点领域税源征管。加强房地产开发企业税收风险管理，摸底房地产土地增值税应纳税、已纳税情况，督促企业依法纳税，土地增值税显著增长。动态关注长高集团、欧比佳、军信环保等企业个人股东股权转让等情况，加强税源属地管理，促进个人所得税持续增长。制定欠税管理方案和欠税清册，动态跟踪企业运营情况，稳妥推进欠税清理。开展政府补助款企业所得税风险评估专项行动，入库税款1580万元，强化企业自觉纳税意识。2022年完成省市区地方一般公共预算收入98.02亿元，税收收入77亿元，税收占比78.6%。

（王　帆）

【财政惠企政策】　2022年，区财政局根据省、市、区干部联企“送政策、解难题、优服务”行动方案，组织召开机关干部联企专题会议，明确6名干部为服务专员，“一对一”联系区内22家工业企业，召开服务专员培训会议，掌握《长沙市望城区惠企政策口袋书》相关政策知识，为联系企业解读各项惠企政策。加强减税降费政策宣传以及政策研究分析力度，完善减税降费工作联席会议制度，建立财政、税务、人行三方联动机制，保持退税进度与财政资金动态平衡，推动退税减税政策落实落细，新增减税降费退税29.8亿元。联合区工信局出台“纾困增效”相关政策，推出望城企业服务“雷锋哨”，持续推进干部联点帮扶企业活动，全年兑现产业扶持、纾困增效资金6亿元；针对区内中小微企业融资难、融资贵、还款难问题，提供中小企业无费担保、融资转贷、贷款贴息等优质服务，兑现工业企业贷款贴息820万元，减免中小企业及“三农”担保费2336万元、转贷费239万元，支持实体经济增长和稳住税收贡献。落实《政府采购促进中小企业发展管理办法》，出台政府采购工作指南，政府采购授予中小微企业合同金额占全区政府采购规模的72%。

（王　帆）

【重点资金保障】　2022年，区财政局紧扣全区产业发展方向，为区内重点项目提供资金保障，全年支付由财政承担建设资金政府性投资项目工程款、项目征拆资金和相关服务费用共计16.7亿元。统筹资金确保新冠疫情防控，做好核酸检测、疫苗接种、防疫物资购置等费用保障，全年投入新冠疫情防控资金1.8亿元，最大限度减少病例发生。密切关注基层单位经费及运转情况，切实加强国库资金调度，确保库款正常运转，加强财政资金支付管理，全年拨付民生支出89.5亿元。

（王　帆）

【财政改革】　2022年，区财政局建立健全政府性债务风险应急处置工作机制，按照“一债一策”落实债务化解计划，及时足额筹措债务化解资金，强化债务风险监测管理，跟踪分析潜在风险，制定国有企业风险处置预案，全区债务风险整体可控。持续优化评审系统，规范评审流程，加速积压项目办理，全年完成项目评审933个，送审总金额50.7亿元，核减总额2.9亿元，核减率5.72%。

（王　帆）

【财政管理】　2022年，区财政局坚持“三保”优先，压减一般性支出，全力做好保障区委、区政府重大决策部署和重点民生事业支出。盘活存量资金，科学调度库款，有效保障资金需求。硬化优化预算执行，把好把严预算管理“总阀门”。推进预算管理改革，加快建立现代财政制度，全力服务经济社会发展。

（王　帆）

【政府采购管理】　2022年，望城区创新政府采购管理模式，构建权责清晰、运行高效、监管有力、服务优化政府采购监管新机制，组织全区180余名财务人员开展政府采购业务培训，推动新的政府采购模式落实。发挥政府采购政策功能，支持绿色低碳采购，助力乡村振兴，促进中小微企业发展，政府采购授予中小微企业合同金额约占全区政府采购规模的72%。全年政府采购实际采购金额6.4亿元，节约资金1805.69万元，面向中小企业3.8亿元，助力乡村振兴480.74万元。

（王　帆）

【债务管理】　2022年，望城区着力防范化解债务风险，坚持财力状况与项目建设相适应，测算到期还本付息、民生事业、项目建设等资金需求，制订偿债计划，做到心中有数、偿还有序。拓宽资金来源渠道，优化存量债务结构，加快经营性土地出让，盘活库存现金和国有资产资源，确保偿债有保障、资金

2022年6月6日，区财政局开展全区政府采购业务知识培训

（区财政局　供图）

不断链。坚持稳妥审慎处置，加强与金融机构平等协商，依法实行债务人、债权人合理负担风险，按照“六个一批”措施缓释到期债务风险。加强预算内外统筹，将债务还本付息纳入年度预算，优先保障重大民生改善、产业发展、环境治理等公共领域公益性项目及薄弱领域补短板项目，守住隐性债务不新增、“三保”资金不断链的风险防控底线，2022年风险级次由“风险提示地区”下调至“绿色安全地区”。聚焦全区重点方向、重大项目，储备优质专项债项目，对接省、市相关部门，争取最大限度额内发行专项债券，2022年发行专项债券项目17个，发行金额47.69亿元，缓解重大项目资金压力。（王　帆）

【财政管理工作获省政府真抓实干督查激励】 2022年，区财政局全面实行“预算一体化”，将预算编制、资金支付、会计核算纳入一体化系统，实现预算全流程规范化管理。将绩效理念和方法深度融入预算编制、执行、监督全过程，将落实全区重大决策部署作为绩效管理重点，全年对25个项目和单位开展重点绩效评价。加强国库库款管理，优先“三保”等重点支出，精简资金支付财政流程，将资金拨付最后环节下沉单位，实现财政资金直付。建立健全政府性债务风险应急处置工作机制，按照“一债一策”落实债务化解计划，及时足额筹措隐性债务化解资金，强化债务风险监测管理，跟踪分析潜在风险，制定国有企业风险处置预案，全区债务风险整体可控。财政管理工作获2022年度湖南省政府真抓实干督查激励。（王　帆）

【政府购买服务工作被《中国财经报》专题宣传报道】 从2018年望城区被财政部确立为全国政府购买服务联系点以来，区财政局孵化、培育、发展社会组织、强化政府购买服务绩效管理，构建多层次公共服务供给体系，协同民政部门开展政府购买社工服务，创造性地开展“童伴成长”“星火救助”“芙蓉花开”等服务项目，形成“红色管家”“社工雷小锋”等红色服务品牌，擦亮“雷锋家乡学雷锋”金字招牌，获湖南省财政厅认可，2022年被《中国财经报》专题宣传报道。（王　帆）

【财政综合工作获湖南省财政厅肯定】 2022年，望城区财政综合工作获湖南省财政厅肯定，2020—2022年连续3年被省财政厅评为“优秀县市区财政局”。中央直达资金支付进度100%，完成3个批次保障性租赁住房奖补项目联审，涉及资金6237万元，争取上级彩票公益金2901.5万元。印发《关于加强和规范性审核工作的通知》，依照公平竞争审查工作规则和合法性审查要求进行法律审核。缩短办事时限，“中介机构从事代理记账业务审批”法定审批时间为10个工作日，望城区财政局将其缩短为2个工作日，提升群众满意度。（王　帆）

税　务

【概况】 2022年，国家税务总局长沙市望城区税务局（以下简称区税务局）统筹推进税收重点工作，全年完成政府全口径税收收入110.24亿元，比2021年增收0.29亿元，增长0.26%。全年社保费入库34.29亿元，非税收入入库153.89亿元，其中土地出让金149.88亿元。区税务局被评为全区财税工作先进单位、全区优化营商环境工作先进单位、全区服务乡村振兴战略工作先进单位，雷锋税务分局获“一星级全国青年文明号”称号，第一税务所获“2021年湖南省文明窗口单位”“湖南省青年文明号”称号，丁字税务分局获“湖南省模范职工小家”称号。（肖　丽）

【纳税服务】 2022年，望城区推广“非接触式”办税，比例超过90%。打造区税务局纳税缴费服务小呼中心，创新推出“云上赋码、掌上推送、码上得知”新型咨询模式。在望城经开区新设2个离厅式自助办税服务点，实现由点到面布局。立足第31个全国税收宣传月，依托“互联网+”，注重宣传辅导实效，利用“纳税服务小助手”向55个税企微信群推送税费政策，通过移动MAS短信平台推送短信11万余条，制作留抵退税电子税务局操作手册和动漫视频，开展个税汇算网络直播培训等，在线观看1.7万人次。开展志愿服务活动，通过税收宣传进社区、进企业、进街道、进校园、进乡村等，为纳税人缴

2022年5月10日，区税务局税务干部到专业合作社宣传税法　（褚方彬　摄）

费人讲解政策、答疑解惑。在 2022 年度“身在湖南办事不难”营商环境绩效指标考评中，区税务局列长沙市第二、湖南省 140 个区县中第 33 位。（肖 丽）

【减税降费】 2022 年，望城区建立政府主要领导牵头减税退税联席会议机制和财政、税务、国库三方协作机制，留抵退税从申请到退库平均时间压缩至 2 个工作日。区税务局梳理相关政策内容，通过大数据分析，比对出各类优惠政策适用的纳税人名单，通过湘税通、短信、电话等渠道，向纳税人进行推送，确保各类政策切实落实。全年办理增值税留抵退税 20.06 亿元，制造业中小微企业缓缴 2.86 亿元，企业所得税多缴退税 2.6 亿元，出口退（免）税 2.25 亿元，房土两税困难减免 0.54 亿元。

（肖 丽）

【税费收入征收管理】 2022 年，区税务局面对新冠疫情反复和经济下行考验，做好组织收入预案，统筹收入执行进度，客观分析增减因素，细致算好税费收入账。发挥税收大数据优势，紧扣留抵退税资金效应、金融业调研等主题，及时开展税收分析，三次获区委政府主要领导批示肯定，为地方党委政府决策提供参考。全年完成政府全口径税收收入 110.24 亿元，比 2021 年增收 0.29 亿元，增长 0.26%；完成地方级税收收入 72.77 亿元，比 2021 年增收 2.86 亿元，增长 4.09%，剔除减免缓后完成 77.05 亿元，增长 10.21%。开展税费征管数据关联比对分析，探索建立以数管税、税费统筹管理税费征收模式，全年社保费入库 34.29 亿元，非税收入入库 153.89 亿元，其中土地出让金 149.88 亿元。（肖 丽）

【税收征管执法】 2022 年，望城区推进优化税源管理方式改革，区税务局制定综合保障、日常管理、调查核实、风险应对各组工作指引、前台咨询窗口服务指引，实现所有事项流畅运转。深化精诚共治，对土地招拍挂信息、房地产网签数据、施工许可证信息、国有资产处置信息等涉税信息及时共享，入库土地出让契税 6.04 亿元，国有资产处置税收 5.49 亿元。加大土增清算力度，全面摸底房地产开发企业项目，进行土增清算 31 户、清算税金 9.34 亿元，比 2021 年分别增长 121.43%、189.14%。防范税收风险，开展房土两税税源风险排查、车船税清理整顿、上市公司股权交易税收专项清理、医疗行业评估、成品油企业专项核查等。开展 2021 年度纳税信用评价及纳税信用动态管理工作，全区参评户数 2.32 万户，其中 A 级纳税人 1085 户、B 级纳税人 1.1 万户，社会纳税遵从度进一步提高。（肖 丽）

2022 年 5 月 5 日，望城区纳税缴费服务“小呼中心”开始运行

（区税务局 供图）

【望城税务“小呼中心”运行】 2022 年 5 月 5 日，望城区纳税缴费服务“小呼中心”开始运行。“小呼中心”是涵盖税费政策咨询、业务流程办理、涉税投诉举报等服务的一体化咨询辅导服务平台。通过合并区税务局 4 个分局（所）大厅原有的咨询电话，统一归集到“小呼中心”进行接听答疑，实现一个号码统一接入、统一支撑，切实提升税务专线的接通率和服务质量。“小呼中心”热线统一号码，配置 4 名座席人员，1 名管理人员，以“全接听、快办理、零投诉”为服务理念，主要通过电话咨询和视频咨询等功能为纳税人提供服务，拓宽“非接触式”办税缴费覆盖面。

（肖 丽）

【雷锋税务分局获“一星级全国青年文明号”称号】 2022 年 8 月，全国创建青年文明号活动组委会发布《关于认定一星级全国青年文明号集体的通报》，国家税务总局长沙市望城区税务局雷锋税务分局（以下简称雷锋税务分局）被认定为“一星级全国青年文明号”。雷锋税务分局共有干部职工 30 人，其中 35 岁以下年轻干部 18 人，负责 6 个街道 1 万余户纳税人征管工作。分局发挥青年干部骨干作用，坚持用雷锋精神育人兴税惠民，打造有高度有力度有温度税务分局，先后被评为省级巾帼示范岗、国家税务总局湖南省税务局先进集体、先进党支部等。（肖 丽）

【“五级联建走准流程 科研助力退税减税”主题党日活动】 2022 年 7 月 21—22 日，国家税务总局科研所党支部和国家税务总局湖南省税务局科研所党支部在望城开展“五级联建走准流程 科研助力退税减税”主题党日活动，推进税收科研系统党史学习教育常态化长效化，推动退税减税、纾企解困政策落实落地，助推“科研＋党建”赋能税务高质量发展。通过党建引领，在活动内容上将学习党史与税收业务、支部联建与基层党建、税收调研与便民解困相结合，突出“三结合”深度融合、主题鲜明、形式新颖、内容务实的特点。该次党建活动围绕求实落地，切实开展听一听革命精神再教育、访一户退税减税纳税人、走一趟退税减税流程、开一次党建推进工作座谈会等活动，在“四切合”中把学、思、践、悟结合起来。该次党建活动由国家税务总局科研所及湖南省税务局牵头，吸引长沙市局、望城区局、总局科研所支部联系点雷锋税务分局党员代表及广东省、湖北省、河南省、河北省、青岛市5个省、市局科研所长全程参与。（肖　丽）

金融监管

【征信管理】　2022年，望城区开展“征信修复”治理“百日行动”，中国人民银行望城支行（以下简称人行望城支行）协调区市场监督管理局筛查出经营范围中有“征信”“征信修复”字样企业41家，8家企业完成经营范围变更。完善征信查询服务窗口管理规范流程，落实日核查、月监测、季自查要求，截至2022年12月，办理企业征信查询1586笔，个人柜台征信查询148笔，处理征信投诉5笔，征信异议受理24笔。在支行查询窗口增设一台个人信用报告自助查询机。到大众垸、铜官等地开展“信之风”征信宣传志愿服务，深入社区居民、商户、农户家中普及征信知识。推进农村信用体系建设。建立农户信用档案26993户，其中获得信用贷款户数25791户；贷款余额20.96亿元，其中信用贷款余额6.14亿元。（王　俊）

【反洗钱工作】　2022年，人行望城支行全面考核评级辖内31家反洗钱报告机构，其中银行业金融机构17家，证券保险机构14家。开展反洗钱利剑专项行动，各义务机构摸排客户25730户，摸排账户29918个；向上级机构报告可疑线索245份，协查案件213起，涉及账户269个，金额3.35亿元；重新识别客户数量15142户，采取限制交易客户数量837户；因洗钱风险因素，拒绝开户或终止业务关系客户109户；向侦查机关移送犯罪线索4份。（王　俊）

【金融服务实体经济】　2022年，长沙市望城区金融工作办公室（以下简称区金融办）依托智慧望城鲲鹏云系统，在全市率先建设金融超市。优化服务，完善平台功能，推进金融更好地服务实体经济。提高信贷撮合便利度和成功率，推广注册用户28910家，上架金融产品148个，撮合信贷690笔，授信金额12亿元。（何　清）

【金融助力乡村振兴】　2022年，望城区引导金融机构结合望城区农业产业发展实际，创新金融产品与金融服务，支持农业农村经济社会发展。建设银行望城支行推广“裕农系列”金融产品，支持农村集体经济组织发展，为全区110个村（社区）授信4.8亿元。农业银行望城支行围绕望城区“一主两特”农业产业规划，先后创新推出“惠农e贷—小龙虾贷”“惠农e贷—蔬菜贷”，带动特色产业发展，为农村经济和产业发展注入金融活水。（张　璨）

【促企上市】　2022年，望城区抢抓国家全面推行注册制改革政策机遇，加快推进望城区企业境内外上市工作。落实“金芙蓉”跃升行动计划和“岳麓登峰”行动方案，培育上市后备资源。全区有13家企业进入市级上市后备企业名单，10家企业进入省级上市后备企业名单。湖南军信环保股份有限公司上市，成为2022年首支上市湘股。（张　璨）

【打击非法集资】　2022年，望城区印发《长沙市望城区防范和处置非法集资工作考核办法》，明确落实属地管理和行业主（监）管部门一线把关责任。落实国务院《防范和处置非法集资条例》有关要求，按照“谁执法、谁普法”原则，明确非法集资防范和处置工作采用“双牵头”工作机制，由区市场监管局和区公安分局根据案件性质牵头，并联合其他行政执法部门共同负责，优化理顺防范和处置非法集资工作机制。（张　璨）

【金融信用监管】　2022年，望城区建立金融信用信息专题数据库，推广“信易贷”平台，实质建成金融超市，授信金额129.67亿元，发放贷款91.51亿元。落实企业经营异常名录管理，鼓励企业主动进行信用修复，对严重违法失信企业进行联合惩戒。2022年，将700个（名）单位、个人纳入失信被执行人名单，对3758个（名）单位、个人限制高消费，对符合移出异常名录条件企业移出270户次。（黄　煌）

【金融改革创新】　2022年，望城区在全市率先出台银行业金融机构服务地方经济激励评价办法，将银行机构财税、信贷投放等情况纳入评分标准。引导金融机构主动作为，推动区域经济社会高质量发展。2022年望城区金融机构税收累计缴税3.85亿元，比2021年增加8281万元，增长27.4%。（张　璨）

【长沙市信易贷工作交流会在望城召开】　2022年3月11日，长沙市发展和改革委组织长沙地区的各区县（市）发改、金融、园区等部门一行40余人到望城区调研交流“信易贷”平台建设工作，在雷锋大剧院举办金融服务超市观摩交流会，听取望城区针对中小企业融资难等难题打造一站式金融服务模式的建设经验。截至2022年3月11日，望城区金融服务平台入驻用户14888户（含市场主体14528家、自然人360人）；入驻金融机构27家，发布金融产品133个；企业发起需求388笔，成功授信214笔，完成授信金额53101.2万元，授信成功率50.95%，纯信用贷款金额 3780.4 万元。企业只需通过“湖南政务服务网”进行注册认证，即可通过“定向模式流程”选择融资产品，或通过“抢单模式流程”发布贷款需求，实现与银行等金融机构的无缝对接。各区县（市）就金融综合服务平台的建设、推进情况开展交流讨论，市发改委要求各区县（市）部门全面铺开域内“信易贷”平台建设工作，着力解决中小微企业融资难、融资贵难题。（徐　航）

【一站式“金融超市”助力中小微企业纾困】 2022 年，望城区金融超市依托大数据共享应用和人工智能，接入全国一体化融资信用服务平台网络，实现与湖南信易贷省级节点和长沙市金融综合服务平台的企业信息调用共享，整合政府政务信息、公用事业信息、企业经营信息和惠企扶持政策等资源，通过互联网、数据、服务的结合，打造金融服务中小微企业融资应用场景，构建功能一体化的综合金融服务平台，实现企业及个人用户“一站式”对接平台所有金融机构，“一键式”接受综合金融服务，“一条龙”享受融资扶持政策。金融机构“一套表”获取企业和个人融资信息，“一张图”识别企业和个人信用价值，提高信贷撮合便利度和成功率。金融超市功能定位准，推进速度快、运营保障机制健全，是为企业纾困的重要创新和有效举措。（张　璨）

审　计

【概况】 2022 年，望城区召开区委审计委员会会议 2 次，完成审计项目 173 个（其中，政府投资项目结算审计、国土置换收储评估审核、国有土地房屋征收项目评估审核 158 个），查出违规金额 82 万元，管理不规范金额 12.54 亿元，审计促进财政增收节支 6603.03 万元，向纪检监察机关和有关主管部门移送线索 4 起，被评为全国审计宣传通联工作先进单位，1 个审计项目被长沙市审计局评为全市优秀审计项目。（龙　知）

2022 年 3 月 11 日，市发展和改革委组织长沙地区各区县（市）相关部门到望城区学习交流信易贷平台建设工作，召开长沙市望城区金融服务超市观摩交流会

（区发展和改革局 供图）

【重大政策落实情况审计】 2022 年，长沙市望城区审计局（以下简称区审计局）开展望城区“三高四新”战略定位和使命任务部分事项落实情况专项审计调查，揭示高新技术企业奖未整合统筹、对 122 家企业重复奖补、贷款贴息奖补资金审核把关不严等问题，追缴财政资金 9.36 万元。针对审计查出的问题，区领导主持召开专题会议研究讨论政策制定，推动区政府完善《长沙市望城区推动制造业高质量发展若干政策》《长沙市望城区推动科技创新发展的若干政策》，促进重大政策措施在望城落地生根。（龙　知）

【预算执行情况审计】 2022 年，区审计局对 2021 年度区本级预算执行情况及区市场局、区公路养护中心等 7 个单位进行重点审计，采用大数据统一分析疑点、分点核查的方式对其他 57 个一级预算单位开展专项审计调查。促进收回应收资金 2.20 亿元，追回违规资金 61.83 万元，促进资金拨付到位 4240.86 万元，盘活资金 1.41 亿元，向主管部门移送案件线索 1 起，诫勉谈话 2 人，推动部门出台制度办法 10 项。（龙　知）

【民生专项资金审计】 2022 年，区审计局抽查政府投资项目农民工工资支付情况，切实保障农民工的合法权益。开展 5 个乡镇 10 个村（社区）美丽乡村建设新增债务情况专项审计调查，审查资金来源、使用是否合规，新增债务是否真实等，推进美丽乡村建设。按照长沙市审计局部署，选派审计骨干支持配合市审计局开展乡村振兴战略实施情况专项审计调查。（龙　知）

【领导干部经济责任审计】 2022 年，区审计局对区发展和改革局、区文旅广体局、区市场局、区机关事务中心 4 个区直部门及乌山街道 5 家单位的 7 位领导干部开展经济责任审计，揭示国有资产租金收取不及时、专项资金审核把关不严等问题，查出违规金额 43 万元、管理不规范金额 2700 万元，提出审计建议 17 条，促进领导干部依法规范用权。（龙　知）

【政府投资审计】 2022 年，区审计局完成政府投资项目工程结算造价抽审 133 个，挽回损失 979.44 万元，针对“项目竣工图苗木数量与现场严重不符”的问题，向纪检监察机关移送线索 1 起，7 名责任人被约谈，被审计单位整章建制，规范项目决策程序。对湘江东岸堤防综合治理工程、区养老中心等 25 个国土收储、国有土地房屋征收项目进行评估审核，为财政增收节支 5593.26 万

元，促进盘活低效和闲置土地。

（龙 知）

【内部审计】 2022年，区审计局指导和监督全区内部审计工作。9月28日，举办2022年度望城区内部审计人员业务培训，区直部门、街镇和区属国企70余名内审人员参加培训，重点指导内审人员打造优秀内部审计项目、撰写优秀内部审计论文，助力提升内审人员能力素质。望城城投集团实施的望城殡葬基础设施项目内部审计项目获2022年度省优秀内审项目一等奖。

（龙 知）

【审计整改】 2022年，望城区坚持统筹结合，推进审计监督和纪检监察、巡视巡察、人大监督、组织人事等各类监督贯通协同，强化"巡审联动"作用发挥，将审计整改纳入巡察督察督办和绩效考核内容，出台《望城区纪检监察监督巡察监督与审计监督贯通协同实施细则》，加快形成衔接顺畅、协同高效审计工作格局。做好审计整改，区政府专题召开审计整改会议，对相关部门和单位整改情况持续跟踪督促，区审计局对27个单位审计整改情况进行书面核实，对区科技局、区住保中心和区公路养护中心等单位审计整改情况进行现场督促，逐项审核认定、对账销号，并将整改情况及时向区委审计委员会报告。

（龙 知）

2022年9月28日，区审计局组织开展长沙市望城区内部审计业务培训

（李淑坤 摄）

统 计

·地方统计·

【概况】 2022年，长沙市望城区统计局（以下简称区统计局）以开展国家统计督察反馈意见整改工作为契机，建成统计数据质量监管平台，完成"四上"（规模以上工业企业、资质等级建筑业企业、限额以上批零住餐企业、国家重点服务业企业）企业入库统计，定期分析主要经济指标数据供决策参考，组织开展统计专题培训，完成整改工作和全年各项工作。高塘岭街道等3个街道在2022年长沙市乡镇街道星级统计站点评比中获奖。（彭 广）

【服务决策统计】 2022年，区统计局为区领导决策提供统计服务，每月梳理全市、全区相关主要经济指标数据，形成《望城经济运行快报》。形成分析报告，在每月、每季度全区经济分析会议上进行汇报。2022年，区统计局向区相关领导提供月度、季度、半年度等综合性统计分析共16篇。完成《望城区2021年度统计公报》《望城区2021年度统计年鉴》等年度性统计服务资料。

（彭 广）

【统计基层基础建设】 2022年，望城区出台《贯彻落实"长沙市乡镇街道星级统计站点创建工程三年行动"工作方案的通知》，区统计局于3月召开部署动员会议，5月组织全区10个申报创建工程的街镇统计站长，到岳麓区和天心区开展学习观摩。3个街道在2022年长沙市乡镇街道星级统计站点评比中获奖，其中高塘岭街道被评为五星统计站点，丁字湾街道被评为四星统计站点，桥驿镇获评三星统计站点。（彭 广）

【统计执法监督】 2022年，望城区出台《长沙市望城区统计有关问题立行立改工作方案》《长沙市望城区贯彻落实国家统计督察反馈意见整改方案》。区统计局与区纪委、区审计局等部门联合印发《望城区违纪违法问题线索及案件移送、反馈工作实施方案》《关于加强统计监督与审计监督工作协作的办法》等文件并组织实施。对61家统计报表单位开展执法检查，完成全年执法任务，对1家报表单位进行行政处罚。

（彭 广）

【统计数据质量监管平台】 2022年，望城区按照湖南省统计局印发的《关于推动统计数据质量监管平台向基层延伸的通知》要求，2022年年初启动统计数据质量监管平台建设工作，于2022年6月建成。平台可实时滚动展现重点指标报送情况、监管处置分布情况、微观企业预警情况等信息，各统计专业人员及各部门人员可集中办公查看，进行实时预警，可接收上级下发的预警清单，督促调查对象自主纠正问题数据。

（彭 广）

【统计知识业务培训】 2022年，区统计局每月召开经济形势分析研讨会，

组织各专业人员进行经济形势分析，全年形成各专业分析45篇。7月，邀请区审计局相关负责人，进行财务和税务知识培训，局内各专业人员参加。7月，开展“第三届统计业务大比武”活动，通过各专业人员上台讲解全区各行业经济形势，展示各专业工作开展情况和分析写作水平，对比武成绩优异者进行奖励，统计知识业务培训常态化开展。

（彭 广）

【“四上”入库统计】 2022年，望城区新增“四上”单位156家，投资单位32家。区统计局对区直相关部门、街镇统计工作者开展集中培训、日常指导和申报录入等服务。召开全区统计各专业2次大型系列培训会，组织全区1400余家“四上”企业和固定资产投资报表单位参加，培训3000人次。

（彭 广）

【领导干部统计专题学习培训班】 2022年1月29日，区统计局组织全局干部职工和园区、区直相关部门、各街镇的主要领导、分管领导、统计员在望城区委党校开展2023年度统计专题培训，为期1天。区委常委、常务副区长戴水文出席，区统计局党组书记、局长黄定主持会议。培训内容包括习近平总书记对统计工作的重要指示批示精神、《关于深化统计管理体制改革提高统计数据真实性的意见》、《统计违纪违法责任人处分处理建议办法》、《防范和惩治统计造假、弄虚作假督察工作规定》、《关于更加有效发挥统计监督职能作用的意见》、统计法律法规知识和统计相关业务知识。培训班进行闭卷考试，对于成绩低于80分的学员在会后进行补考。

（彭 广）

·国家统计·

【概况】 国家统计局望城调查队（以下简称望城调查队）是国家统计局湖南调查总队42个直属县级调查队之一，承担统计调查行政职能。2022年，望城调查队稳步提升数据质量，做好统计服务，践行依法统计，完成全年各项工作任务，被评为市级文明标兵单位，全区优化营商环境工作先进单位、第一批无烟党政机关和工作绩效考核一等奖。

（曾亚光）

【统计调查】 2022年，望城调查队严格执行《国家统计质量保证框架(2021)》《统计业务流程管理相关规定》《国家调查队统计流程规范》《湖南统计调查业务规范化标准》和全队各项调查业务工作制度，做好住户调查、农作物对地抽样调查、主要畜禽监测调查、月度劳动力调查、农民工监测调查、农产品价格调查等11项常规统计调查工作。坚持谁调查谁负责，明确源头数据第一采集人的责任，完善基础台账，切实加强痕迹化管理，把依法统计的理念贯穿到统计调查数据采集、审核、上报等各个环节。抵制统计造假、弄虚作假，开展统计普法宣传教育，全年举办业务暨法治培训班7次，专业负责人参加上级主管部门举办的业务暨法治培训班22次，提高基层统计调查人员业务素质与法治意识。以经常性核查、定期检查等方式，强化源头数据质量管控，确保各项常规统计调查“数出有据、真实可靠”，以精准的统计调查数据，反映望城经济社会发展成效。

（曾亚光）

2022年2月，长沙市望城区统计局规模以上服务业综合业务培训会举办

（区统计局 供图）

【统计服务】 2022年，望城调查队依托调查业务，运用国家调查网络优势和调查数据资源，加强对居民收支、农业生产、劳动就业等民生指标的跟踪监测和解读，发挥统计调查的监测预警职能。强化“轻骑兵”属性，针对人民群众密切关注的钱袋子、米袋子、菜篮子等民生热点现状和各级党政领导关心关注的各类社会问题，深入基层开展调研，全年完调研报告41篇，完成数据评估材料40篇。围绕高质量发展、省对区营商环境评价、市对区绩效考核和“强省会”战略等相关考核指标，加强同上级主管部门的对接汇报，密切同区绩效办、区统计局、区发展和改革局、区人社局、区农业农村局等相关区直部门的配合，及时反馈省、市调查队核定的城乡居民人均可支配收入、粮食播种面积、粮食总产量、生猪存出栏量等民生调查指标数据，为望城经济社会高质量发展提供统计调查数据支撑。

（曾亚光）

【统计法治】 2022年，望城调查队严格执行国家统计局《关于建立领导干部违规干预统计工作记录制度的办法》规定，分季度报送《统计执法检查处理信息和领导干部违规干预统计工作记录

2022年9月20日，国家统计局望城调查队和区统计局在高塘岭街道正荣财富中心联合举办统计开放日活动（国家统计局望城调查队 供图）

调查表》，召开队务会专题研究统计法治及执法检查工作，全年举办“业务+法治”培训班7期，通过设置咨询台、悬挂宣传横幅、发放宣传手册等形式开展“中国统计开放日”宣传活动，组织干部职工开展《中华人民共和国民法典》主题宣传，全员一次性通过2022年学法考试，选派11人次协助区统计局开展统计执法检查，开展全面清理纠正违反统计法律法规文件和做法工作，召开工作部署会和推进会各1次，选派1名业务骨干到湖南调查总队、长沙调查队跟班学习，确保文件清理工作高质量完成。（曾亚光）

【农作物对地抽样调查样本轮换】2022年，望城调查队成立农作物对地抽样调查样本轮换领导小组，制定《望城区农作物对地抽样调查样本轮换实施方案》，分管领导和专业负责人参加湖南省农作物对地抽样调查样本轮换视频培训班，加强同区农业农村局的协同配合，严格按照上级要求开展调查点落实、辅助调查员选聘和业务知识培训等工作，保障新一轮网点的顺利运行。（曾亚光）

【住户调查大样本轮换】2022年，望城区印发《关于开展望城区2022年新一轮五年周期住户调查大样本轮换工作的通知》，区人民政府组织召开全区住户调查大样本轮换动员部署会议。望城调查队成立住户调查大样本轮换工作领导小组，制定《望城区住户调查大样本轮换工作实施方案》。分管领导和专业负责人参加上级主管部门组织的业务培训9次，面向全区辅助调查员举办业务培训班2次。联合区统计局在“9·20”统计开放日活动上对大样本轮换工作进行重点宣传，不定期开展线上宣传，提升住户调查影响力。按照方案制度要求做好样本框核实、调查小区落实和辅助调查员选聘、“一图三表”编制、摸底调查、开户调查、试记账等工作，推广电子记账，全区新一轮记账户电子记账率100%。（曾亚光）

价格管理

【概况】2022年，区发展和改革局推进价格管理工作，采集上报重要民生商品价格、新冠疫情防控期间民生商品和应急药品价格等监测数据，开展蔬菜、房地产等价格调研，为国家、省、市、区分析、预测市场价格变动，进行宏观调控提供参考数据，为政府制定价格提供数据支撑。严格管理各类收费标准，保障价格稳定合理。（徐 航）

【价格监测与管理】2022年，区发展和改革局采集并上报重要民生商品价格监测数据4.5万余条，采集猪肉和生猪价格数据共1100余条，撰写并上报分析材料230篇，3篇被国家发展和改革委官网采纳发布，为及时平抑物价当好参谋助手和提供第一手资料。完成蔬菜从地头到餐桌的价格之旅调查报告、房地产专项调查、2017—2021年期间价格监测成果梳理，撰写调研材料2篇，为国家、省、市、区分析市场价格变动和预测进行宏观调控提供参考数据。新冠疫情防控期间，启动应急监测工作，成立价格监测巡查领导小组，制定局《新冠肺炎疫情防控期间重要民生商品市场价格应急监测工作方案》，每天安排2名工作人员轮班对望城区域内的规模超市、市场和部分药店进行价格巡视监测，如实登记粮油、猪肉、蔬菜、水果等重要民生商品和应急药品的价格信息，通过采集和掌握市场数据，撰写动态分析，上报数据及分析材料至省、市，为保障疫情防控期间区重要民生商品价格稳定奠定基础。全年综合质量考核在27个网点县中排名多次名列前茅。2022年2月被评为“2020—2021年度国家价格监测先进单位”。（徐 航）

【价格审核与管理】2022年，区发展和改革局完成9个商品房项目价格监制汇总、协调、上报工作，办理31家物业服务企业前期物业服务收费备案，助推商品房市场良性发展。清理取消水电气行业不合理收费，优化营商环境。完成望城区第二污水处理厂收费批复，明确乡镇污水处理费收费标准，完成望城一中、长沙医学院2个停车场停车收费批复。完成全区校车、书堂山景区、水利部门6个大中型灌区运营成本监审工作，为区政府制定价格提供有力的数据支撑。及时在政府门户网站公布行政事业性收费、涉企行政事业性收费和经营服务性收费目录清单，配合市场监管部门开展收费检查，严格做到清单之外

无收费、乱收费现象。2022年受理回复市长、区长信箱及“12345”政务热线工单464件。（徐 航）

市场监督管理

【概况】 2022年，望城区有市场主体15.5万户，其中登记企业3.2万户，个体12.3万户。食品生产企业106家，小作坊24家；农贸市场11家，食品销售单位8628家，餐饮单位7628家，其中小餐饮3555家，学校食堂（含幼儿园）280家，医疗机构食堂20家，养老机构食堂18家；药品药店（含单体、连锁）580家，其中连锁477家，单体103家，医疗器械生产企业11家，二类医疗器械（含批发、零售）备案583家，三类医疗器械（含批发、零售）许可294家，医疗机构532家。登记在册特种设备超1.3万台（套），设备检验率99.2%。共有1.55万件有效注册商标，有效发明专利1304件。（唐 洁）

【市场经营主体监管】 2022年，长沙市望城区市场监督管理局（以下简称区市场监督管理局）开展“铁拳”“年关守护”“长江禁捕 打非断链”“打非治违”“守查保”等综合执法行动，共立案查处各类违法案件562起，罚没收入1300万余元。其中大案要案11起，典型案例9起，数量均排名长沙市第二。加快“食品安全放心工程”建设，完成放心肉智能交易监管平台入驻、街镇快检室建设等工作。筹办消费者权益保护、食品安全宣传周、“5·17”野生蘑菇中毒防控宣传日等活动，开展“你点我检”“你送我检”活动，为群众免费检测蔬菜、肉制品。畅通投诉举报渠道，及时处理消费者投诉举报。加强消费维权共建共治，新增3家ODR（提供消费纠纷在线解决服务）企业。全系统受理和解决消费者咨询、申诉、举报1.9万起案件，为消费者挽回经济损失460万余元，兑现举报食品药品奖励27万余元。（唐 洁）

【合同监管】 2022年，区市场监督管理局制定印发《长沙市望城区市场监督管理局合同违法行为集中整治工作方案》，全面部署开展合同监管工作，确定整治目标、整治重点行业和重点内容，辖区内各监管所开展全域范围内的市场主体合同专项检查，共检查市场主体93家，检查合同89份，行政约谈企业1家。在长沙市市场监督管理局指导和督促下，配合开展对一家拍卖公司现场检查，实现拍卖公司合同监管“零的突破”。依据省、市局的合同评审结果，分别对望城辖区的明普机电、澳优乳业下达行政指导意见书，全部督促整改完毕。2022年，开展辖区内合同评审工作，收集辖区24份纸质版合同，涉及房地产、托管机构、汽车销售等多领域，联系具备相关资质律所开展合同评审。（唐 洁）

【广告监管】 2022年，望城区加强广告导向监管，重点聚焦中共二十大、北京冬奥会冬残奥会等重大活动，坚决整治各类“搭便车”“蹭热点”“打擦边球”等商业广告乱象，依法查处借严肃政治主题和重大国际事件进行违法违规广告宣传行为。组织开展违法违规商业营销宣传整治行动、文娱领域市场经营活动综合治理行动、校外培训广告管控专项行动、儿童青少年近视防控产品违法违规商业宣传专项整治行动、生产经营含金银箔粉食品整治行动等多项专项行动。打击广告违法行为，发挥各广告监测平台的职能，及时处理平台违法线索，涉嫌违法线索处置率100%。加强对影响大的门户网站、电子商务平台、新型自媒体等互联网媒介的监测力度，严厉打击互联网虚假违法广告行为。通过加强日常监管和开展各项广告专项整治行动，对虚假广告等违法广告行为保持严管高压态势。（唐 洁）

【企业信用监管】 2022年，望城区推进“双随机、一公开”监管。区市场监督管理局牵头组织全区市场监管领域相关19个区直单位召开部门联合“双随机、一公开”监管工作会议，收集意见，合理确定年度随机抽查事项、执法主体、抽查比例等。结合望城区实际制订《“双随机、一公开”抽查计划》和《部门联合“双随机、一公开”抽查计划》。全区启动检查任务76项，出动执法人员622人次，对2692个市场主体实施检查，并按照“谁检查、谁录入、谁公开”的原则，及时将抽查检查结果录入湖南省“双随机、一公开”抽查平台，通过系统自动对接国家企业信用信息公示系统（湖南）和湖南“互联网+监管”平台，实现检查结果100%向社会公示，接受社会监督。（唐 洁）

【质量标准化监管】 2022年，区市场监督管理局落实高质量发展激励措施，培育打造更多质量标杆，指导、推荐优秀企业申报各级政府质量奖评选，支持企业争创中国质量奖、省长质量奖、市长质量奖，其中泰嘉新材获省长质量奖提名奖。打造“望城优品”特色品牌，提升高端消费供给，增强望城制造的质量“底色”。发挥标准引领作用，引导鼓励企业参与国际标准、国家标准制度修订，申报国家级、省级标准化试点示范项目。牵头制定全省农村集体聚餐地方标准，填补国内此类标准空白。（唐 洁）

【计量监管】 2022年，区市场监督管理局组织开展对53家加油站、4家粮食收储企业在用计量器具以及多家计量单位使用情况、能效、水效、计量标准等项“双随机、一公开”检查工作。组织开展粮食收储企业在用计量器具3次专项检查，检查情况按时按要求上报至区督查办。在打击黑加油点工作中，办理2起计量案件，其中商务局移交1起，区安委交办1起。共处理加油站投诉35起，全部按时、按要求完成办理，消费者满意度100%。（唐 洁）

【产品质量监管】 2022年，望城区防范重点工业产品质量安全风险。科学合理编制抽查计划，区市场监督管理局、消防大队联合省产检院等单位，对消防产品、电取暖设备、燃气灶具、电动自行车等重点品类，抽检产品63批次，共办理质量案件45起。对辖区内17家食品相关产品获证企业，4家危化企业，3家电线电缆，2家车辆生产企业开展全覆盖“双随机、一公开”检查，对发现问题要求整改。牵头自建房经营安全性整治工作，累计完成隐患复核鉴定1.1万栋，复核率100%。（唐　洁）

【特种设备安全监管】　2022年，望城区持续加大特种设备安全监管力度。巩固提升安全生产专项整治三年行动成效，以电梯、气瓶、压力管道、大型游乐设施和客运索道等为重点，区市场监督管理局出动执法人员1500余人次，检查使用单位300余家，发现安全隐患81起。建设全区气瓶质量安全追溯平台，特种设备监管数据信息共享平台，在全市率先推动电梯检验检测改革试点工作。共排查隐患712处，查处相关案件37起，罚没93万余元，有效保障全区1万余台特种设备安全运行。（唐　洁）

【药品监管】　2022年，望城区开展医疗机构药品使用环节专项整治，加强对集采药品、麻醉药品、疫苗等重点品种监管，做好农村地区和城乡接合部的假劣器械、过期药、回收药问题专项整治。结合全国药品市场专项整顿工作要求，制定《望城区药品市场专项整治行动方案》和《望城区农村药品市场专项整治行动方案》，由区市场监督管理局牵头，重点围绕辖区内所有涉药涉械涉妆的经营和使用单位，县级医疗机构、乡镇卫生院、民营医院、零售药店、村卫生室、诊所以及美容院全面开展药品市场专项整治。强化药械化安全监管，加大日常监管和监督抽检力度。做好医疗美容行业突出问题专项治理，做好迎接国家层面督导准备。（唐　洁）

【食品生产流通安全监管】　2022年，望城区食品生产企业新增14家，变更扩项企业6家，许可过期企业11家，新增小作坊2家，许可延续小作坊1家，许可过期小作坊1家，许可注销小作坊3家，截至2022年年底，全区有食品生产企业106家、小作坊24家。区市场监督管理局按照《望城区2022年度食品生产环节日常监督检查计划》，全年开展生产单位日常监督检查238家次，出动执法人员490人次，发现问题347项，下达责令改正通知书139份，企业自查自纠覆盖率100%。按照《2022年长沙市食品生产安全监管工作要点》和《2022年全市食品生产日常监督检查计划》要求，组织开展金银箔粉食品、“守底线、查隐患、保安全”、酱腌菜、速冻调制食品、自建房、小作坊提质改造等9个专项监督检查，以约谈、培训、观摩等方式规范企业生产行为，专项检查覆盖率100%。指导绿色食品产业链企业，优享八点、罗森尼娜、可口可乐新增生产线等投产，推进益海嘉里、澳优三期等重点项目实施。联合发展和改革局开展“百行诚信网络直播面对面”望城婴幼儿奶粉企业直播专场活动，宣传辖区内婴配企业品牌。办理区内某公司生产经营被包装材料、容器、运输工具等污染的食品案，没收不合格食品，罚没款964.16万元上缴国库。

（唐　洁）

2022年7月6日，2022年食品安全宣传周（望城区）启动仪式在砂之船（长沙）奥莱举行

（区市场监督管理局 供图）

【餐饮服务安全监管】　2022年，望城区对全区餐饮经营单位进行全覆盖检查，对除小餐饮以外的所有餐饮单位进行风险分级评定。组织和配合有关部门开展“年关守护（2022）”行动、“守底线、查隐患、保安全”专项行动、生产经营含金银箔粉食品整治、“五一”旅游景区食品安全专项检查、“中秋国庆”旅游景区食品安全专项检查、春秋两季学校“护苗行动”、“网红”饮品食品安全专项检查、2022年网络餐饮食品安全“网剑行动”、“夜经济”主体餐饮服务单位专项整治、省级“百优食堂”评选、养老机构食堂专项检查11次专项检查整治，常年开展打击违法添加非食用物质和滥用食品添加剂、打击销售长江流域重点水域非法捕捞渔获物、大米专项整治、反食品浪费等工作。出动车辆90余辆次，出动执法人员200余人次，保障望城区学习贯彻中共十九届六中全会精神专题读书班、国家教育考试、“三考”（高考、学考、中考）、“新三考”（高等教育自学考试、成人高考、中小学教师资格证笔试）、首届湖南文旅科技产品应用展示系列活动暨2022年湖南省文旅装备博览会、2022世界旅游城市联合会长沙香山旅游峰会和首届全市旅游发展大会、望城区领导干部学习贯彻党的二十大精神集中

轮训研讨班7次重大活动的食品安全。组织召开“三考”考点学校分管负责人及食品安全管理员、桥驿镇食安专干及餐饮单位负责人等的食品安全培训，督促区内大中型餐饮单位和学校（幼儿园）食堂、养老机构、医疗机构食堂完成从业人员每年40学时的培训考核。开展食品安全宣传周等活动。全年全区无重大食品安全事件发生。（唐 洁）

【特殊食品监管】 2022年，望城区印发《长沙市望城区特色食品全产业链食品安全风险排查整治工作方案》，建立以区人民政府副区长蔡哲为产业链链长的“链长制”清单，制定特色食品全产业链风险排查治理工作机制及促进望城区乳制品产业发展措施。区市场监督管理局开展特色食品全产业链食品安全风险排查整治工作，全年配合国家、省、市食品监管部门开展国家级配方注册审核、省级婴幼儿配方乳粉企业体系检查、省级乳制品飞行检查、市级飞行检查、市级日常监督检查、市级乳制品质量评估等检查32次，出动专业检查队伍力量113人次，发现问题73项，企业整改完成率100%，处置乳制品企业投诉举报36次，处置完成率100%。

（唐 洁）

【公平竞争审查】 2022年，望城区制定《妨碍统一市场和公平竞争政策措施清理工作方案》，对24个区直部门出台的政策性、规范性文件开展公平竞争审查，从源头破除市场准入的行政壁垒。加强公平竞争审查制度刚性约束，按照“谁制定、谁清理”“谁起草、谁审查”原则，持续开展存量政策清理和增量文件审查，做到“应审尽审”“应改尽改”“应废尽废”。强化反不正当竞争执法，依法查处市场混淆、虚假宣传、商业贿赂、侵犯商业秘密等不正当竞争行为3起。

（唐 洁）

【网络交易监管】 2022年，区市场监督管理局通过长沙市网络交易平台监管服务系统和手机终端，全年检查网店400余个，交易型网站20家，检查“美团”“饿了么”外卖平台商户800余家。依托网络交易监测五级贯通系统处置违法线索9起，责令整改5起，查处立案3起，进行网络证据固定10次。全年查处网络食品违法案件5起。

（唐 洁）

【服务企业】 2022年，区市场监督管理局牵头全区市场主体高质量发展任务，实行周分析、月通报、季讲评，纳入区对街镇绩效考核范围和区委深化改革任务。全年市场主体总量、企业总量、“个转企”均超额完成市定任务。线下“综合窗”和线上“一网通办平台”紧密联动，“10分钟企业开办服务圈”成效拓展，“个转企”绿色通道“一站式”完成，推动企业开办跑出“加速度”。“告知承诺、即来即办”政务服务品牌获多方点赞。完成8个基层市场所标准化建设，解决市场监管所办公用房1400平方米、充实专业人员52名，其中月亮岛市场所建成全省标准化“示范所”。

（唐 洁）

【燃气压力管道监督检查】 2022年，区市场监督管理局重点督促指导气瓶充装单位和产品单位，依法办理特种设备使用登记装工作。印发工作实施方案，组织各气瓶充装单位和监管部门召开会议，部署办理使用登记工作。全区气瓶共有40万余只，区气瓶充装单位办理使用登记率95%以上。组织开展全区特种设备使用登记率和定期检验率提升行动。联系湖南省特检院，对超期未检特种设备进行统计、检验。联系特检院对望城区燃气公司燃气压力管道进行法定检验，2022年度检验整治管道111.08千米，发现问题566项，全部整改完毕。

（唐 洁）

【食品安全示范区创建】 2022年，望城区创建省级食品安全示范区工作，按照国务院食品安全“四有两责”要求，健全完善三级食品安全监管机制，抓好街镇基层市场监管所标准化建设。整合畅通“12345”“12315”及网络问政等投诉举报渠道，建立“热线+网格、吹哨+报到”工作机制，设立食品安全举报奖励制度，突出农村集体聚餐、学校食堂、食品生产企业等重点对象，每年制定推进食品安全责任保险方案，将监管触角延伸到行政村和社区，打通保障食品安全“最后一公里”。开展“护苗”“护

2022年8月11日，区市场监督管理局组织开展燃气压力管道监督检查

（区市场监督管理局 供图）

老”“网剑”等攻坚行动和“食品安全大排查大整治百日行动”“长江禁捕打非断链”“守底线、查隐患、保安全”等专项行动，共同打响“食品安全保卫战”。打造小作坊“非遗优品”品牌，创新推广农村集体聚餐“新模式”，建成全省乳制品生产基地，创新打造“智慧食堂”，望城小作坊提质改造工作获国务院食安办通报表扬，在全省作典型发言。湖南省农村集体聚餐监管工作现场推介会在望城召开，《湖南市场监管简报》等平台多次推介望城食品安全经验做法，连续多年被评为全省食品安全工作评议考核A级地区，2022年获市政府真抓实干督查激励。（唐　洁）

【《移动式聚餐餐饮服务管理规范》批准发布】 2022年，区市场监督管理局组织多家餐饮服务龙头企业，采集、分析、研究多年农村集体聚餐数据，同时结合监管经验，牵头制定《移动式聚餐餐饮服务管理规范》（DB43/T 2241—2021），当年被湖南省市场监管局批准发布，成为湖南省级地方标准。《移动式聚餐餐饮服务管理规范》对农村集体聚餐风险防控的责任分工、分类指导、基本要求、前期准备、加工制作和应急处置等进行明确规范，实现全省农村集体聚餐“操作有规范、监管有依据、安全有保障”。（唐　洁）

【“进口冷链食品集中监管仓”投入运行】 2022年，望城区建设“进口冷链食品集中监管仓”投入运行，成为长沙进口冷链食品“外防输入、内防反弹”的第一道关卡。望城城内进口冷链食品，先入仓消毒检测，合格后赋“湘冷链”码，获出仓证明方可进入流通市场。出台《集中监管仓操作指南》，制定《集中监管仓疫情防控应急预案》，筹办事故应急演练，确保监管仓拦截作用有效发挥，突发事件处置高效规范。运行以来，“集中监管仓”查验、消杀进口冷链食品3.4万吨，未接到外地阳性报告。（唐　洁）

【望城区农村厨师健康检查和食品安全知识培训会议】 2022年，望城区建立农村集体聚餐申报备案管理制度，凡集体聚餐一次10桌人以上的，各村委会要及时督促举办者按规定履行办理上报报备资料。加强对农村流动厨师的管理，对农村流动厨师全面推行持证上岗制度；健全农村集体聚餐食品安全突发事件报告和应急处理制度，一旦发生农村集体聚餐食品安全突发事件，宴席举办者和承办方要及时把患者送往当地医院救治并立即向村委会和镇（街道）政府报告，镇（街道）、村将按照《重大食品安全事故应急预案》要求迅速启动各项应急处理工作，并迅速向区食品安全委员会报告，使事件及时得到有效控制和妥善处理。2022年，共对521名厨师进行培训，发放健康证482张、厨师上岗证521张。（唐　洁）

知识产权管理

【概况】 2022年，望城区成立区打击假冒伪劣，打击侵犯知识产权联席会议领导小组，定期开展保护知识产权专项行动。从2017年起，将知识产权专项资金纳入财政预算，确保知识产权工作顺利开展。开展“4·26”国际知识产权日宣传周活动，举办第22届知识产权宣传周启动仪式，开展一系列执法和培训活动，营造浓厚的知识产权氛围，提高企业创新意识。（唐　洁）

【知识产权创造】 2022年，望城区专利授权2268件，其中发明专利363件，发明专利拥有量1376件，超额完成市对区任务考核数122件，每万人发明专利拥有量14.71件，有效发明专利增长率居全市前列。全年申请商标3570个，授权2828个，累计16325个。（唐　洁）

【知识产权行政执法】 2022年，望城区处理知识产权侵权投诉，商标侵权立案24起，结案17起（任务数28起）。完成查处专利侵权案件2起（任务数2起），完成专利纠纷行政裁决3件，完成专利纠纷行政调解1件（任务数1件）。开展知识产权“蓝天”行动，检查3户专利代理事务所，检查商标印制企业18户，下达责令整改7份。开展非正常专利申请撤回工作，规范专利申请行为，应撤回非正常专利申请187件，实际撤回186件，1件申诉，撤回率99.46%。完成对中小微企业知识产权体检30家（任务数30家），指导企业完成贯标认证3家（任务数2家），指导企业完成专利导航2家（任务数2家）。（唐　洁）

【望城区2022年知识产权宣传周活动】 2022年4月26日，望城区2022年知识产权宣传周启动仪式举行，区领导蔡哲、张姝辉出席活动，相关区直单位、各街镇分管负责人、区市场监督管理局（知识产权局）全体班子成员，科室所负责人以及第三届专利奖获奖单位代表参加活动，区市场监管局党组书记、局长廖忠宇主持活动启动仪式，长沙市知识产权局副局长黄向红出席活动并宣布启动。望城区2022年知识产权宣传周以“尊重保护创新，全面开启知识产权强区建设新征程”为主题，组织开展知识产权管理意识、风险控制意识以及政策解读等方面的宣讲、培训和咨询，引导企业知识产权工作健康发展。活动宣布长沙市望城区第三届专利奖评选结果并为获奖企业颁奖，长沙衡开智能科技有限公司获第三届专利奖金奖，晟通科技集团有限公司、长沙湖航冶金设备有限公司获优秀奖。（唐　洁）

农　业

AGRICULTURE

编辑　张理希

综　述

【产业发展】　2022年，望城区农林牧渔业增加值67.24亿元，比2021年增长3.5%。农林牧渔业总产值109.84亿元，比2021年增长3.8%。全年各类农作物种植面积87207.1公顷。全年粮食种植面积41046.67公顷，其中水稻种植面积39460.2公顷。全年粮食产量27.5万吨，比2021年减少10.1%，其中水稻总产量26.75万吨，比2021年减少10.1%。全年茶叶产量900吨，比2021年增长6.5%。水果产量4.94万吨，比2021年增长6.1%。全年出栏肉猪30.78万头，肉类总产量2.75万吨，比2021年减少4.5%。其中，猪肉产量2.25万吨，家禽产量3800吨，牛肉产量800吨，羊肉产量400吨。水产品产量3.99万吨，比2021年增长3.3%。

（张　宇）

【绿色农业生产】　2022年，望城区推进绿色农业生产，高效利用自然资源，实现增产不增污、增产不增碳。支持望城蔬菜、望城荷花虾、东城辣椒、乌山贡茶、乌山贡米等产品开展标准化认证。全区有5家企业的22个产品获绿色食品认证，6家企业的12个产品进行绿色食品新认证，5家企业的17个产品进行绿色食品续展；1家企业的1个产品进行有机产品新认证。“湘菌”千亿元产业链重点企业湖南望康农业科技有限公司建成26.7公顷高标准羊肚菌种植园，年产量超100吨，产值2000万元以上，成为长沙市“一县一特”望城蔬菜产业的特色亮点。

（张　宇）

【六大“强农”行动】　2022年，望城区开展品牌强农、特色产业强农、产业融合强农、科技强农、人才强农、开放强农六大“强农”行动。支持全区完成绿色有机地标农产品认证55个，比2021年增加22个。组织农业企业参加第二十三届中国中部（湖南）农业博览会、2022第十四届湖南茶叶博览会2次省优质农产品产销推介活动，提升望城企业、品牌、宣传推介影响力。完成2021年度省级现代化农业产业园、省级现代化特色产业园创建，在中央人民政府网、新华社、《湖南日报》、《长沙晚报》发表4篇宣传文章报道现代农业产业园。推荐申报2022年农业产业化省级龙头企业4家、省级示范社3家、省级示范家庭农场7家、市级示范家庭农场22家、省级现代农机合作社1个、省级现代农机合作社示范社1个。推荐靖港镇申报省级农业产业强镇，推荐湖南信达蚕种有限责任公司、西藏绿之源现代农业科技股份有限公司湖南分公司申报省级现代农业特色产业园。六大“强农”行动工作入选2022年长沙市真抓实干督查激励名单（全市仅望城区、浏阳市入选）。

（张　宇）

【农业行政执法】　2022年，区农业农村局开展“农资打假专项治理行动”和“农业行政执法湘剑护农行动”，对种子、农药、化肥、兽药、饲料等农业投入品生产经营企业和农产品生产企业、种植业生产基地、农民专业合作社、种植养殖大户进行监督检查工作。全年出动执法人员1027人次，检查重点农业生产企业和农资经营门店507家次，抽检种子样品13个、农药样品9个、肥料样品5个，检测结果均合格。配合省、市开展农资打假交叉检查和执法行动，查纠主要问题和改进薄弱环节，全方位强化对农业投入品市场的监管，源头把控确保农产品质量安全。

（张　宇）

【农产品源头监管】　2022年，望城区开展企业农产品信息公示、农业投入品使用、“两品一标”（绿色食品、有机农产品和农产品地理标志）标识的使用等专项检查，检查企业286家，出动执法检查人员792人次。实行农产品“身份证”和赋码标识管理，全区86家企业纳入湖南省农产品身份证管理平台，262家企业纳入国家农产品质量安全追溯管理平台，其他企业商品化“合格证”制度全面落实。

（张　宇）

【高标准农田建设】　2022年，望城区扛牢粮食安全政治责任，实施“藏粮于地、藏粮于技”战略，推进高标准农田建设，改善农业生产条件与农田基础设施条件，提高土地适宜性和机械化率，使中低产田变为高产稳产田，提升农业综合生产能力和实现农民增收。全年完成2021—2022年度高标准农田建设2100公顷（含高效节水126.67公顷），全区累计建成高标准农田23120公顷。

2022年10月28日，望城多种特色农产品亮相第二十三届中国中部（湖南）农业博览会

（区融媒体中心　供图）

此项工作入选2022年长沙市真抓实干督查激励名单（全市仅望城区、长沙县入选）。（张 宇）

种植业

【概况】 2022年，望城区粮食作物以稻谷、小麦、玉米、大豆为主，经济作物主要有油料、中草药材、蔬菜及食用菌、茶叶、瓜果及其他农作物，全年各类农作物种植面积87207.1公顷。（张 宇）

【粮食生产】 2022年，望城区成立区粮食生产工作领导小组，制定《长沙市望城区2022年推进粮食生产工作意见》，明确9条工作举措及粮食生产扶持政策。扛牢粮食安全的政治责任，遏制耕地抛荒，印发《关于开展2022年度抛荒治理工作督查的通知》，成立抛荒督查小组，将粮食生产任务、遏制耕地抛荒工作纳入对街镇的考核。完成早稻集中育秧6333.34公顷。全年粮食播种总面积41046.67公顷，总产量27.5万吨，其中稻谷39458公顷（早稻16233.34公顷），产量26.75万吨，玉米133公顷，产量945吨，大豆200公顷，产量648吨。（张 宇）

【油料生产】 2022年，望城区下发《2022年长沙市望城区秋冬种油菜生产工作方案》，推动全区油菜产业发展，完成4333.3公顷秋冬季油菜生产任务。全年油料产量1.24万吨，比2021年下降0.3%。区农业农村局、区财政局联合印发《长沙市望城区2022年产油大县奖励资金实施方案》，支持全区油菜种植，重点打造茶亭花海，茶亭镇获评“2022年湖南十大最美油菜花乡村旅游点”。（张 宇）

【蔬菜生产】 2022年，望城区加强蔬菜生产技术指导，加强存园蔬菜管理和蔬菜肥水等田间管理，完善基础设施建设，确保存园蔬菜数量充足。加强产地环境的保护和监督管理，强化种子、化肥、农药等蔬菜生产投入品的市场管理，严禁不合格农产品投入品的销售与使用。畅通销售渠道，分层对接销售市场，推进销售平台建设，创新“互联网+”电商体系，探索出“基地直供、集中配送、连锁销售”的发展模式。健全蔬菜协会组织体系，全区有蔬菜种植企业（合作社）127家。发展院士农业，打造蔬菜品牌特色。全区（含1个镇、4个街道）蔬菜播种面积35886.68公顷，比2021年增长1.8%；蔬菜总产量129.93万吨，比2021年增长3.2%。（张 宇）

【茶叶生产】 2022年，望城区完善茶叶基地建设，建立有机茶的标准化生产体系，推动茶产业基地标准化和产业化发展。提高产销组织化程度，完善“龙头企业+专业合作社+农户”等新型茶叶生产经营组织，延长和完善茶叶产业链，提高产业水平与竞争力。做好茶叶基地景区规划，完善和充实茶文化的内容，建好茶叶观光园、茶艺表演广场、名茶展示品茗馆、生产体验区及餐饮住宿休闲娱乐区、会展培训区等，开发推广茶旅结合经营模式。建设品牌文化，弘扬贡茶文化，开展茶产品及茶文化创作评比活动和宣传普及，强化营销宣传，擦亮望城茶叶品牌。全区主要有长沙云游茶业有限公司、湖南望城乌山贡茶业有限公司和长沙市仙麋茶业有限公司3家规模较大的茶叶生产企业，全区（含1个镇、4个街道）茶叶产量900吨，比2021年增长6.5%。（张 宇）

【水果种植】 2022年，望城区推进水果品种培优，提升品质。引进长沙智博生物科技股份有限公司建立现代化植物组织培养室和种苗育苗及栽培示范基地，以成熟的植物组织培养技术、嫁接技术、扦插技术，示范推广种植产量高、成熟期集中的国家良种“蓝美一号”蓝莓。做好水果产业的引导和产业规划，定位沿雷锋大道、金星大道和雷高公路城郊区为生产采摘区，大众垸片区为优势生产区，河东、白箬铺和乌山为特色小水果生产休闲加工区。推进水果产业标准化，开展无公害农产品、绿色食品、有机食品生产，加大“三品一标”（无公害农产品、绿色食品、有机农产品和农产品地理标志）认证和质量检测力度，推进望城特色地理标志性农产品品牌建设，确保产品质量档次和市场竞争力。发挥农业资源要素与旅游的叠加效

2022年7月24日，铜官街道在中山村举办首届瓜果采摘文化节活动

（区融媒体中心 供图）

应，开发有机蔬果采摘、亲子体验采茶等乡村旅游产品。蓝莓种植基地结合乡村旅游开展蓝莓采摘活动营销，举办“蓝莓节”，开展亲子采摘、农产品展销、趣味打卡等多种活动。2022年，全区（含1个镇、4个街道）水果产量4.94万吨，比2021年增长6.1%，主要水果生产基地有长沙智博苗木基地有限公司、长沙舒记生态农业发展有限公司、湖南中瑞湘格生态农业开发有限公司等20家企业（合作社）。（张 宇）

2022年，乔口镇开展荷花虾种养，养殖面积813.33公顷。图为荷花虾养殖池塘
（区融媒体中心 供图）

养殖业

【概况】 2022年，望城区生猪出栏30.78万头，年末存栏生猪18万头、能繁母猪存栏1.6万头。全区水产养殖面积5800公顷，总产量3.99万吨，稻虾综合种养面积4866.67公顷，虾类产量1.2万吨，渔业经济总产值约16亿元。（张 宇）

【生猪养殖】 2022年，望城区下达生猪稳产保供文件《长沙市望城区生猪产能调控实施方案》，指导督促街镇组织恢复生猪生产，确保生猪市场供应。全区生猪年存栏18万头，年出栏30.78万头。建成长沙望城锦牧生态养殖基地（长沙望城区锦牧生态农业有限公司）、桥驿泉新（长沙泉新生态养殖有限公司）2个万头以上规模养殖场。（张 宇）

【稻虾综合养殖】 2022年，望城区持续推广“一稻三虾”（稻前虾、稻中虾、稻后虾）养殖模式，推广稻虾、荷虾综合种养，提高土地利用率，实现“一水两用、一田多收”目标，推进望城小龙虾产业高质量发展。望城“稻虾共生”生态智慧综合立体农业示范区，采取“一地两用、一水两养、稻虾双赢”的综合立体式新型生态农业种养模式，增加稻鱼综合种养经济效益，提高养殖面积整体空间利用率，实现多季养虾、减少用肥减少用药、水稻稳产高产。望城国家农业科技园区（以下简称望城农科园）指导帮扶风向农业养殖基地与湖南省水产体系、湖南农业大学合作研究试验“一稻三虾”综合种养模式。乔口镇蓝塘寺村稻虾种植基地建立包括淡水小龙虾、“稻虾共生”网红打卡区、休闲捕捞垂钓区的“稻虾共生”生态智慧综合立体农业示范区。农科园与湖南沃文生物科技有限公司签订“稻虾共生”智慧生态农业示范基地项目商务协议，打造集水稻种植、龙虾养殖、销售、餐饮服务、观光体验于一体的“稻虾共生”种养高标准示范区（园）。“亮点荷花虾”年产1300吨加工厂投产，文和友乔口荷花虾生态屯养基地全面达效。全区有小龙虾标准化养殖示范基地29家，其中20个望城小龙虾产业发展项目获2022年长沙市小龙虾（特色水产）产业发展项目资金575万元。（张 宇）

【动物疫病防控】 2022年，区农业农村局抓好春秋两季防疫工作，免疫口蹄疫33万头份，禽流感218万羽，小反刍兽疫2.14万头份，免疫密度全部达标。建立非洲猪瘟到人到场责任制和疫情分片包村包场排查机制，排查4884场次，累计排查生猪60104头次。（张 宇）

【动物检疫管理】 2022年，区农业农村局组织开展对生猪屠宰场、活禽批发交易市场、农贸市场等重点部位的采样监测。全区全年开展流行病学调查60余场次，监测采样猪拭子样185份，牛羊血清及拭子样1096份，禽拭子样915份，宠物血清50份，未发现异常情况。（张 宇）

【畜禽养殖场监管】 2022年，区农业农村局对全区13家饲料生产企业、2家兽药生产企业、2家生鲜乳收购企业、15家兽药经营门店、9家宠物医院、200余家生猪养殖户开展农产品质量安全宣传和监督管理。不定期对生产企业开展例行规范巡查，督促规范生产经营。防止违法违规添加药物，确保畜禽产品质量安全。完成部、省例行监测工作任务，完成市级各类抽样监测任务。全年出动监管人员214人次，检查兽药经营门店35家次、畜禽养殖场户141家次、饲料生产企业17场次。落实中央、省、市、区各级畜禽产品、生鲜乳和饲料兽药抽样任务，完成畜禽产品抽样210余份、生鲜乳样品20余份、饲料兽药抽样120余份。推荐湖南食客生态农业发展有限公司、湖南金树农业科技生态有限公司、湖南林熹生物科技有限公司3家养殖场开展兽用抗菌药减量化行动，通过市级考核。（张 宇）

【水产品质量安全监管】 2022年，区农业农村局开展水产品质量安全专项

检查37批次，出动检查人员148人次。对区内31家企业进行抽查，各企业按要求基本落实到位。坚持“可控的才是安全的”工作理念，在全区推行水产品合格证制度，街镇水产员对辖区内规模养殖场进行每月1次巡查，收集整理一线生产经营信息。为全区经营面积3.4公顷以上的水产养殖单位和个人发放生产记录本1200余册，建立真实完整的养殖生产、养殖用药、无害化及销售记录。完成上级和本级各项水产品抽样检测任务，其中，省部级监督抽查10批次32例，市级例行、监督和专项抽检42批次106例。（张 宇）

农业机械化

【概况】 2022年，望城区继续执行农机购置及应用补贴政策，加大新型适用机具推广，推进水稻标准化育秧工厂建设，推广机插机抛技术，进行补短板环节重点机具奖补，引导农机主体良性发展，建成全市最大育秧工厂，全区水稻综合机械化水平87.2%。全年推广农机具426套，发放补贴404份，补贴金额9651.61万元。（张 宇）

【农机装备水平】 2022年，望城区新增农机具426台（套），其中耕整地机械85台（套），种植施肥机械138台（套），田间管理机械32台（套），收获机械54台（套），田间监测及作业监控设备30台（套），饲料（草）收获加工运输设备11台（套），粮油糖初加工机械22台（套），果菜茶初加工机械3台（套），农用动力机械44台（套），设施环境控制设备7台（套）。（张 宇）

【农机作业】 2022年年末，望城区农业机械总动力数据65.3万千瓦。区农机事务中心推广机插机抛技术，针对水稻生产短板，扶持农业主体购买补短板机具，开展机插机抛作业补贴，引导促进种粮大户和有购买意愿的农民采购新型适用高速插秧机和水稻有序抛秧机，扩大水稻机械化栽植面积，打造机插机抛示范（点）片，鼓励各主体相对集中连片开展机插机抛作业，部分街镇实现整镇推进、所有大户无“直播”（直接播种）。全年新增机插机抛机具104台，接入作业监测系统的插秧机和抛秧机完成7708.4公顷水稻机插机抛面积。全区水稻机械化种植率提升5%，全程机械化率提升1.5%，达到87.2%。（张 宇）

【农机购置补贴】 2022年，望城区以惠民便民为目标，强化补贴办理培训，加快推进农机购置补贴一站式办理，逐步推广农机购置补贴线上办理模式，动力机具实现办理“零跑路”。开展农机购置情况调查，统计资金缺口上报省农业农村厅和省财政厅。加大补贴资金检查力度，规范补贴程序，强化资金使用效率。全年推广机具426台套，申领补贴申请表404份，受益户数160户，补贴总金额965.61万元（其中国家补贴金额851.72万元）。（张 宇）

【水稻标准化育秧工厂建设】 2022年，望城区开展水稻标准化场地育秧工厂建设，以旱育秧技术为基础，以智能化、规模化设施农业为保障，按照自主实施，区级扶持，协同推进的思路，由4个主体投资1800万余元，在茶亭镇、桥驿镇、高塘岭街道新康片区建设4个大型水稻智能化、标准化育秧工厂，实现高速、高效、高质量的水稻多批次机械化、规模化、市场化育秧，解决育秧能力不足和抗风险能力差的问题。育秧工厂在早稻生产前全部建成投产，早晚稻累计标准化育秧面积超2333.3公顷，在应对早稻恶劣天气，保障种植面积上发挥作用，多次接受中央和省、市级媒体采访。（张 宇）

【水稻机收减损监测】 2022年，望城区开展水稻机收损失情况监测调查工作，强化机收减损工作精神宣传贯彻落实，培树机收减损典型，提升农业主体节约意识，推进水稻机收减损工作，保障国家粮食安全大局。全年开展水稻机收减损宣传4次，发放各类宣传资料500余份，组织机收减损现场会和大比武2次，全区整体水稻机收损失率控制在标准线下。（张 宇）

【农机安全生产】 2022年，区农业农村局以“农机安全生产三年行动计划”为指导，以“平安农机创建”为抓手，在做好农机登记管理工作的基础上重点开展农机道路交通安全顽瘴痼疾集中整

2022年4月，区农机中心农机春耕备耕工作。图为工作人员检查高速插秧机
（区农业农村局 供图）

治行动。全年联合交通部门开展顽瘴痼疾联合执法行动22次，查处各类违法违规拖拉机58台，全部依法依规处理。严格拖拉机安全管理，围绕“减存量、禁增量”的要求，采取源头管控、执法处罚、督查整改、回收报废、宣传教育等闭环治理方式，形成“党政加强领导、部门联合共治、社会广泛参与”的安全监管格局。开展整治行动以来，注销2184台运输型拖拉机，区内存量变型拖拉机全部清零，报废拆解率100%，提前3年在长望浏宁地区率先完成存量变拖清零任务，相关工作经验得到省、市相关部门的肯定并推广。（张　宇）

【新型实用技术培训】 2022年，区农业农村局着眼新时代农机需求，集中精力攻克“技术关、育秧关”等难题，组织水稻机插机抛培训2次，培训300余人，开展机插机抛现场演示活动3次，参与观摩230余人。组织2022年长沙市望城区农机操作技能竞赛，首次设置农机维修项目，50余名选手参赛，马强获一等奖，姚鹏飞、谭雄获二等奖，文志明、邓帅、高伟亮获三等奖竞赛。

（张　宇）

2022年5月18日，白箬铺镇塔冲水库完成除险加固工程　（谭小伟 摄）

农田水利

【概况】 2022年，望城区落实长沙市重点民生实事农村水源保障及灌溉能力提升项目，新增蓄水能力78.23万立方米，完成率115.04%，恢复和改善灌溉面积1066.67公顷，完成率100%。

（金文清）

【农田水利建设】 2022年，区农业农村局投入2000万元建设小农水冬春修项目。项目涉及8个街镇29个实施主体，修建机埠27个、小型闸坝6个，修建沟渠（涵管）54千米，提升全区粮食生产抗旱抗涝能力，打牢粮食生产稳定和农民增收坚实基础。区水利局投入3921.2万元，实施202处农村小水源工程，疏浚67条大中型沟渠、158口山塘，更新改造69处机台，沩水河坝高效节水灌区建设有效改善灌溉面积2800公顷，提升农田水利灌排能力，优化区域水资源配置。（金文清）

【农田水利监管】 2022年，望城区加强农田水利监管。区农业农村局组建检查组，督查农村区域9个街镇88个村（社区）、18个集镇（重建地）污水治理问题。区水利局落实全区24处小型水库标准化管理，完善水库巡视检查、启闭机操作规程、水库维修养护等管理制度及水库库容曲线，组织开展水库安全运行、应急抢险和水库调度规程演练5场次，利用小型水库标准化管护系统实现水库维修养护和巡视检查信息化集中管理。强化农村自来水监管，制定完善农村饮水工程运行管理办法，压实街镇对农村自来水管理的主体责任。

（张　宇　金文清）

【全省小型水库管理体制改革样板县（区）创建】 2022年，望城区成功创建全省小型水库管理体制改革样板县（区）。区水利局按照“建管并重”原则，2022年投入664.94万元开展小型水库管理体制改革样板县创建工作，探索创新水利工程管护体制机制，形成“主体明确、产权明晰、管护专业、管理先进、制度健全、考核科学”的小型水库运行管理机制。全区24座小型水库完成管理和保护范围划界，明晰产权归属，明确日常管理责任，落实运管经费保障。以政府购买服务“统招分签”方式，为4个街镇引入小型水库社会化第三方专业管护服务，全区所有小型水库执行同一管理模式、同一管护标准、同一考核体系，实现管理主体明确、管护标准具体、考核奖惩到位、效益长久发挥。

（金文清）

工　业

INDUSTRY

编辑　李富强

综　述

【产业发展】　2022年，望城区规模工业产值950.15亿元，比2021年增长5.28%；规模工业增加值增速9.4%，排四区县市（长沙县、望城区、浏阳市、宁乡市）第一位。制造业增加值占地区生产总值比重为31%，比2021年提升1.4%，提升幅度居四区县市第一位。工业税收25.1亿元，留抵退税前比2021年增长4.6%。"一特两主"产业完成规模工业产值775亿元，比2021年增长7.4%；智能终端、食品医药等产业继续稳健发展；新型合金材料产业集群获评湖南省先进制造业集群。新增湖南吴赣药业有限公司等14家省级"专精特新"中小企业，新增金驰能源材料有限公司等8家国家级专精特新"小巨人"，长沙衡开智能科技有限公司入选第三批国家重点"小巨人"，区工信局被评为2022年全省中小企业运行监测先进单位、2022年度湖南工业数据云建设先进单位。（文慧聂芳）

【产业链建设】　2022年，望城区聚焦"一特两主"（以智能终端为特色，以新材料先进制造、食品医药为主导）产业方向，着力推动产业链建设，培育绿色食品、新型合金、智能终端、医药医疗器械、先进储能材料五大区工业新兴及优势产业链，产业链条不断延伸，产业特色不断凸显，新型合金材料产业集群确定为全省先进制造业集群培育对象。2022年全区五条产业链有规模以上企业188家，实现产值736.08亿元，比2021年增长12.7%，占全区规模工业产值的79.8%，拉动全区规模工业产值增长6个百分点；实现营业收入773.6亿元，比2021年增长21.4%；实现税收25.14亿元，比2021年增长6%；其中高新技术企业105家，省级以上"专精特新"企业26家。（肖洋）

【制造业转型升级】　2022年，望城区打造"平台+"，加快推进工业互联网创新发展。聚焦行业龙头企业，打造一系列"平台+应用""平台+服务"制造业转型发展新模式。金驰能源材料有限公司获评省级工业互联网平台，湖南航天磁电有限责任公司、湖南省康普通信技术有限责任公司获评"5G+工业互联网"示范工厂，湖南湘江关西涂料有限公司、湖南泰嘉新材料科技股份有限公司、湖南吴赣药业有限公司、湖南天闻新华印务有限公司等20家企业连续两年获评省级制造业"二化"重点项目。坚持智能制造主攻方向，加快构建智能制造发展生态，持续推进制造业数字化转型、网络化协同、智能化变革，转型升级成效更加显著。湖南长高高压开关集团股份公司、金驰能源材料有限公司、湖南联智科技股份有限公司、澳优乳业股份有限公司、湖南科太电气有限公司、长沙中联消防机械有限公司6家企业获省级及以上智能制造示范企业（车间），长沙鼓风机厂有限责任公司、长沙中联消防机械有限公司、长沙潇水环保科技有限公司等企业多项装备获首台套重大装备认定。（唐昌昊）

【两化融合】　2022年，望城区推动两化融合（信息化和工业化的高层次深度结合）管理体系贯标，为智能制造注入动力。全区新一代信息技术与制造业融合取得显著进展。2022年通过两化融合管理体系贯标评定的企业22家，在全国两化融合服务平台开展两化融合评估诊断的企业20家，通过两化融合管理体系贯标评定的企业数在全市九区（县、市）中排名第一。（唐昌昊）

【助企纾困】　2022年，望城区开展全区干部联企"送政策、解难题、优服务"行动，点对点、面对面开展精准帮扶、常态帮扶，创新打造企业"雷锋哨"、供需对接平台，集中解决企业资金、人才用工、用地需求、项目建设、政策兑现等难题。全区抽调709名干部联点1060家"四上"企业及所有小微企业，收集办理问题1057个。推出《关于开展"纾困增效"行动稳定经济运行的若干措施》，制定"六补"举措，为1006家企业补贴奖补资金8179.43万元。望城纾困增效工作受到人民网等主流媒体报道推介，在省、市联企工作简报多次推介。（王顺佘内）

【企业培育】　2022年，望城区将规模工业企业培育作为稳增长、增动能的重中之重。"千百十"企业齐头并进，全区首次营收过百亿元、过50亿元、过10亿元、过1亿元的企业分别为3家、4家、4家、26家。新增国家级制造业单项冠军示范企业1家、国家级专精特

2022年6月21日，望城区召开全区干部联企"送政策、解难题、优服务"行动工作推进会（区融媒体中心 供图）

新“小巨人”8家、湖南省消费品工业“三品（增品种、提品质、创品牌）”标杆企业3家，全区优质企业总数32家；新开工10亿元项目5个，新完工10亿元项目4个。“专精特新”企业集中成长，新增吴赣药业等14家省级“专精特新”中小企业，新增金驰能源等8家国家级专精特新“小巨人”，其中长沙衡开智能科技有限公司入选第三批国家重点“小巨人”。2022年新增规模工业企业55家，净增49家，新增、净增规企数量为历年之最。（聂 芳）

【“1+2+N”产业集群构建】 2022年，望城区配合长沙市构建“1+2+N”（重点打造1个工程机械世界级先进制造业集群，创建先进储能材料、新一代自主安全计算系统等2个国家级先进制造业集群，发展培育先进计算、生物医药和高端医疗设备、智能网联汽车、功率半导体和集成电路、显示功能器件、智能终端、人工智能、节能环保及新能源装备、现代种业、新型合金等N个省级先进制造业集群）产业集群的发展目标，出台《贯彻落实“强省会”战略推进产业发展“千百十”工程实施方案》，围绕“一特两主”产业，推动产业发展“千百十”工程［打造1个千亿级产业集群、“四上”企业增至1600家以上、培育1000家以上高新技术企业和科技型中小企业；累计引进100个以上投资过亿元的产业项目，培育100家以上税收过千万元工业企业，搭建100个省级以上创新平台；形成10家以上百亿级企业、实现10家以上公司上市、培育10家以上国家级单项冠军企业（产品）］，梯度培育优质企业，打造优质产业集群。新型合金材料产业链作为区内唯一市级产业链，长沙新型合金材料产业总产值规621.25亿元，占全省有色金属（不含采选冶）总产值规模的26%，产业结构优势明显。拥有以粉末冶金国家重点实验室、国家高效磨削工程技术研究中心等国家级研发平台27个。2022年，新型合金材料产业集群确定为湖南省先进制造业集群培育对象。（肖 洋）

【制造业高质量发展奖补】 2022年，望城区制造业高质量发展奖补政策首次采取“免申即享”（惠企政策免申报，直接享受）方式，奖补金额1879万元，金额占比约26%，减省以往企业报送多项项目材料、历经多项审批环节的繁复程序，提升企业政策获得感和环境满意度。12月，扩大“免申即享”政策范围，出台《望城区推动制造业高质量发展若干政策》，聚焦促增长、促创新、促投资、促转型、提效能，设置发展速度奖、成果转化奖、“两化”融合奖、质量标杆奖等20条奖补政策，奖补金额9000万元以上；20条奖补政策46项具体内容中，除14项必须经过现场核查和资金核算外，其余32项按照“免申即享”程序兑现，占所有政策条款的70%，实现从企业“主动申报”到部门“送资上门”的转变。（肖 洋）

新材料暨先进制造产业

【概况】 截至2022年，望城区新材料先进制造业有规模以上工业企业有211家。2022年，受益于新能源汽车产业的快速发展，金驰能源、戴湘汽配等重点企业持续保持高速增长态势，新材料先进制造业实现产值492亿元，上缴税金17亿余元，分别比2021年增长14.1%、12%。（聂 芳）

【重点企业】 2022年，望城区新材料暨先进制造业有长沙戴卡科技有限公司、晟通科技集团、湖南金龙国际铜业有限公司等重点企业。其中长沙戴卡科技有限公司从事中高端铝合金轮毂研发和制造，年设计产能600万件，2022年产量658万件，实现产值25亿元，比2021年增长23%，产量、交付量、质量、效率实现历史最好水平。晟通科技集团具备年产20万吨高端铝箔和18万吨建筑铝合金模板的产能。截至2022年年底，累计申请专利1600余件，其中1018件获授权。湖南金龙国际铜业有限公司望城园区主要生产高导电光亮铜杆、铜丝、铜排、铜合金等，全年产值24亿元、创营业收入38.8亿元。（聂 芳）

【望城有色金属精深加工特色产业基地入选国家火炬特色产业基地】 2022年9月19日，望城有色金属精深加工特色产业基地入选国家火炬特色产业基地。望城有色金属精深加工特色产业，集聚晟通科技、中信戴卡、金驰能源、永杉锂业等龙头企业12家，包含铜、铝、钨、铍等11类有色金属加工门类，拥有铝合金、铜合金、钛合金、硬质材料、储能材料等细分行业，形成从原材料、

2022年9月19日，望城有色金属精深加工特色产业基地入选国家火炬特色产业基地。图为望城经开区晟通科技集团（望城经开区 供图）

半成品到装备应用的完整产业链条。基地汇聚省级及以上研发机构26个，拥有国家级孵化器黄金创业园、国家战略金属双创汇聚平台五矿有色中央研究院等孵化平台7个，面积100万平方米，在孵企业1000余家，推动望城先进有色新材料产业发展，辐射带动中部地区有色金属材料产业迈上新台阶。

（李富强）

【第十届全国湿法冶金工程技术交流会在望城召开】 2022年8月19日，第十届全国湿法冶金工程技术交流会在望城经开区召开，邀请中国工程院院士、中南大学副校长柴立元等有色金属学会领导、湿法冶金领域的知名专家学者和企业代表400余人参会，就国家相关政策和技术水平的发展作专题报告，对十年来全国湿法冶金领域的新技术、新成果、创新创业人物、优秀青年进行表彰。展示研究的最前沿理论技术，推广示范工程成果和经验，探讨湿法冶金先进科技成果研发、工程化应用，总结国内外先进经验并结合典型工程实例进行归纳和对比分析，指导有色金属冶金技术的提高和发展，共同探索推进全国有色金属湿法冶金技术创新水平、促进有色产业整体水平提升的良策。会上，望城经开区获评全国湿法冶金工程技术交流会十周年“最佳合作伙伴”。（李富强）

【永杉锂业一期产线投产】 2022年6月28日，永杉锂业一期产线全线投产暨第300吨电池级碳酸锂下线仪式在铜官工业园举行。永杉锂业是湖南省第一个锂盐项目，由全球规模最大的锂离子电池材料综合供应商杉杉企业投资建设，是杉杉企业布局新能源产业链的关键项目和长沙先进储能材料产业链的龙头项目。项目投资30亿元，总用地24.13公顷，分两期建设。全部达产后，年产值可达60亿元以上，年纳税可达4亿元以上。项目填补湖南先进储能材料产业原料端的空白，采用自主设计的第四代矿法锂盐生产制造装置，打造电池级、高纯级产品，实现固废、废液100%回收利用，达到国家环保超低排放标准，综合实力领先行业水平。（李富强）

【泰嘉智能锯切制造基地项目落户望城】 2022年12月9日，泰嘉智能锯切制造基地项目落户望城，为新材料产业不断迈向国际化、高端化、智能化增添新动能。湖南泰嘉新材料科技股份有限公司成立于2003年，2017年1月主板上市，2022年获国家制造业单项冠军示范企业。此次签约的泰嘉智能锯切制造基地项目计划投资4亿元，以“高效、智能”为核心建设“硬质合金带锯条产线项目”，产品可广泛应用于航空、航天、核电、军工等高端领域，打破国外产品的市场垄断地位。项目满产达效后，可新增320万米硬质合金带锯条的年生产能力，实现年产值4.2亿元，推动企业早日实现“双金属带锯条国内市场占有率50%，国外销售占公司锯切业务销售的50%”目标。（李富强）

【中航起获颁中国民用航空器维修许可证】 2022年7月12日，利勃海尔中航起航空（长沙）有限责任公司（以下简称中航起），在长沙获颁中国民用航空器维修许可证。公司作为中国首个符合CCAR145标准、批准从事ARJ21起落架维修的企业，进入维修行业，填补ARJ21飞机起落架国内维修服务的空白。中航起成立于2012年，由中航飞机起落架有限责任公司和利勃海尔宇航林登贝格有限公司等比例出资成立的合资公司，为中国民用飞机起落架的设计、开发、装配、试验及客户服务提供系统解决方案。建成利勃海尔LAT标准的飞机起落架生产线和维修线，具备较为完整的民用飞机起落架系统集成、测试并交付能力和起落架维修能力。（李富强）

2022年7月12日，利勃海尔中航起航空（长沙）中国民用航空器维修许可证颁证仪式在望城经开区举行

（望城经开区 供图）

食品医药产业

【概况】 截至2022年，望城区有从事食品生物医药企业72家，从业人员近5万人，主要产品有膨化食品、传统农产品、乳制品、熟食、生物制药、天然绿色功能添加剂、兽药、鱼药和饮料添加剂，医疗食品设备和配套耗材以及临床诊断试剂。其中乳制品生产份额占湖南省的80%以上。2022年受新冠疫情冲击影响，消费需求不足，食品医药产业产值137.8亿元，上缴税金3.5亿元，比2021年分别下降6.9%、7.2%。

（聂 芳）

2022年4月23日，大健康功能性原料科技创新高地战略合作签约仪式暨“单杨院士创新团队澳优工作室”揭牌仪式在望城区举行 （望城经开区 供图）

【重点企业】 2022年，望城区食品医药产业有澳优乳业（中国）有限公司、中粮可口可乐华中饮料有限公司、旺旺集团湖南大旺食品有限公司、湖南九典宏阳制药有限公司等重点企业。其中澳优乳业（中国）有限公司从事高端乳品及营养食品的研发、生产和销售，2022年入选全省先进制造业“十大科技创新企业”。中粮可口可乐华中饮料有限公司主要生产汽水饮料，年产能100万吨，2022年6月投产首条无菌果饮生产线。旺旺集团湖南大旺食品有限公司2022年通过工信部认定绿色制造名单，被认定为“国家级绿色工厂”，被评为长沙市第一批工业旅游精品示范基地。湖南九典宏阳制药有限公司主要从事原料药、高端药用辅料、植物提取的研发、生产和销售，2022年被湖南省工信厅评为湖南省企业技术中心。 （聂 芳）

【长沙医疗器械产业园开园】 2022年8月8日，长沙医疗器械产业园开园仪式在望城经开区举行，望城经开区、长沙海路预测医疗科技有限公司与透彻影像（北京）科技有限公司、西安维安实业有限公司、广东微肽生物科技有限公司等12家企业进行集中签约，涉及流体细胞仪研制、光学图谱分析技术、高分子医美产品、肿瘤病理影像智能分析系统、超声人工智能及远程诊断平台等项目。长沙医疗器械产业园是湖南省药监局重点培育园区之一，由长沙海路预测医疗科技有限公司运营，2022年2月签约落户望城经开区。项目总投资5亿元，占地面积3.73公顷，建成厂房及配套建筑面积8.5万平方米，入驻企业16家，计划5年内引进80家以上医疗器械企业，全面投产后，可实现年产值50亿元、年税收1亿元以上，为望城医疗器械优质项目集聚入驻提供新载体。

（李富强）

【“单杨院士创新团队澳优工作室”揭牌】 2022年4月23日，大健康功能性原料科技创新高地战略合作签约仪式暨“单杨院士创新团队澳优工作室”揭牌仪式在望城举行。中国工程院院士单杨长期从事食品工程科技研究，是农业农村部“科研杰出人才”，也是科技部重点领域创新团队负责人，“单杨院士创新团队澳优工作室”是他创立的第一个工作室。全面战略合作框架协议由望城区人民政府、湖南省农业科学院和澳优乳业（中国）有限公司三方共同签署，联合打造大健康功能性原料科技创新高地，是产学研相结合互惠互利、合作共赢范例。 （李富强）

电子信息产业

【概况】 2022年，望城区电子信息产业有规模以上工业企业28家，产值148.78亿元，比2021年增长2.7%；营业收入136.44亿元，比2021年增长125.9%；税收1.7亿元，比2021年增长57.3%；其中高新技术企业15家，省级以上“专精特新”企业3家，产业规模不断壮大。 （唐昌昊）

【重点企业】 2022年，望城区电子信息产业有长沙智能终端产业园比亚迪电子项目、长沙大华科技有限公司、利亚德（湖南）光电有限公司等重点企业。其中长沙智能终端产业园比亚迪电子项目是比亚迪联合华为、荣耀打造的智能制造生产基地，2022年公司产值105.14亿元，比2021年下降13.25%。长沙大华科技有限公司主要从事智慧物联终端制造，设计年营业收入35亿元，过渡厂房于2022年3月启动装修，7月5日首批产品下线。利亚德（湖南）光电有限公司主营业务是智能显示、城市光环境、文旅新业态、虚拟现实技术，2022年产值9.2亿元，比2021年增长340.31%。

（佘 内）

【湖南航天电子信息材料产业园落户望城】 2022年4月29日，湖南航天电子信息材料产业园项目签约落户望城。湖南航天在5G高频柔性覆铜板领域的技术研发能力、产能规模处于国内领先地位，是中国电子电路覆铜板行业十强企业。项目的建成达产可进一步提升公司在柔性覆铜板、碳纤维材料、高频高速板、透明显示材料等领域的产业化能力，为湖南航天和望城高质量发展贡献“航天力量”“航天智慧”。

（李富强）

2022年6月，望城经开区5G智能终端产业园竣工投产。图为5G智能产业园大华股份有限公司

（望城经开区 供图）

【5G智能终端产业园竣工投产】 2022年6月，位于望城经开区的5G智能终端产业园竣工投产。项目为省重点产业项目，总净用地约25.13公顷，总投资约52亿元，总建筑面积约54.6万平方米，主要建设3个生产组团，2个服务配套区，其中厂房31万平方米，采用“大承重、大间距、大跨度”设计，可满足不同企业生产需求。望城区年内完成30栋建筑的主体封顶，跑出项目建设“望城速度”。产业园应用5G专网、无线视频监控、人脸识别、智能机器人、智慧楼宇等多项智慧创新元素，成为中部地区5G智慧产业园区新标杆，预计年产值200亿元，可带动上下游产业产值超千亿元。截至2022年年底，有大华股份、长沙创荣电子科技有限公司等企业入驻并实现投产运营。（李富强）

陶瓷产业

【概况】 望城铜官为全国著名的“五大陶都”之一。大唐时期的长沙铜官窑，为世界釉下多彩陶瓷发源地。府窑、富兴窑等陶瓷企业根据自身特点和优势，进行新产品开发和新技术、新工艺应用，开发生产附加值高、文化属性强的陶瓷产品，在价格、市场上占优。海旭炻瓷集团拥有全自动成型生产线和全自动烧成生产线，成为陶瓷企业长远发展的重要战略之一。以友创电子和西欧电子为代表的高科技特种陶瓷企业，技术实力雄厚，拥有多项自主知识产权，生产包括汽车压力传感器陶瓷、温控器陶瓷、陶瓷密封件、通信用滤波器陶瓷、结构陶瓷件等上百种产品，广泛应用于汽车、电子、通信等领域。截至2022年，望城区有100余家陶瓷企业，其中规模以上企业11家，从业人员3000余人；有工作室、近20名国家级和省级陶艺大师；陶瓷产业规模近16.5亿元。形成以日用陶瓷、工艺美术陶瓷、园林景观陶瓷、高技术陶瓷为主导产业，以茶具、炻瓷、雕塑、工艺品、琉璃瓦、功能陶瓷为主导产品，以众多陶瓷企业和工作室为支撑的产业格局。（黄思淼）

【铜官陶器】 望城铜官为全国著名的“五大陶都”之一。大唐时期的长沙铜官窑，为世界釉下多彩陶瓷发源地，开创“南青北白长沙彩”的陶瓷发展格局，对世界陶瓷发展产生深远影响。铜官陶瓷产业历史悠久，文化内涵丰富，陶瓷技艺独具特色，2011年5月23日，长沙窑铜官陶瓷烧制技艺经中华人民共和国国务院批准列入第三批国家级非物质文化遗产名录，遗产编号Ⅷ－191。截至2022年，铜官陶瓷行业有国家级大师2人、高级技师6人、高级技工5人，省陶艺大师6人、工艺美术师19人。铜官现代陶瓷产品拥有良好的工业设计、优质选材、功能新颖的自主产品，企业在寻求优质低价的同时，注重对自身产品的开发，同步开发低端产品和高端产品，曾德国陶瓷、盛唐工艺等企业的茶具系列、泥人刘的传统雕塑及柴烧系列产品，胡武强、周世洪、刘志广等传统老器型产品获市场认可，对铜官陶瓷行业发展具有重要意义。（黄思淼）

【陶瓷行业扶持】 2022年，为传承传统技艺，广泛宣传铜官陶瓷文化，扩大销售渠道，望城区组织铜官陶瓷企业参加湖南茶博会、景德镇陶瓷博览会等国内大型展会，在展地开展铜官窑茶器具推介活动，展示和推介铜官窑茶器具，进一步传承和传播铜官陶瓷非物质文化遗产，扩大铜官陶瓷的行业影响力，彰显长沙铜官窑在现代陶瓷生产的实力，为铜官陶瓷进入国内、国际市场打下良好的基础。

（黄思淼）

【铜官陶瓷“1+N”实践创新基地揭牌】 2022年8月31日，望城区首个新的社会阶层实践创新基地——铜官陶瓷“1+N”实践创新基地揭牌。此基地通过一个中心和历史古迹示范点（龙窑遗址——旺兴窑）、文化传承示范点（广华鑫陶艺）、研学体验示范点（泥人刘）、制作技艺示范点（和万月陶瓷）、产品

2022 年 9 月，望城区铜官陶瓷“1+N”实践创新基地揭牌

（区融媒体中心 供图）

创新示范点（曾德国陶瓷）、民俗艺术示范点（长沙夏国安艺术博物馆）6 个示范基地，打造陶瓷产业交流、展示、创新、研究的平台，扩大望城陶瓷品牌宣传和影响力。（周静文）

电力工业

【概况】 2022 年，望城区累计完成售电量 42.66 亿千瓦时，比 2021 年增长 15.17%。其中，第一产业用电量 0.40 亿千瓦时，比 2021 年增长 28.69%；第二产业用电量 18.15 亿千瓦时，比 2021 年增长 12.56%；第三产业用电量 9.84 亿千瓦时，比 2021 年增长 9.95%；城乡居民生活用电量 14.27 亿千瓦时，比 2021 年增长 22.4%。城市、农村电压合格率分别为 99.8%、99.19%，供电可靠率分别为 99.95%、99.89%；电网最高负荷 89 万千瓦，比 2021 年增长 15.44%。（姚 尧）

【电网建设】 2022 年，望城电网新投运 110 千伏变电站 3 座（金峰、高冲、新华联变电站），创历年望城电网项目建设之最。区供电公司完成 110 千伏桥驿变电站址线形及进线路由确定。完成配网投资 1.05 亿元，新建和改造 10 千伏线路 107.32 千米、低压线路 124.45 千米，推进 203 个配网项目建设，全面提高电网供电质量和供电可靠性。（姚 尧）

【电力保供】 2022 年，区供电公司面对雨雪冰冻、长达 5 个月的高温高热、干旱少雨等极端气候，加强设备特巡特护、深化需求响应政企联合、强化应急抢修，实现最大负荷 10 次创新高的情况下电网安全运行和电力稳定供应，最大限度保障全区供电秩序平稳，实现居民全程“无感”用电。完成春节保供电、湖南德赛电池有限公司储能电芯项目、省供电公司防汛救灾专题演练、长沙市首届旅发大会、中考、高考等多个重要保电任务。（姚 尧）

【电力营商环境建设】 2022 年，区供电公司深化电力“三省”（省时、省力、省钱）办电服务，打造“便民、提速、降本”的“阳光业扩”服务品牌，切实提升“获得电力”指数。扩大“三零”（零上门、零审批、零投资）服务范围，小微企业低压接入上限从 100 千伏安提升至 160 千伏安，享受“三零”服务。惠及低压客户 5811 户，直接降低企业客户用电成本 476 万元，为 13 户企业客户减免高可靠性费用 2426 万元。推广低压“三零”单相、三相直通表报装等简单业务“一日接电”，推广线上办电、线上缴费服务渠道。争取供电业务扩展配套资金 2801 万元，满足华电长沙电厂、乔口自来水厂、水老官食品有限公司等用户充电桩业扩配套需求。开展长沙市千名干部联千企暨“送政策、解难题、优服务”行动，主动加压扩大走访范围，走访大中企业 70 家，帮扶企业纾困，助力稳住经济大盘。为澳优乳业三期厂房提供临变租赁业务，为客户节省投资约 13 万元。响应国家能源战略，推动《低碳园区建设战略合作框架协议》落地落实，与望城经开区合作建成铜官园区低碳服务中心，与“国家技术创新示范企业”晟通集团签订省内首个用户侧光储一体化电站项目，每年为企业节约用能成本 360 万元、降碳排放 1.2 万吨，助力企业绿色可持续发展。

（姚 尧）

建筑业　房地产业

CONSTRUCTION AND REAL ESTATE

编辑　李富强 肖艳

建筑业

【概况】 2022年，望城区围绕全面建设产强、城美、民富、人和现代化新望城目标，推动全区建筑行业工业化、数字化、智能化转型升级，建筑业绿色低碳发展水平提升，建筑业企业的核心竞争力和创新能力不断提高。截至2022年，全区总承包一级资质企业12家。获省级以上“鲁班奖”或国家级“优质工程”等各类奖项11项。2022年，建筑业产值596亿余元，比2021年增长7%；全区建筑业行业税收过10亿元。 （唐 舟）

【建筑企业发展】 2022年，望城区新增入规建筑企业12家，建筑资质由二级升为一级的施工总承包建筑业企业2家。强化政策帮扶，出台《长沙市望城区促进建筑业高质量发展的指导意见》《长沙市望城区促进建筑高质量发展的十条措施》，实施行业激励措施，向70家区属企业发放专项扶持奖励资金427万元、外拓项目税收奖励资金1083.34万元。 （唐 舟）

【建筑产业转型】 2022年，区住建局促进建筑产业转型升级，实现新开工绿色建筑项目27个，开工面积约150.4万平方米；竣工绿色建筑项目53个，竣工面积约328.2万平方米。加速推进装配式建筑产业化发展，新增装配式建筑项目7个，面积24.6万平方米；完成装配式施工图审查备案项目13个，面积56.7万平方米；验收装配式项目3个，面积13.8万平方米。 （唐 舟）

【全省首张个人自建房建筑工程施工许可证发放】 2022年7月11日，望城区组织区直相关单位、街镇将《农村宅基地批准书》、建设工程规划许可证、建设用地规划许可证、建筑工程施工许可证送到村民手中，在全省率先探索将自建房审批工作纳入基本建设程序管理。全省开展居民自建房安全专项整治工作及百日攻坚行动以来，望城区突出“安全、务实、创新”，将3层以上（含3层）、建筑面积300平方米以上的居民自建房以及安置区内房屋纳入基本建设程序管理，探索“四个一”助力居民自建房审批。即“一个专班”推动部门联动，“一次踏勘”确保无缝对接，“一次审图”提升审批时效，“一并发证”加强协同办理。7月，完成试点建房户的所有审批工作。 （唐 舟）

【乡村建筑工匠线上培训班】 2022年12月29—31日，望城区举办乡村建筑工匠线上培训班。培训班由望城区总工会、住建局联合主办。培训采用线上教学+线下考试的培训模式，以湖南省住建厅《湖南省乡村建设工匠培训教材》和《湖南省乡村住房建设操作手册》为培训教材，主要讲解乡村建设的基本知识、农房建设法律法规、农房建造基本原则、程序及常识、村庄建设和选址、建筑识图与农房设计、农房施工技术、农房抗震设防、农房施工安全常识、农房安全性鉴定和危房修缮及抗震加固等，旨在进一步提高乡村建筑工匠的专业技能和安全意识。对完成理论培训并经线下考试合格的乡村建筑工匠，区住建局将颁发《湖南省乡村建设工匠培训合格证书》，进行备案登记管理，录入湖南省乡村住房规划建设管理平台乡村建设工匠信息库和乡村房屋综合信息管理平台乡村建设工匠信息模块。 （唐 舟）

房地产业

【概况】 2022年，望城区坚持“房住不炒”战略定位，按照“系统长效、稳定预期、防范风险、满足需求”工作思路，深化“精装房”“联合验收”“交房即交证”“第四代建筑”等政策配套，创新住宅产品，提升住宅品质，稳妥防范房地产市场金融风险，促进房地产市场健康平稳发展和良性循环。从土地供应、住房需求、业态结构、市场监管等方面优化措施，着力优化土地供应结构、住房供给结构、市场业态结构、增量与存量结构。按照“控总量、去存量、优增量”要求促进商业非住宅去库存，降低新出让土地商住比，对出让项目实施“商改住”措施，加快盘活非住宅库存资产。全年全区商品房销售面积265.08万平方米，比2021年下降30.0%。全区商品房销售额219.80亿元，比2021年下降23.1%，其中住宅销售额197.42亿元。 （唐 舟）

【房地产开发】 2022年，望城区房地产开发投资240.70亿元，比2021年增长23.2%。新增房地产“四上”企业入库9家，超额完成既定年度目标任务。紧盯“保交楼”目标任务，加速解决逾期交房和楼盘烂尾等问题，实现恒大项目率先复工、旭海家园有序推进、合能花园顺利交付、融创城有效盘活。 （唐 舟）

【商品房销售】 2022年，望城区完成商品房销售面积265.08万平方米，居全市第二位。1—12月新建商品房批准预售166.77万平方米（居全市第五位），比2021年下降53.97%，长沙市平均下降36.55%；成交金额累计197.53亿元，比2021年下降25.97%；住宅销售均价7764元/平方米，比2021年增长3.81%，长沙市平均下降3.23%。 （唐 舟）

【房地产市场政策调控】 2022年，望城区制定《促进望城区房地产市场平稳健康发展的若干措施》，从优化房地产业投资发展环境、优化营商环境、优化和改善住房消费环境3个方向提出十条举措，帮扶企业，提振市场信心。指导房地产协会制定消费节之宜居房产活动推广方案《宜居在“望”“城”邀您来2022年长沙市望城区消费节之“宜居望城”品牌推广活动方案》，聘请专业策划公司利用“线上+线下”的形式，开展4次楼盘展，到益阳、常德、娄底、岳阳等地州市开展宜居望城推广活动，

在区内开展购房节活动，营造浓厚的房产销售氛围，助推望城房地产市场健康稳定发展。（唐　舟）

【房地产项目帮扶】　2022年，望城区对域内在建在售项目相关困难问题进行摸排收集，就相关问题提请区政府召开房地产项目建设发展问题帮扶会议，明确责任单位和具体负责人进行交办。7月上旬，区住建局牵头提请区政府召开房地产项目建设工作推进会议，重点研究调度和顺总部基地土地违约金减免及缓缴，时代遇见商业招商、时代倾城六期售楼部及样板间等临时建筑审批，湘江星汇城等项目因消防救援能力匹配性不足影响审批，嘉宇湘江北城三期因麻石问题导致项目停工，金玉满园项目商业综合体因地下空间出让手续未完成影响项目建设等问题。第三季度区住建局对各单位反馈相关问题落实情况进行汇总并形成相关报告报区委督查室，配合区委督查室做好督查工作。截至年末，企业反馈问题除配套设施建设外，其余问题得到有效解决。（唐　舟）

【房地产市场监管】　2022年，望城区严格防范房地产市场风险，紧盯“保交楼”目标任务，推动复工复产，加速解决逾期交房和楼盘烂尾等问题。制定全区风险防范方案，全区列入房地产防风险项目共9个，纳入市级风险项目的2个，针对风险问题楼盘实行一盘一策，推动交楼。定期向省、市专班汇报区内风险项目情况，及时对接区内相关部门共同化解项目风险。开展联合检查。区住建局联合市场监督管理局、属地城管执法中队持续开展常态执法、专项执法共55次，涉及40个房地产项目。针对较轻微违规行为，执法组现场责成整改到位。情节严重的，进行立案处罚，其中立案处罚房地产经纪机构5个和房地

2022年6月，望城区越秀湘江星汇城项目首批交房业主实现交房时同步获得不动产权证书（区融媒体中心　供图）

产项目1个。做好信访舆情处理，化解房地产领域信访积案2件。做好网上信访、督查交办件、“12345”热线来电等舆情处理工作，累计办理800余条热线投诉及60余宗信访件。（唐　舟）

【交房即交证改革】　2022年，望城区房康办、区自然资源和规划分局、区住建局、区审批局等相关部门通过外出考察学习、企业座谈、会议讨论等形式进行研究，制定下发《望城区推进新建商品房交房即交证改革实施细则（试行）》文件。通过宣传，全区有5个项目提前实现交房即交证，1400余户业主收房时领取不动产权证。（唐　舟）

【物业监管】　2022年，望城区出台《长沙市望城区全面加强小区治理实施方案》，组织相关部门、街道按时间节点抓好小区治理。智慧物业一体化平台在全区推广上线，小区视频对接覆盖全区30家物业小区，试点小区“物业通”App推进业委会换届业主线上投票表决，实现望城“物业通”App在手机应用商城上架；成立物业矛盾纠纷调处中心，调解物业矛盾纠纷及投诉1322件；处理长沙市城管环保网络平台案件24件、智慧望城雷锋哨平台案件115件；推进物业小区文明创建工作，定期公布红、黑榜，完成文明创建整改1365处，更换小区公益广告牌400块；推进物业小区安全生产工作，组织全区物业管理安全生产培训2次、消防演练3次，开展“飞线充电”等专项整治、防涝排渍等安全生产专项督查，督促物业将安全问题整改到位；办理物业管理用房审核，办理预售确认29笔、栋证确认99笔、商品房预测变更13笔；诚信等级、受理诚信等级备案67笔，自律信息报送46笔；受理前期物业招标投标备案业务9笔；完善《长沙市望城区限价商品房小区管理考核奖补暂行办法》，解决限价商品房、红建系列楼盘物业管理问题；完成既有多层住宅电梯加装备案21台，在加装12台；发挥物业维修资金、公共收益资金杠杆作用，推进20个既有小区品质提升建设。（唐　舟）

商贸服务业

COMMERCIAL SERVICE INDUSTRY

编辑　张理希

商贸流通

【概况】 2022年，望城新增限额以上商贸类企业56家，完成社会商品零售总额484.13亿元，比2021年增长5%，增速居长沙市九区县（市）第一位；完成外贸进出口总额147.3亿元，比2021年增长28.3%。区商务局牵头培育和壮大商贸主体，打造商贸专业市场，推进商贸物流体系建设，搭建商贸物流服务平台，全区主要商贸流通水平显著提升。提升湾田、高星两大建材专业市场，整合打造月亮岛商圈，提质砂之船（长沙）奥莱、正荣财富中心、天恒、润和彩虹Mall等商业综合体和福街、步行街、美来美等特色商业街区，打造新消费场景和支持服务平台提升。鼓励发展夜间经济、网红经济，支持绿色消费，鼓励大型商场、超市等参与绿色商场创建。"扩增量"与"优存量"并举，培育新增限上企业和改造提升传统商贸企业并重，推动商贸企业转型升级和提质增效。借助楼宇经济支持政策，加快兑现工作，引进一批引领性、标杆型现代服务业项目。（万意球）

【商贸流通体系建设】 2022年，望城区开展商贸流通体系建设，委托长沙理工大学团队编制《望城区"十四五"现代物流及电商快递业发展规划》。指导区内老字号、快递企业、农贸市场等主体申报专项资金，完善自身配套，壮大全区商贸流通体系。区商务局指导区内企业的中茶猴王牌、姚记坛子菜两个品牌成功申报第六批湖南老字号；申报争取《2022年长沙市有效降低疫情影响促进商贸流通产业稳定发展及商贸流通产业发展专项资金》《湖南省2022年县域商业体系建设资金》《长沙市2021年县域商业体系建设资金》《2022年度快递业发展专项资金》《2022年长沙市农贸市场建设改造专项资金》《2023年省级县域商业体系和冷链物流资金》等共计360万余元。（冯　景）

【商贸专业市场打造】 2022年，望城区有湾田国际家居建材物流园和高星钢铁物流园2个专业市场，农贸市场20余个，砂之船（长沙）奥莱、正荣财富中心、润和彩虹Mall、明发国际等商业综合体8家。新增和顺石油铜官交易中心等。区商务局配合省商务厅完成和俊报废汽车回收拆解公司和湖南燕湘再生资源综合有限公司资质审核和备案登记。联合区财政、资规、环保、规划、市场等部门完成对新建的马桥河农贸市场验收，并指导企业成功申报长沙市农贸市场专项资金70万余元。对全区县域商业体系建设现状逐一摸底，组织、指导企业成功申报市级县域商业体系专项资金，做好2023年省级县域商业体系建设项目的摸底和申报。（周　帆）

【商贸流通安全生产】 2022年，望城区开展安全检查，发现问题隐患1404余处，整改到位1389处，整改率98%。其中重大隐患3处，整改到位3处，整改率100%。排查检查物流仓储企业540家次，发现一般隐患939处，移交隐患企业27家，行政处罚2家仓储企业，处罚金额4万元。检查成品油零售企业（油站）112家，发现隐患98条，拆除金通物流内部违规加油点1处，查封高星物流园内部加油点2处，对违规经营企业罚款3万元。检查再生资源企业433家次，发现并整改安全隐患533条。委托安全生产三方公司开展安全专干业务能力培训126人次。利用微信公众号开展线上培训，组织176家企业参加，培训相关人员300余人次，重点宣传商贸场所燃气安全、密集场所消防安全等方面安全知识。加强汽车流通管理，组织开展二手车流通管理台账和经营资质检查行动，督促汽车流通企业及时在信息系统备案，发放交通问题顽瘴痼疾宣传手册、电子屏播放、宣传栏张贴等方式加强宣传教育引导工作。（李印波）

服务业发展

【概况】 2022年，望城区新引进项目132个，协议引进资金583.4亿元，其中三类500强项目9个（德赛电池、华侨城、永旺梦乐城、中建国际、中核集团、美的集团、东方电气、达能集团、航天三丰），过亿元项目35个，过10亿元项目11个，过50亿元项目3个。全年全区新增限上商贸类企业56家，社零总额484.13亿元，增速5%，其中限上部分245.2亿元，增速12.8%，均保持长沙市九区县（市）第一名；完成外贸进出口总额147.3亿元，比2021年增长28.3%，其中望城经开区123.8亿元，区本级23.5亿元；全区实际利用外资4010万美元，比2021年增长5.9%。（万意球）

2022年7月5日，望城高新区（铜官工业园）的和顺石油铜官交易中心项目投运
（区融媒体中心　供图）

【服务业纾难解困】 2022年，望城区出台《长沙市望城区开展“纾困增效”行动稳定经济运行的若干措施》，为区内企业提供租金、融资、能源、防疫、物流、供应链配套补贴。补贴8家企业租金约250万元，纾解市场主体困难。采取“免申即享”的方式发放防疫补贴，兑付40家餐饮企业防疫补贴40万元，对符合条件的40家零售企业发放防疫补贴229万元。 （万意球）

【服务业发展规划】 2022年，望城区制定《望城区“十四五”现代服务业发展规划》，计划在“十四五”期间，将望城建成为现代服务业比较发达的区域性中心区县，重点发展现代物流、现代商贸与跨境电子商务、新媒体等信息服务与数字经济、康养医疗等现代公共服务、文体旅融合的全域旅游、总部经济等服务业。 （万意球）

【服务业项目建设】 2022年，望城区持续推进省市“三百工程”(100个重点项目、100家重点企业、100栋重点楼宇)、“双百工程”(100个重点项目、100家重点企业)项目建设，促使22个履约不到位的项目完成整改，整改完成率100%，涉及投资160亿元，为服务业发展打下基础。 （曾　芳）

【消费促进活动】 2022年，望城区持续开展促消费活动。“强省会·新消费”消费季活动7月启动，包括“夏季有礼”“秋天有韵·冬季有味”系列活动，投入990万元发放通用消费券和购车消费券礼包，活动综合核销率90.1%，直接核销金额586.7万元，拉动汽车消费5.3亿元。9月9—11日举办的味道湖南系列之望城福街龙虾美食节活动，邀请市民现场品尝美食、欣赏电音表演，带动新华联地区夜经济增长。“消费加速度·迈出新步伐”主题消费季于12月30日启动，发放超400万元消费券。区商务局全年联动全区各板块和商圈商家、平台企业不间断开展节庆促销、主题促销等各类消费活动，持续活跃繁荣消费市场。发布望城“网红联盟”潮游攻略，筛选出40余家优质网红商家，覆盖吃、穿、行、游、购、娱，全方位推荐望城。鼓励商场、超市、旅游景点延长营业时间，增发夜经济消费券带动夜间消费。砂之船（长沙）奥莱创新推出“夜奥莱”线上小程序，区内7家企业获评2022年长沙市夜经济示范系列称号，全年全区社会零售品总额增速5%，居全市第一位。 （万意球）

2022年7月17日，“强省会 新消费”2022望城网红商家联盟暨“夏季有礼”消费季活动启动仪式在砂之船（长沙）奥莱举行 （区融媒体中心 供图）

外贸促进

【概况】 2022年，望城区外贸进出口额147.3亿元，完成年度目标任务（131.3亿元）的112.2%。其中，经开区完成123.79亿元，完成全年目标任务（106亿元）的116.8%；园区外完成23.51亿元，完成全年目标任务（25.3亿元）的92.9%。 （冯　景　刘　帅）

【外贸政策扶持】 2022年，望城区拨付第四届进博会补助资金、湖南省对外投资合作资金、2021年省开放型经济与流通产业发展专项资金（外贸稳增长）、2021年长沙市外贸发展专项资金等528.5万元。做好省级资金、长沙市外贸发展专项的绩效评价工作，促进全区开放型经济高质量发展。 （刘　帅）

【外贸企业培育】 2022年，望城区新增外贸进出口备案企业94家，有业绩企业49家。新冠疫情防控期间，外贸经营者备案通过无接触邮寄办理，更好地服务企业。加大重点外贸企业帮扶力度，开展送政策、送服务上门活动，及时协调解决企业存在的困难和问题，激励企业积极扩大进出口规模。 （刘　帅）

【电商交易会组织布展】 2022年，望城区组织湖南明瑞祥盛贸易有限公司、艺文小镇（长沙）陶艺有限公司等4家企业，参加线下展会湖南（长沙）跨境电商交易会并布展，助推企业转变观念，利用跨境电商开拓国际市场。 （刘　帅）

楼宇经济发展

【概况】 2022年，望城区有基本符合商务楼宇认定要求的楼宇37栋，其中紫鑫中央广场、大汉金桥、明发商业中心、澳优太阳城、联诚雅郡、润和滨江广场等商业及楼宇空置率约50%。望城区第三届人民代表大会第一次会议期间，刘洪祥等区人大代表提交《关于促进全区楼宇经济及现代服务业发展的建议》。经调查研究和摸底，区委、区政府多次组织楼宇经济政策制定工作调度会，研讨楼宇经济政策的具体条款。4月，望城区出台《长沙市望城区关于促进楼宇经济发展的若干政策意见》。（周　帆）

【商务楼宇认定】 2022年，望城区开展楼宇经济发展情况摸底工作，区商务局等部门前往月亮岛、高塘岭、丁字湾、金山桥等街镇以及万泰国际、正荣财富中心等楼宇企业进行调研走访，了解各街镇的楼宇经济发展基本情况和企业发展情况，初步认定全区有18家企业，计37栋楼宇符合商务楼宇认定要求。3月，区长办公会议审议通过《长沙市望城区关于促进楼宇经济发展的若干政策意见》。后因行政区划调整等原因，截至2022年末，全区（不含黄金园街道、金山桥街道、白箬铺镇）实际有16家企业，计24栋楼宇符合商务楼宇认定要求。（周　帆）

【楼宇经济政策】 2022年，望城区出台《长沙市望城区关于促进楼宇经济发展的若干政策》，从楼宇入驻企业、楼宇运营主体、打造特色品牌楼宇3大块进行支持。政策明确，凡新购置商务楼宇的单位和个人，均给予购置发票金额4%的购置补贴，单个主体补贴总额最高可到100万元。此外可给予入驻企业楼宇租金、补贴入驻企业营业装修等补贴奖励。对于招商入驻的知名餐饮、零售品牌，以及网络直播等新经济业态，可根据实际情况，进行一事一议。（申志放）

电子商务

【概况】 2022年，望城区加快区域电商、农村电商建设，鼓励农业经营主体加电商应用，建立“生产+包装+电商销售”的产业发展模式，组织企业申报省、市资金，助力农业企业应用电商发展壮大。涌现乐农汇、开天农业、中瑞湘格等涉农村电商市场主体15家，涌现“青天寨”“彭家老屋梅菜扣肉”等一批新兴农业主体，另有以“望城京东”为代表的龙头电商。深化与电商大平台合作，发展线上农产品网店，全年完成农产品网络零售额2.88亿元。（李　敏）

【龙头电商】 2022年，望城区国内网络零售行业的重点企业有“望城京东”、海普诺凯营养品有限公司、蓝河营养品有限公司等。其中“望城京东”作为望城电商龙头企业，全年零售额122.3亿元，是全省首家年零售额过百亿元企业。（李　敏）

【农村电商】 2022年，望城区完成电商销售农产品零售额2.88亿元，涌现“乡恰坊”“卡米乐”“中茶”等优秀电商领头企业，培育“开天农业”“翘嘴鲌鱼”等新农业电商企业。区邮政分公司抓实农村电商平台建设，全区渠道平台收入543万元，增幅26.48%。初步建成222个综平站点，走访学校食堂、连锁餐饮、超市、批发部，提供食盐、食用油等大单品上门配送服务。开展黑麋峰巨峰葡萄等农产品返城销售，实现农产品交易额280万元。（易　敏）

【区域电商】 2022年，望城区以区域优势、优质资源为基础，发掘区内网络零售销售数据，国内社区电商、直播电商等业态发展态势良好。组织企业参加网上年货节等活动，引导和支持电商物流协同发展。兴起望城经开区电商公共服务中心（新谷）、铜官电商基地等一批电商基地，为区内电商发展提供支撑。（李　敏）

供销合作

【概况】 2022年，长沙市望城区供销合作社联合社（以下简称区供销社）负责对下辖霞凝、铜官、靖港、高塘岭、白箬、坪塘6个基层供销社和区供销社农产化公司、兴业公司、惠农公司、名望资产公司4个直属公司的指导、管理、协调和服务，全年完成商品销售额8.82亿元（其中农资商品销售额5800万元），利润0.3万元，资产总额2.5亿元，所有者权益379万元。（刘　龙）

【供销社综合改革】 2022年，区供销社实施《持续深化供销合作社综合改革三年行动计划（2022—2024年）》，全年实施综合改革项目10个，建成小龙虾、水果、茶叶、粮食4个产业服务中心，扶持区内特色农业产业发展。发挥农资经营主渠道和国家队作用，优化重要农资供应服务。依托“商汇云超”建设区级电子商务服务中心，打造线上、线下销售网络，完善区内农产品流通和经营服务体系。（刘　龙）

【为农服务】 2022年，区供销社对接扶贫“832平台”、省采购电子卖场乡村振兴馆，为区内15家农业企业提供“线上”入驻服务。开展“送肥送技下乡”活动，为区内农业企业（合作社）、种粮大户和联点村送去农肥农技。（刘　龙）

粮油经营

【概况】 2022年，望城区早稻收购3.61万吨，中晚稻收购1.44万吨，合计5.05万吨。长沙市望城区粮食和物资储备事务中心（以下简称区粮食和物资储备中心）夯实粮食安全基础，保障粮油食品安全，加快构建供给稳定、储备充足、调控有力、运转高效的粮食安全保障体系，粮食安全责任制考核结果为优秀，被评为“湖南省省级储备粮管理先进单位”。（张文君）

【粮食收储】 2022年，区粮食和物资储备中心制定收购方案、质量溯源工作方案，落实“先检后收、优粮优价、

2022年8月11日，区粮食和物资储备中心在靖港粮库开展早稻收购

（李圣鹏 摄）

应收尽收”总要求，实行“一车一溯源、车车必检、分仓储存、分类处置”，推行优粮优价。鼓励多元主体入市开展市场化收购，监督粮食收购政策执行等情况，未出现种粮农民“卖粮难”事件。做好储备粮管理工作，落实区级储备粮费用，完成新增区级储备粮收储和验收工作。开展储备粮春夏季和秋冬季例行检查，粮温正常、粮情稳定、储粮状态安全。做好库存粮食熏蒸工作，全部无虫粮，药剂使用程序操作安全，未发生安全责任事故。建立健全粮油应急保障网点，做好例行调研检查和粮油质量指标扦样，开展粮食安全生产应急培训与消防应急演练活动。利用智能粮食管理系统对各级储备粮实施动态监管，成立领导小组和工作专班，明确系统管理人员和岗位职责，印发《关于加强运用智能粮食管理系统的通知》，开展系统使用维护培训，区域内智能粮库系统整体运行正常，一卡通出入库系统、粮库粮情电子监测系统、安防监控设备均正常使用。开通智能粮食专网，使用系统管理、督促、监督、办理粮储业务。2022年9月28日，湖南教育电视台以《粮食安全大家谈——智慧储粮仓廪实》为题，报道靖港粮库智慧粮库项目。（张文君）

【粮食监管】 2022年，区粮食和物资储备中心做好政策性粮食出库备案、监管工作。建立健全粮油食品安全领导机构，抽送检2022年国家、省、市新收获早稻样品43批次，其中重点监测1批次、省级16批次、市级26批次。中晚稻72批次，其中重点监测2批次、省级35批次、市级35批次。完成区级抽样任务150批次，其中早籼稻90批次、中晚籼稻60批次。抽样检测辖区内“放心粮油店”大米7批次。检查全区粮食经营者执行国家有关粮食购销政策情况，查处各类涉粮案件。建立节粮减损工作机制，开展专题研究调研3次。监测粮油价格和稻谷收购，每周向市发展和改革委上报粮油价格监测信息，对粮油市场行情进行调研分析，形成粮油市场价格监测分析报告。统计粮油加工业总产值和社会粮油流通情况，完成2021度城镇居民社会粮食供需平衡调查，应统尽统。宣传节约粮食相关知识，开展2022年食品安全宣传周、科技活动周等活动，发放宣传册1000余份。全区粮油价格涨幅稳定，未出现终端消费市场供应脱销断档或价格大幅波动等现象。

（张文君）

【夏粮收购】 2022年，望城区合理设置粮食收购网点，提前做好仓容、设备、人员等准备工作，落实中央、省、市粮食收购政策，实行“先检后收、分仓储存、分类处置”，及时开仓，推广预约收购、上门服务等措施，让售粮农民少排队、快售粮。优化服务，为送粮农民提供凉茶、防暑降温药、空调房、盒饭、防疫物资等，优粮优价、应收尽收。2022年8月13日，中央电视台《新闻联播》以《粮食收购进度加快 科技助力优粮优储》为题，聚焦靖港粮库夏粮收购场景，报道望城区早稻收购工作。（张文君）

【区粮食和物资储备中心获评“湖南省省级储备粮管理先进单位”】 2022年，区粮食和物资储备中心严格管理各级储备粮。利用智能粮食管理系统实施静态监管，结合日常例行检查，推行“双随机、一公开”抽查方式，强化“四不两直”暗查暗访，确保各级储备粮在库保管数量真实、质量良好、储存安全。储备粮管理工作成效显著，区粮食和物资储备事务中心被湖南省粮食和物资储备局、湖南省人力资源和社会保障厅评为“湖南省省级储备粮管理先进单位”。

（张文君）

烟草专卖

【概况】 2022年，长沙市望城区烟草专卖局（以下简称区烟草专卖局）提供卷烟营销服务，依法管理维护全区烟草市场秩序，编写的《基于提升客户订货选择权的“四投四保”卷烟货源精准投放模式研究》论文在中国烟草学会学术论文评选中获二等奖。（黄孜雨）

【卷烟营销】 2022年，区烟草专卖局推进营销转型升级。聚焦品牌培育第一职责，构建客户经理+职业化客户+小组长的三级服务体系，以“湘村636”为基础，打造集“乡村振兴、卷烟经营、金融惠农、便民服务”等功能于一体的“综合便民服务店”，小组自发组织各类公益性活动、党建主题活动25场次。在辖区内建设58家“湘村636”、9家

“湘汇 636”，推进诚信互助小组建设、职业化队伍打造、终端优化升级等工作，逐步增强终端渠道掌控力。开展线上线下客户培训 52 次，参加培训 6198 人次。通过数字赋能，推动农网零售客户现代化转型，提升农网客户经营水平，树立致富标杆，相关事迹在湖南卫视、中央电视台进行报道。零售终端四个阵地建设初见成效，全年建成 433 个党建阵地、党员驿站 247 家、便民服务 41 家、政策宣传阵地 214 家。（黄孜雨）

【烟草专卖监管】 2022 年，区烟草专卖局运用“大数据分析”“科学研判”“精准施策”的信息化手段，靶向定位真烟异常流动高危风险点 65 户，取缔大户 15 户。开展“元春行动”“无证户清查”“双节检查”“电子烟百日清整”等市场清整行动，查获向未成年人销售电子烟的违法案件 1 起，查处 5 万元以上真烟大要案件 36 起，打掉真烟仓库 29 个，取缔大户 16 户。联合公安机关破获假私烟重大案件 3 起、真烟涉刑案件 2 起，刑拘 22 人，判刑 12 人。开展“清廉窗口”建设，实现一网通办、“一站式”服务等政务优化措施，将“网上办证”和“送证到家”的优质服务延伸至农村市场和特殊群体，创立“望烟雷锋哨”，广泛收集线索，解决群众困难，提升客户满意度。全年处理投诉 296 起，投诉满意度 100%。开展专项法律法规培训 2 次、普法考法宣传 6 次、助力干部职工提升法治素养和法治实践能力。普及打假知识和法律法规，开展普法“进校园”“进社区”“进零售户门店”活动，发放各类普法资料 500 余份。（黄孜雨）

邮政服务

【概况】 2022 年，中国邮政集团有限公司长沙市望城区分公司（以下简称区邮政分公司）全年业务收入 15522 万元，增幅 19.44%。获评 2022 年度服务乡村振兴战略工作先进单位。（易 军）

【邮政普遍服务】 2022 年，区邮政分公司下设 29 个邮政所，提供各项便民缴费业务、汇兑业务。有普遍服务投递段道 79 条，全区 142 个建制村实现服务全面覆盖，年均投送报纸杂志、信件 620 万件。（易 军）

【服务网络】 2022 年，区邮政分公司有邮政网点 30 个，服务范围为望城区全境（含雷锋街道、岳麓区部分街镇），服务面积约 1500 平方千米，服务人口近 150 万人。下设投递站点 7 个，专线邮路 4 条，线路总长 450 千米，设置邮政信筒信箱 42 个，集邮品专营销售点 2 处。（易 敏）

【个人集藏营销】 2022 年，区邮政分公司集邮文传收入 1070 万元。结合贺岁、中共二十大召开等主题事件，发挥线上、线下渠道能力，开展集藏品爆点营销，销售集藏邮品 366 万余元，较好满足群众集藏消费需求。通过支局及投递班圈地推广、营销员上门推荐，拓宽订阅市场，全年实现流转额 1128 万元。（易 敏）

快递业

【快递业务】 2022 年，区邮政分公司累计实现寄递业务收入 7117 万元，累计完成进度的 115.53%，增长 33.69%。落实寄递业务“特快提占比”发展策略，聚焦区人民法院等政务、商企单位，深度合作，服务优质，促进特快业务快速增长。全年标快收入 1487 万元，比 2021 年增长 160%。服务电商客户，升级服务，力求电商快包的快速出口和成本优化发展，营造良好的电商快递环境。全年快递包裹收入 4954 万元，比 2021 年增长 17%。（易 敏）

【快递之家】 2022 年，望城区在区内铺排 10 个“快递外卖小哥红色之家”。“快递外卖小哥红色之家”中配备有饮水机、微波炉、医疗急救箱、手机充电器、图书等设施设备，为外卖快递员提供学习教育、休息补给场所，并设置留言区和“职约你”模块，方便外卖快递员为“红色之家”的运营建言献策，及时将周边安全隐患及可行性建议传递给街社，推进新就业群体融入社会建设和基层治理。（张理希）

【村村通快递】 2022 年 9 月，望城区整合交通、商务、邮政三方资源，完善县乡村三级物流体系，实现全区“村村通快递”。县乡村三级物流体系即在全区设置一个大的中转站，加载邮件快递处理、配送基本核心功能和仓储、批销配货、商业零售、农产品冷藏等可选功能；在乡镇设置 17 个投递网点，加

2022 年 6 月 30 日，“快递外卖小哥红色之家”高塘岭街道望府路社区正荣财富中心站点揭牌启用（区委组织部 供图）

载邮件收寄、处理、投递基本功能和下乡进村工业品、出村进城农产品周转暂存、商品批销零售等可选功能；在行政村设置160个村级“综合便民服务站”，加载邮件快件代收代投、商品代销代购、税费代收代缴和客运“招呼站”、农产品归集等功能，一体推进农村运力资源共享共用。“快递进村”便利群众收寄快递，畅通工业品下乡和农产品进城双向通道，释放农村消费潜力。

（张理希）

通信服务

【概况】 2022年，望城区建设5G基站1269个，年度任务完成率115.36%，连续四年排名全市九区县（市）第一。数字经济有序增长，全区数字经济核心领域增速13%，比2021年增加65.8亿元。全区软件和服务业重点企业主营业务收入9.5亿元，全年软件业务收入9.45亿元，两项数据较2021年均稳步增长。区工信局持续改善通信网络，督促运营商做好铜官园区通信信号整改，协调电信公司处理好大华集团员工宿舍、食堂等地区信号薄弱问题，重点做好全年各大活动如首届长沙市旅游发展大会、区人大政协两会等现场通信保障，通信网络明显优化。处理“12345”市民热线54件、雷锋哨工单340件和城管平台工单30件，持续整治通信线缆凌乱、设施缺失等问题。牵头整改靖格线雷锋大道交会处空中缆线零乱问题，协调各运营商开展“百街千巷”提质改造弱电整治行动，整改进度100%。（唐昌炅）

·中国电信股份有限公司望城区电信分公司·

【概况】 2022年，中国电信股份有限公司望城分公司（以下简称电信望城分公司）收入规模逾2亿元，比2021年增长22.3%，创下新高，在全省96个县域单位综合排名第六，获评强县工程之2022年度“省级SBU”单位（SBU指收入靠前的地市分公司）。（卞啟阳）

【市场经营】 2022年，电信望城分公司发展以高值融合为主：政企市场新增两线业务融合占比2.1%；移动出账净增比2021年增长19.08%；宽带出账净增比2021年增长21.4%。新增航天磁电的“智慧视频”、交通局的“防疫摄像头”、数据中心“街镇分中心”等政企类项目。推进“乡村振兴”战略，分公司各支部与全区11个村委签订“党建翼联”合作协议。开展“党建翼联”主题实践活动，实现党的建设与企业及基层社区和谐发展良性互动，双方每季度召开不少于一次的联席会议，共商共建工作目标和任务，及时传递工作信息。打开农村市场业务发展的新模式，将白箬镇黄泥铺村全力打造成为全市数字化标杆村。（卞啟阳）

【网络建设与安全】 2022年，电信望城分公司落实云改数转战略，优化云网运营体系。以持续做好移动网络客户感知和网络质量双提升为目标，打造专业化的运营队伍，提升以客户为中心的服务能力。云网新业务交付从用户痛点和需求出发，衍生出云电脑电教室场景，通过电信500M云专线接入，设置3个月陪伴期，协助学校处理教学过程中遇到的问题。面对客户单位，通过路由模式将电信安全网关设备接入用户内网，为用户办公网络安全提供一体化防护，实现高级威胁智能分析、云网端深度联防等一站式能力。保证用户使用性能达标，增加客户黏性，提升用户感知，为用户解决实际问题。（卞啟阳）

【客户服务】 2022年，电信望城分公司实施服务质量管控，提升客户感知及服务满意度，综合满意度在望城区3家运营公司中排名第一，1—12月接派本级工单3310件，越级工单348件，调账退费351笔，支局和门店、区维检查督导110余次，接待客户现场来访和投诉220余人次，没有出现越级和重复投诉问题。（卞啟阳）

【5G建设】 2022年，电信望城分公司完成5G站点建设136个，乡镇区域完成大型杆线整治项目21个。主城区、主干道、商圈、学校形成NR（新空口）全覆盖，乡镇区域率先完成2.1G NR部署。

（卞啟阳）

·中国移动通信集团湖南有限公司长沙分公司望城分公司·

【概况】 2022年，中国移动通信集团湖南有限公司长沙分公司望城分公司（以下简称移动望城分公司）以创新增效、服务提质、助力发展的实际行动，做好市场经营、网络建设和客户服务，把控市场主导地位，全年客户规模净增1.43万户，宽带用户增长15%，移动望城分公司获评2022年度长沙移动先进集体，2022年度全省公众市场综合评估区县二等奖。（陈 泉）

【市场经营】 2022年，移动望城分公司坚持以通信事业发展大局为重，维护好存量市场，扩大增量市场，全年客户规模净增1.43万户，收入增长5000万元，实现客户规模和收入双增长。

（陈 泉）

【网络建设】 2022年，移动望城分公司优化4G网络建设，根据客户需求，解决小区楼盘网络信号弱的问题100余个。家庭宽带全年推送235个小区，宽带用户增长15%，增强宽带资源覆盖率。支撑完成智能门磁、防疫云广播、防疫视频、望城经开区防疫监控等项目，联合高塘岭街道月圆村开展“数字乡村建设”试点工程，将村级联防监控平台、防疫平台、云广播、党建管理平台等移动核心能力产品融合成村乡信息管理平台，赢得区政府有关部门的肯定，提供数智化转型发展的网络支撑保障。（陈 泉）

【客户服务】 2022年，移动望城分公司响应国家“提速降费”号召，联合村社区开展“为民办实事”活动，和60余个村社区合作，上门为居民“提速降费”，解决客户问题，得到居民和村社区一致好评。优化中小微企业营商环境，帮助中小微企业解决网络问题，保障其合法权益，彰显客户关怀，客户服务满意度高。（陈 泉）

【5G建设】 2022年，移动望城分公司在5G网络设施建设上取得新成效，按照省、市公司的战略决策部署，加大5G网络建设，完成全年5G基站建设任务。5G基站覆盖率95.6%，基本实现全区域的5G信号连续覆盖。（陈 泉）

·中国联合网络通信有限公司望城区分公司·

【概况】 2022年，中国联合网络通信有限公司望城区分公司（以下简称联通望城分公司）宽带用户保持稳健增长，全年运营收入1.59亿元，综合绩效评比和各项业务指标完成率均列全省县域分公司第一位。（李 蕾）

【信息化建设】 2022年，联通望城分公司发挥5G、云计算、大数据、区块链等新技术优势，加强与政府、企业合作，推进信息化应用、智慧城市和数字乡村建设，为望城区智慧城市基础建设提供服务。完成智慧文旅旅游大数据平台等项目，与区政府、区工信局、区数据资源中心、区文旅广体局、区网信办签订战略合作协议，推动望城区“5G互联网+”产业可持续发展，推动城市发展向数字化、智能化转型，优化城市管理和服务，改善市民生活质量。（李 蕾）

【网络建设】 截至2022年年末，联通望城分公司有4G、5G基站915个，其中4G基站500个、5G基站415个，光纤户端口26万个。全区通信网络行政村覆盖98%、宽带光纤行政村覆盖96%，为全区百姓、企业、政府服务提供高效快速的网络服务。（李 蕾）

【客户服务】 2022年，联通望城分公司围绕触点满意度、“五不”红线、客户投诉、携号转网四项工作开展客户服务。学习客户工作体系，明确各板块工作责任，加强过程督导和考核，整体客服满意度提升明显。落实提速降费，宽带、电视、手机、靓号等福利，推进5G传播，加快打造“大带宽、低时延、广联接”的5G匠心网络，提升全区用户体验。（李 蕾）

【社会责任】 2022年，联通望城分公司开展抗疫重点保障工作8次，出动70余人次，为抗疫宣传工作等场景所在地的传输线缆安全、基站设备运行、网络信号稳定提供全面保障，向街道、社区、学校、单位提供自主研发的疫情监测管控平台。汛期发送防汛预警公益短信130万余条，补充物资、调度人员确保汛期通信。实行实名制入网防范电信诈骗，通过鹰眼系统监控和“12321”平台举报等方式，协助公安机关关停异常号码4000余户。（李 蕾）

社会服务业

【批发零售业】 2022年，望城区社会消费品零售总额484.13亿元，比2021年增长5%，其中，批发业29.28亿元，增长2.7%；零售业425.46亿元，增长5.4%。砂之船（长沙）奥莱、正荣财富中心、望城吾悦广场、美来美等商业广场、乾源国际星潮Park等商业综合体和湾田国际、金桥国际、高星物流园等专业市场辐射力和影响力不断增强。全年举办“强省会·新消费”“消费加速度·迈出新步伐”主题消费季等活动，发放电子消费券990万元。（万意球）

【物流业】 2022年，望城区有货运物流企业127家，其中危货（危险品物流）9家，普货（普通物流）117家。物流行业有湖南京邦达物流科技有限公司、犇达物流有限公司等物流企业，另有以高星物流园、湾田国际、金桥国际为代表的商贸及建材物流，开利星空、永通集团为代表的汽车物流，红星北盛为代表的冷链物流，铜官港及水运物流园为代表的国际保税物流，宝湾电商物流园为代表的跨境电商物流等，主要分布于以望城经开区、高铁西站、滨水新城和铜官港为基地的区域性现代物流区，依托长常高速、石长铁路、长沙高铁西站、铜官港等交基本构成公铁港“三位一体”综合物流体系。6月，区商务局发布《望城区“十四五”现代物流和电商快递业发展规划（2021—2025年）》，规划全区物流发展。（李 柔 张理希）

【租赁业】 2022年，望城区房屋租赁住宅类平均单价23.26元/(月·平方米)，平均总价1939元/月，挂牌数量7197套；普通公寓类平均单价30.66元/(月·平方米)，平均总价2232元/月，挂牌数量806套；商铺类2.28元/(日·平方米)，平均总价6019元/月，挂牌数量528套；办公类1.03元/(日·平方米)，平均总价10798元/月，挂牌数量107套。2022年，望城区公租房租赁补贴一般保障对象为本区符合条件的中低收入城镇户籍家庭（含单身人员）、新就业无房职工和外来务工人员，租赁补贴标准为15元/(月·平方米)，人均保障面积为15平方米，一个家庭保障面积总和原则上不超过60平方米。对困难程度不同的城区中低收入住房保障家庭实行梯度补贴，最低收入、低收入和中等偏下收入住房保障家庭每平方米租赁补贴分别14元/(月·平方米)、12元/(月·平方米)、8元/(月·平方米)；每户每月补贴金额不足300元的，补足至300元；新就业职工和外来务工人员的租赁补贴标准按照中等偏下收入家庭发放，补贴期限累计不超过24个月。部分公益性岗位住房困难职工补贴标准为225元/月，补贴期限累计不超过24

个月。租赁补贴实行按月补助，按季发放，通过“一卡通”发放到个人账户。全年全区公租房租赁补贴发放计划 600 户，实际发放峰值 684 户，发放租赁补贴资金 248.799 万元，按季全部发放到位，目标完成率 114%。（张理希）

【人力资源服务】 2022 年，望城区城镇新增就业 12630 人，完成年度任务的 101.04%，失业人员再就业 11169 人，完成年度任务的 328.5%，城镇登记失业率控制在 3.5% 以内，零就业家庭保持动态清零。区人社局持续完善企业用工服务，帮助园区建立自有招聘渠道和网络，输送重点产业工人 4000 余人，为 1008 家企业发布岗位需求 4.4 万个。组织专场招聘 12 场，提供就业岗位 1.6 万个。巩固拓展脱贫攻坚成果同乡村振兴有效衔接，开展各类政府补贴职业技能培训 14065 人次，开发乡村振兴公益性岗位 279 个，建设帮扶车间 19 家。把高校毕业生就业摆在就业工作的首位，望城区离校未就业高校毕业生就业率 95.21%。推进充分就业社区创建工作，基层创建单位 26 个，比 2021 年增加 6 个，占全区基层单位总量的 17%。落实省“稳岗位提技能保就业 16 条”、长沙市“人社领域抗疫 20 条”，为全区企业减免工伤、失业保险费 5058 万元，发放稳岗返还 2114 万元，缓缴社保费 5923 万元，发放失业补助 230 万元、一次性扩岗补助 140 万元。优化就业指导员工作机制，点对点服务登记失业人员等未就业重点群体，“311”（每年至少推荐 3 次岗位信息，进行 1 次职业指导，举办 1 次免费技能培训）就业服务对象 9.26 万人次，工作经验获全省推介。（唐定乾）

2022 年 2 月 15 日，望城区国泽康养产业发展有限公司启动长沙市望城区养老中心运营（区民政局 供图）

【养老服务】 2022 年，长沙市望城区产业投资发展集团有限公司（以下简称望城区产投集团）以养老产业为抓手，办好重点民生实事。实现望城区养老中心开业运营，分类接管全区 12 家敬老院的人财事务。在 2021 年完成 8 家农村居家养老服务中心新建任务、升级农村居家养老服务中心 46 个、敬老院转型为乡镇综合养老服务中心试点 8 个的基础上，启动靖港、东城、高塘岭、铜官、乌山等多个街镇敬老院提质改造，初步形成“1+12+N+X”［以区养老中心为龙头，推动 12 家镇（街道）敬老院连锁化、集约化、专业化运作，依托社区（村）建设 N 个社区养老服务机构或农村互助养老服务设施，促进 X 家民办养老机构良性健康发展的康养服务格局］的健康养老服务体系。实施全区养老机构名称、配置、标志、颜色、分区“五个统一”工作，推进医养结合和特色医养模式，打造养老机构“公建国营”示范标杆，助力望城区评为 2022 年度全省养老服务真抓实干督查激励对象。（刘瑞洁）

【国泽康养公司接管运营公办敬老院】 2022 年 1 月，望城区产投集团子公司长沙市望城区国泽康养产业发展有限公司（以下简称国泽康养公司）对全区 12 家公办敬老院及区养老中心进行全面接管，对全区公办养老机构实行公司化运营管理，首创“政府举办、国企运营、分类服务、连锁管理”望城养老“公建国”营新模式，形成“民政部门行业监管、产投集团运营管理、相关街镇属地管理”责任体制，提升全区公办养老机构服务能力。国泽康养公司根据 12 家公办敬老院周边环境和老人特点进行分类整合，打造“国学院”“农耕院”“静心院”“疗养院”等不同类型的特色养老院，协同区卫健局、区民政局等部门，对社区和小区养老进行网格化管理，完善居家养老服务网络，让养老服务深入家庭。“公建国营”机构养老新模式可发挥政府在推进老龄事业发展中的主导和兜底作用，规范养老服务发展，引导其按照保本微利原则持续提供优质稳定服务，推动养老事业和养老产业协同发展。（刘瑞洁）

金融业

FINANCE

编辑　丁亚玲

银行业

【概况】 2022年，望城区银行各项贷款余额921.9亿元，比2021年增长13.6%，新增贷款110.68亿元；各项存款余额1055.57亿元，比2021年增长8.7%，存款新增84.07亿元；不良贷款率0.3%，比2021年下降0.09%。区内银行区属国有企业贷款余额223.53亿元，新增26.35亿元。房地产行业贷款余额325.78亿元，新增4.81亿元。工业园区贷款余额203.94亿元，新增46.53亿元。企业贷款余额354.5亿元，新增59.1亿元。涉农贷款余额174.37亿元，新增5.04亿元。（王 俊）

【中国人民银行望城支行】 2022年，中国人民银行望城支行（以下简称人行望城支行）批准中国建设银行股份有限公司长沙月亮岛支行、长沙银行股份有限公司黄金支行2家银行加入人民银行金融服务与管理体系。办理残缺污损人民币兑换业务46笔，金额8.26万元，收缴假币7.69万元。组织开展“3·15”金融消费者权益保护日、“普及金融知识 守住‘钱袋子’”、“金融知识普及月”、“防诈知识‘五进’”等金融知识宣传活动100场次。

国库管理 全年办理各级预算收入350.15亿元，预算支出380.19亿元，预算收入退库34.17亿元。发挥国库监督制衡作用，监督不合规业务65笔，金额4186.4万元。加强代理集中收付业务管理，对14家银行开展代理非税收入收缴业务资格年检。落实减免税政策要求，办理个人所得税汇算清缴退税业务6.26万笔，金额4402.59万元；办理“以退抵欠”业务26笔，金额310.18万元；办理制造业中小微企业延缓缴税政策退税业务472笔，金额393.74万元。开展“国债服务进乡村”行动，组织发行储蓄国债14期，金额2783.14万元。

支付结算 全年办理行政许可数量1179笔，其中办理基本存款账户401户，专用存款账户68户，临时存款账户6户。筑牢电信诈骗安全防线，坚持银警联防联控，督查银行对公安机构下发的涉案账户做到应查尽查，应核尽核。对66家银行网点进行督察暗访。组织辖内银行设立小微企业开户绿色通道，推动银行账户服务等12项减费让利措施落地见效，指导银行做好账户分类管理。开展助农取款服务点优化升级工作，全区助农取款点425个，办理助农业务8.51万笔、金额2.39亿元，农村支付需求服务得到进一步完善。

（王 俊）

【中国农业发展银行望城支行】 2022年，中国农业发展银行望城支行（以下简称农发行望城支行），信贷投放总量稳步提升，截至2022年年末，全年发放贷款25.78亿元，贷款余额82.77亿元，较年初增加10.96亿元，增幅15.26%；支农资金筹集取得突破，日均存款14.68亿元，比2021年增加2.6亿元，增幅21.49%；利润水平实现增长，截至12月末，损益表账面盈利7168.85万元，FTP（商业银行内部资金定向转移）净利润为1.06亿元。承担服务国家粮食安全政治责任，全年投放0.36亿元粮食收购资金，支持收购粮食3593吨，新增支持县级储备5000吨。贯彻国家稳经济一揽子政策措施，加大信贷支农力度，全国稳住经济大盘电视电话会议以来发放贷款15.64亿元。坚持深化政银合作，重点加大政策性金融支持水利基础设施建设支持力度，做强做精做优“水利银行”特色品牌，全年发放水利贷款14.14亿元，水利贷款余额42.8亿元，占总贷款余额的51.71%。营销碳减排支持领域项目，审批全省系统内首笔碳减排工具贷款6.6亿元，擦亮“绿色银行”优质品牌。

（谭 柯）

【中国银行股份有限公司望城支行】 截至2022年年末，中国银行股份有限公司望城支行（以下简称中行望城支行）2022年度纳税金额2595万元，比2021年缴税额净增104万元，各项贷款余额50.39亿元，各项存款余额29.63亿元，贷存比为170%。2021年年末贷款余额57.88亿元，2022年年末贷款余额50.39亿元，比2021年减少7.49亿元，下降12.9%。

智慧金融服务 中行望城支行响应金融超市融资需求，第一时间对接客户推荐各项产品，满足不同客户的融资需求，通过与同业抢单模式发放贷款参与金融超市建设，做好金融超市的宣传、推广及应用工作，力争金融超市全年发放贷款额达到全年发放贷款额的20%。应区金融超市的建设，在金融超市内上架金融产品10个。

维修资金服务 中行望城支行在望城区域内2家经营性网点：中行望城支行、中行旺旺支行，均是长沙市望城区物业维修资金自缴业务网点，全年归集物业维修资金89笔、资金144万元，为望城区做好维修资金服务。

（刘 旺）

【中国工商银行股份有限公司望城支行】 2022年，中国工商银行股份有限公司望城支行（以下简称工行望城支行）下辖景城苑支行、普瑞支行和黄金大道支行3个二级支行。截至2022年年末，各项贷款余额71.98亿元，各项存款余额48.12亿元，在当地缴纳税费1892万元。

金融服务 2022年，采取多种形式开展金融知识宣传普及活动，组织开展反洗钱、防范电信诈骗、征信等金融知识宣传，向公众普及与生活相关的金融知识。畅通咨询服务渠道，全面介绍产品和服务，及时回复客户咨询和疑问，形成长效机制。服务地方财政，专业服务获好评。工行望城支行通过系统处理财政集中支付业务高效快捷且安全，受到区财政、预算单位、人民银行的认可。

清廉金融 3月被湖南银协评为“清廉金融文化示范点”，6月被湖南省分行认定为第一批清廉金融文化建设示范点，是长沙分行辖内唯一一个被认定为示范点的支行。在2022年湖南省银协举办的清廉金融文化短视频征集活动中，配合长沙分行开展清廉金融文化建设主题视频《要留清白在人间》的拍摄工作。

（江思琦）

【中国建设银行股份有限公司望城支行】 2022年11月，中国建设银行股份有限公司望城支行（以下简称建行望城支行）因新网点（郭亮中路177号）装修，暂搬到高塘岭大道与红旺支行合署办公。

公司业务　日均余额（平均每日存款额）26.3亿元，比年初新增3.4亿元，公司贷款新增4.09亿元，计划完成率157.5%，两者均排上级行所辖网点第一名，其个体工商户贷款新增排全省第一名。公司业务紧扣当地发展脉搏，重点支持高星物流、云轮科技、吴赣药业、水投集团等一批优质企业和平台公司。

个人金融业务　时点余额（某个时间点的余额瞬时值）13.4亿元，较年初新增1.42亿元。个人贷款余额8.39亿元，较年初新增0.99亿元，排上级行所辖全行第一名。发放乡村金融卡3145张，余额1.11亿元。与团山湖村签署《银村战略合作协议》。建行生活上架国和汽车、暄美口腔等连锁商户，拓宽筹资渠道。个人贷款不良额持续下降，贷款风险可防可控。

业务营运　持续开展合规文化活动，强化网格管理和流程监控，发现征信管理、乡金发卡、贷款用途、电信诈骗等方面的问题，开展员工素质教育、上岗培训、风险排查、整改"回头看"，全年全行实现零违规零发案目标，履行内控合规为全行发展保驾护航的承诺，建行望城支行获中国人民银行望城支行反洗钱工作先进单位称号。

绩效指标　全口径日均存款39.1亿元，比年初新增4.4亿元，时点存款（某个时间点的存款余额）40.2亿元，比年初新增3.8亿元，贷款规模过30亿元，比年初新增5.1亿元，账面利润1.16亿元，比2021年增加1600万元，上述核心考核指标，排名上级行所辖支行第一。

渠道建设　建行望城支行拆除阻碍网点装修和省建行档案馆竣工的32缝门面，平稳解决省行历史遗留问题。

（彭新凯）

【中国农业银行股份有限公司望城支行】 2022年，中国农业银行股份有限公司望城支行（以下简称农行望城支行）下辖职能部门5个，物理网点9个，惠农通服务点171个。存款余额77亿元，市场占比8%；贷款余额153亿元，市场占比19%。贷款规模、贷存比（贷款资产占存款负债的比例）及贷存规模差3项指标在全区所有金融机构中均排首位，存贷款规模首次突破200亿元。

金融服务　2022年，信贷投放总量80亿元。服务靖港古镇、德赛储能、证通电子等一批重点项目，特别针对承担区域建设、片区开发的城发集团、产投集团、望城经开区投资建设集团等区属国企重点客户，开展"融智+融资"服务，授信总额逾40亿元。紧跟园区发展方向，在新材料、先进制造业、食品医药产业方面探索，为区委区政府高度关注的中航起落架、金龙电缆、证通云、泰嘉新材料、黑金刚实业等重点客户提供授信超60亿元，连续3年获望城经开区金融服务奖。

普惠金融　创新金融产品，优化信贷政策作为创新发展的主引擎，发挥"金融国家队"作用，推出"微捷贷"等数10个信贷产品，打造线上线下普惠产品体系。全年为区内1000余家小微企业及个体工商户等投放信贷资金逾5亿元。

乡村振兴　围绕望城"一镇一特、一村一品"战略布局，打造金融服务"三农"特色品牌，针对区内荷花虾、生态蔬菜两个特色产业以及乡村振兴带头人经营主体，规模化开展农行惠农e贷龙虾贷、蔬菜贷等多个惠农e贷信贷品种的规模上量，惠及龙虾养殖户150余户，带动特色产业规模增长4666.67公顷。与区农业农村局签订框架协议，助力新型农业产业提质升级，实现全区农户信息建档2133户，投放农户个人惠农贷款3.18亿元，全行涉农贷款超过52亿元。

志愿服务　全年开展"微银行"金融知识宣讲50余场，覆盖望城30余个村社区。农行望城支行志愿者分队组织各种志愿服务活动，扶残助残、集体献血、陪伴孤寡老人、帮助农民工返乡、关爱留守儿童等等，全年组织志愿者公益活动16场。

（周宏逸）

2022年7月27日，望城区"金融知识助力乡村振兴"暨"一村一机构"金融教育主办制授牌仪式举行

（农行望城支行 供图）

【中国邮政储蓄银行股份有限公司望城支行】 2022年，中国邮政储蓄银行股份有限公司望城支行（以下简称邮储银行望城支行）秉承“服务‘三农’、服务城乡居民、服务中小微企业”宗旨，构建百姓放心“绿色银行”。全辖内26个营业网点（自营网点2个）100%覆盖各乡镇街道，是全区服务网点最多的银行机构。邮储银行望城支行全年营业收入1.27亿元，利润0.84亿元，各项存款余额60.5亿元（含代理），全年净增3.5亿元，各项贷款余额46.3亿元，全年净增2.7亿元，不良贷款率0.57%，资产质量平稳可控。

重点工作　推进农村信用体系建设，全年与14个村（社区）党支部签订党建共建协议，录入信用户4484户，全年投放涉农贷款3.27亿元。聚焦金融供给侧改革，服务实体经济，以企业房产按揭贷款、助保贷、税贷通、排污贷、科技信用贷等一系列产品服务包含专精特新“小巨人”企业、高新技术企业等经营主体。助力居民消费升级，全年投放各类消费贷款9.19亿元。其中保交楼支持个人住房贷款合理性需求，住房贷款投放5.52亿元，年净增0.89亿元，个人汽车消费贷款1.21亿元，年净增1.1亿元。

金融业务　推进以余额为核心的金融总资产全面协调发展，全年实现金融业务收入6401万元。发挥城乡网点服务优势，顺应“互联网+”时代发展特点，优化完善服务体系建设，强化金融服务，助力乡村振兴。服务政府征拆项目，主动对接征拆街道、乡镇，服务当地群众，助力政府征拆项目的落地推进和经济建设。重装广场、麻潭、雨厂坪3个网点，为广大人民群众提供温馨的服务环境和优质的金融服务。

（尹学军）

【长沙农村商业银行股份有限公司望城支行】 2022年，长沙农村商业银行股份有限公司望城支行（以下简称农商行望城支行）下辖29个网点（其中1个网点在政务中心）。截至2022年年末，各项存款余额159亿元，各项贷款余额为76亿元，各项存、贷分别较年初净增11亿元、10亿元。不良贷款率0.57%。2022年向望城区缴纳各项税收6037.6万元。被望城区委农村工作领导小组授予“服务乡村振兴战略工作先进单位”，被长沙市公安局望城分局授予“单位内保治安工作先进集体”，被望城经济技术开发区授予“金融服务奖”，被长沙农村商业银行授予“最佳普惠奖”等。

金融服务　2022年，发放本地各类贷款46亿元，其中，农业贷款发放18亿元，中小微企业贷款28亿元。支持区级国有企业贷款45亿元，投资望城经开区投资建设集团有限公司债券3.9亿元。服务“三高四新”和乡村振兴战略，跟进全区重点发展的智能终端、绿色食品、新型合金等新兴行业，向蓝河集团、金龙国际铜业等“三高四新”相关项目及上下游企业，发放各项贷款35亿元；支持“千龙湖”等一大批现代娱乐休闲项目建设，投放现代农业，生态宜居美丽乡村建设等各项贷款40亿元。携手担保公司破解中小企业融资难问题，向长沙市望财融资担保公司授信10亿元，发放融资担保贷款近4亿元。为缓解企业还贷压力，新推出无还本续贷、转贷基金等业务产品，为小微企业解决融资中的具体问题和困难。对受新冠疫情影响的困难企业，实行“一户一策”最大程度争取给予政策支持和政策优惠。其中，运用政府贴息等金融政策，精准给予资金纾困的企业25户，金额5926万元。

普惠金融　落实与区政府签订的《“党建共创、金融普惠”战略合作协议》和《信用村战略合作协议》，与各乡镇（街道），村（社区）构建“共创共联”网格化服务机制，开展普惠金融走访，深化农村信用体系建设。截至2022年年底，完成对36个村（社区、市场）“整村整圈”授信，对符合条件的农户、商户授信做到可授尽授，全年新增评级授信农户、城镇居民、个体工商户2.6万户，授信额30亿元，累计用信户数1.5万户，发放贷款15亿元。开启农村地区金融“便民惠民工程”，望城支行服务范围覆盖辖内各园区、14个乡镇（街道）130个村（社区），在偏远的黑麋峰等布设金融便利店48家，为超过2万名农村百姓提供惠民补贴领取、社保缴费等金融及衍生服务，最大限度解决农村地区金融服务薄弱的问题。试点在靖港镇复胜村建设湖南省“一村一机构”金融宣传教育示范基地，为居民提供“金融、政务、村务、民生”等一揽子综合便民服务。2022年除存取款等一般性的金融服务外，为区内居民代发涉农及政策性补贴90项，74万人次，金额近10亿元。常态化推进金融知识下乡，全年开展反电诈、反洗钱、防范非法集资等宣传活动1000余场次。（王佳静）

【长沙银行望城支行】 2022年，长沙银行望城支行为长沙银行总行直属支行，下设14个营业网点（其中7家一级支行、2家二级支行、5家社区支行）以及88家农村金融服务站，在雷锋超市政务中心、望城经开区政务中心设立2个金融服务窗口，在靖港政务中心和金山桥社区投放2台自助设备“壹站通”，营业网点和服务网络辐射全区。

金融服务　加大对地方经济支持力度，支持区域重点建设项目10余个，重点产业和优质企业2000余户，服务望城及周边地区市民超50万人，在医疗、教育、社保等关键领域发挥主导作用。3月联合望城经开区举办银企座谈会，发挥潇湘财银贷产品优势，引入市发展改革委利率补贴优惠政策，为32家企业发放低息信用贷款超1亿元，缓解企业融资困难，为企业提供金融支撑；为化工协会9家企业提供4000万余元融资支持。截至2022年年末，支行基础存款178.92亿元，在全区19家金融机构排名第二，市场占比16.54%。表内外授信余额118亿元，贷款份额排名全区金融机构第二，市场占比11.56%。缴纳各项税费4750万元，比2021年新增205万元，连续5年获评区委区政府授予的支持地方经济税收规模奖、增长奖。

志愿服务　持续开展“送戏下

乡”“金融知识下乡”等文化惠民活动50余场。在区委组织部的支持下，推进与街道、社区党建共联共建，定期参加区域化党建联席会议，并为辖区10家结对社区提供50万元的党建经费支持。作为望城区志愿者协会的理事单位，组织参与“重走雷锋路”、健康讲座、爱绿护绿、爱心助学、慰问老兵等公益活动数十场。获望城区红十字会“爱心单位”、望城区志愿者协会“十佳爱心单位”称号。获长沙市文明单位、望城区“文明创建先进单位”“文明创建先进窗口单位”称号。（周嘉沁）

【浦发银行望城支行开业】 2022年2月22日，浦发银行长沙望城支行正式揭牌开业。浦发银行长沙望城支行位于望城区高塘岭大道丽景华庭楼盘，毗邻斑马湖，面积超600平方米，支行大厅配备有服务柜台、贵宾室、理财室、自助服务设备终端以及便民服务设施。开业仪式上，浦发银行长沙分行与望城区政府签订银政战略合作协议，与望城经开区投资建设集团有限公司、长沙新奥燃气有限公司等重点企业签订银企战略合作协议，支持望城区域经济建设发展。（张理希）

保险业

【概况】 2022年，望城区有中国人寿保险股份有限公司望城支公司、中国人民财产保险股份有限公司望城支公司2家保险公司。其中，中国人寿保险股份有限公司望城支公司从事人寿保险，健康保险，各类人身保险服务等业务，下辖9个营销服务网点。拥有41个银行代理销售网点，中国人民财产保险股份有限公司望城支公司从事财产损失保险，责任保险，信用保险等业务，下设黄花塘、靖港、含浦、铜官“三农”营销服务部、雷锋营销服务部等5个外部网点。（王丹 田祺）

【中国人寿保险股份有限公司望城支公司】 2022年，中国人寿保险股份有限公司望城支公司（以下简称人寿望城支公司）下辖9个营销服务网点，有41个银行代理销售网点。

保险业务 2022年人寿望城支公司总保费1.99亿元，首年期交保费3481万元，保障型产品1008万元，较2021年增长36%；短期险保费1887万元。在政府民生关怀领域加大投入，其中学平险487.43万元，为更多的学生家庭提供保险保障。新增全市市直支教教师意外保障项目，为全市230名支教教师提供意外保障。

运营服务 增强运营服务效能，提升基础作业质量，明确操作标准，理顺业务流程，统一理赔标准，夯实管理基础；提升客户服务水平，优化客户服务体验，加大适老服务力度，打造柜面服务品牌，加大智能服务应用力度，提升公司整体消保评价水平，提高投诉第一环节处置力度。

风险防控 关注重点风险，点面结合提升风险防控能力，固化工作例会制度，结合专题会议、技能培训，强化合规理念，提升风控技能。深化合规教育，整合系统内外高风险人员信息，开发销售人员入司前准入大数据匹配平台，强化事前监控。2022年，未发生系统案件和行政处罚案件，守住不发生系统性风险的底线。（王丹）

【中国人民财产保险股份有限公司望城支公司】 2022年，中国人民财产保险股份有限公司望城支公司（以下简称人保财险望城支公司）实现保费收入14197万元，保费过亿稳步发展。缴纳和代收税款1599.19万元，为望城区地方财政税收和经济建设做出贡献，增强公司服务地方经济社会建设的能力。

保险保障 人保财险望城支公司承保农业保险、精神障碍患者监护人责任保险、农房巨灾保险、环境污染责任险等民生类保险，以及车险、学平险、意外险、责任险等保险，为老百姓的人身和财产安全保驾护航。2022年承担各类风险责任2087亿元，处理案件12919件，支付赔款7399万元，发挥保险保障功能，为被保险人承担部分损失。没有出现惜赔和克扣赔款现象，履行人民保险的社会职能。

支农惠农 人保财险望城支公司在各乡镇建立“三农”营销服务部、“三农”服务站、“三农”服务点，建设打造“三农”基层服务体系，做好农险落地服务，解决好服务农民“最后一公里”的问题。2022年，与公安、交通管理部门开展“警保联动”服务，开展路巡工作，参与农村交通安全管理。承保巨灾、能繁母猪和育肥猪保险，依法合规做好农险承保，用心开展理赔工作。

内控管理 建立健全科学有效的承保、理赔、客户服务、信访、反洗钱、安全保卫、新冠疫情防控6项规章制度，未发生重大的洗钱案件及风险，接受保险系统内部和外部机构的各项检查，依法合规，带领行业自律。新冠疫情防控期间，坚决执行政府及上级公司有关新冠疫情防控政策，公司有序工作。高度重视社会治安综合治理工作，完善维稳机制，全年未发生信访事件和安全事故。（田祺）

其他非银行金融机构

【证券公司】 截至2022年年末，望城区有证券公司营业部1家，资产总额7688万元，负债总额7336万元，股票基金交易量176.3亿元。（侯雅杰）

【典当公司】 截至2022年年末，望城区有典当行法人机构2家，注册资本6000万元，典当余额5474.05万元。（肖志双）

【担保公司】 截至2022年年末，望城区有融资担保公司1家，为政府性融资担保公司，注册资本8亿元。

（肖志双）

旅游业

TOURISM

编辑　周　玲

综　述

【概况】　2022年，望城区拥有国家AAAA级旅游景区6个、AAA级旅游景区3个，省级旅游度假区1个，国家级考古遗址公园2个，拥有国家级特色小镇1个（乔口）、国家级特色景观旅游名镇2个（靖港镇、铜官街道）、国家级特色景观旅游名村1个（彩陶源村）。是长沙市唯一的国家级全域旅游示范区，湖南省首批旅游强区，湖南省首批全域旅游示范区。全年全区接待游客1114.26万人次，比2021年增长2.6%；旅游总收入108.64亿元，比2021年增长1.3%。（耿　璐）

【文旅融合】　2022年，望城区打造绿色乡村旅游、红色革命旅游、古色古镇旅游三大品牌，融合亲子研学、康养露营、非标民宿等文旅业态，优化五号山谷、山居半亩、荷里乔江等民宿产品。设计推出雷锋主题、湖湘文化、户外运动、亲子研学等10条品牌主题线路，拥有以“中国年 望城味”、文人书法周等旅游节庆品牌，是环法自行车赛、国际铁人三项赛、红土网球赛等世界知名赛事活动的承办地。（耿　璐）

【《长沙市望城区建设全域文旅融合示范区三年行动计划(2022—2024)》】　2022年，望城区执行《长沙市望城区建设全域文旅融合示范区三年行动计划(2022—2024)》，以文旅融合为主线，坚持政府主导、市场主体，规划先行、保护优先，因地制宜、一地一特原则。围绕一江一核一岛一王陵、三湖四山五镇六片区的发展布局。通过雷锋精神传承、历史文化挖掘、红色资源保护等“十大工程”和龙头企业带动、品牌民宿拉动、百年老店撬动等“十大举措”，建设享誉全国的“文旅融合新示范”，持续擦亮全国全域旅游示范区、全国休闲农业与乡村旅游示范区、全国群众体育先进县3块金字招牌。（耿　璐）

【《长沙市望城区推进文化旅游产业高质量发展奖励办法》印发】　2022年2月22日，望城区出台《长沙市望城区推进文化旅游产业高质量发展奖励办法》，第一章总则，第二章奖励项目和标准，分游客招徕奖、宣传推广奖、品牌提升奖3大奖励类别、9个奖励项目，第三章奖励资金申报、审核与拨付，第四章监督检查，第五章附则。奖励办法坚持政府引导服务、政策资金扶持与发挥市场机制、激活企业动能相结合，坚持扩大优质文旅产品服务供给与激发文旅市场消费活力相结合，鼓励支持文旅企业稳定经营，开发新产品、开拓新市场、创新新业态，促进文旅产业高质量发展。（耿　璐）

【2022中国湖南科技赋能文旅高质量发展论坛及职业经理人研讨会在望城召开】　2022年8月25—27日，“首届湖南旅发大会——2022年湖南省文旅科技产品应用展系列活动暨文旅装备设备博览会”暨“2022中国湖南科技赋能文旅高质量发展论坛”在望城书堂山欧阳询文化园召开。首届湖南文旅科技应用展以“科技赋能新文旅，创新引领新生活”为主题，8月25—27日在长沙书堂山欧阳询文化园集中展陈，延展时间至10月底，云集国内文旅科技企业，汇聚VR/AR/MR/XR、AI人工智能、元宇宙、人机交互、虚拟仿真、3D可视化、数字孪生、全息科技、数字多媒体集成等最前沿的文旅科技，活动开幕式在线观看量逾1.2亿人次，得到新华社、《人民日报》、《湖南日报》、《中国旅游报》等40余家中央及省级媒体头版或专题报道，全网总曝光量逾5亿次。（耿　璐）

【首届长沙市旅游发展大会】　2022年11月22—24日，首届长沙市旅游发展大会在望城区举办，活动包括长沙文旅资源推介暨文旅融合发展论坛、项目考察、长沙市旅游发展大会、首届长沙市旅游发展大会文化旅游推介会4项主体活动和“海上丝绸之路”保护和联合申报世界文化遗产城市联盟智库长沙论坛、2022湖南省乡村文化旅游节、2022百度“繁星大会”城市创作者大会、2022年第八届“艺术长沙”双年展、长沙市首届浏阳河文化旅游节、2022长株潭大学生音乐节、长沙市杜鹃花艺术节、首届袁家岭戏剧节8项配套活动，大会现场直播观看3500万人次，《人民日报》、新华社、中央电视台等160余家中央和地方主流媒体、商业平台参与报道，累计阅读量18.6亿人次，多次登榜热搜，彰显望城文旅融合工作成

2022年11月22—24日，首届长沙市旅游发展大会在望城区举办。图为11月23日晚举办的“青春长沙 风光在望”首届长沙市旅游发展大会文化旅游推介会演出现场
（区文旅广体局　供图）

效亮点，提升望城的区域品牌知名度与形象。（耿 璐）

旅游资源

【概况】 2022年，望城区境内有“小汉口”之称的靖港，世界釉下多彩发源地铜官，“长沙十万户、乔口八千家”的乔口，“戏乡酒都”新康，“楷圣欧阳询故里”书堂山和“麻石铺天下”的丁字古镇，串成湘江流域最集中、历史底蕴感最深厚的古镇群。还有以黑麋峰国家森林公园、千龙湖、柏乐园等为代表的休闲旅游度假胜地。（耿 璐）

2022年长沙市望城区主要旅游景点一览表

表6

序号	景区名称	等级	评A时间	位置
1	长沙市雷锋纪念馆	AAAA	2005年	长沙市望城区雷锋镇正兴路42号
2	长沙市靖港古镇景区	AAAA	2011年	长沙市望城区靖港镇芦江社区
3	长沙黑麋峰森林公园	AAAA	2014年	长沙市望城区桥驿镇
4	长沙市千龙湖生态旅游区	AAAA	2015年	长沙市望城区千龙湖生态旅游度假区
5	新华联铜官窑古镇	AAAA	2019年	长沙市望城区铜官街道铜官窑路1号
6	长沙铜官窑国家考古遗址公园	AAAA	2021年	长沙市望城区铜官街道彩陶源村
7	新康戏乡	AAA	2014年	长沙市望城区高塘岭街道新康社区
8	书堂山欧阳询文化园	AAA	2015年	长沙市望城区铜官街道书堂大道
9	柏乐园生态旅游区	AAA	2016年	长沙市望城区雷锋大道北端

（资料来源：区文旅广体局）

【区域精品旅游景区线】 2022年，望城区打造绿色乡村旅游、红色革命旅游、古色古镇旅游三大品牌。设计推出雷锋主题、湖湘文化、户外运动、亲子研学等10条品牌主题线路。其中包括赏花踏青线路：黑麋峰森林公园（踏青登高）+黑麋峰赏桃花（赏花最佳时间：3月中下旬至4月）+午餐（推荐星空茶园、罗汉坝农庄、黑麋峰农家烤全羊）+星空茶园（体验彩虹滑道、飞拉达、高空滑索、攀爬、吊桥等）+黑麋峰山居半亩民宿+黑麋峰滑翔伞基地；乐享古镇两日游：新华联铜官窑古镇（体验飞行影院、黑石号特技秀、5D影院、激光焰火水舞秀等项目）+用餐（推荐铜官窑餐厅、明粤楼）+住宿（新华联丽景酒店、陶源居或五号山谷）+铜官窑国家考古遗址公园+长沙紫鑫戴斯大酒店；党史学习教育路：湖南和平解放秘密电台工作站旧址+郭亮纪念园+中共湖南省委旧址（茶亭王老屋）。（耿 璐）

【资源特色】 2022年，望城区旅游资源丰富，“红”“绿”“古”资源特色突出。望城红色文化丰富，是工人运动领袖郭亮、独臂将军刘畴西、革命母亲陶承、时代楷模雷锋等英烈的家乡，有记载的望城籍革命烈士219人，存湖南省委旧址、湖南和平解放秘密电台工作站旧址等红色资源60处，是一片英雄辈出的红土地。望城生态环境优美，境内拥有长沙城区最长的湘江岸线、最大的湖泊团头湖、最高的山峰黑麋峰、最大的江岛月亮岛，是一座山、水、洲、城交相辉映的生态之城、宜居之城、滨水之城，获评全国生态文明建设示范区。望城历史源远厚重，位于谷山之麓的汉代长沙王陵墓群，被列入代表中华文明的全国150处重要大遗址名录，成为长沙“楚汉名城”的有力鉴证。古镇文化繁荣兴盛，千年陶都铜官窑开世界釉下多彩先河，是“海上丝绸之路”的重要起点；诗圣杜甫赋诗乔口，湘军水师激战靖港，唐代楷圣欧阳询世居书堂，走进湘江古镇群，可以览尽半部湖湘文化史。（耿 璐）

旅游业态

【概况】 2022年，望城区19个文旅项目列入湖南省文化旅游产业项目库，其中1个文旅项目列入2022年长沙市十大重点文旅项目（中国工匠文化博览园）、9个文旅项目列入湘江百里画廊重大文化旅游项目库。铜官窑古镇“精品民宿+文化旅游”龙头示范项目、“诗意的彩瓷”铜官陶艺游学季文旅融合项目、群力村“湘魂”红色村庄项目获2022年湘江浏阳河百里画廊项目资金支持。湖湘传统文化和红色文旅项目——夏国安博物馆、望城剪纸传承与创作培训班获2022年湖南省文化和旅游资金扶持。（刘飞宇）

【红色旅游】 2022年，长沙市望城区文化旅游广电体育局（以下简称区文旅广体局）推出《带一本书游望城》《望城文旅地图》等宣传资料，图文并茂展现红色旅游资源。根据“缅怀烈士、红色记忆、重走雷锋路，党史学习教育”等主题，策划五条红色旅游线路，其中缅怀先烈（2条）：郭亮纪念园—铜官古镇—铜官陶业工会成立处旧址（东山寺戏台）—中共湖南省委旧址(铜官老街)，和平解放秘密电台—周之翰故居—周以栗故居—罗养真烈士墓—黑麋峰国家森林公园；红色记忆（1条）：靖港古镇—中共湖南省委机关旧址（靖港）— 陶承故居；重走雷锋路（1条）：雷锋纪念馆—雷锋故居—团山湖；党史学习教育（1条）：湖南党史陈列馆—雷锋纪念馆—湖南和平解放秘密电台工作站旧址—中共湖南省委旧址（茶亭王老屋）。郭亮文化园获评省级党史教育基地，中共湖南省委机关旧址（靖港）、湖南和平解放秘密电台工作站、团山湖雷锋精神实践基地获评市级党史教育基地。（耿 璐）

【乡村旅游】 2022年，望城区有五星级乡村旅游区（点）7家，分别是千龙湖、柯柯农艺梦工厂、开天渔庄、湘御明月山庄、长辉生态农庄、德逸山庄、金豆豆农业观光园。四星级乡村旅游区（点）18家，分别是芊然世纪农庄、黄药子农庄、鑫火生态农庄、月塘农庄、钰熙湾农庄、兴农科技农庄、中瑞湘格生态农庄、东波生态渔庄、宝丰生态农庄、云月生态农庄、乌龙山庄、开心农场、灯文生态农庄、金成水乡、竹绣蓝湾、马锦湖生态农庄、湘洲生态农庄、蓝色水乡山庄。三星级乡村旅游区（点）17家，分别是康园家庭农场、绿地生态农庄、幸福农庄、湘港生态农庄、润贵生态农庄、金树生态农庄、正良生态农庄、罗汉坝“农家乐”、莫氏庄园、书香源农庄、彩陶缘“农家乐”、北部湾农庄、高家庄种养基地、凯辉农场、石山塘“农家乐”、金云山庄、晓阳山庄。茶亭镇的万亩美丽花海、乔口镇“赏荷花、呷龙虾、当创客、住民宿、解乡愁”、铜官街道五号山谷隐世民宿、桥驿镇杨桥村体育休闲项目等特色乡村旅游品牌实现农旅融合。千龙湖生态旅游度假区获评长沙市十佳乡村旅游点。五号山谷获评长沙市十佳民宿，千龙湖生态旅游度假区获评长沙市十佳乡村旅游点，铜官庙会过大年获评长沙市十佳文化旅游节会，黑麋峰滑翔伞获评长沙市十佳文旅消费新场景。经湖南省旅游民宿等级评定委员会评审，铜官窑古镇桃源居客栈被评定为五星级旅游民宿，为长沙市目前唯一一所五星级民宿。

（耿　璐）

【中秋节庆旅游】 2022年9月10日，中秋节、教师节期间，望城各景区景点抢抓假日热点，集聚人气。新华联铜官窑古镇连续举办第三届中秋千灯节，精心打造“中秋游园会”，观赏游客提灯夜游，举办“无国界龙虾节”，开设多种互动游戏，吸引超过5.5万人入园。铜官窑博物馆推出海丝·湘江和声——汉唐时期湘江流域对外交流遗珍展，荟萃湘江流域文博单位重要“海上丝绸之路”文物遗存180余件展品，吸引近5000名以学生为主的游客参观。各景区推出各类优惠政策，如靖港古镇推出教师免票、亲友五折优惠活动，黑麋峰滑翔伞基地开放热气球优惠体验价，柏乐园推出两日游套餐等吸引周边游客。

（李富强）

【国庆旅游】 2022年国庆长假期间，以望城各大景区为目的地的家庭亲子游、休闲度假游需求旺盛，铜官窑古镇成为美团周边亲子游第二热门地，高德导航周边游第四名。五号山谷、荷里乔江、山居半亩等特色民宿提前预订一空，乔口开天渔庄、乌山鑫火农庄、茶亭黄药子铺农庄、桥驿芊然农庄等星级农庄用餐、垂钓、采摘受到游客热捧。荷里乔江民宿新推出荧光烧烤派对、星空音乐会等活动，吸引游客感受民俗。黑麋峰登高、夜观满月、滑翔、骑行、徒步等户外休闲游深受市民欢迎，接待游客近5万人次，是美团长沙“湖光山色榜”第一名，高德近郊自驾游第五名，成为长沙网红打卡地。

（李富强）

2022年3月，茶亭镇举办望城区“彩！茶亭”系列活动暨第二届“花海文化艺术节”

（茶亭镇 供图）

【望城区“彩！茶亭”系列活动暨第二届“花海文化艺术节”】 2022年，望城区举办“彩！茶亭”系列活动暨第二届“花海文化艺术节”，吸引游客12万人次，近百名省内外知名艺术家、作家到茶亭采风创作，宣传浏览量超百万人次，农产品销售额200万元，农家乐等餐饮销售额近150万元。立足“生态涵养保护区”的功能定位，落实茶亭镇“两带三片”（新型城镇拓展辐射带、都市农业休闲体验带，文旅融合发展示范片、生态种植科普示范片、现代养殖观光示范片）总体空间布局，连片布局11个美丽宜居村庄。撬动社会多元投入，累计投资3335万元对花海片区基础配套提质，拓宽道路3.8千米，实现双向畅通。提质心正宫广场、修建“义茶亭”等文化地标，沿道路、山体、水系等开展“四季有花”绿化行动，吸引涌泉山庄、祥云一号等民宿等相继投资。茶亭花海创建为湖南十大最美油菜花乡村旅游点。

（周婉妍）

【乔口镇“‘虾’遇金秋 ‘乔’见美好”活动】 2022年10月1—5日，乔口镇举行2022年“‘虾’遇金秋 ‘乔’见美好”活动。活动包括“日落月升时 一起‘乔’见美好”露营大会，在乔江洲岛畔为游客提供星空天幕露营场地，邀请歌手现场驻唱表演，提供地贴、路标、秋千、木舟等氛围打卡。“虾”遇金秋亲子研学之旅分别位于文和友小龙虾养殖基地、文和友小龙虾研究院和江卓农业，游客可研学知识，参加抢答，获取文创产品，开展亲子协作的钓虾、摸鱼、抓鸭等活动。在乔江书院设置“古韵乔江汉服穿越”，为游客提供汉服租赁，参观三贤祠、乔江书院、若水堂、藏书阁。活动发挥乔口镇特色产业优势，结合乡村旅游、亲子研学、农耕体验、露营休闲，吸引长沙周边游客，拉动乔口国庆期间文旅产业经济，帮助村民通过民宿、餐饮、“农家乐”等获得增收。2022年，乔口镇8个村（社区）集体经济收入均逾50万元。（龙 健）

2022年10月3日，乔口镇举办“‘虾’遇金秋‘乔’见美好”主题活动

（乔口镇 供图）

旅游营销

【概况】 2022年，望城区结合节假日与首届长沙市旅发大会，推出“旅游新方向·中国铜官窑”“望城在等你 继续春天的旅行”“我们的节日——粽情端午”“迎旅发大会，游美丽望城——望城好时光文旅短视频征集大赛”等100余项文旅活动，以特色节会活动拉动假日文旅消费。开展多元营销，编辑《带一本书游望城》文化旅游攻略，依托“望城全域旅游”主题矿泉水、全域旅游地铁专列等宣传望城全域旅游品牌。开拓新媒体渠道，支持景区开展品牌形象精准营销，以全媒体矩阵推广文旅品牌。（刘瑞洁）

【文旅运营】 2022年，望城区产业投资发展集团有限公司（以下简称区产投集团）依托“一江两岸”独特的文旅资源优势，扭住靖港古镇这个龙头，以国家AAAAA级旅游景区为标准，启动实施靖港古镇2.0版开发建设，打造中国湖湘水镇微度假旅游目的地。以铜官片区招强引优为重点，引进华侨城欢乐谷、长沙国际航空飞行营地等大型文旅项目签约落户，提升片区文旅优势，助推“一江两岸”文旅产业相融共生、相得益彰。

（刘瑞洁）

【文旅市场营销】 2022年，区文旅广体局推出《望城文旅地图》与《带一本书游望城》旅游攻略，设计制作“望城全域旅游”主题定制矿泉水，利用瓶身广告推广宣传望城全域旅游品牌。针对地铁客流，在长沙地铁2号线开通望城全域旅游、首届长沙市旅游发展大会地铁专列；针对从重庆、武汉、广东、张家界、常德等地到达长株潭的高铁旅客推出“12306”行程订票短信信息，在订票短信中植入望城全域旅游宣传推广信息；针对自驾人群，在湖南人民广播电台918交通频道、金鹰955电台、NEWS93.8、“铁粉生活”App等推出节假期旅游资源宣传；针对市区人流，在长沙五一路步行街路牌广告机投放望城文旅活动广告，旅发大会期间在五一路、八一路、湘江大道、航电大道等长沙主城区与望城区主干道布置宣传道旗，在长沙滨江文化园开展千台无人机预热宣传，在黄兴路、人民路与蔡锷路等重要人流路段LED屏及望城全城大型户外电子显示屏刊发大会宣传。依托“快乐在望”“文旅望城”等微信公众号，策划推出春节、“五一”、端午、中秋文旅活动系列宣传软文，在微信公众号、朋友圈、抖音平台等投入宣传广告，在小红书、大众点评等热门App上，邀约博主发布望城旅游攻略笔记，发布话题文章1200余篇，推介望城特色文旅景点，提振文旅市场信心。

（耿 璐）

【文旅主题活动】 2022年，望城区结合春节、“五一”、端午、中秋、国庆等节点，以本地游、近郊游、省内游为重点，推出铜官窑国风花火大会、中秋千灯节、海丝·湘江和声遗珍展、“望城在等你 继续春天的旅行”“我们的节日——粽情端午”等特色文旅活动，拉动假日文旅消费，加快文旅市场恢复。统筹各景区推出科技实景演出、沉浸式室外剧本杀、篝火烧烤派对、露营帐篷节、农耕文化节、亲子运动会等契合主要目标客源市场需求的活动与产品，结合线上渠道推广，拉动游客出游。推出“迎旅发大会，游美丽望城——望城好时光文旅短视频征集大赛”，征集参赛短视频200余件。联合“携程”App策划推出“迎旅发大会，游美丽望城——望城酒店文旅消费季”活动，投放望城酒店住宿优惠券，发放消费券1548张，金额26.5万元，发放酒店补贴9.5万元，带动产生销售额142.23万元，拉动文旅综合消费。（耿 璐）

【“望城好时光”文旅短视频征集大赛】 2022年9月，望城区启动“望城好时光”文旅短视频征集大赛。大赛是首届长沙市旅发大会的预热活动，由区人民政府指导，区文旅广体局主办，邀请广大游客通过微信视频号、抖音短视频发布记录望城旅游短视频。11月16—20日，“望城好时光”文旅短视频征集大赛组委会组织专家评委，

对600余份参赛作品进行初评，评出入围作品100个。12月12日，举行终评评审会，邀请区委宣传部、区文旅广体局、高校代表、新媒体行业代表、摄影协会的7位专家评委现场打分，以评委打分（占60%）结合网络投票得分（占40%）的比例，从100部入围作品中评选出47部获奖作品。其中，特等奖1名，一等奖1名（空缺1名），二等奖4名，三等奖10名，优秀奖30名，优秀组织奖3名，包括《铜官窑》《烟火长沙有文化》《长沙新锐，古韵望城》《靖港：一座生活着的千年古镇》《五美望城》等优秀作品。赛事覆盖视频号、抖音、小红书、B站、快手各大平台，全网曝光8000万余次，作品内容从望城自然美景、特色美食、旅游地标到望城人民的日常生活，从不同视角展现望城的美好时光，为首届长沙市旅游发展大会营造浓厚氛围，深化望城文旅的名片。

（耿 璐）

2022年9月23日，区文旅广体局在千龙湖生态旅游度假区开展安全检查

（区文旅广体局 供图）

旅游行业管理

【概况】 截至2022年年底，望城区有旅行社公司7家、分公司3家、服务网点30余个，从业人员约300人（不含黄金园街道、金山桥街道、白箬铺镇），有A级旅游景区9家，其中国家AAAA级旅游景区6家、国家AAA旅游景区3家，省级旅游度假区1家，省级五星级农庄7家。2022年，望城区出台《推进文化旅游产业高质量发展奖励办法》，促进全区文化旅游市场繁荣健康发展。

（刘飞宇）

【景区管理】 2022年，区文旅广体局坚持新冠疫情防控与文旅产业发展“两手抓”，联合第三方专业机构对A级景区全覆盖开展安全生产检查，排查安全隐患，现场交办，督促整改到位，实现旅游安全生产闭环管理。开展景区服务质量“日新月异”工程，从旅游市场秩序、文明旅游、安全生产、景区管理水平、旅游环境管理、旅游营销推介6个方面进行全面监管与检查，督促对标提升整改，提升各景区管理水平、服务质量，提高游客满意度。

（耿 璐）

【旅游企业管理】 2022年，望城区出台《推进文化旅游产业高质量发展奖励办法》，面向各旅行社，望城区内各A级旅游景区，以及在望城区内办理工商登记的旅游相关企业，制定游客招徕奖、宣传推广奖、品牌提升奖3个奖励项目，细分一日游奖、过夜游奖、研学接待奖、宣传推介奖、线上推广奖、旅游直通车奖、品牌创建奖、旅游新业态扶持奖、旅游标杆奖9个奖项。其相应奖励最高20万元，优化文旅要素资源配置效率，全年拨付扶持奖励资金419.9万元，奖励文旅企业73家，扶持壮大文化旅游实体经济。拨付400万余元专项资金开展文旅行业、促发展帮扶工作，提升文化旅游产业效能。组织区内的景区、酒店、农庄、民宿等28家商户参与望城“夏季有礼”的消费活动，16家企业纳入网红联盟企业推荐，5家企业现场参展，发挥政府奖补资金的帮扶作用，助推文旅市场复苏。

（耿 璐 刘飞宇）

【旅行管理】 2022年，望城区文旅安全专业委员会召开联席会议2次，全体会议4次，开展安全检查49次，指导各文旅企业开展大型安全生产培训及应急演练29次。全年组织督促旅行社、景区、酒店等旅游相关企业开展“开工第一课讲安全”、“全民国家安全教育日”、“5·12”防灾减灾宣传、安全生产月、“6·16”安全宣传咨询日、“119”消防宣传月等宣传教育活动。对各文旅广体经营单位围绕消防安全、房屋安全、疫情防控、节假日旅游市场开展（巡查）检查，检查各类文旅广体经营单位1045家，排查一般隐患215个，发现较大隐患7个，重大隐患3个，重大风险点2个，整改率100%。

（刘秋良）

【旅游从业人员管理】 2022年，望城区组织各旅游景区、旅行社等旅游经营单位业主签订《安全生产责任书》，明确旅游企业安全管理职责。督促旅游企业进一步完善安全生产、疫情防控应急预案，建立健全旅游安全责任体系。推广旅游企业“一会三卡”（安全生产班前会、企业体检卡、危险作业卡、应急处置明白卡）工作，落实安全责任从旅游企业负责人到每个员工、从管理层到技术层、从各个专业到各个岗位环节。6月17日，区消防救援大队、区文旅广体局联合组织全区文化旅游经营企业消防安全培训会，提高旅游从业人员安

全意识。（刘秋良）

【旅游投诉处理】 2022年，区文旅广体局接到旅游业相关投诉159条，涉及交通、停车、票务、景区服务、硬件设施、网络消费等问题，区文旅广体局通过联系景区、开展检查、沟通协商、加强交通疏导、联系游客告知解释、给予补偿等方式及时协调处理，结案157条，已批准待回访2条。（耿 璐）

湘江古镇群建设

【概况】 望城区地处湘江下游，有着靖港、乔口、铜官、新康、书堂、丁字等分布在湘江两畔的古镇。望城区组织开展古镇文化资源调查，新发现物质文化遗产点169处、非物质文化资源点72项。编排《君生我未生》《相思恨》《独臂将军》等节目，组织陶艺、剪纸等非遗项目到芬兰、韩国巡展。举办湘江论坛、“锦绣潇湘”文旅创客大赛、“中国年 望城味”等节会活动，湘江古镇群美誉度不断提升。（耿 璐）

【古镇景区建设】 2022年，望城区推动“一江两岸”区域协调发展，重点推动靖港、铜官片区发展，打造国家级特色景观旅游名镇、国家级乡村旅游创客基地、湖南省首批文旅特色小镇铜官，国家级特色小镇乔口，国家级历史文化名镇、国家级特色景观旅游名镇靖港，省级旅游度假区长沙铜官窑文化旅游区等，启动编制铜官古镇创建国家级旅游度假区和国家AAAAA级旅游景区创建规划与创建方案，“一处湘江古镇群 半部湖湘文化史”成为湖南省文化旅游的一张亮丽名片。（耿 璐）

【古镇文旅活动】 2022年新华联推出20元“铜官古镇”景区惠民卡产品，全年发行“铜官窑古镇”景区惠民卡11.7万张，凭卡入园人数20.5万人，刺激本地出游市场，做热片区旅游人气。（耿 璐）

【靖港古镇启动2.0版开发建设】 2022年8月9日，望城区成立靖港古镇2.0版开发建设协调指挥部，启动对靖港古镇2.0版开发建设，指挥部办公室设在区产投集团。靖港古镇2.0版开发项目总体分为一期、二期和中远期开发，通过重塑古街古风、再造水上繁华、完善交通体系、提升亮化绿化、升级旅游业态、理顺体制机制“六大举措”，构建旅游全要素场景。一期由望城区产投集团投资建设，面积58.26公顷，计划于2023年5月1日开街。二期主要开发大小义塘及夹河（杨柳湖）北侧区域，面积17.53公顷，计划引进社会资本开发建设。（刘瑞洁）

【“铜官古镇”景区惠民卡开放启动仪式暨望城春节旅游活动发布会】 2022年1月20日，旅游新方向·中国铜官窑——“铜官古镇”景区惠民卡开放启动仪式暨望城春节旅游活动发布会在望城新华联铜官窑古镇启动。推出新华联铜官窑古镇“中国年·湖湘味 铜官庙会过大年”，千龙湖“国潮东方 星耀长沙”，贝拉小镇“福虎迎春 传承经典”，书堂山盛唐穿越节“千万红包礼”、飞鸟乐园“虎年新春游园会”，长沙铜官窑国家考古遗址公园“湖南区域文明展”，莓妃传“乡村怀旧文化节”等主题活动。发布会上特别推出“铜官古镇”景区惠民卡，望城本地居民凭身份证或居住证可以以20元价格办理“铜官古镇”景区惠民卡，微信关注“长沙铜官窑古镇文化旅游”微信公众号办理，一人一卡，凭古镇望城居民卡可全年不限时不限次畅玩新华联铜官窑古镇与铜官窑国家考古遗址公园的惠民福利。（耿 璐）

长沙千龙湖生态旅游度假区

【概况】 2022年，长沙市千龙湖生态旅游度假区（以下简称千龙湖生态旅游度假区）与2021年相比，收入上升38.56%，利润上升40.62%。（傅 甜）

【景区管理维护】 2022年，千龙湖生态旅游度假区年度目标定位为“组织建设年”，从制度建设、薪酬体系、招商引资上进行全面修订，完善景区《安全生产管理制度》《员工手册》以及各部门操作程序文件，将各环节工作步骤责任到人；落实薪酬改革制度，根据实际落实各项绩效考核，做到多劳多得。（傅 甜）

【景区文旅活动】 2022年，千龙湖生态旅游度假区立足休闲度假特点，结合中国传统节日，策划“五一”“山水田林湖沙草”千龙湖2022生态郊游节活

2022年1月20日，旅游新方向·中国铜官窑——“铜官古镇”景区惠民卡开放启动仪式暨望城春节旅游活动发布会举行（区文旅广体局 供图）

动、10 月 2022 长沙市第六届“沙滩星空”户外运动帐篷节活动。与湖南森林之光公司合作，在千龙湖星座岛举办为期 1 个月的灯光展，吸引长沙乃至全国的游客到场观灯。针对不同季节特点，千龙湖生态旅游度假区推出“毕业季”“亲子出游季”“研学季”等主题活动，做到季季有策划、月月有活动。

（傅 甜）

【景区宣传推介】 2022 年，千龙湖生态旅游度假区自媒体微信公众号推文 28 篇，抖音运营视频 24 条，有效“粉丝”转化率 65%，参加湖南省文旅厅“春暖潇湘 万屏联动”活动，4 月底至 7 月底在地铁 1 号线、3 号线、4 号线滚动播出千龙湖生态旅游度假区专题宣传视频。（傅 甜）

【“山水田林湖沙草”千龙湖 2022 生态郊游节活动】 2022 年 5 月 1—5 日“五一”小长假期间，千龙湖生态旅游度假区举办“山水田林湖沙草”千龙湖 2022 生态郊游节活动，打造以生态自然主题的云炉 8 烧烤派对公园、萌宠乐园、沙滩运动会、亲子市集、钓龙虾、水上运动等一系列嘉年华主题活动，借此推动全民健身和户外主题活动。开展系列活动，不断导入优质资源，联动周边文旅景点打造长沙近郊金字招牌。（傅 甜）

2022 年 10 月 1—5 日，“2022 长沙市第六届‘沙滩星空’户外运动帐篷节”在长沙千龙湖生态旅游度假区举行（千龙湖生态旅游度假区 供图）

【2022 长沙市第六届“沙滩星空”户外运动帐篷节】 2022 年 10 月 1—5 日，长沙市体育局、长沙市望城区文化旅游广电体育局主办，千龙湖生态旅游度假有限公司承办的“2022 长沙市第六届‘沙滩星空’户外运动帐篷节”在长沙千龙湖生态旅游度假区举办。千龙湖生态旅游度假区在国庆黄金周期间打造以露营帐篷主题音乐节、萌犬竞赛、萌宠表演、萌宠交流、户外音乐节、帐篷露营、文创集市、亲子互动、烧烤野炊等一系列户外主题活动，推动全民健身和户外运动事业发展。两次节会期间吸引湖南省内乃至全国游客 10 万余人次，促进望城旅游业复苏和全域旅游产业的发展。（傅 甜）

【长沙市千龙湖丽呈酒店成立】 2022 年 12 月 16 日，长沙市千龙湖生态旅游度假有限公司与携程丽呈酒店集团于千龙湖龙韵厅达成战略合作协议，共同打造长沙市千龙湖丽呈酒店。携程丽呈酒店集团旗下拥有沿袭互联网运作模式、全球化视野和服务至上的理念，智能化酒店配置和细致入微的人性化服务，旨在为客人提供舒适、高效的入住体验。合作以长沙千龙湖生态旅游度假区旅游资源为基础，发挥丽呈集团的技术优势、营销优势、品牌优势，加速品牌发展，增强营销实力，提升客户体验。全面升级改造千龙湖景区现有酒店客房、配套设施、人员服务、预订系统等，为游客带来更舒适便捷的旅行度假体验。

（傅 甜）

经济园区建设

CONSTRUCTION OF
ECONOMIC PARKS

编辑　张姣美

综　述

【概况】　2022年，长沙市望城区域内有国家级望城经济技术开发区、望城高新技术产业开发区、湖南望城国家农业科技园区3个省级（含）以上经济园区。全年完成地区生产总值1053.13亿元，比2021年增长4.6%；规模以上工业增加值增长7.0%，固定资产投资增长8.5%。望城区获评2022年度中国市辖区高质量发展百强、全国综合实力百强区、全国投资潜力百强区，获湖南省可持续发展实验区综合评价第二名。（张婉美）

【项目投资及建设】　2022年，望城区各经济园区新引进项目99个，协议资金583.4亿元，其中德赛储能等投资超10亿元项目11个，永旺梦乐城等“三类500强”（世界财富500强、中国企业500强、民营企业500强）项目9个。171个市重大项目超额完成投资，大华股份、5G智能终端产业园、桑特液压、永杉锂业等重大项目竣工投产，美松科技、国望智能等项目主体结构封顶，黑金刚新型合金产业园、澳优营养健康产业园等项目加快建设，吉祥腾达、证通（三期）、湘江关西涂料（二期）等项目开工建设。全年腾地533.3公顷，获批新增建设用地117.3公顷，争取上级项目资金19.4亿元，发行新增专项债券47.7亿元；盘活“三资”（国有资产、资金、资源）19.6亿元。（张婉美）

【重点产业发展】　2022年，望城区经济园区重点产业蓬勃发展。先进制造业“一特两主”（智能终端、新材料先进制造、食品医药产业集群）产业完成规模工业产值800亿元，比2021年增长11.5%，智能终端、食品医药等产业稳健发展，新型合金材料产业集群获评湖南省先进制造业集群。园区形成以荣耀科技、比亚迪电子、德赛电池为代表的智能终端产业集群，以中信戴卡、晟通科技、长远锂科为代表的新材料先进制造产业集群，以澳优乳业、旺旺食品、蓝河乳业为代表的绿色健康食品产业集群，以吴赣制药、华纳大药厂、湘仪动力仪器为代表的医药医疗器械产业集群。望城经开区获评“国家火炬有色金属精深加工特色产业基地”“特色产业集聚发展典范园区”。金驰能源产值突破百亿元，泰嘉新材获评全国制造业单项冠军示范企业、省长质量奖提名奖。（张婉美）

【外向型经济培育】　2022年，望城区加快构建开放格局，园区外向型经济持续发展，外贸基本盘保持稳定，实现进出口总额131.3亿元，比2021年增长15%，实际利用外资3929万美元。航电枢纽至城陵矶湘江航道升级为一级航道，年通过能力突破1亿吨；铜官港（二期）全面建成运行，货物年吞吐能力400万吨，常年船舶通行达2000吨级，铜官港服务对接“一带一路”和“长江经济带”作用开始彰显。（张婉美）

【科技创新】　2022年，望城区经济园区强化科技支撑，以科技赋能发展。新增金驰能源、航天磁电等国家级、省级专精特新“小巨人”企业22家；完成技术合同成交金额34亿元，比2021年增长40.3%；创建省级“双创”（创新和创业）平台8个；单杨院士创新团队工作室落户澳优乳业；澳优乳业、中传机械入选全省先进制造业“十大科技创新企业”；金龙铜业获评省级“模范院士专家工作站”；长高电新获评省级专家工作站。突破“卡脖子”关键技术20余项，智能化层绕机器人、特高压隔离开关、高性能磁编码器等产品实现国产替代。截至2022年年末，园区高新技术企业增至444家，比2021年增长40.1%；入库科技型中小企业423家，比2021年增长49.5%。（张婉美）

【管理服务】　2022年，望城区经济园区推出一系列管理服务改革举措，成效初显。区属国企改革三年行动计划全面完成，城发集团、经开集团获AA+主体评级，产投集团混合所有制改革取得新进展。营商环境显著提升，区政府出台纾困增效“新六条”、促进楼宇经济发展“望十条”等政策，开展“送政策、解难题、优服务”行动，新增减税降费29.8亿元，惠企政策兑现6亿元；在全市率先出台银行业金融机构服务地方经济激励评价办法，为中小微企业融资12亿元；拓展“10分钟企业开办服务圈”成效，企业数量比2021年增长18.7%；望城经开区开展相对集中行政许可权改革试点，实现“企业办事不出园”“一枚印章管审批”。（张婉美）

国家级望城经济技术开发区

【概况】　2022年，国家级望城经济技术开发区（以下简称望城经开区）完成技工贸总收入1498亿元，比2021年增长16.5%。规模工业产值比2021年增长7.8%，规模工业增加值比2021年增长8.9%，限额以上社会商品零额比2021年增长17.8%，固定资产投资比2021年增长11.1%，税收收入比2021年增长16.1%，外贸进出口额比2021年增长18%。规模工业增加值增速居全市第一位，固定资产投资、税收收入增速排名全市第二。园区规模工业产值占全区比重83.3%，比2021年提高3%；固定资产投资占全区比重50%，比2021年提高1.8%；限额以上社会商品零额占全区比重66.8%，比2021年提高5.3%；税收收入占全区比重42.8%，比2021年提高3.3%。园区连续7年位居全省集约节约用地榜首，工业和信息化、对外开放、固定资产投资等6项工作获市政府真抓实干督查激励，望城经开区影响力、美誉度持续提升，在2022（第六届）博鳌企业论坛暨亚洲经济大会中获评“2022年度投资环境示范园区”，在第九届全国品牌影响力发展论坛上获评“特色产业集聚典范发展园区”。（王鹏）

【项目投资及建设】　2022年，望城经开区推动项目建设提速，全年引进产业项目103个（含部分项目的二期、三期），总投资290亿元。其中，“三类500强”项目3个，投资超100亿元项目1个，超50亿元项目2个。德赛储能电芯项目成为全省招商引资第一个落地项目，金凯循环项目从考察到签约落地仅用7天，园区招大引强经验获省商务厅推介。5G智能终端产业园、医疗器械产业园对外招商，智能终端、生物医药“专精特新”项目相继落地。德赛储能电芯、黑金刚、希格玛等71个新建项目开工建设，5G智能终端产业园、大华股份、桑特液压等85个项目竣工投产，释放产能300亿元以上。迎接全市项目观摩检阅，德赛储能电芯项目在观摩活动中排名第一，大华股份获评湖南省优秀重点建设项目。（王　鹏）

【产业培育】 2022年，望城经开区在产业发展上培优扶强，加速企业梯队培育，促进产业转型升级。全年新增高新技术企业123家，航天磁电、吴赣药业等22家企业入选国家级、省级专精特新“小巨人”名录，泰嘉新材入选“国家单项冠军企业”，智能化层绕机器人、特高压隔离开关、高性能磁编码器等一大批“高精尖”产品实现“国产替代”。获批科技部“国家火炬有色金属精深加工特色产业基地”，新增省级以上创新中心14家、市级以上创新平台25家，创建省级技术转移示范机构2家，产学研合作成交金额逾20亿元，比2021年实现翻番。实施“人才集聚工程三年行动计划”，全年引进高层次人才、高精尖人才、产业紧缺硕博人才400余名，新增高技术人才1700余名，培育组建企业创新团队20余个。（王　鹏）

【管理服务】 2022年，望城经开区深化“放管服”改革，优化企业服务和营商环境。全年承接省级相对集中行政许可权限86项，实施营商环境优化提升工程，聚焦企业推出产业培育、工程建设、数字化转型等“一件事一次办”服务套餐；聚焦项目实行极简审批，企业服务软硬实力实现双提升；围绕项目建设需求，破除“人地钱”关键性瓶颈，推动资源要素协同高效。探索企业用工长效机制，搭建“1个中心+30个招聘点”的服务平台，招聘网络遍布三湘四水，用工难、用工荒问题得到有效化解。全年向上级争取专项债17.96亿元，获上级财政支持2.06亿元，拆迁交地106.67公顷，出让划拨土地106.67公顷，帮助企业招聘1.7万余人。（王　鹏）

【基础配套】 2022年，望城经开区持续推进基础设施建设，提升城市功能配套。银星路、赤岗路、金河路等10余条道路竣工通车，旺旺路、花果路等主干道提质升级。新开通16条穿梭公交线路，园区内外交通循环有力畅通。50家企业完成立面提质改造，铜官邻里中心、望达小镇旺乐街开业运营，望达智造小镇雅礼实验望城学校交付使用，产业配套日趋完善。（王　鹏）

【平安绿色园区建设】 2022年，望城经开区开展建筑安全隐患排查，确保整治全覆盖、无死角。深化安全生产三年行动计划，狠抓重点监管和隐患治理，形成发现问题、交办问题、整改问题、反馈问题的安全生产监管闭环，企业安全生产责任进一步压实，全年未发生较大以上安全生产责任事故。强化企业内部管理，推进平安园区建设。园区聚焦碳达峰、碳中和目标，开展绿色体系建设，实施节能改造、减碳降污行动。飞鹿高分子新材料、兆恒材料、同远新材料、航天磁电、艾维富虹、长高电气、德赛电池、鑫永生、戴卡科技、戴湘汽配、华腾医药、吴赣药业、华纳大药厂、金浩茶油、新希望南山等15家企业入选湖南省工信厅2022年度湖南省绿色制造体系示范单位，园区企业晟通科技入选“绿色供应链管理示范企业”名单。在全省率先实行“环保管家”制度，节能减排经验获生态环境部推介，获评“湖南省环保诚信园区”。（王　鹏）

【德赛电池储能电芯项目落户】 2022年1月20日，德赛电池储能电芯项目签约落户国家级望城经济技术开发区。长沙市委副书记、市长、湖南湘江新区党工委书记郑建新，深圳市德赛电池科技股份有限公司董事长刘其出席并见证签约。德赛集团是具有重要行业影响力的电子信息产业集团、中国制造500强企业。旗下上市公司德赛电池是国内中小型移动电源领域的领军企业，主要服务于苹果、华为、荣耀等全球顶级消费电子厂商。德赛电池储能电芯项目计划固定资产投资75亿元，分3期布局20吉瓦时产能的储能电芯项目总部及研发中心、生产中心，全面达产后可实现年产值120亿元。一期投资16亿元，建设4吉瓦时产能的储能电芯项目，全面投产后可实现年产值22.44亿元；二期投资29.5亿元，建设8吉瓦时产能的储能电芯项目；三期投资29.5亿元，建设8吉瓦时产能的储能电芯项目。先进储能材料产业是长沙市继工程机械后第二个重点培育的国家级先进产业集群，吸引比亚迪、长远锂科、永杉锂业、邦普循环等众多行业龙头企业。（王　鹏）

【中粮可口可乐果汁无菌生产线在望城经开区投产】 2022年6月9日，中粮可口可乐华中饮料有限公司首条无菌果饮生产线在望城经开区投产。中粮可口可乐饮料有限公司首席执行官庆立军，望城经开区党工委书记周剀出席启动仪式。此次投产的果汁无菌生产线，总投资1亿元，使用世界先进的无菌冷灌装生产设备，主要生产的产品包括美之源果粒橙、果粒奶优在内的多种类果汁饮料，年产值5亿元。该生产线投产推动中粮可口可乐在湘发展进入新阶段，对企业进一步优化品类结构、响应市场需求、推动产业产能布局有着重要意义，也为望城经开区食品产业发展注入新活力、树立新标杆。（王　鹏）

【望城36个重大项目集中开竣工】 2022年10月31日，长沙市第四季度重大项目集中开竣工望城分会场活动在兆兴博拓汽车电子智造及华中总部项目

2022 年 8—9 月，望城经开区举办望城经开区第二届职业技能大赛。图为零部件测绘与 CAD 成图技术赛场　　（区融媒体中心 供图）

现场举行。此次参加集中开竣工活动的重大项目有 36 个，涵盖先进制造、基础设施、民生实事等领域。其中，兆兴博拓汽车电子智造及华中总部项目总投资 3 亿元，主要建设汽车电子、医疗器械等行业电子产品研发、生产基地及华中总部，全面投产后实现年产值 5 亿元。九典宏阳高端原料药及辅料绿色工艺产业化项目拟投资 3 亿元，规划新建生产车间 5 栋及配套污水处理系统，建设 12 条生产线，建成设计年产原料药 3678 吨、药用辅料 7600 吨的生产力，全面达产后可实现年销售15亿元以上，新增就业人员约 600 人。望城坚持把先进制造业作为“第一选择”，培育智能终端、新材料先进制造等 6 大重点产业链，汇聚起 400 家规模以上工业企业，成为长沙“三智一芯”产业布局的重要承载地。　　（王　鹏）

【旺乐街开街运营】 2022年9月9日，望城经济技术开发区亿达智造小镇旺乐街开街，后街夜市同步开放。旺乐街是集休闲中心、生活中心、商务中心于一体的城市会客厅。街区位于望城经开区，腾飞路与郭亮路交会口西北方向，望城一中西南侧，占地 3 万平方米，周边华为 HUB 仓、5G 智能终端产业园、亿达总部经济基地等智能制造产业集群汇聚。旺乐街吸引茶颜悦色、麓枫酒店、星空极速电竞网咖等数十个品牌商家进驻，澳优乳业（中国）、蓝河营养品、湖南旺旺食品、湖南罗莎食品等 22 家知名企业组团展销，奶粉、蛋糕、糖果、非遗食品、农副产品、家居用品等一应俱全。旺乐街建成开业，进一步推动产城融合，提升园区生活品质。（王　鹏）

【望城经开区第二届职业技能大赛】 2022 年 9 月 8 日，望城经开区第二届职业技能大赛颁奖典礼暨闭幕仪式举行。大赛以“匠心筑梦　技创未来”为主题，旨在选拔和培养技术精湛、爱岗敬业的高技能人才，不断提高职业技能人才的专业理论素养、实践技能和综合能力，形成人才支撑企业、企业聚集人才的良性循环。大赛历时 18 天，吸引 50 余家园区企业 350 名能工巧匠参加。大赛设置维修电工、机械加工（普车）、数控加工技术（数控车）、装配钳工、焊接技术、叉车技术、机械零部件测绘与 CAD 成图技术、会计技能等 8 个竞赛项目，邀请第三方评价机构提供考核评价和颁证的专业支持，有效推动各类型技能人才交流和企业内部选拔。园区通过同步图文直播吸引近 10 万人次在“云端”观看。经过激烈角逐，73 名选手获奖，6 家企业获“优秀企业组织奖”称号。　　（王　鹏）

望城高新技术产业开发区

【概况】 望城高新技术产业开发区（以下简称望城高新区）位于长沙城北、望城湘江段东岸，是国家级望城经济技术开发区的子园区、望城唯一的省级高新技术产业开发区、长沙唯一获批的省级化工园区。园区规划面积36平方千米，截至 2022 年年末，园区建成面积 12.8 平方千米，引进企业 132 家，其中上市公司 14 家、世界 500 强企业 8 家，化工企业 42 家。根据“一主一特”产业定位，形成以金驰能源、永杉锂业、湘江关西等为代表的新材料产业集群，以吴赣药业、华纳大药厂、九典宏阳制药等为代表的生物医药产业集群；以益海嘉里、金浩粮油为代表的食品加工产业已初具规模。全年园区规模工业产值 220 亿元，比 2021 年增长 21.8%；税收 7.3 亿元，比 2021 年增长 8.5%。　　（李俊川）

【项目投资及建设】 2022 年，望城高新区完善项目准入评价机制，引入投资规模超 50 亿元项目金凯循环，投资规模超 10 亿元、世界 500 强项目航天三丰，以及九典宏阳制药、方盛堂二期、松源生物等 15 个行业龙头项目。园区实现永杉锂业、飞鹿涂料、和顺石油等 6 个重点项目投产，益海嘉里、湘江关西二期、和诚医药等一批项目加快建设，其中益海嘉里面粉部分产线实现投产，金凯循环、航天三丰、松源生物等项目前期准备工作加速。莲花路、万兴路及主干道白杨路通车，园区首个商业综合体邻里中心建成对外开放，中心集商务酒店、购物体验、美食餐饮、公寓租住和休闲娱乐等于一体，整体提升园区城市生活配套能力，产业发展环境显著优化。　　（李俊川）

【重点产业培育】 2022 年，望城高新区重点培育能源、制药及新材料产业，加强创新主体培育，成效显著。金驰能源、吴赣药业获批国家级专精特新

"小巨人"企业，九典宏阳制药、三环颜料等5个企业获批省级专精特新"小巨人"企业，新认定6家高新技术企业，金驰能源"锂电池正极材料云工业互联网平台"列入网络化协同项目、省级工业互联网平台。园区加大技术研发投入，企业申请专利86件。专一新材、宝悦新材"蒸压加气混凝土砌块"入选省绿色设计产品；吴赣药业、九典宏阳制药、华腾医药3家企业被列入省工信厅2022年度省级企业技术中心拟认定名单，园区企业省级研发平台由2家增加至5家。企业持续升级改造，湘江关西获批国家级"绿色工厂"，获国家级"绿色设计产品"；金驰能源、九典宏阳制药获批省级"绿色工厂"；吴赣药业列入2022年省"两上"标杆企业；宝悦建材等6家企业获省"两化"融合管理体系贯标证书。（李俊川）

【管理服务】 2022年，望城高新区完善领导干部牵头分片、中层干部分组、一般干部联点企业的常态化帮扶机制，上门了解情况、倾听企业诉求，收集问题整理汇总，召开联席会议集中商讨对策，到金驰能源和吴赣药业现场办公，现场调度，解决水电供应保障、政策兑现等问题近20项，全年解决企业难题100余项。长沙电厂双机停运检修暂停供用蒸汽期间，园区集中调度，引导30余家用蒸汽企业错峰生产，协调昆仑燃气向长沙电厂供应天然气，长沙电厂开启备用锅炉满足重点企业生产的最低用汽需求。园区主动与电厂协商，共同承担备用锅炉供汽期间产生的额外费用，进一步降低企业用汽成本。加强安全生产和环保监督，完善政府出资、园区监管、管家服务"三位一体"监管模式，强化项目从入园到投产全流程的人、财、物配备到位的闭环风险管控体系；编制《安全管理手册》《环保管理手册》指南，将企业全生命周期安全环保相关政策和操作规程归纳一册；邀请知名专家对企业进行"把脉诊断"，从源头到末端系统诊断企业存在安全环保隐患，针对性提出"一企一策"整改方案，跟踪开展整改效果评估，提升企业获得感，守好园区底线红线。（李俊川）

【铜官港区二期建设】 2022年，铜官港区二期工程建成2个3000吨级（兼顾5000吨级）通用泊位，设计年吞吐量135万吨，工程投资总概算2.96亿元。铜官港区建设有湘江流域最大的干散货环保大棚、全封闭式皮带输送系统、雨污分流和生产废水处理系统，是湘江干流泊位等级最高、环保标准最严的通用码头。铜官港规划分3期建设，2019年一期工程建成投产，二期工程于2020年3月建设，2022年3月项目完成码头主体及接岸平台单位工程交工验收、房建工程和附属设施单位工程交工验收，截至年末完成包括环保、水保、安全设施、档案和消防等全部专项工程验收或备案。运营后，整个港区达到4个泊位，铜官港成为年货物吞吐能力400万吨，常年船舶通行2000吨级的货运大港，2021年吞吐量161万吨，2022年货物吞吐量169.4万吨，运营两年即跨入内河百万吨级港口行列。（李俊川）

2022年，望城高新区铜官港区完成二期工程建设 （区融媒体中心 供图）

【水务公司成立】 2022年7月，望城高新区成立水务公司，接管运营铜官自来水厂和污水处理厂。公司成立后，通过全员竞聘择优和接轨市场化运营，顺利接管铜官自来水厂，提升供水保障能力。升级改造污水处理厂，对标行业标准组建运营团队，优化生产工艺，显著改善厂区面貌。通过建设企业污水提升泵站等方式综合治污，园区出水水质稳定达一级A类标准。针对夏季干旱用水高峰，公司加强企业用水调度，调用浮船在湘江中心增设取水泵，保障水厂正常取水。全天候排查整治企业私设增压泵行为，保障水压正常稳定。调整环卫绿化单位与企业生产错峰用水，设立专用智能取水栓节约用水，保障园区用水环境。（李俊川）

望城国家农业科技园区

【概况】 2022年，湖南望城国家农业科技园区（以下简称望城农科园）作为全国农村改革试验区，优化农业产业结构和产品结构，持续推进项目强农、科技助农、品牌兴农建设，推进产学研结合，做好涉农金融服务。重点做好"一县一特"望城小龙虾、蔬菜等特色产业培育和数字农业项目试点工作。形成"财政资金+信用贷款+专业保险"的综合金融模式，引导和鼓励银行、保险等社会资本投向农村，参与特色产业发展，继续推进"惠农e贷—龙虾贷"工作，新增和续贷专项贴息贷款3600万元。开发小龙虾养殖、蔬菜设施大棚保险，"真保险"模式承保养殖面积1746公顷，全面提高农业市场主体投资能力和抗风险能力。截至2022年年末，培育小龙虾养殖经营主体205个，标准化养殖示范基地29个，养殖基地规模3226公顷，蔬菜种植企业115家，标准蔬菜大棚80万平方米，蔬菜基地面积1840公顷。（唐晶晶）

【特色产业】 2022年，望城农科园聚焦项目建设，因地制宜发展壮大特色产业。优化“一县一特”小龙虾、蔬菜产业布局，制定小龙虾和蔬菜产业扶持政策，引导产业合理布局，完成企业标准化改造、高效种养模式推广、蔬菜产能投资等中央、省、市、区建设项目116个。按照建设全产业链思路，培育和引进“一县一特”农业产业化省、市级龙头企业27家，建成高标准设施蔬菜示范园、小龙虾育苗屯养基地、亮点荷花虾加工厂以及小龙虾（乔口）交易市场等，打造集农产品生产、精深加工、冷链物流于一体的产业集群。（唐晶晶）

【项目强农】 2022年，望城农科园立足全区重点农业产业发展需求，与相关部门对接，听取专家意见，保障项目从签约到建成投产运营，各项工作顺利推进。聚焦“一县一特”重点产业薄弱环节，与千亿“湘菌”工厂化生产、智慧生态农业示范基地、望城小龙虾加工基地等10余个项目对接，签约“稻虾共生”智慧生态农业示范基地、亮点小龙虾加工厂、食用菌种植基地（二期）等3个项目，引进投资总额2000余万元。对已落户企业，坚持提供政策和技术支持，指导设施蔬菜示范园、望康等企业和单位合法合规用地投建投产，在土地流转、项目申报、设施农用地备案、企业招工等工作中做好服务。（唐晶晶）

【科技助农】 2022年，望城农科园加大与科研院所合作力度，持续助力农业产业转型升级。发挥农业院士优势，刘少军院士工作室、邹学校院士创新团队绿地工作室相继落户，构建“院士+产业+项目+基地”发展模式，“湘赢”辣椒、优质鱼种实现产销两旺。注重农技人才培育，邀请肖光明、王冬武等专家教授开展种植养殖技术培训10场次，培训800余人次，新认定“长沙市科技助力乡村振兴专家服务站”3家。在产业发展方面深化产学研合作。与湖南师范大学、海氏渔业合作，通过“政府+大型企业+科研团队”的模式，推进湖南鱼类遗传育种中心建设，引进新鱼种17类，建立以水产种业为龙头的“良种良养良销”体系，实现优质鱼种产销两旺。与湖南农业大学、江苏里下河农科所签署合作协议，推广小龙虾“一荷三虾”“一稻三虾”“育养分离”等高效种植养殖模式，亩产综合效益大幅提高。与湖南省食用菌研究所签订合作协议，不断壮大“湘菌”千亿元产业链，望康农业、喜丹多食用菌种植基地试种的羊肚菌等获丰收。（唐晶晶）

2022年，望城农科园扶持铜官街道中山村打造千亩蓝莓种植示范基地
（区融媒体中心 供图）

【品牌兴农】 2022年，望城农科园持续推进农产品品牌建设，提升农业核心竞争力。推进农业生产全域绿色化建设，对优势产品开展“两品一标”认证，其中已有34个农产品通过绿色食品认证。举办望城小龙虾品牌推介会、蓝莓文化节等节会活动，运用各类媒体平台开展全方位、立体式宣传营销，将望城小龙虾、蔬菜等农产品打造成高品质、有口碑的金字招牌，增强品牌溢价能力和带动效应。“望城小龙虾”“望蔬优选”“名望蔬香”等区域公用品牌口碑越来越响。（唐晶晶）

【数字农业项目试点】 2022年，望城农科园牵头推进望城数字农业项目试点建设。试点项目总投资2600万元，其中中央财政资金2000万元、地方配套600万元。2022年建成水产物流数字化示范中心1个，核心示范基地2家，望城小龙虾数字化养殖推广示范基地3家，淡水鱼数字化养殖推广示范基地5家。项目主要对水域环境因子采集、汇总、分析、反馈和调节，实现水产养殖信息资源数字化、水产生产智能化和水产品质量追溯全程化。（唐晶晶）

【“望城小龙虾·旺城旺人旺我家”品牌推介系列活动】 2022年8月20日，“望城小龙虾·旺城旺人旺我家”品牌推介系列活动启动仪式在砂之船（长沙）奥莱举行。此次活动由长沙市农业农村局、区人民政府主办，望城农科园承办，区科技局、区农业农村局、区商务局协办。活动现场，望城小龙虾品牌发布《望城小龙虾的奇妙之旅》趣味短片，结合专家分享，展示望城小龙虾从生长培育、加工生产到各地市场等过程和优势，揭秘望城小龙虾从田间荷塘走向全国各地的过程。活动同步开启望城小龙品牌推介抖音大赛，10月14日，评选出“最佳短视频奖”1名、“最火短视频奖”1名、“最积极作者奖”1名、“推介达人奖”3名，向消费者推介望城小龙虾，助力地方水产养殖业发展。（唐晶晶）

交　通

TRANSPORTATION

编辑　张姣美

综　述

【概况】　2022年，望城区公路总里程2974.75千米（不含市政道路），其中高速公路48.5千米；区内铁路总里程约60千米，其中电厂专用线20千米，京广线19千米，石长线21千米；长株潭城际铁路、常益长高铁开通运营，长赣高铁加快建设；湘江通航里程35千米，铜官港二期工程完成建设，2022年铜官港区货物吞吐量169.4万吨；全区有公交和出租车运营企业各2家，公交车辆1814辆，出租车140辆；全区有货运物流企业127家，货运车辆1748辆。

（李　柔）

【"路长制"管理】　2022年，望城区实行"路长制"管理，以"路长制"引领公路的高质量发展，借助"路长制"平台，推进公路工作深度融入"乡村振兴战略""美丽屋场建设"等中心工作。区长担任全区总路长，统筹全区公路建设、管理、养护、运营及路域环境整治，组织研究确定公路发展、规划、目标、政策等；联系各街镇的区级领导担任区级路长，管理相应街镇内的国、省干线、县道；各街镇行政责任人担任乡级路长，管理本区域乡道；各村（社区）书记担任村级路长，管理本村（社区）村道。全区纳入公路养护线路明细数据库国道39.04千米、省道108.65千米、县道376.71千米、乡道336.69千米、村道1179.48千米，总里程为2040.57千米，分布7个街道4个镇（不含托管的白箬铺镇、黄金园街道、金山桥街道）。2022年年末，国省干线、县道、乡道、村道100%纳入"路长制"管理范围。

（李　柔）

【交通运输行政审批】　2022年，长沙市望城区交通运输局（以下简称区交通运输局）发布《交通运输行政执法过错和错案责任追究制度》《长沙市望城区交通运输案件集体讨论制度》《望城区交通运输综合执法辅助人员管理制度》《关于保证公路两侧建筑控制区范围的通知》。公布权力清单449项，其中依法申请类57项（包括行政许可、确认、裁决和其他行政权力），无须申请类392项（包括行政处罚、行政强制、行政检查、行政征收）。全年受理行政许可182件次、行政处罚1981次、行政强制621次，清退不符合经营条件的企业和个人许可，全年吊销个体车辆许可证照484个，企业经营许可10个。

（李　柔）

【公交驾驶员心理健康讲座】　2022年6月21—24日，区交通运输局在雷锋大剧院举行"安全驾驶 从心起航"主题心理关爱辅导课堂活动，组织全区700名公交驾驶员参加。活动邀请资深心理咨询师通过心理测验、心理交流、心理学讲解等方式，引导参训驾驶员感知自身心理状况，寻找调节方向，学会释放积压情绪。帮助驾驶员提高心理健康认识，掌握心理保健方法，守护公共交通安全。（李　柔）

路桥建设

【交通基础设施建设】　2022年，望城区把握长沙打造国家交通物流中心契机，加快实施重大交通基础设施建设，综合立体交通体系基本成型。不断完善公路网络，基本形成"八纵七横一环"的公路路网。对接上级主管部门，做好银星路过江通道、茶长高速等省、市重点交通建设项目的保障服务工作，加快香炉洲大桥、银星路过江通道建设。长望路（谷山路—金星路段）建成通车，五土线、玉新线、湘团公路、靖格线、千龙湖大道等项目按进度推进，近三年年均提质改造农村公路300余千米。加快布局"高铁＋城铁＋普铁"的轨道交通网络，常益长高铁益长段通车，长赣高铁获国家发改委可研批复，地铁2号线西延线全面开工，地铁1号线、4号线延长线前期工作启动。扩容升级港口航运，航电枢纽至城陵矶湘江航道升级为一级航道，铜官港区、靖港港区纳入《长沙港总体规划》修编，铜官港区二期和物流园一期工程完成建设，2022年铜官港区完成年度货物吞吐量169.4吨，达到设计目标的86.87%。（李　柔）

【农村公路建设】　2022年，望城区省级农村公路（资源路、旅游路、产业路）建设目标38千米，实际完成43.1千米；省级农村公路安防设施建设目标80千米，实际完成117.01千米；新改建农村公路建设目标80千米，实际完成130千米。实施近70千米农村公路提质改造项目，包括千龙湖大道、靖格线、湘团公路、望城区行政村通公交茶亭—桥驿线、望城区行政村通公交铜官—大龙线等重点项目以及一系列小额投资项目，提升公路通行品质，增强道路的安全性能，项目启动率100%，完工率95%以上。（李　柔）

【长赣高铁湖南段建设启动】　2022年11月21日，长赣高铁湖南段举行开工建设动员大会。长赣铁路是国家中长期铁路网规划中"八纵八横"高速铁路网之一的渝长厦（重庆—长沙—厦门）通道的重要组成部分，西起望城区长沙西站，接在建常益长铁路，向东南途经江西省萍乡市、吉安市境内，至终点赣州市，正线长约429.5千米，设计时速350千米，全线设站11座，总投资846.2亿元，建设工期5年，预计2027年建成通车。

（李　柔）

【长望路（谷山路—金星路段）建成通车】　2022年9月9日，长望路西延线（谷山路—金星路段）建成通车，望城区至金星北、市府片区等中心城区通行时间缩短10分钟，极大方便周边市民的出行，缓解该区域交通压力。长望路西延线为城市主干路，横跨岳麓区和望城区，西起黄金大道，接金星北路，向东南连接北二环，顺接长望路直达福元路大桥，全长5.2千米，道路宽度46米，双向六车道，设计时速60千米，总投资约11.1亿元，项目全线通车后，可促进长沙主

2022 年 12 月，望城区千龙湖大道提质改造工程主体完工

（区交通运输局 供图）

城区与望城地区的融合，推动城区社会经济一体化发展。谷山路—金星路段建成通车标志着该项目完成前 2 个标段建设，最后 1 个标段（金星路至北二环段）于 2022 年 6 月启动，计划 2025 年完成建设。（李 柔）

【千龙湖大道提质改造工程完工】2022 年 12 月，望城区千龙湖大道提质改造工程主体完工。项目位于靖港镇，全长 9 千米，起于雷锋北大道与千龙湖大道西侧交叉口，经复胜村、石亳村、三桥村、格塘村及众兴路口，止于环湖路与千龙湖大道交叉口，采用四级公路技术标准，沥青混凝土路面，设计时速 30 千米，其中环湖路时速为 20 千米。道路作为千龙湖生态旅游度假区重要旅游通道，利用彩色过街人行横道、五彩的手绘墙体画等特色设施，提高观赏度与协调性，方便村民出行和游客游玩，为美丽宜居村庄建设和乡村振兴提供交通保障。（李 柔）

公路管养

【概况】 2022 年，长沙市望城区公路养护中心（以下简称区公路养护中心）管养国、省、干线及农村公路总里程 2540.36 千米。其中干线公路：国道管养里程 48.20 千米，省道管养里程 140.38 千米，县道管养里程 437.89 千米，乡道管养里程 442.18 千米，村道管养里程 1471.71 千米。管养公路桥梁 237 座，长度 6891.88 延米。区公路养护中心获评湖南省 2022 年度农村公路县级养护管理“十佳”单位、望城区交通问题顽瘴痼疾集中整治工作先进单位。（邬苏敏）

【公路安全管理】 2022 年，区公路养护中心定期组织召开安全生产专门会议，传达学习《湖南省安全生产条例》以及上级相关文件精神，组织展开讨论，通过张贴安全生产宣传标语、悬挂安全生产图片，通过网络 QQ 群、微信群等广泛宣传，推进“防风险、除隐患、强责任、建机制、抓落实”主题宣传教育进机关、进基层，让安全生产意识入脑入心。全面压实责任，成立中心主要负责人为安全生产第一责任人、分管领导为直接责任人、安全专干为具体责任人、办公室、计划部、养护部等部门负责人为成员的安全生产委员会，层层签订安全生产目标管理责任书，明确责任，层层传导安全压力。强化值班值守，节假日期间实行 24 小时值班值守制度，密切关注并及时报送安全信息，切实防范重特大安全生产事故发生，确保安全生产形势稳定。开展隐患排查整治，先后参与“安全生产专项整治三年行动”、“集中攻坚”专项行动、“自建房、公路桥梁安全整治百日攻坚行动”、“交通问题顽瘴痼疾整治行动”和安全隐患大排查大整治行动，及时发现并处置一批存在安全隐患的路面，对低矮树枝、遮挡标志牌的行道树进行清砍，对平交口各种安全隐患进行地毯式排查，实现隐患动态清零。（邬苏敏）

【公路养护】 2022 年，区公路养护中心围绕公路养护主责主业，排除地质、气候、病虫害等对公路养护工作产生的不利影响，安排部署做好公路日常保养，维修交通安全设施，加大桥梁、涵洞的管养力度，完成养护任务。全年完成路面清灌缝 17.5 千米，水泥路面换板 1650 平方米，沥青路面挖补及罩面 8.78 万平方米，边沟硬化 2.67 千米，挡土墙修复 90 立方米，路面标线 9066 平方米，增设减速带 0.75 千米，增设标志标牌 210 块，增设百米桩 453 根，路肩割草 23.39 万平方米，清砍灌木 231.48 千米。推进国省道养护，完成 G319 线路面中修应急工程、S101 路面中修工程、G240 线路面中修工程、G240 线 K1699.48—1700.48 路面大修工程。围绕“畅、安、舒、美”的养护要求，推进农村公路养护，先后完成 S321、X251、X064 等边坡坍塌钢砼挡墙浇筑，X251 及 X058 较严重的两处水毁均按照设计方案及相关要求抢修完成，X003 白乌线路面大修工程完工通车。加大桥梁日常养护和巡查，桥梁档案资料齐全、完善，组织工程师定期对全部桥涵进行检查，专职、专业作用发挥明显。针对桥梁构造物混凝土出现的裂缝、剥落、腐蚀等问题，更换处理 G319 惊马桥、S324 铁路桁桥的破损伸缩缝，压浆处理白云大桥的桥头，更换国、省道桥梁的破损止水带等，针对性处理其他县道桥梁的病害，确保桥梁安全畅通。（邬苏敏）

【公路修建】 2022 年，区公路养护中心开展“集中攻坚”“百日攻坚”“专项整治”等系列活动，持续推进公路项目建设。成立项目建设领导小组，明确职责分工，每月制定下发项目进度表，

2022 年 9 月 8 日，茶亭镇祥云山水库群区域道路提质改造及安防设施工程项目竣工
（茶亭镇 供图）

督促各在建项目按计划有序推进。全年完成 G240（茶亭镇）中修项目、X003 白乌线路面大修工程、靖港镇千龙湖大道西线（景区门口—格凌线）提质改造工程 3 个政府类投资新建项目。完成 G319（白箬铺镇）应急项目，S321、S324 路面中修工程，S101 沩水桥加固工程等项目，累计完成投资约 620 万元。完成年度续建项目排子岭桥重建工程，按计划推进熊家洲桥拆除新建工程。按照《望城区“实施乡村建设行动全力推进乡村振兴”三年计划（2021—2023 年）》要求，完成八一桥、天心桥、侨风桥、担水坝桥、方兴桥、瓦屋桥、知青点桥、K0+044.2 黄龙河中桥、大屋组桥、塘角上桥、李家屋场桥、七仙桥、顺风桥等 14 座桥梁新改建项目，为美丽乡村建设奠定交通基础。对路况等级为次、差等路的列养线路进行大中修等提质改造，全面提升路况等级，提升整体路况指标，相关县道、乡村道大中修项目全部完成工作任务，全区农村公路路况指标基本达到省、市目标要求。（邬苏敏）

【公路养护技术创新】 2022 年，区公路养护中心组织开展科技创新工作，经过反复论证测试，在 G319 线的 1394.834—1397.947 段路面中修工程推行金刚贴“四新技术”。通过采用原水泥路面加铺厚 5 厘米改性沥青的方式，提升路面通行能力，将金刚贴用在水泥路面的接裂缝位置分担接缝处沥青路面层底拉应力和拉应变，降低该部位应力应变集中程度，减轻沥青路面疲劳开裂风险，达到抗反射裂缝的目的。该技术的应用可以有效延长“白改黑”路面的反射裂纹，降低沥青路面裂缝渗水风险，进而提升新改造路面的使用寿命和质量。（邬苏敏）

道路运输

【概况】 2022 年，望城区有公交出租企业各 2 家，公交车辆 1812 辆，出租车 140 辆；货运物流企业 127 家，车辆 1748 辆；危化品运输企业 9 家，车辆 126 辆；驾培机构 19 家，教练车 750 辆，教练员 746 人，累计招生人数 16406 人；二类以上机动车维修企业 58 家。（陈 卓）

【公共交通服务】 2022 年，望城区加大绿色公交、智慧公交投入，保障和提升公共交通服务。截至 2022 年年底，全区建成公交线路 79 条，包括城乡公交线路 42 条，投入新能源公交车辆 1814 辆，其中城乡公交车 936 辆。新能源公交车实现烧油到用电的转变，降低碳排放的同时大幅降低公交运营企业成本。推进“互联网 + 城市公交”智慧体系建设，区内公交车全部安装智能视频监控和一键式报警装置，通过网络、信息化手段实现公交车驾驶员不安全行为自动识别、实时报警和智能化管理。构建望城区公交监管服务平台，重点解决望城区公交补贴精准计算问题，同步提供公交监管与公交营运综合分析服务，依托“长沙公交出行”App 提供公交便民服务，提供车辆实时位置和预计到站时间查询，提升全区公共交通智能化动态监管和实时信息服务水平。（陈 卓）

【货运物流】 2022 年，望城区有货运物流企业 127 家，车辆 1748 辆；危化品运输企业 9 家，车辆 126 辆。区交通运输事务中心开展源头货运企业和小微企业安全巡查，大型货运车辆、危险化学品运输车辆源头专项整治，确保行业安全和服务水平持续向好，全年检查源头企业 410 余家次，排查各类安全隐患 280 余起，约谈企业负责人 40 余人次，重大风险隐患全部要求整改到位，处罚金近 40 万元，实现闭环处理。（陈 卓）

交通管理

【交通运输安全监管】 2022 年，区交通运输局多途径开展交通安全宣传，在货运物流企业和高速公路出入口防疫场所等设置宣传点、服务台、宣传展板，发放宣传资料；组织宣传车队在主要交通要道、沿路街镇、集市等公共场所流动宣传；利用公路沿线电子显示屏等设施，实行 24 小时滚动宣传；利用望城融媒体、视频号开展广泛宣传，全年发放宣传资料 5000 余份，悬挂横幅 15 条，制作宣传展板 10 余块。开展“安全生产专项整治三年行动”、安全生产大检查“百日攻坚”、“隐患清零”、“打非治违”、“交通问题顽瘴痼疾集中整治”等行动。压实企业主体责任和行业监管责任，开展公路铁路路域环境整治、超限超载专项治理，加强搅拌车、渣土车、

2022 年 7 月 20 日，区交通运输局开展“工程运输车联合集中整治行动”
（区交通运输局 供图）

客运车辆的全面监管。开展智慧交通信息平台建设，加强与公安交警、城管执法等部门的协调配合，以“两客一危”车辆为重点，加强对重点路段、重点时段的客运、货运、危化车辆的“打非治违”力度，确保道路运输行业健康稳定，连续多年未发生交通运输安全责任事故。
（李 柔）

【路政管理】 2022 年，区交通运输局在重点领域、重点行业、重点路段多次针对性组织开展“重型货车超限运输整治”“混凝土搅拌车辆整治”“工程运输车联合集中整治行动”“黄桥大道专项治理”“安全生产百日攻坚”等专项行动，全年采取联合行动 66 次，严厉打击违法配载货物、超限超载运输和夜间偷运、避站绕行、短途驳载、冲关逃检等违法行为。全年查处货运车辆超限行为 1126 辆次（其中现场和非现场处罚 982 辆次、路警联合处罚 144 辆次），处罚金额 281 万元。开展辖区内货运源头企业的摸底排查，向社会公示源头企业 22 家（其中年货运量 20 万吨以上 16 家、15 万吨以下 6 家）。全年检查货运源头企业及道路运输企业 1509 次，下达 22 份责令整改通知书，依法处罚违法企业 8 家，约谈企业 9 次。对全年违法超限运输车辆超过本单位车辆总数 10% 以上的运输企业处以停业整顿的行政处罚 51 家。提升科技治超信息平台监管水平，建立“1+3+4+N”的科技治超网（1 个治超大数据信息平台、3 大责任片区和 4 套非现场执法系统、N 个货运源头企业称重检测数据及重要路口视频监控接入）。雷锋北大道、金州大道、桥汨线公路非现场执法系统建设标准领先全省，全年非现场执法系统立案 391 起，查处 386 起，结案率 98.65%，处罚金额 100 万余元；对有轻微超限行为的车辆发送警示教育信息 4000 余条。 （李 柔）

【交通问题顽瘴痼疾集中整治】2022 年，区交通运输局组织开展交通顽瘴痼疾集中整治。全年开展执法检查 1021 次，出动执法人员 3800 余人次，检查企业 270 余家次，立案处理 52 件。加强砂石基地等货运企业的超限超载源头管控，遏制较大以上事故，交警和路政联合执法查处超限超载案件 2107 起，罚款 321.8 万元。开展铁路路域环境整治，查处并完成铁路安全隐患整治任务 186 处，隐患整治任务完成率 100%，望城区获评长沙市 2022 年度铁路安全环境整治工作优秀区县。 （李 柔）

2022 年长沙市望城区农村公路（资源路、旅游路、产业路）建设一览表

表 7

排序	区县	所属乡镇	建制村	线路名称	建设规模及标准				
					里程（千米）	技术等级	路基宽度（米）	路面宽度（米）	路面类型
	小计				38.2				
1	望城区	乔口镇	大垅围村	湘团公路	5	四级	7	6	沥青砼
2	望城区	茶亭镇	九峰山村	九峰山片区旅行线路	10	四级	7	6	沥青砼
3	望城区	靖港镇	杨家山村	五艾至土家湖公路	3.8	四级	7	6	沥青砼
4	望城区	靖港镇	福塘村	玉泉山—都遨农庄连接路	4.5	四级	7	6	沥青砼
5	望城区	茶亭镇	大龙村	苏蓼垸娱水旅行线路	14.9	四级	7	6	沥青砼

（资料来源：区交通运输局）

城市建设与管理

URBAN CONSTRUCTION AND MANAGEMENT

编辑 肖 艳

城乡规划

【概况】 2022年，长沙市自然资源和规划局望城分局（以下简称区自然资源和规划分局）依据自然资源部办公厅《关于浙江等省（市）启用“三区三线”划定成果作为报批建设项目用地用海依据的函》的要求，完成“三区三线”（城镇空间、农业空间、生态空间，城镇开发边界、永久基本农田、生态保护红线）划定工作，划定成果符合质检要求，正式启用。滨水新城核心区控制性详细规划修改（优化提升）成果上报市政府审批（待批复），完成《望城区“一江两岸”发展规划》初步成果。根据省、市要求，推进村镇规划编制工作。根据《望城滨水新城核心区控制性详细规划修改》优化提升成果，加快推进腾飞片区、大泽湖片区城市设计相关工作。按要求完成《望城区“十四五”国土空间发展规划》正式成果、《靖港镇历史文化名镇保护规划》、《望城区自然村落与集中居住规划》研究初步成果等。开展乔口镇等4个镇国土空间总体规划和73个村庄规划编制工作，助力乡村振兴。（李 宇）

【规划审查】 2022年，区自然资源和规划分局办理建设用地预审和选址意见书26本，涉及用地79.91公顷，核发建设项目规划条件60份，涉及用地约329.93公顷，核发市政类规划条件24份，出具用地蓝线45份，涉及用地194.33公顷。（李 宇）

【规划调整】 2022年，区自然资源和规划分局履行规划修改程序，全年规划修改项目24个，完成原望城海绵厂、区公安分局执法办案用房、新华联公交首末站等7个项目控规修改，启动26个项目土规修改工作，完成10个批复工作。（李 宇）

【滨水新城核心区规划】 2022年，区自然资源和规划分局完成滨水新城核心区控制性详细规划修改（优化提升）。滨水新城核心区规划范围为南至三环线、北至沩水河、东抵湘江西岸、西临雷锋大道和金星北路，占地26.86平方千米，容量人口规模29.84万人。规划建设长沙市十大组团之一，国家级湖南湘江新区总部经济区，长沙产城融合新城示区，以总部商务、科创服务、健康休闲、生态居住为主要功能的“长沙新客厅，魅力智慧城”。构建“三横一纵”（黄桥大道、望京大道、三环线，雷锋大道）的高快速路对外交通系统。规划给水泵站1处、电力设施9处、燃气调压站3处、浅层地热能源站7处、通信设施2处、中水净化站2处、雨水泵站7处、污水处理厂1处、污水泵站2处、垃圾转运站5处、消防站4处、防洪设施2处、其他公用设施用地2处，学校24所、医疗设施用地4处、行政办公用地5处、文化设施用地4处、体育设施3处、社会福利设施用地1处，形成“斑块＋绿道”（滨湖公园、社区公园；道路绿带、高压走廊防护绿带、河湖水系两侧绿地）的网络状绿地系统结构，通过黄金河串联基地内众多湖垸湿地自然生态资源，打造滨江生态公园群。规划成果上报市政府审批（待批复）。（李 宇）

【“一江两岸”发展规划】 2022年，区自然资源和规划分局按要求开展望城区“一江两岸”发展规划编制工作。望城区“一江两岸”区域面积约185平方千米，涉及丁字湾、铜官、月亮岛、大泽湖、白沙洲、高塘岭等湘江沿岸街道。规划从全域角度出发，研究提升望城区交通结构，重点优化河东道路及用地布局，整合提升大泽湖国际未来城、环书堂山文创城、斑马湖幸福城、铜官古镇、湾田智慧物流园等功能片区的控制性详细规划，通过优化“一江两岸”区域交通结构、产业布局和用地布局，以发挥独特的资源优势，为望城区打造经济社会发展的重要增长极。11月，完成《望城区“一江两岸”发展规划》初步成果，并召开规划预审会。（李 宇）

城市建设

【概况】 2022年，望城区完成停车场建设项目27个，共21483个泊车位，完成市级智慧停车平台系统联网接入停车场71个。实施项目11个，总投资10340万元。推进“百街千巷”环境综合整治，完成46条道路的综合整治提质工作，通过长沙市考核验收。抓好城市公共设施管理维护，全面提升道路亮灯率，严格共享电动自行车监管，全年查扣违规违章电动自行车800余辆次。完成城管项目工程移交、评审和服务工作。（唐 舟 敖勇志）

【重点项目建设工作推进会】 2022年9月26日，区委书记秦国良主持召开重点项目建设工作推进会，听取全区重大项目建设情况汇报，对相关工作进行调度、部署。区领导易文龙、杨钦涵、喻金平、周辉军、曹文参加会议。会议听取“一堤两路——湘江西岸堤防提标暨景观道快速化改造”项目、“一堤两路——潇湘北路快速化”项目、“三馆三中心两宫一大学”项目、银杉路北延段项目、湘江古镇群基础设施配套工程、靖港古镇2.0版外立面改造及绿化项目、铜官工业园铁路专用线等项目进展情况汇报。（瞿峻龙）

【望城区自建房安全整治“百日攻坚”专项行动】 2022年，望城区发生“4·29”特别重大居民自建房倒塌事故后，望城区贯彻习近平总书记重要指示精神，落实中央、省、市有关决策部署，开展自建房安全整治“百日攻坚”专项行动，累计排查居民自建房103656栋，其中经营性自建房11371栋，非经营性自建房92285栋。初判存在安全隐患的76210栋，其中，结构安全隐患7962栋、消防安全隐患16239栋、建设合法合规隐患69149栋、经营安全隐患10674栋、地质灾害隐患685栋。采取依法关停、即时封控、拆违拆危等措施处置问题房屋，对存在结构安全隐患的房屋直接拆除540栋。出台《关于明确五类居民自建房审批事项的通知》《望城区自建房帮代办及手续办理降费减负实施方案》《望城区自建房行政审批效能监督办法》等文件，全面消除自建房安全隐患。

（唐 舟）

【老旧小区提质改造】 2022年，望城区投资1.5亿元，组织实施38个老旧小区提质改造建设，涉及居民户数2097户、住宅130栋，东马佳园、建设银行宿舍等项目全部完工；投资4300万元，牵头组织实施农安小区改造3个，改造面积38.77万平方米，完成设计等前期工作；制定《长沙市望城区城镇危旧房屋和农民自建安置房小区危旧房屋改造奖补暂行办法》，指导街镇加速推进全区存量危房的处置工作；完成D级城镇危旧房屋改造2栋；组织完成农安小区现状调查，摸底留地政策安置自建房小区70个，涉及9835栋、47465套、14052户、建筑面积459.59万平方米。10月5日，新华社以《老旧小区蝶变 居民生活更幸福》为题对望城区城镇老旧小区改造工作进行专题报道，流量111.3万人次。（杨兰俊英）

2022年7月，家馨园小区完成老旧小区提质改造建设 （区住保中心 供图）

【太阳山路霞凝跨线桥改造工程开工】 2022年12月29日，由望城区城市发展集团有限公司(以下简称城发集团)负责建设的太阳山路霞凝跨线桥改造工程项目开工仪式举行。项目位于望城区丁字湾街道，西起铜官电厂专用线（下穿形式），东至现状太阳山路，呈东西走向，线路全长约1.1千米，按一级公路标准建设，双向六车道，全线设置大桥一座，上跨沙河和京广铁路，桥长494.4米，设计时速60千米，项目总投资4.05亿元。太阳山路作为长沙市开福大道的延长线，是连接开福区与望城区的交通主干线，也是湾田商贸城与双桥片区河东商贸物流园进出的主要运输通道。项目建成后可破除河东双桥片区交通“肠梗阻”，为双桥片区国际物流经贸产业发展打开瓶颈，带动望城河东片区经济更快更好发展。

（黄思婕）

【万兴小区一期项目通过主体验收】 2022年12月9日，城发集团首个自主开发建设的房地产住宅项目——万兴小区一期通过主体验收，标志着这一重点民生保障项目建设取得阶段性进展，如期交房目标基本实现。项目位于铜官街道万兴路与站前路交会处东南角，总投资2.5亿元，建设规模约9万平方米，共6栋高层住宅，户型产品涵盖55~143平方米，有效保障河东片区安置需要，推动区域社会经济健康发展。

（黄思婕）

【大泽湖近自然湿地公园项目获立项批复】 2022年4月24日，大泽湖近自然湿地公园项目获长沙市政府立项批复。项目北至香炉洲大桥，南至荷塘撇洪渠，西至金星北路，东至湘江大道景观道，为黄金河水系“一链串九心”中第一个节点。该项目是大泽湖片区“生态绿芯”，将自然湿地和城市公园相结合，打造该片区开放、共享、绿色、生态空间。用地面积189.4公顷（陆地面积138.73公顷、水面50.67公顷），建安总投资约17.61亿元，规划定位为近自然形态湿地公园，修规方案设计秉承黄金河水系幸福理念，构建大泽湖“幸福基础设施”，在完善生态本底建设的基础上，融入人文关怀，打造为“滨水新城片区生态IP”“长沙客厅”。项目建成后，可通过优化大泽湖湿地生态环境、海绵城市设计、湘江引水工程、生态环境修复等措施，有效提升湿地生物多样性，改善水质，打造人与自然和谐相处的幸福新地标。7月，大泽湖近自然湿地公园项目举行交地仪式，进入施工阶段。

（黄思婕）

征地服务

【征拆工作】 2022年，长沙市望城区征地服务中心（以下简称区征地服务中心）铺排实施征拆项目119个（含转接、追加项目），完成签约850户，拆房790栋，实现白沙洲W07、09、12、8、15号地块，丁字湾W24、38、46、47号地块，月亮岛W08、23号地块，大泽湖海归小镇腾飞路至永通大道地块，乌山2010年第十批次建设用地，铜官白杨路、高塘岭白芙塘储备地等98个项目腾地538.73公顷。国有土地房屋征收方面，全年新增征收项目15个，完成丁字湾街道石乡路、湘江东岸防洪整治工程及三标等9个项目私房签约216户，拆房28388平方米，腾地29.1万平方米。（刘志坤）

【安置工作】 2022年，区征地服务中心做好新社保政策落地有关准备工作，开展安置对象参保资格审核，2020年7月省社保政策调整后，完成11119名（含湘江新区托管的白箬铺镇、黄金园及金山桥街道2016名）拆迁安置对象参保资格审核，受社保政策调整因素影响，暂无纳入社保人员。做好团购房资格回购，确保拆迁群众安有好居，实现拆迁与安置同步，完成1894人、10.42万平方米团购房资格回购，拨付回购资金3.03亿元。做好失地少地农民生活补助发放工作，保障失地少地农民切实利益，全年核发失地少地农民13541人生活补助6693万元。推进限价商品房老指标去化工作，完成3.5万平方米限价商品房老指标去化。（刘志坤）

【《望城区征拆补偿安置案例汇编》制作】 2022年7月，区征地服务中心制作《望城区征拆补偿安置案例汇编》。主要内容涉及征拆户型、安置对象、集体经济组织成员认定、撤证、拆违、限价房定性等方面，其司法审判（裁定）的结果，对征拆安置工作过程中经常遇到的问题定纷止争具有指导作用，得到省高院、市中院、铁路法院、区法院的肯定。（刘志坤）

【“党建+征拆”模式探索实施】 2022年，区征地服务中心突出党建引领，坚持以党员为先锋，以党组织为堡垒，不断探索充实“党建+征拆”新内容。聚焦党员教育，开展以“学政治理论、学法律法规、学业务知识”为主题的党员“三学”活动。聚焦工作实践，开展以“促项目建设、促保障重点、促扫尾攻坚”为主题的党员“三促”活动。聚焦作风建设，开展以“比服务成效、比敬业奉献、比群众口碑”为主题的党员“三比”活动。通过“党建+征拆”，提升党员实践能力、磨砺干部意志、增强干部本领，为全区征拆安置工作提供组织保障。（刘志坤）

城市管理

·供　水·

【概况】 2022年，望城区有自来水厂(公司)13个，其中城区自来水厂1座，乡镇自来水厂（公司）12个；另有单村供水工程2个。总供水能力约23.09万吨/日，日均供水总量约22.98万吨/日。2022年主城区供水量7196.48万吨，比2021年增长11.92%。（唐　舟）

【供水基础设施建设】 2022年，望城区新建直径200毫米以上管道9.34千米，更换老旧管网14.83千米。完成日产5万吨一体化制水设备的安装投运工作。望城水厂设计日供水能力由20万吨提升至25万吨，最高日供水量由27.3万吨提升至31.63万吨，出厂水水压维持在0.46兆帕以上，缓解抗旱期间城区供水压力。（唐　舟）

【二次供水管理】 2022年，望城区持续对街道加强二次供水泵房信息化录入督导和业务培训，完成二次供水泵房信息录入小区55个。启动丽景华庭、江岸花城二次供水户表改造工程，解决老旧小区自来水频繁爆管问题。（唐　舟）

·供　气·

【概况】 2022年，望城区有7家燃气经营企业，包括3家管道天然气企业和4家液化气经营企业。截至2022年年底，累计建成各类燃气管网1364.6千米，其中次高压管网75.8千米、中压管网381.4千米、庭院管网704.2千米；天然气居民用户29.14万户，非居民用户1056户；液化石油气居民用户4.84万户，非居民用户1194户。为加强管理，4月望城区成立区城镇燃气安全生产专业委员会，办公室设在区城管执法局，负责研究解决城镇燃气行业生产、储存、经营、使用过程中安全事故预防和应急管理方面存在的重大问题。（董文彬）

【行业安全监管】 2022年，区城管执法局深刻汲取“4·29”事故的教训，持续推进安全生产专项整治三年行动，开展安全生产“三大行动”（执法行动，治理行动，宣传教育行动）“百日攻坚”“重点行业领域潜在风险隐患排查”等活动，及时整治安全隐患800余个。组建115个直达社区（村）一级的燃气安全管理网格，组织安全宣传培训和应急演练。开展燃气安全排查整治百日行动，排查整改安全隐患579处，工商用户入户安检率100%。抓好燃气设施建设和管理工作，完成市政干管改造2.43千米、庭院管道改造11.2千米、立管改造8.57千米；厂站和设施改造完成9处、户内设施改造完成2491户。开展燃气专项整治和打非治违行动，关停115家瓶装供应站，全区瓶装液化气全面实现直营；关停澄海公司老站和万民液化气站。推进浓度报警器安装工作，全区燃气工商用户2255户全部完成安装。（敖勇志）

【天然气行业】 2022年，望城区天然气行业平稳有序发展，全年供应天然气1.56亿立方米，新建次高压管网2.24千米、中压管网17.71千米、庭院管网32.11千米；新增居民用户29949户，实际通气用户26494户，新增采暖用户420户，非居民用户188户。3家天然气企业全面落实企业主体责任，全年无生产安全事故。（董文彬）

【液化石油气行业】 2022年，望城区有4家液化石油气企业，液化石油气行业全年供应液化石油气7888吨。6月，完成长沙澄海实业有限公司搬迁工作，储配站由月亮岛街道搬迁至铜官街道。4家液化石油气企业全面落实企业主体责任，全年无生产安全事故。

（董文彬）

【华润燃气】 2022年，华润燃气销售天然气1.33亿立方米，比2021年增长19%，居民开发户数3.54万户，比2021年增长19%，工商业开发户数182户，比2021年增长9.64%。完成营业额4469.55万元，综合完成率121.46%，比2021年增长87.88%。居民验收用户数2.97万户，工商业验收户数171户，市政管线50.49千米（中压36.35千米，次高压14.14千米），平均常规工程建设周期从344天下降至288天，遗留工程清理率98.63%。气源管理从单气源到多气源实现平稳过渡，2022年争取气源指标1.47亿立方米，整体气源无缺口；科学规划采购成本，推动中石油二级用户变一级、居民比例调整节约成本953万元；中石化方面扩大基础量和定价比例，减低整体采购价格；提升气源保障能力，完成对现有应急供气设施进行改造，应急供应能力提升30%，新奥互联互通，提升局部管网欠压时临时应急补气，达到资源互换应急保供能力。

燃气安全排查整治 开展燃气安全排查整治、燃气安全“百日行动”等5项专项工作，接受省、市和地方各级督导检查50余次。其中，安全生产专项整治三年行动排查管道穿密闭空间26处，发现管道占压4处；排查8年以上老旧小区57个发现隐患104处；排查3个农贸集市1300户，发现隐患21处；排查商业综合体，发现隐患22处，均已整改。排查燃气安全整治年行动到访不遇用户19550户，发现整改隐患462处；排查相关方7个，符合相关方管理要求；排查管线736千米，补充管网标识2800个，发现整改隐患66起；排查工商业用户799户，发现整改隐患69处；排查人员持证情况189人次，一线员工100%持证上岗。建（构）筑物隐患排查整治工作检查整改一般隐患5处，“4·29”事件后开展自建房、老旧小区全面排查，排查用户13044户，发现涉及燃气隐患168处，协助政府相关部门全部整改到位。燃气安全整治“百日行动”制定燃气安全整治“百日行动”方案7个大项，93个小项，参与隐患排查人数2945人次，隐患678处；开展各种宣传38次，参加人员7708人，修订制度2例。“四清零、四覆盖”专项行动中压管道占压全部清零，排查一级隐患全部清零，工商业用户报警器未安装全部清零，热水器未安装烟道全部清零。安全宣传小区全覆盖，工商业“三员明白卡”全覆盖，作业人员持证上岗全覆盖，管网EGIS线上全覆盖。

推进智慧燃气建设 开展IGIS（遥感技术）管网测绘工作，提高管网测绘数据的精度。高压管网录入84.71千米，录入率120%，中压管道录入371.62千米，录入率94.19%；运用EIS（主管信息系统）巡检系统，巡查人员片区管理GPS（全球定位系统）定位，巡查轨迹回放记录，提升管网巡线效率与可靠性。千公里有效巡检人数、有效巡检人天、有效里程等指标集团排名前列；区域统筹上线SCADA（数据采集与监视控制系统）监控系统，通过信息系统数据采集点，远程监控各成员公司场站、大型工商业用户管网运行情况，对输配业务逐步实现信息化管控；根据集团安全管理部和润智科技工作安排，长沙公司被选为智能设备试点公司，新增安装7台阀井密闭空间泄漏监测设备、6台独立式燃气泄漏探测器，探索新应用，智能提升保安全。（董文彬）

【昆仑燃气】 截至2022年10月15日，昆仑燃气累计完成天然气销售1329.35万立方米，第四季度测算主要大工业用户用气量为304万立方米。

燃气安全排查整治 开展全面排查整治燃气管道设施及燃气用户端存在的安全风险和重大隐患治理工作，完成铜官中低压燃气管道风险评价，对铜官老街、梅铜公路、重建地及工业园区开展燃气管道、入户立管进行全面安全隐患排查及风险评价，录入9500余条评价信息。其中发现并处理燃气管道占压4处，对5处长期未使用燃气管道进行能量隔离；落实城镇燃气管道设备完整性管理要求，实现生产管理系统的应用。排查整治燃气埋地管道“三沟两井”（电缆沟、通信沟、管道沟，污水井、雨水井）隐患，全年识别密闭空间876处，录入生产管理系统。排查燃气设备设施安全隐患，完成阀门井、调压箱专项隐患排查2次，对阀门井逐一检测、拍照，发现安全隐患39处，生成阀门井隐患台账。对调压箱进行维护保养、对四孔法兰增装跨接线、对低压立管进行阀柄拆除，完成调压箱除锈刷漆65个，55个调压箱165个球阀四孔法兰跨接线连接，287个立管阀柄拆除，从源头杜绝隐患发生。

燃气使用安全保障 加强对维抢修人员应急抢险能力培训，加强维抢修应急物资采购及维护管理，分区分责任人对物资进行管理及维护，确保处于应急状态；开展工业、商业等公共场所燃气安全风险和重大隐患排查工作。截至2022年12月，铜官街道有终端用户1521户，其中居民用户1448户，工商服用户73户。非居民用户报警器、切断阀安装率100%。2022年，新装居民用户自闭阀安装率100%，新开通商服用户灶具已安装熄火保护功能100%，特殊用户安装燃气泄漏保护装置率100%，整体居民用户波纹管安装率60%。截至2022年年底计划居民用户安检率240%，非居民用户安检率300%，民用户波纹管安装率80%，物联网表使用率50%。“百日行动”期间累计安检居民用户810户，下发隐患整改通知单348份，发现412处安全隐患，完成282户物联网表更换，完成348户金属波纹管更换。其间，开展商服用户燃气灶具有无熄火保护功能专项排查，形成“百日行动”安检情况汇报材料42份，将安检情况上报属地燃气主管部门。配合属地执法部门对长期未整改用户进行现场督办2次。做好日常宣传，加大人员投入，科学合理制订安检计划，对餐饮等公共服务用户进行全面隐患治理复核，对室内外管道设施、燃气具、连接软管、用气环境再次进行全面细致测试和检查，确保使用管道燃气的餐饮等行业生产经营单位依法规范使用燃气。

燃气供应服务　对于部分工业用户超量用气情况，加强沟通，采取间断性供气、高峰限气、错峰供气等措施，防止超计划用气，优化燃气营商环境，加强与上游信息沟通与协调，采取高峰加强供气、低峰减弱供气等不均匀供气措施，以满足用气需求，严格按照批复的计划量执行输气工作。（董文彬）

·污水与垃圾处理·

【污水治理】　2022年，望城区着力推进污水治理提质增效。结合第二轮中央生态环保督察反馈的长沙城区排水问题整改工作，统筹开展污水治理。以提升污水处理厂进水浓度为目标，加快主城区老旧管网改造，推进城镇房屋建筑室外排水管理和雨污分流整改，完成55千米市政排水管网和165个地块单元的排查；铺排污水治理项目40个，完成项目16个。推进望城污水处理厂四期扩建、潇湘大道纳污干管污水提升泵站等项目建设，指导乡镇污水处理厂问题整改，推进乡镇污水管网修复项目建设，完成6个子项目建设。坚持溯源截污，以排水许可为抓手，加大违法违规排水行为处罚力度，倒逼排水户加快推进内部管网雨污分流整改。巩固提升黑臭水体治理成效，建立长效管护机制，防止返黑返臭。为强化污水处理厂运营监管，制定《长沙市望城区乡镇污水处理设施配套管网建设技术指南》，修订《长沙市望城区乡镇污水处理厂运行监督管理办法（试行）》。实现污水处理量由2018年的7.79万吨/日提升至2022年的11.15万吨/日，增长43.13%。

（唐　舟）

【垃圾清运】　2022年，区市容环境维护中心结合不同区域、不同时段产生的垃圾量，合理调配清运次数，保障全区生活垃圾及时清运、日产日清，清运生活垃圾30万余吨，平均日清运生活垃圾822吨。（谭　欢）

【排水GIS系统建设】　2022年，望城区进一步完善排水管网GIS系统，强化智慧成果运用，提升排水信息化管理水平。排水管网GIS系统一期完成建设和验收。二期排水管网GIS系统建设工作有序铺排，组织开展招投标工作。系统建成后可实现全区管网信息化、账册化管理，为管网建设管理、城市防涝等工作提供动态化、可视化、精准化的决策依据。（唐　舟）

·城管执法·

【概况】　2022年，长沙市望城区城市管理和综合执法局（以下简称区城管执法局）抓好全区城市管理和综合执法工作。落实法治建设相关制度，发布实施《长沙市望城区城市管理领域首错免罚清单》，落实行政执法“三项制度”（行政执法全过程的记录制度、重大执法决定的法制审核制度、行政执法的公示制度），执法音像记录比例稳步提升。开展“六个到位、六个严格”（重点区域清洗精洗到位、背街小巷环境维护到位、城乡接合部综合整治到位、闲置地块常态管控到位、建筑工地文明措施到位、桥下空间精细管理到位；严格责任落实、严格采集交办、严格督查通报、严格拉练考核、严格依法执法、严格问责问效）城市管理品质提升工作，完成“百街千巷”46条道路的综合整治提质工作，开展城市乱源乱象综合整治，靖港镇获评“长沙市城市管理示范集镇”。落实优化营商环境要求，精减优化行政审批流程，驻雷锋政务超市窗口2次获评“雷锋式服务窗口单位”，3次获评“雷锋式服务明星”。推进城乡环境卫生整治和垃圾分类工作，开展自建房安全整治和控违拆违工作，拆除自建房违建1415处，面积23万余平方米。

（敖勇志）

【市容市貌管理】　2022年，区城管执法局印发“六个到位”“六个严格”等一系列推进城市管理品质提升的工作方案，加强市容秩序综合整治，清理整治露天烧烤、占道经营、违规流动商贩等市容顽疾。加大各类违法停车执法，劝导违停车辆8548起，下达温馨提示4620份。（敖勇志）

【城市基础建设】　2022年，望城区实施项目11个，总投资10340万元。推进“百街千巷”环境综合整治，完成46条道路的综合整治提质工作，通过长沙市考核验收。抓好城市公共设施管理维护，全面提升路亮灯率，严格共享电动自行车监管，全年查扣800余台次。完

2022年，望城区开展“百街千巷”环境综合整治提升活动

（区城管执法局 供图）

成城管项目工程移交、评审和服务工作。

（赦勇志）

【城市管理行政审批和执法】 2022年，区城管执法局强化行政机关法治建设。制定《行政负责人出庭应诉制度》等4项制度，发布实施《长沙市望城区城市管理领域首错免罚清单》，共有24项执法事项纳入首错免罚清单。规范执法程序，推进行政执法“三项制度”落实，执法音像记录比例稳步提升。规范执法办案，召开重大案件集体讨论会58次，办结案件1788起。做好行政复议答复及行政诉讼应诉工作，维护行政相对人合法权益，行政负责人出庭率100%。落实优化营商环境要求，精简审批资料，优化审批流程，开辟重点工程绿色通道。全年办理户外广告36件，工地建筑垃圾处置20件。完成市对区考核渣土消纳500万立方米的任务。组织好区内城管考核，一季度交办案卷1809宗，二季度交办案卷2008宗，三季度交办案卷2035宗。（赦勇志）

【城管执法队伍建设】 2022年，区城管执法局强化执法能力建设，突出城市管理、燃气、规划建设、水利河道等专业性要求，开展执法人员定期培训。组织业务骨干参加省水利厅、省住建厅、市城管局、市住建执法等相关执法业务培训4次。单位内部组织法治培训5次，重点学习安全生产法和住建领域执法程序规定。开展“谁执法谁普法”、宪法宣传日等普法宣传活动，集中宣传5次，各中队每月宣传1次。（赦勇志）

·市政维护·

【概况】 2022年，望城区市政设施维护日趋精细，地下管网维护通畅有序，民生项目建设有序推进，城市综合管理品质稳步提升，市政工作持续发展。长沙市望城区市政设施维护中心（以下简称区市政设施维护中心）对区城管委确定的郭亮中路、望城大道、旺旺中路、雷锋大道、黄桥大道等15条重点道路和行政中心周边、城区主入口等重点区域进行重点整治，提升城市形象。改造排水设施。完成万宝小区管网联通工作，完成高星物流园1号门前路面塌陷应急抢险工程及金甲冲路（金湘苑）堵塞管道开挖、修复，更换金甲冲路湘风原著污水管道，提升以主城区为主的易渍易涝点下水管网排水功能。开展管道清淤，对各主要排水管道进行集中清淤全覆盖，完成黄桥大道、高塘岭大道、澳海路、银星路、高裕路等49条道路的集中清淤工作和其他易渍点的分散清淤工作，完成管道清淤115.18千米。全力应急处突，应对强对流天气造成新奥佳园、红旺市场、文源商贸城等31个易渍路段积水问题。紧急修复赤岗路、腾飞路、文源路、湘江北路等处雨后路面空洞和永通大道与星月路交会处边坡垮塌问题，确保汛期无人员伤亡事故。2022年1—2月的强降雪天气期间，中心紧急采购一批铲雪除冰应急设备，出动值守人员500人次、除雪车20台次、撒布机20台次、铲车40台次、平地机5台次、工程车200台次、皮卡车200台次，使用融雪剂60吨，全力确保黄桥大道、雷锋大道、航电枢纽大桥、沩水大桥等道路桥梁畅通。（胡 伟）

【市政设施维护】 2022年，区市政设施维护中心加大日常巡查力度，及时发现和处置路面坑洞、井盖破损等各类问题，确保行车和行人安全。维护道路面积约6.42万平方米、人行道面积约4.83万平方米，盲道维护面积约1.56万平方米、修复路缘石2.34万米、树围石9.34千米、花坛石约1.61万平方米、雨水箅子1606套，雨污井座1923座，其他井座639座。

（胡 伟）

【市政设施提质】 2022年，望城区完成玉龙街（郭亮中路—高裕路）、取忠路（高塘岭大道—望城大道）、望府路社区前坪人行道路、八曲河路（滨河路—高裕北路）、中南路（体育西路—雷锋西路）、航电枢纽大桥改造及潇湘大道雨污管道（星月路—岳麓污水处理厂）清淤修复应急抢险工程等一系列项目，完成道路更新总长度约5千米，沥青路面整体更新约4.71万平方米，人行道更新3500平方米，市政道路完好率和品质稳步上升。（胡 伟）

【城管数字化管理】 2022年，区市政设施维护中心受理城管数字化考核案卷1.26万余宗，接收“12345”市民服务热线问题反映事项4000余件，接收智慧望城雷锋哨平台应急处突事项1100余件，全部按时按要求处理完毕，办结率、市民满意率一直位居全区前列。数字化平台案卷无扣分、零投诉。

（胡 伟）

【“百街千巷”整治】 2022年，望城区开展“百街千巷”综合整治提升，累计投入1.5亿元，通过改造老旧市政设施、翻新建筑外立面、完善地下管网、统一门面招牌、增设停车位和康体设施等“拆、改、补、留”措施，完成玉龙街、取忠路、中南路、八曲河路等46条支路街巷的环境综合整治，优化街巷基础功能、生态功能，有效改善城区人居环境。

（胡 伟）

【城市建设项目创新】 2022年，区市政设施维护中心创新探索运用新材料、新技术。在月亮岛街道天恒超市前侧管道修复、潇湘北路清淤修复等项目，推广运用管道非开挖性修复等新技术，在区人武部记功颁奖现场推广使用沥青路面快速修复等新技术和树脂类乳化沥青等新材料，提升市政设施维护效率，取得良好社会效益和经济效益。（胡 伟）

【《市政应急装备提升三年行动计划》出台】 2022年，望城区出台《市政应急装备提升三年行动计划》，2022年分类别购置、改装一批市政应急装备，到2024年，建成配备合理、储备适量、管理有序、资源共享、保障有力的市政应急装备体系，为应急抢险提供现代化设备支撑。（胡 伟）

【道路安全风险普查】 2021年12月至2022年7月，区市政设施维护中心完成湘江北大道、旺旺中路、雷锋大道路面坍塌隐患检测项目，使用专业道路探地雷达设备，对30.1千米（探测线约258.2千米）道路进行全面的“健康体检”。探测地下疑似病害体目标、查找存在的安全隐患，为道路安全评估及病害体的处置提供科学依据，确保道路的健康安全运行。（胡 伟）

【湘江航电枢纽大桥改造】 2022年7月，为迎接首届长沙市旅游发展大会，区市政设施维护中心对湘江航电枢纽大桥进行改造。施工单位为湖南志恒建工有限公司，主要对桥面破损、病害沥青路面及桥主体伸缩缝进行修复，重新涂刷标识标线、防护栏腻子等，12天时间完成大桥提质改造和亮化美化任务。通过项目的实施，保障桥梁通行安全，改善市政设施品质，为首届长沙市旅游发展大会召开提供保障。（胡 伟）

2022年7月，区市政设施维护中心提质改造湘江航电枢纽大桥。图为改造后的湘江航电枢纽大桥（区融媒体中心 供图）

·园林绿化·

【园林维护】 2022年，望城区按照“四精五有”（精准规划、精美建设、精致管理、精明增长，有颜值、有气质、有内涵、有格调、有品位）城市建设工作要求，推进全区园林绿化工作。截至2022年12月底，长沙市望城区园林绿化维护中心（以下简称区园林绿化维护中心）完成城区公共绿地（道路）588万平方米的维护，完成公园公共绿地191.36万平方米的维护，总维护面积为779.36万平方米。处罚问题1305条，为财政省资金81.6万元。根据交通顽瘴痼疾问题整治工作部署和要求，解决望城主城区部分主次干道乔木遮挡信号灯的问题，完成雷锋北大道（沩水桥至乔口）各道路交叉口交通安全整治工作；根据市民诉求和“雷锋哨”工作安排，完成荷塘小学临金星大道出入口交通安全整治工作；完善公共绿地园林垃圾和楼盘重建地园林垃圾收运处置方案，报望城区人民政府批示，对露黄地块及时补栽复绿及洒水降尘保苗，助力打赢“蓝天保卫战”，补栽复绿面积3.5万余平方米。（史瑞芝）

【园林项目建设】 2022年，望城区完成星峰路、金甲冲路（普瑞路—银星路）等市政道路提质，完善公交站台、休闲区域等便民设施的改造。完成丁字联络线与园区路、湖外路与园区路交会处两个重要节点品质提升。完成芙蓉北大道与057县道交叉口东南角及东北角景观节点、潇湘大道长郡斑马湖中心东侧绿带、黄桥大道与芙蓉北路交叉口、芙蓉北路节点等5个街角花园精品打造。完成首届长沙市旅游发展大会6个景观项目建设。完成雷锋公园基础设施提质改造。加大全区花化彩化项目统筹力度。（史瑞芝）

【园林绿化案件办理】 2022年，区园林绿化维护中心遵守法律法规并遵照办件法定时限，未发生任何发牌警告的情况。在办件资料卷宗归档管理方面，遵循区法制办新规范新要求，做到细致认真。及时跟进市、区优化营商环境的工作部署，完成区营商办各项工作指标。截至2022年12月底，完成长沙市城管环保网络化平台7019条、“12345”案卷482宗、雷锋哨250宗、区长信箱17宗、中心交办函283宗、中心督查案卷268宗、对公司安全检查95条，办结率100%。（史瑞芝）

【人民满意公园建设】 2022年，望城区为提升全区公园环境品质，根据《长沙市城市管理委员会关于印发〈关于创建人民满意公园工作实施方案〉的通知》文件精神，参加2022年“人民满意公园”创建活动，立足“人民满意”目标，完善城市公园便民服务功能，提升城市公园环境品质，增强市民的获得感、幸福感和满意度。拟定《长沙市望城区2022年创建人民满意公园工作实施方案》，多次邀请市林业局业务处室及创园技术组对初步设计成果进行到现场指导，加强公园环境、景观、服务等功能建设，雷锋公园（二期）获评2022年度人民满意公园。（史瑞芝）

【抗旱保苗工作】 2022年，望城区为应对长沙市夏季持续晴热干旱，区园林绿化维护中心组织园林工人在管护主次干道及公园绿地进行抗旱保苗。7月，望城区公共绿地旱情严重，区园林绿化维护中心按应急工作预案开展抗旱保苗工作，成立以党组书记为组长的抗旱保苗工作领导机构，全面铺排抗旱保苗工作，截至2022年8月30日，园林中心连续抗旱保苗71天，每天组织职工全员下沉一线跟班作业，每天组织园林工人共400余人、水车110余台，采用17时至次日10时错峰浇灌，避免高蒸

发时段进行浇灌作业，做到“歇人不歇工”，提高浇灌效率，以缓解城区绿地旱情，确保绿地完好率。（史瑞芝）

【“奋力强省会、喜迎二十大”园林街景布置】 2022年，根据长沙市《“奋力强省会、喜迎二十大”主题活动“提品质”专项行动方案》和中共长沙市望城区委《关于开展“聚力强省会、奋进新征程、喜迎二十大”主题活动的工作方案》，区园林绿化维护中心负责围绕全市城区重要节点园林景观常态化布置和“奋力强省会、喜迎二十大”园林绿化氛围营造强化布置，实施的金星北路银星路口（含金星北路沿线）节点、潇湘大道三叉矶桥节点（望城段）、雷锋大道望府路口节点3个项目分别被评为“2022年园林景观布置”特等奖和三等奖，被全市通报表扬。（史瑞芝）

2022年9月，区园林绿化维护中心围绕“奋力强省会、喜迎二十大”开展园林街景布置
（区园林绿化维护中心 供图）

·市容环卫·

【概况】 2022年，长沙市望城区市容环境卫生维护中心（以下简称区市容环卫维护中心）负责城区1300万余平方米的道路清扫保洁和洒水降尘。由区市容环卫维护中心牵头，相关区直部门和街镇为实施主体，完成20座公共垃圾站、29座公共厕所的建设任务。完成区委、区政府交办的各种接待环境卫生保障工作106次和供水救火、防涝排渍、铲雪除冰等应急处突72次。参加文明城市创建工作，组织开展“全城大清洗”行动4次。（谭欢）

【市容环境卫生整治】 2022年，区市容环卫维护中心实施“六个到位”“六个严格”，推进城区市容环境卫生全域提升达标。聚焦重点区域薄弱环节，改进环卫作业模式，提升环卫保洁标准。督促各公司按照“八无八净三亮”（无堆积物、无积尘积泥积水、无果皮纸屑塑膜、无烟头槟榔渣口香糖、无碎砖瓦砾、无油渍痰迹、无乱涂乱画乱贴、无缺损垃圾桶；下水箅净、车行道净、慢行道净、人行道净、边角侧石净、公交站台净、交通护栏净、垃圾桶净；亮线、亮坎、亮路面本色）作业标准，对城区主次干道、广场、商业中心以及景区周边等开展大清扫、大清洗，推进全时段、高频次巡回保洁。开展“百街千巷”环境卫生整治工作，以环境综合整治为主，督促各公司做好支路巷街、环卫设施和“城市家具”等综合整治工作，推动深度保洁和精细管理向支路街巷等延伸，改善人居环境和提升城市品质。整治工作累计出动环卫人员22232人次、环卫车辆3986辆次，清洗擦拭垃圾桶3620余个、路灯杆7810根、公交站台1050座、配电箱840个、各类指示牌2520块，清理“牛皮癣”6340张。（谭欢）

【生活垃圾转运站项目】 2022年，区市容环卫维护中心对区生活垃圾转运站项目建设方案进行全面优化调整，取得可行性研究报告调整批复、环境影响评价批复，项目规划和建筑方案通过审查批准，项目节能报告经专家评审通过后完成节能备案等工作。实施征地拆迁，实现“四清”交地，做好进场施工前相关准备工作。（谭欢）

【智慧环卫系统平台建设】 2022年，望城区根据《望城区新型智慧城市建设（二期）实施方案》安排，筹备建设智慧环卫系统。系统包括建设综合平台、指挥调度中心、公共站厕智能设备、环卫车辆智能管理系统、人员管理系统、云服务平台等，可解决道路保洁、公共站厕、环卫车辆、作业质量监管不到位的问题，实现环卫工作可视化监督管理，提升环卫作业质量和安全保障。12月初，智慧环卫系统综合平台建设项目进行第一次公开招标公告。（谭欢）

【公厕建设】 2022年，望城区新建公厕9座、提质改造公厕28座，通过长沙市城管局考核验收。区市容环卫维护中心落实“一厕一人”“一站一人”常态管养标准，公共站厕设施设备由专人巡检、维护，定期对辖区内公共站厕的设施、电路、排水管道等逐一检查，对发现的问题及时解决，保证设备运行良好。落实全天保洁工作制度，增加巡回保洁频次，做到随脏随清、人走地净，确保站厕内外干净整洁，提升服务水平。（谭欢）

【环卫工人工作条件改善】 2022年4月7日，望城区召开区长办公会议，审定通过《望城区环卫工人休息室建设三

年行动计划实施方案(2022—2024)》，计划三年内建设一批环卫工人休息室，改善环卫工人工作环境和条件。区市容环卫维护中心按照数量充足、功能齐全、服务优质、便利于民的原则，在建城区主、次干道合理规划设置环卫工人休息场所，全年完成20座环卫工人休息室建设。休息室设置有空调、冰箱、卫生间、更衣室等设施设备，为一线环卫工人提供共享休息场所。（谭 欢）

【环卫第六轮社会化承包招标准备工作】 2022年，望城区本级环卫已全部社会化承包，年费用约1.2亿元，招标工作按照三年一轮，第五轮于2022年12月底到期。区市容环卫维护中心牵头负责全区环卫、园林、市政的范围、面积、维护等级等的核算，为下一步招标做好准备，核算工作已完成，招标实施方案已报望城区人民政府审批。（谭 欢）

2022年，望城区增设20个户外劳动者服务站点供环卫工人休息

（区融媒体中心 供图）

城市经营

【概况】 2022年7月，原长沙市望城区城市建设投资集团有限公司（以下简称城投集团）转型为长沙市望城区城市发展集团有限公司（以下简称城发集团），原城投集团变为城发集团一级子公司。城发集团聚焦主责主业，项目建设、片区开发、融资化债、经营发展等工作取得新进展。集团获评长沙市2022年度“产业升级 项目攻坚”先进集体、2022年度重点建设项目劳动竞赛“先进单位”，获评全区项目建设工作“先进单位”、招商引资工作“先进单位”，党委班子获评全区新时代创新实干、担当有为“五好”领导班子，投资运营党支部、交建投党支部获评2022年度“基层党建示范点”。（黄思婕）

【项目建设】 2022年，城发集团铺排项目108个，实施50个，建成达效项目27个。开展百日攻坚行动，长月二小东校区5个半月建成开学；桑梓二路20天拉通污水管道；河西桑梓西路、长润路，河东斑竹山路、桃园路达到通车条件；荷塘撇洪渠流域大排查及系统项目、杨峰撇洪渠系统治理项目、湾田路和腊树塘路污水管网改造工程高效建成；市环委会督查任务、“洞庭总磷销减”工作达标；区人民医院项目主体封顶，全面启动装修。在全区率先推行片区土方平衡调配，减少环境污染的同时工程成本大幅降低；优化安全生产管理体系，成为全区首家同类型获职业健康安全与环境管理体系认证的企业。海归小镇引入片区浅层地热，设置太阳能光伏设施，节能管道实现片区全覆盖，市政路网路面基层全部采用水稳再生技术，助力落实国家“双碳”减排战略；近自然湿地公园贯彻“海绵城市”理念，全区首创底泥固化技术和初期雨水分流，解决进入大泽湖水质不达标问题；湘江学校贯彻“双碳”理念，全面推进建筑领域节能减排，设计达到绿建一星标准，装配率达到50%；研发中心一期获中国建筑装饰协会主办的CBDA装饰设计大赛一等奖，申报省重点绿色建造示范项目、市建筑领域“双碳行动”示范项目；青石学校、月亮岛路普瑞隧道、湘江大道北延线等10余个项目获评国家、省、市奖项。（黄思婕）

【土地经营】 2022年，城发集团挖掘土地资源价值，完成12宗（其中自摘牌土地11宗）、共61.01公顷土地出让，土地成交价35.59亿元。盘活土地资产，通过股权转让盘活两宗教育用地，实现收入2.14亿元。推动招商引资，全年包装研发中心一期、海归小镇国际酒店、大泽湖浅层地热能等3个项目，接待客商100余家，签约项目两个，引进湖南建投地产公司，完成内联引资36.33亿元。（黄思婕）

【片区开发】 2022年，大泽湖·海归小镇铺排基础设施及配套项目33个，总投资约151亿元。其中大泽湖水体交互工程、南塘路、展示中心已建成，腾飞路及南片区路网项目即将建成通车，雅湖学校及北片区路网项目即将启动建设；香炉洲大桥加快建设；湘江学校资金来源2个月获批，成为全省首个获批学校项目；大泽湖近自然湿地公园完成观景平台和7.6公顷树岛区建设，园路两侧景观初现；研发中心一期前期工作取得突破性进展，即将启动主体建设。（黄思婕）

【融资化债】 2022年，区城发集团完成主体信用AA+评级，创造性打造长沙市六区首个“2+1”模式主体评级体

系（两个AA+主体评级公司加一个市场化运营子公司的AA评级主体），形成“2+1+N”发展格局（两个AA+主体评级公司加一个市场化运营子公司的AA评级主体，培育多个市场化子公司的优良发展格局），摸索一条特色创新型的区属国有企业整合、转型、发展新路径，全年新增融资到位60.55亿元。取得国开行EOD（生态环境导向的开发模式）一期项目贷款授信额度（41+26）亿元，并完成首笔资金投放，成为中南地区第一个在国开行取得授信审批并实现资金投放的EOD项目，有效保障香炉洲大桥及海归小镇产业项目建设资金。研究各级政策，协调各级部门，全年争资到位1145万元，超额完成年度目标。（黄思婕）

【经营收益】 2022年，特许经营权有效转化。推进绿色低碳交通，实现自持加油站4座，自主经营充电站4个，月亮岛片区11条道路共989个路内停车泊位全面运营，进一步完善绿色交通基础设施布局。资产经营有序开展。强化履约、落实存量，紧盯合同履约，实现要素统一化。增强智能程度，搭建资产运管平台，推动提质维护，农贸市场成为全市首个重点民生实事“厕位”改造验收项目并获市级奖补资金。聚焦盘活、优选增量。紧密依托区级专班，结合自身资产结构，有序盘活一批地段优质、地块完整且具备经营性条件的国有存量资产，与各专班单位高度协同，研究制定资产盘活合法合规路径，确保“办理一宗、闭环一宗、激活一宗”，进一步扩大资产规模、完善资产权属，抢占未来收益权。产业项目有力拓展。培育经营性项目，其中大泽湖片区浅层地热能、人民医院能源热泵等项目为省内首个浅层地热能连片地区应用试点，前期工作取得阶段性成果；望城污水处理厂四期作为城区重要的污水处理设施，正在推进用地报批等前期工作。（黄思婕）

【城发集团首批公交专用充电站投运】 2022年1月，由城发集团子公司资源公司与国网湖南电动汽车服务有限公司合作开发的茶亭公交首末站、乔口公交首末站、铜官公交首末站、望城汽车站4个公交充电站通电运营。资源公司负责提供场地资源，国网湖南电动汽车服务有限公司负责投资、建设、运营。4个公交充电站投资近1亿元，配置95台160千瓦直流充电桩，其中望城汽车站为湖南省容量配置最大的充电站，配置18台630千伏安箱式变电站、60台160千瓦直流充电桩，可以同时满足120台大型公交车充电需求。项目的投运缓解望城新能源公交车充电难的问题，助力望城区能源发展碳达峰、碳中和目标。（黄思婕）

【城发集团获AA+主体评级】 2022年10月28日，国内权威评级机构中诚信国际授予望城城发集团主体信用AA+评级。城发集团有城发和城投两个AA+主体、城投子公司交建投1个AA主体，形成“2+1+N”的优势发展格局。这是金融市场对望城发展前景、望城城发资本实力及预期的肯定，有助于防范债务风险和为建设现代化新望城提供有效的资金保障。作为望城区人民政府全资控股的国有企业，近年来，城发集团做大资产规模、做实融资化债、做强资源运营、做优资产管理，在重大项目建设、民生保障、片区开发、城市提质等方面出力建功。“2+1+N”的主体评级结构，将助推“一江两岸”开发建设，为望城区全面落实“三高四新”战略定位和使命任务，实施强省会战略贡献力量。（黄思婕）

【城发集团推进段家冲加油站建设】 2022年，城发集团开发第4座加油站——段家冲加油站，进一步扩大公司能源业务，为市场化转型发展赋予新动能。该加油站位于望城经开区普瑞大道与500千伏高压走廊交叉口东南角，建成后将补充区内能源供给布点，有利于更好地保障该区域生产生活需求，进一步完善片区配套服务功能。（黄思婕）

望城滨水新城

【概况】 2022年，滨水新城发展中心（以下简称滨水新城）新增固定资产投资入库永通加油站1家，社会消费品零售额上报42.45亿元，社会消费品零售额年度上报1亿元以上企业9家；新增“四上”企业入规2家（永通华欣、永通星城华迪）；主导引进项目10个，协议总投资约45亿元。长沙市第四医

2022年1月，城发集团子公司资源公司与国网湖南电动汽车服务有限公司合作开发的4个公交充电站通电运营

（区融媒体中心 供图）

院滨水新城院区开业运营，长郡白石湖中学建成开学，片区内香炉洲大桥、大泽湖近自然湿地公园、研发中心、湖南一师范湘江学校等重点项目加速建设。9月12日，欧美同学会海归小镇（长沙·智能制造）揭牌仪式在望城举行，全国人大常委会副委员长、欧美同学会会长丁仲礼，湖南省委副书记、省长毛伟明出席仪式并共同揭牌，成为全国首个揭牌运营的海归小镇。（谢雨蓓）

【招商引资】 2022年，滨水新城参与承办2月10日“一江两岸”投资环境推介暨重大招商引资项目集中签约仪式，华侨城系列项目签署战略合作协议，福万达华中区域总部、永通通航基地等项目签约落户；参与承办8月18日望城区投资环境推介会，华侨城欢乐谷、莱拓福生物科技总部等项目签约；9月12日以海归小镇揭牌仪式为契机，组织华中科技大学光电研究院及西门子等20余家高校、科研机构及企业负责人、海归人士参加专场招商考察。拓展对接总部经济、“专精特新”、单独小隐企业等各类信息80余条；灵活开展“云洽谈”，外出考察10余次，实现华侨城等项目顺利签约；新引入比亚迪王朝、海洋，长城欧拉等新能源汽车品牌4S店，王朝店自8月入规后累计销售收入超5000万元，海洋店自入规后销售收入逾亿元。对27家楼宇物业招商情况摸底，建立楼宇招商地图和台账；协同楼宇运营团队招商，全年携20余个项目上门，华腾制药、品致晟电力、创客国际研发中心等10余个项目入驻片区楼宇。

（谢雨蓓）

2022年9月21日，长沙市第四医院滨水新城院区正式运营

（区融媒体中心 供图）

【项目服务】 2022年，滨水新城完成“一江两岸”建设项目分布图、用地情况图等5张图纸；紧盯“一江两岸”片区项目资金来源论证、项目前期和用地报批等工作。推进湘江星汇城五星级万豪酒店建设；协调街道加快完成征拆扫尾，推进项目S22地块规划调整，促进和顺石油总部项目建设；推进新一代半导体产业链项目科创中心建设，协助导入国大信息、湖南小赢等相关企业；服务好时代建发和著项目，协助加快S21地块文勘报审；完成合作片区银月路道路工程、杨峰路道路及撇洪渠景观提质改造工程等16个项目定审。举办“送清凉、促安全”慰问项目建设者活动，为片区12家项目单位送去防暑降温药品、清凉饮料、西瓜等物资160余件。（谢雨蓓）

【长沙市第四医院滨水新城院区运营】 2022年9月21日，位于望城区金星北路的长沙市第四医院滨水新城院区正式运营。长沙市第四医院滨水新城院区是以基本医疗为主、集特色专科和康复医疗于一体的大型公立三级甲等综合医院，设置发热门诊、急诊、内科、外科、皮肤科、眼科、妇产科等科室，与长沙市第四医院形成一院两址的结构。作为长沙市重大民生工程，项目占地面积15.33公顷，总建筑面积19.2万平方米，编制床位1500张，总投资15亿元。第一期项目为基本医疗部分，设置病床900张，包括门急诊医技楼、住院楼、科研教学办公楼、值班公寓及医疗业务配套用房。第二期建设为特色专科部分，包括专科楼、健康管理中心，设置病床600张。填补望城区没有三甲医院的空白，打造河西领先的大型医疗服务中心，优质医疗资源可辐射望城区及宁乡、湘阴等周边城乡。

（谢雨蓓）

乡村振兴

RURAL REVITALIZATION

编辑　张理希

农村改革

【概况】 2022 年，望城改革完善乡村振兴工作机制，推进 4 个乡村振兴示范镇、52 个乡村振兴示范村创建，出台政策法规，推动集体经济发展、农村人居环境治理机制、衔接资金使用管理等机制改革。（张 宇）

【集体经济发展改革】 2022 年，望城区制订《长沙市望城区发展壮大村级集体经济三年行动计划（2022—2024）》及“1+2”［《长沙市望城区持续壮大农村集体经济行动方案（2022—2024 年）》和《长沙市望城区扶持村级集体经济发展补助资金和项目管理办法》《长沙市望城区关于推进村级集体经济发展壮大奖励办法》］系列配套政策，助力村级集体经济发展。安排村集体经济发展激励引导资金 1000 万元，设置脱薄奖、增幅奖、台阶奖、提标奖，激发村（社区）发展村级集体经济积极性。各街镇党（工）委将发展壮大新型村级集体经济作为“一把手”工程，村（社区）党组织按“一村一策”来制定完善发展壮大集体经济工作方案，明确产业发展目标、任务、措施，推动形成“一村一品”“一村一特”的村级增收和产业发展新格局。出台《全面加强基层组织建设三年行动计划（2023—2025 年）》，探索推行“党员主联、群众互助、党员共治”基层治理模式，打造“雷锋式”基层党建。选拔懂经营、善管理、能带动集体经济发展的“能人”担任村党组织书记，推行村党组织书记、集体经济组织主要负责人“一肩挑”。全年全区 93 个村集体经济总收入 8366.12 万元。（张 宇）

【农村人居环境治理机制改革】 2022 年，望城区成立区镇村农村人居环境整治三级工作专班，实行发现整改问题销号制清单管理，建立部门月调度协调机制、党员卫生岗位认领示范和网格长包片责任机制，召开观摩交流会、月讲评会和改厕、垃圾分类培训会等 247 次。制定《农村人居环境整治提升五年行动方案（2021—2025 年）》，坚持周末常态化大扫除和“五个专项整治”（道路两旁及美丽宜居村庄除杂，农户卫生评比，集镇、重建地垃圾桶入户及上户收集，流动摊担管理，农户房前屋后整治）措施，推动区域环境卫生改善。增加农村人居环境整治经费投入，比 2021 年投入增长近 1000 万元，其中 200 万元用于区镇村评比竞争奖励，激发工作劲头。出台常态化管理考核办法，将日常保洁、专项整治、户户评比、群众满意度等纳入考核指标，建立区评镇村、镇评村社、村评小组、小组评户、户评区镇的“户户评比、层层竞争”良性评比闭环，全区形成“日巡查、月考核、季总结、年讲评”的考核机制。（张 宇）

2022 年 7 月，茶亭镇“五彩庭院”集体经济试点项目“乡邻土鸡馆”入选《湖南省集体经济百村案例》。图为“乡邻土鸡馆”（茶亭镇 供图）

【衔接资金使用管理改革】 2022 年，望城区改革财政衔接推进乡村振兴补助资金（以下简称衔接资金）使用管理方式。建立衔接资金产业项目投入收益“2558”原则，即企业自筹资金不低于 20%，财政资金的 50% 为村集体入股、50% 为企业自用，企业 3~5 年期每年按不低于入股本金 8% 的比例分红给村集体，形成企业、政府、村集体多元投入主体。制定衔接资金项目管理职责清单，明确区、镇、村和项目实施主体职责内容，确保督促指导、监督管理落实到位。企业分类别、层级、时序列入立项计划储备库，提高资金使用效益。建立资金“双控”制度，及时跟进项目实施进度，按进度解冻资金，降低项目失败、资金流失风险。对全区衔接资金项目管理实施规范化、清单化、标准化管理，区乡村振兴局、区财政局统一归口检查标准，联合聘请第三方对全区衔接资金项目进行专项检查。制定《衔接资金项目管理操作流程指导手册》，涵盖项目入库、立项批复、项目实施、检查验收、资金拨付、系统录入和绩效评价七大步骤的一站式指南，就项目实施前、中、后全过程的所有程序细节和必备资料逐一提供模板，做到一镇村一档、一项目一册。（张 宇）

乡村治理

【概况】 2022 年，望城区完善自治、法治、德治“三治结合”的乡村治理体系，发挥农村基层党组织的主心骨作用、村委会的自治作用、新乡贤的参与作用和农民群众的主体作用。加强典型示范引领，茶亭镇静慎村、乌山街道团山湖村获评全国乡村治理示范村，创建省级示范村 4 个、市级示范村 12 个，创建区级以上文明镇 4 个、文明村 36 个（其中3个全国文明村）。持续开展学雷锋先进个人、身边雷锋·望城好人等系列评选活动，“雷锋家乡学雷锋”成为常态。开展乡村治理示范创建，推荐茶亭镇九峰山村、靖港镇福塘村参加全省乡村治理示范村创建。（张　宇）

【法治乡村和平安乡村建设】 2022年，望城区强化党建引领法治乡村和平安乡村建设，推行“支部＋党员＋村组＋农户”网格化管理，做到大事网内联动，小事格内解决、矛盾村内化解。将村支“两委”干部、人民调解员、网格员、“五老”人员等纳入“法律明白人”培养，兼任法律政策宣讲员、邻里纠纷调解员、法治活动组织员、普法教育宣传员等。落实“一村（社区）一法律顾问”制度，组织法律顾问每月4次深入乡村、社区开展法律培训、法律咨询、“法治体检”等活动。聚焦群众急难愁盼问题和各类矛盾纠纷，发动党员、网格员、社区民警、调解员、志愿者、法律顾问，采取板凳会、邻里会、屋场会、入户调查等形式，开展大走访大排查大化解。通过村民微信群、推送法律服务知识，利用“法律图书角”“村村响”等阵地，开展村组法治宣传教育，利用电子屏、小视频、宣传折页等形式开展平安建设宣传，动员群众参与平安建设，形成齐抓共管的合力。靖港镇杨家山村、茶亭镇谭家园村、白箬铺镇黄泥铺村被评为长沙市第一批“法治乡村示范点”。10月28日，望城区法治乡村建设工作经验以《长沙市望城区：以法治之力托举乡村振兴梦》为题在湖南普法网刊发。（钟涵琦）

【农村治安综合管控】 2022年，望城区建立健全农村治安防控体系，组织发动村民参与治安巡逻、邻里守望。依托县域警务风险等级划分，推进派出所建设、“一村一辅警”建设，全区93个村（含农村社区）均配备一名以上专职辅警，区财政按照警务室建设经费220万元/处、人员经费7.2万元/（人·年）、办公经费1万元/（人·年）的标准，全额保障驻村辅警工作。实施“一村一辅警”警务模式后，刑事案件较前三年平均数下降4.06%，行政案件发案数持平，矛盾纠纷排查化解数上升46.4%，情报线索收集数上升55.88%，农村治安形势向好，农村群众安全感、满意度持续提高。针对农村地区的违法犯罪活动，开展专项打击，维护农村社会治安稳定，全年农村地区刑事发案数304起，破案数180起，破案率59.2%。加强农村地区毒品问题治理，严格管控农村地区吸毒人员192人（其中高风险吸毒人员1人），未发生涉毒肇事肇祸案事件。针对罂粟和大麻非法种植问题，区公安分局、区农业农村局、区市场监管局及各街镇开展农村地区“禁种铲毒”摸排检查和宣传活动12次。以“清源断流”行动为引领，强化联侦联控，全年查处农村地区涉毒人员6人。（胡建成）

2022年1月，茶亭镇谭家园村被评为长沙市第一批“法治乡村示范点”
（区农业农村局 供图）

【农村道路交通安全治理】 2022年，望城区持续加强农村道路交通安全治理，提升农村道路安全水平。开展“一盔一带”、面包车专项整治行动，查处农村地区各类交通违法17.1万起，其中农村公路查处交通违法4778起，摩托车交通违法491起、面包车交通违法1341起。坚持“政府主导、部门协作、综合治理”的思路，营造社会共治格局，推动各街镇高频次组织“戴帽”交通安全宣传及劝导活动，农村地区“两员”劝导交通违法5.5万余次，开展入户宣传1500余次。探索农村派出所履行部分道路交通安全管理职责警务机制改革，形成“交警主导、派出所主战、社会支撑”的农村派出所交通管理模式，农村派出所查纠交通违法行为1311起。推进道路隐患整治行动，全年农村地区排查整治道路交通安全隐患205处。全年开展宣传教育321场次，设置宣传橱窗324块，对易受伤害人员、涉摩人员开展“一对一”的交通安全面宣工作2.4万人次。（胡建成）

【农村人居环境整治】 2022年，望城区统筹推进“五治”（治厕、治垃圾、治房、治水、治风），开展垃圾、污水、厕所“三大革命”。区农业农村局成立工作专班，组成1个集镇检查组，6个村（社区）检查组，每个街镇随机抽查1个集镇、1个重建地，围绕长效机制、环境卫生、“厕所革命”、垃圾分类、生活污水治理、美丽乡村管护、秸秆禁烧、农业面源污染治理等，对农村区域9个街镇88个村（社区）、18个集镇（重建地）进行全覆盖督导，交办问题1000

余条，均整改到位。全区无害化厕所覆盖率 95% 以上，推行农村垃圾“五点减量法”（可回收垃圾卖一点，不可回收垃圾运一点，填坑铺路埋一点，餐厨垃圾沤一点，有毒有害垃圾收一点），市级农村生活垃圾分类减量村覆盖率、农村垃圾集中收运率 100%，实施农村小微水体治理和“水美湘村”工程，农村“三池一地”散户生活污水处理模式全省推介，农村人居环境基本实现常态化管理。（曾馨仪）

【农村污水治理】 2022 年，望城区开展河湖长制工作“碧靓”行动，组织区、乡、村三级河湖长联合巡河湖 7000 余人次，通过签订责任状明确村级河湖长责任。通过“屋场会”等方式吸纳民间志愿者加入“民间河长”行列，落实农村河湖、沟塘渠坝管理责任，打通护水治水“最后一公里”。农户生活废水全部纳入“三池一地”生态系统，进入化粪池、堆沤池、隔油池生态处理后流到人工湿地，经植物净化后流进山塘、山坝，农村生活废水净化率 100%。（张理希）

【村级事务公开】 2022 年，望城区持续推进村级事务公开，督促指导各村（社区）通过村务公开栏等方式，及时公开财务收支、民生实事项目、补贴补助、上级政策、村干部信息和其他应公开事务。7—8 月，开展党务有关问题清查整治专项抽查工作，区委组织部抽取 20 余个村级党支部，查阅党务公开、党费等支出明细、招投标文件等情况，督查找问题、抓整改。9 月，区民政局专项督查全区村务公开工作落实情况，查找村务公开存在问题并督促整改。组织开展村（社区）主职培训，强化村干部村务公开意识和履职能力。以农村社区、农村幸福社区示范村等创建为契机，引导各村推进村务公开栏规范设置、村级规范化管理、村干部队伍建设。每年对街、村进行 2 次以上督查指导，结合村级示范项目督查、农村党风廉政建设等中心工作，确保村务公开工作落实。（范思维 李 行）

2022 年 1 月，望城区开展第五届中国湖南长沙·望城鲌鱼节冬捕活动

（区农业农村局 供图）

乡村产业

【概况】 2022 年，望城区突出发展绿色农业、设施农业、观光农业、院士农业，建成千亩荷花虾养殖示范基地，望城荷花虾、望城鲌鱼获批全国地理标志证明商标，“一镇一特”“一村一品”产业链日渐成熟。安排村集体经济发展激励引导资金 1000 万元，促进村集体经济发展壮大，2022 年全区所有农村村（社区）村级集体经济均超 20 万元。（张 宇）

【新型农业】 2022 年，望城区以智慧设施农业为基础，扶持建设 3 个万亩育秧规模的双季水稻标准化场地育秧工厂，采用智能监测与控制技术，运用数字化智慧农业平台，推进规模化、智能化育秧，“无人农场”工程稳步增效。围绕农药减量增效目标任务，实施“五新同步”（新测报、新药剂、新药械、新技术、新方式）措施，实现农药减量与控害保安双赢。实施病虫监测预警能力提升行动，提高病虫信息时效性、入户率和指导防控的精准度，全区二化螟、稻纵卷叶螟、稻飞虱、草地贪夜蛾等重大病虫实现疫情监测预警智能化、自动化、标准化。推广农药科学精准使用技术，普及高效低风险农药新药剂，替代高毒、高残留及已产生高抗性的老旧农药品种，全区绿色农药应用比例 90% 以上。推进新型植保机械更新换代，引导广大农户和新型生产经营主体淘汰落后施药机械，购置使用植保无人机、小型高功效喷雾机等高效植保机械，加快高效植保机械在水稻、油菜、茶叶、蔬菜等大宗作物的示范推广，全区植保无人机数量保有量 128 台。创新绿色防控技术集成应用模式，降低单位面积农药使用量，开展玉米草地贪夜蛾综合防控技术集成示范，开展茶叶、蔬菜主要病虫绿色防控示范推广，建设二化螟绿色防控示范区，辐射带动全区绿色防控应用面积和覆盖率达到预定目标。采取政府购买服务资金补助、物资扶持等方式，培育专业化统防统治服务组织，引导参与农药使用减量增效行动，提升统防统治服务能力和覆盖率。（张 宇）

【“一县一特”产业】 2022 年，望城区出台系列促进产业发展的政策措施，发展荷花虾、蔬菜、鲌鱼等优势特色产业，建成千亩荷花虾养殖示范基地，全区蔬菜种植面积 35240 公顷，小龙虾养殖面积 5533.33 公顷，综合产值超 20

亿元，实现农业发展与乡村兴旺的双收益。望城荷花虾逐步形成集产、加、销、研、学、游、吃于一体的产业融合发展模式，入选湖南省“一县一特”主导特色产业发展指导目录，成为湖南省现代农业特色产业集聚区（省级现代农业产业园）。茶亭镇狮子岭村长沙智博蓝莓产业园占地面积98.67公顷，是湖南省最大的蓝莓种苗基地，通过采摘体验，售卖鲜果、深加工制作蓝莓干、酿制蓝莓酒等多种方式，提升产品附加值，年企业销售额3000万元。望城的地理、山水、交通优势人文资源，吸引邹学校、刘仲华、刘少军等院士建立院士工作室，柏连阳院士到高塘岭街道月圆村建立低镉水稻实验基地，助力望城“一县一特”产业和绿色农业高质量发展。（张　宇）

【乡村旅游业】 2022年，望城区着力推进全域文旅融合示范区创建工作，靖港古镇2.0版启动建设，铜官小镇入选“湖南省首批十大特色小镇”，乔口镇通过全国农业产业强镇验收，茶亭花海入选“湖南省十大最美油菜花景点”。铜官草市、五号山谷民宿、太丰垸现代农业公园等农旅产业深度融合，共建望城乡村旅游品牌。全年接待游客1114.26万人次，比2021年增长2.6%；旅游总收入108.64亿元，比2021年增长1.3%。（张　宇）

【集体经济发展】 2022年，望城区制订《长沙市望城区发展壮大村级集体经济三年行动计划（2022—2024）》《长沙市望城区扶持村集体经济发展补助资金和项目管理办法》《长沙市望城区关于推进村级集体经济发展壮大奖励办法》系列政策文件，从政策措施、项目扶持、奖励办法等方面，助力村级集体经济发展。全区93个村集体经济总收入8366.12万元，其中经营性收入3138.39万元。全区有全年集体经济收入20万元以下的村0个，20万~50万元的村18个，50万~100万元的村48个，100万元以上的村27个。（张　宇）

2022年1月16日，桥驿镇杨桥村在村民服务中心举行集体经济组织分红现场会（桥驿镇 供图）

乡村建设

【概况】 2022年，望城区紧扣打造全市乡村振兴新标杆的发展定位，坚持规划引领、基础先行、功能优先、共建共治，启动实施乡村建设行动三年计划，建设立足乡土社会、富有地域特色、承载田园乡愁、体现现代文明的美丽乡村。截至2022年年末，建成美丽宜居村庄104个。（张　宇）

【乡村基层党组织建设】 2022年，区委组织部采取专项巡察、组织约谈、述职考评等方式，压实街镇党（工）委抓党建的主体责任，制定《全区基层党建工作要点》《区委主要领导向市委述职基层党建工作有关问题整改方案》，突出问题导向、效果导向，督促整改落实。每月下发基层党建重点工作提示，召开组织委员例会，总结工作推进过程中存在的问题，确保重点工作重点任务落实落地。着眼村（社区）换届“后半篇文章”，对124个村（社区）开展班子运行综合分析，每个村（社区）均建立问题清单和责任清单。常委会审议确定12个整建提质重点村（其中4个市级重点村），对排查出的整建提质专项行动重点村（社区）党组织，按照“四个一”（1名区领导联点、1名街镇领导班子成员包村、1名第一书记驻村或1支工作队驻村、1个区直机关单位结对）要求开展整顿，实行动态管理。向区领导发送做好区领导联点相关工作的提示，对重点村（社区）各项任务情况进行内部公示，督促按时落实。出台《长沙市望城区关于推动村（社区）下设党支部规范化运行的若干措施（试行）》，压实街镇党（工）委和村（社区）党总支责任，规范支部基础建设、完善支部管理考核，推动全区村（社区）下设党支部规范化运行，促进基层党组织发展。（范思维）

【文明乡风培育】 2022年，望城区出台《2022年望城区新时代文明实践中心建设重点工作安排》，铺排建设新时代文明实践示范所站、标准化村（社区）综合文化服务中心建设项目15个，新时代文明实践“金种子”示范屋场10个，给予每个不少于10万元的奖金支持。建立党员干部办理婚丧嫁娶事宜报告制度，将党员干部红白喜事操办情况纳入述职述廉和民主生活会、组织生活会内容，加强对党员干部操办红白喜事的纪律约束。所有村（社区）结合实际制定村规民约。开展农村移风易俗专项整治行动，发挥村民自治的促进作用，

"丧事简办、喜事新办、其他不办"日益成为村民自觉行动。（文明办）

【乡村基础设施建设】 2022年，望城区城乡基础设施互联互通、提标提质，新改建农村公路120千米，打造直达中心城区的"20分钟交通圈"。推进城乡环境卫生公共服务一体化，提升人居环境，农村垃圾集中收运率100%，"三池一地"污水处理模式获全省推介，团山湖省级"水美湘村"示范创建经验获水利部推介。（张 宇）

【美丽宜居村庄建设】 2022年，望城区推进美丽宜居村庄建设，覆盖全区5个镇、10个街道。区委出台《区领导联系乡村振兴示范创建点制度》，20名区级领导联系5个乡村振兴示范创建镇、18个乡村振兴示范创建村，派出乡村振兴驻村工作队87个、队员157人，加强对美丽宜居村庄建设的支持力度，发挥基层治理的优势。全年投入2.18亿元，坚持产业为基、文化为魂、环境为本、群众为主、配套为要，围绕生态美、村庄美、产业美、生活美、风尚美"五美"目标，推进美丽宜居村庄建设，提质连片扩面建成美丽宜居村庄104个，升级扩面八大集群。望城区美丽宜居村庄建设工作入选2022年长沙市人民政府真抓实干督查激励名单（望城区、浏阳市、天心区、湘江新区）。（张 宇）

【小微水体示范片区创建】 2022年，望城区推进美丽河湖创建工程建设，开展"样板河湖"创建，实行全区所有水域、11659处小微水体网格化管理，做好农村塘坝沟渠等小微水体日常管护。创建乔口镇蓝塘寺村、乔口镇田心坪村、靖港镇凌冲村、高塘岭街道六合围村4处市级小微水体示范片区、石渚河铜官段1处市级美丽幸福河流，团山湖省级"水美湘村"示范创建经验获水利部推介。（金文清）

【农村安全用水】 2022年，望城区农村供水保障能力不断提升，建设乔口镇等3处农村管网，提质改造茶亭镇等2处街镇水厂，巩固农村供水保障能力。开展"放心满意水厂"建设竞赛，持续推动已建成管网区域农村自来水入户，全年新增农村自来水通水入户人口21077人。强化农村自来水监管，制定完善全区农村饮水工程运行管理办法，压实街镇对农村自来水管理的主体责任，面向社会公示全区农村饮水安全管理"三个责任"（指地方人民政府主体责任、水行政主管部门行业监管责任、供水管理单位用水运行管理责任），自觉接受群众监督。全年组织农村饮水安全核查3次，农村自来水水质达标率98%以上，全区无饮水不安全情况。（金文清）

2022年，乌山街道团山湖村创建成为"水美湘村"项目省级试点
（区农业农村局 供图）

【农村危房改造】 2022年，望城区发布《关于下达2022年农村危房改造指标任务的通知》，区住建局开展存量危房摸底、组织申报、实地复核、部门联审、资金对接等工作，补助资金102万元，改造2022年纳入政策补助范围的33户农户，超额130%完成省、市住建部门下达的指标任务。区住保中心制定《长沙市望城区城镇危旧房屋和农民自建安置房小区危旧房屋改造奖补暂行办法》，区住保中心、区住建局、区自然资源和规划分局联合制定《长沙市望城区经营性自建房安全鉴定补助方案》等文件，成立自建房安全整治"百日攻坚"专项行动工作领导小组，指导街镇加速推进存量危房的处置工作。（唐 舟）

【农村改厕工作】 2022年，区城管局出台《关于做好2022年度全区农村户用卫生厕所改（新）建工作的通知》，要求街镇强化主体责任，做好项目落地、资金筹措、推进实施、运行管护。组织相关街道施工队落实"首厕过关制"，开展"首厕过关制"培训，提升相关人员熟悉度。开展全区户厕调查摸底工作，建立全区厕所整改问题台账，制定《农村户厕摸底数据核查工作方案》，采取随机抽取方式核查8个农村街镇的村（社区）摸底数据情况。全年完成500座农村户厕、7座公厕建设任务。（敖勇志）

【乡村文化服务载体建设】 2022年，望城区结合乡村振兴和文旅融合实际需要，推动公共文化服务向乡村延伸，促进城乡文化均衡发展。推进乡村图书馆建设，发挥茶园子书吧场馆效能，承办2022年"书香长沙·世界读书日"系列活动启动式，获"稻田里的书香"首批乡村图书馆授牌，成为区域乡村图书馆建设的标杆。建设铜官街道中山村、茶亭镇狮子岭村等市级标准化村（社

2022 年 7 月 18 日，铜官街道彩陶源村被评为市级非遗村镇示范点

（区融媒体中心 供图）

区）综合文化服务中心，完善基层公共文化设施，优化乡村公共文化服务载体。（解巾英）

【乡村非物质文化遗产保护和传承】 2022 年，望城区注重宣传、培训、挖掘，加强乡村非物质文化遗产保护和传承，申报“泥人刘”陶艺非遗工坊为非遗工坊省级示范点，靖港镇、铜官街道彩陶源村为市级非遗村镇示范点，铜官老街为市级非遗街区示范点。策划非遗“进校园”“进社区”“进景区”系列活动，开展综合实践教学，吸引群众特别是青少年儿童了解、探索和学习非物质文化遗产技艺。雷锋艺术团坚持开展送（花鼓）戏下乡惠民演出活动，让更多群众在家门口感受传统文化的魅力，全年演出 160 余场，观众 30 万余人次。6 月 8 日，区文旅广体局在望城区步行街开展第 17 个文化和自然遗产日非遗展演活动，参展项目有剪纸、皮影、面塑等项目，参与 2200 余人。7 月和 9 月，望城区文化馆市级剪纸传承人秦岭春到靖港芦江社区和月亮岛金瑞社区开展 3 场剪纸综合实践教学活动，约 300 人参与。（解巾英）

【铜官街道彩陶源村被评为长沙市市级非遗村镇示范点】 2022 年 7 月 18 日，长沙市文化旅游广电局公布铜官街道彩陶源村为长沙市市级非遗示范点。铜官街道彩陶源村以“发掘文物资源优势、打造旅游特色名村”为发展原则，加大投入完善各项基础设施建设，激励村民自主创业，引进社会资源，注重开发文旅农融合产业，村民收益和村集体经济显著提升。按照望城区“着力打造全国城乡融合发展典范和乡村振兴新样板”总体要求，抢抓铜官文旅片区发展机遇，发掘和创新非物质文化遗产，建设“陶溪居”民宿、“艺文小镇”“彩陶源书法道场”等文旅项目，引进文化艺术传承人，融合创新陶艺、书法、湘绣，开发出“铜红釉”陶瓷、“长沙窑”湘绣，部分品类取得非遗专利。打造营销展馆，演绎地方戏曲，展示传统工艺，表演民间才艺，出售非遗产品，为促进乡村振兴、解决村民就地就业、发展村集体经济打下坚实基础。（解巾英）

乡村人才

【概况】 2022 年，望城区制定乡村人才振兴计划，建立寓外人才库和紧缺急需人才目录，制定乡村产业人才服务清单，引导 1000 余名返乡青年人才回乡开展社会实践和创新创业。评选表彰“乡村振兴·人才之星”10 名，实施乡村领军人才培育计划和乡村工匠、“土专家”成长扶持计划。加强与高校合作，遴选 2 名博士、33 名硕士研究生、7 名本科生深入辖区街镇实习见习。各街镇分别推出“青云”“益桥”“新荷”“新芽”等人才计划，为乡村振兴提供人才资源保障。（张 宇）

【人才政策】 2022 年，望城区制定出台《长沙市望城区骨干人才认定和奖励办法（试行）》，详细说明望城区 E 类（骨干人才）和 F 类（后备骨干人才）骨干人才的奖励措施和认定条件。其中，在望城购买首套商品住房且符合相关条件的 E 类骨干人才，按 10 万元 / 人给予一次性购房补贴，并对各类人才的交通出行、配偶安置、子女入学、医疗保障、个税奖励等方面提出更加务实的举措，为入望城人才清除后顾之忧。（张 宇）

【基层干部储备】 2022 年，区委组织部完善“对象全覆盖、调整全流程、档案全要素”的村（社区）党组织书记队伍管理，及时补选 7 个街镇 33 名村（社区）“两委”干部。下沉 11 个街镇 83 个村（社区）开展基层党建工作调研，与 220 余名村（社区）党组织书记、“两委”干部等“一对一”座谈，了解乡村振兴、基层治理、运行保障等工作情况。创新开展“雏鹰”计划，精选 40 名优秀村（社区）“两委”干部参加为期 6 个月、每月 3 天的集中培训，定期举办“雏鹰半月谈”，邀请业务部门负责人、知名专家和优秀村（社区）书记进行专题授课，针对村（社区）工作中的拆控违、信访、集体经济、社会治理等重点难点痛点问题，撰写高质量调研报告 4 篇，培养造就新时代高素质村（社区）书记后备力量队伍。下发《长沙市望城区关于加强村级后备干部队伍建设暂行办法》，对村级后备干部队伍建设进行规范，街镇按照“一村一策”的原则，统一制定公开比选方案，重点从优秀大学毕业生、本村（社区）致富

能手、外出务工经商返乡人员、退役军人中选拔高素质人才进入村级后备队伍，每个村后备力量配备2名以上。

（张 宇）

【乡村领军人才培育计划】 2022年，望城区坚持院士领衔、科技兴农，引进刘仲华等5个院士项目基地落户、3个院士工作室挂牌，与湖南农大、华中农大等高校签订产学研合作协议。制订全区乡村人才振兴计划，培育乡村领军人才，发展一批"土专家""田秀才""乡创客"。定期评选表彰"乡村振兴·人才之星"，兑现乡村8条奖补资金337万元，培育新型职业农民327人，培育乡村工匠41人，设立名匠工作室3家。引进选派67名农业类科技特派员服务乡村振兴，形成蔬菜、水产（龙虾）、水稻、经济作物产业4个科技特派员团队的服务模式，开展各类培训和现场指导200余次，培训人员1000余人次，为企业攻克技术难题70余个。举办乡村振兴培训班，建立农业产业实训基地，组织村（社区）书记到深圳等发达地区学习先进理念，开展村（社区）干部网络直播带货等培训，提升综合素质和实践能力。

（张 宇）

【乡村工匠、新型职业农民成长扶持计划】 2022年6月1日起，望城区开展长沙市2022年度新型职业农民评价认定、乡村工匠等级认定和名匠工作室认定申报和认定评选工作。组织乡村工匠报名人员开展区级竞赛，严格审核和按照评定标准向市局推荐名单，全区认定高级乡村工匠1名、初级乡村工匠9名。组织各街镇推荐上报初、中、高级新型职业农民其他候选人和名匠工作室候选单位，推荐上报市级高级新型职业农民71人、中级新型职业农民6人、区级认定初级新型职业农民1人。分别给予认定为初级、中级和高级新型职业农民0.3万元、0.5万元、1万元的一次性补助，提供金融信贷等方面的扶持。给予取得中、高级新型职业农民证书的人员连续五年基本养老保险缴费补贴。分别给予认定初级、中级和高级乡村工匠0.2万元、0.3万元、0.5万元的一次性补助。

（张 宇）

脱贫攻坚成果巩固拓展

【概况】 2022年，望城区有脱贫人口和监测对象5100户14357人，未发生1例返贫和新致贫。脱贫人口人均纯收入17137元，增幅14.5%。实现人均纯收入1万元以下的动态清零，2021年人均纯收入低于1万元的脱贫人口年人均纯收入增速为33.49%。

（张 宇）

【防返贫监测帮扶】 2022年，望城区统筹"档内＋档外"两大群体，做实防贫动态监测与帮扶。制定《进一步健全防返贫动态监测与帮扶机制实施方案》，明确区委乡村振兴办、行业部门、街镇、村组"四方责任"。落实"五个必须"（脱贫户和已消除风险监测对象中，2021年以来家庭成员有大病、在校生；唯一住房被认定为C、D级危房；人均收入低于基准线，成员有大病、重残且无赡养人或无赡养能力；人均纯收入低于基准线且家中有3个及以上在校生；低保户、分散供养特困人员、低保边缘家庭等低收入家庭，"三保障"及饮水安全保障不到位的必须纳入）要求，按季度对脱贫户、特困供养户、大病重病户等特殊困难群体开展走访排查，未发生1例返贫和产生新致贫。对所有脱贫人口和监测人口安排结对帮扶干部268名，结对联系人1542名，因地制宜制订帮扶计划。安排资金110万元，购买防返贫综合保险。脱贫人口人均纯收入17137元，增幅14.5%，人均纯收入1万元以下的动态清零。

（张 宇）

【衔接资金项目管理】 2022年，区乡村振兴办健全资金项目资产管理长效机制，厘清脱贫攻坚以来全区各类扶贫资金投入，摸清扶贫资产底数，建立全区扶贫资产台账，登记各类资产702个。按照"村申报、镇审核、区审定"自下而上逐级申报的流程，层层把关审核，及时公示公告，分类别、分层级、分时序纳入项目库，实行动态管理，为2023年储备项目310个，资金规模1.8亿元。对铺排的157个项目压实村级把首关、验收单位把尾关、主管部门把总关责任，村级成立理事会常态化进行监督，聘请第三方会计事务所全面核查衔接资金项目2次，分类交办发现的问题，建立台账逐个销

2022年12月31日，市发展改革委、市信用办指导，区发展改革局主办，白箬铺镇承办的"百行诚信面对面"网络直播访谈之"乡村振兴专场"在白箬铺镇举行

（区发展改革局 供图）

号，确保整改率 100%。（张 宇）

【对口帮扶】 2022 年，望城区对口帮扶龙山县洗车河镇。助推洗车河镇产业振兴，采取“能人承包 + 村集体分红”经营模式，精细化管培促推黄桃产量翻番至 6 万余千克，销售收入近 90 万元，为村集体创收 6 万元。投入 40 万余元帮助千亩白茶产业完善基础配套，引进长沙市级龙头企业乌山贡茶公司签订千亩黄金茶收购、技术指导协议，捐赠设备修建茶叶加工厂，带动群众务工创收 90 万余元，支付土地租金 24 万余元。探索发展 0.73 公顷羊肚菌种植示范项目，实现亩产近 150 千克，产值 22 万余元，充实村集体经济 7 万元。投入 11.6 万元开荒 13.33 公顷建设烟叶种植基地，整修 2.5 千米产业路。按照“农旅融合”思路，打造 3 个堡村美丽宜居村庄示范点，完成玻璃观景平台、景观吊桥、彩色游步道、生态池塘、文化广场等公共基础设施建设，片区呈现一步一景新面貌。做好群众思想工作，集中迁移 9 座坟墓，拆除 5 处违章建筑，党员群众分片负责环境卫生，新时代文明蔚然成风。对接区人社局组织专家来洗车河镇开展油茶种植技能培训，指导油茶产业发展。组织 4 批次党员干部群众到望城和湖北恩施学习美丽乡村建设经验，组织洗车河镇干部、教师等 4 批 30 余人次到望城区考察学习，组织镇村干部 53 人在望城区委党校举办为期 5 天的乡村振兴专题培训班。对接区人社局到洗车河举办专场招聘会，区教育局、区卫健局开展送教、义诊讲座等活动，区政协、工商联筹资为洗车河援建示范性乡村振兴政协委员工作室，区住建局、征地中心筹资援建美丽乡村篮球场，区水利局、丁字湾街道、乔口镇筹资帮助完善集镇基础设施建设，区文旅广体局捐赠运动服装及器材。望城红十字会等 23 批次机关企事业单位团队到洗车河镇开展扶贫帮困、捐资助学等活动，累计帮扶物资及金额价值 130 万余元，消费帮扶 100 万余元。（张 宇）

2022 年 1 月 1—3 日，望城区红十字会到龙山开展助力洗车河镇乡村振兴活动。图为捐赠仪式（区红十字会 供图）

【乡村振兴示范镇（村）创建】2022年，望城区按照长沙市委办公厅、市政府办公厅《关于进一步加快推进乡村振兴示范乡镇创建工作的指导意见》要求，按照全面振兴、全域创建、最有活力、最具特色的标准，统筹推进乡村振兴，在乡村产业、人才、文化、生态、组织五大振兴方面取得重要进展，加快形成农业高质高效、乡村宜居宜业、农民富裕富足的新图景，打造乡村振兴新样板，靖港镇、茶亭镇、白箬铺镇入选长沙 21 个市级乡村振兴示范乡镇名单；靖港镇、乔口镇入选“十四五”期间湖南省乡村振兴示范乡镇创建名单。（张 宇）

【移民扶持】 2022 年，望城区有移民 7115 人，其中直补到人 2043 人，较 2021 年核减 34 人。区水利局聚焦用好移民资金、用活水利资源，加强移民资金整合使用，实际发放移民直补资金 122.22 万元，直接补助移民 2037 人；投入移民资金 1417.9 万元，实施移民村人居环境改善、道路交通、农田水利配套、美丽乡村建设、重点移民村建设等移民后期扶持项目 97 个，建设铜官街道书堂山村重点移民村 1 个。开展移民实用技术、就业技能培训 2 期，培训移民 86 人。规范移民项目资金管理，制定《关于进一步规范移民项目资金管理的通知》，细化移民项目申报、预结算审核、项目验收等程序要求，指导移民村开展整村推进建设，用活现有资源、打造移民产业品牌，拓宽移民增收致富渠道。（金文清）

生态环境保护

ECOLOGICAL ENVIRONMENTAL PROTECTION

编辑　丁亚玲

综 述

【生态环保机制体制建设】 2022年，长沙市生态环境局望城分局（以下简称生态环境望城分局）整合区环委办、区蓝天办、区突改办人员和工作职能职责，实行“三办合一”，建立健全生态环保工作长效机制，区委、区政府6次召开生态环境保护专题工作会议，10余次专题研究部署生态环保工作，多次现场调研生态环境保护工作，区人大常委会2次专题听取生态环境保护工作汇报，压实各级各部门生态环境责任，确保工作任务落实到位。 （杨之婧）

【重点项目工程环保技术帮扶】 2022年，生态环境望城分局服务重点项目工程，为香炉洲大桥、银星路过江通道、大泽湖智慧城等项目做好连续施工保障；为观音岩学校、金甲小学、雅礼实验等项目办理夜间施工许可证，确保如期开学；助力18个房产项目复工复产，抢抓工程进度；为区城投集团、区水投、区发展和改革局等部门解决争资争项、银行融资、债券发行等实际困难。（杨之婧）

【企业环保管理提升】 2022年，生态环境望城分局主动帮扶工业企业，针对企业环保管理平台多、任务重、技术强等问题，聘请第三方技术单位为企业在危险废物管理、排污许可证等提供精准帮扶、纾困解难。分行业组织企业开展培训，制定操作指南，指导企业掌握各操作平台，提升企业生态环境管理水平。 （杨之婧）

【《望城区“十四五”生态环境保护规划》】 2022年5月16日，《望城区“十四五”生态环境保护规划（简本）》（以下简称《规划》）向全区印发。《规划》回顾总结对“十三五”期间生态环境保护总体情况，制定提出“十四五”望城区生态环境保护规划目标，建立望城区“十四五”生态环境保护指标体系。指标按总体目标分类划分为生态格局空间优化、生态环境质量改善、生态环境系统保护、资源节约与利用、低碳循环发展、生态制度、人居环境改善、绿色生活和生态文明观念意识普及8大类38项指标。《规划》提出“加强生态管控”“强化空间管控”“提升环境质量”“提升治理能力”四大项“十四五”望城区生态环境保护主要措施。 （杨之婧）

【湘江望城段发现长江江豚】 2022年1月31日，湘江长沙望城段蔡家洲水域发现3头国家一级保护动物长江江豚。江豚有“水中大熊猫”之称，对水质要求极高，全球仅剩1000余头，2022年长江干流湖南段及洞庭湖流域有江豚162头。据分析，3头江豚来自南洞庭湖水域，是该种群阶梯式上溯、衍生的一个新家庭。2013年，南洞庭湖的江豚种群开始沿湘江阶梯式上溯、衍生，2018年6月首次现身望城乔口后，江豚们开始频繁活动于湘江长沙望城水域。望城通过入河排污口整治、“三池一地”污水处理、水系连通、河长制、跨界河流联防联控等常态化的治水管水策略，国控、省控断面水质达标率及优良率100%，湘江干流年度水质稳定达Ⅱ类，常年稳定向好的水质为江豚打造一个美好家园。江豚活动区域向内河延伸，是湘江渔业资源丰富的重要信号，标志着湘江水域环境持续向好。 （张理希）

【长沙市2022年突发环境事件应急演练】 2022年11月8日，“2022年长沙市突发环境事件应急演练”在湖南吴赣药业有限公司举行。演练模拟情景为湖南吴赣药业有限公司液氨储罐区液位计阀门因腐蚀引起液氨泄漏，罐区操作人员吸入氨气中毒，企业采取自救措施后依旧无法有效控制液氨泄漏，需要请求外部支援。演练设置应急报告、应急启动、应急响应、应急处置、应急监测、应急终止6个程序，经各部门、各单位紧密配合，相互协作，全部完成。检验企业环境突发事件应急预案的实用性和可操作性以及部门与部门、部门与企业之间的应急协同配合水平，有助于完善应急预案，提升突发环境事件应急处置能力。 （杨之婧）

环境质量

【概况】 2022年，望城区整体区域环境质量稳定。全年空气优良率84.7%；地表水国控、省控、市控考核断面及饮用水水源地水质达标率100%；全区受污染耕地中9106.66公顷安全利用类耕地措施到位率100%，重点建设用地安

“2022年长沙市突发环境事件应急演练”在望城区湖南吴赣药业有限公司举行
（市生态环境局 供图）

全利用率100%；声环境功能区季度监测达标率100%。（杨之婧）

【空气环境质量】 2022年，望城区空气质量优良天数309天，优良率84.7%，$PM_{2.5}$（直径小于等于2.5微米的细颗粒物）累计均值浓度37微克/立方米，PM_{10}（可吸入颗粒物）累计均值浓度50微克/立方米，臭氧累计均值浓度155微克/立方米，二氧化氮累积均值浓度17微克/立方米，除$PM_{2.5}$其余各项污染物浓度均达到国家二级环境质量标准。望城区"环境空气质量综合指数及改善幅度"获2022年市政府生态环境领域真抓实干督查激励。（杨之婧）

【水环境质量】 2022年，望城区纳入水质监测的主要河湖为湘江望城段、沩水河、老沩水河、沙河、八曲河、石渚河、马桥河、乔口撇洪河、团头湖、千龙湖。其中湘江樟树港断面、沩水河胜利断面为国控断面，湘江望城水厂、湘江乔口断面、千龙湖为省控断面，老沩水河、沙河、八曲河、石渚河、马桥河、团头湖为市控断面。国控、省控、市控考核断面水质达标率100%。全区县级以上集中式饮用水水源地保护区有湘江白沙洲望城水厂断面，有乡镇集中式饮用水水源保护区6个，包括茶亭水库、铜官水厂、茶亭镇东城自来水厂地下水饮用水源保护区，靖港井源自来水厂地下水饮用水源保护区、靖港镇自来水厂地下水饮用水源保护区、乔口镇社区自来水厂地下水饮用水源保护区，截至2022年年底，水质达标率100%。（杨之婧）

【声环境质量】 2022年，根据市级统一布点，望城区有2个声环境功能区点位，分别为南山苏迪亚诺和中南村。全年声环境功能区监测达标率100%。（杨之婧）

【土壤环境质量】 2022年，望城区推进耕地安全利用工作，均达到省控、市控指标，受污染耕地中9106.66公顷安全利用类耕地措施到位率100%。重点建设用地安全利用率100%。无省、市下达的行政村的农村环境整治任务，农村生活污水治理率达到省、市级考核目标。地下水国控点Ⅴ类水比例未增加。全年铺排土壤污染防治项目10个，全部完成。（杨之婧）

污染防治

【概况】 2022年，望城区推进空气、水、土壤、噪声、辐射污染防治，修订2022年重污染天气应急减排清单工作，指导督促企业做好挥发性有机物治理，推进非道路移动机械整治，开展7个饮用水水源保护区构筑物调查和环境现状评估和公示，指导8家土壤重点监管单位完成土壤污染隐患排查和自行监测，完成7个噪声污染防治项目，发放28份辐射安全证。（杨之婧）

【大气污染防治】 2022年，望城区把蓝天保卫战作为重大民生工程来抓，突出专项整治与常态管理，落实"六控十禁"（控尘、控车、控排、控烧、控煤、控油；严禁渣土车、混凝土搅拌车、运砂车等各类车辆带泥上路，严禁违法倾倒渣土，严禁工地裸露黄土，严禁重污染天气下土石方施工，严禁在禁燃区燃烧散煤，严禁在禁燃区域时段燃放烟花爆竹，严禁露天焚烧垃圾，严禁露天烧烤，严禁露天焚烧农作物秸秆，严禁拖拉机等高排放车辆进城），提升管控成效。强化源头控污，开展全区2022年重污染天气应急减排清单修订工作，推进挥发性有机物综合整治，组织专家团队到重点企业现场指导帮扶，督促63家涉VOCs（挥发性有机物）企业做好挥发性有机物治理。持续推进非道路移动机械整治工作，登记审核非道路移动机械672台，检测非道路移动机械尾气287台。强化预警预报，加强会商研判，发布、启动重污染天气黄色预警3次、橙色预警1次，区内启动臭氧、颗粒物管控响应共103次，确保空气质量优良58天。（杨之婧）

【水污染防治】 2022年，望城区重点打好碧水攻坚战，督促水污染防治重点项目建设，推动完成13个水污染防治项目，加快推进洞庭湖总磷污染控制与削减工程项目实17个。强化湘江入河排污口管理，树立排污口标志牌148处，完成22处湘江入河问题排口整治任务。做好蓝藻防治工作，全面落实河长制工作，开展"一江七河两湖库"常态化巡河检查。保障饮水安全，开展7个饮用水水源保护区环境现状评估，完成望城区新型智慧城市饮用水水源地监控系统建设，实现县级及乡镇"千吨万人"级地表水饮用水源地水质在线监测全覆盖。（杨之婧）

【声污染防治】 2022年，生态环境望城分局依托《长沙市望城区2022年噪声污染防治行动计划》，督促噪声污染防治重点项目建设，推动完成7个噪声污染防治项目。利用移动执法系统，做好日常执法和专项执法的结合，加大工业企业噪声执法力度，解决噪声污染投诉问题，全年噪声投诉89起，办结率100%。（杨之婧）

【土壤污染防治】 2022年，望城区打好净土保卫战，推进重点监管单位自行监测和隐患排查，对长高高压等3家企业开展隐患排查"回头看"工作，指导8家土壤重点监管单位完成土壤污染隐患排查和自行监测等工作。组织调查风险地块长沙兴望印染和六五一仓储地块土壤环境状况。督促湖南海利化工试验工场开展污染地块修复工作。（杨之婧）

【辐射污染防治】 2022年，生态环境望城分局按照全市统一规范的审批工作程序和标准要求，以市生态环境局的名义负责辖区内销售二类、三类射线装置辐射安全许可，使用三类射线装置辐射安全许可（含新办、变更、延续、重新申领、注销），全年发放28家辐射安全证（含新办、重新申领、延续、变更）。加强辐射污染执法，全年接辐射投诉1起，办结率100%。（杨之婧）

【危废物污染整治】 2022年，生态环境望城分局制定《长沙市生态环境局望城分局危险废物专项整治三年行动方案》，建立望城区重点危险废物名单。聘请湖南联智环境技术有限公司作为望城区危险废物大排查的技术支撑单位，多次召开协调会，成立专项工作领导小组，明确排查对象、排查内容、进度安排以及排查工作要求。对全区375家企业进行危险废物大排查，针对排查发现的19家企业逐一落实，所有企业危险废物整治均按要求整改到位。全年立案查处涉危险废物案件2起，罚款19万元。联合森林公安严厉打击生态环境刑事违法"利剑风暴"行动移送刑事犯罪案件3起。（杨之婧）

【重点领域专项整治】 2022年，望城区推进挥发性有机物综合整治。按照湖南省生态环境厅和长沙市生态环境局文件要求，组织开展挥发性有机物(VOCs)治理10个关键环节排查整治，排查111家企业（含加油站67家）、621个单元。推进湘江干流入河排污口整治，区政府审议通过《长沙市望城区长江入河排污口"一口一策"整治清单》，明确整治清单中各责任单位整治工作时间要求，整治工作采取销号制度。完成148处排污口标志牌竖立任务，督促完成22个排污口的整治任务，组织力量开展整治工作，倒排工期，确保限期完成，达到整治要求。（杨之婧）

【环保督察问题整改】 2022年，望城区根据《全省防范化解重大生态环境风险隐患"利剑"行动方案》，对照"利剑"行动动态清单问题点位开展"利剑"行动，对前期排查整改的18个风险隐患问题开展"回头看"现场核查，整改完成18个问题。其中，发现3个问题的责任单位构成刑事犯罪，案件移送公安，

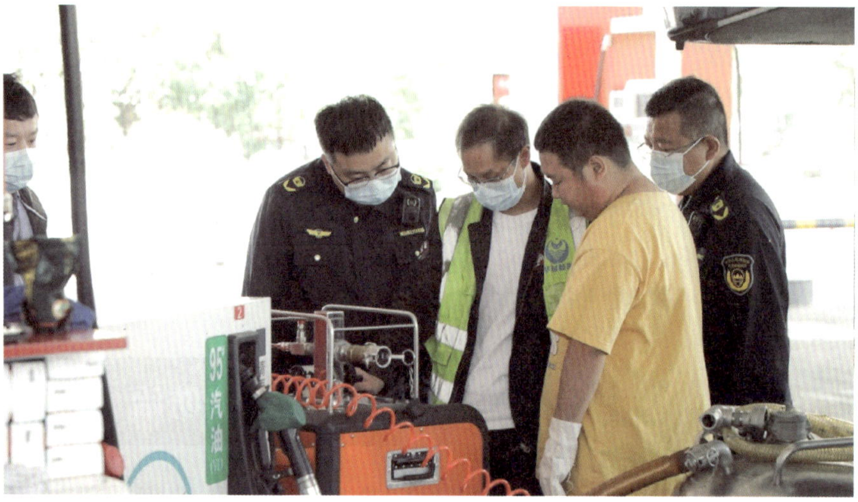

2022年，望城区开展防范化解重大生态环境风险隐患"利剑"行动。图为10月18日，生态环境望城分局对高塘岭街道加油站点进行执法检查　（区融媒体中心 供图）

清除场地设备；立案处罚3个问题的责任公司，案件移送公安，整改查处问题。（杨之婧）

【蓝天保卫战】 2022年，区城管执法局推进蓝天保卫战，建设升级智能监控系统，实现渣土和油烟实时在线监管。开展"三车一场"（渣土车、砂石车、搅拌车，混凝土搅拌场）整治，办理蓝天保卫战案子1192件。抓好"禁捕、禁采"工作，以案释法宣传教育，严格执法巡查，清理取缔涉渔船舶8艘。开展禁采联合专项行动，乱采乱挖现象基本制止。抓好湘江河道保洁工作，打捞垃圾2000余吨。（杨之婧）

环境监管

【概况】 2022年，望城区开展环境专项执法行动30次，立案查处环境违法案件29件，移送公安行政拘留3起，涉嫌刑事犯罪3起，办结六大类14件生态损害赔偿案件，处理生态环境相关投诉368起。（杨之婧）

【环保执法和审批】 2022年，生态环境望城分局强化环境监管力度。严查环境违法案件。结合"洞庭清波"专项监督、"夏季攻势"、"利剑"行动等全年重点工作，开展环境专项执法行动30余次，出动执法人员3849人次，检查企业1082家，立案查处环境违法案件29件，罚款279万余元，移送公安行政拘留3起，涉嫌刑事犯罪3起，办结六大类14件生态损害赔偿案件。妥善处理环境信访纠纷。全年收到并及时处理生态环境相关投诉368起，比2021年下降47.5%；重复投诉26起，比2021年下降45%，群众信访投诉办结率97%，群众满意率98.8%。做好项目环保审批，成立投资建设项目生态环境审批提速专项领导小组，为工程建设项目环保审批提供精准服务，审批环评报告表项目26个、环评登记表75家，审批核发辐射安全许可证28个，审批核发固定污染源排污许可证57个，办理工业企业危险废物转移联单9458次，完成危险废物管理计划备案532个。（杨之婧）

【环境监测】 2022年，望城区对100余家企业和个人开展执法监测，对区域水环境开展监督监测，出具监（检）测报告230余份。完成30余家企业的自行监测监督工作、5家企业的环境统计快报和季报工作、143家企业2021年环境统计工作。开展水、气常规监测并上报数据材料，完成农村环境的饮用水源地（地表水、地下水）、空气质量、污水处理设施、农业面源控制断面、县域河流湖库监测和数据填报。投入监测能力建设项目资金91.2万元，采购激

2022 年 9 月 28 日，望城区举行“携手同行 共护河湖 雷锋故里 碧靓望城”2022 望城区河湖长制志愿者服务活动（肖 芳摄）

光测距仪、烟气烟尘颗粒物浓度测试仪、便携式测油仪、红外自动测油仪、分析天平（万分之一）、原子荧光仪、纯水系统 7 台（套）仪器设备。验收 26 台套实验室新设备，完成 54 台套仪器设备的计量检定 / 校准，修订技术记录和质量记录表格 20 余个，编制发布《实验室检测项目分析方法汇编（一）》。组织 4 人参加湖南省第十五届生态环境监测专业技术人员大比武，获团体优秀组织奖，1 人获二等奖，2 人获三等奖。（杨之婧）

【现场督导湘江干流入河排污口整治工作】 2022 年 9 月 21 日，市生态环境保护综合执法局到望城区现场督导湘江干流入河排污口整治工作。督导组查看湖南绿洲植物资源开发有限公司北侧排口 1 号、湖南绿洲植物资源开发有限公司北侧排口 3 号、长沙市望城区铜官循环经济工业园 10 号雨水排口、长沙市望城区湘船重工有限公司 1 号雨水排口等 4 个排口，要求望城以问题为导向，积极推进整治力度，切实完成好排污口整治销号工作。望城区于 7 月下发《长沙市望城区湘江干流入河排污口“一口一策”整治方案》，制定湘江干流入河排污口“一口一策”整治的主要目标、总体任务、整治措施及要求。全年完成 148 处排污口标志牌的竖立工作，完成 22 处湘江入河排污口整治任务。（杨之婧）

【河湖长制获省级真抓实干激励】 2022 年，望城区坚持河湖长制工作同抓共管、常抓长管，大小同治、标本兼治，以“碧靓”望城河湖长制工作实践探索切实践行中共二十大报告关于“统筹水资源、水环境、水生态治理，推动重要江河湖库生态保护治理”的要求。全区 181 名河湖长立好责任状，16 名河警长、4 名检察长全力协助，“河小青”“民间河长”“河长志愿者”等志愿服务全民参与，打通共护望城碧水“最后一公里”。落实工作提示、专项督查、常态排查、跟踪交办，做实日常河湖管护“基本功”。创新建立“一江七河两湖库”（“一江”指湘江；“七河”指沙河、石渚河、马桥河、八曲河、沩水河、老沩水河、乔口撇洪河；“两湖库”指格塘水库、团头湖）水面岸上通抓共管、跨界河湖流域协作联防联控等机制，实行小微水体专人包管、志愿者协管、河长办监管模式，做好河湖综合治理。力推水美工程示范创建，擦亮 2 处国家水利风景区名片，持续创建 6 处省、市级水环境治理示范片区，打造“碧靓”望城河湖典型样板。长沙市委内刊《长沙通讯》向全市推介《真抓实干 碧靓望城——河湖长制工作望城探索与实践》，望城河湖长制工作获省级真抓实干激励先进表彰。（金文清）

自然资源管理

【概况】 2022 年，长沙市自然资源和规划局望城分局（以下简称区自然资源和规划分局）落实耕地保护制度，建立区镇村“三级 +”田长制体系，实现耕地保有量不少于 18453.33 公顷目标。完善林长制“一长三员”（林长、监督员、执法员、护林员）组织体系，划分 83 个管护网格，实现森林覆盖率 34.22%，森林蓄积量增长 3.8%，林木采伐量控制在全年限额的 40% 以内，建设小微湿地 4 公顷，新造森林生物防火林带 10 千米、抚育补植 9 千米、改造 5 千米。《湖南日报》以《全面推行“田长制”守护耕地“生命线”》《以“林长制”促“林长治”打造生态望城靓丽名片》为题，分别对望城区田长制和林长制工作成效进行专版报道。加强矿政管理，引导 4 家制砖企业转型升级和退出，组织实地排查已关停砖厂及矿山 46 处。推进生态保护修复，完成历史遗留矿山生态修复 6.48 公顷，完成年初目标任务的 237.4%，《人民日报》《湖南日报》《长沙要情》等媒体进行宣传报道。完成油茶种植面积 166.67 公顷，《自然资源报》以《长沙望城：激活乡村振兴的“绿色引擎”》为题进行宣传推介，长沙新闻频道作专题采访。建立健全自然资源巡控违和建设用地批后监管工作机制，查处土地、林业、矿产违法用地 95 宗，其中移送公安机关 1 宗，整改卫片图斑 959 宗。完成违法违规建设专业咨询函复 76 份，函告街镇和城管部门 111 次。被评为湖南省 2021—2022 年度松材线虫病疫情防控成效评估优秀单位，2022 年湖南省自然资源信访工作业绩突出单位。（李 宇）

【国土调查】 2022 年，区自然资源和规划分局完成第三次国土调查工作，调查结果望城区下辖14个乡镇街道，118个行政村（社区）（不含雷锋、白马街道），上报第三次国土调查土地权属总面积为95102.26公顷（含雷锋街道5984.71公顷、白马街道1994.35公顷，不含飞出地332.83公顷），实际全区土地权属总面积为87123.2公顷。5月，第三次国土调查工作受到湖南省人民政府办公厅通报表扬。开展望城区2021年度国土变更调查工作，对国家、省级下发的变化图斑到现场进行实地举证，完成2021年度国土变更调查工作，成果通过国家、省级核查。（李　宇）

【自然资源调查监测体系】　2022年，望城区推进自然资源统一调查监测体系建设，主动与中国铁塔股份有限公司对接，在全省率先完成61个铁塔视频监测设备建设安装和数据获取工作，并接入省级系统，启动铁塔视频实时监测，实现问题图斑实时发现、实时预警、实时下发，实现自然资源保护全天候、无死角动态视频监测，成为长沙市铁塔视频监测标杆。完成“多测合一”管理目标，房产测绘数据与不动产登记、商品房网签实现数据共享。（李　宇）

【河湖管护】　2022年，望城区39条河流、4口湖泊、36座上型水库、11659处小微水体纳入河湖长制管理，15个国控、省控、市控断面及“一江七河两湖库”水质稳定达Ⅲ类及以上。区水利局健全“河湖长+”部门协作机制，各级河湖长落实巡河履职7000余次，交办解决河湖管护问题245个，铺排河湖综合治理任务205个，排查整改涉河湖重点问题20个，打响雷锋家乡“河小青”志愿服务品牌，形成河湖联防联治合力。创建高塘岭街道六合围村等4处市级小微水体示范片区、石渚河铜官段1处市级美丽幸福河流、7处“一乡一亮点”，铁炉湖—石渚河生态清洁小流域项目修复治理河湖生态流域面积205公顷，水环境治理典型样板连点成片。推进国家节水行动，落实水资源管理和水土保持综合防治，建立全区节约用水工作联席会议制度，安装8家企业在线监测计量设施，培育2个市级示范性节水载体和1个市级节水型单位，启动格塘水库灌区农业水价改革，持续巩固县域节水型社会创建成效。（全文清）

【地质灾害防治】　2022年，区自然资源和规划分局全面排查自然资源领域安全风险隐患，明确全区67处隐患，发布《望城区2022年度地质灾害防治方案》。全年全区含市发布暴雨橙色警报6次、红色警报8次，调度各单位巡查及预警告知，下发文件通知8次，开展防灾督查1次，紧急转移受威胁群众39户132人，处置灾险情72起，避险1起。新增需纳入区级隐患点12处，落实相关防灾措施。开展地灾应急测绘和处险演练3次，排查临坡切坡建房1.05万户，发放风险告知书2.2万份，做到每户一调查表一宣传册一告知书。对存在风险的2325户切坡建房户开展详细上户核查。完成治理项目省级立项，全年未发生地质灾害事故。（李　宇）

【自然资源信访】　2022年，区自然资源和规划分局做好法治政府建设和信访工作，全年答辩诉讼、复议案件97件，办理政府信息公开申请144件，办理来信来访来电2047件，答复率、办结率100%，被评为湖南省自然资源信访业务工作突出单位。办理人大建议27件、政协提案27件，下沉一线服务项目建设，妥善解决实际问题，为企业运转纾困增效，获企业好评，被东原地产、万科企业、现代商贸学校等单位赠送锦旗。（李　宇）

【“三级+”田长制体系建立】　2022年9月8日，望城区印发《关于全面推行田长制严格耕地保护的实施方案》，11月17日组织区直相关部门、街镇、村（社区）召开全区田长制工作部署会议，建立区、街镇、村（社区）“三级+”田长制体系。将全区划分街镇级网格11个，村级网格97个，村级以下网格1896个，设置网格田长2281个，完成“湖南田长”App注册，将2022年度全区耕地保护底线目标带位置分解至街镇、村（社区），区委区政府与各街镇签订2022年耕地保护目标责任书，压实党政职责。申请成为全省20个建立铁塔视频先行县之一，安装61个高清摄像头，耕地覆盖率90%，以铁塔视频实时监控预警为抓手，结合省厅月度卫星监测及街镇、资规所、田长全面巡查，实现“人巡+技巡”全方位巡查，助推田长制实施。（李　宇）

【林长制“一长三员”组织体系建立】　2022年，望城区完善林长制“一长三员”组织体系，落实区镇村三级林长责任分区，按要求巡林。为全区11个街镇62个管护网格配齐监管员、执法员、林业科技员及专职护林员，为桥驿镇、茶亭镇2个重点街镇护林员配备巡林专业摩托车28台，设置管护网格、林长公示牌169块。试点实施松材线虫病疫木除治无害化处理资源化利用新模式。林长制工作在湖南卫视《湖南新闻联播》、央视网、央广网、央视新闻等宣传推广4次。组织开展为期3天的“四员”集中业务培训，开展森林防灭火技能考核，并在省林业局网站推介。修复废弃露天矿山及周边山体水体93.33公顷，有效改善湘江两岸10千米范围内生态环境，评为“全省国土空间生态修复十佳范例”，在《湖南日报》专题报道。（李　宇）

【落实长江禁渔工作被督查激励】　2022年，望城区落实长江禁渔工作入选2022年长沙市真抓实干督查激励（落实长江禁渔要求项）名单（全市4个区县：望城区、宁乡市、芙蓉区、开福区）。自2021年开展长江十年禁渔行动以来，望城区坚决打击涉渔违法犯罪活动，清理取缔“三无”船舶，没收销毁禁用渔具，斩断非法捕捞、运输、销售渔获物的利益链，给长江水生生物一个“四清四无”（清船、清网、清江、清河，无捕捞渔船、无捕捞网具、无捕捞渔民、无捕捞生产）的生存环境。强化区农业农村局、生态环境望城分局、区公安分局、区交通运输局、区市场监督管理局等多部门协作，精细划分网格区域，明确各级责任人，压实监管责任，健全网格管理机制。健全行刑衔接、信息共享、情报互通、案件协查等工作机制，加大禁渔巡查强度和处罚力度。区农业农村局开展渔业生态资源检测和禁捕效果评估，6月和10月，与省水科所专家在三汊矶大桥水域和湘江航电枢纽水域进行渔业生态资源检测、禁捕效果评估以及捕捞采样区行政综合执法大队全年办理非法捕捞案件12起，查获涉案人员14人。其中，取保候审10人，行政处罚4人，行政处罚1.3万元。取缔涉渔“三无”船舶16艘，清理违规网具1066张（件），收缴或暂扣垂钓工具1165件，劝离垂钓人员13401人次。（张　宇）

长沙黑麋峰国家森林公园管理

【概况】 2022年，长沙黑麋峰森林公园接待游客48万人次，门票收入274万元，旅游收入约3200万元。其中1月因低温雨雪冰冻天气，3—4月因新冠疫情防控，10—11月根据《湖南省人民政府封山禁火令》要求，公园分别闭园。（胡　静）

【森林资源保护】 2022年，长沙黑麋峰森林公园完成主要道路沿线、游步道两厢、停车场及四季花海基地的绿化养护工作。参与松材线虫病防治监督工作，执行落实焚烧疫木现场管理。清明期间开展鲜花置换鞭炮工作。组织人员参加区应急局组织的消防演练1次，组织干部职工、经营场所参加消防知识集中培训及应急演练4次。防火特护期内组织干部在景区主入口和办公楼执行24小时值班值守制度。发动景区内杨桥、沙田和黑麋峰3个村护林员、志愿者、党员加大防火宣传和巡查的力度，向劝返的游客和园内的居民发放《湖南省人民政府封山禁火令》，“人防＋物防＋技防”措施筑牢森林“防火墙”。（胡　静）

【景区管理维护】 2022年，长沙黑麋峰森林公园结合新冠疫情防控常态化的要求，落实每月一次的安全生产检查工作。克服60年一遇的高温干旱天气，全年无火灾事故发生。加强滨江保安队伍管理，坚持每月进行一次工作会议或者培训，要求保安队伍做好突发事件的应急处理等工作，全年妥善处置6起突发事件。（胡　静）

【景区项目建设】 2022年，长沙黑麋峰森林公园加强与区产投集团对接，借助发债资金由区产投集团牵头完成森林公园基础设施一期、生态旅游厕所、智慧监控系统、景区内道路提质改造、标志标牌等项目。完成锣鼓石防火通道、艳岭埂防火通道、截污治污一期、截污治污二期、防火器材室、湖西冲水库及X056道路沿线停车场、湖西冲水库及X056道路生态旅游厕所、千福崖登山和观福步道、景区公共设施建设等项目文北路塔背段拓宽、黄金茶种植基地补植项目、碧星岭星级旅游厕所污水管网修复、湖西冲生态旅游厕所污水管网建设等项目。与国网湖南超高压输电公司对接，启动并完成黑沙线007号高压杆线水毁修复项目，与区公路养护中心对接，启动并完成X058道路（蓄能山庄段）塌方水毁修复项目。（胡　静）

【景区文旅活动】 2022年，长沙黑麋峰森林公园立足于公园旅游特点，结合中国传统节日，策划“五一去哪玩”、“毕业季”、高山水果采摘节等旅游活动。参加市委宣传部、市委网信办、市文化旅游广电局主办的“长沙十大最受欢迎文旅打卡地评选”活动。（胡　静）

【景区宣传推介】 2022年，长沙黑麋峰森林公园自媒体微信公众号推文29篇，单条视频最高播放量49.5万次。参加湖南省文旅厅“春暖潇湘 万屏联动”活动，4月底至7月底黑麋峰专题宣传视频在地铁1号线、3号线、4号线滚动播出。黑麋峰宣传图在湖南卫视《卫视气象站》（卫视联播）栏目定点天气播报作为背景图播放。滑翔伞定点赛“御剑飞行”话题登上微博热搜，话题阅读量21.6万人次。（胡　静）

【黑麋峰高山水果采摘节】 2022年7月23日，“开森一夏，果趣麋峰”黑麋峰高山水果采摘节开幕式举行。活动开幕式安排文艺表演和抽奖环节，设置古巴桃礼盒、民宿优惠券、游乐套票及价值680元的滑翔伞体验卡等奖品。采摘节从7月底至11月，先后上市水蜜桃、柰李、葡萄、猕猴桃、板栗等水果，推广当地特色高山水果，打造特色农旅融合品牌项目。（胡　静）

节能减排

【概况】 2022年，望城区成立碳达峰、碳中和工作领导小组，编制《望城区“十四五”生态文明规划（2021—2025年）》《长沙市望城区2022年大气、水、土壤、噪声污染防治和农村生态环境保护行动计划》等文件，推动节能减排工作。（闫　浩）

【节能降耗】 2022年，望城区安排节能专项资金420万元，用于支持乡村振兴、美丽屋场建设，开展农村光伏路灯等节能项目建设，每年可节约能源300吨标准煤以上、节约用能支出500万元以上。遏制高耗能高排放低水平项目，推动传统企业转型升级，关停兴旺砖厂等高耗能企业。鼓励新能源产业发展，推进分布式光伏发电装机82兆瓦，推动大泽湖“海归小镇”生态智慧城碳达峰示范项目建设。2022年，望城区单位GDP能耗下降率5.1%。（闫　浩）

【碳达峰试点】 2022年，望城区在大泽湖片区“海归小镇”生态智慧城开展碳达峰试点示范工作，组织编制《大泽湖片区“海归小镇”生态智慧城建设指导方案》，坚持突出生态本底、推动典型示范的要求，从优化低碳发展空间布局、提升生态系统碳汇能力、推进低碳交通运输体系、提升片区城建绿色水平、构建低碳高效能源体系、推动产业绿色低碳发展等方面采取针对性减排降碳措施。预计生态智慧城可在2029年实现碳达峰，达峰峰值为37.5万吨。（闫　浩）

【产业绿色转型】　2022年，望城区推动绿色制造体系建设、促进清洁生产。区内金驰能源等5家企业获评2022年度国家级“绿色工厂”，九典宏阳通过省级绿色工厂验收，专一建材、宝悦建材“蒸压加气混凝土砌块”入选省绿色设计产品。组织宇成食品、金浩粮油、新希望南山等15家企业开展省级绿色工厂创建。鼓励企业开展自愿性清洁生产审核，组织松源生物、飞鹿新材等23家企业列入自愿性清洁生产审核计划，嘉宝家居、中巨机械等14家企业通过清洁生产审核验收。湖南华电长沙发电有限公司装机总容量为120万千瓦的燃煤火电厂，现役机组全部获得超低排放环保改造认定。以电厂的电力、蒸汽、循环水、粉煤灰、脱硫石膏等资源构建能源资源利用循环共生体系，电厂集中供热工程蒸汽供应能力200吨/小时，为周边园区近40家化工企业提供稳定充足的生产热能。（闫　浩）

【公共机构节能】　2022年，望城区发布《长沙市望城区“十四五”公共机构节约能源资源工作规划》及《关于2022年长沙市望城区公共机构能源资源节约和生态环境保护工作安排的通知》。实施节能改造项目6个，包括光伏发电项目2个，节能灯具改造项目2个，热水系统改造项目1个，综合节能改造项目1个，其中申请市级节能专项资金项目1个，计16万元；区级5个，计50万元。3家单位通过长沙市节约型机关创建初评，全区节约型机关创建

2022年6月1日，望城区开展主题为“共建清洁美丽世界”的“六五”世界环境日主题宣传活动。图为《环保志愿我先行》环保时装秀节目

（区生态环境局　供图）

率94%。区机关事务中心创建省级公共机构生活垃圾分类示范单位，区人民检察院创建市级公共机构生活垃圾分类示范单位。区行政中心各楼层设置四分类垃圾容器113组，两分类垃圾容器85组；办公室设置两分类垃圾容器1800组；后勤中心设置餐厨垃圾容器15个和餐厨垃圾转运点；院内公共区域设置两分类垃圾容器103组和大型垃圾分拣中心，全区公共机构实现生活垃圾分类投放容器全覆盖。每月抽查指导296家公共机构生活垃圾分类工作落实情况。投入51万余元，采购可降解垃圾袋用于区行政中心生活垃圾的分类收集。全年全区公共机构能源消费总量12787.21吨标准煤，其中电力消费6824.56万千瓦时，天然气消费243.18万立方米，汽油消费64.05万升，柴油消费17.80万升，液化石油气消费90.81吨，其他能源消费97.14吨标准煤。（谭　柳）

【低碳宣传】　2022年，望城区通过世界环境日、全国低碳日等主题宣传活动，宣传低碳理念，提高广大民众低碳意识，号召市民积极参与减污降碳，倡导简约适度、绿色低碳的生活方式。将节能减碳、绿色环保纳入文明村镇、文明单位、文明家庭、文明校园创建细则要求。组织全区中小学校开展节能低碳知识讲座、主题为“绿色低碳、节能减排，你我共绘 美丽望城”少儿绘画有奖征集活动，提高学校师生、家长们节能降碳意识。组织规模以上工业企业开展节能降碳培训活动，内容包括如何有序推进“双碳”工作、企业节能降碳、绿色制造体系创建、有机废气治理与在线监测等，帮助工业企业贯彻落实绿色低碳发展理念，实现绿色低碳转型升级和高质量发展。开展以“绿色低碳，节能先行”为主题的节能宣传周活动，通过集中宣传、发放宣传资料、出动宣传车等形式动员全社会广泛参与节能低碳行动。

（闫　浩）

【节能宣传周和全国低碳日宣传活动】　2022年6月16日，为倡导绿色低碳生产生活方式，营造“绿色低碳节能先行”的浓厚氛围，望城区在正荣财富中心前坪开展集中宣传活动，通过展台展示、发放宣传册、主题活动、向群众发放宣传小礼品等方式，对节能减排、塑料治理、碳达峰等政策知识进行广泛宣传。在区政府主楼一楼大堂开展“你我共绘 美丽望城”少儿主题绘画展暨“节能先行”倡议签名活动，展示少儿“节能减排”优秀主题绘画作品，组织开展签名活动，对节约能源、降碳减排、绿色出行等进行广泛宣传。（闫　浩）

科学技术

SCIENCE AND TECHNOLOGY

编辑　丁亚玲

综　述

【概况】　2022 年，望城区通过制定出台新的科技政策，规范科技项目，培育高新技术产业，落实科技创新惠企政策，引进科技人才，加速科技成果转化。全年全区高新技术总产值 862.1 亿元，比 2021 年增长 13%。（黄　潇）

【科技改革及投入】　2022 年，望城区制定《长沙市望城区工业和农业科技特派员管理办法》《长沙市望城区科技发展计划项目管理办法》，修订并出台《长沙市望城区推动科技创新发展的若干政策》，加码支持科技创新和产业发展。全年全区规上企业完成 R&D（研发）经费投入 39.65 亿元，比 2021 年增长 15.4%。1—12 月，全区规上工业企业报送研发投入 34.17 亿元，比 2021 年增长 5.25%，其中园区报送 28.62 亿元，街镇完成 5.55 亿元。（黄　潇）

【科技项目独立评审】　2022 年，望城区出台《2022 年长沙市望城区科技计划项目申报指南》。由第三方对科技计划项目进行独立评审。长沙市望城区科学技术局（以下简称区科技局）与湖南四达科技咨询有限公司签订委托评审协议，委托其组织相关专家对 2022 年度区级科技计划项目进行独立评审，出具评审报告。组织完成项目申报与立项流程，全年征集计划项目 174 个，立项项目 67 个（工业类 20 个、农业类 47 个）。对 2021 年度立项项目 63 个（工业类 17 个、农业类 46 个）进行绩效评价，验收执行期已满项目，已验收项目均合格。（黄　潇）

【科技人才引进】　2022 年，望城区制定《长沙市望城区工业和农业科技特派员管理办法》，进一步完善科技人才政策体系。实施“产业攻坚博士团”和科技特派员制度，引导企业主动承接省级科技特派员、市级“科技副总”及科技攻关项目，依托大泽湖·海归小镇以及相关研发平台、孵化平台，加速集聚高层次科技创业创新人才。全年面向全区征集工业科技特派员派驻需求企业 38 家；引进 67 名农业科技特派员服务乡村振兴，打造水稻、特色水产等产业科技特派员点对点服务模式；推荐 9 家企业申报长沙市科技型中小企业兼职科技副总；引进 15 名产业攻坚博士助力产业转型升级。（黄　潇）

【科技特派员】　2022 年，区科技局立足区内产业发展需求，制定《长沙市望城区工业和农业科技特派员管理办法》，完善科技人才政策体系。面向全区征集工业科技特派员派驻需求企业 38 家。引进 67 名农业科技特派员服务乡村振兴，打造水稻、特色水产等产业科技特派员点对点服务模式。（黄　潇）

2022 年 5 月 24 日，湖南有色金属产业技术高峰论坛暨湖南省有色金属产业技术创新战略联盟一届二次理事监事会在望城区举行　（区融媒体中心　供图）

【望城区科创委第一次会议】　2022 年 12 月 13 日，望城区制造业高质量发展领导小组（区工业新兴及优势产业链推进工作领导小组）会议暨区科创委第一次会议召开。会议听取科创委工作汇报，区科创委通过推进创新主体培育、加强科创平台建设、强化科技人才引培、优化科技创新氛围，推进全区科技创新工作，获评“湖南省优秀可持续发展实验区”。会议审定科技创新相关文件，共同谋划科技创新发展，要求始终把科技作为第一生产力，把创新作为第一动力，不断塑造先进制造业产业发展新动能新优势，为望城区高质量发展和现代化建设夯基垒台。（黄　潇）

【2022 年湖南有色金属产业技术高峰论坛在望城举行】　2022 年 5 月 24 日，区科技局、湖南省有色金属产业技术创新战略联盟、潇湘科技要素大市场有色工作站联合主办的湖南有色金属产业技术高峰论坛暨湖南省有色金属产业技术创新战略联盟一届二次理事监事会在望城区举行。全省有色行业高校、科研院所、行业龙头企业、科技研发型企业、投融资机构的专家学者、企业家等近 70 人参加，探讨交流创建湖南有色金属行业智库，打造双创活动服务、湖南有色产教融合、有色双碳综合三大服务平台等内容。广东虚拟现实公司围绕《虚拟现实系统的发展趋势及前沿科技》主题作学术报告。润和城实业的有色产业孵化培育平台项目、国森碳投公司的双碳等 6 个服务平台项目分别与有色联盟签约。联盟为株冶集团—湖南工业大学湿法冶炼产业实验室、五矿铍业绿色铍材产业实验室等 4 个联盟产业实验室授牌。

作为2022年望城科技活动周系列活动之一，活动通过建立和完善科技服务平台、科技项目共研共创平台，人才共享平台等，集聚湖南有色金属产业链优势资源，形成政府与企业、央企与民企、龙头企业与产业链上企业、产业链企业与各类研发服务资源上融通发展的新模式。（黄　潇）

科技平台

【概况】 2022年，区科技局组织长沙创新药物工业技术研究院第一年度考核任务工作，兑现平台补贴资助。指导创建中天华夏和湖南医科医工科技2家省级科技成果转移转化示范机构。全年创建8家省级平台，其中3家工程技术研究中心，1家新型研发机构，2家服务平台以及2家科技成果转移转化示范机构。（黄　潇）

【区域创新平台】 2022年，望城区推动创建区域性创新平台。6月19日，湖南省科学技术信息研究所发布《湖南省可持续发展实验区综合评价报告》，按照实验区建设情况及成效、可持续发展能力、科技创新能力、经济发展状况、民生改善情况、资源环境保护等7个一级指标和43个二级指标，综合评价全省39家可持续发展实验区整体建设发展情况。望城区在全省39个实验区中排名第二，获评“湖南省优秀可持续发展实验区”。2011年望城获批湖南省可持续发展实验区后，围绕“建设特色村镇群落、引领城乡一体发展，加快实现新型城镇化”实验主题，以“生态＋文化＋科技”为核心，形成城乡一体化“望城模式”。截至2022年年底，成功创建国家可持续发展实验区、全国科技进步先进县等区域性创新平台。（黄　潇）

【产业创新平台】 2022年，望城区内主导产业重点建设一批工程技术研究中心、企业技术中心、科技企业孵化器、众创空间等产业创新平台。截至2022年年底，全区有科技类平台78家，其中国家级4家、省级29家、市级45家，拥有创新创业服务机构和研发机构130个，居全省县市区前列。（黄　潇）

2022年长沙市望城区新增省级及以上科创平台一览表

表8

序号	名称	依托单位	平台类型
1	湖南省起落架系统工程技术研究中心	中航飞机起落架有限责任公司	省级工程技术研究中心
2	湖南省盾构隧道与地下空间工程技术研究中心	湖南省交通规划勘察设计院有限公司	省级工程技术研究中心
3	湖南省航空齿轮制造工程技术研究中心	中国航发中传机械有限公司	省级工程技术研究中心
4	长沙创新药物工研院新型研发机构	湖南华腾医药有限公司	省级新型研发机构
5	五矿有色科技企业孵化器	湖南有色中央研究院有限公司	省级科技企业孵化器
6	湾田国际双创中心	长沙港湾置业有限公司	省级众创空间
7	长沙中天华厦技术转移转化示范机构	长沙中天华厦企业管理咨询服务有限公司	省级科技成果转移转化示范机构
8	湖南医科医工科技有限公司转移转化实发机构	湖南医科医工科技有限公司	省级科技成果转移转化示范机构

（资料来源：区科技局）

【高新技术企业培育】 2022年，望城区220家企业申报高新技术企业。区科技局协同第三方服务机构筛查全区法人企业，走访、评估全区14个街镇及经开区企业。联合望城经开区开展高新技术企业认定服务培训活动，采取线上、线下相结合的模式为全区140余家企业提供申报认定意义、政策变化、认定流程、金融服务及财务规范化等知识，讲解申报过程中的常见问题及政策盲区、重点难点、规范要求。全区通过高新技术企业认定184家，认定率84%，居长沙、望城、浏阳、宁乡四区县市前列。（黄　潇）

科技创新

【概况】 2022年，望城区推进创新主体培育、加强科创平台建设、强化科技人才引培、优化科技创新政策、改善科技创新氛围，推进全区科技创新工作。全年全区高新技术企业444家，其中新增127家，比2021年增长40.1%，净增长数为历年之最。全区高新技术总产值862.1亿元，比2021年增长13%，高新技术产值增加值224.9亿元，比2021年增长10.9%。（黄　潇）

【科技创新惠企政策落实】 2022年，望城区强化科技创新政策宣传，区科技局深入区内100余家企业实地走访调研，举办高新技术企业认定和研发投入相关业务指导培训，多途径宣传相关政策。聘请第三方服务机构深入企业开展“一对一”服务指导，帮助企业提高工作效率，享受政策红利。兑现区级科技政策奖补以及科技计划项目资金1480万元；共有138家企业获省财政研发奖补资金4224.75万元，其中金驰能源获定额补助1000万元，全年争取上级各类资金8658.89万元。（黄　潇）

【创新创业大赛项目】 2022年，望城区推荐25家单位参加“长沙银行杯”2022年度湖南省创新创业大赛。大赛以“创新创业，圆梦湖南”为主题，按“1+4”（“1”是主体赛，下设新一代信息技术、生物医药、高端装备制造、新材料、新能源和新能源汽车、节能环保六个国家战略性新兴产业赛；“4”是一个“颠覆性技术创新大赛”+“数字创意、超级算力和轨道交通”3个专业赛）模式设置赛道，以科技型中小企业为参赛主体，设小微企业组和成长企业组两个类别，按国家战略新兴产业分别征集项目，设初赛、半决赛、总决赛、推荐全国赛4个赛程，给予项目支持、人才激励、双创服务等奖励。望城区9家企业入围省赛半决赛，长沙瑶华半导体科技有限公司、湖南花猫博士医疗科技有限公司、华腾软件产业有限公司及长沙艾科瑞齿轮机械有限责任公司4家企业获得省赛优胜奖。（黄　潇）

科技成果与转化

【概况】　2022年，望城区技术市场蓬勃发展。全年全区完成技术合同登记项数3341项，比2021年增长770%，排名全市第一；完成技术合同成交额35.9亿元，比2021年增长46%。

（黄　潇）

【科技成果转化】　2022年，望城区立足“一特两主”（智能终端产业、食品医药产业、新材料先进制造业）主导产业，聚焦五大产业链，强化需求牵引，依托潇湘科技要素大市场开展科技成果供需信息匹配和科技金融对接服务，科技成果转化不断加强。成立潇湘科技要素大市场望城工作站及全省第一家行业工作站——潇湘科技大市场有色行业工作站。创建中天华夏和湖南医科医工科技2家省级科技成果转移转化示范机构。推广转化重大科技成果11项，湖南联智科技股份有限公司参与完成的《山区高速公路绿色高质量建造关键技术研究与示范》和《超大跨径斜拉桥施工全过程受力调控理论及其应用技术研究》2项技术研究成果获中国公路学会科学技术奖一等奖。（黄　潇）

2022年长沙市望城区重大科技成果转化项目一览表

表9

序号	单位	成果名称
1	湖南军信环保股份有限公司	高盐浓缩液腐殖酸资源化技术研究
2	湖南泰嘉新材料科技股份有限公司	高速高效锯切用多元多层氮化物涂层带锯条的研究与应用
3	湖南兆恒材料科技有限公司	高性能航空用PMI泡沫的研发及产业化
4	湖南湘船重工有限公司	19米级纯电池交通船的研发与产业化
5	湖南艾科威智能装备有限公司	基于陶瓷薄膜电路关键镀膜设备的研制与产业化
6	长沙市健科电子有限公司	精准智控汽车电子水泵关键技术的研发及应用
7	长沙中传航空传动有限公司	1000千瓦级民用航空发动机附件单元体制造研发
8	湖南省康普通信技术有限责任公司	基于“5G通信”高稳定性25G光模块的研发设计与产业化
9	湖南省国银新材料有限公司	高活性、高分散性电子用高性能银粉达研发与产业化
10	湘江涂料科技有限公司	基于水性丙烯酸树脂及工程机械涂料的开发和应用
11	湖南中联重科应急装备有限公司	高米段大型举高消防装备关键技术研究及应用

（资料来源：区科技局）

【优质稻生产技术成果转化】　2022年9月15日，区科技局组织水稻产业团队专家深入农村生产一线，开展优质稻生产技术帮扶指导活动。活动采取专题培训与种植技术现场指导相结合的方式，在隆平蛟鳞种植合作社举行科技特派员科技培训班，邀请专家向农户们讲授水稻主要病虫害种类、农药减量增效绿色生产技术、水稻低镉品种等新知识成果。科技特派员与农业企业代表走进田地，传授水稻种植的方法，实地指导种植户解决实际种植常见问题，与参训农户互动交流。发挥科技特派员的职能优势，延伸科技培训范围，使更多农民受益。（黄　潇）

【望城低镉水稻新品种试验成功】　2022年8月，望城区高塘岭街道月圆村低镉水稻新品种试验示范区测产验收，由中国工程院院士、湖南省农科院党委书记柏连阳领衔研发的“韶香100”再生稻低镉水稻新品种试验获成功。为攻克稻米镉污染这一影响粮食安全的重大问题，湖南省将镉低积累水稻品种试验示范作为“十大攻关”项目之一，2022年首次进行大面积、多点试验示范，通过育种技术培育低镉水稻品种从源头保证水稻的安全生产。月圆村低镉水稻新品种试验示范区面积10.67公顷，供试品种包含早稻、中稻和晚稻，亩产超400千克，镉含量0.04毫克每千克，远低于每公斤稻谷中镉含量不大于0.2毫克的国家标准，有望在2024年审定并大面积推广，助力镉超标农田的安全生产。该项目在望城的实验成功，可为后续全面推广提供有利条件，助力全省水稻稳产优产。（黄　潇）

气象测报

【概况】　2022年，望城区总体气象情况：年平均气温18.6℃，年最高气温41.1℃，年最低气温-4.0℃，年降水量1003.8毫米，平均湿度80%。极端天气：11次强降水过程，3次暴雪过程。8—10月，长沙市望城区气象局（以

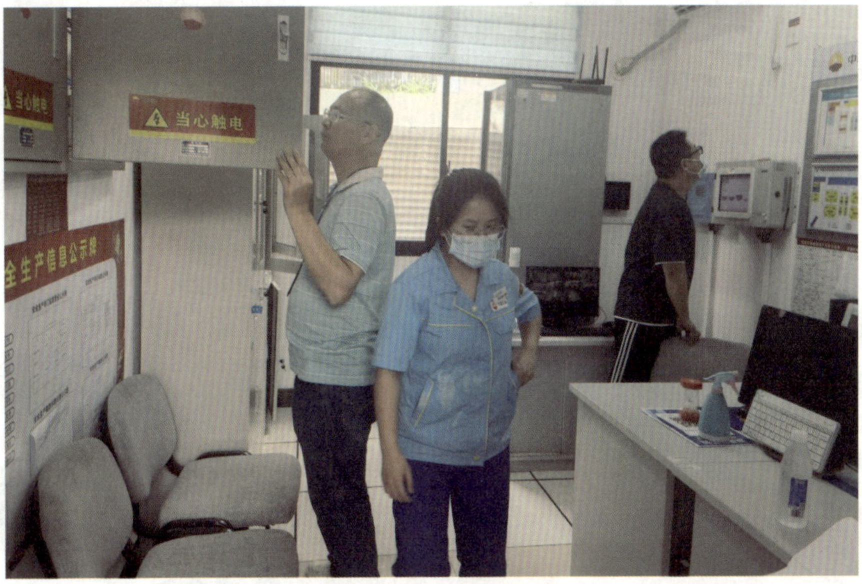

2022 年 6 月 8 日，区气象局对中国石油天然气股份有限公司湖南望城区高塘岭加油站开展防雷安全专项检查　（区气象局 供图）

下简称区气象局）组织在全区 3 个人工增雨作业炮点开展 4 次系统性人工增雨，实施 43 轮次火箭增雨作业，发射火箭弹 144 枚，缓解旱情发展，降低森林火险等级。获评中共长沙市望城区委农村工作领导小组 2022 年度服务乡村振兴战略工作“先进单位”。

（朱 姣）

【气象服务】 2022 年，区气象局压实部门责任，筑牢气象防灾减灾第一道防线作用。开展全区区域自动站环境整治，优化站点布局，提请区政府支持增加布局 9 套自动气象站，完善气象数据采集时空分布，为防汛抗旱、防灾减灾气象服务提供支撑。在区防汛抗旱指挥部的领导下，实行联合会商调度，通过递进式气象预报，精准靶向预警发布，应对 11 次重大天气过程，确保全区平安度汛。做好重要节点及地方重大活动的服务保障。2022 年入夏以来，湖南长时间、大范围晴热高温少雨天气维持，干旱迅猛发展，森林火险等级异常偏高，8—10 月，区气象局组织开展 4 次系统性人工增雨，提请上级部门在望城区进行飞机增雨作业 9 次，全域开展 43 轮次火箭增雨作业，发射火箭弹 144 枚。制作《农业气象服务专题》85 期、《春耕春播气象服务》7 期，发布农业气象灾害预警 93 期，惠及约 15 万人次。定期下乡调研，了解农户需求，为种植大户提供特色专业气象服务。开展人工增雨来改善空气质量作业 62 次，改善区、市的空气质量，助力蓝天保卫战。

（朱 姣）

【气象宣传】 2022 年，区气象局在湖南气象网、红网、望城党建、望城区政府门户网站、望城新闻等媒体发表文章 30 余篇，扩大气象部门的社会影响力。围绕“3·23”气象宣传日、“5·12”防灾减灾日和安全生产月活动主题，开展气象宣传教育活动，提升辖区社会公众防灾减灾能力。　（朱 姣）

【防雷安全监管】 2022 年，区气象局落实“放管服”改革，参加政务云平台升级业务培训，优化多规合一联合验收业务流程审批程序，办理防雷装置设计审核事项 11 件和竣工验收事项 10 件，按要求进行社会公示。对 57 家危爆危化企业防雷安全开展执法检查，发现隐患 8 家，当场整改 2 家，下达整改通知书 6 份，督促抓好企业落实整改。常态化开展单位内部安全检查，组织网络攻防演练和人影（人工影响天气）、消防培训，重点检查机房、业务会商平面、人影设施设备和倒班宿舍、食堂、大院等场所安全状况，确保单位平安有序。

（朱 姣）

【低温冰冻雨雪天气监测预警】 2022 年 1 月 28 日 11 时起，长沙地区启动气象灾害（低温雨雪冰冻）Ⅲ级应急响应，区气象局开展抗雪防冻天气服务统筹协调工作，及时发布天气信息，为区委、区政府安排部署工作提供支撑。加强应急防范，提升预警覆盖率，做好监测预警服务，通过长沙市协同办公平台、区应急减灾等渠道向政府各部门、街镇、种养大户发布《气象专题报告》天气实况及天气形势，介绍天气形势和雨雪天气的特别建议，提醒市民做好低温雨雪冰冻天气防寒保暖措施。按照“内响应、外联动”工作要求，全体业务人员一起通宵值守，严密监测，及时发布暴雪蓝色预警信号 1 次，气象专题报告 2 期，各类气象信息通过电视、媒体、手机短信、微信、QQ、邮件等方式对外发布，服务 7 万余人次。　（朱 姣）

【人工增雨】 2022 年夏天，望城区以晴热高温天气为主，高温为 1961 年有气象记录以来历史同期第一高位、降水为 1961 年以来历史同期第一低位。从 2022 年 7 月 30 日以来，望城区连续 27 天无降水发生，根据气象干旱数据监测，达到中度气象干旱等级，区气象局树立“抗大旱、抗长旱”思想，进入高温干旱气象保障特别工作状态，24 小时待命等“时机”。2022 年 8 月 25 日，受第 9 号台风“马鞍”外围云系影响，人工增雨天气条件较为有利，区气象局在桥驿镇炮点、格塘炮点、区气象局炮点开展人工增雨作业，缓解前期旱情，助力水稻、大豆等农作物丰收，帮助改善土壤环境、补充地下水、净化空气。　（朱 姣）

教　育

EDUCATION

编辑　周　玲

综 述

【概况】 2022年，望城区有中小学校102所，其中小学67所、初中29所、普高4所、职业中专1所、教学点1个，在校中小学生9.1万人；幼儿园163所，其中公办幼儿园101所（含委托公办），普惠性民办幼儿园47所，在园幼儿约3.3万人。中小学教职工6194人，其中在编教师3881人，备案制教师838人，编外合同制教师432人，校聘教师1043人。幼儿园在职教职工4600余人，其中在编教师111人，备案制教师23人，编外合同制教师13人。2022年，区教育局领导班子被中共长沙市望城区委授予“‘五好’领导班子”称号。“我们的队伍向太阳”书记工程获评全区基层党建书记工程评比一等奖。区教育局、湖南师大附中星城实验学校获评全省教育系统关心下一代工作先进集体。“望城教育”微信公众号入选“2022长沙市最具影响力政务微信（区县类）”。（肖 奥）

【教育质量建设】 2022年，长沙市望城区教育局（以下简称区教育局）实施“我们的韶华映朝阳”主题活动，打造“雷小锋”德育品牌。实施学雷锋“青锋计划”，鼓励青少年参与学雷锋社会实践活动。开展第三届幼儿体艺节、首届“雷小锋”超级运动会、首届“雷小锋”超燃文艺节等系列活动，设置项目400余个，学生参与率100%。《活跃望城的十万个“雷小锋”》在长沙市未成年人思想道德建设优秀案例评选中获特等奖。桥驿镇童心幼儿园幼小衔接案例获评全省典型案例。区教育局直属幼儿园三润园获评省幼小衔接试点园，长郡月亮岛学校被评为省幼小衔接试点学校。承办2022年长沙市辅导员风采大赛，望城区获团体特等奖1个、个人全能奖2个、单项奖13个。8所学校、8名教师和8名学生被评为长沙市少先队优秀（十佳）集体和个人。长郡斑马湖中学学生王敏被评为2022年度“新时代长沙向上向善好青年”。湖南师大附中星城实验第一小学学生范瑾瑜、周南望城学校学生贺紫轩被评为2022年第四季度“新时代长沙好少年”。望城区少先队名师工作室为区内红色景点录制“听游望城”讲解词。望城学生在湖南省第十四届运动会上获金牌20枚、银牌17枚、铜牌12枚。实施“五项管理”常态督导，校内课后服务、校外培训监管覆盖率100%，中学生心理健康档案覆盖率100%。区人大专题调研“双减”政策落实情况，汇聚民意，凝聚共识，助推“双减”政策落地见效。区委、区政府出台全面加强新时代中小学劳动教育实施方案，区政府成立劳动教育统筹领导小组，推进劳动教育示范区建设。（肖 奥）

【办学条件改善】 2022年，望城区把学位建设列入“我为群众办实事”首位，统筹调度学校项目建设，保障学位供给。长郡双语白石湖实验中学、麓山国际望城实验学校、雅礼实验望城学校、长郡月亮岛第二小学东校区和前进小学（扩建）于2022年秋季投入使用，新增优质学位1.2万个。提质改造69所农村中小学校幼儿园厕所。多途径扩充学前教育学位，公办园在园幼儿占比55%，公办和普惠性幼儿园占比90%。区政府与湖南一师再度合作创办湖南第一师范学院湘江学校，与芙蓉区政府合作共建大同银星小学。推进智慧校园建设，长郡月亮岛学校、周南望城学校创建为“湖南省人工智能条件下教育社会实践单位”，长沙市望城区第一中学外国语学校被认定为“2022年长沙市未来学校创建校”。区政协专题协商全区中小学校规划建设及学位保障工作，助推全区教育专项规划优化提升。（肖 奥）

【文明校园建设】 2022年，区教育局实施“我们的校园美如画”主题活动，评选出“最美校园”单项奖50个，集体奖10个，遴选校园文化建设典型案例20个。“望城教育”微信公众号发布推文266篇，全年阅读量382万余人次。推出“美丽校园”10期，推介幼儿园10所，中小学校20所。授牌区级无烟校园75所，10所学校获评市级无烟校园。7所学校获评区级文明单位，3所学校获评市级文明单位，3所学校获评市级文明标兵单位，望城二中获评省级文明校园。思源学校被认定为第三批长沙市儿童友好型学校创建校。5所学校创建为“长沙市标准化建设和管理食堂”。3所学校创建为“长沙市劳动与实践教育试点学校”，雅礼丁江学校获评“湖南省中小学劳动教育实验校”。对标“无证城市”建设目标，优化中小学入学报名系统，实现新生入学报名工作全流程信息化管理。实行学校法律顾问制度，推进依法治教、依法治校，促进学校决策科学化、内部治理法治化。（肖 奥）

【教育经费投入】 2022年，望城区投入国家财政性教育经费303076万元，其中一般公共预算安排的教育经费294403万元（包括教育事业费232649万元，教育费附加13112万元，科学技术经费5万元，社会保障和就业经费18908万元，卫生健康经费6405万元，住房保障经费15313万元，其他8011万元），政府性基金预算安排的教育经费8672万元。（肖 奥）

教育管理

【德育教育】 2022年，区教育局将德育放在教育首位，培养德智体美劳全面发展的时代新人。探索德育教育新途径，创立“雷小锋”德育品牌，将雷锋精神传承与德育工作有机结合，构建富有时代气息、彰显区域特色、符合学生立场、适应个性发展的区域德育一体化课程体系，让学雷锋活动融入日常、化作经常。将“亮号行动”“超级课程”“争章工程”“青锋计划”4项内容，作为“雷小锋”德育品牌的核心，通过亮号行动，

2022 年长沙市望城区中小学（教学点）一览表

表 10

乡镇（街道）	小学（67 所）	初级中学（16 所）	九年一贯制学校（13 所）	普高、中职（5 所）	教学点（1 个）
铜官街道（铜官片区）	长沙市望城区车桥小学 长沙市望城区书堂山小学 长沙市望城区新河小学 长沙市望城区郭亮小学 长沙市望城区花果小学	长沙市望城区书堂中学 长沙市望城区铜官中学			
丁字湾街道（铜官片区）	长沙市望城区丁字湾街道观枫寺小学 长沙市望城区丁字湾街道集镇小学 长沙市望城区丁字湾街道双湖小学 长沙市望城区丁字湾街道望胜小学（无学生将注销）	长沙市望城区丁字中学	长沙市望城区雅礼丁江学校 湖南师大附中星城实验青石学校		
桥驿镇（茶亭片区）	长沙市望城区桥驿明德小学 长沙市望城区桥驿镇农恢小学 长沙市望城区桥驿镇洪家小学 长沙市望城区桥驿镇杨桥小学 长沙市望城区桥驿镇民福小学	长沙市望城区桥驿镇桥驿中学	长沙市望城区桥驿镇维新学校	长沙市望城区第二中学	
茶亭镇（茶亭片区）	长沙市望城区茶亭镇西华中心小学 长沙市望城区茶亭镇茶亭小学 长沙市望城区茶亭镇工院希望小学 长沙市望城区茶亭镇梅花岭小学 长沙市望城区茶亭镇珠琳小学 长沙市望城区茶亭镇长冲小学 长沙市望城区茶亭镇金钩寺小学	长沙市望城区茶亭镇梅园中学 长沙市望城区茶亭镇郭亮中学 （无学生当地保留） 长沙市望城区茶亭镇东城中学	长沙市望城区茶亭镇简文学校		长沙市望城区茶亭镇灿英教学点（无学生当地保留）
乔口镇（靖港片区）	长沙市望城区乔口镇田心中心小学 长沙市望城区乔口镇乔口小学 长沙市望城区乔口镇南湖小学 长沙市望城区乔口镇沙塘小学	长沙市望城区乔口镇乔口中学			
靖港镇（靖港片区）	长沙市望城区靖港镇山塘小学 长沙市望城区靖港镇柏叶小学 长沙市望城区靖港镇浴池小学 长沙市望城区靖港镇凌冲小学 长沙市望城区靖港镇民丰中心小学 长沙市望城区靖港镇新峰小学 长沙市望城区靖港镇芦江小学 长沙市望城区靖港镇三桥小学	长沙市望城区靖港镇格塘中学 长沙市望城区靖港镇靖港中学		长沙市望城区第六中学	
高塘岭街道（高塘岭片区）	长沙市望城区新湖小学 长沙市望城区五星小学 长沙市望城区月龙小学 长沙市望城区沱市小学 长沙市望城区高塘岭实验第二小学 长沙市望城区高塘岭街道高塘小学 长沙市望城区高塘岭实验第一小学 长沙市望城区高塘岭街道裕农小学 长沙市望城区高塘岭街道中心小学 湖南第一师范学院斑马湖小学	长沙市望城区新康中学	长沙市望城区第一中学外国语学校 长沙实验高裕学校	长沙市望城区中等职业专业学校	
乌山街道（高塘岭片区）	长沙市望城区高冲小学（无学生将注销） 长沙市望城区前进小学 长沙市望城区立德经典小学（民办） 长沙市望城区金塘小学 长沙市望城区梅湖小学 长沙市望城区乌山小学 长沙市望城区八曲河小学 长沙市望城区维梓小学 长沙市望城区龙王岭小学	长沙市望城区向阳中学 长沙市望城区育红中学	长沙雅礼实验望城学校	长沙市望城区第一中学	

续表 10

乡镇（街道）	小学（67 所）	初级中学（16 所）	九年一贯制学校（13 所）	普高、中职（5 所）	教学点（1 个）
白沙洲街道（星城片区）	长沙市望城区白沙洲街道黄田小学（无学生将注销） 长沙市望城区白沙洲街道同福小学（无学生将注销） 长沙市望城区新世博寄宿制小学（民办）		周南望城学校 长沙市望城区南雅望城学校	长沙市望城区长郡斑马湖中学	
大泽湖街道（星城片区）	长沙市望城区大泽湖街道南西中心小学（无学生将注销） 长沙市望城区大泽湖街道东马小学 长沙市望城区大泽湖街道回龙小学 长沙市望城区荷塘小学	长沙市望城区大湖中学			
月亮岛街道（星城片区）	长沙市望城区星城实验小学 长沙市望城区月亮岛街道南村小学 长沙市望城区月亮岛街道中岭小学 长沙市望城区金潇小学 长沙市望城区长郡月亮岛第二小学 长沙市望城区长郡月亮岛第三小学 长沙市望城区湖南师大附中星城实验第一小学 长沙市望城区湖南师大附中星城实验第二小学	长郡双语白石湖实验中学 湖南师大附中星城实验学校	长沙市望城区长郡月亮岛学校 长沙市望城区美琪中学 长沙市望城区思源中学 麓山国际望城实验学校		

（资料来源：区教育局）

身份认同让传承更加自觉；通过“超级课程”，活动让概念落地见效；通过“争章工程”，评价让成长激生动力；通过“青锋计划”，平台让实践绽放活力。《活跃望城的十万个“雷小锋”》在长沙市未成年人思想道德建设优秀案例评选中获特等奖。望城“雷小锋”系列活动和先进典型获中央电视台、《人民日报》、新华社、《光明日报》、中新网、湖南卫视、《湖南日报》等 30 余家媒体宣传报道。（肖 奥）

【“双减”督导】 2022 年，望城区继续把“双减”督导作为教育督导“一号工程”，建立健全“双减”督导工作机制，科学强化作业管理、教育教学管理和课后服务管理，努力做到学生在校内学足学好。与长沙银行合作，建立校外培训学校资金监管平台，所有培训机构开设并使用监管账户和结算账户，实现大额资金异动预警。主动调解因政策导致的培训机构关门欠费、家长退费等纠纷，区内未出现一起“卷款跑路”行为，未出现大的信访事件。构建科学的人才评价和家校社协同体系，形成校外治理长效机制，持续推进“双减”落实落细。“学习强国”学习平台专栏报道《“双减”在长沙——望城教育先抓“双抢”，促优质与特色教育百花齐放》。（肖 奥）

【平安校园建设】 2022 年，望城区实施“我们的阵地安如磐”主题活动，压实校园安全主体责任。创建市级平安校园 7 所，区级平安校园 73 所。聘任 27 名检察官担任中小学校幼儿园法治副校长，由街镇班子、村（社区）书记主任兼任辖区内中小学校“特聘安全副校长”。区公安分局支持学区警务室建设，全天候护校安园。开展安全大检查“百日攻坚”行动，成立 11 个工作专班，区教育局班子成员带队开展专项督查。暑期聘请第三方专业机构对全区中小学校、幼儿园进行“大体检”，排查整改各类安全隐患 4561 个。联合开展校园交通安全、防溺水、消防安全、禁毒等宣传教育和应急疏散演练活动 4650 场次。邀请区检察院、区公安分局开展预防性侵害教育讲座 320 场次，推送预警信息 130 万余条。望城校园安全宣传教育工作获中央电视台少儿频道、湖南教育电视台、《湖南日报》、红网等主流媒体宣传报道 10 余次。全国禁毒知识竞赛活动，学生参与率、及格率、优秀率三项均排名全市第一。（肖 奥）

【爱心助学】 2022 年，望城区实施学雷锋“青锋计划”，开发“望城区青少年学雷锋”微信小程序，实现农村学生个人微心愿 7591 个，募集爱心物资 11148 件。开展爱心捐赠零花钱活动，募集善款 79 万余元，帮助 840 名困难学生。23 所学校参加“青锋有爱‘桃’你欢喜”暑期实践活动，帮助龙山县洗车河镇售出黄桃 37105 千克，销售额 73 万元。区少先队名师工作室 30 位名师深入农村学校开展“少先队基础知识”培训和中队辅导员培训 50 余场，推动全区少先队工作高质量发展。落实国家资助政策，实现教育助学金发放“全覆盖”，确保贫困家庭学生“不因贫失学、不因学致贫”。（肖 奥）

【控辍保学】 2022 年，望城区贯彻落实国家、省、市、区各项控辍保学措施，持续推进控辍保学专项行动。各学校采取形式多样的措施，开展《中华人民共和国教育法》《中华人民共和国义务教育法》《中华人民共和国未成年人保护法》《中华人民共和国家庭教育促进法》等法律法规的宣传，让户户知晓政策、人人懂得政策。利用全国中小学学籍管理系统和湖南省教育帮扶“一单式”系统做好疑似辍学摸排核实，加大摸排核查力度，逐一建立台账，开展劝返复学爱心行动，动态销号管理，实现义务教育阶段学校学生“零辍学、无流失”的目标。（肖　奥）

【教育技术与实验教学】 2022年，长沙市望城区中小学教师发展中心（以下简称区教师发展中心）开展常规设施设备建设及教学实验管理工作，为6所新建学校完成信息化类（含常规类）5970万元、校园文化类1008.94万元设施设备采购计划。开展智慧教育及人工智能创建工作：推进教育示范区建设和“三个课堂”试点，组织第二批智慧校园试点校评审，落实“1+3”（1个主校+3个分校）网络联校建设规划，推进省级信息化试点校创建，指导长郡月亮岛学校、周南望城学校、长沙市一中金山桥学校、区教育局创建湖南省人工智能条件下教育社会实践单位，创建省级网络名师工作室2个、智慧教育试点校和培育校14所，指导湖南第一师范学院斑马湖小学、雅礼实验望城学校建成人工智能教室，完成资源平台区网络学校升级工作，网络联校实现乡村学校全覆盖。组织初三毕业生理科实验考察，优秀率91.3%、合格率100%。开展“望城区教育系统安全大检查‘百日攻坚’行动”危化品督查工作，指导各学校及时完成公安部门要求的易制毒化学品备案工作。（刘兰竹）

【望城区27名法治副校长上岗】 2022年2月21日，区教育局与区检察院举行检察官法治副校长聘任仪式，27名检察官成为望城区29所中小学校和幼儿园的法治副校长。区检察院在聘任仪式上宣读《关于检察官担任法治副校长工作实施细则》，向学校赠送《“守望”法治先锋服务队法治宣讲手册》。推进校园法治建设，提升青少年法治素养，为校园和社会的平安稳定夯实基础。（肖　奥）

【望城区新增3所学区警务室】 2022年5月24日，望城区新增3所学区警务室，分别位于高塘岭实验第一小学、周南望城学校、长沙市一中金山桥学校。区人民政府副区长、市公安局望城分局党委书记、局长廖勇，区教育局党组书记、局长张红元为3所新增学区警务室揭牌。学区警务室24小时零距离护卫校园师生安全。望城区按照市公安局、市教育局的统一安排，继续以学校提供场地及硬件、公安配备人员和装备的模式，持续推进学区警务室建设，为望城学子健康成长保驾护航。（肖　奥）

【春季望城区教育工作会议暨“我们的队伍向太阳”队伍建设主题活动】 2022年2月10日，区教育局召开2022年春季全区教育工作会议暨“我们的队伍向太阳”队伍建设主题活动动员会。区教育局作题为《一切为了人民满意》的工作报告。回顾2021年全区教育工作情况，分析梳理全区教育系统“全面提升教育质量 办好人民满意教育”大讨论、大调研活动收集的建议意见，部署2022年全区教育工作。印发《“我们的队伍向太阳”队伍建设主题活动实施方案》，组织实施“红心工程、清风工程、头雁工程、卓越工程、素养工程、健体工程、幸福工程”七大主体工程。（肖　奥）

【湖南省第十四届运动会望城学生获奖牌49枚】 2022年9月19日，湖南省第十四届运动会在岳阳闭幕。望城学生代表长沙市参加田径、乒乓球、蹦床、体操等项目，获金牌20枚、银牌17枚、铜牌12枚。10月10日，湖南省第十四届运动会长沙体育代表团发布《关于通报表扬参加湖南省第十四届运动会先进集体和先进个人的决定》，长郡月亮岛学校获评“突出贡献集体”，湖南师大附中星城实验学校获评“先进集体”，湖南师大附中星城实验学校田径教练员夏燧、湖南师大附中星城实验学校田径运动员尹薇薇、长郡月亮岛学校副校长陈凡德获评“先进个人”。（肖　奥）

【望城区学雷锋“青锋计划”启动】 2022年3月4日，望城区学雷锋“青锋计划”启动仪式举行，发布“青锋计划”微信小程序。“青锋计划”包括微心愿、图书角、雷小锋、希望小屋、关爱家园

2022年7月16—17日，“我们的韶华映朝阳”之“青锋有爱‘桃’你欢喜”青少年暑假实践活动在望城区正荣财富中心和砂之船（长沙）奥莱举行

（区教育局 供图）

和爱心企业6个学雷锋主题实践活动，各学校师生可通过小程序根据需求发布或参与学雷锋实践活动。“青锋计划”设置档案记录板块，记录青少年参与学雷锋实践的过程，形成望城区青少年学雷锋网络成长档案。个人或集体注册和参加活动可获相应积分，作为表彰评选依据和兑换“望城雷小锋”文创产品。“青锋计划”创新学雷锋活动形式，让雷锋精神在广大少年儿童中传承实践。

（肖 奥）

【雷锋号“希望小屋”青少年关爱项目启动】 2022年2月19日，望城区2022年雷锋号“希望小屋”青少年关爱项目启动，计划在全区建成小屋100户。雷锋号“希望小屋”青少年关爱项目根据“经济、适用、环保”原则，按照“五个一”（让青少年拥有一个整洁的住房、一张安静的书桌、一张舒适的小床、一盏明亮的台灯、一个筑梦的空间）要求，为家庭经济困难学生打造舒适独立的生活与学习空间，帮助学生树立信心，助力圆梦。望城区少先队名师工作室协助团区委根据“就近帮扶、长期关爱”的原则，对每名困境青少年建立成长档案，结对“爱心妈妈”，常态化开展课业辅导、心理疏导、亲情陪伴、自护教育等志愿服务，用日常关爱陪伴呵护青少年健康成长，确保困境青少年关爱和保护落到实处。2022年，全区建成“希望小屋”126间。（肖 奥）

【“望城教育”微信公众号获评“2021长沙市最具影响力政务微信（区县类）”】 2022年1月5日，长沙市新媒体年度影响力评选活动获奖名单公示，“望城教育”微信公众号进入“2021长沙市最具影响力政务微信（区县类）”获奖公示名单。“望城教育”微信公众号以新理念、新思维、新举措，讲述新时代雷锋故事，汇聚新征程奋斗精神。推出“2021年‘望城教育奖’特刊”“走，一起到望城校园去……”系列主题活动。“望城教育”微信公众号“粉丝”量逾15万人。（肖 奥）

【“全面提升教育质量 办好人民满意教育”大讨论、大调研活动】 2022年1月4日，望城区教育系统召开“全面提升教育质量 办好人民满意教育”大讨论、大调研活动动员会议，全区教育系统300余人参加会议。活动时间从1月4日至2月28日，围绕教育评价改革、育人理念更新、队伍建设提质、“三课”（课程、课堂、课题）品质提升、区域学位优化、合作办学改进、城乡均衡发展、“双减”全面落实、“智慧教育”发展、职教体系构建和后勤保障增效等教育改革重大问题展开研讨，部署清廉校园创建等工作。（肖 奥）

【“发展合力更强劲 教育质量再提升”大汇报、大务虚活动】 2022年12月16日，望城区教育系统“发展合力更强劲 教育质量再提升”大汇报、大务虚活动动员部署会召开。活动时间为2022年12月20日至2023年1月20日。要求各学校（单位）组织本单位教职员工、学生、家长广泛参与，邀请所在街镇村社和辖区内站、所、企业等单位以及“两代表一委员”“五老”等关键力量建言献策。通过活动对照和回应2022年年初大讨论、大调研活动中师生员工、社会各界提出的问题与建议，解决学校发展急切问题、建设望城教育和学校办学品牌。（肖 奥）

【望城区“雷小锋”德育品牌发布暨首届“雷小锋”超级运动会火种采集仪式】 2022年9月25日，望城区“雷小锋”德育品牌发布暨首届“雷小锋”超级运动会火种采集仪式在雷锋纪念馆举行。活动发布“雷小锋”德育品牌形象，望城区中小学生拥有专属“雷小锋”编号。周美玲被授予“雷小锋”编号000001号，担任望城区首届“雷小锋”超级运动会火种采集大使，开启“雷小锋”超级运动会及火种传递之旅。首届“雷小锋”超级运动会设置40个大项、400余个小项，旨在搭建一个学生全面发展的大平台，探索“五育并举、三全育人”（德育、智育、体育、美育、劳育，全员、全过程、全方位育人）新路径。9—11月，区内40余所中小学校（片区校）接力举行火炬传递仪式，并组织开展“雷小锋”超级运动会，设常规和竞技类（如田径运动会、篮球、乒乓球、羽毛球赛）、传统和现代类（如跳绳、滚铁环、飞盘、掰手腕、纸飞机等）、生存与生活类（如逃生演练、内务整理、厨艺比拼等）、拓展与趣味类（如十人九足、拔河等）4大类比赛，带动全区

2022年11月5日，望城区首届“雷小锋”超级运动会之农耕技艺竞赛徒手抓鱼项目在乔口镇举行 （区教育局 供图）

中小学生提高综合素质,传递雷锋精神。

（肖 奥）

学前教育

【概况】 2022 年，望城区（不含黄金园街道、金山桥街道、白箬铺镇）有幼儿园 163 所，其中公办幼儿园 101 所（含委托公办），普惠性民办幼儿园 47 所，在园幼儿约 3.3 万人。幼儿园在职教职工 4600 余人，其中在编教师 111 人，备案制教师 23 人，编外合同制教师 13 人。通过公开招聘，引进编制幼师 20 名，招聘备案制幼师 20 名。委托长沙师范学院、湖南第一师范学院开展园长任职资格培训和骨干教师培训，培训教师园长 120 人。开展保育员上岗培训、暑期骨干教师培训、幼儿园中层干部培训、幼儿园管理与教学能力提升线上课程培训等，参培教师 1000 余人次。望城区被湖南省教育厅遴选为第二批国培计划幼儿园与小学科学衔接教师能力提升项目县。举办“我们的韶华映朝阳”望城区第三届幼儿体艺节。启动推进幼儿园自主游戏工程，逐步形成幼儿自主游戏教学和研究氛围。开展以“幼小衔接，我们在行动”为主题的学前教育宣传月活动，邀请市名园长罗晓红及其团队到区教育局万润滨江幼儿园开展“聚焦入学准备 共研幼小衔接”送教送培活动。望城教育微信公众号推出 8 期幼小科学衔接专题宣传。在全省学前教育论坛上，桥驿镇童心幼儿园园长周灿作为唯一农村园代表，代表长沙市作题为《知困解困，幼小科学衔接的家园合力之路》的典型经验分享。（李胜辉）

【“我们的韶华映朝阳”望城区第三届幼儿体艺节】 2022 年 6 月 14 日，“我们的韶华映朝阳”望城区第三届幼儿体艺节开幕，先后举行趣味篮球、幼儿趣味足球、幼儿趣味轮滑、幼儿趣味跳绳、幼儿趣味体操、幼儿趣味武术等项目比赛，全区（含黄金园街道、金山桥街道、白箬铺镇）194 所幼儿园、2000 余名幼儿参加活动。6 月 26 日举行闭幕式，邀请长沙市学前教育协会会长肖晓敏作主题讲话，阐述运动对于幼儿健康发展的重要性。通过体艺节为孩子搭建舞台，鼓励广大儿童参与体育运动与艺术活动。

（李胜辉）

2022 年 6 月 14—26 日，望城区举办“我们的韶华映朝阳”第三届幼儿体艺节活动。图为幼儿趣味武术比赛项目 （区融媒体中心 供图）

【望城区学前教育工作会议暨“我们的队伍向太阳”先锋园长论坛活动】 2022 年 5 月 11 日，望城区学前教育工作会议暨“我们的队伍向太阳”先锋园长论坛活动在雷锋大剧院举行。望城区茶亭镇梅花岭幼儿园园长余红娟、望城区教育局万润滨江幼儿园园长周锦作经验分享。会议明确 3 年内在全区幼儿园全面推进自主游戏，2022 年 12 月前为试点阶段、2023 年为全面铺开阶段、2024 年为推进阶段。通过 3 年自主游戏的推广实施，以点带面，实现幼儿园在教育理念、规范管理、保教活动上全面进步，促使全区幼儿园办园质量、幼教形象全面提升，推进学前教育高质量发展。（李胜辉）

义务教育

【概况】 2022 年，望城区有小学 67 所，初中 29 所（其中九年一贯制 13 所）教学点 1 个，在校小学生约 6.1 万人，初中生约 1.9 万人，小学教师 3554 人，初中教师 1561 人。全区义务教育围绕办好人民满意教育的目标，聚焦公平和质量两大核心，落实立德树人根本任务，推进城乡义务教育优质均衡发展。实施“我们的韶华映朝阳”主题活动，构建学生发展体系，深化五育融合，推动学生发展生态和质量双提升。发布“雷小锋”德育品牌，全区近 10 万名青少年拥有一个专属并伴随终身的“雷小锋”编号，实施学雷锋“青锋计划”，探索传承雷锋精神新途径。构建“红领巾奖章”评价激励体系，出台《望城区“雷锋章”争章活动实施细则（试行）》，覆盖中小学 1—9 年级。首批评选出二星章集体 78 个、二星章个人 3924 个、雷锋章个人 1496 个。利用寒暑假“五四”“六一”“少先队建队日”和中国共青团成立 100 周年等重要节点，开展“行走的团徽”“飘扬的红领巾”主题实践活动，制作抗击新冠疫情海报和新冠疫情防控期间青少年心理疏导系列视频，拍摄原创歌曲“我们的韶华映朝阳”和建团百年快闪视频，举办新团员集体入团仪式、首届全区初中团知识竞赛、高中辩论赛、团队课比赛系列活动，为区内红色景点录制“听游望城”青年版和少年版讲解词，让青少年在实

践活动中锤炼品德修养、增长知识见识、提升综合素质。（肖 奥）

【初中升学考试】 2022年中考，望城区初三报考人数6372人，初二报考人数7220人。望城区设望城二中、长郡斑马湖中学、长郡月亮岛学校、湖南师大附中星城实验学校、望城金海高中五个考点。望城区把教育考试工作作为最大的民生工程，高标准、高质量完成中考组考工作，实现中考组考工作“零事故、零差错”。（肖 奥）

【望城区参加2022年国家义务教育质量监测】 2022年5月25—26日，望城区参加2022年国家义务教育质量监测。望城区成立领导小组，制定实施方案，召开专题会议，开展业务培训，部署质量监测服务保障工作。全区20所样本校严格按照国家义务教育质量监测组织工作要求，落实工作责任，规范监测程序，完成各项监测任务，实现“零差错、零失误”目标。长沙市教育局、长沙市教育科学研究院、省市视导组先后到样本学校实地视导，视导组全面督查全区监测工作，对望城区2022年国家义务教育质量监测工作给予肯定。（肖 奥）

【“双减”政策落实】 2022年，区教育局对全区学校开展实地督导，重点督查“双减”政策落地落实情况。严格执行作业管理规定，合理设置考试，不给学校、年级下达升学指标，不简单将考试结果作为评价学校、班主任、教师的依据，严禁校外培训机构面向义务教育阶段学生开展或与学校联合开展考试。课后服务全覆盖，服务内容从看护、辅导作业逐步增加科普、文体、艺术、劳动、阅读、兴趣小组及社团活动等拓展活动，公开遴选课后服务第三方机构，引入100家机构建立目录库以供选择，推行课后校内托管。推进智慧教育，扩大初中学校开设智慧教育信息班规模，推进“智慧体育”“智慧劳动教育”示范创建推广。深化招生制度改革，加强对全区所有学校招生工作的管控。宣传报道“作业管理”“智慧课堂”“教育科研管理”等特色“双减”工作，通过各中小学校和“望城教育”微信公众号向全区宣传《关于校外教育培训的温馨提示》，呼吁广大学生家长理性对待校外培训，引导学生家长树立正确的教育观念，减轻孩子的课外负担。（肖 奥）

【前进小学改扩建项目交付使用】 2022年8月15日，前进小学改扩建项目交付使用。前进小学位于乌山街道喻家坡社区，东临高塘岭大道、南临喻家坡路、西临前进路、北临居民自建房。该次改扩建对现状学校进行改造，将办学规模由12班扩建至36班，规划学位数量1620个，并配备300米标准跑道田径场、室内外球场等运动场地。（肖 奥）

【长郡月亮岛第二小学东校区建成开学】 2022年8月27日，由城发集团负责建设的长郡月亮岛第二小学东校区如期建成开学。学校位于桑梓路与金甲冲路交叉口东南角，净用地面积2.9公顷，建筑面积28066.96平方米，建有3栋教学楼、1栋食堂和体育馆、1栋综合楼、人防地下室，规划办学规模42个教学班，学位数量1890个。学校于2022年3月8日开工建设，仅用5个半月建成开学。（肖 奥）

【长郡双语白石湖实验中学建成开学】 2022年9月，长郡双语白石湖实验中学建成开学。学校位于月亮岛街道，是由长郡双语实验中学全面托管，区政府投资打造的全日制公办初级中学。学校占地面积约4.67公顷，办学规模为初中学段48个班，规划总用地面积约5万平方米，建设有教学楼、科技楼、多功能厅、教师宿舍、食堂、体育馆、田径场、室内篮球场等教学设施。可完善月亮岛片区教育配套，提升片区城市品质，解决片区市民对优质教育资源的需求。（肖 奥）

【麓山国际望城实验学校项目交付使用】 2022年7月30日，麓山国际望城实验学校项目交付使用。麓山国际望城实验学校位于普瑞路以北，新巷路以东，七峰路以南，是望城区与麓山国际实验学校合作办学的新建学校，设计办学规模90个班级，其中小学42个班，初中48个班，可提供学位4200余个。（肖 奥）

【望城区人民政府与湖南第一师范学院签约】 2022年6月1日，望城区人民政府与湖南第一师范学院举行签约仪式，决定合办湖南第一师范学院湘江学校。湖南第一师范学院湘江学校选址大

2022年9月，长郡双语白石湖实验中学开学 （区教育局 供图）

泽湖·海归小镇，规划办学规模72个班，其中小学48个班、初中24个班，可容纳学生3360人。利用湖南第一师范学院管理资源和师资力量，从教育理念、课程体系、教学管理、师资建设等方面提升望城基础教育。（肖 奥）

【大泽湖·海归小镇湘江学校设计方案获批复】 2022年5月中旬，大泽湖·海归小镇湘江学校设计方案获批复。湘江学校东至潇湘北路，西至雅旺路，南至对家塘路，北至南塘路，是大泽湖·海归小镇先行启动的一所九年一贯制学校。建成后可提升整体教育配套水平，为片区引入高精尖人才、助推产业发展提供有力保障。项目设计结合大泽湖片区优良生态环境，以“展翅飞翔”为主题，立面采用大泽湖飞鸟意象，契合海归小镇生态理念，传递“一飞冲天、一鸣惊人”积极向上的精神面貌。教学楼采用中庭布局模式，在屋顶设置可移动绿化种植箱，为学生提供多元、共享、开放、绿色的交流空间。在全区首次引入“地下接送”系统，探索学校空间管理与利用新模式，可节约学校用地，缓解交通压力，保证学生安全。（肖 奥）

普通高中教育

【概况】 2022年，望城区有普通高中4所，包括长沙市望城区第一中学、长沙市望城区长郡斑马湖中学、长沙市望城区第二中学、长沙市望城区第六中学，高中生8000余人，高中教师629人。全区普通高中教育贯彻“开门办教育”的思想，坚持“一校一策”，推进优质多样化特色化发展。坚持以学科研训为引导，通过高考命题调研、课题研究、经验分享、课例研修、专家引领等多种形式，研究高考学科教学策略，明确方向，精准施策。组织开展新高考培训6次，与市教育学院开展联合项目培训，教师参培率100%。承办长沙市高中语文、高中数学等学科的教学研讨活动，展示望城区高中教育学科建设成果，推动市区教育教学融通互鉴。常态化开展重点视导、常规调研、问诊式专题调研等活动，指导督促高中学校坚持学科育人的价值导向，落实学科核心素养培育目标。（李胜辉）

【普通高等学校招生考试】 望城区实施招生考试“阳光工程”，以公平、公正、安全为组考工作核心，把维护考生合法权益作为工作的出发点和落脚点，做好高考组考工作。2022年，望城区高考报名11636人，比2021年增加3287人。其中，历史组合3294人，物理组合4103人，职高对口4230人，高职院校单招录取3265人及申请不编排考场907人不再参加高考。望城区实际参加高考文化考试编排7464人。设望城一中、雷锋学校、区职业中专3个考点，设望城二中、望城六中和金海高中为备用考点，设大汉研学酒店为备用隔离酒店考点。区政府办牵头，组织召开望城区国家教育考试协调领导小组会议，部署“三考”（高考、高中学业水平考试、中考）组考工作。区教育局把“三考”工作摆在重要位置，层层签订工作责任状，压实工作责任。区直部门协调联动，齐抓共管，实现“平安高考”工作目标。（李胜辉）

【2022届高三教学研讨会】 2022年2月19日、21日，长沙市望城区2022届高三年级教学研讨会议在望城一中召开。湖南师范大学附属中学课程与教学处副主任李勇以《用科学的管理培养更优秀的人——高三二轮复习策略与方法》为主题，讲授强化团队管理建设、找准学校增长点，加强高考研究，找准着力点的教学方法。各学校校长、副校长、高三年级负责人汇报本校2022届高考备考情况及备考重点。会议要求各学校倒排备考相关计划，督促学生全面复习，营造良好的学习氛围，强化心理辅导，做好后勤服务的细节工作，确保高考各项工作细致到位。（李胜辉）

【长沙市书堂高级中学（暂定名）开工建设】 2022年11月，位于望城区桥驿镇的长沙市书堂高级中学（暂定名）开工建设。长沙市书堂高级中学（暂定名）定位为一所多语种特色的民办普通高中学校，总投资约5亿元，总建筑面积约11万平方米，设计规模60个班，可以容纳3000名学生，主要建设有教学楼、综合实验楼、宿舍楼、艺体中心、田径场、教师周转房及配套场馆，设计以传承当地文脉、创建生态化、园林化校园为理念，打造中式现代风格的校区。预计2023年9月建成开学，可完善区域教育配置，为区域周边学生提供更多就学选择。（李胜辉）

【“千万奖学金助学圆梦行动”五年盛典暨捐赠仪式】 2022年8月13日，金海教育集团“千万奖学金助学圆梦行动”五年盛典暨捐赠仪式在望城区金海高中举行。活动邀请受助学子、爱心企业、爱心人士与金海教育集团300余名师生和家长参加，见证和助力学生圆梦。活动为32名来自衡阳、永州、郴州、邵阳等地考取一流大学的优秀学子现场颁发助学金，组织受助学子走上舞台分享学习经验和方法，鼓励参加活动的金海高中学生学好知识、练好本领，树立远大的理想抱负，成长为德智体美劳全面发展的时代新人。（李胜辉）

【望城一中建校110周年办学成果展示活动】 2022年11月5日，望城一中举行110周年办学成果展示活动，活动围绕“深情回望点·一路向前”的主题，突出“学术·人文·亲情”，举办湖南省G10、H11教育联盟校长论坛、庆典大会、师生文艺演出、班级聚会、校友讲坛等一系列活动。线下近500名领导和校友、线上超过6万名校友参加活动。（谭向林）

【望城一中集团新增观音湖学校】 2022年4月，望城一中托管原博雅学校，改名为望城一中观音湖学校，托管学校增至9所。望城一中观音湖学校是九年一贯制公办学校，位于湘江新区，占地

8 公顷，设计规模为 72 个班（小学、初中各 36 个班级），实有教学班级 32 个，其中小学 26 个教学班，初中 6 个教学班。实有教学班级 32 个，学生 1533 人。教师 88 人，其中高级教师 2 人，一级教师 11 人，党员教师 27 人，区级卓越教师 3 人，研究生学历教师 9 人。建有教学楼、行政办公楼、食堂和教职工周转房。学校联合区一中开展初高中衔接融合课程、教师交流、校本同步研训，与望一外国语学校的语言特色，共同构成区一中发展的“两翼”。（谭向林）

2022 年 4 月，望城一中托管望城一中观音湖学校 （金山桥街道 供图）

特殊教育

【概况】 2022 年，望城区实施特殊教育提升计划，保障适龄残疾儿童少年平等接受义务教育的权利，实现全区义务教育阶段教育对象的全接纳、全安置。出台《关于成立长沙市望城区特殊教育专家委员会的通知》，为全区特殊教育工作提供依据和遵循。2022 年，望城区义务教育阶段适龄残疾儿童 238 人，通过随班就读、送教上门的方式，为特殊儿童少年提供优质教育服务。随班就读和送教上门的学生均注册学籍，做到随班就读应读尽读，送教上门服务到位。（李胜辉）

【送教上门】 2022 年，望城区修订《望城区义务教育阶段适龄残疾儿童送教上门实施方案》《望城区送教上门教师考核评估方案》，提高特殊教育经费标准至送教上门 6000 元 / 年・生、送教上门 300 元 / 次（每次两小时计 3 课时）并拨付到位。承担送教任务的学校把送教上门工作纳入学校日常管理工作，各学校成立送教上门服务小队，学校校长、教导主任、党员干部等作为主要中坚力量，对辖区内无法到学校就读的特殊少年儿童，全部采取送教上门的教育安置方式安置到位，列入学校学籍统一管理，建立学生档案。全区全年通过送教上门安置适龄残疾少年儿童 35 人，保障因客观原因不能到学校接受教育的残疾少年儿童受教育的权益。（李胜辉）

【资源教室建设】 2022 年，望城区根据属地教育安置原则，将资源教室建设列入中小学校建设规划，深化普特融合。全区建成资源教室 11 所：东马小学、中岭小学、长郡月亮岛学校、湖南师大附中星城实验学校、湖南师大附中星城实验第一小学、铜官片区双湖小学、靖港片区芦江小学、周南望城学校、望城一中外国语学校、金潇小学、铜官中学。区教育局持续推进特殊教育研训中心和资源中心建设，设立特殊教育专项培训，培养区域内资源教师，有 300 余名教师接受融合教育专题培训。各学校成立以校长为组长的融合教育工作小组，统筹随班就读和送教上门工作，做好适龄特殊儿童少年日常教育教学工作的监督和指导。（李胜辉）

职业教育

【概况】 2022 年，望城区有公办职业中等专业学校 1 所，中职生 3000 余人，职高教师 188 人，其中在编 169 人。探索职业学校社会服务模式，搭建职业学校与企业共建共享平台，推进教育教学改革与产业转型升级衔接配套，职业教育服务区域经济社会发展的能力提升。围绕“立德树人”根本任务，实施普职融通项目，开办普职融合试点班，拓展学生升学渠道。区职业中等专业学校立项省“楚怡”中职优质学校建设单位 A 类（全省共 30 所），机电专业群和汽修专业群入围湖南省优质专业群。（李胜辉）

【产教融合】 2022 年，望城区坚持开放办学，实施职业教育提质培优计划。探索联合中小微企业搭建技术创新平台、联合当地名企搭建国际交流合作平台等，推动产教深度融合，服务区域新兴产业发展。“望城智造”产教融合基地立项省产教融合实训基地计划。区职业中等专业学校采取“三单”（企业和社区订单、学校接单、政府买单）培训模式，助力乡村振兴，举办乡村厨艺培训班等社会培训班，参训 9512 人次，培训成果与经验被主流媒体报道，“直播带货 + 短视频制作”培训项目获市优秀项目一等奖。（李胜辉）

【职业院校竞赛主办及参与】 2022 年，望城区深化职业教育改革发展，以技能竞赛为载体，弘扬工匠精神，搭建展示平台，提升师生核心素养，构建高技能人才快速通道。区职业中等专业学校学生在长沙市中职学生技能竞赛中获 47 个奖项，其中一等奖 15 个；在省技能竞赛中获二等奖 1 个。区职业中等专业学校教师团队在长沙市职业院校技能竞赛中 18 个团队获奖，在省赛现场赛中 8 个团队获一等奖，位居全省第一；在国赛中汽修团队获二等奖，语文团队获三等奖。（李胜辉）

【职业院校教师培训】 2022 年，区教育局将职业教育教师培训纳入全区教师培训体系，设立职业教育教师培训专项，推动职业教育教师专业化培养培训，重点培育“双师型”教师队伍。区职业中专将“我们的队伍更卓越”主题活动作为书记工程，聚焦三大教育——理想信念教育、师德师风教育、职教情怀教育，实施三大工程——头雁工程、尖兵工程、雏鹰工程，构建三大载体——树立风向标、搭建练功台、建立调节器，打造“优良师德师风、优秀德育素养、优化教育改革、优异教学成效”的“四优”教师队伍。区职业中专 1 个班主任团队入选长沙市“楚怡”高水平班主任创新团队，1 个思政教师团队入选长沙市“楚怡”高水平思政教师创新团队。（李胜辉）

【校企合作】 2022 年，望城区通过组织开展教师顶岗实践、学生顶岗实习，强化职业教育校企合作。1 月 15—24 日，90 名望城区职业中等专业学校教师志愿参加顶岗实践，到酒店、汽车店等企业一线岗位开展工作实践，根据实践情况调整课程教学内容和方式。6 月，望城区职业中等专业学校与晟通科技集团、长沙格力、中兴通讯、区教育局直属幼儿园、普瑞酒店、中信戴卡等 20 余家企业联合举行 2022 年学生岗位实习校园双选会，各专业对口招聘企业分场地开展招聘宣讲，学生选择专业对口企业参加面试和进行咨询。通过搭建企业和学生精准对接的平台，促成 479 名职业中专学生到各企业开展顶岗实习，培养学生专业技能和岗位适应能力。（王英姿）

【职业教育宣传月活动】 2022 年 5 月 13 日，望城区职业教育宣传月活动启动，拓宽升学渠道，逐步在全区开展“普职融通”试点工作，建立“普职融合实验班”，探索中职学校与普通高中学生探索课程互选、学分互认、资源互通的新模式，打造望城职业教育联盟。长沙市教育局副局长杨庆江、望城区人民政府副区长黄金国出席。杨庆江对新修订施行的《中华人民共和国职业教育法》进行解读，倡导社会转变对职业教育的观念与印象，强调职业教育大有可为。举行职业教育微论坛，邀请嘉宾出席活动，围绕“新时、新政、新机”，解读职业教育新政策与新变化，解答家长与社会最关心的职业教育改革发展问题。（李胜辉）

2022 年 12 月 3 日，在 2022 年全国职业院校技能大赛教学能力比赛中，职业中专汽修专业团队获二等奖（国赛现场赛摄影师 摄）

【长沙市望城区职业中等专业学校立项湖南省“楚怡”中职优质学校建设单位 A 类】 2022 年 4 月，根据省教育厅、省财政厅《关于印发〈湖南省高水平高职学校和专业群及优质中职学校和专业（群）建设计划实施方案〉的通知》要求，结合长沙市以及望城区经济社会发展需求和学校“十四五”事业发展规划，望城区职业中专组织团队着手申报湖南省楚怡优质中职学校和优质专业（群）建设单位。湖南省教育厅对办学基本条件以及立德树人、学生发展、专业建设、教师发展、学校创新发展 5 个方面已取得标志性成果进行严格的资格审查，经专家评审，省教育厅领导小组审议、党组会审定，7 月 6 日，长沙市望城区职业中等专业学校立项湖南省楚怡优质中职学校建设单位 A 类（全省共 30 所）。（王英姿）

社会教育

【概况】 2022 年，望城区社会教育聚焦乡村振兴，实施农村人才培养计划，开展有规划、全方位的系统培训，促进农民大学生素质提升。拓宽社区教育领域，针对农村小规模学校和新办学校缺乏专任教师的现状，组织区域内优秀教师和具备资质的社会专业人员或志愿者助力学校课后服务。加强社会教育特色课程建设，13 堂微家庭教育序列课程获批教育部职成司“能者为师”系列首批特色课程。构建家校社协同育人机制，发挥社区教育优势，助力“双减”政策落地落实，推进全民阅读活动常态化。（李胜辉）

【社区教育】 2022 年，区教师发展中心聚焦乡村振兴、实施“农村人才”培养计划，对招收的 45 名农民大学生进行系统、全方位的培训，首次为已毕业优秀农民大学生争取到职称评审机会。社区教育从社会教育拓展到家庭教育、学校教育，初步形成协同育人局面。组织区域内优秀教师、具备资质的社会专业人员或志愿者进校园开展课后服务，邀请雷锋精神讲师团成员5次进校园巡回宣讲新时代雷锋精神，联合望城区妇联、李恒团队组成“好好爱”家庭教育公益讲师团开展线下培训20余次、线上培训10次。成立社区教育工作坊，集中区内优秀教师开展“基于望城地域文化的社区教育特色课程开发与实施研究”课题研究。参与省、市社区学院开展的“终身学习”系列社区教育活动，3人次、3个团队、2个家庭获省、市级奖励，单位获评多项优秀组织奖。（李胜辉）

【社会办学专项治理】 2022年，区教育局成立校外培训监管科，直接管理校外培训行业，常态化实施校外教育培训综合治理行动。多渠道宣传解读“双减”政策，引导相关部门和社会力量参与，通过政策宣传、与举办者谈心沟通等方式，引导举办者转型、改行，区内义务教育学科类培训机构压缩率50%以上。建立校外教育培训机构监管机制，落实“双减”工作要求，确保节假日、周末不开展学科内校外培训，校外培训监管覆盖率100%。与长沙银行合作，建立校外培训学校资金监管平台，所有培训机构开设并使用监管账户和结算账户，实现大额资金异动预警。主动调解因政策导致的培训机构关门欠费、家长退费等纠纷，区内未出现培训机构“卷款跑路”行为，未出现涉培训机构重大信访事件。（李胜辉）

教师队伍建设

【概况】 2022年，区教师发展中心创建新一届“市级文明单位”，开展社区教育及“我们的队伍向太阳”“我们的阵地安如磐”“我们的校园美如画”“我们的改革坚如铁”等系列主题活动，社区教育6项工作获教育部职业教育与成人教育司奖励或推介，13项工作获市级优秀组织奖，2个工作室获评区级示范类工作室，培训、教研、教育装备、工会等工作全年被国家、省、市、区各级媒体报道23次，区教师发展中心获“湖南省2022年度中小学幼儿园教师网络研修（工作坊研修）工作先进单位”称号。（刘兰竹）

【教育科研】 2022年，望城区全年申报区级课题172项，立项120项，组织基层学校申报长沙市“十四五”规划课题13项、省级规划课题2项、省教育学会课题20项、省科协课题7项，区中小学教师发展中心主持的区域性省级规划课题“人工智能助推区域中小学数学教师专业发展的研究”立项。望城区省级课题结题3项，市级课题结题14项，其中4个课题获市一等奖、4个课题获市二等奖、2个课题获市友谊科研奖、3项课题成果在全市范围宣传推广。（刘兰竹）

【教育教学】 2022年，区教师发展中心教研员围绕学科核心素养开展重点视导、问诊式专题调研、片区研训、送教送培工作，在高中全学科、初中和小学中抽取2/3的学校进行“新课程、新教材、新高考”三新调研，全年下校84所次，调研听课、参加校本研训活动1478人次。区教师发展中心将“三新”调研要求与课堂“减负增效”思想融入教学调研工作，利用研讨环节为一线教师诊断问题、分析问题、解难答疑。全年分3个学段、41个学科开展“研赛培”研训一体活动，聘请省、市专家92人次到望城现场点评或授课，全区3241人次参加研训一体活动，大量年轻教师在“研赛培”过程中脱颖而出，参加省、市学科教学竞赛，获市级二等以上奖励155人次、市级一等以上奖励105人次、省级奖励4人次。组织高中教师新高考培训6次，其中3月10日在长郡斑马湖中学举行的全区新高考教学研讨会明确2022年高考应对策略和方向，为高考实现新突破打下基础。（刘兰竹）

【教师评聘】 2022年，望城区优化教育人才引进政策，招聘引进教师1091名。13名优秀教师、1个先进集体、2项优秀科研成果在长沙市庆祝第38个教师节暨优秀教师表彰大会上获表彰。区委教育工作领导小组授予8个单位、3个团队、105名先进个人“望城教育奖”10个类别的称号。民丰中心小学教师周佳获评“湖南省优秀教师”，东城中学教师徐亮获评第六届长沙“十大魅力教师”。望城一中校长刘宇被选树为“长沙市教育专家”，长郡月亮岛第二小学校长蔡拥政、新世博寄宿制小学校长王念获评长沙市“优秀基层少工委主任”。教师吴兰波、贺信、王俊获评“长沙市青年岗位能手”。望城区职业中专8个教师团队在2022年“楚怡杯”现场赛中获一等奖，汽修、语文2个团队获国奖。（李胜辉）

【师德师风建设】 2022年，区教育局实施“我们的队伍向太阳”队伍建设主题活动，打造教育系统“书记工程”。举办书记校长头雁培训班2期、后备干部培训班4期，举行先锋人物故事分享200余堂，开展党员示范岗、示范班、示范课活动1000余人次，组织教师培训竞赛2000余人次、素养提升培训6000余人次。评选优质党课16堂、先锋故事12堂，遴选“学习贯彻中共二十大精神理论征文”优秀作品62个。推荐6个课例参加全市“有风景的思政课”评选展示活动获市奖。区教育局、湖南师大附中星城实验学校获评全省教育系统关心下一代工作先进集体。望城区职业中专第五党支部、长郡月亮岛第二小学党总支、高塘岭中心小学党支部、东马小学党支部获评望城区党建示范点。将桥驿中学打造成为全省清廉学校建设示范点，建成望城一中、湖南师大附中星城实验学校、湖南第一师范学院斑马湖小学等区级清廉学校。区教育局原创视频《就认这个理》获全市“理论+宣讲”比赛最佳网络人气奖第一名。完成24个普惠性民办幼儿园财务收支审计、4个中小学校（单位）法人离任经济责任审计和29所公办幼儿园审计工作。完成省委巡视反馈意见整改。出台教育系统“八条禁令”，严格执纪问责，开展专项治理和警示教育，营造风清气正育人生态。（李胜辉）

【教师交流】 2022年，望城区交流调配校长教师150人，城区派向农村支教教师28人,农村校长到城区锻炼2人。（李胜辉）

【师资培训】 2022年，区教师发展中心开展各学段学科培训、联片研训和主题式、问诊式研训推进研与训深度融合，完成国培和省培、市培三级培训1746人次送训、区级7587人次培训任务，单位获评“湖南省2022年度中小学幼儿园教师网络研修（工作坊研修）工作先进单位”。全年以“党建+”为引领开展分层分类培训，配合区教育局组织4次后备干部团队建设暨业务培训、入党积极分子培训；组织相关教师参加2022年长沙市望城区师德师风建设专题网络研修；组织全区中小学书记、校长参加中共二十大精神宣讲培训。望城区以“党建+”为引领的分层分类培训成为全省区域培训一大创新和亮点，其中教师培训师培养模式影响辐射全区并获“学习强国”学习平台专题报道；项目化整校推进信息技术应用能力提升工程2.0全员培训的望城模式影响遍及省、市，其经验多次在省、市培训中分享。（刘兰竹）

【“手拉手”研修活动】 2022年8月14—17日，区教师发展中心组织一线优秀教师与湘西土家族苗族自治州花垣县70余名教师以“中小学教育信息化应用暨教育科研高端研修”为主题开展“手拉手”研修活动。湖南省电化教育馆专家、主任王子权和王劲松分别作题为“中小学教师如何开展信息技术课题研究”“精品课制作及案例分析”的专题讲座。两地教师围绕精品课件制作、教育信息化科研、校园文化、信息化建设等研修主题，结对研修，互通互鉴，结下深厚民族情谊。（刘兰竹）

【“送教送培”活动】 2022年3月，区教师发展中心在望城区靖港镇芦江小学承接长沙市特级教师工作站小学名优教师“志愿支教、送教下乡”活动，在大泽湖街道大湖中学承接初中数学正高级名师工作站送教活动。5月21日，配合长沙市教育局、长沙市教师发展中心、长沙市特级教师工作研究专业委员会、长沙市罗晓红名园长工作室暨学前教育名师农村工作站在望城区教育局万润滨江幼儿园开展主题为“聚焦入学共研幼小衔接”的送教送培活动。3月8日，区教师发展中心小学语文、英语、数学、音乐、体育等学科教师在乌山街道八曲河小学开展送教送培活动。全年各学科培训教师7000余人。（刘兰竹）

【望城区中小学骨干校长暨2022年教师培训师培养对象高端研修班开班】 2022年7月26日，为期1周的湖南省长沙市望城区第一批教师培训师培养对象高端研修班在湖南理工学院举行开班仪式，50名望城名师工作室首席名师、学校校长、幼儿园园长、教科室主任、教研组长作为培训师培养对象参加培训。此次培训由长沙市望城区教育局主办、国家教育行政学院承办、望城区中小学教师培训名师工作室协办，聘请省级专家参照省级教师培训师考核标准对参加培训的学员进行严格的考核，确保培训效果。（刘兰竹）

【望城区17名优秀教师支教绥宁】 2022年8月30日，2021—2022学年度绥宁支教工作总结表彰大会暨2022—2023学年度绥宁支教动员大会召开。2021—2022学年度支教教师代表王科、李婕汇报支教工作情况。2022—2023学年度支教教师代表谭文娟、杨艳作表态发言。经综合考评，评定2021—2022学年度支教团成员张旺、彭文静为支教工作优秀教师，评定长郡斑马湖中学、湖南第一师范学院斑马湖小学、中岭小学为支教工作先进集体。（李胜辉）

【长沙市少先队辅导员风采大赛】 2022年9月14—16日，由望城区承办的“喜迎二十大 永远跟党走 奋进新征程”2022年长沙市少先队辅导员风采大赛举行。望城区4位少先队辅导员代表参赛，获团体特等奖1个、个人全能奖2个、单项奖13个。其中，教师王俊、贺信获个人全能奖；主题宣讲项目，王俊、王娜、刘梦婕、贺信获一等奖；活动案例讲解项目，贺信获特等奖，王俊获一等奖，王娜、刘梦婕获二等奖；校外实践

2022年7月26日至8月11日，望城区中小学骨干校长暨2022年第一批教师培训师培养对象高端研修班在湖南理工学院举行（区教师发展中心 供图）

活动设计项目，王俊、贺信获特等奖，刘梦婕获一等奖，王娜获二等奖；情景处理答辩项目，贺信获二等奖。该次大赛面向全市普通中小学在岗的少先队辅导员（含总辅导员），设“强国复兴有我”少先队基础专业知识笔试、“喜迎二十大，争做好队员”主题宣讲、“请党放心，强国有我”主题少先队活动案例讲解、“红领巾寻访党的初心”主题少先队校外实践活动设计、少先队工作情景处理答辩5个项目，全市10支队伍参加比赛。 （李胜辉）

【望城区体育教师彭杜担任北京冬奥会冰球项目裁判员】 2022年2月，来自望城区的体育教师彭杜在北京冬奥会冰球项目赛场担任裁判员，是冰球项目唯一一位来自湖南的国内技术官员。彭杜于2018年考取国家一级场外裁判员，先后参与全国冰球锦标赛、2019年女冰世锦赛、KHL大陆冰球联赛等国内国际大赛的场外裁判工作，2021年通过考核选拔入选北京冬奥会冰球项目国内技术官员团队。作为男子冰球比赛场外裁判团队成员之一，彭杜在比赛中主要负责场上射门统计工作，包括记录是否进球、是否射正、是否被封堵等射门信息。4月，彭杜完成北京冬奥会和冬残奥会裁判任务返校。 （李胜辉）

2022年2月，望城教师彭杜担任北京冬奥会冰球项目裁判员

（区教师发展中心 供图）

学校选介

【长沙市望城区第一中学】 长沙市望城区望城一中（以下简称区一中）是望城区唯一的省级示范性高中，也是湖南省唯一招收西藏生班和山南代培班的中学。2022年，在编教职工258人，在校学生2794人，教学班59个（含其他省市西藏班和西藏山南班7个），2022年，区一中获湖南省学校文化建设创新成果二等奖等各级各类集体奖励12项。湖南教育等各级各类新闻媒体报道区一中28次。学校微信公众号、视频号推出400余条新闻，其中2条视频播放量超过100万次。望城一中集团办学增加望一观音湖学校，集团办学增至9所学校。民族教育再上新台阶，山南代培班在原有基础上扩充1个班，民族教育得到上级部门的高度肯定。争取到区政府支持投入3500万元对老校区完成提质改造，争取望城经开区支持投入400万元，改造东边围墙，北校门周边提质绿化、美化等，改善学校环境。

队伍建设 区一中进行中层干部重新竞聘上岗，调整学校中层科室组织架构，增设部级制，选聘刘凯奇等一批优秀的青年教师到管理岗位。选派周围等3名干部到望一观音湖学校和望一外国语学校担任领导岗位。开展区名优骨干教师培训（35人）、区教师培训师培训（4人）、家校合力同心育人培训（5人）、立德树人培训（4人），区美术网络名师工作室培训（2人）、区各学科2022年新入职教师培训，区暑期教师培训等网络研修培训。继续实施“师徒结对”活动，50余名骨干教师与青年教师签订师徒合同，师傅上引领课，徒弟上汇报课，起到“传帮带”的作用。校长刘宇获评“长沙市教育专家”称号；学校有10人次获评市区各类卓越教师，4名教师领衔区级学科名师工作室。卢宇高中英语工作室获望城区考核优秀。在2022年望城教育奖评选中，高三年级484班被评为“优秀团队”，教师严文鸳、张旺、肖建均等分别被评为优秀班主任、雷锋式园丁和优秀教师。6名教师晋升为中学高级教师，2名教师晋升为中学一级教师。引进15名名优骨干教师和优秀大学毕业生，9名校聘教师。

德育工作 建立学校领导班子、学生成长中心、年级部德育副主任、班主任的四级管理网络。推行学生导师制和学生自主值勤制度，构建“全员育人、全程育人、全面育人”的育人机制。组织班主任等德育人员工作专题理论学习15次，内容包括《中小学德育工作指南》等。通过升旗仪式、主题班会开展多种形式的爱国主义教育、法制安全教育等专题教育21次。做好国家精准扶贫建档立卡工作，为300余名学生申请国家助学金。举行望城一中第七届“五一优秀学生”颁奖，有91名学生受到表彰。举办望城一中第28届体育节，进行“雷小锋”火炬接力和团体操表演。开展心理教育活动，原创校园心理剧获一等奖，31个心理漫画获区级奖励，谭春兵、谭烨获评优秀指导教师。按照上级要求平稳有序开展新冠疫情防控工作，确保学生健康安全。

教研教改 重视教研教改工作。落实备课组活动，明确每次备课组活动的目的、任务等，取得良好效果。开展“推门听课”活动，开展教研课、同课异构、高三二轮复习习题讲评课、师徒汇报课等100余堂，通过教育科技节开展青年教师解题讲题大赛、原创命题大赛等，举行第四届“读书品生涯”校园读书节系列活动。开启名师工作室工作，首批5个校级名师工作室成立。1个省级“十四五”教育科研课题立项，1个市级教育科研课题立项。在教学比武中，教师谢婉惠在长沙市中学思政课教师教学基本功竞赛中获一等奖，教师刘娇阳在特色课程微视频课比赛中获一等奖，教师刘汉辉、姚宇、龚君和刘娇阳在特色课程建设案例比赛中获一等奖；在区星城杯普通高中教师教学竞赛中，教师文博云、范洪勃获一等奖，4人获二、三等奖。在第三届雷锋杯中小学视频教学竞赛获市一等奖1人、区一等奖10人，区二、三等奖12人，区内展示3人。有15篇论文在刊物上发表，在论文评比中，获省一等奖7篇，省级奖励34篇。

教育质量　以“G10教学联盟、H11教学联盟”为活动载体，以“A佳教育”为技术依托，高一、高二、高三开展近10次联考，为教学开展提供有效的数据支撑。加强教学常规检查，开展常规检查4次，常规抽查12次。加强课堂巡查和晨读检查和课堂巡查，每周对表现优秀的班级进行表扬。完成教育科技节相关活动，创建多样化平台，促进师生综合素质的提升。抓好“两考”组考工作，被评为高考优秀考点。高考成绩再上新台阶，特殊类上线其他省市405人，本科上线率96.17%，1人考入清华大学，2022年长沙市普通中学教育质量综合评价报告区一中排名全市第十，是唯一一所进入前十名的区县高中。

艺体工作　区一中学生在湖南省中学生田径运动会获3枚金牌、4枚银牌、3枚铜牌。其中袁慧怡1500米获金牌，朱文玥获3000米金牌，刘姗铅球获金牌，向家成获110米栏银牌，陈凌远获跳远银牌、三级跳远银牌；学校团体总分获第七名。首届美术班37人参加湖南省美术联考，专业合格率100%，其中魏泽涵考入清华大学，刘亦乐考入中国美术学院。11月，举行建校110周年办学成果师生文艺演出活动。

民族教育　7月，山南市教育局和长沙市教育局决定在区一中山南代培班原有基础上再扩充1个班。至此，学校每个年级有2个其他省市西藏班和2个山南代培班，计278人。民族教育工作再上新台阶。（谭向林）

【长沙市望城区职业中等专业学校】　长沙市望城区职业中等专业学校（以下简称望城区职业中专）是望城区内唯一一所全日制公办职业中等专业学校，是国家级重点职业中专、第三批国家中等职业教育改革发展示范校。2022年，学校有全日制中职学生3000人，55个教学班。开设机械加工技术、工业机器人技术应用、数控技术应用、智能设备运行与维护、汽车运用与维修、汽车车身修复、汽车服务与营销、计算机应用、数字媒体技术应用、会计事务、电子商务、旅游服务与管理、高星级饭店运营与管理、幼儿保育14个专业，培养中职学历教育毕业生859人。区职业中专依托“湖南省安全培训基地”“长沙市失业人员、农民工职业技能培训定点机构”“长沙市工匠培育与竞赛基地”等资质，聚焦区内主要产业，服务乡村振兴，全年开展社会培训9512人次。立项湖南省“楚怡”优质中职学校A类建设单位，机械加工技术专业群、汽车运用与维修专业群立项湖南省“楚怡”优质专业群，获“区教育系统绩效考核一等奖”等区级以上奖励26项，被上级媒体报道22次。

德育工作　坚持立德树人，夯实德育教师队伍建设。根据《望城职中名班主任工作室建设方案》《长沙市望城区职业中专德育品牌培育方案》等，通过班主任“青蓝工程”、定期培训、改革考核评价等措施，着力打造一支具有“优良师德师风、优秀德育素养、优化教育改革、优异教学成效”的“四优”德育队伍。1个班主任团队入选长沙市“楚怡”高水平班主任创新团队，1个思政教师团队入选长沙市“楚怡”高水平思政教师创新团队。构建“全员、全方位、全过程”的“三全”育人体系：发挥德育课育人的主渠道作用，按照教育部规定开设课程，每周2课时，配齐教师，保障教学质量；创新德育实施模式，开展以“我们的韶华映朝阳”为主题的德育活动，技能节、社团节、成长节、励志节、体育节、文艺节这“六大节会”及团建活动具有职校特色，渗透社会主义核心价值观和职业精神等德育

2022年11月5日，望城一中举行建校110周年庆典大会暨师生文艺演出
（区一中　供图）

元素；常态化开展各类班级评比活动，以微信公众号报道等形式，开展“断手机病、舍香烟瘾、离脏乱差”活动使学生养成良好的行为习惯；开设“阳光心灵驿站”，配备心理测试设备和执证的心理咨询师，进行全员心理健康普查，对有心理问题的学生进行干预。区职业中专参加区大课间比赛获二等奖；案例《六大节会促成长 万象跟新续华章》获2022年长沙市中小学校德育工作典型案例一等奖，案例《劳动扮靓校园 技能点燃梦想》获长沙市劳动教育案例一等奖。被评为区“教育系统垃圾分类示范校学校”、区级“平安校园”，1个班级被评为湖南省级优秀班集体，2个班级被评为长沙市级优秀班集体。

2022年7月21日，职业中专组织8支队伍参加“楚怡杯”湖南省职业院校教师职业能力竞赛教学能力比赛现场赛，全部获一等奖　　（杨　双　摄）

教学工作　教学工作以提高技术技能人才培养质量为中心。在2022年职教高考中，对口升学率100%，本科上线率15%；在长沙市公共课普测中合格率91.84%，优秀率15%；在湖南省技能抽查中，合格率100%。在长沙市中职学生技能竞赛中，学生获47个奖项，其中一等奖15个，5个赛项晋级省赛。学生参加望城区科技创新竞赛获一等奖3个、二等奖3个。参加望城区信息素养提升实践活动比赛，获特等奖2个、一等奖2个、二等奖2个，参加长沙市信息素养提升实践活动比赛，获二等奖1个、三等奖1个。

队伍建设　区职业中专“我们的队伍更卓越”书记工程对接区教育局“我们的队伍向太阳”教师队伍建设主题活动，聚焦三大教育——理想信念教育、师德师风教育、职教情怀教育，实施三大工程——“头雁工程”“尖兵工程”“雏鹰工程”，构建三大载体——树立风向标、搭建练功台、建立调节器，激发教师队伍活力。以“先锋时刻”专题报告会树立风向标，学校有30余名教职工站上分享台。党员先锋故事《巾帼育匠才 职中绽芬芳》被推荐至“学习强国”学习平台，第五党支部获评区级基层党建示范党支部。2022年，区职业中专获区级以上先进个人奖励463人次，其中教育教学类奖励343人次。组织参加职业能力竞赛，在市赛中18个团队全部获奖；在省赛现场赛中8个团队全部获一等奖，位居全省第一；在国赛中汽修团队获二等奖，语文团队获三等奖；省赛现场赛教师团队获“望城教育奖”优秀团队奖，5个教师团队立项为长沙市高水平教师（班主任）团队。

产教融合　参与职教微论坛，办好普职融合试点班，与湖南生物机电职业技术学院开展中高职融通办学，组织大国工匠进校园等活动。尝试联合中小微企业搭建技术创新平台、联合当地名企搭建国际交流合作平台等。“望城智造”产教融合基地立项省产教融合实训基地计划。

社会服务　采取“三单”（企业和社区订单、学校接单、政府买单）培训模式，举办京东物流班、晟通叉车班、乡村厨艺培训班、陶瓷彩绘培训班、长沙市首届旅游大会专项培训班、驻村干部“抖音直播班”等多个社会培训班，参训学员9512人次，培训成果与经验被中国民生网、《湖南日报》等多家媒体报道。“直播带货＋短视频制作”培训项目获长沙市优秀项目一等奖。学校的培训项目分四大类：“三高四新系列订单班”缓解园区企业招工难问题；“乡村振兴系列订单班”提升农民工、贫困户就业技能，实现本土人才本土化；“政府订单班”直接服务区委区政府中心工作；“送课上门服务 职校走进社区”项目，随时接受社区预定，随时送课上门。

（王英姿）

文 化

CULTURE

编辑 周 玲

公共文化

【概况】 2022年年底，望城区有文化馆、图书馆、街镇综合文化站、村级综合文化服务中心等公共文化场馆150余处，全年各级公共文化场馆开展各类文化活动3700余场次。（陈 茜）

【公共文化服务体系建设】 2022年，望城区统筹推进文化馆、图书馆总分馆建设，打造各分馆"一馆一特色"布局，完成雷锋图书馆第七次全国图书馆评估定级工作，加快推进乡村图书馆建设。完成铜官街道袁家湖社区、白沙洲街道马桥河村等11个市级标准化村（社区）综合文化服务中心和乔口镇综合文化站2个公共服务文旅融合示范点建设。丁字湾街道兴城社区综合文化服务中心被公布为2022年度湖南省"最美潇湘文化阵地"。"每日有书 每周有戏 每月有约 四季欢歌"系列群众文化活动不断提质升级。组织开展"带一本书游一座城 走读望城"、"阅读，一个都不能少"馆校共建、"阅见未来 助力乡村"志愿服务等各类阅读活动760余场。开展"每月有约 '星'动望城——盛夏之夜 中外经典"音乐会。开展公益电影放映1406场，"每周有戏 好戏连连"戏曲惠民演出11场次，戏曲进景区36场次，"送戏下乡"惠民演出120场次，获《人民日报》报道。举办"与雷锋同行"第三届社会主义核心价值观群众性原创文艺节目大赛、"献礼二十大 奋进新征程"全民健身广场舞大赛，以政府搭台、群众唱戏的形式，引导群众创作，鼓励群众表演，丰富基层精神文化生活。创作《雷锋家乡小朋友打快板迎虎年》，在文旅部全国文化公共发展中心"村晚"短视频征集活动中获最佳创意奖和最佳人气奖。发掘望城本土红色人物、湖南和平解放秘密电台旧址等红色文化资源，创排情景剧《炳文轶事》、红色宣讲《秘密电台》。鼓励区域内文艺爱好者围绕中共二十大主题，创作书法作品《增进民生福祉》、歌曲《一江两岸》等文艺作品。（陈 茜）

【党建书屋】 2022年，湖南省新华书店有限责任公司长沙市望城区分公司（以下简称新华书店望城分公司）推进全民阅读工作，在全区各级党政机关、国有企业、事业单位建设标准化"党建学习书屋"。为全区各级事业单位提供《让群众过上好日子——习近平正定足迹》等4部图书以及《习近平谈治国理政》第四卷等党建学习资料。（李潇潇）

【读书工程】 2022年，新华书店望城分公司联合各部门开展相关阅读全域推广活动。提升全民阅读活动覆盖面，分类分众，提升全民阅读活动针对性。强化社会参与，以全民参与、全民共享为原则，鼓励和引导社会各方力量参与全民阅读活动。通过各部门联合，持续深化阅读推广人工作机制，发挥阅读推广人名人效应，汇聚全民阅读多方力量，擦亮"书香城市"名片。12月，联合区教育局，根据后台教师阅读打卡、征文比赛和学校购书情况综合分析，评选出10个"教师读书工程"优秀组织单位、50名教师"阅读之星"和50名"阅读达人"，由区教育局在全区工作大会上颁奖。（李潇潇）

【图书销售与服务】 2022年，望城区新华书店中心门店设立"中国共产党成立100周年"主题图书专架，挑选党史党建书籍百余种，做好以党史为主题的图书重点推介和陈列，倡导广大读者参与党史阅读。配合重大历史节点，策划组织专题书展，让读者了解党和国家的方针政策，了解中国共产党的辉煌发展历程。定期开展形式丰富的阅读活动，4月23日开展"让阅读走进生活"世界读书日折扣活动，6月1日开展"六一"大促活动，7月13日开展"阅读中国，领读少年"暑假小店长社会实践活动，2022年9月1日开展的"开学季大促""岳麓书会"读者节绘本活动。围绕"雷锋家乡学雷锋"主题，新增一年级学生活动用书《雷锋的故事》，将233.6万册教材教辅配送全区146所中小学校。实行区域负责制，组建专职区域经理团队，成立由7名片区经理组成的市场业务部，采取组织教材教辅文件学习、演练推广营销技巧，交流先进经验，制定考核激励机制等办法，2022年期刊主题阅读等发行量同比增长231.15%。（李潇潇）

【智慧阅读共享书屋】 2022年，新华书店望城分公司建设明德望城学校共享书屋、南雅望城学校智慧共享书屋、星城附一小智慧共享书屋、长沙市一中金山桥二小共享书屋。打造温馨的阅读场地，配备丰富的图书品种和智能化借阅设备，激发学生阅读兴趣，引导学生养成良好的阅读习惯，促进书香校园建设。（李潇潇）

【"爱'阅'团"青少年阅读培育计划】 2022年6月1日，区文旅广体局联合区教育局等部门组织开展望城区"爱'阅'团"青少年阅读培训计划启动仪式。活动为望城区新世博学校全体师生办理免押金"读者证"，配送2000册图书现场借阅，将流动图书大巴车开进校园，提供图书借阅服务。在新世博九年制寄宿学校设立"爱'阅'团实践基地"，定期提供阅读培训指导，输送阅读养成模式和提供长期阅读跟踪服务，汇聚、培育青少年阅读领路人、选书官、阅读社群，得到广大师生家长的好评。（李 锋）

【《长沙市望城区2022年度新时代文明实践示范所（站）暨标准化村（社区）综合文化服务中心建设实施方案》印发】 2022年5月19日，区委宣传部（区文明办）、区新时代文明实践中心、区文旅广体局、区财政局、区发展和改革局联合下发《关于印发〈长沙市望城区2022年度新时代文明实践示范所（站）暨标准化村（社区）综合文化服务中心建设实施方案〉的通知》，明确在全区建设15个标准化村（社区）综合文化服务中心、15个新时代文明实践示范所（站）、10个新时代文明实践示范金种子屋场，建成后用于开展志愿服务、公益活动、群众文体活动等。项目建设依托原有公共活动场所，优化室内外功能布局、布置标准的设备器材，10月完成2022年度新时代文明实践示范所（站）、标准化村（社区）综合文化服务中心建设任务，取得良好的社会效应。（陈 茜）

【“书香长沙·世界读书日”系列活动】 2022年4月22日，长沙市“书香长沙·世界读书日”系列活动启动式在望城区丁字镇兴城社区茶园子乡村图书馆举行。活动由中共长沙市委宣传部、长沙市文化旅游广电局、长沙市教育局主办，长沙市图书馆、望城区委宣传部、区文旅广体局、区教育局、区社科联承办，望城区雷锋图书馆及长沙市其他各区县（市）图书馆协办。活动现场举行“稻田里的书香”首批乡村图书馆授牌仪式，“全民阅读志愿者联合会”忘年教服务队望城区分队授旗仪式，通过校园流动图书车借阅服务、3D打印冰墩墩、看图猜书名、游学打卡最美乡村图书馆、古籍课堂等不同形式的阅读体验活动，展示读书的魅力，营造全民阅读的良好氛围。（李 锋 刘飞宇 陈 茜）

【《人民日报》报道望城文艺工作者“送戏下乡”】 2022年10月1日，《人民日报》报道雷锋艺术团送戏下乡惠民演出。雷锋艺术团作为基层文艺院团，多年坚持将舞台搭到老百姓的家门口，走到群众当中去，打通公共文化服务的“最后一公里”，真正把文化惠民、服务百姓落到实处。雷锋艺术团坚持开展送戏下乡惠民演出活动，让更多群众能够真正在家门口感受传统文化的魅力，享受真正的文化精神食粮，助力乡村文化振兴，让文化惠民工程真正成为群众满意的暖心工程。（朱 露 胡锦秀）

文化场馆

【文化场馆建设】 2022年，望城区统筹推进文化馆、图书馆总分馆建设，打造各分馆“一馆一特色”布局，完成雷锋图书馆第七次全国图书馆评估定级工作，加快推进乡村图书馆建设。完成铜官街道袁家湖社区、白沙洲街道马桥河村等11个市级标准化村（社区）综合文化服务中心和乔口镇综合文化站等2个公共服务文旅融合示范点建设。丁字湾街道兴城社区综合文化服务中心被公布为2022年度湖南省“最美潇湘文化阵地”。（解巾英）

【雷锋图书馆】 望城区雷锋图书馆（以下简称雷锋图书馆）为国家一级图书馆，主要负责全区公共图书馆总分馆建设，为社会提供公共文化服务产品，组织并实施讲座、培训、展览等阅读活动，推广全民阅读，负责收集、整理、保存、传播文献并提供利用，负责地方文献、古籍征集保护；开展文献数字化处理、承担各级项目课题研究、相关资料编辑出版等。全区共规划建有11家图书总分馆、乡村图书馆，分别为雷锋图书馆总馆、行政中心分馆、起点分馆、花香分馆、松果分馆、简名分馆、八曲河分馆、石韵分馆、文源分馆、双桥分馆和茶园子乡村图书馆，补充和完善区、街镇和村（社区）三级纵向贯通、横向互动的阅读服务体系，初步实现“一馆一特色”。2022年，雷锋图书馆总分馆接待读者8.2万人次，文献借还26.3万册次，实际持证读者17267人。组织各类活动761场。开展以春节为主题的“我们的节日·元宵‘猜灯谜到图书馆’”、迎虎送福等系列活动5场，以党建为主题的“喜迎二十大 书香中国梦”等系列活动3场，针对小读者开展“我是图书管理员”、非遗、寒假公益课程等系列活动740场，以成年读者为主的读书分享会、家庭教育、婚姻有道沙龙等系列活动13场，线上线下活动覆盖23229人次。（李 锋）

2022年4月22日，2022年“书香长沙·世界读书日”系列活动在望城区丁字湾街道兴城社区茶园子乡村图书馆启动 （丁字湾街道 供图）

【雷锋纪念馆】 2022年，雷锋纪念馆接待国内外游客820037人次，免费为观众讲解19202批次。雷锋纪念馆正兴学雷锋志愿服务中心获评“全国最佳志愿服务组织”称号，纪念馆团支部被评为“全国五四红旗团支部”。主办、承办、协办“雷锋精神与中国共产党人精神谱系研讨会暨雷锋系列新书首发式”“2022雷锋精神论坛”“书写新时代的雷锋故事”“行走雷锋路·千名雷锋志愿者公益行徒步活动”“喜迎二十大 争做好队员”等多场大型学雷锋活动，获“学习强国”学习平台、新华网、央视频、《中国文化报》、中国文艺网等媒体平台网络直播和报道。组织雷锋精神宣讲团外出宣讲，开展雷锋精神进机关、进企业、进学校巡讲65场次。做强网络宣传渠道，中国雷锋网、雷锋纪念馆官微全新策划多个原创专栏，发布推文530篇，“湖南雷锋纪念馆”视频号推送60期。依托场馆资源，携手省内外20余所高校，创新推出的“锋”火传承行动——湖南雷锋纪念馆服务大学生思政教育实践产生广泛影响，入选第三届全国革命文物保护利用优秀案例。编制《长沙市望城区雷锋纪念馆修建性详细规划》。完成雷锋生平事迹陈列馆出入口改造工程和雷锋故居保护性修缮工程。运行长沙国防（人防）教育馆，其与雷锋生平事迹陈列馆、湖南党史陈列馆、长沙好人馆、雷锋故居形成“四馆一故居”的参观格局。新发展学雷锋志愿服务联盟队伍3支，新开办“扶志助学”书画培训班志愿帮扶项目5期，为40余户贫困家庭的孩子提供服务。寒暑假累计开展“埋下志愿的种子，争做雷小锋”中小学生社会实践志愿服务活动314场，全年参与志愿服务1000余人次，服务群众近万余人，新湖南、湖南志愿服务网等媒体多次对雷锋纪念馆志愿服务工作进行专题报道。新收集整理雷锋有关藏品100余件。编撰出版《雷锋年谱》一书，获《解放军报》、“学习强国”学习平台、《新湘评论》等推荐。（胡　倩）

【长沙铜官窑博物馆】 2022年，长沙铜官窑博物馆以“诗意的彩瓷”为主题，展出唐代长沙铜官窑陶瓷文物1000余件。1—3月，与湖南省博物馆等11家藏馆联合举办“芙蓉国里尽朝晖——湖南区域文明展”，展出战国铭文青铜戈、“长沙王玺”龟钮金印、青釉褐斑绿彩飞鸟纹瓷碗等湖南历史代表性文物41件（套）。8—10月，举办“海丝·湘江和声——汉唐时期湘江流域对外交流遗珍展”，汇集180余件湘江流域文博单位的重要“海上丝绸之路”文物遗存，展示汉唐时期湖南湘江流域对

2022年12月18日，纪念雷锋同志82周年诞辰暨雷锋纪念馆馆徽发布、雷锋泥塑交接仪式在雷锋生平事迹陈列馆举行（区融媒体中心 供图）

外交流的盛况。（殷　霜）

【纪念雷锋同志82周年诞辰暨雷锋纪念馆馆徽发布、雷锋泥塑交接仪式】 2022年12月18日，纪念雷锋同志82周年诞辰暨雷锋纪念馆馆徽发布、雷锋泥塑交接仪式在雷锋生平事迹陈列馆举行。纪念馆馆徽由雷锋故居、打开的雷锋日记本、“雷锋”汉语拼音首字母L、F等元素组成，以雷锋之光为灵感，以中国印章进行演变。雷锋纪念馆与国家级非物质文化遗产传承人刘坤庭合作，用铜官窑制陶技艺，创作全身和半身两个不同造型、不同职业的雷锋泥塑，经过采风、制作、烧制，历时9个月创作完成雷锋泥塑作品，在活动现场，进行雷锋泥塑交接。（胡　倩）

群众文化

【概况】 2022年，望城区举办多项品牌活动，包括“每月有约 星动望城”、望城民俗艺术节、“元宵喜乐会”、全民健身广场舞大赛等。区文化馆常年开展的群众文化活动有“文艺轻骑兵”、群众文艺会演、《名家讲堂》、百姓大舞台，“有艺你就来”等活动。在本部和部分乡镇开设舞蹈、大筒、戏曲、湘绣等艺术培训班，开展“非遗”进校园、进社区、进景区等活动，普及望城艺术，传承优秀文化。（朱　露　胡锦秀）

【群众文化活动】 2022年，望城区开展一系列群众文化活动。1月，在8个街镇、村、社区开展“送福、送春联”下基层活动，送“福”字、对联3000余幅（副）。7月29日在雷锋大剧院举行“每月有约‘星’动望城——盛夏之夜 中外经典”音乐会，惠及群众约650人。7月31日在盈峰邸翠举行“‘一江两岸’城市记忆影像艺术展”，展出1个月，吸引1500人观展。8月9日开展“名家讲堂”活动，邀请湖南省花鼓戏保护传承中心国家一级演员邢险峰教师传授戏剧的“四功五法”（唱、做、念、打；手、眼、身、法、步），有300余人参加学习。8—9月举办“与雷锋同行”第三届社会主义核心价值观群众性原创文艺节目大赛，分别在铜官陶城广场、正荣财富广场、月亮岛谷山体育公园进行3场初赛，选出11个优秀节目，于9月20日在雷锋大剧院进行决赛，参与约9650人。11月举办2022年“献礼二十大 奋进新征程”全民健身广场舞大赛，分别在铜官、乌山、月亮岛3个赛区举行

初赛，12月6日在望城正荣财富中心举办决赛，活动参与6500余人。

（朱 露 胡锦秀）

【群众文化交流平台】 2022年，由区文化馆主办的《望城文艺》推出长沙花鼓戏常用曲调选辑专刊、春季刊、夏季刊和喜迎中共二十大专刊4期刊物，设岁月留痕、校园艺蕾、诗香隽永、非遗长廊、剧本选登、综合文艺、视觉盛宴、鉴赏争鸣、湘水散文、大事小说、文旅简讯等栏目，刊登全区最新的散文、小说、诗词、剧本、书法、摄影、绘画、乐曲、非遗技艺等文艺成果。其中包括鲁迅文学奖获得者纪红建文章《一次洗礼灵魂的远航》、中国书法家协会会员史治国书法作品、美家美妇美庭院优秀摄影作品和区内少年儿童优秀文艺作品等。通过打造文化交流平台，及时记录和宣传区内文艺成果，鼓励文化艺术创作，获文艺爱好者的好评和关注，全年惠及读者3000余人。（朱 露 胡锦秀）

【“古今名流闹元宵”活动】 2022年2月12日，“我们的节日·元宵‘猜灯谜到图书馆’”活动在雷锋图书馆总馆举行。活动设置“猜灯谜”“穿越古今”“民俗体验”3大类活动，其中“猜灯谜”活动准备1000余条谜语，内容包罗万象，集知识性、趣味性和娱乐性于一体；“穿越古今”活动由读者们拿着“穿越卡”，找寻从中国古典四大名著穿越而来的10位经典人物，回答相关问题，集“穿越印章”，通过层层闯关，在游戏中获取知识；“民俗体验”活动包括“窑”望铜官、望城剪纸、刻“古”铭心、团团圆圆、墨舞书堂、一“箭”倾心6个当地民俗体验。活动吸引1000余名市民读者参与，让读者感受到传统文化的魅力，营造浓厚的节日文化氛围。（李 锋）

【第三届社会主义核心价值观群众性原创文艺节目大赛】 2022年9月20日，望城区举办主题为“与雷锋同行”的公民道德宣传日暨第三届社会主义核心价值观群众性原创文艺节目大赛决赛。比赛由区委宣传部、区新时代文明实践中心、区文旅广体局主办，区文化馆承办。分别在铜官陶城广场、正荣财富广场、月亮岛谷山体育公园进行3场初赛，参与约9650人，选出11个节目参加决赛。望城艺校繁星艺术团舞蹈节目《开元盛世》梦回唐朝，以一群千年前的三彩舞俑为舞蹈视角，展现唐朝的繁盛与魅力；乔口镇蓝塘寺艺术团的花鼓戏《回家》，讲述禁毒工作者照亮迷途心灵回家之路的故事。《开元盛世》《回家》获一等奖。

（朱 露 胡锦秀）

2022年2月，雷锋图书馆开展“古今名流闹元宵”活动（区文旅广体局 供图）

【全民健身广场舞大赛】 2022年12月6日，主题为“学习二十大 奋进新征程”的望城区全民健身广场舞大赛决赛在正荣财富广场举行。比赛由区委宣传部、区文旅广体局主办，区文化馆承办，分别在铜官、乌山、月亮岛3个赛区举行初赛，6500余人参与活动。决赛中，13支队伍轮番上台表演，队员们着装各具特色，将歌颂党歌颂祖国的情怀和乡村振兴人民幸福的心声融入舞姿当中，展现望城群众奋进新征程、建功新时代的昂扬精神风貌。经过评委综合评审，评选出一等奖2名、二等奖6名、三等奖5名。

（朱 露 胡锦秀）

文化遗产保护

【概况】 2022年，望城区文物保护管理职能由区文旅广体局文物科及文物保护发展中心共同承担，主要负责全区文物安全监督管理、行政审批、调查勘探、考古发掘、文物保护单位申报、文物认定、普查、社会宣教、文博公共服务体系管理等工作及郭亮文化园、汉长沙国考古遗址公园安防站日常管理运行。2022年，全区拥有不可移动文物152处，其中全国重点文物保护单位2处、省级文物保护单位9处、市级文物保护单位16处、县级文物保护单位28处。全区已公布的非遗保护名录项目43个，其中国家级项目1个、省级项目2个、市级项目13个、区（县）级项目27个。非遗代表性传承人57人，国家级代表性传承人1人、省级代表性传承人2人、市级代表性传承人16人、区（县）级代表性传承人38人。区文物库房有馆藏文物953件（套），其中一级文物3件（套）、二级文物5件、三级文物102件（套）。（魏 笑）

【文物安全管理】 2022年，区文旅广体局文物科及文物保护发展中心进一步完善和加强三级责任、四级网络体系建设，督促各街镇与所辖村（社区）

重新签订《文物保护责任书》，明晰文物安全责任。加强不可移动文物安全巡查监管，全年开展安全巡查130余天次，发现并排除安全隐患60余处。开展专项整治行动，全年开展春节、“五一”、“4·29”事件后文物建筑、文博场馆等安全专项检查6次，检查范围遍布全区不可移动文物、文博场所，实现巡查检查全覆盖。加强部门联动，联合区消防大队下发《长沙市望城区文博系统消防安全专项整治工作方案》，组织第三方公司开展夏季消防安全检查，排查靖港观音殿、湖南和平解放秘密电台工作站旧址等安全隐患13处，提出整改建议要求。望城影剧院、靖港古镇等消防安全重点监管单位自主开展消防安全培训演练6次，实现消防安全排查主动化和经常化。4月，获评2021年度长沙市不可移动文物安全管理先进单位，汉长沙国考古遗址公园安防工作站获评2021年度长沙市不可移动文物安全管理先进集体。（魏　笑）

【文物调查勘探评估审核】 2022年，区文旅广体局文物科及文物保护发展中心贯彻落实“先考古后出让”政策要求，推行文物保护和考古前置，实施文物区域评估，启动望城经开区环路集体用地地块等文物区域评估项目34宗，总面积166.07公顷，召开评审会议9次，助推区域内建设工期提速，实现文物保护与经济建设的“两利双赢”。完成郡维学校等3宗其他零星建设工程地下文物评估审核，优质高效办结。推进时代建发合著、和顺总部基地项目涉及汉代长沙王陵墓群建设控制地带的行政审批工作，完成建控地带内文物调查勘探及影响评估，和顺总部基地项目设计方案获国家文物局批复，完成现场考古发掘工作，为项目落地奠定基础。（魏　笑）

【文物基础工作】 2022年，区文旅广体局文物科及文物保护发展中心结合长沙市、区纪委历史文化遗产保护专项监督检查工作要求，完成24处县级文物保护单位保护范围和建设控制地带划定工作及李朝斌墓、义兴窑、外兴窑、惜字塔周边环境整治工作。提升文物保护单位级别，郭亮故居、东山寺戏台被公布为第七批市级文物保护单位。发挥郭亮文化园爱国主义教育基地功能，免费对外开放，做好接待引导、志愿服务相关工作，全年接待游客8万余人，获评第四批湖南省党史教育基地。（魏　笑）

【文物保护与宣传】 2022年，区文旅广体局文物科及文物保护发展中心以博物馆日、文化和自然遗产日为契机，组织发动辖区内文博场馆开展系列文保宣传活动。博物馆日期间，铜官窑博物馆举办为期3天的“博物馆的力量”知识有奖问答活动，吸引数百名游客参与；夏国安博物馆结合馆内文化遗产资源开展“体验传统文化、欣赏昆曲之美”主题活动，将物质文化遗产和非遗宣传有机结合。文化遗产日期间，参与《遗址公园（遗址）真好玩》短视频宣传推介活动，铜官窑推出《打卡长沙窑》短视频4期。联合宣传部开展望城古代塔桥遗存保护与利用研究调研，宣传推介望城古代塔桥文化，研究课题顺利结项并获市政协主席陈刚批示推介。（魏　笑）

【文化遗产保护】 2022年6月8日，区文旅广体局文物科及文物保护发展中心在望城区步行街开展第17个文化和自然遗产日非遗展演活动，参展项目有剪纸、皮影、面塑等项目，参与2200余人。2022年7月和9月，望城区文化馆市级剪纸传承人秦岭春在靖港芦江社区和月亮岛金瑞社区开展3场“剪纸”综合实践教学，参与约300人。（魏　笑）

【铜官老街被评为长沙市市级非遗街区示范点】 2022年7月18日，铜官老街被评为长沙市市级非遗街区示范点。铜官老街为湖南省历史文化名街之一，北依云母山，西临湘江，长约500米，宽6~8米，于唐代就已形成，以铜官窑陶瓷闻名于世，远销海外。街中有三粹塔、守风亭、中共湖南省委旧址、袁仲贤故居等景点，兼具红色文化、陶瓷文化，文旅产业发展潜力巨大。老街内以陶瓷为主的店铺和大师工作室占古街门店的70%。其中有谭异超、刘坤庭、刘志广、彭望球、刘嘉豪等国家、省、市、区级非遗传承人门店占比60%。（殷　霜）

【靖港镇芦江社区被评为长沙市市级非遗村镇示范点】 2022年7月8日，

2022年7月18日，铜官老街被评为市级非遗街区示范点

（区融媒体中心 供图）

2022年长沙市望城区不可移动文物一览表

表11

序号	名称	地址	类别	年代	保护级别	本体面积（平方米）
1	青石岭古井	望城区丁字湾街道双桥村青石岭组	古建筑	清	一般	2
2	丁字湾完全小学门楼	望城区丁字湾街道丁字湾社区东方文化广场	近现代重要史迹及代表性建筑	1969年	一般	20.5
3	丁字湾毛泽东雕像	望城区丁字湾街道丁字湾社区东方文化广场	近现代重要史迹及代表性建筑	1969年	县级	9
4	陶尧夫烈士墓	望城区丁字湾街道金云村杨公塘	近现代重要史迹及代表性建筑	1929年	一般	15
5	长沙铜官窑遗址	望城区铜官街道彩陶源村	古遗址	唐—五代	国家级	30万
6	故尉城遗址	望城区铜官街道彩陶源村觉华山组	古遗址	三国	一般	5000
7	短坡窑址	望城区铜官街道石渚湖村长坡组	古遗址	宋	一般	1万
8	镇南将军府古井	望城区铜官街道书堂山村会子塘组	古建筑	隋	县级	100
9	洗笔泉石刻	望城区铜官街道书堂山村会子塘组	石窟寺及石刻	待定	省级	2
10	大坟山墓群	望城区铜官街道书堂山村双石组	古墓葬	汉—明	一般	2550
11	义兴窑	望城区铜官街道铜官街社区熊家塘	古遗址	清	省级	406.4
12	外兴窑遗址	望城区铜官街道袁家湖社区蔡家凼	古遗址	明	省级	600
13	誓港窑址	望城区铜官街道誓港社区胡银干家屋后	古遗址	唐	一般	60
14	贡兴窑遗址	望城区铜官街道湖南省陶瓷总公司丰绿陶瓷厂	古遗址	明	一般	157.5
15	仁兴窑遗址	望城区铜官街道铜官街社区熊家塘雄风路旁	古遗址	清	县级	187.2
16	瓦窑塘窑址	望城区铜官街道太丰村瓦窑组	古遗址	元	一般	300
17	湾坡塘窑址	望城区铜官街道万星村湾坡塘组	古遗址	清	一般	40
18	吴楚桥遗址	望城区铜官街道誓港社区南端进街处	古遗址	东周	一般	10
19	六家冲古井	望城区铜官街道铜官街社区六家冲组	古建筑	清	县级	10
20	徐家坡山墓群	望城区铜官街道万星村西中组	古墓葬	清	一般	3000
21	云母山防空洞	望城区铜官街道铜官街社区六家冲	近现代重要史迹及代表性建筑	1958年	县级	1352.5
22	张丕昭夫妇合葬墓	望城区铜官街道郭亮村大兴片石塘坡山组	古墓葬	清道光二十八年（1848）	一般	150
23	郭亮墓	望城区铜官街道郭亮村文家坝组	近现代重要史迹及代表性建筑	1928年	省级	26600
24	郭亮故居	望城区铜官街道郭亮村郭亮纪念园内	近现代重要史迹及代表性建筑	2011年	县级	1125

续表 11

序号	名 称	地 址	类 别	年 代	保护级别	本体面积（平方米）
25	大兴山刘氏家族合葬墓	望城区铜官街道郭亮村大兴山组	近现代重要史迹及代表性建筑	1915 年	一般	80
26	窑头冲窑址	望城区铜官街道郭亮村胡家坡组	古遗址	宋	一般	600
27	何章杰墓	望城区铜官街道书堂山村新塘片枞树下组	近现代重要史迹及代表性建筑	1930 年	县级	50
28	沙湾寺井	望城区铜官街道誓港社区沙湾寺	古建筑	清	一般	25
29	杜家冲井	望城区铜官街道袁家湖社区杜家冲	古建筑	清	一般	25
30	铜官巷街 168 号民居	望城区铜官街道铜官巷街 168 号	古建筑	清	一般	922
31	东山寺戏台	望城区铜官街道铜官巷街 168 号	古建筑	清	市保	180
32	望城县影剧院	望城区高塘岭街道郭亮北路 130 号	近现代重要史迹及代表性建筑	1957 年	县级	1982
33	高沙脊遗址	望城区高塘岭街道胜利村高沙脊组	古遗址	商周	一般	1 万
34	望城供销合作社旧址	望城区高塘岭街道郭亮北路 180 号	近现代重要史迹及代表性建筑	1956 年	一般	780
35	牌楼山墓群	望城区乌山街道八曲河村牛婆塘组	古墓葬	东汉	一般	10 万
36	新塘墓群	望城区乌山街道乌山村涨塘组	古墓葬	宋	一般	8000
37	蜈蚣山墓群	望城区乌山街道徐家桥社区前进组	古墓葬	战国—西汉	一般	8000
38	谭家山墓群	望城区乌山街道徐家桥社区新建组	古墓葬	东汉	一般	6000
39	鸡翅塘墓群	望城区乌山街道金树村黑屋组	古墓葬	东汉	一般	2 万
40	风头岭墓群	望城区乌山街道黄花岭村风头岭组	古墓葬	魏晋	一般	2 万
41	白沙坑墓群	望城区乌山街道黄花岭村新祠组	古墓葬	东周	一般	2 万
42	白屋墓群	望城区乌山街道龙王岭村白屋组	古墓葬	东汉—南北朝	一般	5 万
43	丁砚生墓	望城区乌山街道乌山村涨塘组	古墓葬	清光绪三十年（1904）	一般	20
44	厂塘窑址	望城区乌山街道黄花岭村厂塘组	古遗址	唐	一般	2600
45	管家塘窑址	望城区乌山街道黄花岭村管家塘组	古遗址	唐	一般	2000
46	麻石桥	望城区乌山街道蓟家巷子村麻石桥组	古建筑	清乾隆十七年（1752）	市级	100
47	高桥	望城区乌山街道茶园村周家湾组	古建筑	清乾隆十七年（1752）	一般	27.6
48	心桥	望城区乌山街道双兴村心桥组	古建筑	清	县级	72
49	新华村惜字塔	望城区乌山街道双兴村黄波塘组	古建筑	清道光二十三年（1843）	市级	2.8

续表 11

序号	名称	地址	类别	年代	保护级别	本体面积(平方米)
50	百骨塔	望城区乌山街道乌山村八景组	古建筑	清	县级	5
51	杉木桥塔	望城区白沙洲街道马家河社区五组	古建筑	清光绪十三年(1887)	市级	17.96
52	杉木桥	望城区白沙洲街道马家河社区五组	古建筑	清雍正六年(1728)	县级	35
53	李朝斌墓	望城区白沙洲街道马家河社区同心路	古墓葬	清光绪二十年(1894)	省级	60
54	湾塘坡墓群	望城区白沙洲街道腾飞村九组	古墓葬	东汉	一般	6000
55	铁炉冲墓群	望城区大泽湖街道回龙村十组	古墓葬	东汉	一般	1000
56	南西村墓群	望城区大泽湖街道南塘村南西片十三组	古墓葬	东汉	一般	1000
57	老戴公庙	望城区月亮岛街道戴公庙村二十三组	近现代重要史迹及代表性建筑	1988 年	县级	2000
58	郭家山墓地	望城区月亮岛街道银星村南区四组	古墓葬	西汉	国家级	2000
59	半边围子山墓地	望城区月亮岛街道银星村中区一组	古墓葬	西汉		2000
60	杉树拱墓地	望城区月亮岛街道银星村中区二组	古墓葬	西汉		2000
61	陶家山墓地	望城区月亮岛街道银星村南区二组	古墓葬	西汉		2000
62	马坡山墓地	望城区月亮岛街道银星村南区五组	古墓葬	西汉		2000
63	庙坡山墓地	望城区月亮岛街道银星村南区五组	古墓葬	西汉		2000
64	狮子拱墓群	望城区月亮岛街道银星村中区二组	古墓葬	西汉		4000
65	栗树嘴墓地	望城区月亮岛街道银星村中区三组	古墓葬	西汉		2000
66	蜈蚣蒂墓地	望城区月亮岛街道戴公庙村十六组	古墓葬	西汉		2000
67	桃花岭墓地	望城区月亮岛街道银星村中区四组	古墓葬	西汉		2000
68	黑麋峰寺	望城区桥驿镇黑麋峰村黑麋峰顶	古建筑	清康熙七年(1668)	市级	624.18
69	双灵桥	望城区桥驿镇黑麋峰村六组	古建筑	清	一般	14
70	玉带桥	望城区桥驿镇黑麋峰村四组	古建筑	清	一般	6
71	文星桥	望城区桥驿镇黑麋峰村文星桥组	古建筑	清	一般	21
72	斗笠山塔	望城区桥驿镇龙塘村斗笠山组	古建筑	清	一般	10
73	洞阳石刻	望城区桥驿镇黑麋峰村黑麋峰顶西侧	石窟寺及石刻	待定	市级	4
74	熊家庄石刻	望城区桥驿镇黑麋峰村许家坪组	石窟寺及石刻	待定	市级	4

续表 11

序号	名称	地 址	类 别	年 代	保护级别	本体面积（平方米）
75	洞阳僧人墓	望城区桥驿镇黑麋峰村窝棚坑组	古墓葬	明	县级	25
76	罗荞真烈士墓	望城区桥驿镇黑麋峰村窝棚坑组	近现代重要史迹及代表性建筑	1928 年	市级	360
77	周炳文烈士墓	望城区桥驿镇马鞍村坝子湾组	近现代重要史迹及代表性建筑	1931 年	市级	14
78	湖南和平解放秘密电台工作站旧址	望城区桥驿镇洪家村付家组	近现代重要史迹及代表性建筑	1949 年	省级	3000
79	周以栗故居	望城区桥驿镇丁家村楠竹组	近现代重要史迹及代表性建筑	清光绪二十三年（1897）	一般	1000
80	陈树藩墓	望城区桥驿镇永丰村李家组	近现代重要史迹及代表性建筑	1920 年	市级	60
81	狮子山抗战旧址	望城区桥驿镇群力村狮子山	近现代重要史迹及代表性建筑	1939—1942 年	一般	5000
82	左念贻墓	望城区桥驿镇禾丰村新屋组	近现代重要史迹及代表性建筑	1926 年	一般	40
83	枫树岭遗址	望城区茶亭镇代公桥村代公桥组	古遗址	新石器时代	一般	600
84	大屋场遗址	望城区茶亭镇谭家园村大屋场组	古遗址	新石器时代	一般	1000
85	五龙彭家湾墓群	望城区茶亭镇代公桥村彭家湾组	古墓葬	东汉	一般	4 万
86	九峰彭家湾墓群	望城区茶亭镇九峰山村彭家湾组	古墓葬	东周	一般	6000
87	周述庭夫妇合葬墓	望城区茶亭镇九峰山村九峰组	古墓葬	清咸丰十年（1860）	一般	30
88	林家坪墓群	望城区茶亭镇九峰山村新正宫组	古墓葬	东汉	一般	2 万
89	谭章甫墓	望城区茶亭镇谭家园村安东山组	古墓葬	清道光十七年（1837）	一般	16
90	谭朝杰夫妇合葬墓	望城区茶亭镇谭家园村安东山组	古墓葬	清光绪四年（1878）	一般	25
91	茶园墓群	望城区茶亭镇谭家园村上大屋组	古墓葬	明	一般	7500
92	谭家园谭氏家族墓群	望城区茶亭镇谭家园村朱家铺组	古墓葬	清—1949 年	一般	1000
93	西湖寺文氏家族墓群	望城区茶亭镇西湖寺村西华片四斗坡组	古墓葬	清	一般	400
94	仁寿桥	望城区茶亭镇代公桥村高丰组	古建筑	清	县级	24
95	惜字塔	望城区茶亭镇九峰山村洞庭组	古建筑	清道光十八年（1838）	省级	56.25
96	茶亭寺古井	望城区茶亭镇谭家园村茶亭寺组	古建筑	清	一般	50
97	高陵村塔	望城区茶亭镇望群村灯笼山组	古建筑	清光绪四年（1878）	市级	1.96
98	童男桥	望城区茶亭镇望群村南石组	古建筑	清	一般	18
99	万古桥	望城区茶亭镇谭家园村石塘湾组	古建筑	清	一般	100
100	石渚河石刻	望城区茶亭镇代公桥村高丰组	石窟寺及石刻	清—1949 年	一般	10

续表 11

序号	名称	地址	类别	年代	保护级别	本体面积（平方米）
101	文星塔	望城区茶亭镇静慎村槐清塘组	古建筑	清光绪五年(1879)	市级	25
102	中屋场古井	望城区茶亭镇杨家坪村中屋场组	古建筑	清	一般	4
103	赵公凼窑址	望城区茶亭镇东闸村东闸组	古遗址	晋	一般	4000
104	鱼尾洲窑址	望城区茶亭镇苏蓼垸村鱼尾洲组	古遗址	宋	一般	3000
105	白家岭墓群	望城区茶亭镇静慎村新屋坡组	古墓葬	宋—清	一般	2000
106	谭天觉墓	望城区茶亭镇九峰山村庙冲组	近现代重要史迹及代表性建筑	1942 年	县级	50
107	泮塘周氏家族墓地	望城区茶亭镇狮子岭村泮塘组	古墓葬	清	一般	
108	六方塘谭氏宗祠井	望城区茶亭镇谭家园村六方塘组	古建筑	明	县级	5
109	湖尾遗址	望城区乔口镇大垅围村七组	古遗址	东周	县级	32000
110	寨子塘遗址	望城区乔口镇蓝塘寺村二组	古遗址	清	一般	600
111	贺家屋场遗址	望城区乔口镇蓝塘寺村四组	古遗址	清—1949 年	一般	30
112	仙峰殿遗址	望城区乔口镇团头湖村九组	古遗址	明	一般	252
113	谢渡山遗址	望城区乔口镇田心坪村九组	古遗址	东周	一般	2400
114	新斧山遗址	望城区乔口镇团头湖村三组	古遗址	新石器时代	一般	600
115	黑山寺遗址	望城区乔口镇团头湖村七组	古遗址	新石器时代	一般	3000
116	龙三庙	望城区乔口镇心坪村六组	古建筑	清光绪三十二年(1906)	县级	102.2
117	陈献台墓	望城区乔口镇盘龙岭村二组	古墓葬	清光绪二十五年(1899)	一般	34.4
118	刘棣华夫妇合葬墓	望城区乔口镇团头湖村农科组	古墓葬	清咸丰十年(1860)	一般	17.3
119	龟背山龙氏墓	望城区乔口镇蓝塘寺村九组	古墓葬	明崇祯十年(1637)	一般	20
120	任家园古墓	望城区乔口镇蓝塘寺村六组	古墓葬	东汉—南北朝	一般	30
121	刘清汉夫妇合葬墓	望城区乔口镇蓝塘寺村十二组	古墓葬	清光绪二十二年(1896)	一般	89
122	百寿街 18、20 号民居	望城区乔口镇乔口社区百寿街 18、20 号	古建筑	清	一般	100
123	百寿街 12 号民居	望城区乔口镇乔口社区百寿街 12 号	古建筑	清	一般	80
124	龙岩寺	望城区乔口镇团头湖村 15 组	古建筑	清	一般	240
125	刘福泰行旧址	望城区乔口镇乔口社区中和街 14 号	古建筑	清	县级	160
126	万寿宫	望城区乔口镇乔口社区古正街 158 号	古建筑	清	县级	357
127	刘宜民故居	望城区乔口镇乔口社区古正街 180 号	古建筑	清	县级	70

续表 11

序号	名 称	地 址	类 别	年 代	保护级别	本体面积（平方米）
128	安建堂	望城区乔口镇乔口社区百寿街 6 号、8 号	古建筑	清	一般	154
129	易家坝桥	望城区乔口镇蓝塘寺村三组	古建筑	清	一般	40
130	乔口防洪闸	望城区乔口镇乔口社区 1 组	近现代重要史迹及代表性建筑	1975 年	一般	600
131	庙嘴山遗址	望城区靖港镇凌冲村长塘组	古遗址	新石器时代	县级	5000
132	桔园遗址	望城区靖港镇凌冲村东塘组	古遗址	新石器时代	一般	1000
133	火头山遗址	望城区靖港镇凌冲村长塘组	古遗址	新石器时代	一般	660
134	螺坨晒衣遗址	望城区靖港镇凌冲村高塘组	古遗址	商周	县级	4000
135	仙人墩遗址	望城区靖港镇凌冲村高塘组	古遗址	新石器时代	一般	2292
136	石巴嘴遗址	望城区靖港镇凌冲村桃源组	古遗址	商周	一般	4000
137	临水戏台旧址	望城区靖港镇芦江社区保健街 99 号	近现代重要史迹及代表性建筑	1921 年	市级	80
138	靖港观音殿	望城区靖港镇芦江社区保粮街	古建筑	清雍正六年（1728）	县级	260
139	宁乡会馆	望城区靖港镇芦江社区保健街 90 号	古建筑	清咸丰十一年（1861）	市级	750
140	宏泰坊	望城区靖港镇芦江社区保健街 112 号	古建筑	清雍正十年（1732）	市级	790
141	青峰遗址	望城区靖港镇新峰村一组	古遗址	商周	一般	1500
142	鸦公山遗址	望城区靖港镇新峰村五十二组	古遗址	新石器时代	县级	6542
143	龙须嘴遗址	望城区靖港镇新峰村五十二组	古遗址	新石器时代	一般	1 万
144	杨氏私宅	望城区靖港镇芦江社区保安街 108 号	古建筑	清	一般	160
145	湖南望江楼制鞋厂旧址	望城区靖港镇芦江社区保安街	近现代重要史迹及代表性建筑	1986 年	县级	4200
146	新龙山墓群	望城区靖港镇高桥村月塘组	古墓葬	战 国	一般	2 万
147	保安街当铺旧址	望城区靖港镇芦江社区保安街 79 号	古建筑	清	县级	928
148	保安街 100 号民居	望城区靖港镇芦江社区保安街 100 号	古建筑	清	一般	166
149	保健街 98 号民居	望城区靖港镇芦江社区保健街 98 号	古建筑	清	县级	176
150	雷锋故居	雷锋街道正兴路 42 号	近现代重要史迹及代表性建筑	1994 年	省级	68
151	雷锋塑像	雷锋街道正兴路 42 号	近现代重要史迹及代表性建筑	1991 年	省级	10
152	雷锋纪念馆旧馆	雷锋街道正兴路 42 号	近现代重要史迹及代表性建筑	1968 年	县级	417

（资料来源：区文旅广体局）

2022 年长沙市望城区非物质文化遗产代表性项目一览表

表 12

序号	级别	项目名称	项目类别	公布时间	批 次	项目保护单位
1	国家级	长沙窑铜官陶瓷烧制技艺	传统技艺	2010 年	第三批	长沙市望城区铜官陶瓷行业协会
2	省级	民间剪纸（望城）	传统美术	2009 年	第二批	长沙市望城区文化馆
3	市级	皮影戏（长沙皮影戏）	传统戏剧	2016 年	第四批	长沙市群众艺术馆（望城区非遗协会）
4		望城新康木雕技艺	传统技艺	2014 年	第四批	长沙市望城区高塘岭街道新康集镇社区居民委员会
5		丁字湾麻石雕刻技艺	传统技艺	2014 年	第四批	长沙市望城区湘磊环境工程公司
6		望城花鼓戏	传统戏剧	2016 年	第五批	长沙市望城区非物质文化遗产保护协会
7		陶蔬恋窖藏罈子菜	传统技艺	2017 年 6 月	第六批	湖南陶蔬恋农业科技开发有限公司
8		郭福娭毑小钵子甜酒	传统技艺	2017 年 6 月	第六批	望城区靖港镇郭福娭毑小钵子甜酒店
9		靖港八大碗	传统技艺	2017 年 6 月	第六批	望城区靖港镇芦花江传统小吃店
10		怡华楼祖传杠子面	传统技艺	2017 年 6 月	第六批	湖南怡华楼餐饮管理有限公司
11		谷山砚雕刻技艺	传统技艺	2017 年 6 月	第六批	长沙谷石传承雕刻艺术有限公司
12		靖港纸扎	传统美术	2017 年 6 月	第六批	望城区万龙福手工艺制品有限公司
13		望城传统炭画	传统美术	2017 年 6 月	第六批	望城区高塘岭街道西塘街社区居民委员会
14		长沙铜官窑祭拜舜帝窑神习俗	民 俗	2020 年 1 月	第七批	长沙市望城区铜官陶瓷行业协会
15		黄药子铺酒曲制作技艺	传统技艺	2020 年 1 月	第七批	长沙市黄药子生态农业有限公司
16		邱氏腐乳制作技艺	传统技艺	2017 年 6 月	第七批	望城区邱氏豆制品加工坊
17		彭家老屋梅菜扣肉制作技艺	传统技艺	2020 年 1 月	第七批	长沙市浩辉农业科技开发有限公司
18	区级	望城花鼓戏	传统戏剧	2010 年 4 月	第一批	望城县花鼓戏剧团
19		新康花鼓戏	传统戏剧	2013 年 5 月	第二批	望城区新康乡（高塘岭街道）集镇社区
20		靖港花鼓戏	传统戏剧	2015 年 1 月	第三批	望城区艺群传统文化艺术演出有限公司
21		新康祭洪山福主	民俗	2013 年 5 月	第二批	望城县佛教协会洪山古寺
22		丁字木雕技艺	传统技艺	2015 年 1 月	第三批	望城区丁字湾街道翻身垸村村民委员会
23		新康谷酒酿制技艺	传统技艺	2013 年 5 月	第二批	望城区新康乡（高塘岭街道）集镇社区

续表 12

序号	级别	项目名称	项目类别	公布时间	批 次	项目保护单位
24	区级	柒嗲药酒	传统医药	2017 年 6 月	第四批	望城区柒嗲药酒有限公司
25		胡氏中医正骨术	传统医药	2020 年 1 月	第五批	长沙市望城区双桂骨科医院有限公司
26		弘文面塑	传统美术	2020 年 1 月	第五批	面人胡手工文创馆
27		望城蛋雕技艺	传统技艺	2020 年 1 月	第五批	长沙市望城区湖南雷锋纪念馆
28		靖港左家酥糖制作技艺	传统技艺	2020 年 1 月	第五批	长沙市望城区靖港镇左家酥行
29		靖港手工小花片制作技艺	传统技艺	2020 年 1 月	第五批	长沙市望城区靖港镇稻松斋老店
30		靖港手工制秤技艺	传统技艺	2020 年 1 月	第五批	长沙市望城区靖港镇吕记秤店
31		长沙铜官窑陶瓷拉坯技艺	传统技艺	2020 年 1 月	第五批	长沙市望城区铜官陶瓷行业协会
32		长沙铜官窑陶瓷捏塑成型技艺	传统技艺	2020 年 1 月	第五批	长沙市望城区铜官陶瓷行业协会
33		长沙铜官窑陶瓷彩绘装饰技艺	传统技艺	2020 年 1 月	第五批	长沙市望城区铜官陶瓷行业协会
34		铜官“白路句子”	民间文学	2021 年 6 月	第六批	长沙市工艺美术协会
35		龙舞	传统舞蹈	2021 年 6 月	第六批	湖南师大附中星城实验中学
36		铜官烙画	传统美术	2021 年 6 月	第六批	长沙市工艺美术协会
37		糖画制作技艺	传统技艺	2021 年 6 月	第六批	长沙市望城区铜官街道钊钊面人艺术馆
38		蜡染扎染传统服装印染技艺	传统技艺	2021 年 6 月	第六批	长沙市望城区靖港镇洛春脂意新中式美学生活馆
39		格塘绿茶手工制茶技艺	传统技艺	2021 年 6 月	第六批	长沙云游茶业有限公司
40		李氏湘粉制作技艺	传统技艺	2021 年 6 月	第六批	长沙市望城区沐宸粉丝作坊
41		薯夫妻水烫红薯粉传统制作技艺	传统技艺	2021 年 6 月	第六批	长沙市创鸿农业科技开发有限公司
42		铜官“十碗头”湘菜制作技艺	传统技艺	2021 年 6 月	第六批	长沙陶匠“十碗头”餐饮文化有限公司
43		芦花江猪腰子糖油粑粑制作技艺	传统技艺	2021 年 6 月	第六批	长沙市望城区芦花江传统小吃店
44		年味回锅鸡制作技艺	传统技艺	2021 年 6 月	第六批	湖南食根源餐饮有限公司
45		中药炮制技艺（蜜麸炒酒乌梢蛇、烫吴茱萸炮制技艺）	传统医药	2021 年 6 月	第六批	湖南振兴中药有限公司
46		中医诊疗法（汤氏气味疗法中药包制备方法）	传统医药	2021 年 6 月	第六批	湖南气和医疗科技有限公司

（资料来源：区文旅广体局）

靖港镇芦江社区被评为长沙市市级非遗村镇示范点。靖港镇芦江社区境内拥有国家AAAA级旅游景区靖港古镇，保存“8街4巷7码头”格局，是中国历史文化名镇、中国特色景观旅游名镇、全国优美乡镇、湖南省特色旅游名镇。芦江社区范围内非遗文化资源丰富，以民间技艺、民间艺术、民间美食为主，有非物质文化遗产代表性项目11个，其中省级1个，市级4个，区级6个；非物质文化遗产项目代表性传承人7人，其中市级1人，区级6人；非物质文化遗产保护项目技艺传习所3个（靖港八大碗传统技艺、蜡染扎染传统服装印染技艺、靖港皮影戏）。芦江社区范围内涉及非遗类门店12个，商铺占比5%。（朱　露）

长沙铜官窑遗址保护

【概况】　2022年，长沙铜官窑国家考古遗址公园全年接待游客量约30万人次。长沙铜官窑遗址管理处推进海丝申遗工作获湖南省文物局专函表彰，谭家坡遗迹馆在长沙市社会科学普及基地考核评估优秀，驼铃·帆影（鎏金铜蚕·黑石号）——汉唐丝路文物特展获2019—2022年长株潭区域博物馆、纪念馆陈列展览优秀案例评选十大精品奖。

（殷　霜）

【遗址保护与开发】　2022年，长沙铜官窑国家考古遗址公园执行“领导带队、干部值班、保安巡逻”的24小时工作制，建立防疫、防洪、防火、防盗等防线，守护文物安全、游客安全。专题召开安全生产工作会议3次，邀请专家进行法治专题授课，组建普法宣传小队，提升周边群众和景区游客的文物保护法律意识。定期开展应急演练，对景区消防系统、安防监控协同常态化维保，安全防范能力稳步提升，遗址公共安全和文物安全均做到“零事故”。（殷　霜）

【项目建设】　2022年，长沙铜官窑国家考古遗址公园实施环境整治及保护设施建设一期工程，完成场地有害植被清理、种植土回填、游步道基础等。挖掘长沙铜官窑“公”“廉”的清廉文化，打造清风亭、陶版画、廉政地雕等赋有长沙铜官窑特色亮点的清廉文化阵地。

（殷　霜）

【展览场馆】　2022年，长沙铜官窑国家考古遗址公园有长沙铜官窑博物馆、长沙铜官窑谭家坡遗迹馆、长沙铜官窑陈家坪遗址3个主要展览场馆。其中，长沙铜官窑博物馆总建筑面积11436.5平方米，陈展面积6272平方米，有序厅、千年的积淀、瓦渣坪往事、土火之艺、教育互动区、彩韵唐风、世界的长沙窑7个展厅，展出陶瓷文物1000余件，并设有“黑石号”文物专题展览，展示按1∶1的比例复原的“黑石号”沉船和部分“黑石号”出水瓷器。谭家坡遗迹馆依托迄今保存最完整的唐代古龙窑考古挖掘现场，保护展示设施总建筑面积2417.05平方米，总高度为8.55米，以38.77~44.1米大跨度钢结构为主体，展示谭家坡1号龙窑及作坊遗迹，重点展现长沙铜官窑瓷器的生产过程。陈家坪遗址采用开放式展示方式，展示6条从唐代到清代的窑炉及其相关窑业遗存，通过挖泥洞、作坊、窑炉、窑业废弃堆积、窑神庙等遗迹，集中展现长沙铜官窑陶瓷产业的兴衰与历史变迁。2022年8—10月，长沙铜官窑博物馆举办“海丝·湘江和声——汉唐时期湘江流域对外交流遗珍展”。谭家坡遗迹馆的驼铃·帆影（鎏金铜蚕·黑石号）——汉唐丝路文物特展获2019—2022年长株潭区域博物馆、纪念馆陈列展览优秀案例评选十大精品奖。（殷　霜）

【海丝·湘江和声——汉唐时期湘江流域对外交流遗珍展暨学术研讨会举行】　2022年8月29日，“海丝·湘江和声——汉唐时期湘江流域对外交流遗珍展”在长沙铜官窑博物馆开幕。展览以海上丝绸之路为叙事背景，通过“战国时期湖南对外文化交流”“通江达海的湘江航运”“湘江上的璀璨明珠——长沙窑”等篇章，讲述汉唐时期湖南湘江流域对外交流的盛况，探究湘江流域在海上丝绸之路中的重要作用。来自湘江流域的湖南博物院、长沙博物馆、郴州市博物馆、衡阳市博物馆、岳阳市博物馆等10家文博单位联合，展示胡人牵马俑等180余件“海上丝绸之路”重要文物展品，为群众带来一场历史文化盛宴。展览开幕当天，举办“海丝·湘江流域对外文化交流”学术研讨会，中国文化遗产研究院葛承雍教授、中国文化遗产研究院中国世界文化遗产中心副

2022年8月29日，“海丝·湘江流域对外文化交流”学术研讨会在长沙铜官窑博物馆召开

（区融媒体中心　供图）

主任、副研究员燕海鸣等专家参加研讨会，探究湘江流域在海上丝绸之路中的重要作用，从中国海上丝绸之路体系与价值、湖湘地域对外文化交流、长沙窑外销、海上丝绸之路与湘江流域等诸多角度阐释文化遗产视野下的湘江流域“海丝”历史与对外交流。（殷 霜）

【海上丝绸之路保护和联合申报世界文化遗产城市联盟智库长沙论坛在长沙铜官窑举行】 2022年11月24日，由长沙市人民政府、中国文化遗产研究院、海丝保护和联合申遗城市联盟办公室联合主办的“海上丝绸之路保护和联合申报世界文化遗产城市联盟智库长沙论坛”在长沙铜官窑举行，来自上海、福建、澳门等“中国海丝申遗城市联盟”城市的专家代表齐聚望城，就长沙窑的历史文化价值和海丝申遗展开对话交流。论坛指出，海上丝绸之路保护和申遗是新时代赋予的历史使命，是响应国家“一带一路”倡议的一项重大文化举措，要开展海丝文化遗产内涵研究、价值阐释和文化交流，推动国际遗产界共同关注海丝遗产，助推海丝遗产保护、传承、利用迈上新台阶。湖南省文物局文物保护与考古处处长熊建华，法国国家科学研究中心东亚文化研究所研究馆员赵冰，中国古陶瓷学会副会长陆明华、栗建安、李建毛等围绕“海上丝绸之路的陶瓷贸易”作主旨发言，来自上海、福建、澳门等海丝联盟城市代表出席。会场举行海丝遗产图片展，介绍海丝联盟城市海上丝绸之路遗产保护研究相关成果。

（殷 霜）

花鼓戏保护传承

【概况】 2022年，望城区雷锋艺术团完成送戏下乡惠民演出工作，获“2022年长沙市送戏下乡文化惠民优秀剧团”称号。创排的红色题材花鼓戏《独臂将军》获长沙市第十四届精神文明建设“五个一工程”奖。复排大型传统花鼓戏《三子争父》参加长沙市“杜鹃花艺术节”展演获“优秀剧目二等奖”。望城区雷锋艺术团青年演员参加2022媒体艺术之都·长沙市“杜鹃花”艺术节活动，周霞获“杜鹃花”表演奖，张凯然获“杜鹃花”优秀演员奖，肖彦获“杜鹃花”优秀演员提名奖。段艳辉获2022年长沙市送戏下乡文化惠民优秀工作者称号。周霞、邓新军、段义湘、夏遥峰获2022年长沙市送戏下乡文化惠民优秀演职人员称号。（胡锦秀）

【红色题材情景剧创排】 2022年，望城区雷锋艺术团坚持从本土的传统文化、红色英雄人物中，挖掘精髓，传承红色基因。择取望城革命先烈周炳文的两个真实故事——制止妻子莫福贞挪用党费、率领同族穷人大闹冬至酒宣讲人权，以“90后”现代女大学生小筠与周炳文的隔空对话的形式，从多个角度来回述周炳文这位会五国语言的工程师放弃优渥生活条件投身革命事业的故事。9月，开始创排红色题材情景剧《炳文轶事》。11月24日，在望城区桥驿镇“2022年望城区第十六届送廉政文艺下乡巡演首场式”上首演。以群众喜闻乐见的方式，将红色情景剧与传统文化、小品、红色宣讲等多元化表演融会贯通，彰显艺术感染力和教育意义。“掌上长沙”媒体平台进行宣传报道。（胡锦秀）

【惠民演出】 2022年，望城区花鼓戏剧团秉承“将舞台搭到老百姓家门口”的初心，在全区各街道、镇、村、社区开展“送戏下乡”“每周有戏 好戏连连”惠民演出活动，与区纪委、区文明办、区人防办等单位联系，开展“文明实践在基层”“人防知识宣传”“廉政文艺”等主题惠民演出160余场，惠及观众30万余人次。多次获《长沙晚报》、“掌上长沙”、人民防空网、湖南教育频道等媒体报道宣传。（胡锦秀）

【“戏曲进景区”惠民演出活动】 2022年，望城区花鼓戏剧团弘扬地方传统特色文化，开展“戏曲进景区”惠民演出。3月，望城区花鼓戏剧团开始策划文旅融合“戏曲进景区”惠民演出活动方案。5月，开始进入靖港古镇八元堂景区演出，每个周末及节假日，分上午、下午时间段每天进行2场演出，加强文旅深度融合，助力实现文化和旅游双赢。与区文化馆联合开展公益戏曲、民族打击乐班培训班，由国家二级演员易辉洪、优秀演职员周霞、刘勇等专业教师到文化馆进行现场教学，推广和普及戏曲、民族打击乐，让群众受到传统文化的熏陶，丰富群众的业余文化生活。

（胡锦秀）

2022年12月19—24日，区花鼓戏剧团在望城影剧院开展“戏剧周”惠民演出活动。图为花鼓戏《三子争父》（区文旅广体局 供图）

文学艺术

【概况】 2022年2月，长沙市望城区文学艺术界联合会（以下简称区文联）换届，选举谭鸿亮任望城区文联主席，毛正标、朱净波任区文联副主席，聘请2名工作人员组成文联工作班子。区文联下属14个协会及1个书画院。（张 蔄）

【采风交流活动】 2022年6月7日，区文联组织召开文艺评论工作座谈会。区人大常委会副主任邓建华、全国文学教育名师李玉上，区档案馆馆长苏景文，中国文联文艺评论中心授予“中国文艺评论新媒体2018年度达人”称号获得者陈彪、袁慧光、高正伟、魏勇、谭铁安、焦广、徐特等区内资深作家和相关部门领导参加座谈会。区文联主席谭鸿亮向与会人员介绍望城区文联2022年的工作，以及文艺评论工作前期情况和工作设想。参会各位代表踊跃发言，就如何推进文艺评论队伍、提高文艺评论质量、适时筹建望城区文艺评论家委员会、加强文艺评论人才培养等方面提出建议。邓建华指出，区文联要明确自身定位，做好力所能及的事情；用“一根线”将整个望城文艺界像珍珠项链一样串起来，形成活力，形成品牌，就推进文艺评论工作提出建设性意见。

（张 蔄）

【文艺为民服务】 2022年1月，望城区在欧阳询书画院举行2022年“春联百姓 福到万家”文化惠民活动，在雷锋大剧院举行望城区“祖国新春好 幸福进万家”之省、市名家写送春联活动，邀请省、市众多书法名家现场写春联、送春联，通过翰墨飘香的作品，弘扬中华民族的优秀传统文化，向广大人民群众送上新春佳节的美好祝福，营造祥和喜庆的节日文化氛围。（张 蔄）

【文艺活动】 2022年，望城区围绕乡村振兴主题，4—10月举办“望见山水美丽乡村”文学诗词美术书法摄影系列赛事活动。历时半年多，优秀作品发表于省、市媒体，或在文联微信公众号进行推介，宣传推介全区乡村振兴工作。出版获奖征文集及获奖诗词美术书法摄影作品集。举办长沙市望城区“翰墨传情颂党恩”中老年书画大赛及作品展，“硬笔颂祖国·翰墨书堂山”长沙市望城区第二届硬笔书法大赛。

（张 蔄）

【文艺创作】 2022年，区文联组织创作一系列作品。苏运红摄影作品《平安高原》发表于2022年第八期《中国摄影家》杂志，并在第13届中国艺术节展出。纪红建的《大战疫》、高正伟的《春火》、花鼓戏《独臂将军刘畴西》获长沙市第14届精神文明建设“五个一工程”奖。谭鸿亮长篇报告文学《绿了青山红了日子》出版。谭鸿亮国画《墨染乡情》在《中国艺术报》纸刊发表。肖东辉等3人合作国画《春暖杨桥》在“学习强国”学习平台发表。唐庄参与创作的歌曲《一诺峥嵘》，先后在新华社客户端、人民日报客户端、西部战区等主流媒体播发，点击量超百万人次。刘志国陶艺作品《穿越时空的记忆》，在第十二届中国陶瓷艺术大赛中获铜奖。周世洪陶艺作品《生生不息》，在第十届“大地奖”中国陶瓷创新与设计大赛中获银奖。书协会员杨方华获中国书法家协会举办的“2021中国书法年展”全国楷书作品展前40名。（张 蔄）

【中国文联文艺志愿服务团“学雷锋”纪念日走进雷锋家乡湖南望城特别活动】 2022年3月1日，2022年中国文联文艺志愿服务团“学雷锋”纪念日走进雷锋家乡湖南望城，主题活动在雷锋纪念馆举行。这也是学雷锋文艺志愿服务系列活动的首场演出。学雷锋文艺志愿服务系列活动由中国文艺志愿者协会联合湖南省委宣传部、辽宁省委宣传部、雷锋生前所在部队共同发起，系列活动以“书写新时代雷锋故事”为主题，在辽宁抚顺、中国人民解放军某部队进行线上线下共演，以屏内屏外结合的形式进行多地互动，运用直播、短视频等新媒体平台进行网络同步直播宣传。活动当天，中国文联文艺志愿服务团的艺术家们到现场倾情出演，带来《雷锋之歌》《永恒的歌谣》《不忘初心》《点赞新时代》《春风十万里》《复兴的力量》等节目。全国学雷锋志愿服务“最美志愿者”、清华大学美术学院王铁牛教授向雷锋纪念馆赠送雷锋主题油画，雷锋纪念馆馆长余旭阳上台接受捐赠并回赠收藏证书。

（张 蔄）

2022年3月1日，2022年中国文联文艺志愿服务团“学雷锋”纪念日走进雷锋家乡湖南望城主题活动在湖南雷锋纪念馆举行（黄 藤 摄）

社会科学

【概况】 2022年，长沙市望城区社会科学界联合会（以下简称区社科联）召开第二次代表大会，选举产生区社科联主席1名、副主席6名、秘书长1名、委员16名。2022年，区社科联被长沙市社科联授予全市社科系统先进单位、基层组织建设典范。（姚雅庆）

【理论成果】 2022年，区社科联撰写的调研报告《望城古代塔桥遗存保护与利用研究》得到市政协主席陈刚的批示，认定为市社科重点课题予以结项。面向全区开展“学用新思想、奋进新征程”典型案例征集评选活动，择优汇编成《望城社科》，在“望城视界”开辟专栏，每周推送优秀典型案例，在助力高质量发展大局中发挥思想库智囊团的作用。（姚雅庆）

【社科普及】 2022年，区社科联举办“湖湘望城文化”系列讲座、“如三秋兮·书堂山文人手札展”，邀请中国作家书画院常务副院长兼秘书长张瑞田作“手札读想录”专题讲座。社科基地开展“走读望城阅见长沙”、剪纸皮影书法等文化艺术“五进”“快乐社区365”禁毒宣传、“红色百年路科普万里行”科普大篷车巡展等系列活动近2000场，受众20万余人次。（姚雅庆）

【基地管理】 2022年，区社科联拥有协会组织10个，省级社科普及基地1个，市级社科普及基地6个，区级社科普及基地9个。定期组织召开区社科联工作会议、务虚会、理论研讨会等，加强对社科普及基地的实地调研与日常联系。有序推进省、市社科普及基地申报及评估、新申报区级社科基地认定、区级社科基地测评、基地房屋安全摸排等工作。湖南雷锋纪念馆、长沙铜官窑遗址管理处、夏国安艺术博物馆（梦蝶庄艺术馆）、华夏剪纸博物馆等一大批社科普及基地多次承接市社科联安排的各类社科活动，在全市社科普及基地建设中起到示范作用。（姚雅庆）

2022年9月28日，“如三秋兮·书堂山文人手札展”开幕式在欧阳询书画院举行（区社科联 供图）

【“如三秋兮·书堂山文人手札展”】 2022年9月28日，“如三秋兮·书堂山文人手札展”在欧阳询书画院举行开幕式。手札展持续2个月，汇聚当代作家、诗人、评论家陈荒煤、徐光耀、顾骧、陈忠实、王巨才等文人近100份手札。中国作家书画院常务副院长兼秘书长张瑞田作“手札读想录”学术讲座，介绍传统手札的风格样式和审美特征，以及手札文化兴衰的历史过程。副区长黄金国、区委宣传部常务副部长贺艺分别主持开幕式和学术讲座。（姚雅庆）

广播电视

【概况】 2022年，望城区有广播电视台1个，“村村响”喇叭1280个，实现电视台24小时播放，农村广播声音全覆盖，为全区政策宣传、知识普及、防灾救灾、安全生产发挥重要宣传作用。（刘飞宇）

【广播电视“村村通”工程】 2022年10月，区文旅广体局组织乡镇广播站、区融媒体中心及广电网络公司，召开中共二十大广播电视安全播出专题会议，签订《关于做好中共二十大广播电视安全传输责任书》，做到广播电视“零事故”。发挥“村村响”宣传作用，在不同时期播放森林防火、低温雨雪天气防御、预防一氧化碳中毒、中小学生防溺水、道路交通安全、消防安全、宪法宣传、禁毒宣传等宣传音频，增强村民们的安全意识，预防系列安全事故的发生。要求管理员切实加强对设施设备的巡查检查，及时排除、解决广播故障，与运营商对接，落实维修措施，确保广播能够“时时用、时时响”。（刘飞宇）

【文化剧《书堂少年》首次播出】 2022年11月18日，由望城区委宣传部、区融媒体中心、湖南一墨文化联合出品的12集传统文化剧《书堂少年》首播仪式在望城区融媒体中心举行，是日18时在湖南卫视国际频道播出。该剧以“楷圣”欧阳询少年时期的成长故事为主题，将传统文化精华与现代价值观结合，综合呈现书法、诗文和陶器等中华优良传统文化以及父教、母教、师道、礼仪、勤学和明伦等传统礼仪，为当代家庭继承好传统、树立好家风的家文化建设提供有益启示。（李婷玉）

融媒体

【概况】 2022年，长沙市望城区融媒体中心（以下简称区融媒体中心）坚持党媒姓党、移动优先、守正创新，加快推动媒体深度融合发展，开展“能力建设年”活动。在中央、省、市主流媒体刊发新闻稿件1103条；19件作品获国家、省、市奖项；6篇工作经验在市委宣传部《新闻阅评简报》上刊发。“望城发布”微信公众号、“望城之声”微博获评长沙市最具影响力政务微信、政务微博。区融媒体中心获评全国优秀区域融媒综合创新力前十、“学习强国”长沙学习平台优秀供稿单位。（李婷玉）

【媒体融合发展】 2022年，望城区融媒体中心构建“1+8”融媒发布矩阵、四级媒体传播矩阵、区域融媒体协作矩阵三大矩阵。“1+8”融媒发布矩阵。与省级技术平台红网合作，开发建设“云上望城”App，以App为核心，构建“1+8”融媒发布矩阵，有主平台9个，拥有直接用户145万人。四级媒体传播矩阵。抢抓主流媒体发力移动端机遇，加强与中央、省、市媒体及社会媒体合作，打通四级资源，在“新华网”App、“人民日报”App、“湖南卫视风芒”App、“红网时刻”App等建立发布平台16个，形成“国家媒体＋省级媒体＋市级媒体＋社会媒体”四级外宣平台。区域融媒体协作矩阵。顺应媒体深度融合发展趋势，加强与汨罗、湘阴、赫山等地融媒体中心的交流协作，牵头成立“南洞庭区县（市）融媒体联盟”，着力构建媒体研讨、内容生产、传播矩阵、传媒产业、队伍提升“五大平台”，覆盖受众310万人，搭建推介专题，强化融合传播。

（李婷玉）

【新闻宣传工作】 2022年，区融媒体中心聚焦重大主题，策划选题，及时跟踪报道，全年设置专题专栏54个，播发电视新闻254组、2261条，其他各平台发稿24135篇；新媒体平台总点击量3.7亿人次。创新视频创作机制，通过视频号、抖音号发布原创短视频1371个，其中，十万次流量视频66个，百万次流量视频15个，千万次流量视频2个。围绕中心任务、民生热点等制播《幸福望城大家谈》《崛起的园区》等专题节目63期。紧扣中心工作制作《风光在望 星城所向》《“一江两岸”春潮涌》等宣传片、汇报片38部，讲好望城故事、凝聚望城力量、树好望城形象。（李婷玉）

【融媒产业发展】 2022年，区融媒体中心依托媒体活动增强服务功能，向各区直部门、镇街提供“活动策划＋现场执行＋直播搭建＋宣传推流”的一体化服务，做大做强望城融媒活动专家品牌。承办中国文联文艺志愿服务团“学雷锋”纪念日走进雷锋家乡湖南望城活动、长沙市望城区纪念《中华人民共和国国防教育法》颁布21周年暨国防教育先进表彰大会等10余场。（李婷玉）

【即审即发采编体系】 2022年，区融媒体中心推进采编机制改革，在真实、准确的基础上，最大限度做到快采、快编、快审、快发。重要的时政报道做到4小时左右发稿，其他稿件基本做到当天采、当天发。（李婷玉）

【望城融媒青少年素质成长计划培训班】 2022年7月9日，望城融媒青少年素质成长计划“小主持”“小记者”培训班开班，全年开设暑期班、秋季班3期。培训班利用望城融媒平台资源优势，通过语音基础训练、语言艺术、沟通与讲述、出镜实践课、社会实践课等，对孩子们在语言基础、口语表达、主持采访等方面进行专业培训，依托望城铜官瓜果采摘节、望城小龙虾品牌推介系列活动等开展研学活动，同步拍摄制作《成长Show》节目3期，引发广泛关注。（李婷玉）

【南洞庭区县（市）融媒体联盟成立大会】 2022年1月6日，南洞庭区县（市）融媒体联盟成立大会在雷锋家乡望城区举办。联盟成立大会审议通过联盟章程，发布联盟logo及首批理事会成员单位、《南洞庭融媒》线上杂志、全年合作项目等，标志着望城、湘阴、汨罗、赫山四地媒体的合作站在新的起点。联盟成立后，《南洞庭如此多娇》大型联合采访随即启动，各地参会代表走进望城区铜官古

2022年7月9日，望城融媒青少年素质成长计划“小主持”“小记者”培训班开班

（区融媒体中心 供图）

镇片区，实地探访长沙铜官窑博物馆和新华联铜官窑古镇。（李婷玉）

【系列优秀作品】 2022年，区融媒体中心坚持创新创优创精品，《不爱红装爱武装——专访长沙市望城区广源种植专业合作社理事长肖定》《湖南望城：全国首个双季稻无人农场迎来首次“夏收”》等19件新闻作品获市级以上奖励。在新华社、《人民日报》、中央电视台等中央、省、市主流媒体刊发新闻稿件1103条，其中《夯实基础稳粮保供 春耕备播由南向北梯次展开》《粮食收购进度加快 科技助力优粮优储》被中央电视台《新闻联播》采用。《望城强省会筑人才宣传给力》《声声在望“声”入人心》等6篇工作经验在市委宣传部《新闻阅评简报》上刊发。（李婷玉）

地方志工作

【概况】 2022年，区地方志编纂室履行地情资料收集、志鉴编纂、业务指导、方志文化宣传职能，编纂出版《望城年鉴(2022)》，指导《凌冲村志》编纂，开展地方“廉”文化宣传暨“‘5·18’地方志宣传日”活动、精品年鉴品读交流活动，完成《湖南年鉴(2022)》《长沙年鉴(2022)》组稿工作。（张理希）

【《望城年鉴(2022)》出版】 2022年12月，《望城年鉴(2022)》出版发行。《望城年鉴(2022)》全面记载2021年全区各乡镇（街道）、各部门、各行业的基本情况、主要工作和重要事件，收录部分文件和统计资料，反映全区2021年自然、政治、经济、文化、社会、生态等领域的基本情况及存在的问题。调整优化栏目设置和体例条目，从按单位划分转为按行业划分栏目框架，根据2021年全区工作实际设置《高质量发展奏新章》《跨过湘江望眼开》《全面实施乡村振兴战略纪实》《党史学习教育工作纪实》4篇专文，将《红色征程——中共湖南省委机关在望城》作为特载。封底附有二维码，供读者扫描后直接在移动端和PC端阅读、检索、复制和利用年鉴内容。（张理希）

2022年5月18日，区地方志编纂室举行地方“廉”文化宣传暨“‘5·18’地方志宣传日”活动 （刘湘东 摄）

【《凌冲村志》业务指导】 2022年10月，《凌冲村志》样书通过市地方志编纂室验收，交付方志出版社校审出版。2020年，《凌冲村志》入选长沙市首批名村志文化工程，2021年形成初稿。2022年，区地方志编纂室根据名村志的编纂要求，定期跟进、指导《凌冲村志》编纂工作，7月出具《凌冲村志》样书审读意见，为村志出版提供协助和指导意见。（张理希）

【地方“廉”文化宣传暨“5·18”地方志宣传日活动】 2022年5月18日，区地方志编纂室在月亮岛街道金瑞社区开展地方“廉”文化宣传暨“5·18”地方志宣传日活动，纪念《地方志工作条例》颁布出台第16周年。现场发放《地方志工作条例》《湖南省实施〈地方志工作条例〉办法》宣传资料，播放以望城剪纸文化为主题的《廉韵·风物志》视频，从地情资料中整合梳理“廉”文化相关图文、影像资料，展出“望城地方‘廉’元素”展览，向社区群众普及方志文化，营造读志鉴、用志鉴的社会氛围。（张理希）

【精品年鉴品读交流活动】 2022年11月3日，区地方志编纂室在区档案馆举行“读精品 用精品 编精品”精品年鉴品读交流会。10月，根据全市“精品年鉴品读季”活动安排，区地方志编纂室开展精品年鉴交流活动，组织方志工作人员精读《连云港年鉴(2019)》《北京朝阳年鉴(2022)》《孝义年鉴(2022)》《长沙年鉴(2018)》《长沙年鉴(2019)》《长沙年鉴(2022)》等精品年鉴，学习精品年鉴在封面设计、框架结构、记述内容、图片使用、资料信息方面优点，在交流会上结合《望城年鉴(2022)》编纂情况集中研究探讨，收集框架设计、卷首彩页、版式布局、图表使用等编纂调整意见13条，为《望城年鉴》的编纂工作提供参考，指明方向。（张理希）

档案工作

【概况】 2022年，区档案局、区档案馆加强业务监督指导和档案宣传教育，落实档案安全管理和查阅利用，组织档案综合检查和考察交流，开展档案开放日、“6·9”国际档案日活动，全年区档案馆接待查档2590人次、4570卷，复印22101页，涉及个人年龄、工龄认定、任职经历、林权划分、过往政策、文史资料等内容，为群众和机关企事业单位、社会团体等办理工作业务、维护自身权益、开展文史研究提供档案凭证。（张理希）

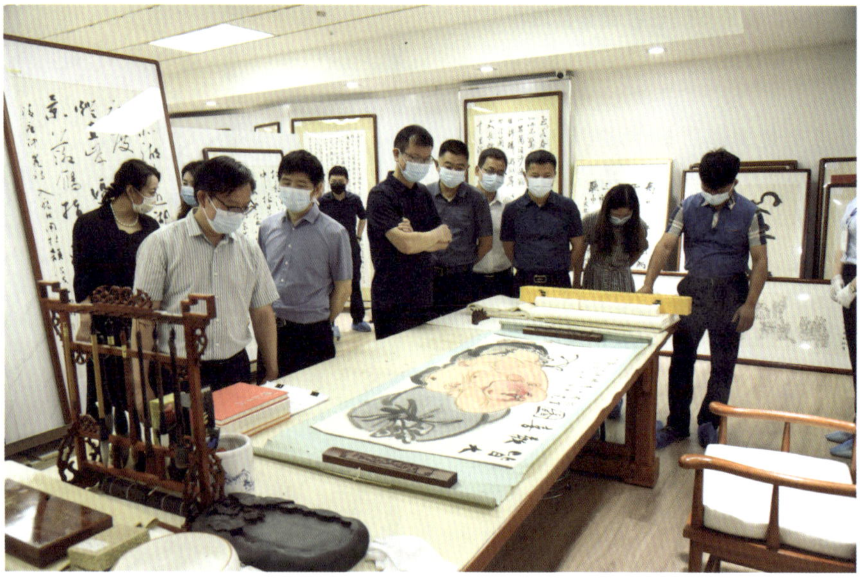

2022年6月2日，区档案局、区档案馆联合开展档案开放日活动

（区档案馆 供图）

【档案安全检查】 2022年5月，望城区开展档案安全检查，区档案局和区档案馆随机抽取6家区内机关企事业单位档案室突击检查实体档案、电子档案、档案库房安全情况，提升全区档案安全风险防范意识。11月，区委督查室、区档案局、区档案馆抽取区内11个街镇及11个村（社区）、74个机关企事业单位、3个档案服务中介机构开展年度档案综合检查，实地检查各单位档案工作机制、基础设施、基础业务、信息化建设等档案工作情况，掌握全区档案工作基本情况与现状，督促各单位依法依规依纪开展档案工作。（张理希）

【档案考察交流】 2022年4月，区档案局、区档案馆、区财政局到长沙县考察学习档案工作服务农村基层社会治理情况，参观长沙县档案馆查阅大厅、库房及“璀璨星沙——长沙县历史陈列展览”，实地考察果园镇新明村、田汉社区档案工作服务农村基层社会治理示范点，了解长沙县档案局馆协同发展、档案服务基层社会治理、档案执法监督、实物档案征集、档案编研、民生档案利用工作经验。9月，区档案局、区档案馆组织各街镇档案分管领导、档案员及试点村（社区）书记到长沙县开展考察，帮助街镇、村（社区）学习先进经验，推进全区档案工作服务乡村振兴战略。（张理希）

【档案馆开放日活动】 2022年6月2日，区档案局、区档案馆联合开展档案开放日活动，邀请市档案局、区人大、区政协、区财政局、区行政审批局、区机关事务中心和部分人大代表、政协委员参观档案馆查阅大厅、智能库房、档案整理室、名家书画珍藏馆、文萃馆等工作场地，展示档案基础设施建设、信息化建设、查阅利用、馆藏征集、文化宣传工作成果召开座谈会听取各部门和人大代表、政协委员对档案宣传、信息化建设、档案管理方面的意见建议，获各部门对档案工作的理解和支持。（张理希）

【“6·9”国际档案日活动】 2022年6月9日，区档案局组织召开2021年度档案工作表彰会庆祝第15个国际档案日，对望城雷锋纪念馆等12个单位和蒋曼杰等20名档案工作者进行表扬通报，组织全区100余名档案工作人员集中收看国家档案局举办的“构建新发展格局”线上专题讲座，帮助全区档案工作者提升档案意识和业务水平。（张理希）

文化产业

【文化产业政策】 2022年，区委宣传部就《长沙市望城区文化产业和文化艺术奖励扶持实施细则》的通知增设补充条款，对在2021年“百日竞赛”活动中做出贡献的新入规企业、营收突出的规上企业以及版权登记优秀单位进行表彰。全年安排规上文化企业奖补资金185万元，出台《望城区促进文旅高质量发展奖励扶持办法》，促进文旅融合产业高质量发展。编制《“十四五”文体和旅游发展规划》《铜官古镇创建国家级旅游度假区总体规划》，《长沙市望城区关于突出“四新四全”推动文旅融合高质量发展情况的报告》获湖南省政府党组成员、副省长秦国文批示肯定。（葛晓磊）

【文化企业帮扶】 2022年，区委宣传部建立全区季度工作调度会、统计专题半年度培训、街镇月度大走访等工作机制，遍访全区规上文化企业及潜在入规文化企业，解决企业提出的问题。组织各街镇、望城经开区等每月12—18日，由宣传委员带队统计站和经发线人员下沉企业，协助企业填报数据，服务企业解决实际困难。规模以上文化企业持续向好发展，新增规上文化企业8家，营业收入增长率由上半年的-5%增长为第四季度的4.6%。（葛晓磊）

【文旅融合发展】 2022年，望城区举办首届全市旅游发展大会，开展包括

长沙文旅投资推介暨文旅融合发展论坛等4项主体活动和9项配套活动。旅发大会期间，全区铺排建设基础设施项目18个，总投资5874.55万元，铜官古镇远期文旅基础设施项目11个，总投资17.38亿元；联合A级景区推出全域旅游年卡、铜官古镇惠民卡等产品，销售全域旅游年卡20万张、铜官古镇惠民卡12万张，推动旅游市场复苏。2022年，全区接待游客人数1114.26万人次，旅游总收入108.64亿元。（葛晓磊）

【产业项目建设】 2022年，望城区引进华侨城长沙欢乐谷、五号山谷等文旅项目，推出“风光在望 星城所向”的旅游新品牌，打造国家AAAA级旅游景区6个、AAA级旅游景区3个，国家级考古遗址公园2个，省级旅游度假区1家，五星级酒店1家。引进华侨城项目，计划投资160亿元在新华联铜官窑南侧打造华侨城大型文化旅游综合体（欢乐谷主题乐园）、在大泽湖片区打造华侨城欢乐海岸PLUS项目、在铜官云母山片区打造华侨城云母山高端主题度假酒店；以国家AAAAA级旅游景区为标准，投资8.5亿元启动靖港古镇2.0版开发建设，计划于2023年5月1日开街。（葛晓磊）

文化市场管理

【概况】 2022年，长沙市望城区文化市场综合行政执法大队（以下简称区文化执法大队）围绕文化市场综合执法工作重点，强化执法队伍素质建设，完善文化市场监管机制，开展文化市场专项治理，打击各项违法违规行为，促进全区文化市场健康有序繁荣发展。出动执法人员2800余人次、执法车辆300余辆次，立案20起并全部结案，处理办结“12345”投诉170余件。（凌语嫣）

【文化市场执法】 2022年，区文化执法大队督促各网吧安装注册文旅安监平台，打击网吧违法违规经营行为，以查处网吧接纳未成年和不按要求进行实名登记为重点，清查全区范围内所有网吧，加大日常监管与专项整治力度，联合区发展和改革局开展整治虚拟货币“挖矿”行动，向各网吧业主宣讲政策，督促签订承诺书，保证网吧市场良好的经营秩序。多次联合区文旅广体局旅游科开展打击整治旅行社养老诈骗专项行动，通过查阅资料、现场暗访、电话询问等方式检查辖区范围内旅行社。专项行动期间，向全区各文旅企业发放《打击整治养老诈骗，切实维护老年人合法权益》宣传折页1200余份，维护老年人的合法权益。（凌语嫣）

【娱乐场所监管】 2022年，望城区加强对“剧本杀”“密室逃脱”等新兴行业的监管，区文化执法大队对执法过程中发现的3家证照不齐的密室逃脱场所予以依法关停。加强对歌舞娱乐场所播放内容的审查与监督，重点开展娱乐场所文化产品内容整治行动。4月，开展为期1个月的营业性演出、娱乐场所“春雷”专项行动，按“街道吹哨，部门报到”的模式，联合执法关停未经许可擅自从事娱乐场所经营活动的小型KTV（提供影音设备与视唱空间的营业性娱乐场所）187家，维护文化经营场所秩序，确保文化市场的平安稳定。（凌语嫣）

【广播电视监管】 2022年，望城区加强望城区融媒体中心和乡镇广播电视站的监管力度，健全电视节目安全播出机制，加强日常监督与管理，把握正确的舆论导向。区文化执法大队定期开展境外卫星专项整治，严厉打击非法生产、销售、安装和使用境外卫星电视接收设施的行为，整顿和规范行业秩序。对全区各乡镇广播电视站点进行全面摸排，严查机房温控、消防设施更新及机房专人管理落实情况，维护望城区广播电视传输播出安全。（凌语嫣）

【出版物市场清查整治】 2022年，区文化执法大队开展2022年“清源、固边、秋风、护苗、净网”五大专项行动，确保出版物市场安全有序。多次联合区委宣传部及街道开展出版物市场清查整治行动，严厉打击政治性有害出版物和淫秽色情低俗、暴力恐怖迷信出版物。10月，由望城区“扫黄打非”办牵头，联合区新闻出版局、高塘岭街道、望府路社区在望城一中外国语学校开展“扫黄打非”进校园、进社区宣传活动。（凌语嫣）

【校园周边文化环境整治行动】 2022年，望城区加大校园周边环境整治力度，区文化执法大队重点检查校园周边出版物市场是否存在违规行为，联合区委宣传部及街道、社区开展校园周边出版物市场的检查整治工作，结合街道、社区摸排反馈情况，对各街镇中小学校园周边逐一进行检查，发现无证照或手续不全的立即要求下架整改，严查非法盗版图书现象，确保望城区校园周边的出版物市场文化安全。6月，重点对望城一中、长郡斑马湖中学、区职业中专、雷锋学校等高考、学考考点进行巡查，为高考、学考保驾护航。（凌语嫣）

卫生健康

HYGIENE AND HEALTH

编辑 周 玲

综 述

【概况】 2022年，望城区有医疗卫生机构447家，其中区属医疗卫生机构4家，镇卫生院、街道社区卫生服务中心16家，享受财政补助的村卫生室114个。全区各级各类医疗机构卫生人员总数5341人，其中执业（助理）医师2475人（全科医师230人），注册护士2549人，每千人拥有卫技人员数7.83人。全区医疗卫生单位拥有床位2991张，每千人拥有床位数4.39床。全年全区医疗卫生机构总诊疗人数313.87万人次，门急诊人数298.9万人次，出院人数10.35万人次，比2021年分别增长7.86%、11.77%和2.71%。

（陈宇峰）

【医药卫生体制改革】 2022年，区卫健系统加快构建就医和诊疗新格局，优化医疗资源均衡布局，将医改工作纳入“健康望城”建设和“十四五”规划一体谋划、统筹推进，学习福建省三明市医改经验，因地制宜制定任务清单、强化责任落实，构建上下贯通、执行有力的医改组织体系。望城区纳入第二批紧密型县域医疗卫生共同体建设试点，区卫健局联合区医保局、区市场监督管理局等部门出台《关于加强医共体管理运行机制建设的决定》和《长沙市望城区紧密型县域医疗卫生共同体建设实施方案》，推广医共体管理模式，以区人民医院、区妇幼保健院为龙头，基层医疗机构为枢纽，村卫生室为网底，搭建县域医共体和妇儿特色专科联盟。深化医药卫生体制改革，建立区内中医药领导及联席会议制度，召开全区中医药发展大会，开展全国基层中医药示范区创建工作，建设茶亭镇卫生院和乔口卫生院建设旗舰中医馆、团山湖村中医角并投入使用。常态化开展药品、耗材集中带量采购，落实药品集采种类超300种，促进医疗、医保、医药协同发展，进一步减轻群众就医负担，2022年公立医

2022年长沙市望城区卫健系统主要机构一览表

表13

序号	单位名称	机构地址
1	望城区人民医院	高塘岭街道郭亮北路126号
2	望城区疾病预防控制中心	高塘岭街道雷锋东路38号
3	望城区妇幼保健计划生育服务中心	高塘岭街道高塘岭大道5号
4	望城区卫生计生综合监督执法局	高塘岭街道望府路198号政务服务中心4楼
5	望城区精神病医院	茶亭镇郭亮集镇
6	望城区丁字湾街道社区卫生服务中心	丁字湾街道何桥村高冲组
7	望城区铜官街道社区卫生服务中心	铜官街道万星村毛家坪
8	望城区高塘岭街道第一社区卫生服务中心	高塘岭街道郭亮中路30号
9	望城区高塘岭街道第二社区卫生服务中心	高塘岭街道新阳村农科站
10	望城区乌山街道第一社区卫生服务中心	乌山街道徐家桥集镇267号
11	望城区乌山街道第二社区卫生服务中心	乌山街道前进路78号
12	望城区大泽湖街道社区卫生服务中心	大泽湖街道东马社区雷锋大道2370号
13	望城区桥驿镇中心卫生院	桥驿镇社区文化路79号
14	望城区茶亭中心卫生院	茶亭镇梅花岭社区1号
15	望城区茶亭镇东城卫生院	茶亭镇慎家桥集镇38号
16	望城区乔口镇卫生院	乔口镇田心坪村八组
17	望城区靖港中心卫生院	靖港镇新集镇
18	望城区靖港镇格塘卫生院	靖港镇众兴社区
19	望城区月亮岛街道金星社区卫生服务中心	月亮岛街道黄都港社区三润星城17栋
20	望城区白沙洲街道基成社区卫生服务中心	望城经济技术开发区同心路188号

（资料来源：区卫健局）

院门诊次均费用增幅下降11%，住院次均费用增幅下降19.8%，平均住院日控制在7天以内。试点推行微健康网格服务，以老年服务为切入点，以签约家庭医生为核心，组建微健康网格，进村入户点对点提供健康宣教、义诊、知识讲座、就诊引导等服务，实现签约服务全覆盖，提升群众就医获得感、幸福感。

（陈宇峰）

【卫生健康体系建设】 2022年，望城区推进公共卫生体系建设，区疾控中心通过湖南省标准化建设验收，区妇幼保健院、区精神病医院通过二级医院验收，完成格塘卫生院发热门诊建设，提质改造村卫生室7个，医防融合机制逐步完善。提升医疗卫生服务能力，完成区人民医院整体搬迁项目主体封顶验收，整体搬迁金山桥街道社区卫生服务中心，启动2个卫生院门诊综合楼建设，完成15家机构中医药服务基础信息采集和中医馆建设，6类15项中医药适宜技术应用全覆盖，开展“医术仁心·护士劳动技能竞赛”“医往直前·医疗质量大竞赛”两项比赛活动，通过理论考试、技能操作、病历评比，提升医疗质量水平。加强人才队伍建设，不断调优队伍结构，全年面向社会招聘专业技术人员40人，其中引进高层次人才6人，自主培养高级职称99人。依托“健康望城”智慧医疗，建设远程医疗服务平台并试点运行，实现22家医疗机构信息共享，助推“大病不出区，小病不出镇”。

（陈宇峰）

【公共卫生服务】 2022年，望城区加强公共卫生管理体系建设改革，将公共卫生工作纳入街镇和部门领导干部绩效考核，在村（社区）设立公共卫生委员，填补社区卫生服务机构空白。推进基本公共卫生服务、医防融合，建立居民电子档案66.7万份，老年人体检约6万人，高血压患者管理4.27万人，糖尿病患者管理1.45万人，严重精神障碍患者管理2828人，结核病患者管理406人，儿童免疫规划、基础免疫和

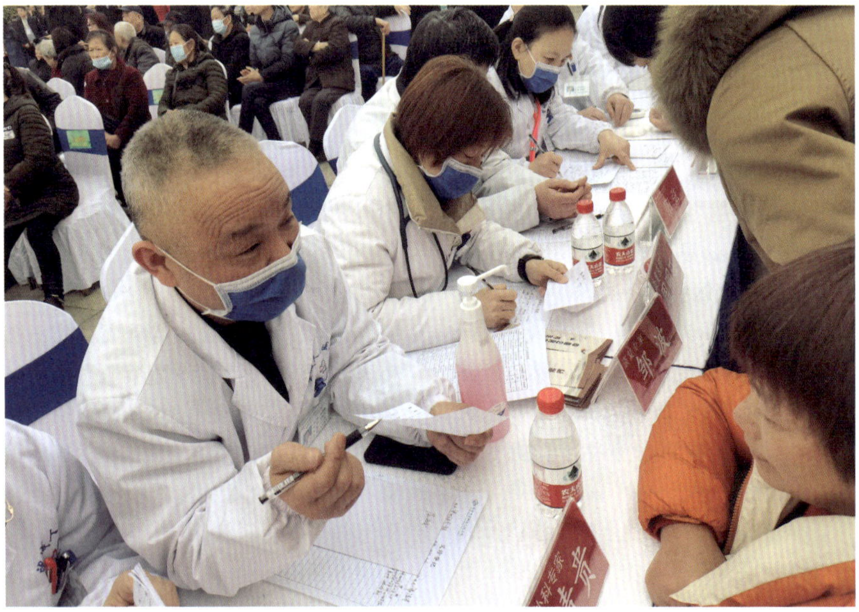

2022年2月，区卫健局在乔口镇开展下乡义诊活动　（刘　旺 摄）

加强免疫接种率均在95%以上。提升基层医疗卫生机构传染病监测和突发公共卫生事件处置能力，按要求进行传染病报告质量和管理现状调查医疗机构7家，累计登记传染病病例数14479例，传染病疫情报告率100%。开展传染病防治工作，防控传染病和地方病，落实艾滋病、结核病、狂犬病等传染病防治措施。增强健康教育与健康促进，推进全民健康生活方式行动，利用“世界卫生日”“肿瘤防治周”“无烟日”等重点宣传日，开展义诊、咨询活动，全区3.1万余人次接受咨询，发放宣传资料18万余份。开展爱国卫生运动，建设5个省级卫生村、6个市级卫生村（社区）、3个病媒生物防制小区。推进无烟党政机关建设，评审91个无烟党政机关、200户无烟家庭，群众公共卫生预防意识不断增强。（陈宇峰）

【卫生健康民生实事】 2022年，望城区开展“抗疫情·捐热血”无偿献血活动，全年预约献血2942人次，超额完成全年任务指标，连续4年居全市前列。开展适龄妇女“两癌”筛查，为农村适龄妇女及城镇低保适龄妇女“两癌”（乳腺癌、宫颈癌）免费检查1.18万人次，完成率111.32%。全区0~6岁儿童39498人，保健管理率93.2%，0~6岁儿童眼保健服务率91.1%。提升老年人健康服务能力，为65岁以上老年人免费体检50375人，体检表完整率98.17%。推进医疗卫生和养老服务融合发展，建设省、市老年友善医院15家，1家卫生院与长沙市第一社会福利院签订对口指导协议，1家医养机构通过省、市安宁疗护标准化病房建设验收，1个社区创建全国老年友好型社区。2022年5月，望城区在全省老龄健康工作会议上作经验推荐。

（陈宇峰）

疾病预防控制

【概况】 2022年，望城区落实“预防为主”的工作方针，完善疾病预防控制体系建设，履行疾病防控工作职责，以新冠疫情防控为首要任务，从严从紧落实各项防控措施，统筹兼顾其他疾病防控工作，实现传染病新冠疫情、艾滋病防治、结核病控制、病媒生物传播疾病和地方病防控平稳有序控制，扩大国家免疫规划工作、公共卫生工作、检验能力、慢性非传染性疾病防控质量取得突破和提高，健康教育与健康促进影响力不断扩大，启动新一轮基层医疗卫生

服务能力提质增效行动，累计投入资金3797万元。维护全区人民生命安全和身体健康。（廖安娜）

【重点传染病防控】 2022年，望城区严格传染病报告质量管理，漏报调查覆盖率100%。手足口病、流感等重大传染病疫情得到控制，461起预警信息均得到处置，无重大突发公共卫生事件发生。加强病媒生物监测力度，组织鼠、蟑螂、蚊、蝇密度监测48次，媒介生物监测任务完成。加强学校传染病防控力度，组织疫情专干开展学习培训300余人次，降低学校传染病聚集性及暴发性疫情发生。（廖安娜）

【艾滋病防治】 2022年，长沙市望城区疾控中心（以下简称区疾控中心）对高危人群进行干预检测984人次，对3个重点街镇1215名老年人开展HIV抗体筛查项目，完成哨点监测、重点人群抗体筛查、自愿咨询检测、感染者和病人管理治疗等常规工作任务，开展艾滋病防治政策宣讲和培训，高危人群行为干预工作取得进展。（廖安娜）

【儿童免疫规划】 2022年，区疾控中心巩固和加强常规免疫接种工作，"五苗"接种率保持在95%以上。强化疫苗管理、冷链管理、监测报告等督导检查，全区督导覆盖率100%。对基层预防接种单位开展5期培训，培训700人次。推进儿童预防接种信息系统建设和预防接种副反应监测工作，形成规范运转的工作机制。加强免疫规划针对传染病的监测，各项指标均达到国家标准。推行非免疫规划疫苗遴选，规范非免疫规划疫苗采购与管理工作，为广大人民群众使用非免疫规划疫苗提供保障。（廖安娜）

【慢性非传染病管理】 2022年，望城区完成2022年肿瘤登记数据整理，利用高血压专病门诊，探索"两病"信息管理系统，加强对高血压、糖尿病患者随访质量控制，提高慢病管理质量。以重点宣传日为契机，开展健康教育和健康促进活动，提升人民群众健康素养。申报2023年第八批健康县（区）创建。（廖安娜）

【结核病防治】 2022年，望城区加强结核病患者的发现、报告、转诊、治疗、管理工作，与定点医院配合，及时发现、有效防治结核病。开展结核病知识网络有奖竞答、高校结核病防治知识宣传讲座等宣传活动，提高防治知晓率。处置1起学校结核病聚集性疫情。（廖安娜）

【血吸虫病防治】 2022年，望城区开展查螺、灭螺、灭蚴、查病、化疗等工作，未发现急性感染病例。对靖港镇芦江社区金星外滩实施翻耕垦种共计环改面积17.79万平方米，对20个疫区村消除血吸虫病达标工作进行部署安排，通过消除达标验收，遏制血吸虫病传染源的播散和流行。（廖安娜）

【卫生监测】 2022年，区疾控中心完成生活饮用水水质检测219份，食品样品171份，现制现售饮用水专项监督抽检15份，随机监督抽查公共场所34家，完成上级监测任务。处置食源性疾病事件2起，无突发重大公共卫生事件发生。调查和现场监测80家企业开展职业卫生现状和职业病危害因素，调查和随访141名尘肺病人并建立尘肺病报告卡，监测评价38家医疗机构55台X光机放射防护，保障劳动者的健康权益。监测285所学校310个饮用水监测点水质，监测与干预11所学校学生常见病和健康影响因素，专项调查3076名学生近视情况，监测7所学校42间教室环境卫生，提供数据支撑保障和促进儿童青少年健康。（廖安娜）

【疾病防控能力建设】 2022年，区疾控中心通过"引进来、走出去"方式加强对专技技术人才的培养，提升队伍整体业务能力水平。加强对基层医疗机构的公卫督导，提升公共卫生服务水平。完成实验室检测能力提升项目，改造PCR实验室，增添先进设备，提升检测能力。（廖安娜）

【健康宣传】 2022年，区疾控中心在"云上望城""红网时刻"新闻及望城新闻频道循环播放预防艾滋病科普知识宣传片，通过微信公众号持续向社会大众推出高质量健康科普文章。组织各医疗机构候诊大厅循环播放健康教育宣传片，利用"世界卫生日""肿瘤防治周""世界高血压日""无烟日"等重点宣传日，开展义诊、咨询活动，全区3.1万余人次接受咨询，发放宣传资料18万余份。组织各镇卫生院/街道社区卫生服务中心、村卫生室设置健康教育宣传栏，向群众宣传中医养生保健，健康生活方式，食品安全，职业病、慢性

2022年9月9日，区疾控中心血吸虫病防治科在湘船重工开展义诊宣传活动（区疾控中心 供图）

病、传染病防治等健康知识，并定期进行更换。组建健康宣教讲师团，送健康讲堂进学校、进企业、进社区。（廖安娜）

【实验室检测能力提升项目】 2022年2月25日，区疾控中心启动实验室能力提升项目，项目总投资330.4万元，按照生物安全二级要求，将新综合楼三楼原有约130平方米的4间实验室，改造成包含新风系统、试剂准备、消杀、提取、扩增等功能的独立PCR（聚合酶链式反应检查）室，新购2台自动核酸提取仪、3台实时荧光定量PCR仪、1台自动分杯系统、3台生物安全柜、4套8通道加样枪和2台负20℃冰箱，3月10日竣工验收投入使用。（廖安娜）

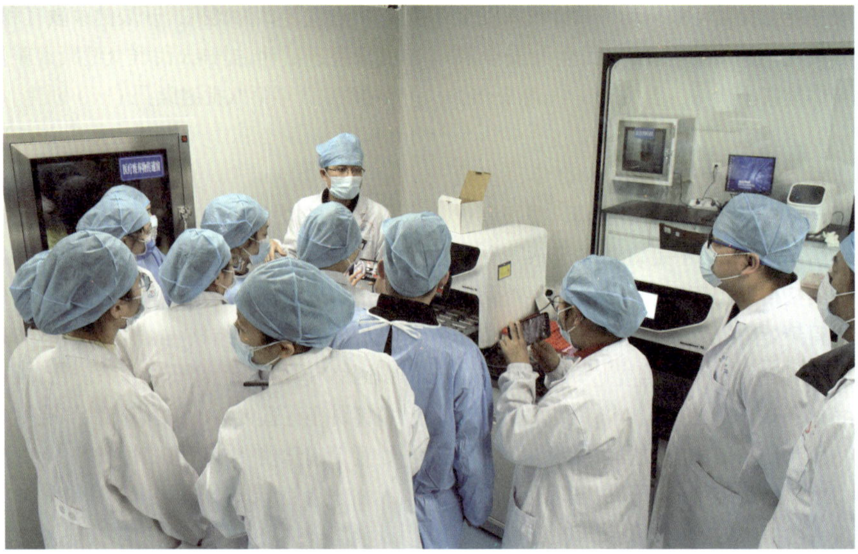

2022年3月19日，区疾控中心组织各医疗单位检验检测人员开展PCR检测培训（区疾控中心 供图）

【结核病防治培训】 2022年7月，区疾控中心组织各基层医疗机构结核病防治工作分管领导和专干开展结核病防治工作培训班，授课教师从推介/转诊、重点人群筛查、肺结核病人追踪、患者管理、学校结核病防治、健康教育等方面出发，分享多年从事结核病防治工作的经验和建议，以互动的形式，解决基层结核病防治工作中的常见问题，提升望城区结核病防治工作质量。（廖安娜）

基层医疗卫生

【概况】 2022年，望城区启动新一轮基层医疗卫生服务能力提质增效行动，累计投入资金3797万元，新改扩建金山桥街道社区卫生服务中心1家、提质改造村卫生室7家，建设卫生院发热门诊1家、新建中医馆2家，村卫生室标准化建设达标率90%以上。推进省级健康县区创建工作，申报国家卫生乡镇1个、省级卫生村4个、市级卫生村2个。（陈宇峰）

【基层服务质量】 2022年，望城区持续加强基层医院医疗质量安全培训和质控工作，举办各类医疗质量业务培训。优化13个质控中心的成员组成，加强对质控中心的考核管理，制订各临床质量控制中心业务计划，每季度对各质控中心工作进行考核并下发通报。开展学术活动，加强对全区医疗机构业务指导，提高医疗质量水平。（陈宇峰）

【基层人才建设】 2022年，望城区持续加强医疗卫生人才培养引进，完善基层卫生人才招、引、留、用等政策。选派6人参加2022年度全科医生转岗培训，卫生院均实现2名全科医师全覆盖。采取线上基础培训和线下实操培训相结合的方式，培训基层医务人员23名，其中乡镇卫生院和社区服务中心骨干全科医生3名、骨干人员6名、乡村医生14名，不断调优队伍结构。（陈宇峰）

妇幼保健

【概况】 2022年，望城区活产数7163人，无孕产妇死亡。5岁以下儿童死亡率2.65‰，婴儿死亡率1.26‰，新生儿死亡率0.698‰。长沙市望城区妇幼保健计划生育服务中心（以下简称区妇幼保健计生服务中心）每季度开展5岁以下儿童死亡专项信息质控，对危急重症儿童的管理及追踪进行督导，全区各医疗保健机构建立并落实本机构5岁以下儿童放弃治疗的登记与追踪管理工作要求。提高望城区儿科急救中心的抢救能力，保障全区危重新生儿的急救绿色通道。每季度开展母婴安全管理专项督导工作，开展新生儿复苏培训和考核，现场抽查理论考试及操作考核。邀请市妇幼专家开展新生儿复苏教学及技能操作实训，采用理论授课与实践操作相结合的形式，互动式教学，做到望城区产科医师、助产士、儿科医师、麻醉师等专业人员全覆盖。业务收入3661万元，比2021年增长38.07%，服务满意度95%。获评湖南省卫健委出生医学证明管理工作先进单位、长沙市卫健委会妇幼健康重点工作中危重孕产妇管理优秀单位。（文耀辉 李雅茜）

【妇女儿童保健】 2022年，全区活产数7163人，无孕产妇死亡。5岁以下儿童死亡率2.65‰，婴儿死亡率1.26‰，新生儿死亡率0.698‰。区妇幼保健计生服务中心每季度开展5岁以下儿童死亡专项信息质控，对危急重症儿童的管理及追踪进行督导，全区各医疗保健机构建立并落实本机构5岁以下儿童放弃治疗的登记与追踪管理工作要求。提高望城区儿科急救中心的抢救能力，保障全区危重新生儿的急救绿色通道。每季度开展母婴安全管理专项督导工作，开展新生儿复苏培训和考核，现场抽查理论考试及操作考核。邀请市妇幼专家开展新生儿复苏教学及技能操作实训，采用理论授课与实践操作相结合的形式，互动式教学，做到望城区产科医师、助产士、儿科医师、麻醉师等专业人员全覆盖。

（文耀辉 李雅茜）

2022 年 11 月 25 日，区卫生健康局、区妇幼保健计划生育服务中心举办 2022 年新生儿复苏技术培训 （区融媒体中心 供图）

【婴幼儿照护服务】 2022 年，望城区将 0~3 岁婴幼儿照护服务纳入年度重点工作，对区内从事托育服务的机构进行摸底排查，了解机构规模、运营现状、人员师资、消防备案、卫生评价等情况。全区有托育服务机构（园所）32 家，其中普惠托育机构17家，均实行普惠定价，婴幼儿照护负担大幅减轻。开展托育机构备案工作，在全市率先出台《望城区托育机构备案管理办法（试行）》，明确场所、人员、证照等规范标准，指导托育机构科学建设、规范备案，已备案机构 13 家。制定区级示范性托育机构创建方案，成立创建工作领导小组和示范托育机构评审组，鼓励已备案机构参与示范创建，一二三托育中心富基园等 4 家机构获评“长沙市托育服务示范单位”。联合区发展和改革局做好普惠托育服务专项行动中央预算内投资项目资金申报，普惠托育中央项目资金连续 3 年拨付 915 万元，对 13 家机构进行专项支持，项目全部建成并投入使用。5 月 31 日，中央电视台新闻频道《朝闻天下》栏目以《关注婴幼儿托育问题婴有所托》为题对望城区一二三托育中心进行专门报道，湖南卫视、长沙电视台新闻频道、“望城发布”进行跟踪报道。

（文耀辉 李雅茜）

【民生工程项目】 2022 年，区妇幼保健计生服务中心完成新生儿疾病筛查 7026 人，可疑阳性 397 人，随访 397 人，随访率 100%，确诊 33 人（G6PD 22 例、CH9 例、MSMS2 例），CH（先天性甲状腺功能减退）9 人，MSMS（遗传代谢病）2 人，已在上级医院治疗；G6PD（葡萄糖-6-磷酸脱氢酶缺乏症）22 人，均随访指导其饮食和用药等注意事项；完成遗传性耳聋基因检测项目 7027 例，可疑阳性 349 人，随访 349 人，随访率 100%，其中药物性耳聋基因阳性 78 人，专案管理 78 人，管理率 100%。确诊病例均督促进行规范的诊治并专人随访管理。做好新生儿听力筛查工作，降低儿童听力障碍所致残疾。完成无创 DNA 检测项目 7458 人，NIPT 高风险人群 66 例，其中 21 三体人数 11 例、13 三体 3 例、18 三体 9 例、其他异常人数 43 例；已确诊 15 例，其中 21 三体 5 例、18 三体 3 例、13 三体 0 例、其他异常 7 例，15 例已行引产术。完成产前筛查项目 7396 人，覆盖率 172%，检出产筛阳性 1917 人，转诊 1917 人，接受产前诊断干预 1917 人，对 1567 例风险人群进行产后访视，其中自然流产 6 例，治疗性引产 33 例，死胎死产 1 例，妊娠结局随访率 100%。

（文耀辉 李雅茜）

【重大公共卫生服务项目】 2022 年，区妇幼保健计生服务中心完成妇女乳腺癌、宫颈癌筛查（以下简称“两癌”）项目 12145 人，其中宫颈癌筛查 HPV 阳性人数 1720 人、宫颈细胞学检查 ASC-US 168 人，ASC-H2 人，LSIL25 人，阴道镜异常 327 人，病理检查确诊发现 CIN（Ⅰ级）82 人、CIN（Ⅱ级）和 CIN（Ⅲ 级）29 人，微小浸润癌 1 人，浸润癌 1 人，宫颈癌早诊早治率 96.77%。乳腺癌筛查发现乳腺 B 超可疑阳性 192 人，钼靶检查可疑阳性 83 人，其中导管原位癌 1 人，浸润性导管癌 7 人，浸润性小叶癌 2 人，TNM 分期为Ⅱ A 期 7 人，Ⅱ B 期 2 人，Ⅲ期及以上 1 人，乳腺癌早诊早治率 70%。湖南省重点民生实事项目任务完成率 139.48%(12145/8500)，市级重点民生实事项目任务完成率 114.58%(12145/10600)。规范叶酸发放流程，落实区、乡村多种发放途径，全年产妇叶酸服用率 97.26%。提高婚孕检率与婚孕检质量，完成免费孕前优生 4474 人，完成率 111.85%，0~6 岁儿童眼及视力保健筛查 50495 人。

（文耀辉 李雅茜）

【健康教育】 2022 年，区妇幼保健计生服务中心规范化建设各医疗机构孕妇学校，将健康教育师资培训纳入妇幼专干岗位培训，提高健康教育参与率和覆盖面。探索惠民政策宣传新模式，开设咨询门诊，设立各类政策宣传专栏，通过微信、QQ等网络新媒体集中报道。妇幼健康教育覆盖率98.02%，孕妇学校培训覆盖率66.54%，母婴保健核心知识知晓率95.21%，母婴健康行为形成率91.98%。（文耀辉 李雅茜）

【临床业务管理】 2022年，区妇幼保健计划生育服务中心明确机构功能定位，加强妇幼健康服务机构标准化建设和规范化管理，强化人员、床位和设备配备。门诊总诊疗61558人次，出院2137人次，分娩活产981人（剖宫产术380台），抢救危重患者5人，抢救成功率100%，药占比20.11%，比2021年下降0.52%。与湘雅三医院等多家省、市级医院签订紧密型医联体合作协议，新增各类临床、检测等技术服务20余项。邀请市妇幼生殖中心主任毛增辉每月定期前来坐诊，接诊100余人次，帮助不孕不育对象自然受孕13对，转诊手术试管10对。

（文耀辉 李雅茜）

【出生医学证明管理工作被推介】 2022年，区妇幼保健计生服务中心通过采取业务培训、警示教育、督导检查、工作点评、专题会议等管理措施，提升出生医学证明签发管理相关人员的服务意识、责任意识、法律意识以及规范办证、安全办证能力。定期召开全区出生医学证明管理工作会议、举办业务培训班；每季度进行出生医学证明管理工作专项督导；建立咨询服务热线和审核签批机制；加强出生医学证明签发管理健康宣教；处理出生医学证明协查函；办证窗口设立便民服务措施。2022年首签办证率96.33%，废证率下降至0.06%，望城区妇幼保健院获评“全省出生医学证明管理工作先进单位”。（文耀辉 李雅茜）

【危重孕产妇管理经验被推介】 2022年，区妇幼保健计生服务中心获评长沙市卫健委会妇幼健康重点工作中危重孕产妇管理“优秀单位”。区妇幼保健计生服务中心通过三级网络，发挥公共卫生联络员作用，及时了解孕产妇信息，对高危孕产妇进行追踪随访，执行高危孕产妇的筛查，实行专案管理，建立“孕产妇急救绿色通道”和“危急重症抢救中心”。健全三级保健网络，发现怀孕妇女立即进行登记和宣教，报告乡镇卫生院妇幼专干。妇幼专干在妇女怀孕12周前及时建立孕妇档案以及发放母子保健手册，孕妇产前检查不少于5次，在孕检时就进行宣教，及时住院分娩，对产后的产妇和新生儿访视2次。统一发放高危妊娠颜色预警至医疗卫生单位，筛查出高危孕妇，填写高危孕产妇随访登记卡进行专案管理，并报区妇幼保健计生服务中心。确诊为高危孕妇，整个孕期检查和住院分娩均在区级医疗保健机构进行。建立望城区孕妇风险管理群，对辖区内上报的红色、橙色风险预警孕产妇建册管理，了解并掌握辖区内高危孕产妇的发生、治疗、管理和转归情况。针对每位孕妇的高危因素制定具体干预措施，定期随访，每月不少于1次，动员到区级以上医疗机构和能处理高危因素的中心卫生院分娩。设立孕产妇危急症抢救中心，区级医疗单位建立和完善孕产妇急救绿色通道和“危急症抢救中心”。（文耀辉 李雅茜）

卫生监督

【概况】 2022年，长沙市望城区卫生计生综合监督执法局（以下简称区卫监局）有监管对象2249家，其中公共场所897家，供水单位160家（不含市政供水的学校），学校143所，托幼机构229所，托育机构27所，医疗机构584家，职业卫生用人单位205家，餐饮具集中消毒服务单位4家。2022年办理各项许可499份，其中卫生许可新发423份（公共场所370份、生活饮用水37份、放射诊疗16份），变更卫生许可37份，延续卫生许可39份，另办理放射工作人员证54份。简易程序立案并结案94起，一般程序立案44起，结案36起，没收违法所得3005元，罚款44.27万元。向区法院申请强制执行4起。受理投诉举报36起，其中公共场所类17起，医疗执业类16起，职业卫生类3起，食品安全类0起，均按时办结反馈。（李应时）

【医疗行业执业监管】 2022年，望城区结合日常监督检查，对586家医疗机构开展信用等级评价，评定A级单位105家、B级单位420家、C级单位48家、D级单位13家。开展医疗乱象整治工作，着重查处各类违法违规执业行为，办理医疗执业相关案件14起，其中使用非卫生技术案件4起，违反病历资料管理规定案件1起，违反处方管理规定案件1起，非医师行医案件6起，无证行医2起，罚没款32.86万元。查处1处违法开展人类辅助生殖技术活动场所。开展打击非法医疗美容专项、体检服务机构专项、医疗废物专项和院感专项监督工作。医疗美容专项监督23家（生活美容22家、医疗美容1家），办理医疗美容案件1起；体检服务机构专项监督19家，立案1起。院感专项检查56家（口腔诊疗52家、内镜诊疗4家），未发现相关违法行为；医疗废物专项监督586家，办理医疗废物案件4起。与区民政局、区市场监督管理局、区公安分局等部门联动，每季度开展一次养老机构医疗欺诈专项检查行动，监督检查66家次。（李应时）

【学校卫生监管】 2022年，望城区采用覆盖所有住宿制学校、抽查非寄宿制学校的方式，开展春秋两季学校卫生专项检查，重点检查各学校饮用水管理情况。开展“三考”前学校饮用水防控督查。根据市、区“三考”相关工作要求，对考点学校、考点周边酒店、医疗机构开展卫生监督检查，督促落实各项卫生要求。检查考点7个（一般考点4个、隔离考点1个、备用考点2个），周边酒店14家和医疗机构2家。对21所学校的教学环境开展“双随机”抽检，委托第三方机构对其中10所学校的教室采光照明进行检测。对于教学环境不符

2022 年 5 月 18 日，区卫监局开展饮用水卫生宣传周活动　　（廖梦晨 摄）

合要求的 6 所学校和采光照明检测不合格的 3 所学校，给予警告，并将结果抄送至教育部门。开展托幼机构和托育机构专项检查，重点检查饮用水卫生、传染病防治和卫生保健等方面，对于未达到相关标准和规范的 22 家托育机构给予警告。　　（李应时）

【公共场所卫生监管】 2022 年，区卫监局实施公共场所承诺制发证，发放公共场所卫生许可 305 份，对 63 家单位开展国家“双随机”监督检查。开展住宿场所、游泳场所等专项检查行动，检查公共场所经营单位 115 家，责令整改 108 家问题单位，立案查处 20 家公共场所，罚款 1.51 万元。开展公共场所量化评级 674 家，评定 A 级单位 6 家、B 级单位 122 家、C 级单位 546 家。开展自建房改建公共场所专项检查，摸排自建房改建的经营性公共场所单位 857 家，其中住宿场所 241 家，理发店 616 家，立案查处 5 家，罚款 3600 元。配合国务院事故调查组，提供“4·29”涉事楼栋历年所有业态卫生监管相关资料，配合区政府和街道，妥善处理涉拆公共场所遗留问题。　　（李应时）

【职业卫生监管】 2022 年，在第 20 个职业病防治宣传周期间，区卫监局、区疾控中心联合开展职业病防治“送法上门”“法进机关”宣传活动。发动 100 余家企业组织职工在线观看《职业防治进企业》微视频宣传及职业病防治专家课，参与职业健康知识网络答题。与主管局、区疾控中心厘清职业病防治工作考核责任分工。牵头组织职业病危害专项治理相关工作，对 42 家存在职业病危害因素超标的企业进行业务培训，要求企业对超标因素进行认领和开展危害因素治理。　　（李应时）

【食品安全监管】 2022 年，区卫监局对 4 家餐饮具集中消毒服务单位进行专项检查，委托第三方机构从厂家源头开展集中消毒餐具卫生监督抽检 102 批次，合格 102 批次，抽检结果在望城区政府门户网站公示。对 7 家集中式供水单位和 153 家二次供水单位开展专项检查。立案查处 1 家水质检测不合格的供水单位、1 家未取得卫生许可证擅自供水的单位，罚款 4000 元。5 月，开展饮用水卫生宣传周活动。全年发放宣传资料 4000 余份，接待咨询人数 500 余人。　　（李应时）

职业健康

【概况】 2022 年，望城区申报职业危害用人单位 132 家，矿山、冶金、化工、建材等企业申报率 100%；职业病危害现状评价 13 家，职业病危害因素定期检测和评价 132 家。对现存活的尘肺病人 143 人进行调查、了解（包括病情及治疗和经费保障等方面）并建立相关档案。调查了解全区放射诊疗机构放射工作人员、6 家非医疗机构放射工作单位基本情况和职业健康管理情况。　　（陈宇峰）

【职业病防治服务能力建设】 2022 年，望城区加强卫生检测与评价，组织相关人员进行业务培训，配备相应的检测设施设备，由专人进行项目管理。加强专业技术人员培训，派送相关人员到省、市参加专业学习，区内开展职业卫生相关知识的学习交流。区疾控中心职业危害因素控制科内部设立 1 名质量监督员，对相关工作进行质量监督。加强仪器设备的添置和管理，定期进行校准和更换，确保职业病防治检测工作正常运转。　　（陈宇峰）

【职业健康执法监管】 2022 年，区卫监局以职业性尘肺病为重点，在有色金属、冶金、建材等行业领域开展专项治理，对 83 家企业进行监督检查，督促企业整改问题 415 项。牵头制定望城区职业卫生行政处罚“首犯免罚”清单。对未按要求开展危害因素检测、未告知劳动者职业危害等 9 家企业予以警告；对未开展职业健康岗前体检和复查的 4 家企业予以一般程序立案处罚，罚款金额 11.8 万元。　　（陈宇峰）

中医药服务

【概况】 2022 年，望城区有备案中医诊所 24 家，全年完成中医馆提质升级建设项目 13 家，通过国家基本公共卫生服务中医服务项目为老年人和儿童提供中医服务，中医药健康服务率达 65%。　　（陈宇峰）

【中医药机构提质升级】 2022年，望城区提升中医药服务能力，完成中医馆提质升级建设项目13家。乔口镇卫生院、茶亭镇中心卫生院、大泽湖街道社区卫生服务中心3家基层医疗机构启动中医旗舰馆建设，其中乔口镇卫生院中医旗舰馆于2022年年底完成建设，茶亭镇中心卫生院、大泽湖街道社区卫生服务中心计划2023年竣工验收。拟定建设中医阁项目18家。（陈宇峰）

【中医药行业发展】 2022年，望城区利用全国第四次中药资源调查成果，加强中药资源开发利用，鼓励扶植区域内中医药企业发展，弘扬中医药文化。简化中医行政审批流程，推行中医诊所备案制度（全区中医备案诊所24家），鼓励社会资本举办中医诊所、门诊部，构建多层次、多样化的中医服务网络。

（陈宇峰）

【中医药适宜技术推广】 2022年，望城区加强区内医共体建设，发挥省、市三级医院医联体（10个）作用，坚持走名医名院合作之路，培植优势或特色诊疗科室，设立“中医名医工作室”，部分医疗机构推出煎中药服务，中医药服务收入比重逐年提高。区人民医院计划引进省内知名中医专家张涤教授开设“名老中医工作室”。2022年通过国家基本公共卫生服务中医服务项目的实施，对65岁以上的老年人开展中医预防保健，中医药健康管理服务率100%。0~36月儿童服务人数13648人，中医药健康服务率65%，通过名医的“传帮带”，推广中医适宜技术。（陈宇峰）

医政药政管理

【概况】 2022年，望城区投入医疗设备采购资金近800万元，国家基本药物制度补助专项经费2332.19万元，增设诊疗点和“健康驿站”等机构，增强医疗救治能力，制定基本药物绩效评价办法，强化基层基本药物保障和监管，提升医政药政管理水平。（陈宇峰）

【基层医疗救治能力建设】 2022年，望城区安排资金近800万元，采购医疗设备，为医疗机构紧急采购呼吸机、监护仪等急救设备和特效药品。新增呼吸机30台、血氧仪250台、心电监护仪40台，每个村卫生室确保免费配备2台血氧仪，提升重症救治能力，保障普通床位和重症床位满足度峰需求。扩容增设发热门诊和病床，发热门诊按照应开尽开、应设尽设的原则，全区共设置发热救治点104个，其中24小时发热门诊3个，定时开放发热诊室27个，增设74个社区卫生服务站、村卫生室为发热诊疗点，方便人民群众看病就医。全区医疗机构病床扩容至3095张（含四医院256张），通过巡诊下沉、派驻专家以及远程医疗等举措，指导基层医疗机构提高救治能力。畅通院前急救通道，区“120”急救中心增派工作人员至54人，有救护车27台（其中重症监护型2台、负压救护车11台、普通救护车14台），2022年12月以来日均电话量约500个，日出车约40辆次，按照“应派尽派、就近就急”原则，确保应收尽收、应救尽救。加强急危重症救治，调优区人民医院科室设置，整合资源；依托区人民医院成立区级医疗救治专家组，建立急危重症患者绿色转诊通道；加强省、市救治专家组沟通衔接，指导基层医疗机构做轻症病例收治工作，全面提升诊疗服务能力。

（陈宇峰）

【精细健康服务】 2022年，望城区设置“健康驿站”7家，由医护人员24小时值班值守，提供采样送检、快速检测、健康咨询、体温监测、饮食及用药建议、心理咨询等服务。多批次发放物资，按照网格分时段、分批次，上门向60周岁以上独居、空巢、留守、失能等特殊困难老人配送“健康包”，讲解正确使用方法。提供中医药特色服务，加大基层中医药适宜技术应用，发挥中医药剂作用，农村地区各卫生院主动上门免费送医，累计向农村地区发放中药包或中药汤剂2.1万余份。

（陈宇峰）

【基本药物制度监管】 2022年，望城区制定《长沙市望城区基层医疗卫生机构实施基本药物制度绩效评价办法》等制度，从国家基本药品的集中采购、配送企业测评、药品使用、基药绩效评价、经费分配、经费管理使用等方面实施保障。挂靠区人民医院临床合理用药质量控制中心设立区药品使用监测与预警中心，加强技术帮扶与指导，实施临床短缺药品及非正常上涨药品监测与报告工作。2022年全区举办国家基本药物制度、药事管理等3次专项培训会议，培训人员近200人次。（陈宇峰）

【基本药物经费使用】 2022年，望城区财政投入国家基本药物制度补助专项经费2332.19万元，其中中央、省级经费276.22万元、市级经费207.41万元、区级专项经费1848.56万元。全年省、市、区级财政村卫生室综合改革运行经费补助每个村2.44万元，共316.2万元，解决医疗机构实施药品零差率所导致运行经费不足和村卫生室乡村医师社会保障等问题。（陈宇峰）

【基本药物绩效评价】 2022年，区卫健局组织开展全区基本药物制度绩效评价工作，定期开展抗菌药物、精麻药品专项整治行动，规范基层医疗机构临床诊疗行为，改变不良用药习惯，提高临床合理用药能力和水平。（陈宇峰）

医院选介

【望城区人民医院】 2022年，长沙市望城区人民医院（以下简称区人民医院）开放床位650余张，开设临床医技科室30个（其中市级重点专科1个、县级医院省级重点专科2个）。门急诊接诊419520人次，比2021年增长2.38%；住院诊疗30523人次，增长

3.4%；手术6452台次，增长6.5%。区人医院急诊科获评“长沙市青年文明号”。在湖南省87家二级公立医院专科能力综合得分与排名中区人民医院名列第五，其中内科服务能力排名第九位、外科服务能力排名第七位、妇产科服务能力排名第13位、儿科服务能力排名第15位、眼耳鼻喉科服务能力排名第三位。获评“长沙市2022年健康促进示范医院”“2020—2021普通高校招生体检先进单位”“2022年度长沙市卫生健康系统生活垃圾分类示范单位”，通过国家电子病历系统应用水平4级评审，区人民医院工会获评“长沙市在职职工医疗互助工作十周年先进单位”。

学科建设 以三级医院创建为契机，围绕“五大中心”（危重孕产妇救治中心、危重儿童和新生儿救治中心、卒中中心、创伤中心、胸痛中心）建设，优化区域协同急救网络体系。新增CCU（心内科加护病房）、EICU（急诊重症监护病房），新设心胸外科、脊柱外科等学科组，引进推广新技术、新项目39项，比2021年增长70%。全年胸痛中心完成冠脉造影术753例，PCI（经皮冠状动脉介入治疗）术304例（急诊PCI176例），起搏器植入术3例，心内电生理检查+射频消融术10例；独立完成髂动脉覆膜支架腔内修复隔绝术、腹主动脉腔内修复隔绝术等，填补望城区介入治疗领域的技术空白。卒中中心完成静脉溶栓20余例，骨科、神经内科、消化内科、神经外科等医院重点专科的CMI（出院患者病例组合指数）值比2021年均上升，完成首例ERCP（经内镜逆行胰胆管造影）胆总管取石术、首例新生儿经外周静脉置入中心静脉导管术(PICC)等，开展外科微创腰椎间固定融合术、腹腔镜下肾部分切除术等多项技术。2022年申报省卫健委、省教育厅科研项目各1项；心血管内科《介入手术服》获国家实用新型专利；心血管内科、神经内科确定为县级省重点临床专科建设项目。

精细护理 推行“互联网+”护理模式，引进护理管理系统、护理不良事件上报系统，让信息化建设助力护理安全管理，打造专科护理特色，发展老年护理，加强护理专科门诊建设，打造心血管内科、神经内科、骨科等专科护理特色，为医院重点学科建设奠定基础。改造体检环境，优化功能布局，增加体检项目，增强配优体检人员力量。发展中医特色，打造中医特色科室，加大名医工作室创建，加大中医项目推广、培训、普及；下发中药协定处方，对相关人员进行考核并授权，长期聘用省级医院专家坐诊、指导。

医疗协作 与白沙洲街道基层社区卫生服务中心建立医联体合作，与铜官分院、乌山街道第二社区卫生服务中心建立医共体合作。推动医疗资源下沉，建立三联服务机制。实行“分片分区三固定”（固定人员、固定时间、固定单位）对接模式，每家乡镇卫生院分别由一个院领导、一个职能科室责任人、一个临床科室负责人，建立三联服务机制，制定医联体派驻人员绩效管理考核办法，保障医联体建设工作。全年开展帮扶220余次，开展“医心为民 健康在望”义诊宣教活动10次，服务居民1000余人次，远程会诊82例，远程影像诊断243例，远程心电诊断315例。推行整体托管或一院分级诊疗等多形式医共体合作模式，实现医共体内业务互补和差异发展。派出专家驻点帮扶，提升医共体单位医疗服务能力，方便老百姓家门口就医。规范双向转诊流程，畅通绿色通道，全年医联体单位上转患者2468人，医院门急诊患者转回医联体单位428人，“120”接诊危重患者170人次，病友服务中心接待转诊患者1000余人，实现区镇医疗机构共同发展，病人就医更加安全、优质、便捷、廉价。

规范服务 通过调整科室布局，增加服务窗口，简化就医环节，缩短患者就医等候时间。实行导医陪诊服务和首诊负责制，规范服务用语，杜绝生、冷、硬、顶、推现象。成立病友服务中心，实现医疗咨询、门急诊清单打印等12项一站式服务。推行365天无假日门诊，开展预约挂号、分时段挂号及日间手术，逐步实现精准预约。（周 硕）

【望城区精神病医院】 2022年，长沙市望城区精神病医院（以下简称区精神病医院）核定床位200张，开放床位300余张，收治在床精神病患者242人次，其中流浪精神病人2人次，应急处置39人次。

日常诊疗 2022年，区精神病医院门诊诊疗接诊2466人次，收治住院病人242人次。围绕“医心为民，健康

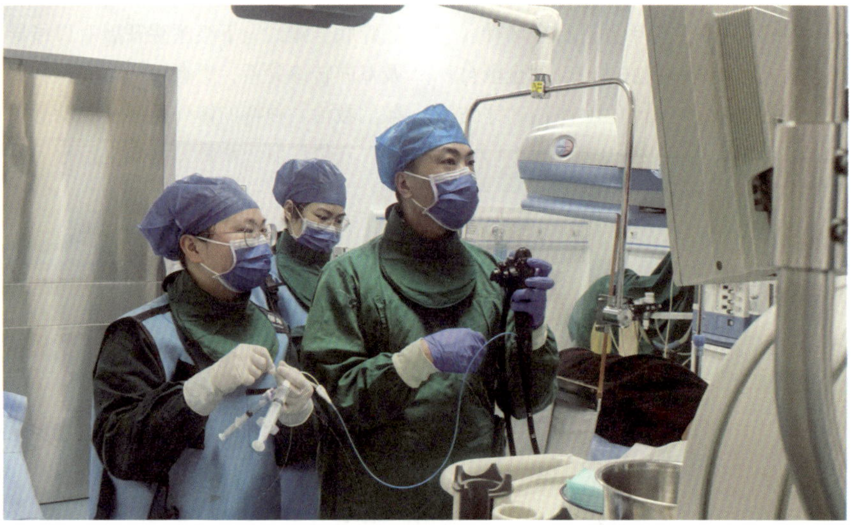

2022年2月22日，区人民医院消化内科独立完成首例ERCP（经内镜逆行胰胆管造影）胆总管取石术（区人民医院 供图）

在望”总体目标，开展“书记工程”“闪亮工程”两大品牌工程，坚持公立医院公益性和精神病专科医院特色，统筹做好常态化新冠疫情防控与日常诊疗工作，提升医疗服务能力和质量。按照医政药政管理要求开展日常工作，完成年初制定的工作目标。每月定期到乡镇卫生院或社区卫生服务中心社区对领药的病人当场看诊，并进行免费体检和健康宣教，对国家免费精神类救助药品实行严格管理，全年共有 10348 人次领取救助药品 61204 盒。

医疗服务　2022 年，区精神病医院与湖南省脑科医院、长沙市第九医院、长沙市第三医院等医院建立紧密医联服务，与 15 个乡镇卫生院（街道社区卫生服务中心）建立网格化服务。选派骨干参加上级医院培训学习，着力推进心理健康、老年康复等学科建设，建立深度融合的医联服务体。

心理咨询服务　2022 年，区精神病医院参与望城区社会心理服务体系建设和全区征兵体检工作，全年接听心理服务热线 121 人次。

全区精神病患巡诊评估　2022年，区精神病医院召开望城区各乡镇卫生院或社区卫生服务中心精防专干培训班，各乡镇卫生院、社区卫生服务中心分管公卫副院长、副主任及精防专干和区精神病医院医务人员 107 人参加。全区在管精神病人 2248 人，办理救助卡 2569 张。9—10 月联合综治办进行全区社区精神病人大排查和摸底排查，对全区自愿社区精神病人进行危险评估。评估 719 人，其中一、二级 180 人，三级 4 人，五级 2 人。　（陈志鑫）

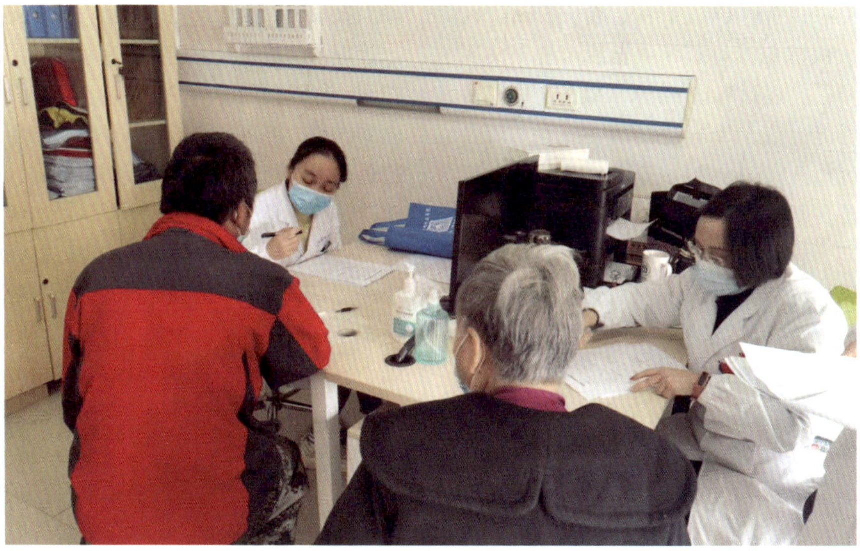

2022 年 10 月 10 日，区精神病医院在乌山街道第一社区卫生服务中心开展社区精神病人巡诊评估　（区精神病医院 供图）

【望城区心脑血管病专科医院】　2022 年，长沙市望城区心脑血管病专科医院（以下简称区心脑血管病专科医院）开设内科医疗部、护理部、门诊部、检验科、药剂科、B 超影像科、康复科、医保科、后勤科等科室。全年业务收入接近 1200 万元。

医疗联合及特色专科建设　2022年，区心脑血管病专科医院根据病种群体的特殊性，制定适合医院特色的专科发展规划，与湘雅附三医院、湖南航天医院、湖南财贸医院等建立专科联盟型的城市医疗联合体，上下级医院开展对口指导及双向转诊关系，患者第一时间得到有效的救治。独特的体外反搏、脑动脉注射、穴位注射、小针刀、脑电治疗等特色专科技术，病人治愈率大幅提高，为可持续发展、品牌医院的建设打下基础。

服务能力建设　2022 年，区心脑血管病专科医院采取人才外出培训、请专家讲座及自训相结合的方式，重点加强心血管内科、神经内科的能力建设，开展各类培训 500 余次。通过落实十八项医疗核心制度，执行“三查八对”（三查：备药时与备药后查，发药、注射、处置前查，发药、注射、处置后查。八对：姓名、床号、药名、剂量、浓度、时间、用法、药品有效期）工作，医生每天下病房不少于 4 次。通过无缝隙整体护理工作的开展，实行护士长领导下的责任组长制，住院病人的入院宣教、衣食起居、注意事项、床单位护理、服药检查全方位服务到位。全年患者满意度 98% 以上。　（周　锦）

体　育

SPORTS

编辑　周　玲

体育设施

【概况】 截至2022年年末，望城区体育场地总面积258.14万平方米，人均场地面积2.63平方米。2022年，长沙市望城区文旅广体局（以下简称区文旅广体局）派出工作组深入各街镇完成2021年新建全民健身工程验收工作和2022年民生实事工程场地实地踏勘工作，根据长沙市体育局要求，向市、区财政争取665万余元，根据各街镇实际需求完成新改建室外运动场（室外篮球场）30处，投放全民健身器材96处（其中健身路径54处、乒乓球台29张、篮球架25只），全区村（社区）健身场地设施覆盖率常年达到100%，并保持及时维修、更换过期器材，完善遍布城乡的全民健身基层阵地，区文旅广体局获评2021年度省级全民健身场地设施补短板先进单位。向湖南省体育局争取免费低收费开放补助资金，开展公共体育场馆面向社会开放，提升公共体育场馆管理服务水平，全区公共体育场馆免费或低收费对外开放率100%。（蒋南翔）

【民生实事工程】 2022年，望城区坚持“以人为本、安全第一、因地制宜、形式多样、资源共享”的原则，在全区社区、行政村126处地方投放多种体育设施，包括新改建室外运动场（室外篮球场）30处、全民健身路径器材70套、篮球架33个、乒乓球台32张、单杠1套、羽排双用柱1套、上肢牵引器1套，各类器材计500余件，全民健身设施在村（社区）覆盖率100%，提升全区公共文体建设和服务水平。（蒋南翔）

【免费、低收费开放公共体育场馆】 2022年，望城区向湖南省、长沙市体育局争取免费低收费开放补助资金，开展公共体育场馆面向社会开放，全年有79所大、中型体育场馆对外分时段免费、低收费开放，包括谷山体育公园、雷锋体育中心、各学校运动场馆以及各企事业单位运动场馆。2022年夏季，向长沙市体育局争取“免费培、免费游”专项经费，在雷锋体育中心、谷山体育公园等8处大、中型场馆开展“免费培、免费游”系列活动，惠及全区中小学生超2万人次。（蒋南翔）

全民健身

【概况】 2022年，望城区在确保安全的情况下，以抓赛事质量和社会影响力为主要方向，打造以“全民健身日”为节点，全民健身节为主线贯穿全年的全民健身活动框架。举办“百村”男子篮球赛、“苗苗杯”足球夏令营精英赛、望城区区职工气排球赛、乒乓球赛等赛事。主办、承办各类区级以上赛事10余个，其中长沙市第四届“苗苗杯”青少年足球夏令营精英

2022年长沙市望城区体育场地情况统计表

表14

区划名称	场地面积（平方米）	场地数量（个）	人均体育场地面积（平方米/按2021年末人口数）
月亮岛街道	375896	312	1.997
白沙洲街道	275865	104	8.84
乌山街道	296364	302	3.666
高塘岭街道	180808	302	1.3
靖港镇	151267	252	2.96
丁字湾街道	150322	123	3.17
大泽湖街道	132749	114	4.86
茶亭镇	92391	229	2.27
铜官街道	104048	144	2.68
桥驿镇	82149	136	2.49
乔口镇	47926	74	2.01
合 计	**1889785**	**2092**	**2.63**
金山桥街道	276407	216	3.68
雷锋街道	172687	273	3.75
白箬铺镇	151229	244	3.86
黄金园街道	91311	149	3.84
合 计	**691634**	**882**	**3.76**

（资料来源：区文旅广体局）

2022 年 8 月 8—25 日，望城区举办全民健身节“体彩杯”第七届男子篮球百村争霸大赛 （区融媒体中心 供图）

赛获评 2022 年长沙市第十届全民健身节优秀赛事活动，区文旅广体局获评 2022 年长沙市第十届全民健身节优秀组织单位。第二届健康湖南全民运动会长沙市选拔赛中，望城区在柔力球、拔河、象棋、跳绳、网球等项目上均斩获多个单项冠、亚军；长沙市第十届老年人运动会，望城区组队参赛并承办柔力球项目比赛，取得较好成绩。

（蒋南翔）

【全民健身节“体彩杯”第七届男子篮球百村争霸大赛】 2022 年 8 月 8 日，长沙市望城区全民健身节“体彩杯”第七届男子篮球百村争霸大赛区级总决赛在望城区体育运动中心篮球馆拉开帷幕。作为湖南省六大“篮球之乡”之一，望城区将百村男子篮球争霸大赛打造为全区基层全民健身活动的一个重要品牌项目，该赛事于 2019 年获评长沙市全民健身优秀项目。比赛以“喜迎二十大 奋进新征程”为主题，由区人民政府办公室主办，区文旅广体局、区体育总会承办，区篮球协会执行。赛事经各街镇选拔，有 17 支队伍进入决赛圈，经过 18 天 36 场角逐，乌山街道仁和社区、靖港镇芦江社区、白沙洲街道腾飞村代表队分别获冠、亚、季军。（蒋南翔）

【长沙市区县（市）“公仆杯”篮球赛】 2022 年 6 月 10 日，2022 长沙市区县（市）“公仆杯”篮球赛在天心区雅礼书院中学体育馆内开幕。篮球赛由长沙市体育局主办，天心区文化旅游体育局、长沙市篮球协会承办，雅礼书院中学、青园梓枫小学协办，由各区县（市）的篮球精英组成的 8 支代表队、160 名运动员参赛。经过 5 个比赛日的角逐，6 月 15 日，决赛在天心区代表队和望城区代表队之间进行，望城区代表队获该次比赛冠军。天心区代表队、宁乡市代表队、雨花区代表队分别获第二至四名，岳麓区代表队、长沙县代表队获优胜奖，浏阳市代表队、开福区代表队获体育道德风尚奖。（蒋南翔）

【长沙市第四届“苗苗杯”青少年足球夏令营精英赛】 2022 年 7 月 12—18 日，2022 年“长沙市第十届全民健身节”活动暨长沙市第四届“苗苗杯”青少年足球夏令营精英赛在湖南省足球训练基地和月亮岛足球文化公园举行。比赛由区文旅广体局指导，望城区足球协会主办，吸引主要来自长沙、株洲、湘潭、益阳、常德、娄底、永州等地的 108 支队伍参赛，其中包括 1 支来自南京的校园足球队伍。赛事分组别采取单循环赛、淘汰赛、排位赛等赛制，经过为期 7 天的 356 场比赛，角逐出 U7、U8、U9、U10、U10、U11 和超级组（其中 U7、U8 和 U9 包括精英组和校园组）冠、亚、季军和前八名。12 月，长沙市第四届“苗苗杯”青少年足球夏令营精英赛被长沙市体育局评为 2022 年长沙市第十届全民健身节优秀赛事活动。（蒋南翔）

【2022 年望城区职工气排球赛】 2022 年 9 月 17—24 日，望城区在区体育中心举办“喜迎二十大 奋进新征程”2022 年长沙市望城区职工气排球赛。赛事由区总工会主办，区文旅广体局指导，区排球协会承办，来自各街镇、区直机关事业单位以及企业和学校的 66 支队伍参加。比赛采用男女混合形式组队，按照既往赛绩分为甲乙两组，设小组赛、淘汰赛、决赛 3 个阶段 218 场比赛。经过为期 8 天的比赛，区卫健局和区机关事务中心分别获得甲、乙组冠军。

（蒋南翔）

竞技体育

【概况】 2022 年，望城区按照长沙市“卫星区”定位，开展竞技体育赛事活动，承办 2022 中国网球巡回赛（长沙望城站）暨长沙网球公开赛，举办望城区第三届青少年羽毛球锦标赛，提升青少年体教结合工作，推动体育工作“六进”（进校园、机关、企业、农村、景区、社区）系列工程，为省、市输送各类体育人才，完成全年竞技体育工作任务。在湖南省第十四届运动会上，望城区运动员获得金牌 20 枚、银牌 17 枚、铜牌 12 枚。高塘岭实验第一小学获第十届全国青少年足球邀请赛 U9 组冠军、U8 组季军，学生吴思远获评 U9 组“最佳射手”。师大附中星城实验学校学生旷宁欣在 2022 年全国自由式轮滑锦标赛中获 3 项冠军。长郡斑马湖中学学生廖融入选长沙市代表队，参加“湖南省足球协会青少年锦标赛”获省冠军。星城实验小学学生李芷慕获 2022 年湖南省 U

系列“凡立行”杯轮滑锦标赛3项冠军。（蒋南翔）

【2022中国网球巡回赛（长沙望城站）暨长沙网球公开赛】 2022年7月3日，2022中国网球巡回赛（长沙望城站）暨长沙网球公开赛在望城区月亮岛街道红土网球公园落幕。中国网球巡回赛CTA1000赛事是国内最高级别职业网球赛事和中国自主知识产权网球品牌赛事，为湖南省近年来承办的等级最高、专业化程度最高的网球赛事。巡赛长沙望城站设置男单、男双、女单、女双4个单项，总奖金为80万元，冠军得分为1000积分。比赛于6月28日开幕，经过为期8天的角逐，李宗钰获女单冠军，莫业聪获男单冠军，王佳祺、李宗钰获女双冠军，莫业聪、肖霖昂获男双冠军。长沙市人民政府重点培育的高端品牌赛事——长沙网球公开赛同步启动，全年举办4站积分赛及1站年终总决赛，奖金总计100万元，总决赛积分计入中国网球巡回赛排名，纳入全国积分排行榜，吸引全国顶尖业余运动员1061人次参赛。（蒋南翔）

【望城区第三届青少年羽毛球锦标赛】 2022年7月23日，望城区第三届青少年羽毛球锦标赛在长沙市一中金山桥学校开幕。赛事是区教育局和区文旅广体局落实全民健身计划的全区青少年体育大型赛事，属于2022年全区教育系统“我们的韶华映朝阳”系列活动，全区25所学校366名运动员分别参加5个年龄组别的男单、女单、男双、女双共计557场比赛。（蒋南翔）

2022年6月28日至7月3日，2022中国网球巡回赛（长沙望城站）暨长沙网球公开赛在望城区月亮岛街道红土网球公园举行。图为男子双人项目比赛
（区文旅广体局 供图）

体育产业

【概况】 2022年，望城区体育产业年产值23.69亿元，全区体育产业从业人员6611人，体育产业增加值占同期全区地区生产总值比重0.89%。以网上公开招标形式引入湖南置地美城市服务发展有限公司和湖南乐运智能科技有限责任公司进驻谷山体育公园，首个合同周期五年预计租金收益约1500万余元，优化谷山体育公园适度合理运营机制。通过对外招商启动雷锋体育中心游泳馆提质改造工程，引入社会力量投入700万余元，竣工投入使用。（蒋南翔）

【体育行业安全监管】 2022年，区文旅广体局拟定针对暑期体育经营市场高峰期集中检查为主，日常检查为辅的望城区体育场所经营单位年度巡查计划，重点对全区高危体育经营场所进行巡查检查并保留检查记录、现场照片，重点对经营资质、消防及经营安全制度、消防及经营基础设施及器材、人员配置、防控手段等逐一针对排查。开展全区集中安全生产专项行动3次（房屋安全2次、暑期游泳场馆安全1次），各类日常检查、巡查、督查400余次，发现安全生产隐患200余个（其中消防安全隐患100余个），督促各场所全部整改到位。全年全区体育场所经营单位未发生任何安全生产事故。（蒋南翔）

【桥驿镇文旅体育项目实施】 2022年，望城区桥驿镇申报2022市重点民生实事项目禾丰村改建标准化篮球场和桥头驿社区新建篮球场2处，申报2022年全民健身工程点4处。开展春节送春联志愿服务活动和机关干部职工工会春节活动，6月组织沙田村代表望城区参加第二届“健康湖南”全民运动会拔河赛，获640公斤级男子组第一名，开展“送戏下乡”和“送电影下乡”24场次。（蒋南翔）

社会生活

SOCIAL LIFE

编辑　周　玲

人口家庭

【概况】 2022年，望城区（含金山桥街道、黄金园街道、白箬铺镇，不含雷锋街道）年末户籍总人口641055人，总户数198975户，其中城镇人口385938人，乡村人口255117人；男性313301人，女性327754人；0~17岁140457人，18~34岁126431人，35~59岁258448人，60岁及以上115719人。全年出生6184人，其中男性3245人，女性2939人；死亡4931人，其中男性2906人，女性2025人。（胡建成）

【婚姻登记】 2022年，望城区办理婚姻登记5388对，其中办理结婚3525对（含跨区登记145对，跨地市登记163对），补领结婚登记421对，办理离婚登记1323对，补领离婚登记119对；接受离婚冷静期申请2259对（其中已失效980对、已撤回4对），建档率、合格率100%。自2022年6月1日起，湖南省内地居民婚姻登记实行"全省通办"。

（邓 虎 陈奕君）

【妇幼健康服务】 2022年，望城区加大计生家庭关爱工作力度，推进特殊家庭关爱项目，双岗联系人、家庭医生签约和就医绿色通道"三个全覆盖"全面落实。推进长沙市望城区计划生育协会（以下简称区计生协）改革，2022年10月以区人民政府办公室名义印发《望城区计划生育协会改革方案》。提升妇幼健康服务能力，推行孕产妇免费产前筛查、新生儿先天性心脏病免费筛查等妇幼民生实事项目，新生儿死亡率0.56‰，出生缺陷发生率大幅下降。各孕产保健机构建立孕产妇微信群，即时为孕产妇和儿童提供保健指导，孕产妇系统管理率和产后访视率均达98%以上。强化高危孕产妇管理，将孕产妇安全管理关卡前移，执行妊娠风险预警分类管理和流动孕产妇委托管理制，连续3年保持孕产妇死亡率为0。提升婴幼儿照护能力，继续实施托育机构服务专项行动，进一步加强托育机构指导服务，全区有托育服务机构共41家，加强日常督导，推进婴幼儿照护高质量发展。2022年5月，中央电视台新闻频道《朝闻天下》栏目以《关注婴幼儿托育问题"婴有所托"》为题对望城区托育工作进行专题报道。

（陈宇峰）

【生育关怀行动】 2022年，望城区计生家意外险承保27853户，投保金额83.56万元；群众自愿出资购买美满家庭意外险5275人次，投保金额52.75万元；计生特殊家庭健康保险承保895人次，投保金额13.43万元，切实提高计生家庭抵御风险的能力。推进住院护理补贴工作，2022年为95人次发放住院护理补贴13.53万元，结余资金8.29万元。（陈宇峰）

【健康家庭促进行动】 2022年，望城区新建健康指导服务中心1个，青春健康教育示范基地1个，开展"花漾年华·护航青春"暨"青春健康新生第一课"青春健康知识讲座15场次，参与青少年学生6000余人。评选表彰200户"无烟家庭"，推送5个健康家风故事，1个"健康家·味道"优秀作品参选，制定家庭健康公约，开展健康知识讲座、义诊、咨询、免费筛查等形式多样的家庭健康促进行动，切实提高家庭健康素养。落实乌山街道团山湖村家庭健康促进项目，工作模式和工作成效得到省、市计生协领导的肯定。（陈宇峰）

【计生奖励扶助政策】 2022年，望城区执行各项计生奖励扶助政策，加大计生家庭关爱工作力度，特殊家庭关爱项目继续推进，双岗联系人、家庭医生签约和就医绿色通道"三个全覆盖"全面落实。全区有独生子女保健费对象4255人，农村奖扶对象5233人，计生特扶对象698人（计生特扶老龄补贴发放对象377人），城镇奖扶对象8501人，城市低保奖扶对象48人，专项奖扶对象206人，独生子女保健费对象4255人，计生特殊家庭公益关怀资金（春节慰问）发放742人，年度奖扶资金约2500万元。

（陈宇峰）

【二孩、三孩生育及政策】 2022年，以"倡新型婚育文化，促人口均衡发展——喜迎中共二十大"为主题，面向全省公开征集26幅"全面三孩"宣传海报（墙绘）样稿，并对4幅优秀作品给予奖励；广泛宣传、张贴省计生协《关于"弘扬婚育新风，促进家庭健康"的倡议书》、健康素养66条，全面三孩政策等内容，设置健康宣传栏，倡导新

2022年2月22日，区民政局婚姻登记办公室组织举行集体颁证仪式

（区民政局 供图）

型婚育文化，助力三孩生育政策落实。区卫健局推进人口均衡发展，实施三孩生育配套支持措施，启动三孩育儿补贴发放程序，对2022年7月30日至10月31日的合法三孩进行补助，发放补助资金34万元。全年全区二孩生育1403人，占全区总生育数的41.83%。三孩及以上生育202人，占全区总生育数的6.02%。

（陈宇峰）

【殡葬服务管理】 2022年，望城区制定《关于进一步规范望城区殡葬服务价格的通知》，规范殡仪市场管理行为，出台《长沙市望城区节地生态安葬奖励办法》，对公益性墓地安葬、壁葬、树葬、骨灰撒散等四类安葬实行1000元、2000元、5000元不等的生态安葬奖励，实施奖励102人，发放奖励资金11.4万元。规范殡仪服务车辆管理，统一更换车辆，归口“96321”平台调度。推进殡葬基础设施建设，建设望城区集中治丧场所和骨灰寄存楼，新增蓝塘寺村、石毫村和复胜村3个村级节地生态安葬点。

（邓 虎 陈奕君）

【望城区市民基本殡葬服务费用实行全部免除】 2022年，区民政局落实《长沙市殡葬管理条例》，出台《长沙市望城区基本殡葬服务费用免除办法的通知》，从9月1日，基本殡葬服务费补助对象从原来的望城户籍未满60周岁未享有国家或单位丧葬补助费的城乡居民扩面到望城户籍所有居民和非望城户籍且在望城服现役军人、全日制学生和缴纳1年以上养老保险的人员，全年免除对象1618人，补贴资金209.64万元。

（邓 虎 陈奕君）

收入消费

【概况】 2022年，望城区全体居民人均可支配收入53555元，比2021年增长5.8%；全体居民人均生活消费支出35025元，比2021年增长5.2%。 （曾亚光）

【居民收入】 2022年，望城区城镇居民人均可支配收入60812元，比2021年增长5%。其中，城镇居民人均工资性收入34862元，占城镇居民人均可支配收入的57.3%；人均经营性收入15459元，占比25.4%；人均财产性收入5822元，占比9.6%；人均转移性收入4669元，占比7.7%。全区农村居民人均可支配收入44127元，比2021年增长6.3%。其中，农村居民人均工资性收入28581元，占农村居民人均可支配收入的64.8%；人均经营性收入12488元，占比28.3%；人均财产性收入1060元，占比2.4%；人均转移性收入1999元，占比4.5%。 （曾亚光）

【居民消费】 2022年，望城区城镇居民人均生活消费支出39403元，比2021年增长4.1%。全区农村居民人均生活消费支出29339元，比2021年增长6.2%。 （曾亚光）

【消费结构】 2022年，望城区城镇居民人均生活消费支出中，食品烟酒消费支出9853元，占城镇居民人均生活消费支出的25%；衣着消费支出2428元，占比6.2%；居住消费支出7042元，占比17.9%；生活用品及服务消费支出2330元，占比5.9%；交通通信消费支出6613元，占比16.8%；教育文化娱乐消费支出8526元，占比21.6%；医疗保健消费支出1790元，占比4.5%；其他用品和服务消费支出821元，占比2.1%。农村居民人均生活消费支出中，食品烟酒消费支出8018元，占农村居民人均生活消费支出的27.3%；衣着消费支出1383元，占比4.7%；居住消费支出5862元，占比20%；生活用品及服务消费支出1645元，占比5.6%；交通通信消费支出4465元，占比15.2%；教育文化娱乐消费支出5864元，占比20%；医疗保健消费支出1764元，占比6%；其他用品和服务消费支出338元，占比1.2%。

（曾亚光）

【居民消费价格】 2022年，望城区每季度粮食均价：每50千克早稻最低133元，最高139元；优质早稻最低133元，最高139元；晚稻最低130元，最高135元；优质晚稻最低136.67元，最高145元。每斤早稻米最低1.97元，最高2.10元；晚稻米最低2.27元，最高2.37元；优质晚稻米最低2.40元，最高2.63元。每季度每500克猪肉类零售均价最低15.43元，最高23.89元。每季度每500克鸡蛋零售均价最低5.93元，最高7.26元。每季度每500克蔬菜零售均价最低3.66元，最高5.08元。每季度成品油零售均价：每升92号汽油最低8元，最高8.79元；95号汽油最低8.5元，最高9.34元；0号柴油最低7.79元，最高8.62元。每季度液化气零售均价最低115元/瓶，最高133.33元/瓶。每季度商品房（住宅）成交均价最低7675.67元/平方米，最高8260.33元/平方米。

（何晓倩）

劳动就业

【概况】 2022年，望城区城镇新增就业12630人，完成年度任务的101.04%，失业人员再就业11169人，完成年度任务的328.5%，城镇登记失业率控制在3.5%以内，零就业家庭保持动态清零。 （唐定乾）

【就业促进办法实施】 2022年，望城区落实湖南省“稳岗位提技能保就业16条”、长沙市“人社领域抗疫20条”，为全区企业减免工伤、失业保险费5058万元，发放稳岗返还2114万元，缓缴社保费5923万元，发放失业补助230万元、一次性扩岗补助140万元。推进就业社区创建工作，基层创建单位26个，其中斑马湖社区保持省级农民工市民化融合样板单位，西塘街社区晋级国家级充分就业社区。（唐定乾）

【高校毕业生就业】 2022年，区人社局把高校毕业生就业摆在就业工作的首位，建立促进高校毕业生就业工作机制，开展政校企交流座谈会、举办“双选会”、开展职业指导活动、新设事业单位见习基地等方式，在高校毕业生数量屡创新高的情况下，望城区离校未就业高校毕业生就业率95.21%（目标95%）。（唐定乾）

【重点群体就业】 2022年，区人社局优化就业指导员工作机制，点对点服务登记失业人员等未就业重点群体，“311”就业服务对象9.26万人次（每年为有就业意愿的农村劳动者、城镇登记失业人员、退役军人、高校毕业生、脱贫人口等重点群体开展3次岗位信息推送、1次职业培训推荐和一次职业指导）。开展“湘融湘爱 春运邮情”等专项服务行动，实现“四进四送”（进村庄、进社区、进车站、进广场，送政策、送岗位、送信息、送服务），有就业意愿的返乡农民工全面返岗就业。（唐定乾）

【困难群体就业】 2022年，望城区开发乡村振兴公益性岗位279个，建设帮扶车间19家，扶持荷花虾养殖工劳务品牌做优做响。全年帮助脱贫劳动力就业514人。（唐定乾）

【就业技能培训】 2022年，望城区对接乡村振兴战略，结合区域经济特点和产业结构需求，提供“菜单式”“订单式”培训，涵盖电工焊工、多媒体制作、网络直播等热门工种，开展各类政府补贴职业技能培训14065人次。（唐定乾）

【创新创业扶持】 2022年，望城区打造“大赛汇聚+基地孵化+金融加油+政策扶持”四位一体创业体系，举办“中国创翼”创业创新大赛望城区选拔赛，“薪火芳华”项目在全国总决赛中获青年创意专项赛一等奖，刷新望城项目在历届“中国创翼”国赛中的最好成绩。鼓励创业带动就业，发放个人创业担保贷款2403万元、中小微企业创业担保贷款7933万元。加速湾田国际双创中心等12家创业孵化基地建设，2022年增加395家入驻企业，发放个人企业创业担保贷款过亿元、初创企业创业启动资金301万元。（唐定乾）

【劳动监察维权】 2022年，区人社局接待有关农民工工资问题等的来人、来访、来电、来函举报投诉和咨询2030余起，涉及劳动者6930余人次，通过协调和立案的方式办结农民工欠薪等案件327件，及时处置84起关于农民工工资拖欠问题引发的突发性案件，追回工程款、工资1.75亿余元。国家和省、市根治欠薪平台线索收到2275条，办结2275条，办结率100%。（唐定乾）

2022年6月14日，区人社局举办“点亮万家灯火”丁字湾街道专场招聘会
（区人社局 供图）

【劳动关系调查询问室打造】 2022年4月，望城区在长沙地区率先打造劳动关系调查询问室，用于案件办理过程中对当事人以及相关人员的询问调查，实现询问调查全过程明纪律、亮身份、可追溯。（唐定乾）

【根治欠薪“一办法两制度”出台】 2022年，长沙市望城区根治拖欠农民工工资工作领导小组出台《长沙市望城区保障农民工工资支付实施办法》《长沙市望城区保障农民工工资失信联合惩戒（试行）制度》《长沙市望城区保障农民工工资支付工作通报制度》的根治欠薪“一办法两制度”，组建工作专班将全区划分为4个片区，实行片区包干，处理根治欠薪平台欠薪案件线索1543条，办结率100%，为6793人追回工程款、工资1.75亿元。（唐定乾）

【望城区“‘职’等你来”招聘品牌打造】 2022年，望城区打造望城“‘职’等你来”招聘品牌，为企业和求职者提供面对面、零距离互动洽谈平台，促进供需两端高效对接，组织农民工、退役军人、脱贫劳动力等重点群体专场招聘12场，提供就业岗位1.6万个，企业和劳动者实现精准对接。（唐定乾）

【就业工作在国务院第九次大督查中获肯定】 2022年，区人社局建立300余人的就业指导员队伍，服务全区村（社区）。区、镇、村三级收集辖区范围内岗位信息，归口到就业指导员，向各村（社区）集中发布，向重点群体定向推介，实现用工、培训、就业的供需精准匹配，2022年就业指导员帮助3000余名就业重点对象实现“家门口”就业。就业工作在国务院第九次大督查

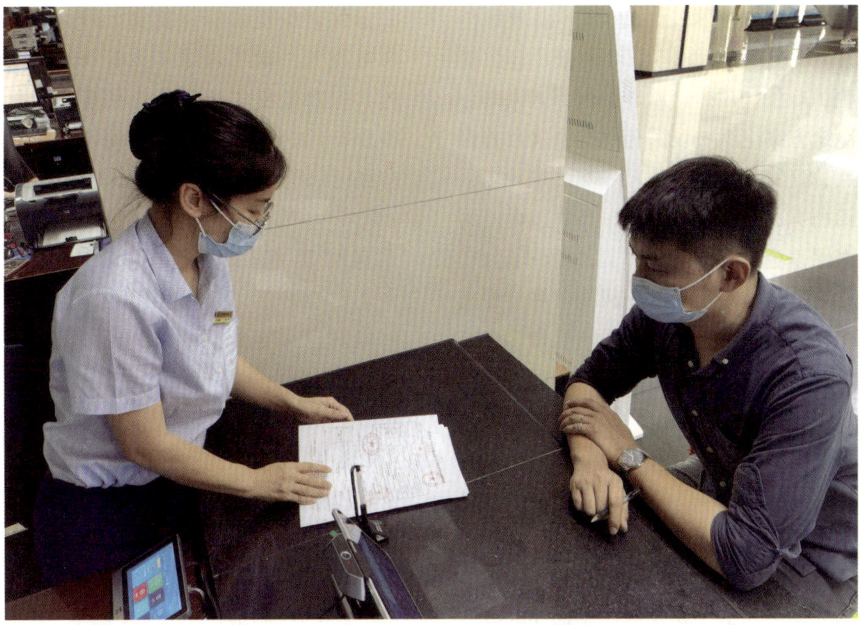

2022 年 10 月 27 日，区人社局运用“免申即享”经办模式，主动向 16 家符合条件的企业发放一次性扩岗补助 3.45 万元　（区人社局 供图）

【失业保险】 2022 年，望城区失业保险基金征缴 4539 万元，支出 2535 万元。区人社局将大型企业稳岗返还比例从 30% 提至 50%；中小微企业稳岗返还比例从 60% 提至 90%。2022 年发放稳岗返还 2114 万元，惠及全区 2999 家企业 4.7 万名职工。（唐定乾）

【生育保险】 2022 年，望城区将全区所有参保职工纳入生育保险范围，参保职工符合政策规定的生育费用、产前检查费用和休产假期间津贴及时准确支付。向符合条件的配偶没有参加基本医保的男职工发放生育补助。2022 年望城职工医保参保人员中，产生生育医疗费用 4631 人次，基金支付生育医疗费用 658.12 万元；发放生育津贴 1652 人次，基金发放生育津贴 2963.69 万元。

（唐定乾）

中获肯定。（唐定乾）

【望城区创业团队（薪火芳华）在第五届“中国创翼”全国总决赛获青年创意专项赛一等奖】 2022 年 12 月 8—10 日，第五届“中国创翼”创业创新大赛全国总决赛在山东青岛举办。望城区参赛项目“薪火芳华”获青年创意专项赛一等奖，刷新望城区项目在历届“中国创翼”国赛中的最好成绩。获一等奖的“薪火芳华”项目创始人王淑禾，大学期间和团队一同走访非物质文化遗产发源乡 137 个，拜访非遗传承人 583 名。搭建传统文化 IP 数据库，将非遗元素转化为文创产品，并开展创意推广、非遗文化创新型教育服务，推动国潮文化复兴。

（唐定乾）

社会保险

【概况】 2022 年，望城区实施全民参保计划，全区基本养老保险、失业保险、工伤保险参保人员分别为 53.2 万人、8.1 万人、6.83 万人，比 2021 年分别增长 0.47%、14.29%、4.71%。城乡居民养老保险基础养老金实现“19 连调”，增至 243 元 / 月。企业养老保险顺利实现省级统筹。为全区企业减免工伤、失业保险费 5058 万元，发放稳岗返还 2114 万元，缓缴社保费 5923 万元，发放失业补助 230 万元、一次性扩岗补助 140 万元。（唐定乾）

【养老保险】 2022 年，望城区企业养老保险基金征缴 12.58 亿元，支出 7.88 亿元，机关养老保险基金征缴 1.81 亿元，支出 3.75 亿元，城乡居民养老保险基金征缴 5767 万元，支出 2.45 亿元。区人社局坚持线上宣传和线下宣讲相结合，印制城乡居保政策宣传折页 26 万张，制作《事关养老保险待遇领取，快来认证》宣传视频，自编自导自演政策情景剧《顺妞的一生》。（唐定乾）

【工伤保险】 2022 年，望城区工伤保险征缴 6684 万元，支出 9047 万元。8 月，开展“送清凉”活动，为建筑工地、环卫等户外高温工作者送上防暑药品和政策礼包 400 余份，宣传推广工伤预防、工伤待遇支付、业务办理流程等政策。

（唐定乾）

【免申即享发放一次性扩岗补助】 2022 年，区人社局试行“免申即享”发放一次性扩岗补助。按照“方便、快捷、规范、安全”的原则，加强与税务部门、市场监督管理局等部门对接，确保补助能够及时发放到账，全年发放补助资金 140.4 万元，惠及全区 205 家企业 936 名职工，发挥失业保险助企扩岗作用，鼓励企业吸纳大学生就业。（唐定乾）

医疗保障

【概况】 2022 年，望城区基本医疗保险参保 81.96 万人，参保率 96.07%，特殊人群参保率 100%。其中职工医疗保险参保 16.21 万人，城乡居民医疗保险参保 45.2 万人。职工医保基金征缴收入 6.86 亿元（其中基本医疗 6.32 亿元、公务员医疗 3478 万元、大病互助 1909 万元），城乡居民医保基金征缴收入 4.27 亿元。（杨春阳）

【城镇职工基本医疗保险】 2022 年，望城区构筑“普通住院有报销、大病重病有保障、门诊医保可支付”的全方位医保待遇体系，推进普通门诊医疗费用跨省直接结算工作，实现全区二级以上医疗机构门诊费用跨省直接结算测试全覆盖，不断提升跨省来望参保群众门诊医保服务质效。全年职工基本医保待遇总支出4.5亿元，公务员医疗补助支出1895万元。（杨春阳）

【城乡居民基本医疗保险】 2022年，望城区全面落实各项医保待遇，将全区低保、特困（以下简称特殊人群）18846人全部纳入城乡居民基本医疗保险范围。特殊人群参加城乡居民基本医疗保险个人缴费部分全部由区财政给予补贴。脱贫易返贫监测人口1342人参加城乡居民基本医疗保险个人缴费部分50%由区财政给予补贴，全部享有城乡居民基本医疗保险和大病保险。全年居民医保基金总支出4.07亿元，医疗救助基金总支出2168万元。（杨春阳）

【医疗基础保障】 2022年，长沙市望城区医疗保障局（以下简称区医保局）结合宣传单页、手机微信、短信、电视、“村村响”广播等宣传途径加大对医疗保险政策的宣传，提高群众参保的积极性和主动性，实现“应参尽参”。梳理医疗保障政务服务事项清单，落实“一网通办”“一门式”“放管服”“优化营商环境”“一件事一次办”“好差评”等政务服务事项，下放村（社区）“一门式”办结事项4个，编制新的办事指南，精简办事流程，减少办事材料，开展便民服务。铺设全区134个街镇和村（社区）的医保专网，打造15个街镇医保示范窗口，实现医保专网区域全覆盖，让参保群众在15分钟内可办妥医保事项。依托长沙银行的“农金站”和移动公司、联通公司网点，联合组建“帮办点”，开展12项“帮代办”医保政务服务，实现变“群众跑腿”为“信息跑路”。（杨春阳）

【医保基金监管】 2022年，区医保局开展“织密基金监管网 共筑医保防护线”集中宣传月活动，在200余家定点医药机构醒目位置循环播放宣传片，张贴宣传海报7000余张，宣教横幅100条，让打击欺诈骗保深入人心。制定方案组织协议医药机构开展自查自纠，37家定点医疗机构和232家药店、诊所共自查问题52个，上缴违规使用医保基金40.42万元。“不定时、不定点、不定人员”对定点医药机构开展全覆盖稽核，全覆盖检查定点医药机构229家次，追回和拒付违规违约金额458.36万元，追回违规发放个人账户（涉及304人）基金12.95万元，追缴完成率100%。梳理2021年，在飞检和全覆盖检查中发现全区医药机构93个违规违约问题向全区通报，督促医药机构整改。向公安机关移送欺诈骗保问题线索1件，涉及违法违规金额14.7万元全部追回，依法处理相关责任人2人。（杨春阳）

【医疗保障服务】 2022年，区医保局优化特殊门诊服务流程“为群众办实事”，将特门申报时间由每季度一申报调整为每月一申报，实现“本月申请，下月享受”的特门待遇经办机制。在特门初审医院、全区各街镇和村（社区）居民服务中心等三级网络开通特门申报（代办）窗口，方便参保对象就近申报。针对特殊参保人群出台系列“特需”服务，新冠疫情防控期间为不便出行的参保对象提供医保报销、特门邮寄申报服务，常年为老年人等行动不便的参保对象提供全程代办服务。全区实现特门药店全覆盖，方便特门患者在家门口购买特门药品。（杨春阳）

【望城区医保基金监管工作被推介】 2022年，区纪委监委联合区医保局对辖区定点医疗机构开展随机检查，通过清点住院人数、核对住院信息、查看住院病历、现场调查病人等方式，了解医院是否存在冒名顶替入院、挂床住院和虚假住院等套取骗取医保基金行为。全流程监控患者就诊购药等行为，对挂床住院、虚构医疗服务等住院行为进行数据比对和算法识别。针对“人少事繁”痛点，区医保局在利用大数据平台进行分析的基础上，对全区定点医药机构采取“不定时、不定点、不定人员”方式进行随机抽查，并采取智能审核平台与现场稽核相结合的方式，重点查处限定性别、限定治疗方式、不合理诊疗等违法违规行为。9月29日，《湖南日报》（第14版）以《望城区打造清廉医保，管好用实群众“救命钱”》为题重点推介望城区的医保基金监管工作。（杨春阳）

【15项医保业务编码贯标培训会】 2022年3月9日，望城区15项医保业务编

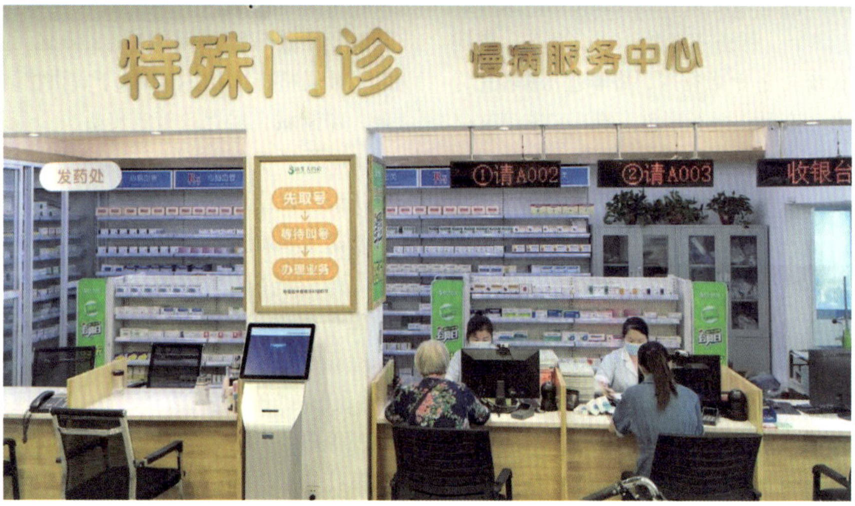

2022年，区医保局优化特殊门诊服务流程，望城区实现特门药店街镇全覆盖（区融媒体中心 供图）

码贯标培训会议在雷锋大剧院举行，邀请湖南省统一信息平台省项目组专家为全区定点医疗机构负责人、医保工作人员150余人专题授课。统一的医保信息业务标准编码是国家医保信息平台上线的前提和基础，区医保局坚持平台上线贯标先行，把匹配贯标工作作为首要任务，落实信息业务编码与国家编码标准数据库的映射校验工作，做到“项项有码，条条有数”。培训业务与贯标测试的执行，确保湖南省医保信息平台上线时医保新老数据无缝对接，定点医药机构结算前端无障碍，医保目录执行无漏洞，群众看病结算不影响，待遇享受无差错。 （杨春阳）

【望城区医保信息标准化工作推进】 2022年5月6日，区医保局组织召开医保信息标准化工作推进及业务培训会议，长沙市医保局分管信息的领导及项目组专家5人到会指导。会议传达学习省、市医保局关于医保信息标准化相关文件和会议精神，就全区工作任务进行部署安排。长沙市项目组的专家就“15项业务编码贯标及医保结算清单上传”“医保电子凭证激活及场景应用”“医保全量接口改造”等信息标准化工作开展培训。 （杨春阳）

住房保障

【概况】 2022年，望城区完成公租房分配5248套（其中政府产权公租房2926套），租赁补贴发放684户次。组织实施38个老旧小区提质改造建设；组织实施农安小区改造3个；完成D级城镇危旧房屋改造2栋。出台《长沙市望城区全面加强小区治理实施方案》，完成既有多层住宅电梯加装备案21台；发挥物业维修资金、公共收益资金杠杆作用，推进20个既有小区品质提升建设。归集物业维修资金3.21亿元。白蚁预防施工381次，灭治173户。

（杨兰俊英）

【公租房建设】 2022年，望城区争资工作（在企业或组织中，通过争取资金、资源等方面的支持，来实现项目或目标的工作）完成目标任务的150%，完成公租房分配5248套（其中政府产权公租房2926套），入住率95.37%。公租房基础数据全部录入湖南省公租房管理信息系统平台。

（杨兰俊英）

【住房补贴发放】 2022年，望城区发放住房租赁补贴684户次，发放金额248.8万元；新增实物配租95户（未含退出户数）。联合望城经开区、区财政局等相关部门组织4次奖补租赁住房申报，备案4个项目2687套。开展3次区直行政事业单位职工住房补贴培训，审批25个单位624人1047.56万元。出具享受福利房证明220份，城镇“半边户”审批证明200份并协助处理“私改遗”（私有出租房屋社会主义改造遗留问题）相关工作。做好人才服务工作，出台《长沙市望城区骨干人才租房补贴发放工作实施细则（试行）》。

（杨兰俊英）

【老旧住房改造】 2022年，望城区投资1.5亿元，提质改造38个老旧小区，涉居民户数2097户、住宅130栋，东马佳园、建行宿舍等项目完工。投资4300万元，牵头改造农安小区3个，改造面积38.77万平方米，完成设计等前期工作。制定《长沙市望城区城镇危旧房屋和农民自建安置房小区危旧房屋改造奖补暂行办法》，指导街镇加速推进全区存量危房的处置工作。改造D级城镇危旧房屋2栋。组织完成农安小区现状调查，摸底留地政策安置自建房小区70个，涉9835栋、47465套、14052户、459.59万平方米。

（杨兰俊英）

【物业维修资金管理】 2022年，区住保中心开通物业维修资金线上缴存，实现物业维修资金多元化归集。解决明发国际、江岸花城等项目物业维修资金欠缴未缴遗留问题。对欠缴物业维修资金的开发项目进行清理，催缴维修资金210万元。全年归集物业维修资金3.21亿元，使用984万元（144笔），派息1.11亿元。

（杨兰俊英）

【白蚁防治】 2022年，区住保中心受理新建房屋白蚁预防登记报建单位154宗，白蚁预防施工381次，施工建筑面积556万平方米。灭治173户，面积8.2万平方米。发放白蚁预防基础实施证明157栋，发放白蚁预防实施证明69个单位，417栋房屋，面积341万平方米。

（杨兰俊英）

【公积金归集】 2022年，望城区归集公积金11.03亿元；新增住房公积金开户单位285个，新增开户职工14323人；提取住房公积金3.25亿元，提取人数10132人，其中住房消费类提取1.59亿元，占总提取额的48.9%。长沙住房公积金管理中心望城区管理部（以下简称区住房公积金管理中心）组织召开受托银行归集座谈会，调动受托银行积极性，利用银企资源，推进归集扩面工作。安排专人定期排查、按月催缴、建立台账，对欠缴3个月以上的缴存单位通过开展电话催缴和下达催缴通知书的方式进行催缴，全年通过电话催缴500余次，维护缴存职工的合法权益。开展全区单位专管员培训和楼盘按揭专员培训会，发放宣传资料，宣传公积金政策，为缴存职工释疑解惑。利用公积金网站和望城区政府政务网等主要媒介，宣传惠民、利民相关政策及操作流程，提高公积金的社会影响力和政策知晓度。在各开发楼盘、受托银行统一进行宣传，利用滚动电子屏进行政策宣传，营造发展氛围。

（任 喜）

【公积金信贷】 2022年，望城区发放住房公积金个人贷款3930户，19.06亿元。区住房公积金管理中心坚持三级审批工作流程，加强资金风险防范，严格贷款审批。注重贷款档案管理，安排专人管理贷款档案和权证，严格登记日常业务中的借阅、客户落户复印权证盖章、客户遗失借款合同需复印等，规范贷款资料张贴及装订，优化住房公积金业务政策和流程，提高最高贷款额度至70万元，购买第二套自住房首付比例调整为40%，实施阶段性“可提可贷”政策。开放湘赣边区域住房公积金异地贷款，推进长株潭住房公积金一体化服务。针对望城异地贷款购房、商转公、二手房贷款增多的特点，优化信贷政策，推行个性化贷款服务，每月搜集贷款操作过程中的难点、疑点，汇总形成书面材料上报中心，争取上级支持解决，尽可能满足广大职工的贷款需求。针对管理部贷款量大容易造成积压的问题，在原有的预约进件模式下实施“阶梯进件”，根据进件数量采取阶梯式排班，酌情考虑数量多的楼盘，多安排进件数量，各楼盘按公布的排班表和数量进件，有效提高服务效能。调整个人贷款面签流程，两次压缩贷款办理时长。公开承诺个人贷款受理到审批10个工作日完成、三级审批3个工作日完成，根据领证时间实施按周次发放个人贷款，获开发楼盘和贷款职工好评。（任　喜）

【公积金风险防控】　2022年，区住房公积金管理中心在办理公积金提取和贷款业务时，通过与人民银行征信系统、房产交易系统、婚姻登记系统的联网互动，实时查询掌握职工的购房、贷款、婚姻状况等有关信息数据，有效遏制骗提骗贷公积金的行为。全年未出现骗提骗贷公积金的情况，保证资金安全，营造规范有序的环境。重点对公积金业务的合规性、系统人员操作的规范性、资料的完整性进行监督和考核，查找问题，提出改进意见。针对稽核处和审计署提出的“一人多户”“银行贷款发放不及时”等问题，将责任分解到科室和个人，整改并及时反馈。对群众高度关注的楼盘拒绝和阻挠公积金贷款和组合贷款的情况，加大执法力度。全年接到反映单位未给职工缴纳公积金和反映开发商拒绝公积金贷款的执法投诉19起，经过核实和协商，完成补缴和贷款，维护广大缴存职工使用公积金的合法权益。

（任　喜）

【“清廉公积金”创建】　2022年，区住房公积金管理中心按照要求，开展“清廉公积金”创建活动，严格窗口管理，严抓作风建设；开展“纪律就在身边，教训就在眼前”的警示教育；严禁收受红包礼金，严禁“索、拿、卡、要”等，全体干部职工签署承诺书并表态发言。制定岗位职责、服务承诺，做到令行禁止，确保政令畅通和规范服务，杜绝违纪违规现象。（任　喜）

【“我为群众办实事”进社区、进企业、进楼盘系列政策宣传活动】　2022年，区住房公积金管理中心在管理部大厅开展“红马甲”志愿者服务，调解和解决日常业务中投诉问题，在业务量多的时段进行引导。抽调业务骨干，组建住房公积金政策解读、业务指导志愿服务队，在新系统上线期间协助前台窗口做好线上业务指导工作，为前台窗口分担压力，帮助客户体验“网办、掌办、秒办”。4月，联合中信银行到湖南吴赣药业有限公司开展政策宣传进企业活动，为新开户缴交的职工做政策咨询解答，推进公积金惠民政策落地。5月，联合交通银行望城支行到福天滨江院子楼盘开展公积金政策宣讲，解答职工关心的转移、提取、贷款的问题。6月，联合长沙银行望城支行到越秀地产沟通交流新政下住房金融服务工作，为贷款职工解难事、办实事。（任　喜）

【望城区老旧小区改造提质工作被推介】　2022年10月5日，新华社以《老旧小区蝶变，让民生更幸福》为题对望城区聚焦群众急难愁盼问题，推动老旧小区改造提质增效进行专题报道，浏览量111.3万人次。2022年10月11日，《中国建设报》以《改造管理并重 长沙望城老旧小区蝶变 居民生活更幸福》为题对望城区老旧小区改造进行专题报道。

（杨兰俊英）

社会救助

【概况】　截至2022年12月，望城区在册特困供养对象2179户2280人，其中分散供养1939人，集中供养341人；城乡低保对象5199户10168人，其中城市低保715户1086人、农村低保4484户9082人；享受困难残疾人生活补贴对象6458人，重度残疾人护理补贴5125人；农村留守儿童51人，低保家庭儿童1369人，特困供养儿童4人，自身残疾儿童413人，事实无人抚养儿童154人，孤儿12人。

（邓　虎　陈奕君）

【城乡低保】　2022年，望城区城乡低保月保障标准750元/人。区民政局为城乡低保对象建立第三方核查机制、按月信息核对机制、预警机制，确保低保对象认定精准。按期开展低保年审工作，压实街镇审核审批职责和区民政局监督管理职责。建立“资金+物资+服务”的多维救助帮扶机制，提供临时救助、城市帮扶、春节慰问、第三方上门服务等救助帮扶政策。会同区住建局、区教育局、区医保局等部门实施危房改造、教育资助、医疗救助等，城市低保月人均救助水平573.28元，农村低保月人均救助水平519.84元。

（邓　虎　陈奕君）

【特困供养】　2022年，望城区特困供养对象月保障标准950元/人。投入60万元为1340人分散供养全自理特困老人购买住院期间照料护理保险。为311名特困老人提供集中供养照料服务。为896名有医疗和基本生活支出的开展临时救助，发放救助金188.4万元。建立特困对象“一对一”紧急联系人制度，并签订委托照料护理协议。投入4.2万元为280名新增或身体状况有变化的特困老人开展生活自理能力评估，确保特困对象基本生活有保障、精神有关爱、健康有照护。

（邓　虎　陈奕君）

【临时救助】 2022年，望城区印发《长沙市望城区关于进一步加强临时救助管理的通知》，规范支出型和急难性临时救助审核审批程序，将6倍低保标准以下的临时救助审核审批权限下放至街镇。细化救助标准，明确资金拨付方式，确保困难群众符合条件的“应救尽救”。累计救助1000人次，发放临时救助金204.05万元。针对城市户籍特殊困难群体，区民政局、区医保局、区住建局、区教育局等部门建立城市特殊困难群体帮扶机制，累计帮扶困难群体1500余人次，拨付城市帮扶资金100万元。

（邓 虎 陈奕君）

【流浪乞讨人员救助】 2022年，望城区坚持“自愿求助、无偿救助”基本原则，以“三化”（救助程序规范化、救助方式多元化、救助管理信息化）确保救助到位，实现信息化救助，运用全国救助系统人脸识别模块、公安机关的人像比对等技术手段帮助流浪人员寻找亲人。区民政局实现规范化救助，明确站内管理和工作职责，健全24小时值班、重大事项报告等工作机制，依规落实救助程序，规范救助管理。新冠疫情防控期间，严格落实防控措施，严查来站求助对象身体状况，严抓登记检测，确保零感染。开展“寒冬送温暖”“夏季送清凉”街面巡逻搜救专项行动，全年救助生活无着流浪人员619人次（其中站内救助588人次、街面救助31人次），帮助买票返乡50余人次，护送返乡10人次，发挥救助管理机构在民生保障中的“保基本、兜底线”作用。

（邓 虎 陈奕君）

【低保特困年审】 2022年，望城区印发《关于开展2022年度城乡低保对象和特困人员交叉年审工作的通知》，7—9月，在全区开展低保、特困年审，集中全区各街镇民政干部队伍，由区民政局牵头组织各街镇进行交叉核查，采取查验资料、核算标准、入户调查的方式，累计核查城乡低保对象5199户、特困供养对象核查2179户，确保救助对象认定精准，救助档案管理规范。

（邓 虎 陈奕君）

【慈善救助】 2022年，区民政局开展“雷锋慈善·生命护航”“雷锋慈善·爱在望城”爱心募捐活动，全年接收捐赠和政府补助193.83万元，实施“雷锋580”民生紧急救助、龙山县洗车河镇对口帮扶、高等教育助学等救助项目，链接并拨付爱心款物价值近380万元，惠及困难群众超1000人次。以“携手做慈善 传播真善美”为主题开展政务公开主题日活动。雷锋慈善超市援助项目上榜长沙市第二届“长沙慈善榜”——慈善项目影响力榜。（邓 虎 陈奕君）

2022年10月，区民政局开展“携手做慈善 传播真善美”暨“中华慈善日”主题宣传活动。图为在雷锋慈善超市开展义务体检活动 （区民政局 供图）

【补贴发放】 2022年，望城区发放城乡低保保障金7067.71万元，特困供养保障金2989.55万元，特困人员照料护理费653.24万元，丧葬补贴121.06万元。精简退职老职工生活补助34.05万元，一次性生活补助253.54万元。发放残疾人“两项补贴”（困难残疾人生活补贴和重度残疾人护理补贴）1847.77万元，基本养老服务补贴328.39万元，高龄津贴1822.4万元。发放孤儿基本生活费27.536万元，事实无人抚养儿童基本生活补贴226.89万元，儿童主任岗位补贴31.51万元，福彩圆梦孤儿助学资金7.7万元。安排养老机构新冠疫情补助132.88万元，拨付养老服务专项资金2870.25万元。（邓 虎 陈奕君）

【2022年春节慰问活动】 2022年，区民政局制定《关于开展2022年“走基层、送温暖”春节走访慰问活动的通知》，牵头开展困难群体春节走访慰问，将巩固脱贫攻坚成果与推进乡村振兴相衔接，将应对新冠疫情与促进稳定相结合，统筹考虑农村困难群众和城市特殊困难群体，聚焦短板弱项实施精准帮扶，解决冬令期间困难群众的吃饭、穿衣、住房、就医等现实问题，确保困难群体平安过节，增强群众的获得感、幸福感。活动安排慰问资金和物资2577.76万元，其中专项慰问资金2521.96万元、慰问物资55.8万元，惠及群众2.5万人次。

（邓 虎 陈奕君）

社会福利

【概况】 2022年，望城区有女性27.78万人（户籍人口），有农村留守儿童51人、困境儿童约1850人、残疾人约 2.4 万人。区民政局、妇联、残联、计生协会等部门，针对妇女儿童、老年人、残疾人等弱势群体，发放专项补贴补助，开展体检和康复训练，帮扶教育和就业，开展“爱心妈妈”等专项关爱活动，获评湖南省政府养老服务真抓实干督查激励对象。（邓 虎 陈奕君）

【妇女儿童福利】 2022 年，望城区户籍人口有女性 27.78 万人，有农村留守儿童 51 人，困境儿童约 1850 人。全年发放孤儿基本生活费 27.54 万元，事实无人抚养儿童基本生活补贴 226.89 万元，为符合条件的大学（大专）生孤儿按照 1 万元 /（人 · 学年）的标准发放月福彩助学金 7.3 万元。为 11842 名农村适龄妇女和城镇低保对象开展“两癌”免费筛查，专项救助 110 名贫困两“两癌”妇女共 51.2 万元，为 1299 名困境妇女捐赠一年期“女性关爱保”。推行孕产妇免费产前筛查、新生儿先天性心脏病免费筛查。春节按 2000 元 / 人标准慰问在册孤儿 14 人，事实无人抚养儿童 157 人；按 800 元 / 户标准慰问农村留守儿童和困境儿童重点对象 125 户。“六一”儿童节按照 800 元每人的标准走访慰问全区 14 名孤儿和 167 名事实无人抚养儿童。（邓 虎 陈奕君）

【老年人福利】 2022 年，望城区有 60 周岁以上老人约 12.5 万人，享受高龄津贴 1.3 万人（其中 100 岁以上 25 人）。全年发放基本养老服务补贴 328.39 万元，高龄津贴 1822.4 万元，安排养老机构新冠疫情补助 132.88 万元，拨付养老服务专项资金 2870.25 万元。依托“智慧医疗”建立健全老年人健康管理档案，为 65 周岁及以上老年人免费体检 50375 人，体检表完整率 98.17%，开展健康义诊、健康宣教、慢病管理、康复指导等服务。（邓 虎 陈奕君）

【残疾人福利】 2022 年，望城区有残疾人约 2.4 万人。全年发放残疾人“两项补贴”（困难残疾人生活补贴和重度残疾人护理补贴）1847.77 万元；拨付三、四级残疾人参加医疗保险缴费补助资金 142 万余元，惠及 4473 名残疾人；为 527 名残疾人学生和残疾人家庭子女发放教育资助款 158 万余元。帮助 506 名有康复需求和适应指征的听力、言语、肢体、智力残疾儿童和孤独症儿童接受康复训练，完成白内障手术 190 例，为 429 名残疾人配发辅具 429 件，为 20 名持证肢体残疾人适配假肢 21 例。区残联争取资金 92 万元，慰问救助困难残疾人 990 户，依托托养机构帮扶 15 名残疾人实现辅助性就业工作，完成残疾人职业技能培训 59 名，支持 12 名残疾人创业，扶持 2 家残疾人就业基地。投入资金 80 万元，完成 100 户困难残疾人家庭和 1 个社区无障碍改造。（邓 虎 陈奕君）

【未成年人保护】 2022 年，区民政局办理收养 3 例。健全未成年保护机构，1 月 18 日《长沙市望城区人民政府关于成立和调整区政府议事协调机构的通知》明确成立由区委副书记、区长孔令强任组长，分管民政、公安、教育工作的副区长任副组长，35 个相关部门为成员单位的望城区未成年人保护工作领导小组，办公室设在区民政局，由区民政局局长任办公室主任，设定“12345”为望城区儿童保护专线。开展困境儿童分类保障和关爱服务，以解决儿童实际困难和问题为切入点，按照儿童群体中孤儿、事实无人抚养儿童、农村留守儿童、困境儿童等多个层次的不同需求，对儿童“身心、居住、学业、监护”4 个方面进行“红黄蓝”风险等级评估，建立长期联系责任制度，分层分类按需开展个性化、精准化服务，为全区困境家庭儿童营造良好的成长环境。（邓 虎 陈奕君）

【福彩公益】 2022 年，望城区建设 8 家福彩福潮店，推进销售发行，拓展市场、创新理念、强化队伍、巩固市场，福彩稳定增长，全年销售额 1.29 亿元，超年度任务 16%，筹集公益金 3959.84 万元，使用公益金 850 万元，推动一批普惠性、基础性、兜底性民生项目建设，为全区保障困难群众基本生活，改善民生基础设施作出贡献。（邓 虎 陈奕君）

【庆“六一”暨儿童关爱保护宣传活动】 2022 年 5 月 28 日，由区民政局主办、长沙市暖心社工综合服务中心承办的“童在爱里最闪亮，欢庆‘六一’颂党恩”暨儿童关爱保护宣传活动在雷锋大剧院举行。活动邀请全区儿童督导

2022 年 5 月 28 日，区民政局、暖心社工综合服务中心举行“童在爱里最闪亮 欢庆‘六一’颂党恩”庆“六一”暨儿童关爱保护宣传活动（区民政局 供图）

员、儿童主任和村（社区）农村留守儿童或困境儿童及家长代表约700人参加，通过“一次发声、一场演出、一次普法、一批表彰、一个平台、一套关爱服务”的“六个一”活动，让儿童与家庭感受政府社会的关心关爱，呼吁社会力量共同关爱农村留守与困境儿童。

（邓　虎　陈奕君）

【望城区获评湖南省政府养老服务真抓实干督查激励对象】 2022年，望城区在全省率先实行公办敬老院“公建国营”养老服务改革。加大制度创新、政策供给、财政投入力度，强化基层力量配备，健全养老服务体系、健康支撑体系。全区12家敬老院由长沙市望城区国泽康养产业发展有限公司（长沙市望城区产业投资发展集团有限公司全资子公司）负责统一管理运营，在政府兜底职能基础上，以普惠亲民的服务价格，有针对性地增强其社会寄养、医养康养等职能，依托定制化服务做优养老机构长效运营，形成“1+12+N+X”［以区养老中心为龙头，推动12家镇（街道）敬老院连锁化、集约化、专业化运作，依托社区（村）建设N个社区养老服务机构或农村互助养老服务设施，促进X家民办养老机构良性健康发展的康养服务格局］养老服务新模式。工作经验多次得到民政部官网、《中国社会报》、省、市民政内刊等重点推介，2022年度获评省政府养老服务真抓实干督查激励对象。

（邓　虎　陈奕君）

老龄事务

【概况】 2022年，望城区有60周岁以上老人约12.5万人，享受高龄津贴1.3万人（其中100岁以上25人）。有公办养老机构14家（其中白箬铺敬老院2022年7月划归湘江新区管理），民办养老机构8家，街镇综合居家养老服务中心4个，村（社区）居家养老服务中心（站）127个，养老护理型床位2839床。建设高塘岭敬老院综合楼，困难家庭适老化改造97户，新增社区养老服务中心8家、农村养老服务站点10家、护理型床位70床。

（李　行）

【养老服务】 2022年，望城区编制《望城区养老服务体系建设规划(2022—2026)》，在全省率先开展“政府举办、国企运营、分类服务、连锁管理”的“公建国营”养老模式改革，构建“1+12+N+X”养老服务体系，全年拨付养老服务资金2870.25万元。新华社《高管信息》、民政部官网、《中国社会报》、《湖南日报》等多次宣传推介望城养老服务的相关经验。

（李　行）

【养老服务监管】 2022年，区民政局推进公办养老机构管理运营体制改革，提升社区居家养老服务水平，建立健全养老服务机构综合监管机制，每季度联合区住建局、区公安分局、区卫健局、区市场监督管理局、区消防大队、区应急管理局等职能部门对养老服务机构开展监督检查，推动全区养老服务领域安全发展，增强老年人的获得感、幸福感、安全感。

（邓　虎　陈奕君）

【医养结合服务】 2022年，望城区将医养结合工作纳入政府考核，优化机构审批流程，完善组织管理体系。围绕活力老人、失能半失能老人开展医疗护理人才培训、出台《“医疗机构＋养老”试点工作实施方案》等政策文件，推进医养结合工作。推进“医疗机构＋养老”服务，对试点医院铜官街道第一社区卫生服务中心适老化改造，邀请“长沙市第一社会福利院”担任技术指导单位，引入“广州优康护理”专业团队加强医养照护服务。探索“卫生院＋养老机构”，全区17家卫生院与100余家城市(农村)养老中心、日间照料中心签订健康服务协议，每周派医生上门为老人提供医疗巡诊、健康咨询等，保障养老机构老人健康。发展“社区网格＋医养服务”，通过社区网格管理、义工志愿团队，结合老年人健康体检、家庭医生服务等公卫职能，由卫生院团队上门为老人提供健康咨询、慢病管理等，推动医养服务由机构向社区、家庭延伸；依托“健康望城”智慧医疗平台，摸排65岁以上老人健康状况，加强健康指标监测和信息管理；运用远程医疗系统，实现与省、市级医院远程医疗及双向转诊，助力基层服务能力提升。全区153个家庭医生团队分组与辖区老人家庭签订服务协议；同步更新省公卫3.0系统数据，动态掌握老年人健康状况，实现老年人健康管理率100%。2022年5月7日，望城区老龄工作在湖南省老龄工作会议上作经验推荐。

（陈宇峰）

【望城区养老服务中心运营】 2022年2月15日，望城区产投集团子公司长沙市望城区国泽康养产业发展有限公司（以下简称国泽康养公司）启动望城区养老中心运营。区养老中心坐落于金山桥街道，占地3.1公顷，项目分两期建设，一期建设总建筑面积25827.79平方米，建有2栋呈工字型连廊相连的6层建筑，功能分区有社会养老中心、康复医疗中心、地下车库，配套有室外绿化、门球场、门卫室等附属设施，共设护理房94间、长者公寓6套，一期开放床位330张，是望城首家集医养结合、康养融合、智慧养老为一体的创新型专业康养中心。区养老中心坚持公益性、福利性、微利经营，通过“公建国营”模式，强化国企“保民生、促发展”的社会担当，对望城区公办养老机构及新增社区居家养老服务中心实行公司化运营管理。

（刘瑞洁）

残疾人事务

【概况】 2022年，望城区有残疾人约2.4万人（其中持有第二代和第三代残疾人证的14472人）。其中，肢体残疾6727人，视力残疾2460人，听力残疾1041人，言语残疾217人，智力残疾1604人，精神残疾2022人，多重残疾401人。2022年，长沙市望城区残疾人

2022 年 5 月 20 日，区残联举办第三十二次“全国助残日”主题活动暨望城区残疾人专职委员知识竞赛活动（区残联 供图）

联合会（以下简称区残联）统筹残疾人事业发展，巩固拓展残疾人脱贫攻坚成果与乡村振兴有效衔接，不断提升残疾人民生活保障水平，优化残疾人康复服务，扶持残疾人就业创业，发展残疾人教育、文化、体育事业，保障残疾人平等权利等，各项残疾人工作稳步开展。（周 帆）

【残疾人康复】 2022 年，望城区落实残疾儿童康复救助制度，配合省、市残联探索辅助器具补贴制度试点和 0~14 岁残疾儿童定点康复意外伤害保险购买，继续推进残疾预防工作。提升残疾儿童康复机构业务规范化建设水平，开展定点残疾儿童康复机构星级评定，加强对定点残疾儿童康复机构服务规范和安全生产的管理，鼓励儿童机构教师参加全省专业技能培训班，实施长沙市残疾儿童康复救助项目，帮助 506 名有康复需求和适应指征的听力、言语、肢体、智力残疾儿童和孤独症儿童接受康复训练。实施“光明关爱”、假肢装配和辅具适配等康复项目，完成白内障手术 190 例，为 429 名残疾人配发辅具 429 件，为 20 名持证肢体残疾人适配假肢 21 例；康复服务率实现 100% 目标。（周 帆）

【残疾人教育和就业】 2022 年，区残联更新适龄残疾儿童基础信息，协助教育部门做好适龄残疾儿童入学工作，配合有关部门做好残疾学生高考合理便利申报和高考招录工作，为 527 名残疾人学生和残疾人家庭子女发放教育资助款共 158 万余元。开展按比例安排残疾人就业年审，共审核单位 133 家。组织开展残疾人就业援助月活动，走访帮扶 20 余户残疾人家庭，对 5 名高校残疾人毕业生开展“一人一策”就业服务；依托托养机构帮扶 15 名残疾人实现辅助性就业工作；做好 2 家盲人按摩行业发展指导和行业扶持；加强与人社部门衔接，按照“点亮万家灯火”托底帮扶残疾人就业行动的要求，提升培训实效，完成残疾人职业技能培训 59 名；超额完成市残联下达的残疾人创业扶持任务，支持 12 名残疾人创业，扶持 2 家残疾人就业基地。加强托养机构管理，提高托养服务从业人员服务能力水平，为 240 名残疾人提供日间照料、寄宿制托养和居家托养服务。对 2 家机构进行开托前防疫、食品、消防安全检查并进行日常监管。（周 帆）

【残疾人权益维护】 2022 年，区残联争取资金 92 万元，慰问救助困难残疾人 990 户；配合民政部门落实残疾人“两项补贴”相关工作，确保符合条件并自愿申报的对象应补尽补；会同财政、医保等部门，协调落实好三、四级残疾人参加医疗保险缴费补助政策，拨付资金 142 万余元，惠及 4473 名残疾人。巩固拓展残疾人脱贫攻坚成果同乡村振兴有效衔接，协同相关部门落实帮扶政策，消除返贫致贫风险。开展“联村联户、四帮四促”行动，领导班子和业务骨干到联点帮扶村白沙洲街道马桥河村调研。筹措资金物资近 20 万元，到龙山县洗车河镇对口帮扶残疾人。区残联被区委农村工作领导小组评为“2022 年度服务乡村振兴战略工作先进单位”。推进法治残联、平安残联建设，开展残疾人权益保障“双联双百”工作。落实“谁执法谁普法”工作，开展残疾人普法培训，下半年接受市、区人大执法检查。加强不稳定隐患排查，维护残疾人群体稳定。（周 帆）

【残联基层基础工作】 2022 年，望城区开展街镇残疾人专职委员述职评议，召开残疾人工作者座谈会，发挥干部主动性、积极性、创造性；选送 10 名残疾人专职委员参加长沙市残疾人专职委员培训，提升专职委员服务水平。推进三代（智能化）残疾人证换发，完善便民评残办证服务机制；举办全区持证残疾人基本状况调查培训班，严控数据采集报送环节，推动调查数据与服务供给高效结合。加强和改进 5 个专门协会和村（社区）残协工作，提高基层治理能力和服务水平，年度内完成区、街镇两级残联换届，为残疾人事业发展提供组织保障。运用新媒体平台做好残疾人事业宣传工作，推荐 6 人（单位）获评长沙市学雷锋“善行四十佳”优秀代表，居全市前列。在“全国助残日”期间广泛开展扶残助残活动，举办“望城区残疾人专职委员知识竞赛”，选送队员参加“长沙市残疾人专职委员知识竞赛”，获第二名。发掘和培养残疾人文体人才，开展形式多样的残疾人群众体育活动，组织人员参加长沙市第四届“残健融合”乒乓球比赛，获个人单打第四名。（周 帆）

【重点民生实事工程】 2022 年，望城区推进“残疾儿童康复救助”和“困难残疾人家庭无障碍改造”两项省重点民生实事工程。其中，“残疾儿童康复救助”项目共投入资金468万元，帮助283名有康复需求和适应指征的残疾儿童在机构接受康复训练并超额完成任务；“困难残疾人家庭无障碍改造”项目投入资金80万元，从残疾人的特殊需求出发，兼顾“个性化”和“人性化”需求，完成困难残疾人家庭无障碍改造100户任务，同步完成1个无障碍社区改造，通过省、市残联验收。（周　帆）

【残疾儿童康复服务机构评审工作】 2022年1月12日，长沙市残联党组成员、副理事长曾军一行，组织精准康复服务专家技术指导组到望城区开展2022年残疾儿童康复机构定点评审工作。专家组通过现场考察、听取汇报、查阅资料、个别访谈等方式，对机构的场地设置、设施设备、机构建设与职能、人力资源、内部管理和业务管理等情况进行专业评审，提出加强师资培训、加大管理力度、防范安全事故等意见建议。望城区残疾儿童康复工作获肯定。（周　帆）

【残联第三次代表大会】 2022年11月14日，长沙市望城区残联第三次代表大会召开，市残联党组书记、理事长伍仁华，区委书记秦国良出席会议并讲话。区领导戴水文、黄燕、杨钦涵、邓建华、周辉军、丁四明出席会议。参加该次代表大会的代表共有103名，列席人员30名。秦国良指出，全区上下要以中共二十大精神为指引，牢固树立以人民为中心的发展思想，努力开创新时代残疾人事业的新局面，让全区每一名残疾人共同享有发展机会，共同享受美好生活。（周　帆）

关心下一代工作

【概况】 2022年，长沙市望城区关心下一代工作委员会（以下简称区关工委）有各级关心下一代工作机构294个（其中街道、镇11个，村、社区124个，教育系统22个，直属单位77个，民营企业60个），35岁以下青少年18.8万人，其中在校青少年12.5万人，参与关心下一代工作“五老”人员1.2万人。（周衍曾）

【党史国史教育活动】 2022年，区关工委根据长沙市关工委等四家单位《面向全市广大“五老”和青少年儿童开展“喜迎二十大　一起向未来”主题作品征集活动的通知》精神，把主题作品征集活动与红色基因传承活动结合，发动全区征集各类作品300余篇，区关工委、区教育局关工委和区直属幼儿园3家单位获市“优秀组织奖”，5名“五老”和39名学生的作品获奖。（周衍曾）

【困境青少年帮扶】 2022年，区关工委使用“爱心助学”基金50万元，帮扶困境青少年211人，其中大学新生63人，大学往届47人，小学初中高中生91人。区关工委连续28年坚持开展“关爱明天·爱心助学”工程，资助总额1000万余元，帮助6000余名寒门学子完成学业，形成帮助弱势群体的社会氛围。茶亭镇为全镇81名优秀学子奖励、助学16.86万元。全区各级关工组织和广大“五老”投身精准关爱青少年事业，将单一的帮扶贫困学生拓展为帮扶“失学、失足、失亲，流动、流浪、留守，残疾、贫困、精神困惑和服刑人员子女”10类困境青少年，将物质帮扶拓展为“思想帮教、经济扶助、技能提升、环境优化”4个方面的帮扶。（周衍曾）

【隔代家庭教育】 2022年，区关工委组建“隔代教育”讲师团，在白沙洲街道打造“隔代家庭教育示范街道”。教育系统关工委加强中小学“家庭教育”教师队伍建设，开展家庭教育指导师培训，满足学生家长日益增长的育人学习需求，实现“家校共育”目标。组织122名“家庭教育”骨干教师采用“线上+线下”方式开展培训，下发《关于做好家庭教育中隔代教育工作的通知》，进一步规范家庭教育中隔代教育的行为和做法，破解青少年教育中的社会难题。全年全区各街镇关工委及战线关工委的隔代教育知识培训和讲座，听众3000余人次。（周衍曾）

基层治理

【概况】 2022年，望城区提升“12345”政务热线办理质量，网格治理工作日显成效。在2022年全国第六届“12345”政务服务便民热线大会上，望城区凭借“雷锋哨”典型案例，获“服务精进典范”称号，是长沙市唯一获此称号的区县。“雷锋哨”平台获评2022第十二届数据智能应用典范金铃峰会“基层治理活力典范”、2022年中国数字经济城市峰会“2022数字政府管理创新”，《吹响“雷锋哨”办好群众事——望城区以党建引领“热线+网格、吹哨+报到”基层治理模式推动“接诉即办、未诉先办”》入选《法治日报》《2022政法智能化建设创新案例和论文汇编》。（郑梦窈）

【网格化社会治理体系建设】 2022年，望城区下发《关于做好“雷锋哨”信息采集工作的通知》，规范全区各街镇2022年度信息采集的数量和标准，要求街镇采集的哨单中区直部门处置数量占比不少于20%，严格落实“一哨一评”。全年各街镇采集上报“雷锋哨”哨单12879条，立案12695条，办结12632条，办结率99.32%，采集吹哨类型主要集中在城市管理、综合治理、环境保护、物业服务等方面。每季度考核街镇三、四级网格工作，按照考核办法将季度考核奖励资金拨付到各街镇，下发至各村（社区）二级网格，激发基层网格员工作活力。推进“攻坚哨”问题解决，梳理交办五批“攻坚哨”43个问题，报区委、区政府主要领导批示后、交分管区领导牵头领办，加快推进重难点问题解决，解决34个问题，推进解决其他问题。10月制定下发《关于党建引领“热线+网格、吹哨+报到”工作示范社区创建的实施方案》，在高塘岭街道斑马湖社区、东湖路社区以及月亮岛街道金瑞社区、天鹅塘社区开展示范创建工作，重点解决群众“急难愁盼”民生问题和减少社区“12345”政务热线投诉量，建立专职网格队伍，完善社区治理机制，发挥网格“微治理”作用，打造“一社区一品牌”基层治理模式。（郑梦窈）

【智慧平台建设】 2022年，区社会治理服务中心制定下发《望城区智慧社区建设技术导则（试行）》，在亿达小镇、嘉新时代广场两个楼盘开展试点建设。全年完成亿达小镇智慧社区物业基础设施建设以及智慧社区平台车辆管理等功能模块。接入亿达小镇视频、人员信息，嘉新时代广场门禁系统、车辆管理等基础信息数据。开展高塘岭街道紫鑫御湖湾、月亮岛街道润和又一城（一期）两个楼盘智慧化改造试点，完成润和又一城（一期）智慧化改造项目监控摄像、门禁设备、火灾监控探测等硬件设备安装和软件开发以及紫鑫御湖湾智慧化改造项目监控摄像、智慧消防设备、火灾探测报警器等硬件设备布线工作。（郑梦窈）

【村社区基层治理】 2022年，望城区制订《长沙市望城区村（社区）党群服务中心品质提升三年行动计划（2022—2024年）》，配套出台《长沙市望城区村（社区）党群服务中心标识标牌导示设计标准》，区财政投入3000万元，有计划、分步骤提升全区村（社区）党群服务中心品质，全年完成建设项目17个。加强和创新基层治理，制定《长沙市望城区村（社区）治理真抓实干激励工作实施方案》，引导全区村（社区）规范基层治理，优化基层服务，加强基层治理，评选示范村（社区）10个，提升基层组织管理和治理能力水平。（邓虎 陈奕君）

【社会工作服务】 2022年，望城区擦亮“社工雷小锋”品牌，抓好基层社工站专业化建设，开展个案、小组服务和社区活动375个，服务19738人次，链接资源63.58万元，建立湖南省首家商圈“公益时间”，形成三级兑换体系：“社工雷小锋”在养老服务领域的“四进”模式被《中国社会工作》推介，“童伴妈妈”入选省民政厅厅长曹忠平中组部讲课经典案例，社工站项目被财政部“政府出钱 百姓享服”专题宣传活动推介。全区各村（社区）实现社会工作和志愿服务点全覆盖，指导40个重点村（社区）创建“五社联动 幸福邻里”，其中桃花井、西塘街、湘陵、中南等10个社区获长沙市民政局肯定。（邓虎 陈奕君）

【地名管理】 2022年，区民政局优化基层治理格局，指导月亮岛、白沙洲、大泽湖3个街道科学制定社区析置方案，提请区政府批准设立星悦湖社区、赤岗路社区和金星北路社区。严格住宅区和建筑物的命名审核审批，推进地名管理常态化，倡导社会公众使用标准地名，完成9个建筑物和住宅小区名称的审核备案。落实国家地名信息数据库专项质量建设行动，修改系统中11387条存在缺失或错误的信息。（邓虎 陈奕君）

【“雷锋文明存折”积分管理试点】 2022年，望城区创新基层治理模式，制定《长沙市望城区“雷锋文明存折”积分管理试点工作实施方案》，采取“试点先行、以点带面、逐步推广”的方式，在全区选择湛水村、团山湖村、大龙村、蓝塘村、福塘村、凌冲村、杨丰社区7个村（社区）探索实施“雷锋文明存折+村民档案”积分管理试点，以积分奖惩机制“小切口”撬动基层治理大格局，助力乡村振兴，调动广大群众参与村级事务的积极性。（邓虎 陈奕君）

【“深化党建引领，打造基层治理的‘雷锋哨’品牌”改革项目】 2022年，望城区出台《中共长沙市望城区委办公室印发〈关于推进党建引领“热线+网格、吹哨+报到”工作的实施方案（试行）〉的通知》《长沙市望城区“热线+网格、吹哨+报到”工作考核办法（试行）》《关于进一步加强城市楼盘社区四级网格建设的实施方案（试行）》《关于党建引领“热线+网格、吹哨+报到”工作示范社区创建的实施方案》系列文件，理顺基层治理体制机制。搭建区、街镇、社区三级智慧望城“雷锋哨”平台，建立街镇党（工）委、社区党总支、

2022年7月，望城区启动“雷锋文明存折”积分管理试点

（区融媒体中心 供图）

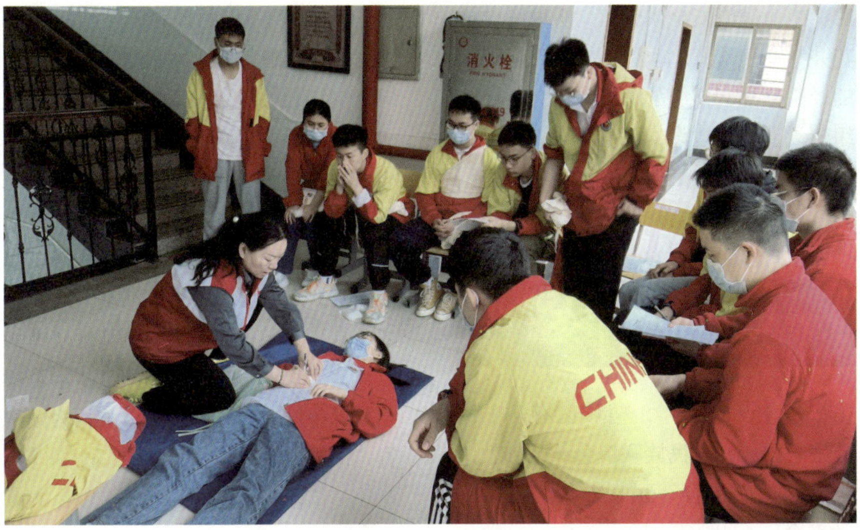

2022年4月30日，区红十字会在长沙用心高复学校开展救护培训进校园活动
（何 圳 摄）

小区党支部、楼栋（村居民组）党小组四级网格组织架构。（郑梦窈）

社会组织管理

【概况】 截至2022年年末，望城区有注册登记各类社会组织487家（其中，社会团体123家，民办非企业364家），其中评定为AAAA级社会组织10家，AAA级社会组织9家，乡镇备案社区社会组织680家。基本涵盖养老、慈善、教育、文化、卫生、经济等各个领域，社会组织呈现出数量增加、覆盖范围扩大、总体实力增强的良性态势。
（邓 虎 陈奕君）

【社会组织监管】 2022年，区民政局加强社会组织监督管理，推动社会组织规范化管理。审核社会组织成立、变更、注销材料，在规定时限内完成事项审批，推行一次性告知等制度，全年办理成立登记23家、注销登记24家、变更登记38家，按时办结率100%。把好社会组织年检关，结合社会组织年度检查，重点审查社会组织活动开展、人员变动、资产管理等情况审查，完成2021年年检工作，应检组织452家，实检386家（其中合格379家，基本合格2家，不合格5家），年检率85.3%，年检合格率98.2%，组织第三方现场抽查31家重点社会组织进行，抽查率超5%。完成符合系统信息录入条件的488家市级社会组织的统一社会信用代码系统信息录入和维护，录入率和赋码率100%。
（邓 虎 陈奕君）

【社会组织培育】 2022年，望城区支持培育社会组织发展，安排“社会组织培育和发展专项”预算400万元，采取业务主管部门购买协会组织服务的方式，支持区内社会团体（协会组织）发展项目。投入政府购买服务支持社会组织专项资金80万元，打造“社工雷小锋”和“党建领航促发展”两个品牌项目，夯实区社会组织的党建基础。试点登记成立4家街镇社区社会组织发展中心，重点用于街镇备案的社区社会组织党组织建设、法人治理、财务管理方面的指导任务，提升社会组织承接政府购买服务的能力和水平。（邓 虎 陈奕君）

红十字会

【概况】 2022年，长沙市望城区红十字会（以下简称区红十字会）培训红十字救护员（含CPR+AED）804人，应急救护知识普及培训2.7万余人，全年筹集价值210万余元的款物，受益群众2万余人。（邓燕洁）

【红十字会救助】 2022年1月18日，由市红十字会主办，区红十字会承办，2022年长沙市“红十字博爱送万家”活动启动仪式在望城区举行。春节期间，区红十字会开展“博爱送万家”送温暖活动，筹集30万余元的款物，受益群众2000余人。2022年10月25日，区红十字会携手湖南大旺食品有限公司来到区脑科医院、长冲小学开展慰问活动，送去价值5万元的爱心食品。（邓燕洁）

【应急救护培训】 2022年4月30日，区红十字会在长沙用心高复学校开展救护培训进校园活动。5月11日，区红十字会联合湖南信息职业技术学院在该校多功能报告厅开展纪念第75个世界红十字日暨防灾减灾宣传活动，红十字救护培训师讲授防灾减灾和应急救护知识，现场演示心肺复苏操作流程。5月27日，区红十字会联合区民政局、区消防救援大队、区守望社会工作服务中心在铜官街道新河学校开展“守护少年 应急自救互救‘大演练’”活动，将应急避险知识、自救互救知识、志愿服务等内容相结合，通过室内应急避险，室外自救演练及地震模拟逃生疏散演练，提高师生安全防护意识，增强应对突发事件的能力和自救互救能力。9月16日，区红十字会在湖南外国语职业学院开展主题为“终身学急救 救护伴我行”的世界急救日宣传活动，该校6000余名学生参加此次活动。（邓燕洁）

【“三献”工作】 2022年，区红十字会结合主题活动，推动无偿献血、造血干细胞捐献、遗体和人体器官捐献宣传，传播关爱生命理念，弘扬社会正能量。有788人进行人体器官捐献志愿登记。（邓燕洁）

【红十字会志愿服务】 2022年4月5日，红十字志愿服务队在乌山街道高冲村李家湾小区开展新冠疫情防控志愿服务。9月29日，区红十字志愿服务队组织救护师资志愿者到乔口镇柳林江村、高塘岭街道湘江村开展应急救护知识培训，培训以理论+实操的授课模式，为到场的志愿者、村干部及村民组长生动、详细讲解心肺复苏操作要点。2022年，在区“雷锋杯”学雷锋志愿服务大赛中，志愿服务组织获优胜奖，红十字“救”在身边项目获二等奖。

（邓燕洁）

【红十字会第三次会员代表大会】 2022年4月28日，区红十字会第三次会员代表大会在雷锋大剧院召开。市红十字会领导欧阳正松、区领导戴水文、何迎春、黄金国、向章平出席开幕式。大会选举产生新一届理事会、监事会；审议并通过区红十字会工作报告、《长沙市望城区红十字事业2022—2026年发展规划（草案）》；选举产生第三届理事会会长、副会长、常务理事；推选产生第一届监事会监事长和副监事长。

（邓燕洁）

【红十字会助力龙山县洗车河镇乡村振兴】 2022年1月2日，区红十字会、区红十字志愿服务队、区红十字救援服务中心到龙山县洗车河镇开展主题为“暖冬行动·博爱万家”的新年慰问送温暖活动助力洗车河镇乡村振兴，为当地75户困境家庭送去3万元慰问金和价值12.5万元的床上用品、棉服、安全书包和书籍等物资。2022年9月17日，区红十字会组织红十字志愿者和爱心人士到龙山县洗车河镇开展爱心助学活动，为当地30名贫困学生家庭送去1.4万元慰问金和价值2.7万元的物资。

（邓燕洁）

【湖南省红十字“博爱家园”项目现场观摩会】 2022年7月26日，湖南省红十字“博爱家园”项目现场观摩会在月亮岛街道桃花井社区举行。观摩团参观桃花井社区红十字博爱家园居家养老服务中心、博爱街、博爱广场、博爱长廊、生命健康安全体验馆，听取《“桃花井”里春风来，博爱家园在“盛开”》的经验分享，详细了解红十字会基层组织建设、阵地建设、队伍建设、志愿者建设及特色亮点工作，交流相关工作。

（邓燕洁）

民族宗教事务

【概况】 2022年，望城区有4个民族宗教团体：区民族联谊会、区佛教协会、区道教协会、区基督教“三自”爱委会。有36个少数民族族别，常住少数民族人口12559人，少数民族流动人口32478人，民族团结进步服务站7个。有35处宗教活动场所：佛教7处、道教2处、基督教26处。宗教教职人员58人，其中佛教13人、道教38人、基督教7人。信教群众6270人，其中佛教信众2506人、道教信众2123人、伊斯兰教信众241人、基督教信众1400人（已受洗）。民间信仰活动场所（已发证）16个。（李 灿）

【民族团结进步创建】 2022年，区委统战部加挂区民族宗教事务局（以下简称区民宗局）与区教育局、区公安分局、驻湘办对接，协调解决18名少数民族子女9月入学问题；做好少数民族成分变更及高考加分审核工作。利用传统佳节、六一国际儿童节等开展民族团结进步创建活动。举办“铸牢中华民族共同体意识喜迎中共二十大胜利召开”民族文艺会演，展示全国各民族文化。做好开斋节、古尔邦节等重大时间节点的安全稳定工作。全区7个民族团结进步服务站利用主题党日、雷锋号青少年关爱家园、老年大学、市民学校等平台载体开展实践活动，深化民族团结进步服务。望城一中举办“汉藏学子一家亲手心相连迎新春”联欢晚会。区民族联谊会在望城实验二小，举行“关爱儿童助成长，民族团结一家亲”捐赠活动。在古尔邦节开展走访慰问活动，向维吾尔族同胞送温暖。桃花井社区组织开展“中华民族一家亲·巧手同绘民族情”剪纸活动。中南社区打造“民族特色手工坊”，组织青少年开展社会主义核心价值观教育活动。天鹅塘社区开展名师大讲堂、书法名家进社区暨爱心义剪等项目，开展“喜迎二十大·铸牢中华民族共同体意识”青少年绘画活动及“民族团结一家亲同心共筑中国梦”书法活动，组织辖区内党员参与民族知识竞赛。天鹅塘社区被评为长沙市“民族团结进步示范单位”，望城一中和中南社区被评为湖南省“民族团结进步示范单位”。

（李 灿）

【宗教事务管理】 2022年，区民宗局组织宗教界开展安全生产排查整治，会同有关部门对全区宗教（民间信仰）活动场所（以下简称场所）开展安全检查30余次，对18处涉房屋安全隐患场所建立台账并督促整改，实现微型消防站全覆盖。将场所建设纳入区规委会等部门联合审批，实施场所建设项目“论证与管理制”。实行会计代理制，聘请专业会计管理财务，对宗教团体、场所财务状况和政府专项资金下拨使用情况开展专项审计。引导场所持续开展“五进五好”（习近平新时代中国特色社会主义思想、中共二十大精神进场所、政治品格好；《中华人民共和国宪法》和法律法规进场所、守法遵规好；国旗国歌进场所、文明友善好；核心价值观进场所、服务社会好；中华优秀传统文化进场所、传承文化好）创建工作，将经费纳入财政预算。加强宗教团体自身建设，制定出台《长沙市望城区宗教团体年度考核试行办法》。全区有5名宗教界人士被推选为人大代表或政协委员，其中洗心禅寺方丈释悟圣为省政协委员和全国青联委员。

（李 灿）

【民族宗教政策法规宣传】 2022年，区民宗局组织号召全区民族宗教领域持续学习贯彻宣传中共二十大精神，区委统战部（区民宗局）分管领导下场所开展宣讲和工作指导，通过张贴横幅、开设宣传栏等进行宣传。举办宗教界党史学习暨宗教政策法规培训班，组织宗教团体分批轮训，引导宗教界人士和信教群众感党恩、听党话、跟党走。利用“政策法规宣传月”活动，组织宗教界人员学习宣传《宗教事务条例》《互联网宗教信息服务管理办法》《宗教活动场所财务管理办法》及安全生产知识，对宗教教职人员进行思想教育、法律法规教育。在全区发放民族宗教宣传资料1000余份。召开全区民族宗教领域2022年“安全生产月”工作部署会暨消防安全培训会，学习安全生产相关文件精神以及宗教活动场所安全用电、安全用气和消防安全知识，进行消防安全实操演练。（李 灿）

【民族团结进步宣传月活动】 2022年9月，区民宗局开展以“铸牢中华民族共同体意识”为主线的2022年民族团结进步宣传月活动。承办“铸牢中华民族共同体意识 喜迎党的二十大胜利召开”望城区民族文艺会演活动暨“同心在望”系列活动启动仪式，举办“庆中秋、迎国庆”、民族团结书画作品展等活动。利用宣传栏、人流量大的活动广场等宣传中央民族工作会议精神、相应的民族知识及理论政策法规，在公园、广场、街道、学校、行政办公区域等公共场所，通过户外广告牌、公益电子屏幕、移动传媒、现场会、图片展示、发放宣传材料、张贴海报等形式，营造共同推动民族团结进步事业的社会氛围。

（李 灿）

【宗教中国化大讲堂活动】 2022年12月31日，区委统战部在基督教徐家桥聚会点宗教中国化大讲堂举行“我国宗教中国化”方向精品课程试讲活动，邀请区佛教协会代表文振法师、区道

2022年长沙市望城区宗教活动场所情况一览表

表15

序号	场所名称	教别	类别	地址
1	长沙市黑麋峰寺	佛教	寺观教堂	望城区桥驿镇洞阳村
2	长沙市靖港观音寺	佛教	寺观教堂	望城区靖港镇芦江社区
3	长沙市杲山寺	佛教	寺观教堂	望城区乌山镇团山湖村
4	长沙市乔口观音寺	佛教	寺观教堂	望城区乔口镇乔口社区
5	长沙市洪山古寺	佛教	寺观教堂	望城区高塘岭街道新康社区
6	长沙市涌月古寺	佛教	寺观教堂	望城区高塘岭街道六合围村
7	长沙市大山殿	佛教	寺观教堂	望城区靖港镇柏叶村
8	长沙市老戴公庙	道教	寺观教堂	望城区月亮岛街道戴公庙村
9	长沙市万寿宫	道教	寺观教堂	望城区乔口镇乔口社区
10	长沙市望城区基督教堂	基督教	寺观教堂	长沙市望城区高塘岭街道裕农村
11	长沙市徐家桥聚会点	基督教	固定处所	望城区乌山街道徐家桥社区
12	长沙市三桥聚会点	基督教	固定处所	望城区靖港镇三桥村
13	长沙市石亳聚会点	基督教	固定处所	望城区靖港镇石亳村
14	长沙市格塘聚会点	基督教	固定处所	望城区靖港镇格塘村
15	长沙市盘龙岭聚会点	基督教	固定处所	望城区乔口镇盘龙岭村
16	长沙市杨家山聚会点	基督教	固定处所	望城区靖港镇杨家山村
17	长沙市众兴聚会点	基督教	固定处所	望城区靖港镇众兴大洲
18	长沙市高桥聚会点	基督教	固定处所	望城区靖港镇高桥村
19	长沙市凌冲聚会点	基督教	固定处所	望城区靖港镇凌冲村
20	长沙市石渚湖聚会点	基督教	固定处所	望城区铜官镇石渚湖村
21	长沙市大垅围聚会点	基督教	固定处所	望城区乔口镇大垅围村
22	长沙市双丰聚会点	基督教	固定处所	望城区乌山镇双丰村
23	长沙市长联聚会点	基督教	固定处所	望城区高塘岭街道长联村

续表 15

序号	场所名称	教别	类别	地址
24	长沙市兴旺聚会点	基督教	固定处所	望城区高塘岭街道兴旺村
25	长沙市黄花岭聚会点	基督教	固定处所	湖南省望城区黄花岭村
26	长沙市高岭聚会点	基督教	固定处所	望城区铜官街道高岭社区
27	长沙市沱市聚会点	基督教	固定处所	望城区高塘岭街道长联村
28	长沙市五星聚会点	基督教	固定处所	望城区高塘岭街道新康社区
29	长沙市新华聚会点	基督教	固定处所	望城区乌山街道双兴村
30	长沙市东城聚会点	基督教	固定处所	望城区茶亭镇静慎村
31	长沙市华城聚会点	基督教	固定处所	望城区铜官街道华城村
32	长沙市茶亭聚会点	基督教	固定处所	望城区茶亭镇梅花岭社区
33	长沙市水星聚会点	基督教	固定处所	望城区乔口镇水星村田心村
34	长沙市芦江聚会点	基督教	固定处所	望城区乔口镇芦江村
35	长沙市福塘聚会点	基督教	固定处所	望城区靖港镇福塘村

（资料来源：区民宗局）

教协会代表盘罗香道长及区基督教“三自”爱国运动委员会代表秦小维牧师试讲《坚持“我国宗教中国化方向”》精品课程，从传统文化的角度阐释不同教派探索宗教中国化的实践，将社会主义核心价值观和中华传统文化融入讲经讲道。（李 灿）

【“铸牢中华民族共同体意识 喜迎党的二十大胜利召开”民族文艺会演】 2022年9月14日，“铸牢中华民族共同体意识 喜迎党的二十大胜利召开”望城区民族文艺会演在雷锋大剧院举行。活动由湖南省民族宗教事务委员会、长沙市民族宗教事务局指导，望城区委、区政府主办，区人大民侨外委、区政协社法民宗委、区委统战部（民宗局）、区科协承办。演出苗族迎宾鼓、歌舞《爱我中华》、女声独唱《天边》、群口快板《民族团结向未来》等民族特色节目，展示各民族文化，营造“中华民族一家亲，同心共筑中国梦”的氛围，铸牢中华民族共同体意识。活动现场启动长沙市全面实施“三项计划”暨全市民族团结进步宣传月。（李 灿）

【天鹅塘社区民族团结进步创建工作通过验收】 2022年，月亮岛街道天鹅塘社区坚持以“铸牢中华民族共同体意识”为主线，以“中华民族一家亲、同心共筑中国梦”为总目标，以“一贯彻、三融合、十清单”为内容，推进民族团结进步示范社区创建工作。社区成立以社区党总支书记为组长的民族团结进步创建工作小组，将推动民族团结进步示范创建工作作为小区党支部书记抓党建工作责任清单重要内容，列入每年述职评议考核重点，将推动民族团结进步列入党员每年组织生活会评议内容。根据创建工作要求，社区建立一套动态的民族服务台账，打造一个新颖的民族文化宣传圈，构建一个双向互动民族服务工作站，开展一系列小区文化联谊活动，打造一个赋能经济的七彩风情街，组织一次创业就业知识培训，组织一次民族团结典型评比活动，举办一次铸牢中华

2022年9月14日，望城区在雷锋大剧院举办“铸牢中华民族共同体意识 喜迎党的二十大胜利召开”民族文艺会演（区委统战部 供图）

民族共同体意识的知识比赛，开展一系列民族团结故事宣讲会。12月，经市民宗局验收，天鹅塘社区被命名为市级民族团结进步示范单位。（李 灿）

精神文明建设

【全国文明典范城市创建】 2022年，望城区做好全国文明典范城市实地测评工作，开展督查50余次，督促解决问题3200余处。制定全区新时代文明实践中心、所、站建设标准，新建示范所（站）10个（白沙洲街道马桥河村、月亮岛街道名都社区、乌山街道仁和社区、高塘岭街道月圆村、铜官街道中山村、靖港镇芦江社区、靖港镇凌冲村、乔口镇大垅围村、桥驿镇沙田村、茶亭镇狮子岭村），金种子屋场8个（高塘岭街道六合围村伍家塘屋场、高塘岭街道新河村高老屋屋场、乌山街道金树村七星堆屋场、丁字湾街道翻身垸村金棠岭屋场、靖港镇新峰村青峰山屋场、乔口镇柳林江村和平湾屋场、茶亭镇杨家坪村苞家园屋场、茶亭镇谭家园村窑冲湾屋场），开展各类文明实践活动2065场次，活动参与54.08万人次。（易 妮）

【学雷锋志愿服务活动】 2022年，望城区持续擦亮“雷锋”品牌，承办“四季同行·一路有我”湖南省文明实践志愿服务先进典型发布仪式等全省重大学雷锋主题活动。推进“志愿者之城”建设，全区注册志愿者超过常住人口的21%，注册比例全省领先。正兴学雷锋志愿服务中心获评2021年度“全国最佳志愿服务项目”，望城区“好人宣讲团”志愿服务项目获评2021年“湖南省最佳志愿服务项目”，望城区人民武装部获评第三批“湖南省学雷锋活动示范点”，望城区科学技术协会“好奇之旅”科技志愿服务项目获评2022年湖南省“最佳志愿服务项目”。

（刘玉明）

2022年9月20日，“与雷锋同行”公民道德宣传日暨第三届社会主义核心价值观群众性原创文艺节目大赛决赛在望城区雷锋大剧院举行 （区委宣传部 供图）

【望城区“与雷锋同行”公民道德宣传日暨第三届社会主义核心价值观群众性原创文艺节目大赛决赛】 2022年9月20日，由区委宣传部、区新时代文明实践中心、区文旅广体局主办，区文化馆承办的“望城区‘与雷锋同行’公民道德宣传日暨第三届社会主义核心价值观群众性原创文艺节目大赛决赛”在雷锋大剧院举行。大赛吸引39个原创节目参赛，历时近3个月，经过3场初选，11个节目进入决赛。经省、市、区专业评审打分评选，评选一等奖2个、二等奖3个、三等奖6个，望城艺校繁星艺术团的舞蹈节目《开元盛世》和乔口镇蓝塘寺艺术团的花鼓戏《回家》获一等奖。活动现场还发放《新时代公民道德建设实施纲要》《新时代爱国主义教育实施纲要》400余本，“传承弘扬雷锋精神·推进公民道德建设”签名墙吸引现场200余名群众参与签名打卡。

（姚雅庆）

应急管理

EMERGENCY MANAGEMENT

编辑　周　玲

综 述

【概况】 2022年，望城区加强安全生产监管，开展百日攻坚、重大危险源检查督导、易燃气液体经营企业专项整治、醇基燃料源头管控等专项整治工作，开展防汛抗旱、森林防灭火等自然灾害防范，持续推进基层应急能力、应急预案体系、应急管理信息化建设。长沙市望城区应急管理局（以下简称区应急管理局）开通望城应急管理微信公众号、视频号、抖音号，发布应急动态、应急科普、预警信息等187篇，短视频54个。（殷 磊）

【灾害救助物资保障】 2022年，区应急管理局补充采购棉被100床，折叠床100个，12平方米单帐篷30个，应急灯2套，救生衣150件，救生圈50个，用于紧急灾害救助工作。（殷 磊）

【执法监察】 2022年，望城区编制《望城区安全生产检查参考手册》，为全区各街镇、部门及园区的安全生产执法检查工作提供指导意见；定期召开执法调度会议，研究部署和协调本行业领域安全监管执法工作，聘请第三方团队加强安全生产执法检查；区应急管理局与区司法局联合出台《望城区街镇（园区）安全生产领域（简易程序）行政处罚指导目录》，解决街镇（园区）安全生产监管执法工作不规范、业务能力不强等问题，规范和加强街镇（园区）安全生产行政执法业务能力水平；每月定主题开展联合执法行动，每月不定期开展先锋课堂·业务沙龙活动，每周对行政执法工作进行分析研判调度，每周四定为“案件讲评日”，提升执法人员的业务能力和综合素质。（殷 磊）

【安全责任落实】 2022年，望城区先后召开51次区委常委会、区政府常务会、安委会例会、专委会例会等会议高位部署，统筹推进全区安全与发展，区领导带队检查109次，压紧压实安全生产责任。区安委会统筹运行安委办工作协调机制，明确年度工作要点、安全生产责任书、安委会成员单位职责分工、新兴行业安全监管职责分工，统筹协调各专委会、各街镇安委会形成“1个大安委+12个专委+街镇安委会”的运行机制，督促指导各专委会、各街镇安委会做好各行业、各辖区安全生产统筹调度工作。（殷 磊）

【行政审批优化】 2022年，区应急管理局认领、填报、完善“互联网+政务服务”系统依申请类和无需申请类事项实施清单、“互联网+监管”系统的事项实施清单。做好“一网通办”系统、证照分离、电子证照系统、“无证城市”、网上中介超市等工作；做好优化营商环境相关工作，优化审批服务，压缩审批时限，提高服务水平；在区审改办指导下，做好区应急管理局一件事一次办、“一门式”服务等相关工作。2022年办理依申请类政务服务事项184件。其中危险化学品经营许可证27件，非药品类易制毒化学品第二类和第三类经营备案39件，非药品类易制毒化学品第二类和第三类生产经营备案1件，生产经营单位应急预案备案110件，危险化学品重大危险源备案7件，按要求进行公示。（殷 磊）

【应急管理综合行政执法改革】 2022年，望城区推进应急管理综合行政执法改革，制定出台《关于深化全区应急管理综合行政执法改革的实施方案》，明确8项具体改革任务：整合执法职责和队伍、理顺层级职责、优化配置编制资源、加强执法队伍建设、规范执法行为和方式、突出加强安全生产监管执法、完善应急管理执法机制、强化应急管理执法保障。2022年6月，区应急管理局加挂“长沙市望城区应急管理综合行政执法局”牌子，组建长沙市望城区应急管理综合行政执法大队（副科级），加强执法力量配备，理顺区本级、街镇（园区）各层级职责。加强执法培训，规范执法行为和方式，强化执法能力建设和执法保障。（殷 磊）

【长沙市应急救援基地项目二期工程建设完工】 2022年3月，长沙市应急救援基地项目二期工程完成主体建设，基地投运后可以为经济发展保驾护航，应对长沙地区以及周边市（州）发生的生产安全事故，提高安全生产领域的风险应对能力。2022年10月，按照省人民政府要求，中国安能一局入驻基地，筹建应急管理部自然灾害工程救援长沙基地，探索合作共建新道路，提高湖南省综合应急救援能力。（殷 磊）

2022年7月，长沙应急救援（湖南危险化学品应急救援）基地二期工程完成主体建设

（区融媒体中心 供图）

防灾减灾

2022年4月27日，望城区举行2022年森林火灾扑救应急演练

（区应急管理局 供图）

【水旱灾害防治】 2022年4月，防汛抗旱日常管理工作牵头抓总事权归口到区应急管理局。2022年汛期经历9轮较强降雨过程，启动防汛应急响应3次（其中Ⅳ级2次、Ⅲ级1次）、城区防涝排渍应急响应4次（其中Ⅲ级3次、Ⅱ级1次）、水旱灾害防御应急响应1次（Ⅳ级），组织防汛会商研判10次；发布自然灾害预警8期；通过云广播、"村村响"发布气象灾情提醒广播10次；通过三大通信运营商发布市民提醒短信4次100万余条。2022年全区无重大灾险情发生，城区无长时间、大面积渍水，山区无山洪地质灾害发生。

（殷 磊）

【森林防火】 2022年，望城区未发生森林火灾。区应急管理局按照"立足防、超前治、全力救"的工作方针，加强森林防火宣传，出动森林消防水车宣传巡查400余台次，发放禁火通告、林长令、法律法规宣传册等资料1.5万余份，提升群众防火意识。组织开展森林防灭火联合督查、检查6次，发现并整改隐患57处。修订完善《望城区森林火灾应急预案》，组织120余名森防队员开展实战演练2次。成立1支93人的区级森林消防应急突击队，各街镇组建一支30人以上的应急队伍，各村（社区）组建不少于10人的应急队伍，常态化开展森林防灭火实操培训和演练。加强森林防灭火物资装备配备，各街镇配齐配足常规森林防灭火物资，重点林区村（社区）配备必要的森林防灭火物资，各护林员配备个人防火装备和防火器材。区应急管理局采购补充一批价值31.5万元的森林防灭火物资装备，提升全区森林防灭火应急处突能力。

（殷 磊）

【防灾减灾宣教】 2022年，望城区开展防灾减灾宣传教育工作，全区各级各部门协同配合。利用应急宣传周、"5·12"防灾减灾日、"10·13"国际减灾日等时段，开展防灾减灾知识进学校、进社区、进企业、进农村活动。在全区中小学校开展防灾减灾主题班会活动，让学生们掌握如何规避自然灾害风险、如何开展自救互救。2022年发送防灾减灾短信80万条，展示防灾减灾知识图板500余块，悬挂宣传气球和宣传横幅600余条。组织开展各类应急演练60次，举办减灾应急知识培训100余次，发放防灾减灾资料、挂图（手册）、海报、宣传单、折页等2.8万份（册），参与学习互动的居民群众、教师生、企事业单位职员5万人次。

（殷 磊）

【防震减灾】 2022年，望城区未发生地震灾害。区应急管理局打造"望德福"宣教品牌，开通微信公众号、微信视频号、抖音号，开展"每月有约·月月开讲"安全知识微课堂活动，科普防震减灾知识。"5·12"防灾减灾日前后，区内开展防震应急疏散演练和培训活动，长郡月亮岛学校初一全体师生进行防震避险、紧急疏散演练，周南望城学校组织学习"科学防范地震"知识，中岭小学开展防灾减灾安全疏散演练暨安全培训活动，时代倾城幼儿园开展全园防震疏散安全演练。（殷 磊）

【应急避难场所和避灾点建设管理】 2022年，望城区应急避难场所依据"统一规划、安全可行、平战结合"的原则进行规划与建设，截至2022年年底，全区建设各类应急避难场所166处，其中大中小学154处、公园绿地10处、体育场馆2处。公园、绿地等避难场所均按要求设立避难场所标示和功能标志，学校操场、体育场（馆）等临时性避难场所在进出口位置按要求设置场内功能分布图。应急避难场所标志的设置符合湖南省地方标准《应急避难场所标志》(DB43/T 1483—2018)的规定。

（殷 磊）

【自然灾害隐患排查】 2022年，望城区组织开展全区自然灾害风险普查工作，2月结合汛前地质灾害隐患点排查，确定全区重点地质灾害风险点67个，主要地质灾害为潜在山体滑坡、不稳定性斜坡。汛期组织开展4次防汛工作督查，发现并整改问题隐患25处。

（殷 磊）

【气象减灾】 2022年，区气象局围绕"3·23"世界气象日、"5·12"防灾减灾日和安全生产月活动主题，开展宣传教育活动。在政府广场开展宣传活动，通过摆放安全警示展板、发放宣传资料、现场解答防灾减灾知识等形式，向群众提供安全生产咨询服务。现场就群众关心的天气预报准确率、气象与安全生产关系、人工影响天气、应对气候变化等解答公众疑问，宣传科普基础知识。

（朱 姣）

【“5·12”防灾减灾宣传日活动】 2022年5月12日是第14个全国防灾减灾日，主题是“减轻灾害风险、守护美好家园”。望城区开展各类灾害风险基本知识和防范应对技能宣传教育，提高公众主动避灾避险的意识和能力。区应急管理局联合区教育局，采用主题班会的形式在学校开展防灾减灾教育活动。周南望城学校各班级开展主题班会活动，参加室外的自救互救体验教学，接受防溺水自救互救教学体验、意外受伤如何止血、意外伤口包扎法、如何自制简易担架、心肺复苏、海姆利克急救法等，增强安全意识，掌握安全自救、科学互救知识。活动现场，区应急管理局给周南望城学校赠送1500册《防灾·减灾·救灾知识小手册》，帮助师生们掌握更多安全知识。

（殷 磊）

【2022年度森林火灾应急演练暨森林防灭火工作会议】 2022年9月28日，长沙市望城区2022年度森林火灾应急演练暨森林防灭火工作会议在茶亭镇举行。各参练单位有序分工，“稳、准、快”地完成森林火灾演练应急处置工作，提升应急联动、协同配合、科学扑救能力，演练结束后，召开2022年国庆特护期森林防灭火工作会议，部署国庆特护期森林防灭火重点工作，进一步压实防灭火责任、强化措施落实，加强应急物资储备和队伍建设，严格值班值守和信息报送，确保全区森林防灭火工作平稳安定。

（殷 磊）

【城区防涝排渍应急演练】 2022年5月26日，望城区组织开展2022年城区防涝排渍应急演练。演练包括地下车行通道积水抢险、地下人行通道积水抢险、地下车库积水抢险、市政道路积水抢险4个科目，针对全区83个易涝易渍点和147个物业楼盘小区，出动人员4143人，启用车辆100余辆次、水泵42台、吸污泵车31台、应急抽排车辆5辆、挡水板140余块、彩条布2000余米、沙袋5600余袋。通过演练，强化城市防涝排渍应急处置能力，提高防汛工作应急能力。

（唐 舟）

安全生产监管

【概况】 2022年，望城区委、区政府领导带队检查安全生产工作共109次，召开区委常委会12次、政府常务会10次研究部署安全生产工作，学习贯彻习近平总书记关于安全生产、应急管理、防灾减灾救灾和森林防灭火工作的重要论述以及上级领导指示批示、视频会议和重要文件精神，并就中共二十大期间安全防范、百日攻坚行动等工作进行专题研究部署。2022年，全区发生生产安全事故11起，比2021年上升10%；死亡64人，比2021年上升540%。其中，特别重大事故1起，死亡54人，其余为一般生产安全事故。发生火灾事故（含轻微火灾）515起，比2021年上升11%；死亡2人，比2021年上升200%，伤2人，比2021年上升100%。发生死亡交通事故54起，死亡54人，比2021年下降11%。

（殷 磊）

【安全执法】 2022年，望城区开展联合执法行动239次，发现非法违法行为30629起，立案调查2535起，立案率8.2%。其中，各街镇、园区立案210起，比2021年增长10.6%；罚款25.72万元，比2021年增长66.4%。接到群众安全生产举报4起，核查属实2起，责令停产整顿72起，取缔关闭123处，经济处罚1562.63万元，媒体公开曝光13起，党纪政纪处分5人，行刑衔接移送司法1人。

（殷 磊）

【安全宣教】 2022年，望城区各级各部门理论学习中心组围绕习近平总书记关于安全生产重要论述专题学习100余次，组织集中学习电视专题宣传片800余场；学习宣传贯彻国务院安全生产十五条硬措施专题研讨、集中宣讲等422场；开展安全生产“公开课”“大家谈”“班组会”等学习活动2746场。开展“6·16”咨询日活动89场，“安全生产长沙行”拍摄制作警示教育片309个，观看安全生产警示教育片、专题展729场，参与19.94万人次，报道打非治违和排查治理、“百日攻坚”进展成效234条。新编花鼓戏《敲门》被“学习强国”学习平台《人民日报》人民号、新华网等16家主流媒体转载，超310万人观看，线下花鼓戏《敲门》走进湖南省2022年安全宣传“五进”活动现场。推出抖音“望德福”宣传形象，开设“每月有约·月月开讲”安全知识微课堂7期；利用“望城区安全宣传‘五进’工作群”开展宣教活动，发布应急科普知识54篇；针对重要时节、重点工作制作安全生产音频材料9个，利用“村村响”、云广播、流动宣传车、教育培训会等形式宣传安全知识，开好屋场会、楼栋会、班前会，提升全社会安全意识。开通望城区应急管理微信公众号、视频号、抖音号，发布应急动态、应急科普、预警信息等187篇，短视频54个。在电视台开设“严守底线 生命至上”专栏加大安全生产大检查“三实三严三到位”、百日攻坚、“三年行动”等宣传，2022年发布新闻稿件500余篇。在月亮岛街道天鹅塘社区、高塘岭街道西塘街社区、白沙洲街道响堂湾社区等地打造具有应急特色的安全文化广场，营造浓厚的安全文化氛围。

（殷 磊）

【危险化学品安全监管】 2022年，区应急管理局采取计划执法、专项整治、打非治违、督导检查等多种形式，联合专家、专业技术机构、属地监管部门检查危险化学品企业383家次，比2021年增长138.9%；下达执法文书182份，比2021年增长102.1%；发现问题隐患1103条，比2021年增长158.5%；立案处罚32起，比2021年增长115.9%；处罚金额102.3万元，比2021年增长296.1%；责令停产停业整改企业14家，比2021年增长14.3%。定期采取以案释法、警示约谈、专题培训等方式，提高危化行业安全管理水平。聘请专业安全技术机构，组织专业技术检查组对全区86家危险化学品生产、经营、使用企业开展一轮全覆盖检查，发现并整改问题隐患684条。推进双重预防机制数字化建设工作，推广651仓库、新宇高分子、西北长沙油库建设经验，将风险辨识和隐患排查治理协调统一，2022年完成双重预防机制建设单位8家。开展醇基燃料全过程管控行动，检查醇基燃料经营、储存单位11家，抽查醇基燃料使用场所217处；开展餐饮场所安全用气专项整治，排查餐饮场所2141户，发现使用工业丙烷16户，使用环保油375户，转运丙烷1990瓶，环保油2160千克。

（殷　磊）

【安全隐患排查整治】 2022年，望城区推进安全生产专项整治三年行动巩固提升、安全生产大检查“三严三实三到位”百日攻坚、重点行业领域潜在风险隐患排查等行动，突出重点行业、重点区域、重点环节，查找风险隐患，持续保持建筑施工、道路交通、水上交通、特种设备、消防、烟花爆竹等行业领域专项整治高压态势，2022年检查生产经营单位10201家，发现问题隐患23195处，排查重大隐患123处，完成整改122处，整改率99.2%。

（殷　磊）

【安全生产资金投入】 2022年，望城区应急管理局投入14万元，用于公共安全重大事故隐患排查整治、应急救援、安全排查。投入610万元用于企业安全生产标准化班组创建以奖代补以及应急管理日常事务专项。投入安全监管资金350万元，用于北斗+公共安全综合检测预警平台建设、街镇应急能力建设“以奖代补”奖励资金、自然灾害应急。投入培训费45万元，开展防灾减灾培训，安全生产宣传教育进村社区、企业、校园等活动。

（殷　磊）

【事故调查处理】 2022年，望城发生11起事故，其中8起为道路交通运输事故、1起为自建房垮塌事故、1起为吊装事故、1起为意外坠亡事故。道路交通事故交由交警部门负责调查，其余事故均按照国务院493号令的法律要求组建事故调查组开展调查工作，其中“4·29”居民自建房垮塌事故由国务院进行调查，“6·10”吊装事故经望城区人民政府批准成立调查组，由区应急管理局牵头开展事故调查工作，事故调查报告于11月21日经区人民政府批复后结案。

（殷　磊）

【安全生产标准化建设】 2022年，区、街镇（园区）两级应急管理部门和相关行业主管部门持续推动企业安全生产标准化及标准化班组建设，规范企业安全生产工作、夯实企业安全基础。有50家企业开展标准化创建（复审换证）、87个班组创建安全生产标准化班组，按照相关标准共发放奖补资金70万元。

（殷　磊）

【“遵守安全生产法 当好第一责任人”安全生产月活动】 2022年6月，按照长沙市2022年“安全生产月”活动总体部署，望城区紧扣“遵守安全生产法，当好第一责任人”的主题，组织全区各级各部门、各企事业单位开展“小手拉大手、学生画安全”主题文化创作、“第一责任人谈责任”、“最美应急人”演讲比赛、“进门入户送安全”、“安全志愿者在行动”、“主播说安全”、“专家远程会诊”、“新安法知多少”、“救援技能趣味测试”一系列宣传活动。以线上与线下相结合的方式，多举措开展立体化显性宣传。加强理论学习宣传贯彻、强化安全生产警示教育、开展风险隐患大排查和应急演练，营造全区良好安全氛围。

（殷　磊）

消防救援

【概况】 2022年，望城区发生火灾515起，死亡2人，受伤2人，直接财产损失311.7万元。与2021年同期相比，“火灾四项指数”呈现三升一降，其中火灾起数上升10.8%、死亡人数净增2人、受伤人数净增1人，直接财产损失数下降65.4%。2022年，长沙市望城区消防救援大队（以下简称区消防救援大队）立足“锋消防”名片塑造，聚焦主责主业和队伍建设，被湖南省文明委授予“省级文明标兵单位”称号。

（杨　蓉）

【消防能力建设】 2022年，望城区消防指战员体能考核全员达标，参加市消防救援支队冬季体能比武、夏季训练操法比武获2次团体第三名。选拔建立森林火灾扑救、危化事故处置、水域山地救援等多支攻坚小组，依托红十字会等开展职业拓展训练，14人考取技能岗位资格证。指导4个乡镇建成专职消防队，并接入全市“119”系统同步接处警。通过长期开展联勤联训，2022年，在长沙市多种形式消防队伍比武竞赛中，望城区代表队获13个奖项，成为获奖最多的区县。推进消防救援队伍作战训练安全专项行动，坚持每月党委议作战、议训练、议安全，建立“平安是福”微信交流群，每日早晚2次报告安全执勤情况。紧盯人车酒、网疫密等重点领域，强化落实值班秩序、管酒治酒、新冠疫情防控等制度，不定期开展手机清查、物品点验、队容检查，有效遏制非法借贷、失密泄密等问题，全年未发生任何安全隐患和事故苗头。

（杨　蓉）

【消防安全检查】 2022年，区消防救援大队完善“重大隐患挂牌督办、重大问题抄告反馈、突出火灾警示约谈”工作机制，召开联席会议6次，发送工作提示函、火灾预警函160余份。挂牌成立区消防安全委员会专班，督促全区乡镇、街道和145个村（社区）发文成立本级消防安全委员会，拧紧消防安全责任链条。围绕消防安全大检查、消防安全整治“百日攻坚”行动，推进燃气领域、高层建筑、仓储物流、劳密企业等10余项攻坚行动，联合区应急局、区教育局、区民政局、区市场监督管理局等部门加强行业单位标准化管理，全年累计检查单位845家，督促整改火灾隐患986处，下发《责令改正通知书》730份，督办重大火灾隐患74家、整改67家。其中，大队办理的《米漾米居连锁酒店行政处罚案》被国家消防救援局评为“2022年优秀执法案例”，2名消防监督员分别获评2022年“执法办案能手”“优秀法制员”。（杨 蓉）

【消防宣传教育】 2022年，区消防救援大队开展消防宣传“五进”活动1400余场，发放宣传资料10万余份，教育普及群众25万人次。策划开展安全生产月、消防宣传日等主题宣传，举办开学第一课、消防进军训、暑期夏令营等特色活动。2022年3月，在全区开展“雷厉锋行，在你身边”消防宣传走进新时代文明实践中心活动，联合雷锋艺术团创作全国首部新农村建设消防花鼓戏，利用140余处农村屋场会表演播放，营造全民关注消防、参与消防的氛围。（杨 蓉）

【消防保障体系建设】 2022年，区消防救援大队秉持厉行节约原则，严格落实“小修不进厂，大修重节约”要求，狠抓车辆装备维保审批，培养队内装备技师，全年节约经费20万余元。消防装备智能化管理系统、消防装备管理及学习系统App获全市消防救援队伍推广使用。完成铜官站驻队执勤和桂芳站移交工作，4座消防站新改建项目纳入2023年区政府投资计划实施项目和政府投资计划预备项目，望城站原址重建和新建靖港消防站列入2023年区政府投资实施项目计划，新建同福消防站和双桥消防站列入2023年区政府投资预备项目计划，保障质效提升。全区5支乡镇和志愿消防队建成投用，并投入专项经费为其配发消防车和基本消防装备。特别是茶亭镇、乔口镇、桥驿镇乡镇专职队，石渚湖村志愿消防队，石韵社区、杨丰社区微型消防站表现亮眼，获全市多种形式消防队伍技能比武竞赛活动多个奖项。（杨 蓉）

【消防救援演练】 2022年，区消防救援大队提请望城区政府印发《全区火灾事故应急预案》，修订重点单位预案230余份，开展实战演练280余次。（杨 蓉）

【望城消防学雷锋志愿服务队走进新时代文明实践中心活动】 2022年3月2日，望城区“雷厉‘锋’行，在你身边”——在全国第59个“学雷锋纪念日”即将来临之际，望城消防学雷锋志愿服务队走进新时代文明实践中心活动在雷锋曾经工作过的地方——乌山街道团山湖美丽屋场举行。该次活动由望城区委宣传部主办，湖南省消防救援总队机关党委、长沙市消防救援支队机关党委、望城区消防救援大队、望城区文明办、望城区乌山街道团山湖村等共同承办。总队党委委员、政治部主任杨立，支队党委委员、副政委吴宏武，望城区委常委、宣传部部长舒全球等领导出席活动，望城区各乡镇、街道分管安全工作负责人、分管宣传工作负责人、全区各街镇村（社区）书记参加活动。活动现场观看全国首部新农村建设消防安全花鼓戏《能干婆学消防》首映。随后，活动向桥驿镇、靖港镇、茶亭镇、白箬铺镇4个乡镇配发灭火救援车、灭火救援器材，活动现场还通过创造真实火情模拟环境，现场讲授农村消防安全防火灭火知识，并指导村志愿消防队现场开展灭火演示，不少村民在农村居民房安全教育馆沉浸式体验学习消防安全知识。（杨 蓉）

【望城区“4·29”自建房倒塌事故救援行动】 2022年在“4·29”长沙市望城区自建房倒塌事故救援行动中，望城区消防救援大队和所辖3个消防站奉命全程参与救援行动。经过8天7夜连续奋战，转移营救被困群众13名，救出被埋压人员4名。大队救援事迹被新华社、《人民日报》等主流媒体和各类新媒体广泛报道，在现场指挥救援行动的国务委员王勇、应急管理部部长黄明、省委书记张庆伟、省长毛伟明等各级领导称赞大队“不愧是战功卓著、竭诚为民的时代楷模、雷锋传人”。（杨 蓉）

2022年4月29日至5月6日，区消防大队参与望城区自建房倒塌事故救援行动。图为5月2日消防大队搜救出第8名被埋压人员现场 （区消防大队 供图）

【消防大队指战员驰援“10·17”永州新田特大森林火灾】 2022年10月18日，区消防救援大队接到总队指挥中心调度，共1辆消防车11名指战员火速驰援“10·17”永州新田特大森林火灾，连续奋战7天6晚，扑灭山火。永州市委、市政府向长沙市消防救援支队致感谢信，信中肯定消防指战员的“勇毅”与“担当”，镌刻“最美逆行者”的光辉形象，阐释“人民至上，生命至上”的使命担当，诠释“一方有难、八方支援”的大爱情怀。（杨　蓉）

【《像雷锋那样学习工作和生活》在《湘潮》杂志刊载】 2022年，《像雷锋那样学习工作和生活》在《湘潮》第10期杂志刊载。文中简要介绍望城区消防救援大队成立时间、荣誉获得等情况，并对大队政治教导员、雷锋班班长、副班长进行对话交流。文章的发表旨在让越来越多的人加入学习雷锋精神的行列，同时传播消防知识。（杨　蓉）

应急救援

【概况】 2022年，区应急指挥中心接收并处置突发事件150余起，完成应急指挥业务系统信息报送84条，加强全区应急救援队伍统筹调度和整合，妥善做好“4·29”事故区级应急救援和信息报送工作以及强对流天气、低温雨雪冰冻灾害天气应对处置工作，确保全区安全稳定。（殷　磊）

【应急救灾】 2022年，望城区发生11次灾情，包括1次雪灾、2次风雹、4次洪涝、2次大风、1次滑坡、1次旱灾。因灾共造成房屋倒塌4间，房屋受损527间，造成17705人受灾，直接经济损失6348万元，未造成人员伤亡。灾害发生后，区应急管理局第一时间赶到现场指导救灾，通过国家灾情管理系统及时上报灾情信息，应报尽报，2022年争取上级救助资金212万元，用于受灾群众的生活救助。抓好受灾困难群众的生活救助工作，下拨生活救助资金60万元，倒房重建资金4万元，地质灾害救灾资金20万元，棉被300套，毛毯100件，棉衣50件。（殷　磊）

【应急指挥】 2022年，望城区搭建“一部一局三办”（区防汛抗旱指挥部、区气象局、区城防办、区地灾办、区水旱办）的防汛抗旱指挥调度体系，所有致灾性预警信息和应急响应指令统一归口到区应急管理局发布，破解体制机制难点；低温雨雪冰冻灾害天气应对方面搭建“一部三局一队”（区低温雨雪冰冻灾害应急指挥部、区气象局、区发展和改革局、区城管执法局、区交警大队）的常态化应急指挥机构，协调联动建章立制，高效处置8轮低温雨雪冰冻过程，确保人民生命财产安全和社会安定。（殷　磊）

【应急值守】 2022年，区应急管理局落实“1+1+1+N”（1个值班领导+1个值班科室长+1个值班长+N个值班员）值班制度，加强值班值守工作，在“4·29”事故处置和森林防火特护期间，全员取消休假，成立工作小组，强化会商研判，森林防火特护期每日对全区森林防火重点区域开展巡查督查工作。（殷　磊）

【应急保供】 2022年，区应急管理局购置森林消防服100套、电动灭火枪100把、移动水池6个、油锯12台，应急照明100套。（殷　磊）

【应急队伍建设】 2022年，望城区推进应急救援队伍建设，形成以消防救援队伍为主力，以各部门单位专业救援队伍和民兵队伍为协同，以军队和武警部队为突击，以社会救援力量为辅助的应急救援队伍体系。完善区森林消防、燃气、电力、供水、市政等专业救援队伍建设和救援装备。长沙油库、丁字油库以及区内重点企业均建立专（兼）职救援队伍。区湘锋应急救援服务中心、区公益救援协会、区合众水上救援队、区雷风应急救援队等社会救援力量开展应急救援能力建设和应急救援知识技能培训，在各类突发事件应急救援工作中发挥重要辅助作用。（殷　磊）

【油气长输管道突发事件应急救援演练】 2022年12月9日，2022年油气长输管道突发事件应急救援演练在铜官街道举行，活动由区人民政府、区能源安全生产专业委员会主办，区发展和改革局、西气东输公司和铜官街道承办，区应急管理局、区公安分局、市生态环境局望城分局、区卫健局、区水利局、区城管执法局、区交警大队、区消防救援大会、区人民医院参与演练。综合演练当管道在遭受自然灾害后出现突发事件，可燃气体泄漏浓度探边、检测，现场警戒、疏散，医疗救护，消防救援，管道破损应急处置等相关操作，验证《油气长输管道突发事件应急预案》合理性和可靠性，检验政府、企业在突发性事件面前如何密切配合、科学应对的处置能力，为预警预测和科学决策提供重要依据，积累长输天然气管道应急救援工作经验。（徐　航）

人物　荣誉

PERSONAGE AND HONORS

编辑　周　玲

先进人物

【刘春香】 女，湖南望城人，1972年出生，家住望城区丁字湾街道丁字湾社区。20年来，在照顾好父母之余，刘春香热心无偿陪伴社区中的20余位高龄“空巢”老人。主动承担起周边“空巢”老人的照顾责任，日常帮忙采购生活用品、交水电费、购药品、挑水上门等，上门照顾身体不便的老人，帮忙端茶倒水、送医看病、洗澡换衣、翻动身体等。曾及时救助因吃错东西呕吐不止、病情危急的老人。为缓解“空巢”老年人的孤独和寂寞感，及时掌握老人的生理和心理情况，通过陪伴聊天、帮助接送、邀请做客、赠送自制小吃，让老人们感受亲情的温暖，获周边邻里的信任和在外务工子女的感激。2022年，刘春香被评为2022年第一季度助人为乐类“中国好人”。

（刘玉明）

【韩乾坤】 仡佬族，贵州遵义人，中共党员，1993年出生，2013年9月入队，长沙市消防救援支队望城站特勤二班班长，雷锋班成员，二级消防士消防救援衔。2022年4月29日12时22分，湖南省长沙市望城区金山桥街道金坪社区盘树湾村115号一栋8层自建房发生整体垮塌事故。韩乾坤与队友第一时间到达现场，利用云梯车深入房屋内部，冒着二次倒塌和跌落的危险，疏散营救东侧建筑内13名被困人员。29日17时30分，救援队伍在坍塌建筑东南角的废墟中发现第2名被困者，韩乾坤主动担任攻坚组主操手，使用破拆器材层层破拆预制板，29日23时8分，救出第2名被困者。5月1日14时15分，发现第7名被困者后，指挥员安排韩乾坤用破拆器材扩宽救援通道，并做好支撑防止二次坍塌。经过6个小时奋战，与队友合作打通救援通道，救出被困56小时的第7名被困者。5月3日0时15分，韩乾坤和其他攻坚组人员进行破拆作业营救第9名被困者，开辟出长约4米、宽和高均为50厘米左右的生命通道，其间为避免被困者因缺氧和作业声遭到二次伤害，用坑道送风机为被困者输送新鲜空气。4时16分，救出第9名被困者，创造房屋倒塌88个小时后救出被埋压人员的生命奇迹。在连续8天7夜的救援中，完成装备维保、加固支撑、搜救破拆、精准施救、危化处置、卫生消杀等任务，获应急管理部消防救援局个人一等功。

（杨　蓉）

【刘智勇】 湖南长沙人，中共党员，1982年出生，毕业于湖南省人民警察学校，2005年3月参加公安工作，区公安分局法制大队教导员。2021年11月就任法制大队教导员后，刘智勇开展法制业务培训会10余次，将自己总结的审核方法分享给基层民警。日常帮助本单位困难民辅警解决就诊和生活困难，争取各种政策支持。工作之余，研发“智慧公安·精诚执法”应用系统，收录更新2000余条法律法规，服务全省办案民警，全年累计访问量近10万次，收录近300份工作文件，成为湖南公安系统内最全的法律规定“本地库”。研发上线工作提醒和统计系统，可自动计算任务期限，使用不同的颜色进行显示，提醒民警及时处理，实现“挂图作战”。依托钉钉软件，研发“螺丝钉”小程序，每天推送一条法律条文，民警拿起手机可以随时学习。5月25日，全国公安系统英雄模范立功集体表彰大会在北京召开，刘智勇被评为“全国优秀人民警察”。

（梁景宇）

【陈　寄】 湖南宁乡人，中共党员，1978年出生，湖南天闻新华印务有限公司职工。陈寄于1997年7月参加工作，从事印后装订工作25年。面对海外产品不同以往的印刷要求，自主创新改造出书本联机“自动翻转”，如质如期完成订单，仅人工成本就为公司节约6万余元。凭借多年的工作经验总结《对胶装书背空洞及露胶根问题的几点见解》，撰写的《书本如何避免露胶根、散页质量问题》被《印刷技术》杂志录用刊发。在《湖南出版产业》上刊发《小创新带来大收益》等技改应用文章。在2020湖南技能大赛·第二届湖南省印刷行业职业技能大赛获第一名。2020年8月被湖南省人力资源和社会保障厅授予“湖南省技术能手”称号；同年代表湖南印刷行业参加全国行业职业技能竞赛——第七届全国印刷行业职业技能大赛获一等奖，2021年7月被中华人民共和国人力资源和社会保障部授予“全国技术能手”称号；2021年获望城区“优秀工匠人才”称号。2022年4月经中共长沙市委人才工作领导小组批准，在长沙市第二十五批高层次人才分类认定中，入选为C类人才（省、市级领军人才）。2022年5月被北京科印传媒、《印刷技术》杂志评为“第二届十大印刷工匠”（生产类）。

（邱玉洁）

【谢丽佳】 女，湖南望城人，中共党员，1984年出生，区检察院办公室主任。谢丽佳坚持以文辅政，分析当前群众关注、关心或者侵害群众利益的案件，撰写《对非法占用农用地案件的调查与思考》《长沙市废止劳动教养制度后对违法犯罪行为的惩治与矫正法律研究》等论文，在《湘潮》《人民检察》等杂志刊发，获市宪法学研究年会一等奖，《警惕特门医保被蛀蚀》等材料被省、市院内刊采发。在担任研究室专干期间，利用办案系统检索分析，研究室工作连续3年考核居全市第一位，理论研究成果居全市第一位。办理全市首例工程未竣工验收投入使用公益诉讼案件，推动区住建局、区住保中心和区卫健局建立二次供水信息通报机制，对消防通道安全隐患、医疗废物处置等问题发出检察建议，守护群众生命健康和财产安全。2022年牵头起草、审核发文37个，各类信息稿件80余篇，上级机关采用41篇，编发宣传稿件231篇，中央级采用64篇，省级采用126篇，市级采用41篇。2022年，谢丽佳被最高人民检察院评为2022年度全国检察宣传先进个人。

（王沐子）

【陈 莉】 女，湖南湘西人，1986年1月出生，黄金园街道黄金园村青天寨组村民。2009年7月结婚后，陈莉在料理家事、养育孩子的同时，主动承担照顾夫家4名老人（其中2名瘫痪在床生活不能自理）的责任。10余年来始终以回馈父母恩情的心态，每日坚持帮助老人们洗漱清洁、吃饭穿衣、擦拭换药，让老人们得到良好的照顾。为照顾受伤的婆婆，她放弃创业，报名参加黄金园村村民委员会的居家养老中心护理员培训班，学习专业的护理知识，更好地照顾家中老人，帮助更多有需要的老人。2022年4月，2022年第一季度“湖南好人榜”发布，陈莉被评为孝老爱亲类“湖南好人”。

（刘玉明）

【陈 果】 湖南湘乡人，中共党员，1976年出生，长沙市望城区人民法院审判管理办公室主任，负责法院审判执行绩效管理和智慧法院建设工作。为解决精细化管理这一审判管理绩效考核的难题，陈果学习江沪浙先进法院经验，发挥自己熟悉信息化统计手段的优势，自行制作基于案由权重的标准工作量计算工具，试运行3年来成为法院绩效考核的重要组成部分。提出基于团队人力资源系数的分案规则，并根据该规则实现自动分案机制，有效缓解分案难的矛盾。在智慧法院建设中，电子卷宗随案同步生成工作成为全省专项工作示范法院，接受最高人民法院调研获肯定。作为湖南省信息化全业务试点，在全省率先开通网上立案、支付宝缴费等电子法院便民类功能。组织厂商开发分区分类层进式诉源治理大数据平台，收集历年收立案数据，利用数据可视化技术，直观掌控辖区内各街镇、各个村社区诉讼案件数量变化情况。指导全院诉源治理工作，提供万人成讼率参考指标，协助党委政府提高社会综合治理能力。2022年，陈果被湖南省人力资源和社会保障厅、湖南省高级人民法院评为“全省先进个人”。

（任 静）

【戴 婷】 女，湖南望城人，中共党员，1986年出生，望城区红十字志愿服务队队长。2010年，戴婷与4位伙伴组建起一支小规模的志愿服务团队，成为望城红十字志愿服务的开拓者。2015年，区红十字志愿服务队在民政局注册登记。戴婷带领红十字志愿服务队开展形式多样的志愿服务活动，吸引大批各行各业的爱心人士加入，服务队发展到1000余名成员。坚持传统节日到敬老院、烈士遗属、困难群众家中进行慰问，陪伴老人过节。坚持慰问桥驿镇群力村残疾父子，策划开展“端午节遇上父亲节 红十字温暖你我他”“开心相聚小年 快乐幸福迎新春”等主题活动。常规化在区内开展助学活动，联系爱心企业向茶亭镇珠琳小学捐赠价值10万元的学习用品，到南湖小学、长冲小学等学校看望慰问留守儿童，每年至少2次到湘西、邵阳等地开展助学活动。在张家界市桑植县、邵阳市绥宁县和湘西龙山县资助500余名贫困学子。作为红十字救护师资，戴婷深入村、社区、学校普及应急救护知识，2022年组织红十字救护培训师资和志愿者开展“红十字‘救’在身边·生命健康嘉年华”的主题活动，让学生和家长学会应急救护和安全知识。多次带领红十字志愿者开展义务植树活动，参与并发动红十字志愿者开展新冠疫情防控志愿服务。2022年，戴婷被评为湖南省“最美红十字志愿者”。

（邓燕洁）

【唐 铁】 湖南望城人，中共党员，1980年出生，湖南鸿力环境设备工程有限公司董事长兼总经理，兼任团支部书记。在日常生活中，唐铁关爱基层青年与基层工人，分享自己的工作经验，帮助青年员工解决安家落户的困难。新冠疫情防控期间，始终坚持不裁员、不减薪，将因疫情无法归家的员工接到自己家中共庆佳节，缓解乡愁。2021年8月，唐铁的公司负责一个医院的消防改造工程，忽然连降暴雨，施工场地基坑连续被淹，基侧底土质泡发松软，地下水连同侧向淤泥产生严重塌方现象，威胁到工程的进度与周边房屋的安全。公司成立以唐铁为首的项目临时党支部，派出青年团员与企业党员昼夜值守项目，唐铁始终在一线站岗，72小时不间断奋战，排除重难险情，保质保量安全完成排险任务。2020年，在社区的牵头组织下，唐铁认领望城区大泽湖街道南塘村10名贫困户的微心愿，并个人出资认领其中一位贫困户孩子从小学到大学的所有学费。定期组织评选“优秀员工”“优秀经理”“优秀项目”等，注重工作态度与品行，推动公司内部崇善向善的风气形成。发挥作为非公有制企业党员的先锋模范作用，展现团干部的担当。2022年，唐铁被评为共青团湖南省委“湖南省优秀共青团干部”。

（陈思缤）

【周 佳】 女，湖南望城人，中共党员，1987年出生，望城区靖港镇民丰中心小学教师，长沙市教育局望城靖港芦江小学农村名师工作站成员，湖南省教师资格证面试考官，国家二级心理咨询师。周佳所带班级曾获长沙市优秀班集体，曾获“我的教材我创新”片段教学竞赛省级一等奖，湖南省教师教学课件评审中获一等奖。在2022年“能者为师”特色课程推介共享行动中，参与录制的家庭教育序列微课被教育部首批推介。多次获评省、市、区“优秀指导老师”奖。坚持读书写作，多次被区教育局评为阅读之星，“爱你，从心谈起”心育故事征文获省级一等奖，“壮丽长沙70年·长沙教育改革与发展”主题征文获市级一等奖，在“同读一本书，共享读后感”征文活动中获省级特等奖2次、省级一等奖40次、省级二等奖3次，多篇文章在《湖南教育》《教师》《科教新报》《湘江早报》等刊物发表。参与编写《书中漫步》，由湖南教育出版社出版发行。参与编写省级家庭教育教材《家校共育三年级家长手册》。2022年，周佳被湖南省人力资源和社会保障厅、湖南省教育厅授予“湖南省优秀教师”荣誉称号。

（李胜辉）

立功军人

【张　雄】　望城区白箬铺镇金峙村人，中共党员，1985年出生，2002年8月招飞入伍，空军中校军衔，空降兵某部飞行员。在空军航空大学，张雄的政治学习和军事训练均名列前茅。2004年7月，经过3个月的航空理论学习和模拟机训练，在同期的学员里，第一批放单飞，并被评为优秀学员。2006年毕业后，张雄被分配到诞生过一级战斗英雄黄继光和汶川抗震救灾的空降十五勇士的空降兵部队。通过努力学习逐渐成长为部队飞行技术骨干，多次出色完成上级赋予的各项伞降保障和演习等任务。主动兼任大队的航空英语小教员，帮助单位改善英语基础薄弱的现状。在部队换装更加先进的飞机后，作为大队首批改装新机的飞行员之一，他以扎实的飞行理论为基础，注重训练中总结积累，不浪费每一个飞行架次，以优异的成绩完成新机的改装。2022年4月，张雄个人立二等功。　（胡满兰）

【谢啸宇】　望城区茶亭镇狮子岭村人，中共党员，1988年出生，空军四级军士长军衔。2011年担任航空兵某旅机械技师以来，用扎实的维修技术安全保障飞行1507小时，排除各类故障100余次，处理相关险情10余起。出色完成轮战、海训、演习演练等各项战训任务，为单位飞行安全做出重要贡献，立三等功2次、嘉奖6次，获空军机务人员银质、铜质荣誉奖章各1枚，2次被所在单位评为行业标兵。2021年年底，谢啸宇立个人二等功。2022年3月，望城区退役军人事务局联同茶亭镇退役军人服务站将喜报和奖励金送到其家中。（胡满兰）

【黄铸佳】　望城区铜官街道潭州社区人，中共党员，1983年出生，2001年12月入伍，二级军士长军衔，部队某部程控技师。入伍21年，黄铸佳坚守岗位，逐渐成长为战略支援部队高技能人才培养计划中的行业尖兵，出色完成各类重大演训任务。协助保障部队完成设备安装调试与故障处理等工作，受到保障单位高度赞赏。在开展技能革新攻关中，作为班组组长，带领成员推进革新课题的开展。自学所需技术理论，参加大项任务，拓宽知识储备，开展调查研究，合理设计软件系统结构，使项目成果在岗位训练中实现网络化、模拟化、多样化。2021年年底，黄铸佳立个人二等功。2022年2月，望城区退役军人事务局将喜报和奖励金送至其家中。

（胡满兰）

退役军人

【徐正祥】　湖南望城人，中共党员，1960年出生，中越边境自卫还击战七级荣誉军人，2次立个人三等功。历任新湖村农村信用社会计、望城区市场监督管理局工作人员、“12315”举报中心主任等职。在战友去世后的40余年里，徐正祥坚守对战友的承诺，坚持照顾战友的父母家人。被评为长沙市第六届道德模范、长沙市学雷锋志愿者最美退役军人，2020年12月获评中央文明办“中国好人”。退休后的徐正祥投入关爱烈士家属的志愿服务当中，2021年发起“戍边情·报母恩”守护烈士母亲行动，以一名老兵的名义，替保家卫国血洒疆场的战友尽孝。　（崔淙豪）

【高国良】　湖南望城人，中共党员，1955年出生，1979年在中越边境自卫还击战中，在战场上失去一条腿，被评为一等伤残军人，荣立三等战功，13次受到部队各级嘉奖。1980年退伍回乡后，一直热心于残疾人事业，20世纪90年代为辖区内残疾人募集善款3万余元，进行大病救治和困难帮扶。经常受到学校的邀请，向青少年儿童讲述当兵时候的故事。作为西塘街社区党员志愿者，践行“奉献、友爱、互助、进步”的志愿者精神，无数次调解邻里纠纷。坚持清理小区卫生，在文明创建中，劝阻无数不文明行为，在新冠疫情防控期间和老伴一起第一时间充当义务志愿者。任望城区“五老”宣讲团讲师、西塘街社区居务监督委员主任。曾获“湖南省先进优抚对象”、“长沙市最美退役军人”、“长沙市十佳爱心好人”、湖南省最美志愿者等称号。

（崔淙豪）

2022年长沙市望城区区级（含）以上逝世人物一览表

表16

姓名	性别	原职务	级别	生卒年
罗　诚	男	望城区人大常委会原副主任	副县级	1950—2022

（资料来源：区老干中心）

荣　誉

2022年长沙市望城区获省部级(含)以上奖励(命名)单位一览表

表17

获奖单位	奖励（命名）名称	授奖（命名）单位
望城区	全国综合实力百强区	中国中小城市高质量发展指数研究课题组、国信中小城市指数研究院
望城区	全国投资潜力百强区	中国中小城市高质量发展指数研究课题组、国信中小城市指数研究院
望城区	全国市辖区高质量发展百强	壹城智库
望城区	中国领军智慧城区	中国国际高新技术成果交易会智慧城市展组委会
“好人宣讲团”志愿服务项目	湖南省文明实践最佳志愿服务项目	湖南省文明委、湖南省学雷锋志愿服务精神文明委员会
区书法家协会	2022 年元旦春节期间“送万福进万家下基层公益活动”先进单位	中国书法家协会
经开区	国家火炬有色金属精深加工特色产业基地	科技部
区工商联	工商联与公安机关沟通联系合作机制典型案例	全国工商联、公安部
区青年企业家商会	2021—2022 年度全国“四好”商会	全国工商联
区人民武装部	正规化建设先进单位	中央军委国防动员部
区公安分局	全国优秀公安局	公安部
茶亭镇谭家园村	第九批“全国民主法治示范村（社区）”	司法部
区消防救援大队雷锋班	获应急管理部消防救援局集体一等功	应急管理部消防救援局
雷锋纪念馆正兴学雷锋志愿服务中心	最佳志愿服务组织	全国学雷锋志愿服务“四个 100”先进典型宣传推选活动组委会
雷锋纪念馆团支部	全国五四红旗团支部	共青团中央
雷锋纪念馆	党史新中国史教育专题实践教学基地	教育部办公厅、中国关心下一代工作委员会办公室
国家税务总局长沙市望城区税务局雷锋税务分局	一星级全国青年文明号	全国创建青年文明号活动组委会
中国农业银行望城雷锋支行	金融系统学雷锋活动示范点	中国金融思想政治工作研究会传承雷锋精神委员会、中华志愿者协会传承雷锋精神志愿者委员会
长沙戴卡科技有限公司	全国五一劳动奖状	中华全国总工会
中航飞机起落架有限责任公司长沙精益制造中心起落架制造车间	全国工人先锋号	中华全国总工会
区人民法院	全省法院先进集体	湖南省人力资源和社会保障厅、湖南省高级人民法院

（资料来源：各组稿单位）

2022年长沙市望城区获省部级(含)以上奖励(命名)个人一览表

表18

获奖人	所在单位	奖励(命名)名称	授奖(命名)单位
刘春香	丁字湾街道居民	2022年第一季度助人为乐类“中国好人”	中央文明办
刘智勇	区公安分局	全国优秀人民警察	公安部
谢丽佳	区检察院	2022年度全国检察宣传先进个人	最高人民检察院
韩乾坤	区消防救援大队	获应急管理部消防救援局个人一等功	应急管理部消防救援局
谭荒芳	雷锋纪念馆	湖南省文明实践最美志愿者	湖南省文明委、湖南省学雷锋志愿服务精神文明委员会
李　江	月亮岛街道名都艺术团	湖南省文明实践最美志愿者	湖南省文明委、湖南省学雷锋志愿服务精神文明委员会
林　霞	茶亭镇妇联	湖南省文明实践最美志愿者	湖南省文明委、湖南省学雷锋志愿服务精神文明委员会
冯正其	高塘岭街道居民	湖南好人	湖南省文明办
陈　莉	黄金园街道居民	湖南好人	湖南省文明办
龙　峰	区人民法院	第十五届中部崛起法治论坛拟获奖论文一等奖《控权、内部监督与非强制：集体土地征收的行政自制论》	中国法学会会员部第十五届中部崛起法治论坛组委会
胡　炜　王琨林 肖开放　张　芳	长沙市望城区职业中等专业学校	2022年全国职业院校技能大赛教学能力比赛二等奖	全国职业院校技能大赛组织委员会
邱　琼　盛跃辉 夏书颖　刘　双	长沙市望城区职业中等专业学校	2022年全国职业院校技能大赛教学能力比赛三等奖	全国职业院校技能大赛组织委员会
王　双	区检察院	全省检察机关常态化开展扫黑除恶斗争先进个人	湖南省人民检察院
黄煜华	区检察院	全省优秀监管个人	湖南省人民检察院
陈　果	区人民法院	全省先进个人	湖南省人力资源和社会保障厅、湖南省高级人民法院

(资料来源：各组稿单位)

2022年长沙市望城区获市厅级奖励(命名)单位一览表

表19

获奖单位	奖励(命名)名称	授奖(命名)单位
望城区	湖南省可持续发展实验区综合评价第2名	湖南省科学技术信息研究所
望城区	全省实施乡村振兴战略先进区	中共湖南省委办公厅 湖南省人民政府办公厅
望城区	省政府2022年河湖长制真抓实干督查激励	湖南省人民政府办公厅
望城区	省政府2022年财政管理真抓实干督查激励	湖南省人民政府办公厅
望城区	省政府2022年促进就业和社会保障真抓实干激励	湖南省人民政府办公厅
望城区	省政府2022年养老服务真抓实干督查激励	湖南省人民政府办公厅
区委统战部	全省统战理论政策研究创新成果一等奖	湖南省委统战部
高塘岭街道湘江村	省级同心美丽乡村示范点	湖南省委统战部

续表19

获奖单位	奖励（命名）名称	授奖（命名）单位
区人民武装部	军事训练先进单位	湖南省军区
区人民武装部	第三批学雷锋示范点	中共湖南省委宣传部
区消防救援大队	湖南省文明标兵单位	湖南省文明委
经开区	环保诚信园区	湖南省生态环境厅
经开区	全省开发区土地集约利用评价第一名	湖南省自然资源厅
区委党校	湖南省党员教育培训示范基地	中共湖南省委组织部
区市场局离退休干部第一党支部	全省示范离退休干部党支部	中共湖南省委离退休干部工委
区月亮岛街道黄狮岭社区雷锋义警义务巡防项目	全省五十佳老党员老干部志愿服务项目	中共湖南省委老干部局 中共湖南省委离退休干部工委
区青年企业家商会	2021—2022 年度湖南省“四好”商会	湖南省工商联
共青团长沙市望城区委	湖南共青团第三届改革创新大赛金奖	共青团湖南省委
区法律援助中心	全省法律援助案件质量评估优秀单位	湖南省司法厅
区粮食和物资储备事务中心	湖南省省级储备粮管理先进单位	湖南省粮食和物资储备局、湖南省人力资源和社会保障厅
区工业和信息化局	2022 年全省中小企业运行监测先进单位	湖南省工业和信息化局
区工业和信息化局	2022 年度湖南工业数据云建设先进单位	湖南省工业和信息化局
长沙黑麋峰国家森林公园管理处	湖南省 2022 年生态旅游示范基地	湖南省林业局
长沙黑麋峰国家森林公园管理处	2022 年全省自然保护地管理评估森林公园组优秀	湖南省林业局
雷锋纪念馆	湖南省党史教育基地	中共湖南省委党史研究院
雷锋纪念馆	省直机关党员干部党性教育现场教学点	中共湖南省直属机关工作委员会
雷锋纪念馆	湖南省党员教育培训现场教学点	中共湖南省委组织部
雷锋纪念馆	湖南省优秀涉外参观点	中共湖南省委外事工作委员会办公室
高塘岭街道西塘街社区	2022 年度全省和谐社区	湖南省民政厅
桥驿镇社工站	湖南省乡镇（街道）“五星级”社工站	湖南省民政厅
靖港镇社工站	湖南省乡镇（街道）“五星级”社工站	湖南省民政厅
乌山街道社工站	湖南省乡镇（街道）“五星级”社工站	湖南省民政厅
丁字湾街道社工站	湖南省乡镇（街道）“五星级”社工站	湖南省民政厅
茶亭镇社工站	湖南省乡镇（街道）“五星级”社工站	湖南省民政厅
区妇幼保健计划生育服务中心	出生医学证明管理工作“先进单位”	湖南省卫生健康委员会
国家税务总局长沙市望城区税务局第一税务所	第 22 届湖南省青年文明号	湖南省人社厅、团省委、省青联
国家税务总局长沙市望城区税务局丁字税务分局	2022 年湖南省模范职工小家	湖南省总工会
区行政审批服务局	2022 年“放管服”改革“揭榜竞优”经验做法	湖南省政务管理服务局

续表19

获奖单位	奖励（命名）名称	授奖（命名）单位
湖南文和友小龙虾产业研究院有限公司	湖南省乡村振兴青年先锋集体	湖南省乡村振兴青年先锋评选组织委员会
区教育局	湖南省第七届中学生建制班合唱比赛优秀组织奖	湖南省教育厅
区教育局	湖南省教育系统关心下一代工作先进集体	中共湖南省委教育工作委员会
湖南师大附中星城实验学校	湖南省教育系统关心下一代工作先进集体	中共湖南省委教育工作委员会
望城区	湖南无偿献血先进县市区奖	湖南省卫健委 湖南省红十字会
长沙市自然资源和规划局望城分局	湖南省2021—2022年度松材线虫病疫情防控成效评估优秀单位	湖南省野生动植物保护和林草有害生物防控指挥部办公室
长沙市自然资源和规划局望城分局	2022年全省自然资源信访工作业绩突出单位	湖南省自然资源厅办公室
区文化旅游广电体育局	湖南省全民健身场地设施补短板工程绩效奖励	湖南省财政厅
铜官窑古镇桃源居客栈	湖南省五星级旅游民宿	湖南省旅游民宿等级评定委员会
长沙市望城区第一中学	2022年湖南省学校文化建设创新成果二等奖	湖南省教育工会
区人民政府	湖南省城乡客运一体化示范县	湖南省交通运输厅
望城区退役军人事务局	“邮储银行杯·老兵留光影”摄影、征文、书法大赛“优秀组织单位”	湖南省退役军人事务厅
中国农业银行长沙望城区支行	2022年度一级支行经营管理先进单位	中国农业银行湖南省分行
中国农业银行望城经开区支行	2022年度营业网点经营管理先进单位	中国农业银行湖南省分行
丁字湾街道兴城社区	2022年省级充分就业星级社区	湖南省人力资源和社会保障厅
铜官街道	湖南省乡村旅游重点镇	湖南省文化和旅游厅、湖南省发展和改革委员会
铜官街道郭亮纪念园	湖南省党史教育基地	中共湖南省委党史研究院
铜官街道潭洲社区	湖南省乡村旅游重点村	湖南省文化和旅游厅、湖南省发展和改革委员会
高塘岭街道	2022年湖南省文明单位	湖南省文明办
乔口镇	2022年度省级文明村镇	湖南省文明办
乔口镇	“十四五”期间湖南省乡村振兴示范乡镇	湖南省乡村振兴局
靖港镇	湖南省乡村振兴示范创建乡镇	湖南省乡村振兴局
靖港镇	2022届湖南省文明镇	湖南省文明办
黄金园街道桂芳村	湖南省省级充分就业社区（村）	湖南省人力资源和社会保障局
白马街道	省级安全发展示范街道	湖南省应急管理厅
桥驿镇	2022届湖南省文明镇	湖南省文明办
桥驿镇杨桥村	2022年省级充分就业村	湖南省人力资源和社会保障厅

续表19

获奖单位	奖励（命名）名称	授奖（命名）单位
湖南和平解放秘密电台工作站旧址	湖南省青少年教育基地	共青团湖南省委
区委党史研究室	全省党史工作先进单位	中共湖南省委党史研究院
茶亭镇九峰山村	2022年湖南省美丽乡村示范村	湖南省农业农村厅
茶亭镇九峰山村	2022年湖南省一村一品重点村	湖南省农业农村厅
茶亭镇谭家园村	2022年湖南省卫生村	湖南省爱卫办
茶亭镇静慎村	2022年湖南省第一批党员教育培训现场教学点	湖南省委组织部
茶亭镇	2022年度湖南省“林长制工作先进单位”	湖南省林长制工作委员会
茶亭镇惜字塔朴树古树公园	第二批湖南省古树名木公园	湖南省绿化委员会办公室
茶亭镇	长沙市2022年综治工作优秀单位	长沙市人民政府
乌山街道财政所	省级“示范财政所”	湖南省财政厅
乌山街道金树村	湖南省美丽乡村示范村	中共湖南省委农村工作领导小组
乌山街道沩水乌山段	湖南省美丽河湖	湖南省河长制工作委员会办公室
白沙洲街道	长沙市加强基层治理优秀街道	长沙市人民政府
白沙洲街道	长沙市信访工作“三无乡镇街道”标兵单位	长沙市人民政府

（资料来源：各组稿单位）

2022年长沙市望城区获市厅级奖励(命名)个人一览表

表20

获奖人	所在单位	奖励（命名）名称	授奖（命名）单位
肖三军	区人民武装部	三等功	湖南省军区
黄佳铜	区消防救援大队	获湖南省消防救援总队个人二等功	湖南省消防救援总队
张小欢	区消防救援大队	获湖南省消防救援总队个人二等功	湖南省消防救援总队
张金诚	区消防救援大队	获湖南省消防救援总队个人二等功	湖南省消防救援总队
邹　璋	区消防救援大队	获湖南省消防救援总队个人二等功	湖南省消防救援总队
杨　乐	区消防救援大队	获湖南省消防救援总队个人二等功	湖南省消防救援总队
袁章垚	区消防救援大队	获湖南省消防救援总队个人二等功	湖南省消防救援总队
杨蒙娣	区委办	2022年度全省党委信息工作优秀个人	中共湖南省委办公厅
王　天	区委党校	全省干部教育培训“三百工程”优秀教师	中共湖南省委党校
王　天	区委党校	全省干部教育培训“三百工程”精品课程	中共湖南省委党校
阳丽波	区委党校	全省党校系统理论征文一等奖	中共湖南省委党校
王　天	区委党校	全省党校系统理论征文二等奖	中共湖南省委党校
翟晓叶	区委党校	全省党校系统理论征文二等奖	中共湖南省委党校
刘　甜	区司法局	全省司法行政工作先进个人	湖南省司法厅、湖南省人社厅

续表20

获奖人	所在单位	奖励（命名）名称	授奖（命名）单位
毛　斌	桥驿镇	湖南省优秀林长	湖南省林业局
王　卿	桥驿镇	湖南省优秀河长	湖南省水利厅
李　浪	月亮岛街道桃花井社区	湖南省优秀城乡社区工作者	湖南省人力资源和社会保障厅、湖南省民政厅
张雅颂	铜官街道铜官街社区	省地灾治理先进个人	湖南省自然资源厅
曾世杰	世宏生态农业有限公司	首届“湖南省乡村振兴青年先锋”标兵	共青团湖南省委、湖南省农业农村厅
曾羽君	国家税务总局长沙市望城区税务局	2021—2022年度全省税务系统优秀税务工作者	湖南省税务局
李　柔	区交通运输局驻潭洲社区第一书记	湖南省乡村振兴青年先锋	湖南省乡村振兴青年先锋评选组织委员会
何青山	区文化市场综合行政执法大队	2022年湖南省“扫黄打非”优秀个人	湖南省“扫黄打非”工作小组
谭荒芳	雷锋纪念馆	全省百佳老党员老干部志愿服务者	中共湖南省委老干部局、中共湖南省委离退休干部工委
唐　铁	湖南鸿力环境设备工程有限公司	湖南省优秀共青团干部	湖南省人力资源和社会保障厅、共青团湖南省委、湖南省青年联合会
戴　婷	区红十字志愿服务队	湖南省“最美红十字志愿者”	湖南省红十字会
周　佳	靖港镇民丰中心小学	湖南省优秀教师	湖南省人力资源和社会保障厅、湖南省教育厅
刘　勇	区教育局	湖南省教育系统关心下一代工作先进个人	中共湖南省委教育工作委员会
易迪祥	黄金乡联校	“我看中国特色社会主义新时代”征文二等奖	中共湖南省委老干部局、中共湖南省委离退休干部工委
邹雄杰	丁字湾街道丁字湾社区	湖南省“最美河湖卫士”	湖南省河长制工作委员会办公室
邱　琼 盛跃辉 夏书颖 文秀婷	长沙市望城区职业中等专业学校	2022年“楚怡杯”湖南省职业院校教师职业能力竞赛教学能力比赛一等奖	湖南省教育厅
金　鹏 周楚雨 魏　佳 陈学军	长沙市望城区职业中等专业学校	2022年“楚怡杯”湖南省职业院校教师职业能力竞赛教学能力比赛一等奖	湖南省教育厅
陈凌华 肖维英 聂姗姗	长沙市望城区职业中等专业学校	2022年“楚怡杯”湖南省职业院校教师职业能力竞赛教学能力比赛一等奖	湖南省教育厅
张　芳 周　柱 李　凯 裴　猛	长沙市望城区职业中等专业学校	2022年“楚怡杯”湖南省职业院校教师职业能力竞赛教学能力比赛一等奖	湖南省教育厅

续表20

获奖人	所在单位	奖励（命名）名称	授奖（命名）单位
田佳文 蔡孝妮 罗丹阳 杨　芳	长沙市望城区职业中等专业学校	2022年“楚怡杯”湖南省职业院校教师职业能力竞赛教学能力比赛一等奖	湖南省教育厅
李亚男 李欣如 易卓凡 周玲俐	长沙市望城区职业中等专业学校	2022年“楚怡杯”湖南省职业院校教师职业能力竞赛教学能力比赛一等奖	湖南省教育厅
胡　炜 王琨林 肖开放 李江峰	长沙市望城区职业中等专业学校	2022年“楚怡杯”湖南省职业院校教师职业能力竞赛教学能力比赛一等奖	湖南省教育厅
唐　琪 周　芬 文庆龄 朱　燕	长沙市望城区职业中等专业学校	2022年“楚怡杯”湖南省职业院校教师职业能力竞赛教学能力比赛一等奖	湖南省教育厅
孙雅川 胡灿红 张　宇 唐湘棋	长沙市望城区职业中等专业学校	2022年“楚怡杯”湖南省职业院校教师职业能力竞赛教学能力比赛二等奖	湖南省教育厅
胡　燕 陈　伟 蔡军霞	长沙市望城区职业中等专业学校	2022年“楚怡杯”湖南省职业院校教师职业能力竞赛教学能力比赛二等奖	湖南省教育厅
李长春 王英姿 龙伟救 胡启航	长沙市望城区职业中等专业学校	2022年“楚怡杯”湖南省职业院校教师职业能力竞赛教学能力比赛二等奖	湖南省教育厅
龙兴盛	区人民法院	湖南省法学会应用法学研究会2021年度研究与创新奖一等奖	湖南省法学会应用法学研究会
龙兴盛	区人民法院	《多主体视角下民办养老机构集资诈骗的规律特征、发生机理与防治路径》在第六届湖南省法学会法治文化研究会论文评比中获一等奖	湖南省法学会应用法学研究会
龙　峰	区人民法院	《多主体视角下民办养老机构集资诈骗的规律特征、发生机理与防治路径》在第六届湖南省法学会法治文化研究会论文评比中获一等奖	湖南省法学会应用法学研究会
龙　峰	区人民法院	《控权、内部监督与非强制：集体土地征收的行政自制轮》在第四届“南岳法治论坛”获一等奖	南岳法治论坛组委会
刘　潇	中国农业银行长沙望城区支行	2022年度一级支行本部先进个人	中国农业银行湖南省分行
彭佳瑜	中国农业银行长沙望城区支行营业部	2022年度营业网点先进个人	中国农业银行湖南省分行
欧文武	区城管执法局	“以四精五有标准　建设精美长沙”工作记嘉奖	中共长沙市委、长沙市人民政府

（资料来源：各组稿单位）

街道　乡镇

SUB-DISTRICT AND TOWNS

编辑　周　玲

丁字湾街道

【概况】 2022年，丁字湾街道辖丁字湾社区、石韵社区、兴城社区、双桂社区4个社区，双桥村、金云村、翻身垸村3个行政村，185个居（村）民小组，总面积39.89平方千米。耕地面积613.4公顷，其中水田613.4公顷。截至2022年年底，中共丁字湾街道委员会设党支部50个，设党小组37个，有党员1256名。年末，辖区户籍总人口24505人，7966户，男性11943人，女性12562人，全年出生人口175人，死亡人口236人，人口出生率7.14‰，自然增长率-2.4‰，有百岁老人2人，分别是翻身垸村100岁老人佘惠聪、双桥村102岁老人陈慧玲。域内有初级中学1所、小学3所、九年制义务教育学校2所。街道社工站获评2022年湖南省乡镇(街道)“五星级”社工站，街道被评为2022年长沙市信访工作“三无乡镇(街道)”先进单位，2022年望城区征拆安置、项目建设先进单位。2022年，丁字湾街道财政总收入6.44亿元，比2021年增长12.53%。固定资产投资6亿元，制造业发展16.97亿元，现代服务业1.77亿元，限额以上社会消费品零售增速7%，全年新增“四上”企业(规模以上工业企业、资质等级建筑业企业、限额以上批零住餐企业、国家重点服务业企业）16家。创建成市级四星统计站。（肖冰清）

【基层党建】 2022年，丁字湾街道组织开展“就认这个理·声声在望”宣讲会暨“两新”党组织学习培训、“坚定跟党走·奋进新征程”微宣讲比赛，编制《共享红手册》等学习资料。组织召开理论学习中心组学习9次，意识专题研究2次，在中央、省、市、区级媒体发表文章300余篇。结合“三联三抓”［党政领导联村（社区）党总支、机关中层干部联党支部、优秀年轻干部联党小组工作，下沉一线抓党建、抓治理、抓服务］和网格化管理，509名农村党员主动联系3184户群众，283名社区直管党员、在职党员在11个楼盘包楼栋。党员承诺811条。推进区域化联席会议制度和“1 + N”（1：街道党工委，N：下设各个党支部）支部共建行动，完成68个区域化党建共建项目。评选表彰“闪亮之星”12名。以“合在丁字·共创新城”为主题，聚焦“合心团结”“合力奋进”“合创家园”等内容，提升党员教育实效，办好民生实事。挖掘本土资源，开发打造5门精品党课，原创编排8堂微党课。深化“1+7”（1个街道基层党校和7个基层党校教学点）基层党校建设，获评市级示范基层党校。开办年轻干部训练营（第三期），举办“跟随习近平总书记的足迹学思践悟”等主题活动7场。开展村（社区）、“两新”党组织“书记工程”述评比赛。评选“最佳微党课、最合力村（居）民团体”等16个奖项。兴城社区《以孝兴社》入选省委组织部乡村振兴“金秋五课”，在全省推介。湾田商贸物流园党委选送的精品党课《好田还要巧耕耘》，入选市委组织部党员教育资源片。严格落实“一岗双责”，党工委召开6次党风廉政建设专题会议。不定期对街村干部工作生活作风、自建房安全专项整治、工程招投标、洞庭清波等开展督查68次，综合督查情况，发布7期督查通报。开展“廉满丁字树新风”主题活动，进一步增强党员干部遵纪守法和廉洁从政意识。（肖冰清）

【项目建设】 2022年，丁字湾街道加快丁源路、枫树路等6条断头路的建设，湖罗路、龙垸路完成征拆工作，丁江路（二期）、荷叶路（二期）和桃花路二期已出具第二榜。湘江东岸堤防工程三标段国有土地43户10天拆迁签约清零，全年完成20个拆迁项目，腾地100.93公顷。按照“一个项目、一名领导、一个班子、一抓到底”的工作机制，为辖区项目做好亲清服务。组织120余名干部开展“送政策、解难题、优服务”活动，走访企业62家，推动解决燃眉问题15个。协调帮助湾田商户、职工子女就近享受优质教育。开展6场人才政策宣讲，服务各类人才。举办“东南亚国际美食节”等活动，激发周边经济活力。推进产业发展，美来美（二期）签约，嘉新时代广场即将开业运营。红星冷链肉类加工配送中心即将启动建设。解决日盛等地产项目遗留问题3个。（肖冰清）

【社会治理】 2022年，丁字湾街道调度精干力量，参与盘树湾安置小区安全隐患排除综合整治，完成15个商户退出、6个住户拆迁任务，完成速度位居全区第二。开展自建房安全整治“百日攻坚”专项行动，排查房屋4973栋。开展11项城市管理示范创建活动，6座标准化密闭式智能化环保小屋投入使用，完成翻身垸垃圾中转站改扩建并投入运营。完成园区路与湖外路、丁字联络线等两处红绿灯路口提质改造。丁字大道、汤家湖路等8条道路已移交区环卫中心接管。完成农贸市场和湾田市场等两个国检点的文明整治。开展街道志愿者服务“千人计划”，新增注册志愿者1080人。40支志愿服务队带动6000余名群众参与周末大扫除、森林防灭火等志愿活动。挖掘街道正面典型，刘春香获评2022年第一季度“中国好人”、李晓金入选2022年6月“湖南好人”候选人。做好中共二十大期间安全稳定工作。化解信访积案7件。开展安全生产大检查“百日攻坚”行动，工贸企业办案26起，罚款金额3.89万元。开展安全生产屋场会100余场次，组织14名交通志愿者进行常态化交通劝导，精准宣教工作100%完成。抽查戴帽率稳定在90%以上，交通亡人事故量较2021年大幅下降。未发生一般及以上安全生产事故。防溺水宣传工作按网格落实。（肖冰清）

【民生福祉】 2022年，丁字湾街道处理“12345”投诉1907件，“雷锋哨”吹哨1135次。开展城乡低保专项清理，有城乡低保对象183户377人、特困供养对象43人，实现应保尽保、应退尽退。完成20户残疾人家庭无障碍改造，发放辅具27件，为1名残疾人申报创业扶持补贴。启动“促万人就业”系列活动，开展“就在丁字 职等你来”等招聘会，达成就业意向535人，指导辖区高校毕业生就业6200余人。举办创业培训班3期培训学员95人、技能培训6期培训学员260人。建设美丽乡村，茶园子、金棠岭美丽宜居村庄高质量运营，周家冲美丽宜居村庄高质量建设。脱贫户人均年收入增长10.8%。治理抛荒92.81公顷，粮食种植面积613.33公顷。落实河长制、林长制、田长制工作职责。完成好清产核资和“三资”管理突出问题整改，促进农村集体经济发展。（肖冰清）

2022年4月22日，“书香长沙·世界读书日”系列活动启动式在丁字湾街道兴城社区茶园子美丽宜居村庄举行
（丁字湾街道　供图）

【湖南省党员教育工作骨干培训班现场观摩】 2022年1月12日，湖南省党员教育工作骨干培训现场观摩教学全体参训学员到望城区丁字湾街道，街道党工委书记刘倍求以“抓实‘1+7’基层党校建设 高质量开展党员全覆盖轮训”为题，为大家分享党员兜底培训经验。参训学员还走进丁字湾街道双桥村长征精神初心馆、湾田商贸物流园“微党校”、兴城社区孝文化馆等地观摩学习，实地了解望城基层党员教育培训情况。

（肖冰清）

【“书香长沙·世界读书日”系列活动】 2022年4月22日，以“春暖花开季 正是读书时”为主题的“书香长沙·世界读书日”系列活动启动式在丁字湾街道兴城社区茶园子美丽宜居村庄举行。长沙市人民政府副市长肖正波，长沙市委宣传部常务副部长杨长江，长沙市委宣传部副部长、市文化旅游广电局党组书记、局长郭润葵，长沙市教育局党委书记、局长孙传贵，望城区委常委、宣传部部长舒全球，望城区人民政府副区长黄金国等领导出席活动。活动当天，长沙少儿流动图书馆在长沙市望城区茶园子分馆揭牌，这是湖南省首台专门用于未成年人服务的校园流动图书车。新的少儿流动图书馆，以《长沙市“青苗计划——阅读，一个都不能少”馆校共建活动方案》发布为契机，更高频在全市开展阅读服务进校园活动，为未成年人提供专业的阅读指导和阅读实践，推动全民阅读，促进书香校园建设，实现校园阅读与终身阅读的完整融合。

（肖冰清）

【“坚定跟党走　奋进新征程”主题原创编排微党课比赛】 2022年10月18日，丁字湾街道开展“坚定跟党走　奋进新征程”主题原创编排微党课比赛。参赛队伍从本土红色资源、人居环境整治、乡村振兴等方面着手，结合中共二十大报告精神学习感悟和基层工作实际，分别以情景演绎、说唱小品、主题演讲等形式展示《跨越时空的对话》《我爱你，同志》《初心不忘，人民至上》等8堂微党课。把微党课优秀作品搬下舞台走向各支部、各村（社区）屋场会进行巡演，推动新时代基层党员干部主题教育培训走深走实。（肖冰清）

【“就认这个理·声声在望”宣讲会暨“两新”党组织学习培训】 2022年11月20日，丁字湾街道在湾田商贸物流园组织开展“就认这个理·声声在望”宣讲会暨“两新”党组织学习培训，区委宣传部、区委“两新”工委、丁字湾街道党政领导以及丁字湾街道“两新”党组织书记、湾田特邀党员商户、丁字湾街道党政综合办、基层党建办成员、丁字湾街道2022年比选招录村级后备力量、各村（社区）宣传专干、湾田商贸物流园党建专干100余人参加。区委宣讲团成员、宣传部常务副部长贺艺以《坚定践行“三个务必”团结奋斗干事业》为题进行中共二十大精神宣讲，讲理论、讲体会、讲举措，让中共二十大精神“声”入人心。丁字湾街道结合宣传贯彻中共二十大精神“八项学习”行动方案，坚持在全面学习、全面把握、全面落实上下功夫，多形式、多学时组织党员干部群众学习贯彻中共二十大精神。汇聚党员干部、驻村帮扶工作队力量，发挥好“传声筒”“扬声器”作用，让党的“好声音”在丁字大地上广泛传播，推动中共二十大精神在丁字湾落地生根、开花结果。（肖冰清）

【“合在丁字·共创新城”党建引领基层治理主题活动】 2022年12月18日，丁字湾街道“合在丁字·共创新城”党建引领基层治理主题活动总结表彰大会在中南林业科技大学涉外学院报告厅举行。区政协、区委组织部、区住房和城乡建设局、区妇联、区城发集团、区委宣传部、区派街道党建指导员、中南林业科技大学涉外学院、香炉洲大桥湖南路桥项目部、香炉洲大桥中交二航项目部等单位领导出席参加。活动对“最佳微党校、最佳党课、最佳学习型党组织”等合心团结、“最合力村（居）民团体、最合力企业团体、最合力村（社区）班子、最合力机关办（线）、最合力驻街站所、最合力志愿服务团队”等合力奋进、“最佳合创城市管理示范点、最佳合创宜居屋场示范片、最佳合创建设项目、最佳合创稳岗就业单位”等合创家园的16个单位或团体进行表彰。2022年，丁字湾街道从“合力量”方面入手，开展“合在丁字·共创新城”主题活动，奏响“合心团结”“合力奋进”“合创家园”三部曲。抓实街道“1+7”基层党校运营，建成3个红色之家，开发打造5堂精品党课、8堂微党课，持续开展“丁字三问”主题讨论；推动党员常态化联系服务群众，承诺践诺904条，认领“微心愿”70个，帮扶困境家庭105个，推动解决企业燃眉问题15个，完成区域化党建共建项目68个；打造十个城市管理示范点，创建百座美丽庭院，成立千人志愿团队，指导辖区1万余人就业，谱写出党群同心、团结奋斗、共建共享的新篇章。（肖冰清）

铜官街道

【概况】 铜官街道位于长沙城北、湘江东畔。2022年，铜官街道辖誓港社区、高岭社区、袁家湖社区、铜官街社区、潭洲社区5个社区，花实村、华城村、万星村、彩陶源村、何桥村、郭亮村、书堂山村、中山村、石渚湖村9个行政村，423个居（村）民小组，总面积90.3平方千米，耕地面积2063.38公顷。截至2022年年底，中共铜官街道委员会设党支部64个，设党小组79个，有党员1792名。年末，辖区户籍总人口49092人，15726户，男性24362人，女性24730人，全年出生人口262人，死亡人口443人，人口出生率5.3‰，自然增长率-3.7‰，有百岁老人1人（102岁），系袁家湖社区谭运华。域内有初级中学2所，小学5所。2022年获湖南省乡村旅游重点镇，长沙市乡村文化与产业融合发展先进单位，长沙市信访工作“三无”街镇，全区新时代创新实干、担当有为“五好”领导班子，征拆安置、招商引资“双先进”单位，巩固拓展脱贫攻坚成果同乡村振兴有效衔接和服务园区先进街镇等称号。2022年，铜官街道财政总收入1.3亿元，比2021年增长1%。新增规模工业2家，实现规模工业总产值26亿元，新增“四上”企业5家。固定资产投资1.8亿元。金融机构存款余额25亿元，比2021年增长8%。限额以上社会消费品零售总额1.95亿元。全年地方债务全部化解到位。居民人均可支配收入5.36万元，比2021年增长5.8%。（彭鑫帅）

【基层党建】 2022年，铜官街道打造“新铜官夜校”党建培训品牌，累计开展学习培训6次，助力500人次党员干部“充电赋能”。组织外出观摩海归小镇、香炉洲大桥、党建及乡村振兴示范点，开阔视野拓展工作思路。成立“两新”综合党委，开展“两新”党组织组建攻坚行动，新建14个“两新”党组织，辖区89家企业实现84家党组织覆盖，覆盖率94.38%。开展“‘铜’是雷锋家乡人”主题志愿活动，在自建房安全整治、景区服务和困难帮扶中发挥党员示范作用。以“敲门行动”助力基层治理，“热线+网格、吹哨+报到”取得实效。创设铜官街道教育基金，表彰资助优秀教师、学生，助力本土学子成长成才。开展“大美铜官·幸福之旅”书记工程，以“四个一”系列工作为主线，狠抓队伍建设，凝心聚力，推进铜官各项事业发展。将支部建在项目上、把党旗插在阵地上，在美丽宜居村庄建设、森林防灭火、防汛抗旱等工作中，成立临时党支部调动党员骨干力量，推进各项工作达标见效。（彭鑫帅）

【项目建设】 2022年，铜官街道实施征地项目12个，完成腾地38.53公顷，腾地率走在全区前列。攻坚项目扫尾，推进司法腾地，攻克遗留10余年的余氏兄弟征收难题，保障白杨路及永衫锂业项目顺利推进。老旧小区改造、丰盛苑管网修复、铜官嘉苑雨污分流、公厕建设等重点市政工程有序推进。公租房三期、欧阳询文化园环境整治及道路改造工程完成验收。X173道路、铜官古街、城湘大道绿化景观等提质改造项目以及古镇农村区域、石渚河流域水生态等环境整治项目全面完成，为首届市旅发大会顺利举办提供保障。（彭鑫帅）

【社会治理】 2022年，铜官街道推行城管数字化管理，实现市、区数字平台下发案卷410宗全部清零并结案。全年签收“热线+网格、吹哨+报到”工单748条，办结718条（30条未到办理时限），满意率96.3%。“雷锋哨”采集上报180条，其中需街道处理的哨单155条全部处置到位，办结率100%。开展安全生产专项整治三年行动，检查企业120余次，督促整改185条，对15家违法违章企业进行立案处罚，实现安全生产“零事故”。压实“五包一”责任，对72名重点对象进行重点稳控和困难帮扶，推进积案纠纷化解。森林防灭火常抓不懈，全年召开工作会议14次，发放宣传资料16690份，悬挂宣传横幅100条。开展燃气安全检查，加大对辖区内液化气行业的检查力度和安全生产监管，确保燃气行业安全稳定。开展地质灾害排查、治理，建立个点撤离预案，组织力量进行全覆盖的初步防治措施，落实好高发时段24小时值班制，确保群众生命财产安全。开展自建房大排查大整治“百日攻坚”专项行动，成立“四性”（建设合法合规性、结构安全性、消防安全性、经营安全性）专项整治工作专班，推进居民自建房安全隐患整治工作。累计排查居民自建房11660栋，完成隐患房屋整改1179栋，拆除隐患房屋119栋。推出“四原重建”（原址、原面积、原高度、原使用性质）、“留证排危”（危房拆除前通过确权、测绘、公证、归档保全权属证据）

等做法，解决整治过程中群众反映集中、强烈的住房问题和手续问题，得到市、区肯定和推介。（彭鑫帅）

【民生福祉】 2022年，铜官街道城镇新增就业721人，困难人员再就业251人，城乡居民养老保险参保8712人，办结民生事项850余件，实现城乡居民养老、医疗保险全覆盖。推动教育助学，全年资助220人次。关注弱势群体需求，完成80户残疾人家庭无障碍改造任务，为280名残疾人进行免费体检。加大教育投入，成立铜官街道教育基金，首期募集捐赠资金100万余元。开展“铜心筑梦”奖优助学计划，近200名优秀教师、学子受到表彰，奖励资金超30万元。

（彭鑫帅）

2022年6月28日，铜官街道“青春心向党 奋进正当时”学习观摩活动在海归小镇开展（彭鑫帅 摄）

【“青春心向党 奋进正当时”青年学习观摩活动】 2022年6月28日，铜官街道组织青年干部到香炉洲大桥项目指挥部、大泽湖海归小镇展示中心等地开展学习观摩活动，召开“奋斗正当时 青春勇担当”青年座谈会。铜官青年干部结合实地调研情况和自身工作实际，畅谈感悟体会，纷纷表示要立足岗位、提升本领，干在实处、走在前列，为全力推动铜官高质量发展贡献青春力量。

（彭鑫帅）

【首届瓜果采摘文化节】 2022年7月24日，铜官街道举办“四季果园瓜果香 五美中山邀您来”首届瓜果采摘文化节。近年来，铜官街道中山村采用“旅游＋果蔬采摘＋水产品尝”模式，流转土地266.67公顷，引进舒记果园、山丘蓝莓、睿宇农业、风向农业的“荷花虾”、博庠农业的研学游等产业，进一步丰富乡村旅游业态和农副产品供给，走出一条特色鲜明的乡村振兴之路。产业发展带动群众致富，随着蔬菜、水果、水产等各项产值连年增长，当地的群众也吃上“产业饭”，村民人均纯收入由2007年的1.2万元增加到4.2万元。

（彭鑫帅）

【铜官街道教育基金成立】 2022年7月28日，铜官街道“‘铜’心筑梦 共创未来”教育基金成立大会暨奖优助学启动仪式启动。望城区人民政府副区长黄金国、蔡哲，望城区教育基金党组书记张红元等出席仪式。首期募集捐赠资金100万余元。开展2022年度“‘铜’心筑梦”奖优助学计划，近200名优秀教师、学子受到表彰，奖励资金超30万元。（彭鑫帅）

【“四原重建”助推自建房安全整治】 2022年，铜官街道为消除安全隐患，推进自建房安全整治，创新性提出“四原重建”措施，鼓励C、D级危房户主按照“原址、原面积、原高度、原使用性质”（以下简称“四原”）进行重建。首批有123户提出重建申请，截至2022年年底，104户完成主体建设，75户达到验收标准。街道工作人员为首批验收合格的重建户送证上门，为群众送上“特别”的祝福，危居变新居、暖心更安心。（彭鑫帅）

【“寻找最美铜官镜头”摄影作品征集活动】 2022年11月17日至12月10日，铜官街道党工委、办事处举办的“寻找最美铜官镜头”摄影作品征集上线。活动旨在以文艺创作记录文旅融合和乡村振兴成就，定格铜官人民的奋斗身影，展示新征程下铜官的发展新风貌。此次征集活动共收到来自社会各界人士的200余幅作品，经过组委会初选、网络投票集中评审等层层筛选，共评出一等奖2名、二等奖5名、三等奖7名。

（彭鑫帅）

【“陶城青年说·红色铜官”系列活动】 2022年12月，铜官街道借助“就认这个理·声声在望”系列活动，搭建“陶城青年说·红色铜官”宣讲平台，旨在用好红色资源，传承红色基因，赓续红色血脉，打造一支青年宣讲员队伍，推动中共二十大精神在基层落实。该宣讲活动聚焦郭亮文化园、中共湖南省委旧址、袁仲贤故居等红色景点，以铜官青年的视角讲述窑火陶城的独特魅力。

（彭鑫帅）

高塘岭街道

【概况】 2022年，长沙市望城区高塘岭街道下辖望府路、雷锋路、斑马湖、西塘街、高塘岭、东湖路、白芙塘、白马巷、湘陵、中南、航运11个城市社区，莲湖、高塘、新康3个农村社区，裕农、胜利、沱市、新河、新阳、六合围、湘江、月圆、名盛9个行政村，总面积69.07平方千米。中共长沙市望城区高塘岭街道工作委员会下辖党组织148个，其中党总支25个，党支部123个，有党小组168个，党员3714名。年末，辖区有常住人口14.5万人，户籍人口2.79万户86984人，其中男性43559人、女性43425人。街道获评“2022年湖南省文明单位”“长沙市第七次全国人口普查先进集体”、2022年度长沙市“百岁健康”示范创建街镇等称号。全年财税总收入18.18亿元，比2021年增长52.9%；规模工业总产值13.95亿元；固定资产投资7.9亿元；其他营利性服务业营收28.7亿元，比2021年增长97.9%；新增“四上”企业14家，财政“四上”企业16家。（潘 盼）

【基层党建】 2022年，高塘岭街道以党建统揽全局，推进“书记工程”，以“四联工作”法（联党总支、联支部、联党小组、联群众户）和“闪亮工程”（党员联系群众“敲门行动”、党员亮身份包楼栋、树立党员标杆）为抓手，3600余名党员下沉到各网格亮身份、当先锋、作表率，参与自建房安全排查、文明创建等工作。围绕止“四风”问题变异回潮、自建房隐患整治等工作开展监督。街道纪工委累计发出督查通报20份，提醒函9份，对41人提醒谈话，9人警示谈话，3人通报批评，营造风清气正的工作氛围。湘江村“党建引领 服务提升”集体经济案例在“学习强国”学习平台推介，湘陵社区“红色管家”参选市级精品党课评选，中南社区“六邻工作法”（党建引领惠邻、以文化人聚邻、志愿服务助邻、多彩活动悦邻、规范议事睦邻、多元共治安邻）、月圆村“党建引领 院士农业”、望府路社区“望府红盟汇”及东湖路社区“党员包楼栋”工作方法获红星网、长沙党建等省、市重要媒体宣传报道。（潘 盼）

【城市建设】 2022年，高塘岭街道全年规范门店经营行为900余起，查处流动摊贩占道经营600余起，拆除一店多牌、破损、有安全隐患的门店招牌200余块。开展项目工地专项整治行动30余次，常态巡查210余次。累计办理“蓝天保卫战”相关案件123件，罚款41.14万元。街道交办村（社区）环境卫生乱象、垃圾分类问题4800余起，开展集中清扫1100余场，人居环境整体水平提升。街道狠抓“三市一街”（红旺大市场、莲湖农贸市场、文源商贸城市场、望城步行街）、主城区城市社区、主干道等关键环节综合整治，获评湖南省文明单位。维护市容市貌，加大违法建设拆除力度，确立“六个一”日常巡查标准，下达责令整改文书180份，组织大型拆违行动56次，拆除违建324处，拆除违建面积42592平方米。（潘 盼）

【乡村振兴】 2022年，高塘岭街道按照生态美、村庄美、产业美、生活美、风尚美“五美”要求，发动村民参与，创建美丽宜居村庄13个，其中湘江村谭落湖、同心园获评“长沙市精品示范型美丽宜居村庄”。推动水环境保护工作，压实村级河长巡河、护河主体责任，六合围村伍家塘创建“长沙市小微水体示范片区”。2022年，街道所属村（社区）集体经济总收入1090.03万元，其中经营性收入总计251.14万元。年总收入50万元以上且经营性收入10万元以上的村（社区）有6个。水稻种植面积3510.3公顷，产量2.4万吨，比2021年增长20.51%；蔬菜种植面积2714.9公顷，产量7.88万吨，比2021年增长6.11%；瓜果种植面积75.13公顷，产量696吨，比2021年增长10%，实现农作物稳产增产目标任务。（潘 盼）

【社会治理】 2022年，高塘岭街道推进自建房安全整治工作，聘请46名中级以上（含）工程师提供专业技术支持，累计排查自建房1.3万余栋，完成一般安全隐患整改869处，较大安全隐患整改246处，严重安全隐患整改130处，拆除房屋180处。常态化开展安全生产专项整治行动，全年未发生安全生产和食品安全责任事故。实行“首接责任制”，采取领导包案化解、以上率下带动、每月专案通报、难案统筹协调、跟踪督办推动的工作模式，畅通信访渠道，对信访案件建立台账实行销号管理，化解信访积案6件。（潘 盼）

【民生福祉】 2022年，高塘岭街道处理劳动维权投诉案件134件，销案102起，为685名劳动者解决被拖欠的工资1362万余元，望府路社区党总支书记王甜佳为民讨薪的事迹获群众广泛点赞。脱贫劳动力转移就业307人，提供“311”（每年开展3次岗位信息推送、1次职业培训推荐和1次职业指导）服务9547人，帮助失业人员实现再就业1919人。退役军人服务保障体系建设提质增效，获评长沙市“五优”退役军人服务站。聚焦“一老一小”，坚持需求导向，发挥社会组织和社工作用，获评长沙市“百岁健康”示范创建街镇。白芙塘社区宝粮路以北区域、中南社区获评长沙市第一批AA型“绿色完整”居住社区。将“12345”政务热线、网格化管理和“街镇吹哨、部门报到”三项中心工作一体化运行，加强网格员巡查走访，积极采集“哨源”，街道“雷锋哨”采集哨单5128件，双推送响应率100%，结案率100%，每月热线工作群众满意率均在98%以上。政务服务完成即办件58734件，解决小区垃圾场、路口基础设施维修等100余个民生难题，以“微实事”撬动“大民生”，满意率100%。（潘 盼）

【城市社区基层党建观摩活动】 2022年6月26日，高塘岭街道举办“结对联建夯基础 发展联动促提升”城市社区基层党建观摩活动，街道全体党政班子成员、办线主任、村（社区）党总支书记、部分领上青年学堂学员共计百余人参加观摩活动。活动采取“讲评结合、

2022 年 9 月 12 日，第二十四届中国科协年会“院士专家科技志愿服务基层行”走进望城水稻产业活动在高塘岭街道举行　（区融媒体中心 供图）

登台打擂、现场打分”的方式，各城市社区书记脱稿述职，讲工作、讲思路、讲亮点、讲成效、讲不足，全方位展示基层党建工作成果。通过业务交叉互评的形式，提升干部党建业务能力，促进城乡融合发展。（潘 盼）

【高塘岭社区第一届趣味运动会】 2022 年 5 月 26 日，高塘岭街道高塘岭社区主办“凝心聚力岭上红，共驻共建展风采”第一届社区趣味运动会，来自辖区的 7 家区域化党建共建单位，70 余名运动员参加。活动伊始，高塘岭社区共驻共建单位——望城区新华书店为社区捐赠书籍，为辖区居民送上文化大餐。“党建我来答”环节队员们在接力过程中回答设置的党建问题，重温党建知识；在“党建我知晓”比赛中，队员们齐步奔向终点，观看党建知识视频答题，高塘岭社区的岭上红队伍以优异的成绩获第一名。（潘 盼）

【“院士专家科技志愿服务基层行”走进望城水稻产业活动】 2022 年 9 月 12 日，第二十四届中国科协年会“院士专家科技志愿服务基层行”走进望城水稻产业活动在高塘岭街道举行。湖南省农业科学院党委书记、中国工程院院士柏连阳，湖南省农业科学院副院长、湖南杂交水稻研究中心党委书记许靖波等专家领导参加。院士柏连阳以《创新水稻绿色生产技术支撑洞庭湘米产业振兴》为题，从时代背景与挑战、绿色技术与创新、集成示范与成效三大方面，为农业技术人员、种粮大户等集中授课。专家团队实地察看镉低积累水稻新品种长势情况，品尝该品种水稻的米饭，现场为种粮大户解疑释惑，传授种植经验。月圆村的低镉水稻新品种试验示范区面积约 10.6 公顷，亩产超 400 千克，稻谷镉含量 0.04 毫克 / 千克，低于 0.2 毫克 / 千克的国家标准。供试品种包含早稻、中稻和晚稻，具有香喷、糯软、油亮等特点。（潘 盼）

乌山街道

【概况】 2022 年，乌山街道行政区划面积 97.7 平方千米。下辖黄花岭、金树、双丰、维梓、八曲河、团山湖、乌山、龙王岭、双兴、原佳、高冲 11 个建制村，徐家桥、旺旺路、喻家坡、仁和 4 个社区。耕地面积 5200 公顷，其中水田 2400 公顷，旱地 800 公顷。截至 2022 年年底，中共乌山街道委员会设 21 个一级党（总）支部，设党小组 107 个，有党员 2414 名。年末，辖区总人口 61720 人 1.89 万户，男性 30850 人，女性 30870 人，全年出生人口 430 人，死亡人口 1120 人，人口出生率 6.96‰，自然增长率 -1.11%。域内有小学 7 所（含 1 所 9 年制学校），初中 2 所，高中 1 所，高校 2 所。2022 年乌山街道财政所被授予省级“示范财政所”称号，沩水乌山段创建成为全省“美丽河湖”，团山湖村创建成为“水美湘村”项目省级试点，金树村获评“湖南省美丽乡村示范村”。“团山湖水经济”“金树牛经济”“八曲河新农人经济”等一批乡村产业品牌获《大众日报》、湖南经视、《长沙晚报》、长沙新闻等省、市内外媒体推介。2022 年，乌山街道固定资产投资 3.612 亿元；社会消费品零售额 1.14 亿元；服务业营业收入 2.67 亿元；街道累计财税入库 1.55 亿元；规模工业产值 9.55 亿元，比 2021 年增长 6.21%；“四上”企业入库 3 家，财税“四上”企业入库 5 家，贡献率保持在全区前列。（刘 顺）

【基层党建】 2022 年，乌山街道坚持“第一议题”，筹备“乌山组工学堂”、健全“乌山红·金种子”基层宣讲品牌，持续巩固党史学习教育成果，健全理论学习中心组和常态化学习机制，谋划“七一”“喜迎中共二十大”“光荣在党五十周年”“学习宣传贯彻中共二十大精神”等主题系列活动，通过“班子讲党课”、基层宣讲、屋场夜谈等方式，开展为民办实事 550 场次。结合“党建聚合力”工程、党员“闪亮工程”，实施基层党建“书记工程·三大一谋”（大走访、大学习、大治理，谋发展）大走访、稳大局活动，探索扩大“党员联户权益微积分公益服务点”范围，打造金树、喻家坡 2 个雷锋驿站和旺旺路社区“党建引领无人小区治理楼栋”案例。常态化推进“两新”组织党建摸排和组织建设“双同步”工作，组建非公有制企业党组织 19 个，企业党组织覆盖率 100%。落实意识形态工作责任制和党管统战民宗武装工作，依托新文明实践所、站等阵地资源，开展习近平新时代中国特色社会主义思想和中共二十大精神宣讲395场次。履行党风廉政建设责任制，以清单式任务分解夯实“两个责任”，党政联席会议专题研究安排部署党风廉政建设和反腐败工作12次，围绕自建房安全等重点工作落实情况开展专项督查66次，问题全部整改落实到位；完善全面从严治党的责任体系，党史学习教育专题民主生活会42个意见建议整改到位，三届区委第一轮巡察反馈给街道的6个方面24个主要问题52个具体问题全部整改到位。结合街道项目征拆、“三资”管理等重点领域，落实全区关于“强省会 勇担当 走前列”作风建设年要求，开展全街道党员干部党风廉政警示教育培训，严查群众身边的腐败行为，立案2件，结案2件，运用“四种形态”处理42人次，严肃纪律作风，保证全街道风清气正。

（刘　顺）

【项目建设】 2022年，乌山街道以“两个保证三个严禁四个一律”（保证绝不让先签约者吃亏、保证绝不让后签约者不当得利；严禁以群众的无理诉求倒逼套用政策，严禁乱开政策口子，严禁沿用陈规旧俗、潜规则推进工作；一律不准私自表态，一律不准现场表态，一律联合审议，一律公示公开）的要求，推进“三拆”（违建拆除、协助拆除、司法拆除）行动，破解多个扫尾项目难题。保障新铺排征拆项目有序高速推进，全年“四清交地”（清零、清表、清障、清算）115.33公顷；其中，智能制造二三期等9个新铺排项目签约133户，智能制造板块实现15天内快速签约清零及“四清交地”70公顷，服务全区重点项目建设。落实“河长制”“林长制”“田长制”等要求，统筹秋冬修水利建设、标准农田建设，保障粮食生产安全，冬修水利、农田建设等创新经验获《湖南日报》重点推介。推进河流综合治理，沩水乌山段创建成全省“美丽河湖”、团山湖村创建成“水美湘村”项目省级试点，辖区防洪能力进一步提升，确保堤固、水清、岸绿、林美。乌山河湖水利治理获中央电视台、人民网重点报道，“水美湘村”建设经验成为全省现场观摩点。（刘　顺）

【乡村振兴】 2022年，乌山街道开展“五零”（治安零发案、群众零上访、安全零事故、建设零违章、污染零排放）街镇、村（社区）建设，推进乡村振兴各项工程，守住不发生规模性返贫底线。深化“一村一策”，启动10个“达标型”“示范型”美丽宜居村庄建设并通过验收，7个村村级集体经济年收入50万元以上。其中，金树村获评“湖南省美丽乡村示范村”，“团山湖水经济”“金树牛经济”“八曲河新农人经济”等一批乡村产业品牌获《大众日报》、湖南经视、《长沙晚报》、长沙新闻等省、市内外媒体推介，“拾光农场”建成运营并用于“团山湖雷锋精神教育实践体验基地”开展研学实践教学。不断完善基础设施，为推进乡村振兴、农民共同富裕提供保障。

（刘　顺）

【社会治理】 2022年，乌山街道持续开展平安建设、反邪教行动，打击电信网络诈骗、“黄赌毒”、非法集资等违法犯罪行为，发放宣传资料1万余份、教育引导群众3万余人。全力攻坚矛盾纠纷化解332宗，调解成功率99%，推进信访工作，接收或登记各类信访案件56人次。结合“双百”攻坚专项整治行动，在建筑工地、消防安全、危险化学品、交通安全、烟花爆竹等重点行业领域开展180批次集中专项整治，检查隐患单位264家，整改隐患96个。开展自建房安全专项整治工作，对隐患房屋全部入户排查并建立台账，排查房屋13249栋，其中，“三关、三零”（“零死角”把好责任落实关、“零遗漏”把好隐患治理关、“零距离”把好安全教育关）、“六个统一”（统一规划设计、统一手续报批、统一施工建设、统一施工管理、统一组织验收、统一执法监督）等经验做法获湖南卫视、湖南都市、长沙新闻等省、市媒体推介；开展燃气专项整治、安全“敲门行动”，实施挂牌整治，全覆盖开展安全用气专项检查，全年开展14家液化气三级供应站、200余户餐饮场所安全巡查、检查，未发生安全问题。开展“法治文化宣传”到学校、村（社区）活动15场次，现场解答群众咨询1000余人。统筹做好扫黑除恶、食品安全、校园安全、防范溺水安全、森林防火安全等工作。（刘　顺）

2022年4月，沩水乌山段入选湖南省“美丽河湖”　　（区融媒体中心 供图）

【民生福祉】 2022年，乌山街道抓牢底线民生保障，发放助弱帮困等社会救济金、优抚补助金、重残低保慰问金近2814.37万元，发放惠民惠农资金1381.80万元，发放被征地农民失地保障补贴658.56万元，落实优待城市特困帮扶资金4.4万元，帮扶退役军人就业，居家养老服务中心、儿童之家、村（社区）文化服务中心建设覆盖率90%以上，城市社区养老服务设施配建率、养老金发放率、城乡居民基本医疗保险参保率等基本覆盖，开展“311”（每年至少推荐3次岗位信息，进行1次职业指导，举办1次免费技能培训）就业服务5071次，链接社会公益性服务项目、活动及资源40场次，关爱慰问残疾人、计划生育特殊家庭等弱势群体，社会福祉惠及更广泛群众。推动党建引领“热线+网格、吹哨+报到”机制，发挥“四级网格”力量作用，打造旺旺路社区、八曲河村等7个“雷锋哨”示范点，连续3个季度“12345”工单、“雷锋哨”满意率名列全区街镇第一。推进移风易俗、“金种子行动”学雷锋志愿服务等活动530余次，建成志愿者“15分钟村社服务圈”，黄花岭村学雷锋志愿服务获湖南经视重点报道。政务服务“一门式”（便捷一次性办理）全覆盖、文化惠民、乡村医疗、居家养老服务圈、职业培训、退役军人服务等政策落地见效。推进化解亿达智造小镇、郭亮南路扩征等征拆历史遗留问题15个，解决群众关注的长益复线重建地等农安小区的建设进度、设施配套完成率等民生堵点，启动创业富民园五期重建地、乌山村组级道路等工程建设，为群众营造舒适整洁的生活环境。（刘 顺）

【乌山街道文艺会演助力网络安全知识宣传】 2022年9月6日，乌山街道联合喻家坡社区党总支、新时代文明实践站举办以“网络安全为人民 网络安全靠人民”为主题的网络安全宣传周文艺演出。向观众呈现《装疯吵架》《坐宫》《不要理会》《温柔的骗局》等主旋律歌舞和传统戏剧节目。节目设置紧跟时代潮流，围绕网络安全、电信诈骗等进行创作，并以幽默风趣的语言风格，寓教于乐的方式向民众科普网络安全、防范电信诈骗知识和互联网安全知识，倡导正确使用网络。喻家坡社区雷锋志愿者现场向居民派发网络安全宣传等资料400余份，通过咨询答疑等方式向在场群众宣传网络安全知识，引导群众安装、注册“国家反诈中心”App，提高辖区群众网络安全意识和防护技能。（刘 顺）

【乌山街道财政所获省级“示范财政所”称号】 2022年，乌山街道根据湖南省财政厅《关于“十四五”时期开展乡镇财政所建设工作的通知》，按照“固本强基，提升水平”的原则，围绕提高财政资金监管水平、夯实财政基础管理、完善财政管理制度、规范业务操作流程、强化人员素质、提升财政服务效能等方面，开展“示范财政所”创建工作。乌山街道财政所通过取长补短，提升创建质量；建章立制，规范理财行为；创新模式，加强资金监管；转变作风，提高服务能力；完善设施，提标创建水平等举措，对标对表、逐一提升，经区级评估、市级推荐、省级审核，被授予省级“示范财政所”称号。（刘 顺）

金山桥街道

【概况】 2022年，金山桥街道总面积24.07平方千米，居住人口近15万人。街道辖3个农村社区（金山桥、金坪、桐林坳）和4个城市社区（黄金、观音湖、金沙、谷丰）。中共金山桥街道委员会下设8个党总支，50个党支部，党员1060人。年末，辖区户籍总人口30946人1.18万户，男性14627人，女性16319人，全年出生人口714人，死亡人口136人，人口出生率0.23‰，自然增长率0.19‰，无百岁老人，年平均气温17℃，年降水量887.6毫米，无灾害情况。域内有大学1所，初级中学2所，小学5所。2022年，金山桥街道财政总收入约6.5亿元，规上工业总产值2.04亿元，社会消费品零售总额4248万元，固定资产投资1.59亿元，其他营利性服务业营业收入2.41亿元。（张 谦）

【基层党建】 2022年，金山桥街道做实“党建+微网格”，打造党建特色品牌。推进“党员包楼栋”微网格建设，通过敲门查找、活动吸引、大数据筛查、小程序接收等方式，摸清小区党员的底数，收集掌握住户家庭的家庭情况、存在的困难、意见建议等信息，做到“不漏一栋、不落一户、不少一人”，以小区楼栋为单位划分联户网格，按照“就近便利、责任到人”的原则，明确党员进行包栋服务，将工作职能植入网格、服务项目融入网格，推进民主议事、参与小区治理，工作成效获《湖南日报》等主流媒体推介。（张 谦）

【城市建设】 2022年，金山桥街道以项目建设推动片区发展。完成黄金河田园休闲产业园一期、东高架匝道（南线）补征、铁路配套设施建设用地等各类项目4个，腾地20余公顷。执行政策零折扣、服务零距离、生产零干扰、处理问题零缺位的“四零”标准，班子成员带头主动服务，及时调处在建项目发展、建设中的问题困难，确保项目顺利施工建设。（张 谦）

【社会治理】 2022年，金山桥街道投入使用的7个雷锋驿站为辖区居民提供42项“帮代办”服务，30余项公共服务事项实现“就近办”“自助办”，397个网格1800个雷锋哨及时为群众排忧解难，政务热线满意率98%。建立农民工工资协调机制，督促超1800万元民工工资发放到位。（张 谦）

【民生福祉】 2022年，金山桥街道原77户建档立卡户全部稳定脱贫，2000余名失业人员获职业技能培训帮扶，163名困难和失能人员得到兜底保障，

1500余名拆迁群众享受城镇职工社保。提质提档7个老旧和农安小区，完成观音岩水库片区污水整治工程、胜利重建地污水治理工程等3个民生工程，街道卫生院完成建设、搬迁并投入运营。

（张 谦）

【首届“居枢纽核心 享幸福生活”购房节】 2022年3月12日，金山桥街道在长沙市一中金山桥学校举办“国际范长沙味”望城促消费活动、金山桥街道首届“居枢纽核心 享幸福生活”购房节活动，吸引1000余名群众参与，星河湾、碧桂园·御园、中交凤鸣九章、大汉·汉府、芝林药业、华城置业、春晖花园等房产企业携精品楼盘参会。

（张 谦）

【城市社区公共服务中心揭牌】 2022年11月3日、10日，金山桥街道两个城市社区——谷丰社区、金沙社区分别举行社区公共服务中心揭牌仪式，街道全体班子成员参加揭牌仪式。两个社区公共服务中心分别设立“一站式”便民服务大厅、党史文化长廊、党群谈心室、红色微家工作室、退役军人之家以及文化活动室，向广大居民群众、企事业单位提供全方位、多元化的社区服务。

（张 谦）

【金山桥街道纳入湖南湘江新区优化管理体制改革】 2022年6月25日，推进优化湖南湘江新区管理体制工作部署大会在梅溪湖大剧院召开，金山桥街道纳入湖南湘江新区优化管理体制改革，由湖南湘江新区管理委员会直接管理辖区内所有社会事务。 （张 谦）

黄金园街道

【概况】 2022年，黄金园街道辖金联1个社区，桂芳、黄金园、英雄岭3个行政村，137个居（村）民小组，总面积27.43平方千米。耕地总面积529.5公顷，其中水田506.94公顷，旱地22.56公顷。2022年7月，街道由湘江新区托管。截至2022年年底，中共黄金园街道党工委设党支部21个，设党小组23个，有党员658名。坐拥乌山省级森林公园333.33公顷“城市绿心”，有楼盘7个，其中限价商品房小区3个，商业住宅楼盘4个。形成涵盖商业、房地产开发、电商、研学等综合业态的大汉金桥商圈。年末，辖区户籍总人口1.55万人，4274户，常住人口5.2万人，户籍人口中男性7593人，女性7835人，全年出生人口129人，死亡人口104人。年平均气温17℃，年降水量1370毫米，无灾害情况。域内有初级中学3所，小学2所，幼儿园4所，民办职业专科学校3所，培训学校15所。2022年，黄金园街道实现规模工业总产值4.92亿元，税收收入3993万元，其他营利性收入4454.9万元，固定资产投资17551万元，社会消费品零售总额4600万元。2022年注册公司799家，注册个体户752家。无地方债务。

（吴星宇）

【基层党建】 2022年，黄金园街道党工委理论学习中心组开展集中学习活动13次，举办中共二十大精神宣讲活动25场。组织“廉洁故事汇”，开展街村（社）两级工作规范化、实效化观摩考评和“三心五要七有型”（三心：爱心、耐心、进取心；五要：工作要深入、作风要务实、配合要默契、标准要提高、节奏要加快；七有：有正气、有激情、有办法、有担当、有敬畏、有毅力、有效率）优秀集体和优秀干部评选。落实民主集中制，推进清廉建设，党工委每月组织召开机关干部大会，传达上级精神、通报典型案例，2022年召开10次专题会议研究部署相关工作，出台10余个规范文件，以“党建引领+”模式铺排19个重点项目，推动基层党建实效化。新建金联社区“快递外卖小哥红色之家”、桂芳佳园雷锋驿站。白马洲支部党员技能践诺点、桂芳重建地红色阵地、桂芳佳园红色物业等阵地。加强基层党组织建设，实施“淬锋闪亮点亮幸福”党建聚合力工程，设置矛盾调解等15类“淬锋党员先锋岗”，深化网格下沉，结合党员“五个到户”（党员联系到户、民情走访到户、政策落实到户、产业对接到户、精准服务到户）工作要求，推动党员在基层治理、城市提质、乡村振兴中发挥作用。

（吴星宇）

2022年11月，金山桥街道谷丰社区服务中心揭牌 （金山桥街道 供图）

【项目建设】 2022年，黄金园街道实施“六包一”（包前期工作、包拆迁协议签订、包拆迁房屋倒地、包指标去化、包拆迁户后续服务、包信访）工作责任制，以“保姆式”工作服务推进征拆项目交地工作，围绕高铁西站2025年开通运营目标，对征地拆迁和项目建设过程中存在的问题，形成任务清单，逐一销号完成。2022年铺征地拆迁项目5个，合计征地面积5.05公顷，拆迁户数1户，扫尾遗留任务7户，均完成征地拆迁补偿工作，全部腾地交付建设。把党支部建在征拆一线，邀请有威望的村民担任形象监督员，全过程监督，预防拆迁腐败，维护群众合法权益。发挥好属地堡垒作用，搭建联席会议制度，以“店小二”的态度服务好项目建设，维护好施工环境，切实做好城市化进程中的社会治理、物业管理、民生保障等基础性工作。在高铁西城整体规划布局基础上，主动对接，广泛听取社情民意，加快污水管网、电力、通信、自来水等保障性设施的规划布局，协调对接助推城市基础设施配套加速实施。推进民生工程，实施大塘冲水库处险、乌山森林公园安防和应急储水设施安装、桂芳佳园小区品质提升扫尾等工程，群众获得感得到提升。（吴星宇）

【社会治理】 2022年，黄金园街道以“‘360’幸福黄金园”品牌建设为主线，结合基层治理、城市管理、项目建设和乡村振兴等工作，引领各村（社区）出亮点，形成由“幸福帮帮团”“幸福好帮邻”“四多管家”“通达先锋”等志愿服务队伍矩阵，推动共治共享。依托城管数字化平台，对重点区域进行常态化整治，共处理平台交办案1098件，整治乱象1098次，执法办案已办结84起，罚款21.17万元。加强巡违控违，依法拆除违建66处，拆除面积15351.54平方米。深化网格治理，做好限价商品房小区品质提升工程扫尾工作；每月组织物业、业委会、楼栋长、“五老”乡贤招考联席会议，收集民情、解决问题，矛盾化解在前端。深化“党建＋网格”工作机制，街、村（社区）、小区、楼栋、志愿者联结联动，织密基层治理“一张网”，凝聚社会共治合力。在金桥商圈设置金联社区特殊营商窗口，开通“‘360’幸福热线”，推进“一门式”政务服务。定期举办“早餐会”，做实“三张清单”（需求清单、问题清单、资源清单），构建“亲清”政商关系，打造“极省”营商的黄金园样板，吸引更多优质企业入驻，提升高铁西城片区招商引资水平、知名度和影响力。（吴星宇）

【民生福祉】 2022年，黄金园街道划分四类网格，以党建引领网格微治理。开展矛盾纠纷隐患大排查大化解专项行动，共调处矛盾纠纷124起，涉及金额595.93万元，矛盾纠纷调处成功率100%。建设密度更高、设计更科学的便民服务驿站，打造“15分钟健康生活圈”。常态化开展免费职业培训，促进就业创业。持续颁发黄金园教育奖，铺排系列文艺惠民活动，丰富群众文化生活。桂芳村、黄金园村、英雄岭村村级集体经济年收入达标，超额完成年度考核50万元收入村1个。推进美丽屋场建设，打造英雄岭村同心美丽宜居村庄1处。推进防返贫监测工作，2022年对117户脱贫户和监测户加大结对帮扶力度，促进脱贫群众增收，全力推动巩固拓展脱贫攻坚成果同乡村振兴有效衔接。（吴星宇）

【黄金园街道自建房整治排查】 2022年，黄金园街道通过精细摸排、精准分类、挂图作战、分类施策、暖心服务，多措并举推进自建房整治工作，累计排查自建房2948栋，其中失地农民安置小区1个，共23户43栋。初判存在结构安全性隐患房屋162栋（其中重大结构安全隐患57栋、较大结构安全隐患38栋、一般结构安全隐患67栋）。拆除55栋，维修加固107栋，并进行安全鉴定，消除安全隐患，获全市自建房安全专项整治工作经验典型代表。（吴星宇）

【黄金园街道获全市平安建设红旗等次乡镇（街道）】 2022年，黄金园街道突出溯源，坚决抓安全工作。抽调街村（社区）干部联合相关职能部门，组建溯源治理工作站；划分四类网格，以党建引领网格微治理，抓实抓细维稳工作；聚焦重点行业、重点业态、重点领域，制定防汛、防涝、地灾“三张图”；党政领导带队，聘请第三方专业机构进行隐患排查；开展矛盾纠纷隐患大排查

2022年1月10日，黄金园街道“‘360’幸福黄金园”项目金联社区居家养老服务中心开业（黄金园街道 供图）

题，联合应急、消防、城管、公安、供电公司等相关部门对废旧市场内部安全生产、消防隐患、乱堆乱放、违章搭建及环境卫生等问题进行全面综合整治，对市场北向边坡存在垮塌风险的区域进行综合治理，并引进新物业公司对市场进行日常管理。（樊康林）

【大泽湖教育基金成立】 2022年6月23日，大泽湖街道设立“大泽湖教育基金”并举行捐资仪式。仪式上，爱心企业和爱心人士捐资近140万元。大泽湖教育基金的设立，有助于进一步提升街道办学质量，打造大泽湖教育品牌，办好群众家门口的优质教育，为望城教育事业高质量发展添砖加瓦。望城区教育基金会大泽湖教育基金分会遵循透明、公开的原则，面向公众募捐，属于公募基金会，主要用于帮困助学资助、优秀教育工作者奖励等。（樊康林）

【永通大道电力井及边坡垮塌问题治理】 2022年5月，暴雨导致大泽湖街道永通大道与星月路交会处边坡垮塌，给市民生产生活带来诸多不便。大泽湖街道第一时间采取应急措施，对垮塌现场进行封闭，但因垮塌位置旁有预留电力井，位置和情况十分复杂，且涉及责任部门较多，处理进展较慢。为尽快消除安全隐患，东马社区网格员吹响“雷锋哨”，街道审核上报后，由区社会治理中心组织多次现场会商和专门会议，明确由市政中心牵头，提出修缮方案，供电公司、街道等部门配合进行整治。得益于“吹哨报到”机制，各部门同向发力，各类技术和协调问题都能在区级层面得到解决，修缮工作在一个月内完成。（樊康林）

【欧美同学会海归小镇（长沙·智能制造）揭牌】 2022年9月12日，欧美同学会海归小镇（长沙·智能制造）揭牌仪式在望城区大泽湖街道举行。全国人大常委会副委员长、民盟中央主席、欧美同学会（中国留学人员联谊会）会长丁仲礼，省委副书记、省长毛伟明出席并共同揭牌。民盟中央副主席、欧美

2022年6月23日，大泽湖街道设立“大泽湖教育基金”并举行捐资仪式
（大泽湖街道 供图）

同学会（中国留学人员联谊会）副会长曹卫星，省委常委、市委书记吴桂英致辞。欧美同学会海归小镇（长沙·智能制造）是全国第一个运营启动的海归小镇，致力于打造国家重要先进制造业高地，以高端留学人才集聚为原动力，以智能制造为核心发展方向，着力为海归人才、高层次人才量身打造一座生态、智慧、活力、宜居、宜业的现代化新城。海归小镇按照“一镇辖两区”的总体思路，分别设泽湖先行区和大泽湖核心区两大片区，铺排基础设施配套项目33个、总投资151亿元，引进15个世界500强、上市公司、行业龙头项目和5642名留学归国人才。（樊康林）

月亮岛街道

【概况】 2022年，月亮岛街道辖戴公庙村、银星村、中华岭村3个行政村，月亮岛社区1个农村社区，杨丰社区、桑梓社区、金甲社区、黄狮岭社区、桃花井社区、天鹅塘社区、名都社区、黄都港社区、金瑞社区、七峰社区、星悦湖社区11个城市社区，135个村（居）民小组，59个楼盘。街道总面积22.77平方千米，耕地面积88.27公顷，其中基本农田49.07公顷。年平均气温18.6℃，年降水量1003.8毫米。截至2022年年底，中共长沙市望城区月亮岛街道工作委员会下设党总支16个，党支部98个，党小组40个，直管党员2169人。年末，户籍总人口80154人33926户，男性37473人，女性42681人，全年出生人口1753人，死亡人口179人，人口出生率2.19%，自然增长率1.96%。域内有初级中学5所，小学11所，公办幼儿园6所。辖区内金星路、潇湘北路、黄金路纵贯南北，普瑞路、月亮岛路、银星路横跨东西，有地铁4号线的4个站点，可直达高铁南站。2022年，月亮岛街道全年财政收入15.18亿元，其中基础税收5.5亿元、建安税收1.6亿元、房地产税收8.1亿元。新增税收“四上”企业9家，新增统计“四上”企业21家，其中商贸类企业12家，房地产业3家，建筑业5家，工业1家。全年工业产值4.1亿元，工业技改投资1.3亿元，固定资产投资4亿元，其他营利性服务业18.8亿元，内联引资24.9亿元，外贸进出口4.4亿元，社会消费品零售额17.1亿元。（李焕）

【基层党建】 2022年，月亮岛街道党工委开展理论学习中心组学习研讨8次，对辖区100余家发行、印刷、电影企业意识形态、消防安全等问题联合检查，发放党史学习教育类书籍2500余套；集中观看中共二十大开幕会，组织

大化解专项行动，调处矛盾纠纷124起，矛盾纠纷调处成功率100%；完善特护期维稳安保工作机制，完成所有特护期维稳工作，获全市平安建设红旗等次乡镇（街道）。（吴星宇）

【黄金园街道纳入湖南湘江新区管理】 2022年6月25日，推进优化湖南湘江新区管理体制工作部署大会在梅溪湖大剧院召开，黄金园街道作为托管街道纳入湖南湘江新区优化管理体制改革，由湖南湘江新区直接管理辖区内所有社会事务。（吴星宇）

白沙洲街道

【概况】 2022年，白沙洲街道辖同心园、响堂湾、赤岗路（筹）3个社区，黄田、腾飞、马桥河3个行政村。区域总面积25.44平方千米，其中耕地面积258.52公顷，林地面积226.67公顷。中共白沙洲街道委员会设党支部43个，设党小组28个，有党员854名。年末，辖区户籍总人口19322人，常住人口51925人，有谭爱胆、张凤英、王佑兴3位百岁老人。年平均气温16℃~19℃，年降水量1370毫米。域内有初级中学3所，小学1所。2022年，白沙洲街道获2022年长沙市加强基层治理优秀街道、长沙市信访工作“三无乡镇街道”标兵单位。2022年白沙洲街道完成财税收入1.09亿元，比2021年增长18.1%；完成规模工业产值6.4亿元，比2021年下降21.9%；固定资产投资额4.86亿元，比2021年增长84.8%；其他营利性服务业收入完成1.08亿元，比2021年增长20.49%；限额以上社会商品零售额完成1.37亿元，比2021年增长7%；实际利用内资7.7亿元，比2021年增长28.33%；新引进财税“四上”企业3家，完成引进税收收入423万元，引进规模以上商贸业企业2家、服务业企业1家。（曾馨）

【基层党建】 2022年，白沙洲街道社会治理赋能升级，打造“白水鉴心·聚沙成洲”书记工程品牌，“先锋向上”“崇德向善”“乐助向美”等文化在白沙洲落地生根，初步形成“蝶变佳园、潮涌腾飞、聚力同心、悦动响堂、善水黄田”等党建品牌矩阵。街道党工委组织开展村（社区）下设支部微项目创新大赛，推动支部实质化、规范化运行。推进阵地建设，新建雷锋驿站2个、党群服务中心2个，红色货车司机之家1个，打造一批基层党建示范点，其中腾飞村被评为基层党建示范村，黄田村第二党支部、同心园社区山水蓝天小区党支部被评为示范党支部。以“亮身份、勇担当、树形象”的标准规范党员行为，推进“闪亮工程”，373名农村党员联系2848户群众，搜集解决民情问题560个；500余名在职党员到社区“双报到双服务”（机关党员到居住地社区“报到”、机关党组织到结对村社“报到”），完成“共产党员户”挂牌及线下见面，成立楼栋功能型党小组35个，解决群众急难愁盼问题535个。街道纪工委牵头，制定出台“清廉白沙洲”建设考核细则，签订拒收红包礼金方面的承诺书、自建房安全整治承诺书，制定“一月一主题”督查方案，全年开展督查40余次，督促整改问题30余个。（曾馨）

【城市建设】 2022年，白沙洲街道投入改造资金5000万元，对失地农民安置小区东马重建地进行提质改造，完成水泥路面改沥青路面、小区照明设施、公共服务设施、基础绿化设施、管网工程等基础设施改造提质，探索“四同共治”（聚焦党建领航，筑牢思想“同心”；注重榜样引领，推动行为“同频”；探索多元协同，赋能善治“同力”；深化整体联动，夯实成果“同享”）模式，推动东马佳园小区改造提质。落实蓝天保卫战工作要求，组织开展禁燃煤、禁止露天焚烧、中元节文明祭祀等系列宣传活动，通过“村村响”广播、巡查车广播等，播放蓝天保卫战宣传口号和发放倡议书，在各村（社区）重要位置张贴海报，走访入户发放宣传资料1200余份；管控渣土车、搅拌车、运砂车等各类车辆带泥上路，严禁违法倾倒渣土和建筑垃圾等，做好扬尘污染防治工作；集中开展渣土扬尘、广告招牌、食品安全、校园周边和市场、餐厨垃圾收运等专项整治行动80余次，办理各类行政处罚案件81件，罚没款24.12万元。集中对道路安全隐患摸排和整治，完善道路两边的安全提示标牌3块；维修护栏20米。处理拆除辖区公路建筑控制区内违法构筑物、建筑物，处理违规设置的限高限宽设施3处，每周2次巡查辖区主要公路、乡（村）道路，确保道路畅、安、舒、美，定期巡查辖区内的违规建筑物、限高限宽设施。（曾馨）

【社会治理】 2022年，白沙洲街道落实党建引领“热线+网格、吹哨+报到”工作机制，实现“人在网格行、力在网格聚、难在网格解、情在网格结”。按照网格划分标准，划分雷锋哨一级网格1个、二级网格6个、三级网格41个、四级网格300个，设网格员280名，推动基层治理从“接诉即办”向“未诉先办”转变。让企业群众办事更加便捷，审批事项时限压缩率95%。坚持公正规范文明执法，推进行政执法能力建设。开展法治宣传教育，提升尊法学法用法守法意识。街道社工站于3月启动“爱心共聚 情暖白沙洲”特色项目，围绕政社联盟、企社联盟、社社联盟3个维度组建多类型志愿者队伍、构建社区自组织，联结企业、社会爱心人士，融合社会人力、财力、物资为困境对象开展送爱心活动，提升社区居民获得感和幸福感。全年签收政务热线哨2249件，“雷锋哨”550余件，响应率99.81%，满意率98.78%。（曾馨）

【民生福祉】 2022年，白沙洲街道落实各类计生奖扶政策，奖扶数据上报及时率、准确率100%，“双岗责任”（每户特殊家庭确定一名街镇领导干部和一名村委会干部作为帮扶“双岗”联系人）

落实率、特扶家庭医生签约率100%。超额完成优生检测、妇女病查治、“两癌”筛查、无偿献血目标任务。城乡居民养老保险参保缴费1490人，征缴金额59.03万元。落实优抚政策，切实保障重点优抚对象的权益。按时兑现军烈属、残疾军人优待金，落实退役士兵安置、安置金全额发放。坚持服务优先，新成立赤岗路社区，新设澳海望洲府卫生服务站，新建腾飞村党群服务中心、赤岗路社区党群服务中心，新建马桥河村篮球场，增设南雅中学公交线路，提升基层公共服务水平。巩固拓展脱贫攻坚成果，脱贫户人均纯收入稳步增长，消除防返贫监测系统风险点预警54条，政策未落实问题10条。落实河长制、林长制、田长制工作要求，全年完成街镇级巡河22次、村级巡河146次，落实每日森林巡查，完成水稻种植220.14公顷，大豆种植13.33公顷。各村集体经济收入均超50万元、经营性收入均超10万元。持续优化“一站式”服务，把街道和村、社区便民服务大厅打造成优化营商环境、提升政府形象的前沿阵地和重要窗口。全年为外来务工人员提供房屋租赁服务570余次，解决企业用工200余人次。（曾 馨）

【农安小区治理新样板打造】 2022年，白沙洲街道坚持民生优先，对东马佳园小区开展提质提档工作。全面提质提档后，东马佳园小区的历史违建全部拆除，主干道弱电管线实现入地，规划车位2000余个，新增交通标识200余处，微型消防站20个，划设消防标识30个，设置燃气安全宣传栏5个，小区人居环境显著改善。白沙洲街道坚持党建领航小区治理，指导小区探索成立望城区首个失地农民安置小区业委会。围绕小区停车管理、环境卫生、违章搭建等问题，制定《业委会章程》《业委会议事规则》《小区业主公约》等简约易行、普遍认可的规章制度，推选威望高、带动性强的人员作为楼栋长和文明倡导员。打造党建推动、示范带动、多方互动、整体联动，共建共享上“同步”的小区共建共治共享新模式。（曾 馨）

【“爱心共聚 情暖白沙洲”特色项目】 2022年，白沙洲街道结合响堂湾社区实际，以社区党建为引领，针对辖区内村社区内居民、党员、志愿者等开展“爱心共聚 情暖白沙洲”特色项目，引导各小区建立自己的居民骨干网络、功能型党小组、居民自治组织，逐步推进社区发展和治理，完善社区功能，引导居民自治，提升社区居民获得感和幸福感。街道立足专业服务平台，在开展项目服务中应用个案工作、小组工作、社区工作专业手法，为辖区相关社区困难群体、志愿者队伍、社区社会组织、社区公益慈善力量进行常态化支持和引导。累计开展10个个案、入户走访248户困境人群、6个主题小组、18场社区活动。立足资源平台，从社区需求出发，善识别与利用资源，搭建资源提供者和需求者的“中间桥梁”，搭建好服务桥梁。链接人力、物力、财力为辖区内的居民、社区提供文化类、教育类等多元化的服务，满足儿童、青少年、长者、妇女等不同人群的多样化需求。帮助各社区（村）推进老年人健康护航；残疾人帮扶慰问；孤儿定期探访；儿童、青少年关爱等工作。自2022年3月至年末链接各类资源45次，总值12.11万元。（曾 馨）

【黄田村被评为2022年长沙市移风易俗典范村】 2022年，黄田村以移风易俗为重点推进“黄田新风”建设，被评为长沙市移风易俗典范村。截至2022年12月31日，全村办红白事70例，发放奖励金额4.24万元；红榜公示63例（整寿40例、丧事21例、喜事2例）；黑榜通报7例（丧事4例、喜事2例、整寿1例）；遵守移风易俗相关规定的占比90%。黄田村为巩固移风易俗良好的局面，在完善相关机制的基础上，全面开展“四联”“四包”（党总支联全村，包全村移风易俗机制健全、经费保障、责任落实、制度执行、经验总结提升；党支部联网格，包网格内移风易俗制度落实执行，网格内各种红白喜事办理的审查、报批、承诺书签订、监督、奖惩及红黑榜公布，网格内典型宣传总结及其他服务；党小组联村民组，包所联村民组内的移风易俗制度执行，信息反馈，指导操办，协助做好红白事办理的审查、报批、监督、奖惩等工作；党员联户，每一名党员联系5~10户，包所联各户对移风易俗制度宣传和执行，信息反馈，协助做好所联户红白事办理的审查、报批、监督、奖惩等工作）工作，推动移风易俗“四联”“四包”的落实情况直接与党员积分定等挂钩，与《黄田村移风易俗奖惩办法》合并执行，发挥党员作用。根据黄田村党总支党员居住分散的具体实际，推动建立移风易俗城乡共建共治共管，实现移风易俗制度、成果、经验的共享，解决党员居住分散管理难到位的问题；强化移风易俗制度细节、活动细节、管理细节等方面要求，推动黄田新风建设。（曾 馨）

2022年8月，白沙洲街道完成东马佳园小区提质提档改造（白沙洲街道 供图）

大泽湖街道

【概况】 2022年，大泽湖街道辖东马、金星北路2个社区，南塘、西塘、回龙3个行政村，总面积25.33平方千米。截至2022年年底，中共大泽湖街道委员会设15个党（总）支部，36个支部，党员总数745人，其中预备党员10人，农村党员479人。年末，户籍总人口18364人4752户，男性8653人，女性9711人，全年出生人口162人，死亡人口104人。域内有湖南工商大学（北校区）1所高校，5所中小学。南塘村获评2021届长沙市文明村。2022年，大泽湖街道财税收入2.13亿元，比2021年增长15.76%；社会固定资产投资10.1亿元，社会销售品零售总额1.2亿元，规模工业产值1.31亿元，实际利用内资14.3亿元，财税“四上”企业引进8家。（樊康林）

【基层党建】 2022年，大泽湖街道扛牢主责，以高质量党建引领区域发展。学习宣传贯彻中共二十大精神，将基层党建“书记工程”作为落实“党建聚合力”的重要方式，持续深化“党建+征拆”党建品牌打造，不断加强街道重点区域、村（社区）文化基础设施建设，浓厚“融合湘江岸 势起大泽湖”氛围，讲好大泽湖故事。优化党组织带头人队伍配置，提拔新进2名优秀干部和2名“95后”年轻干部为中层干部，完成东马社区书记、副书记、支委委员补选。依托辖区高校资源，成立东马社区“社区学院”，建立党员志愿者队伍，搭建居民再教育平台，提升居民综合素质。推进党员联户工作机制，352名党员下沉一线，联系群众3386户，开展承诺践诺，推动群众急难愁盼问题的解决。2022年，街道“两新”组织湖南鸿力环境设备工程有限公司党支部被中国个体劳动者协会确立为小微企业个体工商户专业市场党建工作创新试点单位，成为全省入选的4个“小个专”党组织之一；负责人唐铁获评2022年“湖南省优秀共青团干部”。（樊康林）

【项目建设】 2022年，大泽湖街道项目拆迁，完成签约211户，完成大泽湖近自然湿地公园、腾飞路至永通大道、永通大道至开湖路、工商大学海归小镇国际学校（商学院地块）等地块“五清”交地187.04公顷，其中5宗土地摘牌出让。项目服务和施工环境维护持续优化，进行现场协调、会议等400余次，确保近自然生态湿地公园、湘江学校及周边路网、腾飞路、阅江路、研发中心（一期）等项目建设的有序推进；对家塘路、雅康路、雅旺路、栖贤路等4条道路项目具备通车条件。（樊康林）

【社会治理】 2022年，大泽湖街道以高品质服务优化社会治理。实施党建引领“热线+网格、吹哨+报到”工作，出台考核办法，规范工作流程，“12345”政务热线办结案件1283件，解决效率持续提升，通过“雷锋哨”“热线哨”解决荷塘小学交通安全隐患、永通大道电力井及护坡垮塌等群众反映强烈的民生问题50余件。推进城乡环境整治，严管严控城市违建，全年制止、拆除违章建构筑物3万余平方米（含项目内），拆除违章广告300余次。禁毒、打非、反电诈等工作有序推进，全年未发生较大的安全生产事故和造成社会影响的群体性事件。做好涉及“4·29”事故、转户参保超过5000余名对象的政策解释和沟通工作，快速应对、妥善处理信访案件，不断加大信访遗留问题化解力度，营造街道整体和谐氛围。（樊康林）

【民生福祉】 2022年，大泽湖街道以高效治理提升民生温度。新成立金星北路社区，推进城市党建引领基层治理。全年完成村级集体经济收入1010.01万元，推动巩固拓展脱贫攻坚成果同乡村振兴有效衔接。设立“大泽湖教育基金”，举办“奖优兴教”表彰大会，重奖优秀师生，发放奖励资金30万余元；麓山国际望城实验学校于2022年秋季开学，湘江学校启动建设。长沙市第四医院滨水新城院区运营，提质改造东马小区，半边街停车场完成一阶段建设，增强人民群众获得感、幸福感。（樊康林）

【大泽湖·海归小镇项目】 2022年，大泽湖片区作为长沙海归小镇核心区，坚持高起点规划、高标准建设、高水平管理，按照区委、区政府“一年出形象、两年见成效、三年大变样”的要求，提速推进开发建设，力争在全市十个重大城市片区、望城“一江两岸”八大片区中打头阵、作示范。截至2022年年底，海归小镇展示中心、南塘路（金星北路—潇湘大道景观道段）、大泽湖水体交互工程、长沙市第四医院4个项目建成。香炉洲大桥墩身建设基本完成，河西互通匝道主体完工；地铁4号线北延线进入勘察阶段。9月12日，全国首个运营启动的欧美同学会海归小镇（长沙·智能制造）在大泽湖街道揭牌。大泽湖·海归小镇研发中心（一期）、大泽湖近自然湿地公园、湘江学校等10余个项目加速推进，一座“国际范”“长沙味”的宜居宜业现代化新城呼之欲出。（樊康林）

【废旧市场安全隐患整治】 2022年3月，大泽湖街道针对废旧市场多年来存在的消防安全隐患及环境“脏乱差”问大化解专项行动，调处矛盾纠纷124起，矛盾纠纷调处成功率100%；完善特护期维稳安保工作机制，完成所有特护期维稳工作，获全市平安建设红旗等次乡镇（街道）。（吴星宇）

【黄金园街道纳入湖南湘江新区管理】 2022年6月25日，推进优化湖南湘江新区管理体制工作部署大会在梅溪湖大剧院召开，黄金园街道作为托管街道纳入湖南湘江新区优化管理体制改革，由湖南湘江新区直接管理辖区内所有社会事务。（吴星宇）

白沙洲街道

【概况】 2022年，白沙洲街道辖同心园、响堂湾、赤岗路（筹）3个社区，黄田、腾飞、马桥河3个行政村。区域总面积25.44平方千米，其中耕地面积258.52公顷，林地面积226.67公顷。中共白沙洲街道委员会设党支部43个，设党小组28个，有党员854名。年末，辖区户籍总人口19322人，常住人口51925人，有谭爱胆、张凤英、王佑兴3位百岁老人。年平均气温16℃~19℃，年降水量1370毫米。域内有初级中学3所，小学1所。2022年，白沙洲街道获2022年长沙市加强基层治理优秀街道、长沙市信访工作“三无乡镇街道”标兵单位。2022年白沙洲街道完成财税收入1.09亿元，比2021年增长18.1%；完成规模工业产值6.4亿元，比2021年下降21.9%；固定资产投资额4.86亿元，比2021年增长84.8%；其他营利性服务业收入完成1.08亿元，比2021年增长20.49%；限额以上社会商品零售额完成1.37亿元，比2021年增长7%；实际利用内资7.7亿元，比2021年增长28.33%；新引进财税“四上”企业3家，完成引进税收收入423万元，引进规模以上商贸业企业2家、服务业企业1家。（曾馨）

【基层党建】 2022年，白沙洲街道社会治理赋能升级，打造“白水鉴心·聚沙成洲”书记工程品牌，“先锋向上”“崇德向善”“乐助向美”等文化在白沙洲落地生根，初步形成“蝶变佳园、潮涌腾飞、聚力同心、悦动响堂、善水黄田”等党建品牌矩阵。街道党工委组织开展村（社区）下设支部微项目创新大赛，推动支部实质化、规范化运行。推进阵地建设，新建雷锋驿站2个、党群服务中心2个，红色货车司机之家1个，打造一批基层党建示范点，其中腾飞村被评为基层党建示范村，黄田村第二党支部、同心园社区山水蓝天小区党支部被评为示范党支部。以“亮身份、勇担当、树形象”的标准规范党员行为，推进“闪亮工程”，373名农村党员联系2848户群众，搜集解决民情问题560个；500余名在职党员到社区“双报到双服务”（机关党员到居住地社区“报到”、机关党组织到结对村社“报到”），完成“共产党员户”挂牌及线下见面，成立楼栋功能型党小组35个，解决群众急难愁盼问题535个。街道纪工委牵头，制定出台“清廉白沙洲”建设考核细则，签订拒收红包礼金方面的承诺书、自建房安全整治承诺书，制定“一月一主题”督查方案，全年开展督查40余次，督促整改问题30余个。（曾馨）

【城市建设】 2022年，白沙洲街道投入改造资金5000万元，对失地农民安置小区东马重建地进行提质改造，完成水泥路面改沥青路面、小区照明设施、公共服务设施、基础绿化设施、管网工程等基础设施改造提质，探索“四同共治”（聚焦党建领航，筑牢思想“同心”；注重榜样引领，推动行为“同频”；探索多元协同，赋能善治“同力”；深化整体联动，夯实成果“同享”）模式，推动东马佳园小区改造提质。落实蓝天保卫战工作要求，组织开展禁燃煤、禁止露天焚烧、中元节文明祭祀等系列宣传活动，通过“村村响”广播、巡查车广播等，播放蓝天保卫战宣传口号和发放倡议书，在各村（社区）重要位置张贴海报，走访入户发放宣传资料1200余份；管控渣土车、搅拌车、运砂车等各类车辆带泥上路，严禁违法倾倒渣土和建筑垃圾等，做好扬尘污染防治工作；集中开展渣土扬尘、广告招牌、食品安全、校园周边和市场、餐厨垃圾收运等专项整治行动80余次，办理各类行政处罚案件81件，罚没款24.12万元。集中对道路安全隐患摸排和整治，完善道路两边的安全提示标牌3块；维修护栏20米。处理拆除辖区公路建筑控制区内违法构筑物、建筑物，处理违规设置的限高限宽设施3处，每周2次巡查辖区主要公路、乡（村）道路，确保道路畅、安、舒、美，定期巡查辖区内的违规建筑物、限高限宽设施。（曾馨）

【社会治理】 2022年，白沙洲街道落实党建引领“热线+网格、吹哨+报到”工作机制，实现“人在网格行、力在网格聚、难在网格解、情在网格结”。按照网格划分标准，划分雷锋哨一级网格1个、二级网格6个、三级网格41个、四级网格300个，设网格员280名，推动基层治理从“接诉即办”向“未诉先办”转变。让企业群众办事更加便捷，审批事项时限压缩率95%。坚持公正规范文明执法，推进行政执法能力建设。开展法治宣传教育，提升尊法学法用法守法意识。街道社工站于3月启动“爱心共聚 情暖白沙洲”特色项目，围绕政社联盟、企社联盟、社社联盟3个维度组建多类型志愿者队伍、构建社区自组织，联结企业、社会爱心人士，融合社会人力、财力、物资为困境对象开展送爱心活动，提升社区居民获得感和幸福感。全年签收政务热线哨2249件，“雷锋哨”550余件，响应率99.81%，满意率98.78%。（曾馨）

【民生福祉】 2022年，白沙洲街道落实各类计生奖扶政策，奖扶数据上报及时率、准确率100%，“双岗责任”（每户特殊家庭确定一名街镇领导干部和一名村委会干部作为帮扶“双岗”联系人）

落实率、特扶家庭医生签约率100%。超额完成优生检测、妇女病查治、“两癌”筛查、无偿献血目标任务。城乡居民养老保险参保缴费1490人，征缴金额59.03万元。落实优抚政策，切实保障重点优抚对象的权益。按时兑现军烈属、残疾军人优待金，落实退役士兵安置、安置金全额发放。坚持服务优先，新成立赤岗路社区，新设澳海望洲府卫生服务站，新建腾飞村党群服务中心、赤岗路社区党群服务中心，新建马桥河村篮球场，增设南雅中学公交线路，提升基层公共服务水平。巩固拓展脱贫攻坚成果，脱贫户人均纯收入稳步增长，消除防返贫监测系统风险点预警54条，政策未落实问题10条。落实河长制、林长制、田长制工作要求，全年完成街镇级巡河22次、村级巡河146次，落实每日森林巡查，完成水稻种植220.14公顷，大豆种植13.33公顷。各村集体经济收入均超50万元、经营性收入均超10万元。持续优化“一站式”服务，把街道和村、社区便民服务大厅打造成优化营商环境、提升政府形象的前沿阵地和重要窗口。全年为外来务工人员提供房屋租赁服务570余次，解决企业用工200余人次。（曾　馨）

【农安小区治理新样板打造】　2022年，白沙洲街道坚持民生优先，对东马佳园小区开展提质提档工作。全面提质提档后，东马佳园小区的历史违建全部拆除，主干道弱电管线实现入地，规划车位2000余个，新增交通标识200余处，微型消防站20个，划设消防标识30个，设置燃气安全宣传栏5个，小区人居环境显著改善。白沙洲街道坚持党建领航小区治理，指导小区探索成立望城区首个失地农民安置小区业委会。围绕小区停车管理、环境卫生、违章搭建等问题，制定《业委会章程》《业委会议事规则》《小区业主公约》等简约易行、普遍认可的规章制度，推选威望高、带动性强的人员作为楼栋长和文明倡导员。打造党建推动、示范带动、多方互动、整体联动，共建共享上“同步”的小区共建共治共享新模式。（曾　馨）

【“爱心共聚 情暖白沙洲”特色项目】2022年，白沙洲街道结合响堂湾社区实际，以社区党建为引领，针对辖区内村社区内居民、党员、志愿者等开展“爱心共聚 情暖白沙洲”特色项目，引导各小区建立自己的居民骨干网络、功能型党小组、居民自治组织，逐步推进社区发展和治理，完善社区功能，引导居民自治，提升社区居民获得感和幸福感。街道立足专业服务平台，在开展项目服务中应用个案工作、小组工作、社区工作专业手法，为辖区相关社区困难群体、志愿者队伍、社区社会组织、社区公益慈善力量进行常态化支持和引导。累计开展10个个案、入户走访248户困境人群、6个主题小组、18场社区活动。立足资源平台，从社区需求出发，善识别与利用资源，搭建资源提供者和需求者的“中间桥梁”，搭建好服务桥梁。链接人力、物力、财力为辖区内的居民、社区提供文化类、教育类等多元化的服务，满足儿童、青少年、长者、妇女等不同人群的多样化需求。帮助各社区（村）推进老年人健康护航；残疾人帮扶慰问；孤儿定期探访；儿童、青少年关爱等工作。自2022年3月至年末链接各类资源45次，总值12.11万元。（曾　馨）

【黄田村被评为2022年长沙市移风易俗典范村】　2022年，黄田村以移风易俗为重点推进“黄田新风”建设，被评为长沙市移风易俗典范村。截至2022年12月31日，全村办红白事70例，发放奖励金额4.24万元；红榜公示63例（整寿40例、丧事21例、喜事2例）；黑榜通报7例（丧事4例、喜事2例、整寿1例）；遵守移风易俗相关规定的占比90%。黄田村为巩固移风易俗良好的局面，在完善相关机制的基础上，全面开展“四联”“四包”（党总支联全村，包全村移风易俗机制健全、经费保障、责任落实、制度执行、经验总结提升；党支部联网格，包网格内移风易俗制度落实执行，网格内各种红白喜事办理的审查、报批、承诺书签订、监督、奖惩及红黑榜公布，网格内典型宣传总结及其他服务；党小组联村民组，包所联村民组内的移风易俗制度执行，信息反馈，指导操办，协助做好红白事办理

2022年8月，白沙洲街道完成东马佳园小区提质提档改造（白沙洲街道 供图）

的审查、报批、监督、奖惩等工作；党员联户，每一名党员联系5~10户，包所联各户对移风易俗制度宣传和执行，信息反馈，协助做好所联户红白事办理的审查、报批、监督、奖惩等工作）工作，推动移风易俗“四联”“四包”的落实情况直接与党员积分定等挂钩，与《黄田村移风易俗奖惩办法》合并执行，发挥党员作用。根据黄田村党总支党员居住分散的具体实际，推动建立移风易俗城乡共建共治共管，实现移风易俗制度、成果、经验的共享，解决党员居住分散管理难到位的问题；强化移风易俗制度细节、活动细节、管理细节等方面要求，推动黄田新风建设。（曾　馨）

大泽湖街道

【概况】 2022年，大泽湖街道辖东马、金星北路2个社区，南塘、西塘、回龙3个行政村，总面积25.33平方千米。截至2022年年底，中共大泽湖街道委员会设15个党（总）支部，36个支部，党员总数745人，其中预备党员10人，农村党员479人。年末，户籍总人口18364人4752户，男性8653人，女性9711人，全年出生人口162人，死亡人口104人。域内有湖南工商大学（北校区）1所高校，5所中小学。南塘村获评2021届长沙市文明村。2022年，大泽湖街道财税收入2.13亿元，比2021年增长15.76%；社会固定资产投资10.1亿元，社会销售品零售总额1.2亿元，规模工业产值1.31亿元，实际利用内资14.3亿元，财税“四上”企业引进8家。（樊康林）

【基层党建】 2022年，大泽湖街道扛牢主责，以高质量党建引领区域发展。学习宣传贯彻中共二十大精神，将基层党建“书记工程”作为落实“党建聚合力”的重要方式，持续深化“党建+征拆”党建品牌打造；不断加强街道重点区域、村（社区）文化基础设施建设，浓厚“融合湘江岸 势起大泽湖”氛围，讲好大泽湖故事。优化党组织带头人队伍配置，提拔新进2名优秀干部和2名“95后”年轻干部为中层干部，完成东马社区书记、副书记、支委委员补选。依托辖区高校资源，成立东马社区“社区学院”，建立党员志愿者队伍，搭建居民再教育平台，提升居民综合素质。推进党员联户工作机制，352名党员下沉一线，联系群众3386户，开展承诺践诺，推动群众急难愁盼问题的解决。2022年，街道“两新”组织湖南鸿力环境设备工程有限公司党支部被中国个体劳动者协会确立为小微企业个体工商户专业市场党建工作创新试点单位，成为全省入选的4个“小个专”党组织之一；负责人唐铁获评2022年“湖南省优秀共青团干部”。（樊康林）

【项目建设】 2022年，大泽湖街道项目拆迁，完成签约211户，完成大泽湖近自然湿地公园、腾飞路至永通大道、永通大道至环湖路、工商大学海归小镇国际学校（商学院地块）等地块“五清”交地187.04公顷，其中5宗土地摘牌出让。项目服务和施工环境维护持续优化，进行现场协调、会议等400余次，确保近自然生态湿地公园、湘江学校及周边路网、腾飞路、阅江路、研发中心（一期）等项目建设的有序推进；对家塘路、雅康路、雅旺路、栖贤路等4条道路项目具备通车条件。（樊康林）

【社会治理】 2022年，大泽湖街道以高品质服务优化社会治理。实施党建引领“热线+网格、吹哨+报到”工作，出台考核办法，规范工作流程，“12345”政务热线办结案件1283件，解决效率持续提升，通过“雷锋哨”“热线哨”解决荷塘小学交通安全隐患、永通大道电力井及护坡垮塌等群众反映强烈的民生问题50余件。推进城乡环境整治，严管严控城市违建，全年制止、拆除违章建构筑物3万余平方米（含项目内），拆除违章广告300余次。禁毒、打非、反电诈等工作有序推进，全年未发生较大的安全生产事故和造成社会影响的群体性事件。做好涉及“4·29”事故、转户参保超过5000余名对象的政策解释和沟通工作，快速应对、妥善处理信访案件，不断加大信访遗留问题化解力度，营造街道整体和谐氛围。（樊康林）

【民生福祉】 2022年，大泽湖街道以高效治理提升民生温度。新成立金星北路社区，推进城市党建引领基层治理。全年完成村级集体经济收入1010.01万元，推动巩固拓展脱贫攻坚成果同乡村振兴有效衔接。设立“大泽湖教育基金”，举办“奖优兴教”表彰大会，重奖优秀师生，发放奖励资金30万余元；麓山国际望城实验学校于2022年秋季开学，湘江学校启动建设。长沙市第四医院滨水新城院区运营，提质改造东马小区，半边街停车场完成一阶段建设，增强人民群众获得感、幸福感。（樊康林）

【大泽湖·海归小镇项目】 2022年，大泽湖片区作为长沙海归小镇核心区，坚持高起点规划、高标准建设、高水平管理，按照区委、区政府“一年出形象、两年见成效、三年大变样”的要求，提速推进开发建设，力争在全市十个重大城市片区、望城“一江两岸”八大片区中打头阵、作示范。截至2022年年底，海归小镇展示中心、南塘路（金星北路—潇湘大道景观道段）、大泽湖水体交互工程、长沙市第四医院4个项目建成。香炉洲大桥墩身建设基本完成，河西互通匝道主体完工；地铁4号线北延线进入勘察阶段。9月12日，全国首个运营启动的欧美同学会海归小镇（长沙·智能制造）在大泽湖街道揭牌。大泽湖·海归小镇研发中心（一期）、大泽湖近自然湿地公园、湘江学校等10余个项目加速推进，一座“国际范”“长沙味”的宜居宜业现代化新城呼之欲出。（樊康林）

【废旧市场安全隐患整治】 2022年3月，大泽湖街道针对废旧市场多年来存在的消防安全隐患及环境“脏乱差”问题，联合应急、消防、城管、公安、供电公司等相关部门对废旧市场内部安全生产、消防隐患、乱堆乱放、违章搭建及环境卫生等问题进行全面综合整治，对市场北向边坡存在垮塌风险的区域进行综合治理，并引进新物业公司对市场进行日常管理。（樊康林）

2022年6月23日，大泽湖街道设立“大泽湖教育基金”并举行捐资仪式（大泽湖街道 供图）

【大泽湖教育基金成立】 2022年6月23日，大泽湖街道设立“大泽湖教育基金”并举行捐资仪式。仪式上，爱心企业和爱心人士捐资近140万元。大泽湖教育基金的设立，有助于进一步提升街道办学质量，打造大泽湖教育品牌，办好群众家门口的优质教育，为望城教育事业高质量发展添砖加瓦。望城区教育基金会大泽湖教育基金分会遵循透明、公开的原则，面向公众募捐，属于公募基金会，主要用于帮困助学资助、优秀教育工作者奖励等。（樊康林）

【永通大道电力井及边坡垮塌问题治理】 2022年5月，暴雨导致大泽湖街道永通大道与星月路交会处边坡垮塌，给市民生产生活带来诸多不便。大泽湖街道第一时间采取应急措施，对垮塌现场进行封闭，但因垮塌位置旁有预留电力井，位置和情况十分复杂，且涉及责任部门较多，处理进展较慢。为尽快消除安全隐患，东马社区网格员吹响“雷锋哨”，街道审核上报后，由区社会治理中心组织多次现场会商和专门会议，明确由市政中心牵头，提出修缮方案，供电公司、街道等部门配合进行整治。得益于“吹哨报到”机制，各部门同向发力，各类技术和协调问题都能在区级层面得到解决，修缮工作在一个月内完成。（樊康林）

【欧美同学会海归小镇（长沙·智能制造）揭牌】 2022年9月12日，欧美同学会海归小镇（长沙·智能制造）揭牌仪式在望城区大泽湖街道举行。全国人大常委会副委员长、民盟中央主席、欧美同学会（中国留学人员联谊会）会长丁仲礼，省委副书记、省长毛伟明出席并共同揭牌。民盟中央副主席、欧美同学会（中国留学人员联谊会）副会长曹卫星，省委常委、市委书记吴桂英致辞。欧美同学会海归小镇（长沙·智能制造）是全国第一个运营启动的海归小镇，致力于打造国家重要先进制造业高地，以高端留学人才集聚为原动力，以智能制造为核心发展方向，着力为海归人才、高层次人才量身打造一座生态、智慧、活力、宜居、宜业的现代化新城。海归小镇按照“一镇辖两区”的总体思路，分别设洋湖先行区和大泽湖核心区两大片区，铺排基础设施配套项目33个、总投资151亿元，引进15个世界500强、上市公司、行业龙头项目和5642名留学归国人才。（樊康林）

月亮岛街道

【概况】 2022年，月亮岛街道辖戴公庙村、银星村、中华岭村3个行政村，月亮岛社区1个农村社区，杨丰社区、桑梓社区、金甲社区、黄狮岭社区、桃花井社区、天鹅塘社区、名都社区、黄都港社区、金瑞社区、七峰社区、星悦湖社区11个城市社区，135个村（居）民小组，59个楼盘。街道总面积22.77平方千米，耕地面积88.27公顷，其中基本农田49.07公顷。年平均气温18.6℃，年降水量1003.8毫米。截至2022年年底，中共长沙市望城区月亮岛街道工作委员会下设党总支16个，党支部98个，党小组40个，直管党员2169人。年末，户籍总人口80154人33926户，男性37473人，女性42681人，全年出生人口1753人，死亡人口179人，人口出生率2.19%，自然增长率1.96%。域内有初级中学5所，小学11所，公办幼儿园6所。辖区内金星路、潇湘北路、黄金路纵贯南北，普瑞路、月亮岛路、银星路横跨东西，有地铁4号线的4个站点，可直达高铁南站。2022年，月亮岛街道全年财政收入15.18亿元，其中基础税收5.5亿元、建安税收1.6亿元、房地产税收8.1亿元。新增税收“四上”企业9家，新增统计“四上”企业21家，其中商贸类企业12家，房地产业3家，建筑业5家，工业1家。全年工业产值4.1亿元，工业技改投资1.3亿元，固定资产投资4亿元，其他营利性服务业18.8亿元，内联引资24.9亿元，外贸进出口4.4亿元，社会消费品零售额17.1亿元。（李 焕）

【基层党建】 2022年，月亮岛街道党工委开展理论学习中心组学习研讨8次，对辖区100余家发行、印刷、电影企业意识形态、消防安全等问题联合检查，发放党史学习教育类书籍2500余套；集中观看中共二十大开幕会，组织全体机关干部、各村（社区）党总支书记、组织委员召开传达学习中共二十大精神会议，组织党员开展集中研讨交流，以新思想把舵新方向，推动中共二十大精神在月亮岛街道落实落地；在原“党建＋微网格”“红色物业”的基础上，通过“线上＋线下”模式，组建楼栋功能型党小组30余个，将党建引领基层治理的触手延伸至小区楼栋，发挥“红管家”在小区治理中的效能。走访“两新”组织，指导和顺石油、兴恒财务、中程电力、轻养互联网医疗等公司成立党组织，成立“两新”党组织25个。组建47人的街社年轻干部特训班，以“月月课堂”为载体，打造实干担当的基层骨干队伍。推进清廉建设，优化基层政治生态，促进基层治理能力提升，举办廉洁文化活动30余场，在《湖南日报》、“清廉长沙”等主流媒体上稿50余篇。（李 焕）

【城市建设】 2022年，月亮岛街道文明典范创建步入新高度，“金种子”“七彩天鹅”“悦邻居家”“微光”等志愿服务品牌不断呈现，新增注册志愿者近1万人，培训道德模范和“身边好人”典型；对龙湖小区、澳海澜庭、普瑞斯堡等小区内违建进行严查，坚决杜绝新违建，全年开展拆控违行动47次，拆除违建206处。加强市容市貌管理，强力整治金潇路、盛腾路等20条支路街巷环境和主次干道、农贸市场、背街小巷的市容秩序，规范店外经营1286处，取缔流动摊担1456处，打造以“勤诚达小区和砂之船”为中心的典范街区；创建市级垃圾分类示范街道，建设生活垃圾分类厢房26个，启动垃圾站厕所改造项目5个，组织垃圾分类宣传活动50余次，每周五开展周末大扫除；规范户外广告的设置，提升城市品位，开展整治行动12次，其中清理户外违规广告400余处、灯箱广告156处、横幅258处。（李 焕）

【社会治理】 2022年，月亮岛街道根据社区析置、楼盘入住的新情况，重新划分88个三级网格，选配700余名四级网格长，明确每周二、周四为“网格日”，当日由三级网格长、督导员、指导员组成的近300人队伍全部下沉小区、楼栋，开展工单办理、巡查走访、问题收集，吹响“雷锋哨”，打通服务群众“最后一米”，中央、省、市媒体多次报道。全年，签收“市民热线平台”工单13245条，按时办结率100%，回访满意率97.05%；通过“雷锋哨”平台上报2712条，线下吹哨报到190余次，协调解决金富星城电梯、润和之悦临街管网破损积水等重点难点问题。抓牢安全生产，开展领导带队检查和执法检查164次，立案处罚8起，关停企业2家；协调推进月亮岛建材市场、澄海燃气整改销号；开展消防安全教育培训及演习62次，发放宣传册5000余份开展道路交通安全宣讲“四进”活动55次，隐患排查20余处，持续开展“一盔一带”劝导和整治。应对干旱做好森林防火工作，宣传引导文明祭祀，重点时期全天候值守；党政班子定期接待群众，着力化解信访积案13件，接受办理省委第二巡视组交办案件3批次20件，确保社会和谐稳定。（李 焕）

【民生福祉】 2022年，月亮岛街道开展脱贫质量排查，排查农户约5000户1.6万人，发放节日慰问金及物资合计约6万余元；发展生态农业，宣传耕地保护、种田补贴政策，发放耕地补贴14万余元，治理抛荒耕地6.67公顷。壮大农村集体经济，盘活集体资产，集体经济收入约400万元。提升物业服务水平，指导10个小区业主委员会做好选（续）聘物业、选举、换届工作，处理富基世纪公园化粪池坍塌、勤诚达新界房屋渗水等问题；推动就业创业，在砂之船（长沙）奥莱广场举办招聘会，提供4000余个工作岗位，开展7个创业培训班，完成培训人数238人；保障农民工工资支付，处置各类欠薪问题300余起800余人；深化“人民调解”调处机制建设，成功调处调解案件358件，书面调解协议143件351万余元；桃花井社区、天鹅塘社区基层立法联系点将触角延伸到小区、楼栋，让基层群众的意见和建议直达省、市、区人大，使立法更接地气，多次迎接外省人大的交流学习和接受省级新闻媒体的报道。（李 焕）

【黄都港社区婴有所“托”工作成典型】 2022年5月31日，中央电视台新闻频道《朝闻天下》栏目报道月亮岛街道富基世纪公园、三润城小区两处社区普惠幼儿托育园，其中“一二三婴幼儿托育园（富基园）”是长沙市首批、望城区首家备案机构，被评为“长沙市示范性托育机构”。社区普惠托育园，对1~4周岁婴幼儿提供照护和早期教养服务，方便家长的接送、监管、互相照应，减少接送途中的风险，满足城市家庭托育需求，为托育顶层设计逐步完善、托育行业政策逐步细化落地提供典型参考和经验借鉴。（李 焕）

【基层治理工作被推介】 2022年9月26日，新华社《高管信息·湖南》期刊，第613期“兴湘探索”专栏推介题为《望城区月亮岛街道：激活基层社会治理“神经末梢”》的经验性文章。自2020年开始，月亮岛街道在全区率先实施网格化试点，“热线＋网格、吹哨＋报到”模式为基层治理注入强大动能。为激发三级网格指导员工作动力，2022年出台《“热线＋网格、吹哨＋报到”考核细则》，对所有网格指导员实行动态管理，每半年为一个聘用周期，人员由社区择优选聘。每周二、周四为街道“网格日”，300余名街村（社）干部全部下沉至一线，办理“12345”工单、开展巡查走访、问题收集，吹响雷锋哨，打通服务群众“最后一米”，推进基层治理更加精细化。（李 焕）

【天鹅塘社区立法联系点工作被推介】 2022年12月7日，湖南卫视频道《湖南新闻联播》栏目报道月亮岛街道基层立法联系点工作。天鹅塘社区和桃花井社区，依托雷锋驿站、活动广场、绿化小道、架空层等区域，建设以“三区一站”（宪法和立法宣传区、法治文化体验区、普法互动区和公共法律服务站）为主体的法治文化园，宣传党建引领、民主法治的治理理念。借助社区党建联席会议，吸纳社区顾问律师、共建单位法律人才、社区法律爱好者等组建专业队伍。以小区网格长、楼栋长、巡查员等网格工作者和党团员志愿者为主体，培育立法信息采集志愿者，采取“专业+居民”线上线下相结合的方式广泛收集立法意见建议，为群众答疑解惑，推动上情下达，下情上传，使“全过程民主”理念在居民小区落地生根。（李　焕）

2022年6月30日，月亮岛街道举行庆祝中国共产党成立101周年暨“月华十载·蓄势扬帆”主题活动。图为定向越野知识竞赛（周俊杰　摄）

【“月华十载·蓄势扬帆”主题活动】 2022年6月30日，月亮岛街道举行庆祝中国共产党成立101周年暨“月华十载·蓄势扬帆”主题活动，分为“红心闪亮”“红色征程”“红色先锋”3个篇章。在“红色征程”环节，由街道机关企事业单位及村（社区）组成的26支队伍开展定向越野知识竞赛，采取“知识竞答+趣味运动”相结合的方式，激励党员干部显拼劲，展才干，教育和引导党员干部在红色征程中忆来路，践初心。“红色先锋”环节，表彰10个“先进基层党组织”、10名“优秀党务工作者”和100名“优秀共产党员”，弘扬积极向上的精神风貌，进一步凝聚街社及社会各界力量，激发干事创业热情。（李　焕）

【红十字会“博爱家园”现场观摩活动】 2022年7月26日，月亮岛街道迎来湖南省红十字会“博爱家园”项目培训班学员，来自长沙、株洲、衡阳等13个市州29个县（市、区）红十字会和35个社区（村）的项目负责人90余人参加现场观摩。观摩组一行实地察看桃花井社区博爱家园软硬件建设情况，参观“博爱家园”项目主题宣传栏、应急救护和应急防灾主题宣传栏、博爱广场、博爱街、博爱家园居家养老服务中心。通过面对面教学与现场演示，生动展示红十字理念在社区的创新发展。（李　焕）

雷锋街道

【区划概况】 2008年6月，雷锋镇由长沙市高新技术开发区托管。2012年，廖家坪从黄金街道析出成立街道，2014年6月，廖家坪街道由长沙市高新技术开发区托管。2015年11月，雷锋镇和廖家坪街道合并设立雷锋街道。因行政区域差异明显和经济开发任务繁重等具体情况，街道一直分彼此独立的两个片区开展工作。（唐　博）

·雷锋片区·

【概况】 2022年，雷锋街道（雷锋片区）辖桥头铺村、坪山村、真人桥村、牌楼坝村4个村和雷锋社区、荷花塘社区、和润园社区3个社区，总面积60.2平方千米，耕地面积688公顷，其中基本农田626公顷。年平均气温17.1℃，年降水量1370毫米。截至2022年年底，中共雷锋街道委员会设党委2个，党总支7个，党支部50个，党小组50个，直管党员1512人。年末，户籍总人口42525人，男性20386人，女性22139人，全年出生人口403人，死亡人口219人，人口出生率9.5‰，自然增长率0.43%，百岁老人1人。经济总收入10.71亿元，人均纯收入27448元，比2021年增长5%。域内有初级中学1所，小学10所，公办幼儿园7所。域内金洲大道、枫林西路、绕城高速、望雷大道、黄桥大道、雷高公路、雷莲公路纵横交错，交通便捷。湖南省重点中学——雷锋中学、全国爱国主义教育基地——雷锋纪念馆、湖南省爱国主义教育基地——湖南省党史陈列馆、湖南省优秀职业教育基地——长沙职业技术学院坐落其中。辖区内有雷锋同志故居、牌楼坝水库、曾纪泽墓园、河西地下党坪山根据地、观音山等地理和人文景观。省、市重点项目中联智慧产业城、长远锂科、桑德新能源等相继落户街道。（唐　博）

【基层党建】 2022年，雷锋街道（雷锋片区）成立党建指导中心，新组建“两新”综合党委1个，企业党委1个，党支部6个。全年发展新党员17名，转正党员55名。开展中共二十大精神宣讲等党建专题教育77场次，召开各类型组织生活会26场次。街道“七一”系列教育活动被长沙市委组织部《组工信息》第9期推送。以“邻里党建”为目标，施行党群连心“五个到户”和党建“敲门行动”。以“发掘新时代雷锋式代表人物”为思路，开展第三届“雷锋榜样，感动你我”道德模范评选活动。辖区内有中共二十大代表——雷锋派出所党支部书记、所长安志和中共二十大代表——湖南省党史陈列馆副馆长陈艳等先进代表人物。（唐 博）

【城市建设】 2022年，雷锋街道（雷锋片区）实施智慧公园等10个项目拆迁工作，完成征地93.93公顷，动迁91户，全部完成签约。扫尾完成“农家乐”4处、个人10户、企业3处、集体设施2处签约倒房工作，协调解决青苗、土地费结算、变电站建设等遗留问题50个，完成迁坟466冢。完成医疗健康城等17个项目2055名拆迁群众安置，选出安置房1591套、16.13万平方米，拆迁群众实现安居乐业。维护施工环境，确保辖区内中联智慧产业城、长远锂科等52个在建项目推进。对黄桥大道、枫林三路、泉水路、岳宁路两厢开展城市管理综合整治“雷霆”行动，摸排处置问题712个，清运垃圾1000余车，整治乱停车辆2155辆。按照“六控”和“十个严禁”要求，完成裸露黄土覆绿53.6万平方米，种植草籽12.3万平方米，163家散乱污企业完成整治，巡查处置露天焚烧132起，抓获乱倒乱卸车辆20辆。拆除违章建筑79处，拆除7499平方米；开展“百街千巷”行动，整治项目98处，维修维护公共设施和绿化128处；办结市城管数字化案件4449条。组织各村社区党员和志愿者开展等各类文明创建志愿服务活动212次。街道志愿者谭荒芳被评为湖南省最美志愿者，黄富国被评为长沙市优秀志愿者，杨富强被评为2022年第一季度长沙好人。（唐 博）

【社会治理】 2022年，雷锋街道（雷锋片区）协调化解矛盾纠纷298起，其中重大矛盾纠纷16起，群体性矛盾纠纷35起，为群众挽回各类损失500万余元，无“民转刑”案件发生。在北京冬奥会、中共二十大等特护期间，进行党员骨干“红袖章”义务巡防和公安干警武装巡逻200余次，辖区内无重大、恶性刑事案件发生。街道成立项目工作专班，对辖区内不能按时交房楼盘有效开展沟通劝导工作；对群众反映较为集中存在房屋问题小区及时介入协调，防止群访事件发生。2022年党政班子带队开展安全检查58次，安委会组织专项行动49次，开展电动车路面整治行动42次，取缔“马路市场”和整治“僵尸车”各2次，消除隐患701个，整改问题549处。录取自建房5378栋，开展回头看排查2次，迎接省、市督查3次。街道165栋存在一般安全隐患、较大安全隐患和严重安全隐患自建房整治到位；1199栋经营性自建房完成安全鉴定，400户消防隐患完成整改。森林防火从2022年9月起，在双凤、观音山、公社林场等重点林区入口设卡6个，护林员实现日常巡查常态化，签订森林防火承诺书8000余份。针对高层建筑火灾，在重点企业骏达大厦开展大型消防灭火救援综合演练。对桥头铺村桥头家苑安置小区开展专项消防安全检查。指导农村聚餐30起，抽检蔬菜、肉类、畜禽、水产品719批次。2022年度街道辖区无重大安全责任事故、交通事故、食品安全事故、火灾事故发生。（唐 博）

【民生福祉】 2022年，雷锋街道（雷锋片区）发放各类救助、优抚、补贴资金1112.1万元。街道退役军人服务站被评为全市“五优”退役军人服务站。召开粮食生产专题会议2次，完成耕地抛荒治理32.04公顷，核减粮食生产耕地面积119.13公顷。完成林业存量图斑整改63处，乡（村）河长巡河330余次，完成汛期水毁抢险修复5处，抽水抗旱116次，浇灌稻田200余公顷，发放乡村规划许可证和《农村宅基地批准书》277宗。（唐 博）

【“我为群众办实事”健康义诊活动】 2022年9月15日，雷锋街道社区卫生服务中心联合望城区政协医药卫生界别委员工作室，邀请湖南省中医药研究院附属医院、长沙市第四医院心血管内科、呼吸内科、中医科专家团队，在雷锋街道社区卫生服务中心大厅开展健康义诊活动，前来咨询的居民络绎不绝。医务人员免费为居民测量血压血糖，专家们细心接待前来就诊的居民，针对居民问题进行个性化诊疗和健康宣传教育。义诊活动让居民在家门口享受到优质医疗服务，提高辖区居民健康素养水平。（唐 博）

【全国第三届“雷锋杯”公益书画作品展评审会】 2022年11月3日，雷锋街道（雷锋片区）雷锋书画院聘请专家

2022年3月6日，雷锋街道第三届“雷锋榜样·感动你我”道德模范评选活动启动（李文容 摄）

学者，在雷锋小学举办全国第三届“雷锋杯”公益书画作品展评审会。评审会收到来自全国各地投稿4000余件，其中书法作品3500余件，美术作品500件。专家经过初评，选出佳作800件，其中书法作品650件，美术作品150件。作品表达出创作者积极向上的精神面貌，对传统书画文化的坚守和热爱，富有时代气息和正能量。（唐　博）

【梅溪湖高端家居建材城房产移交】 2022年6月12日，雷锋街道（雷锋片区）雷锋社区在梅溪湖高端家居建材城5楼会议室举行梅溪湖高端家居建材城房产移交仪式。该项目是雷锋社区利用生产安置用地与长沙鸿美置业有限公司合作开发项目，由雷锋社区无偿提供土地，开发商自带资金建设，其中2号栋15层的商务大楼及部分商铺、车位归属雷锋社区集体资产。根据协议，该次鸿美置业有限公司向雷锋社区移交商务楼1.34万平方米，门面5037平方米，车位4846平方米。梅溪湖高端家居建材城房产成功移交，让雷锋社区广大居民共享集体经济发展成果，实现共建共治共享，不断提升居民群众幸福感。（唐　博）

【雷锋街道第一家非公有制企业党委成立】 2022年5月20日，中共湖南骏达集团有限公司委员会第一次党员大会在骏达大厦25楼会议室召开，参加会议的有长沙高新区党工委委员、总工会主席杨金林，长沙高新区党群工作局副局长杨峥嵘，雷锋街道党工委书记金胜利和中共湖南骏达集团有限公司委员会60名党员，大会严格按照《中国共产党章程》《中国共产党基层组织选举工作条例》规定和组织程序，以无记名投票方式差额选举产生中共湖南骏达集团有限公司委员会第一届委员。（唐　博）

【“支部建在项目上”特色党建品牌打造】 2022年，雷锋街道（雷锋片区）党工委探索党建工作与项目建设融合新模式，发挥“支部建在项目上”的特色党建品牌作用，让基层党建工作更有成效，作为长沙高新区项目建设的主阵地，雷锋街道（雷锋片区）党工委被评为“全省先进基层党组织”。2022年4月22日，湖南省建设工程质量安全监督管理总站党总支副书记朱满红、副站长刘玉辉带队到湖南楷程建设东方红街道卫生服务中心项目开展主题党日活动，交流党建经验，送质量安全消防技术服务下基层。座谈会上，金胜利代表雷锋街道党工委就抓党建引领促项目发展情况进行介绍，刘玉辉对雷锋街道党建特色工作表示肯定，并指出通过开展主题党日活动，联点企业、联点区域，旨在推进区域整体工程质量安全水平提升。朱满红肯定街道、企业“支部建在项目上”所取得成果，通过在工地建立临时党支部，发挥基层党组织的战斗堡垒和党员先锋模范作用，激励党员提干劲、强担当，筑牢建设工程质量安全防线。（唐　博）

·白马片区·

【概况】 2022年，雷锋街道（白马片区）辖廖家坪村、白马村、三益村、长兴路社区，面积22.16平方千米，总人口1.3万人。财政总收入5395.69万元，实现规模工业总产值23亿元，新增“四上”企业3家，社会消费品零售总额26.9亿元。辖区内有国徽小学、白马中学、白马敬老院、白马社区卫生服务中心等事业单位。街道第一产业农业作物种植以水稻、水果、蔬菜及花卉苗木种植为主导，第二产业包括半导体产业、新能源汽车制造业、机械加工制造、食品加工，第三产业主要为汽车销售服务业，有兰天汽车城、车商汽车城、湘东汽车城等。（张　鹏）

【基层党建】 2022年，雷锋街道（白马片区）开展集中主题宣讲2场次，专题学习活动8次，组织各村（社区）录制主题微党课4部，参学人数600余人。召开2022年度党务工作、党风廉政建设暨党员春训大会，明确2022年街道党风廉政建设和反腐败工作总体要求，研究制定《白马街道落实监督向基层延伸的工作方案》。结合开展党群连心“五个到户”（党员联系到户、民情走访到户、政策落实到户、产业对接到户、精准服务到户），进行“拉网式”排查，开展党的组织法规制度落实情况“回头看”、村（社区）换届“回头看”等专项行动。廖家坪村党总支整建提质专项行动通过评估验收。严格落实意识形态与保密工作责任制，档案工作的“软硬件”建设实现双提升。打造“白马领航”品牌，逐步构建多形式、重实效人才培育新格局，开展论坛活动3场。（张　鹏）

【城市建设】 2022年，雷锋街道（白马片区）完成常益长铁路项目带征及长兴路以北提质改造项目征拆，启动黄桥大道城市化改造、新奥燃气、三益家园二期3个项目建设工作；保障黄桥大道城市化改造、三安半导体（长沙）产业园、荷叶路、长兴路、青山路、三益家园二期、常益长高铁动车所、新奥燃气等8个重点项目的建设施工环境，化解各类矛盾纠纷40余件，实现零阻工。实施“市场主体倍增工程”及“千人帮千企”活动，成立工作专班，全年为辖区湖南三安半导体产业园、天际新能源汽车、兰天汽车城和常益长铁路等重点企业和项目开展上门送政策、解难题134人次。组织辖区企业召开“白马力量”论坛，邀请第三方安全技术服务公司工程师和税务局业务骨干开展知识宣讲、解读“一揽子”减税降税优惠政策。（张　鹏）

【社会治理】 2022年，雷锋街道（白马片区）确定施工工地整治、工棚清理整顿、裸露黄土整治等8项攻坚任务，摸排整治问题258个，清运垃圾500车，清理主干道沿线垃圾及枯枝4万平方米，清理建筑垃圾面积1.2万平方米，覆盖裸露黄土（覆绿）14.2万平方米。打造生态长廊，确定“一处一策”措施，种植绿篱3.6千米，整治围挡2千米，清理黄桥大道排水沟渠1.3千米，打造黄桥大道两厢300米宽精品绿带，提亮市容品质。开展自建房安全“百日攻坚”

整治行动，排查房屋2588栋，长沙市系统内60栋安全隐患房屋整改到位，完成率100%。开展安全隐患“百日大整治”专项行动，紧密开展隐患大排查和整改“回头看”。2022年，交通事故、安全生产事故、火灾事故数量全区最少，三类事故防范工作质量综合排全区第一名。举办长沙高新区“禁毒宣传进万家”文艺会演、安全生产月大型主题宣传活动。湖南省公共安全体验馆被评为湖南省公共安全教育示范基地。在全区率先搭建“模块化、智能化、扁平化”应急管理智慧平台。（张 鹏）

【民生福祉】 2022年，雷锋街道（白马片区）发放各类民生资金500万余元，对800余户困难群众开展救助帮扶。开展“雷锋慈善”“慈善助学”等民生帮扶活动8场次。完成孕产妇产前筛查78人、新生儿先天性心脏病免费筛查82人，妇女病检查551人，“两癌”免费检查350人。完成爱晚家园小区污水管网改造项目和白马村群众文化广场2个“10分钟生活圈”项目建设工作。完成城乡居民基本医疗保险征缴工作，征缴率96%。核查辖区内劳动者信息，摸清就业状况和就业需求，完善就业信息平台。联合教育机构举办电工、电商及物业管理员等技能创业、就业培训班4期，培训100余人，开展春风行动招聘会2场。全年实现新增被征地农民和农村居民稳定就业66人，其中扶持创业6人，带动城乡就业45人，带动城镇就业15人。完成失业再就业120人，困难人员再就业82人。（张 鹏）

【“小马驹”志愿服务系列活动】 2022年6—8月，雷锋街道（白马片区）组织开展“小马驹”志愿服务系列活动。内容包括垃圾分类知识宣讲、楼道清洁、文明楼道宣传、房屋安全常识宣传、水库防溺水宣传、移风易俗宣传和消防安全演练等。通过实践活动传播知识，提高辖区青少年的综合素质，推动文明城市创建，助力打造长沙新时代文明实践特色品牌。（张 鹏）

【湖南三安半导体二期项目开工】 2022年7月14日，位于雷锋街道（白马片区）的湖南三安半导体项目二期工程开工。湖南三安半导体项目投资160亿元，分两期建设，一期项目主要包含碳化硅长晶、衬底、外延、芯片、器件封装等厂房及相关配套设施建设，项目全面建成投产后形成两条并行的碳化硅研发、生产全产业链产线，产品为高质量、低成本、高稳定性碳化硅衬底及各类器件，广泛用于新能源汽车、高铁机车、航空航天和无线（5G）通信等。二期项目占地面积32公顷，投资80亿元。一期项目长晶、衬底、外延、芯片车间全线批量生产，月产能力2万片，整个项目设计年产值120亿元，就业规模1.2万人。（张 鹏）

【“宣传禁毒进万家”文艺会演】 2022年6月23日，长沙高新区“宣传禁毒进万家”文艺会演在雷锋街道（白马片区）兰天汽车城举行。此次活动由雷锋街道（白马片区）承办，主要节目形式包括歌舞、朗诵、小品等，活动时长2个小时。采用现场直播方式，网上观众5000余人，现场观众800余人。（张 鹏）

【白马讲习所特色品牌打造】 2022年，雷锋街道（白马片区）强化阵地建设，打造白马讲习所特色品牌，白马讲习所是雷锋街道党工委依托上级党校资源，着力打通党员教育培训“最后一公里”的实践探索，激励街道党员干部强化理论学习，拓展业务培训。通过授课、研学、辩论等多种学习形式，围绕人才培育、理论宣讲等内容，制订街道青年党员干部交流培训计划“白马夜校”，为青年干部提供学习交流平台，逐步构建起形式丰富、内容务实、效果明显的人才培育新格局。（张 鹏）

【长沙西动车所六线检查库封顶】 2022年6月29日，常益长铁路长沙西动车所核心工程——六线检查库封顶。长沙西动车所位于雷锋街道（白马片区）白马村，主要用于高铁维护、检修和保养。占地面积59.7公顷，新建房屋总面积5.7万平方米，新建六线检查库、26条存车线，配套建设相关生产生活办公设施，预留四线检查库、14条存车线。长沙西动车所建成后，将增加长沙枢纽动车组检修存放能力，提高长沙枢纽铁路枢纽地位，辐射湖南省内高铁网及城际网。封顶六线检查库建筑面积2.37万平方米，建筑高度15.05米，为钢网架结构。六线检查库封顶为库内各类精密检修设备安装及库内轨道与站线衔接创造条件。（张 鹏）

2022年7月20日，“小马驹”志愿服务队走进沿街商铺发放文明餐桌倡议书（黄荣佳 摄）

桥驿镇

【概况】 2022年，桥驿镇辖桥头驿1个社区和白石、禾丰、洪家、民福、群力、黑麋峰、沙田、杨桥8个行政村，387个居（村）民小组，总面积96.37平方千米。耕地面积1880公顷，其中水田226.67公顷、旱地1653.33公顷。截至2022年年底，中共桥驿镇委员会设党支部48个，设党小组74个，有党员1804名。年末，辖区户籍总人口40356人1.16万户，男性19838人，女性20518人，全年出生人口293人，死亡人口390人，人口出生率7.26‰，自然增长率-2.4‰，有百岁老人1人舒黄氏。域内有高级中学1所，初级中学1所，小学6所，公办幼儿园1所。桥驿镇被评为2022年度湖南省文明镇、长沙市综治先进单位、长沙市粮食生产先进乡镇、长沙市网络文明传播先进单位。桥驿镇湖南和平解放秘密电台工作站旧址被确定为湖南省青少年教育基地。沙田村被评为长沙市生态文明建设示范村，杨桥村被评为长沙市抓党建促乡村振兴示范村。黑麋峰景区被评为市级“2022年湖南省生态旅游示范基地”。2022年，桥驿镇财政总收入3.79亿元；新增规模企业2家，实现规模工业总产值23.66亿元；招商引资引进企业3家；新增“四上”企业2家；固定资产投资11.66亿元；社会消费品零售总额1.64亿元；居民人均可支配收入4.09万元，比2021年人均增加3207元。（徐 静）

【基层党建】 2022年，桥驿镇坚持把思想政治建设作为第一支撑，抓牢意识形态和宣传思想工作，举办学习分享会、声声在望·车间微党课、屋场微宣讲等特色活动，推进中共二十大精神真正进校园、进企业、进屋场，在省、市、区各级媒体报道300余篇次，《推行三五工作机制 党员闪亮群众一线》发表于长沙组工通讯。突出关键少数，全面推进“三联三抓”、“书记工程”、“闪亮工程”等工作，结合疫情、防火防溺水、安全生产、信访等，召开屋场夜话120余场，办好民生实事450余件。杨桥村获评长沙市抓党建促乡村振兴示范村，创建9个区级党建示范点。新建2个雷锋驿站，获评3个五星级雷锋驿站、2个四星级雷锋驿站。配合省委巡视、市级审计工作检查。率先启动清廉桥驿建设，镇村两级开展20余次“廉政微讲堂”活动，“清风送廉、桥驿有戏”区第十六届送廉政文艺下乡巡演首场式专场活动在桥驿举办，桥驿镇连续3年获评区党风廉政建设示范单位。（徐 静）

【项目建设】 2022年，桥驿镇以项目推动发展，强化产业支撑，推动经济社会高质量发展。争取资金12.2亿元，完成固废场周边1.5千米范围1634人搬迁，围绕军信公司固废场焚烧二期、灰渣填埋场项目全面投产，长沙市生活垃圾实现全量焚烧，生活垃圾无害化、减量化、资源化处理，助推军信公司成为2022年首支上市湘股。鸿家隆三期、沙河东岸堤防整治、文培路、湘驿路等项目抓紧建设；全区首个乡镇高品质商品房桥和雅苑一期交房，全省标杆生猪智慧养殖工厂建成。恒雅高级中学项目、新达益项目开工建设，长沙现代商贸学校一年时间内完成拆迁交地并建成开学。对接谋划茶长高速连接线及服务区，完善区域路网及停车场建设；完成红鑫市场和毛家塘污水管道修复、尤子岭重建地雨污分流等截污治污工程，完善污水处理设施运营维护社会化承包机制；完成自建房安全整治“百日攻坚”行动，加快推进集镇外立面隐患整治工程。（徐 静）

【乡村振兴】 2022年，桥驿镇坚持走好城乡融合发展之路。巩固拓展脱贫攻坚成果同乡村振兴有效衔接，制订脱贫群众稳定增收三年行动计划，重点聚焦收入不增反降、人均纯收入低于1万元户，落实各类帮扶政策，实施产业、就业、消费帮扶，确保低收入户年增收预期18%以上。打造15个美丽宜居村庄，全部通过市区验收，率先（区一级）出台《美丽宜居村庄建设长效管护办法》，杨桥村屋场集群成为全省2022年文旅融合发展专题研讨班现场案例教学点，“基础+产业+文化”成为屋场建设标配，杨桥村、群力村申报国家乡村振兴示范村。完成抛荒整治133公顷，种植优质稻1.6万余公顷，建成“望驿红”万亩集中育秧工厂化示范基地，大众农业、相约农业建成投运，红色驿家农特产品产销基地开业。“党建+林长制”经验获《人民日报》、“学习强国”学习平台等中央、省、市媒体推介，护林员黄坚获评长沙市最美护林员。编制全域农业规划，投入600万元，引导66家农业企业成立桥驿农合会。盘活村级资产，6个村社集体经济跃上50万元台阶，其中禾丰村收入141万元，经营性收入57万元。杨桥村《文旅融合跑出集体经济发展“加速度”》入选长沙市集体经济百村案例。（徐 静）

【旅游产业】 2022年，桥驿镇全域旅游基本形成。黑麋峰滑翔伞、山居半亩、欢乐谷、星空茶园等成为网红打卡地，连续3年举办麋峰高山水果节，创建寿桃、柰李等多个绿色食品商标，黑麋峰景区游客量48万人次，门票收入259.41万元，景区旅游收入4800万元，滑翔伞、玻璃漂流等景点游客如织，山居半亩获评全市十佳网红民宿，景区获评省十佳。军信环保获评首批省级生态环境科普基地。有机连接山下红色景点与黑麋峰景区，做好红色文化引客、绿色和生态留客文章。湖南和平解放秘密电台、周之翰故居、周以栗故居、周炳文故居、中共湖南省委旧址5个红色阵地接待游客4万余人次。完成抗日战壕和左宗棠曾孙墓等不可移动文物保护单位申报。湖南和平解放秘密电台被确定为“湖南省青少年教育基地”。挖掘古驿文化，倡导做好古树古桥保护；崇文重教，传播耕读文化，在走出14名进士的杨桥村建成集“农耕文化”“进士文化”“红色文化”“廉政文化”于一体的思益书院，推动人文研学游，成为

耕读传家、崇文尚教的“精神坐标”。 （徐 静）

【社会治理】 2022年，桥驿镇做优深化治理文章，打造文明宜居幸福桥驿，桥驿镇获评2022届湖南省文明村镇，望城二中获评2022届文明校园。办理“12345”热线521件、市长信箱20件，主动吹响“雷锋哨”349条，解决群众急难愁盼问题。抓法治政府建设，开展法律讲座和宣传活动20余次，申报创建全省法治政府示范乡镇。开展安全检查190余次，检查生产经营单位156家，联合各部门进行联合执法检查25次，下发整改通知书及交办函86份，整改到位83家，立案处罚15起，处罚金额2.48万元。综治民调和社会公众满意度排名全区第二位、禁毒工作民调满意率排名全区第一位。持续整治交通顽瘴痼疾，戴帽率稳步提升，交通事故下降34%。应对60年来最严重旱情，未发生森林火灾。全镇排查存在安全隐患房屋562处（严重62处、较大155处、一般345处），完成房屋安全鉴定588栋，拆除117处16546平方米的危违建筑，整治店外经营、占道经营200余处，清理餐饮油污、集镇飞线等集镇乱象。规范国土管理，规范农村建房秩序。开展卫片图斑整改、房地一体确权、设施农业用地备案、乱占耕地建房清理等工作。推进“厕所革命”，完成100座四格式化粪池改厕任务。红鑫市场垃圾中转站建成投运，鸿家隆垃圾中转站开工建设。对黄土裸露、工地渣土扬尘、餐饮油烟、野外焚烧等重点事项加强管理。开展渣土“滴、撒、漏”夜间专项整治行动14次，采取“零容忍”态度，立案查处各类违规行为为74起。 （徐 静）

【民生福祉】 2022年，桥驿镇落实教育保障政策，发放19.7万元资助57名春季特困学生，开展2022年度“益桥计划·奖优兴教”表彰大会和“益桥夏令营”活动，为优秀师生发放奖金28.7万元；洪家村青年之家被评为市级青年之家，湖南和平解放秘密电台工作站旧址创建“湖南省青少年教育基地”。完成城乡居民医保新增、修改1905人次，灵活就业医保新增、续保464人；城乡居民养老保险参保缴费完成率118.5%，城乡居民医保参保缴费完成率排名全区第一；2022年全镇享受养老保险待遇7496人，发放金额2185万元。完成白石、洪家、民福、黑麋峰等村自来水管网提质延伸工程，致力解决自来水供水“最后800米”群众愁盼问题。完成湖溪线、郭代线等提质改造工作，改善黑麋峰、杨桥、禾丰等村末端供电不足问题，消除生态红线内森林火灾电力隐患。推进桥驿110千伏变电站、现代商贸电力开关站建设，补齐项目发展电力短板。 （徐 静）

【桥驿镇2022年奖优兴教表彰大会暨思益书院开院仪式】 2022年8月25日，桥驿镇举办2022年奖优兴教表彰大会暨思益书院开院仪式，思益书院对外开放，成为桥驿耕读文化展示台、传播地、新地标。桥驿镇杨桥村崇文尚教的风气自古有之，不仅是“进士村”，近代涌现出在解放战争、抗美援朝、和平年代为国捐躯的革命烈士，以及清华北大等名校学子。桥驿镇一直以厚重深远的人文历史资源为依托，延续“惟楚有才、于斯为盛”的精神内涵，怀抱“心忧天下、敢为人先”的胆识担当，发扬“经世致用、兼收并蓄”的务实作风，奋力谱写“芙蓉国里尽朝晖”的发展篇章。（徐 静）

【湖南军信环保股份有限公司（桥驿镇）在深圳主板上市】 2022年4月13日，湖南军信环保股份有限公司在深圳主板上市，桥驿成为全省首个拥有上市企业的乡镇。军信股份成为湖南2022年首支上市湘股，是湖南省人民政府公布《湖南省企业上市“金芙蓉”跃升行动计划(2022—2025年)》后第一家上市企业。由军信股份建设运营的长沙市固废处理场是长沙市唯一的生活垃圾和市政污泥的终端处理处置场所，承担着长沙市六区和长沙县的生活垃圾、市政污泥处理任务，日均处理生活垃圾近万吨、污泥1000余吨、渗滤液约6000吨。 （徐 静）

【“清风颂廉 桥驿有戏”活动】 2022年11月25日，桥驿镇举办“清风颂廉 桥驿有戏”区第十六届送廉政文艺下乡巡演首场式桥驿专场活动，《炳文轶事》《秘密电台》等多个桥驿本土红廉文化主题的文艺节目上演。该次活动以“清风颂廉 桥驿有戏”为主题，旨在宣传贯彻中共二十大精神，弘扬时代主旋律，

2022年8月25日，桥驿镇2022年益桥计划·奖优兴教表彰大会暨思益书院开院仪式举行 （邹 麟 摄）

营造崇尚廉洁的良好氛围。（徐　静）

【“党建＋林长制”做法获推介】　2022年，桥驿镇创新“党建＋林长制”新型森林资源管理办法，保障林业生态安全、林业资源安全巡护、生物多样性保护等，严格落实座座山头有人巡护、每个支部都有巡林护林特色主题党日活动、每个网格有党员服务等举措，构建“人防＋技防”，确保重点管护无死角。推进森林防火网格化管理，将黑麋峰森林公园分为3个网格，设立3个镇级林长分片包干，配备村社林长1名、村社副林长1名、护林员1名。建立预防制度，在景区入口安排专人检查进山人员和车辆，严禁携带火种、易燃易爆物品等，从源头上遏制人为火灾的发生。桥驿镇“党建＋林长制”做法获《人民日报》、“学习强国”学习平台等中央、省、市媒体推介。（徐　静）

茶亭镇

【概况】　2022年，茶亭镇辖静慎、大龙、望群、九峰山、谭家园、狮子岭、西湖寺、戴公桥、洪开桥、泉丰、杨家坪、苏蓼12个建制村，梅花岭1个社区，截至2022年年底，中共长沙市望城区茶亭镇委员会设党总支14个，下辖党支部53个，企事业党支部9个，设党小组104个，有党员2222名。年末，辖区户籍总人口50584人，14243户，男性25438人，女性25146人，全年出生人口323人，死亡人口526人，人口出生率6.39‰，自然增长率-4.01‰，无百岁老人。总面积116.4平方千米，耕地面积3016.93公顷，其中水田2686.44公顷、旱地430.49公顷。财政总收入3.50亿元，其中税收收入4827万元，比2021年增长13.54%，完成全年税收目标任务的110.97%；工业总产值34亿元，商贸业总产值1144万元，规模以上企业研发经费投入9400万元，服务业总产值1285万元，固定资产投资总额2.2321亿元，外贸进出口额2582万元。税收“四上”企业引进2家，个体户及企业比2021年新增1112家，其中企业注册率70%以上。2022年，茶亭镇获评2022年度湖南省“林长制工作先进单位”，惜字塔朴树古树公园获评第二批湖南省古树名木公园，镇工会联合会获评湖南省百佳乡镇工会，谭家园村获评“2022年全国民主法治村”“2022年湖南省卫生村”，九峰山村获评“2022年湖南省美丽乡村示范村”“2022年湖南省‘一村一品’重点村”，静慎村获评“2022年湖南省第一批党员教育培训现场教学点”，“五彩院子”村级集体经济模式入选《湖南集体经济百村案例》。（周婗妍　张　瑞）

【基层党建】　2022年，茶亭镇党委落实“第一议题”学习制度，组织开展理论学习中心组学习、红色教育基地实地学习、视频观影学习、专家名师教学等形式多样的学习79次；通过“集中学”“交流学”“带动学”“上门学”“线上学”五学联动，开展党政干部带头宣讲中共二十大精神18次，各级党组织开展屋场宣讲会1000余次，组织党员轮训2800余人次。开展相关资格审核审查82人次，运用“四种形态”处置党员干部27人次，立案3件，结案2件；加强基层廉政文化建设，静慎村成为省纠治“四风”基层监测点，望城区唯一一个村级廉政文化建设示范点落户泉丰村；持续打造清廉茶亭“5·20”（我爱廉）党员干部廉洁从政警示教育活动品牌，开展“清廉伴我行”系列学习教育，引导年轻干部系好廉洁从政“第一粒扣子”。树立“大宣传”意识，打造多级联动宣传矩阵，各类工作经验获新华社、《经济日报》、人民网等国家级媒体平台宣传推介15次，新湖南、长沙政法等省、市级媒体平台宣传推介187次，云上望城、“望城党建＋”等区级平台宣传推介161次，茶亭镇党政班子被推荐为长沙市“创新实干　担当作为”领导班子。（周婗妍　张　瑞）

【乡村振兴】　2022年，茶亭镇制定乡村振兴示范创建计划，铺排道路交通、公共服务、生态治理等6大类项目34个。推进“党建引领　五五建管”工作机制，谋划“惜字·新芽”人才计划，2022年培养新型职业农民44名，长沙现代农业产业领军人才5人，获评“长沙市抓党建促乡村振兴示范镇”，工作经验获新华社、《高管信息》、《中国城市报》等国家级媒体专题专版报道。组团布局22个美丽宜居村庄，其中标杆型3个、达标型19个，通过市区两级验收；打造全市最大美丽宜居村庄集群——惜字塔美丽宜居村庄集群，建设芳香湾、幸福里等美丽宜居村庄集群。茶亭经验连续2年在全市乡村振兴讲评会上得到推广，累计接受考察观摩495批次。2022年，村级集体经济总收入972.85万元，10个村（社区）集体经济收入50万元以上，13个村（社区）经营性收入10万元以上，梅花岭社区“五彩院子”村级集体经济模式入选《湖南集体经济百村案例》，茶亭镇集体经济模式获评《长沙市集体经济典型案例》。总投资2000万元的高标准农田建设临近完工，提升700余公顷耕地地力，改善生产道路17.2千米，衬砌沟渠24.7千米。培育创联、哲浩农机合作社，建成大型水稻智能化、标准化育秧工厂2个。恒润农业新建标准化蔬菜大棚约7公顷，出品“九峰青”生态辣椒，实现日销额近5万元；薯夫妻果蔬脆生产线投产，在中国中部农业博览会展出。全面推行田长制，遏制耕地“非农化”、防止“非粮化”，出台《茶亭镇冬季农业生产标准》，引导标准化种植油菜1333公顷、绿肥300余公顷，其中机插种植200余公顷。完成东城示范小区二期基础设施配套工程；完成龙咀安置小区提质改造工程；完成戴公桥安置小区菜地提质、道路黑化、篮球场等基础建设，进度80%。电厂大道东延线、祥云山水库群区域道路提质改造及安防设施工程项目竣工通车，X174损毁道路整治基本完成，行政村通公交道路20.6千米提质改造接近完成；改造桥风桥、八一桥等

4座危桥，完成农村道路硬化提质改造51.6千米、道路安防设施工程23.6千米。完成苏蓼垸防汛抗旱指挥部项目、西闸口机台建设项目、铁炉湖—石渚河生态清洁小流域建设项目；农业生产配套建设林道、机耕道4.5千米，主干运输道路3.2千米，铺设灌溉设施管道11千米，疏通沟渠4.8千米。（周婞妍 张 瑞）

2022年，茶亭镇创建成为湖南十大最美油菜花乡村旅游点 （茶亭镇 供图）

【休闲农业】 2022年，茶亭镇立足“生态涵养保护区”的功能定位，落实镇域“两带三片”（新型城镇拓展辐射带、都市农业休闲体验带，文旅融合发展示范片、生态种植科普示范片、现代养殖观光示范片）总体空间布局，累计投资3335万元对花海片区基础配套提质，拓宽道路3.8千米；提质心正宫广场、修建“义茶亭”等文化地标，创建为湖南十大最美油菜花乡村旅游点，举办望城区“彩！茶亭”系列活动暨第二届“花海文化艺术节”，吸引游客12万人次，餐饮、农副产品销售收入近百万元。

（周婞妍 张 瑞）

【社会治理】 2022年，茶亭镇收到扫黑除恶线索11条，经核查均无涉黑恶犯罪嫌疑；定期开展月月“亮剑”联合大行动，排查化解矛盾纠纷97件，受理办结信访事项27起；驻村法律顾问开展法律咨询、法治宣传300余次，参与村重大疑难纠纷调处12起，参与村重大事项决策20次，提出法律建议或意见50件，谭家园村获评第九批“全国民主法治示范村”；开展道路交通安全执法检查68次，完成劝导日志1.6万余条，交通亡人事故较2021年减少50%；摸排自建房14033栋，排查安全隐患295处，拆除隐患房屋133处，实质整改率100%；开展领导带队检查66次，联合执法16次，行政处罚23起，办理行刑衔接案件1起；推进林长制，防治结合，30名林长制责任人落实巡护要求，集中开展3次森林防灭火演练，守护4300余公顷森林；开展松材线虫病清理除治工作，治理患病松材2667株。在建工地整改黄土裸露2000余平方米，修复违法用地复耕复绿12处5000余平方米；完成涉及生态红线复绿125宗、完成卫片图斑整改124处，落实耕地恢复任务129.34公顷。查处违规渣土车、水泥搅拌车34台次，处理大气污染投诉案件12起，关停、整治涉挥发性有机化合物排放企业2家，违规搅拌场1家；开展市容环境“顽疾”整治行动24次，茶亭镇获评“长沙市生态文明创建示范镇”，狮子岭村获评“长沙市生态文明建设示范村”。

（周婞妍 张 瑞）

【民生福祉】 2022年，茶亭镇推进“洞庭清波”专项行动，全年新建污水管网10.8千米、一体式预制泵站3座，更换结构性缺陷管道3.9千米、管道清淤6.2千米，镇域集镇污水实现全截污。开展“巩固拓展脱贫攻坚成果同乡村振兴有效衔接”问题排查3次，排查整改问题87个，杜绝“应纳未纳、体外循环”；入户通水1523户，解决近8000名群众饮水问题，洪开桥、戴公桥村实现安全饮水全覆盖。脱贫人口四类慢病患者，实现城乡居民医保参保、家庭医生签约服务全覆盖，人均享受服务4次以上；春秋季“雨露计划”补助174人次，补助金额26.1万元；建立就业帮扶车间7家，提供公益性岗位42个。推进“巩固拓展脱贫攻坚成果同乡村振兴有效衔接”补助资金项目36个，补助资金1665万元，其中基础设施类21个1075万元、产业发展类15个590万元；村集体经济增收295万元（入股本金），每年分红23.6万元；全年小额信贷累计放款383万元。完成城乡适龄妇女“两癌”853人，新生儿先天性心脏病免费筛查550人；完成困难老年人居家适老化改造55户。推进标准化村（社区）综合文化服务中心建设，完成狮子岭村室外篮球场建设。推行“首厕过关制”，完成改厕任务75座，望群村东伽山组农村公共厕所竣工。建立街镇食品安全快检室1家，推广放心肉智能监管平台与应用60户。设置临时取水点15处，送水上门1200余次，送水量5285吨。全镇480个重点抗旱机台进行维修维护，开设抗旱电表186个，新增蓄水能力39.95万吨；冬修水利投入2686.6万元。低保救助797户1646人，特困453户469人，发放救助金128.65万元。完成城乡居民养老保险11548人。全年失业人员再就业341人，脱贫劳动力就业965人，比2021年增长11.3%；开展“星火救助”，上门服务散居特困老人59名，发放残疾辅助器具23套；“一网通办”办件承诺压缩率88.22%，可办事项覆盖率93.91%。（周婞妍 张 瑞）

【茶亭镇“五彩院子”入选《湖南省集体经济百村案例》】 2022年，茶亭镇梅花岭社区“五彩院子”村级集体经济模式入选《湖南集体经济百村案例》，打造村级“造血”示范案例，村集体经济领跑致富路。“五彩院子”采用“社区＋企业＋个人”特色经营模式，社区集体经济合作社注册成立长沙五彩庭院乡村旅游有限公司，举办“你有手艺我有院子暨第一届茶亭乡邻厨神争霸赛”，选择具有创业思想的本地厨师联合经营庭院。在整体设计改造中，向文和友、蛙来哒等特色餐饮品牌创始人学习，将乡土味和本地故事作为主理念，整体设计上保持老式土砖屋的原汁原味，选取改革开放以来梅花岭社区4个本土典型代表“左木匠屋里”“谢满嗲屋里”“周姨屋里”和“茶亭绣品厂”为主题，布置老木匠房、老农房、“万元户”和绣品厂，展示本地文化。明确商业经营收入的85%归于经营者个人，15%归于社区集体，将居民收入与经营情况挂钩，严控菜品和服务，保障食客体验，实现客流的稳定与增长。（周婈妍 张 瑞）

【创联农机专业合作社联合社智能育秧工厂投产】 2022年3月10日，长沙市望城区创联农机专业合作社联合社智能育秧工厂投入使用，成为长沙规模最大的集中育秧工厂。育秧工厂占地面积1.2万平方米，设置自动喷灌、控温控湿、育秧盘传送、密室催芽、机械播种叠盘等设备，可提供2000公顷农田所需水稻机插秧苗。采取先浸种、起水、催芽，然后通过流水线装盘，叠盘到催芽密室里，发芽后秧苗通过单轨运输进大棚的工厂化育苗方式，整个周期24天左右。与传统育秧相比，能节省60%的土地和90%的人工，实现高速、高效、高质的水稻多批次、机械化、规模化、市场化育秧。被中央电视台等重要媒体推介。（周婈妍 张 瑞）

【祥云山水库群区域道路提质改造及安防设施工程项目竣工】 2022年8月，茶亭镇祥云山水库群区域道路提质改造及安防设施工程项目全面竣工。项目是望城区交通局铺排的重点民生项目，总投资1080万元，涉及路段长7.5千米，通过拓宽路基、路面，铺设沥青，增设挡土墙等安防设施，改善原有道路环境。道路串联祥云山与茶亭水库，方便居住在祥云山的群众出行，为后续祥云山整体提质和片区发展打下坚实基础。

（周婈妍 张 瑞）

【“牵手雷锋传人 赓续雷锋精神”主题活动】 2023年2月21日，茶亭镇组织开展“牵手雷锋‘传人’，赓续雷锋精神”主题活动，邀请全国道德模范周美玲和“中国好人”向铁梅到简文中学宣讲。简文中学师生一同观看周美玲和向铁梅的事迹短片，了解感人事迹。周美玲和向铁梅与师生们进行面对面交流，分别结合自身亲身经历和切身感受，激励师生们甘于奉献，用实际行动彰显人生价值，争做雷锋传人。

（周婈妍 张 瑞）

乔口镇

【概况】 2022年，乔口镇辖乔口社区1个社区，柳林江村、大垅围村、蓝塘寺村、田心坪村、湛水村、盘龙岭村、团头湖村7个行政村，172个居（村）民小组，总面积46.23平方千米。耕地面积1613.46公顷，其中水田1537.95公顷、旱地75.51公顷。截至2022年年底，中共乔口镇委员会设党支部41个，设党小组80个，有党员1420名。年末，辖区户籍总人口36433人，9862户，男性18237人，女性18196人，全年出生人口161人，死亡人口343人，人口出生率4.42‰，自然增长率-4.5‰。域内有初级中学1所，小学4所。2022年，乔口镇财政总收入2.02亿元；新增规模企业4家，实现规模工业总产值0.7亿元，农业总产值2.65亿元；招商引资引进企业1家，到位资金300万元；新增财税“四上”企业2家；固定资产投资17.09亿元；社会消费品零售总额6.88亿元；居民人均可支配收入4.47万元，比2021年人均增加3117元。

（龙 健）

【基层党建】 2022年，乔口镇开展书记上党课、党员冬春训等轮训，全面提高党员政治素养，培训党员4800余人次。举办学习宣传贯彻中共二十大精神“乔江新荷”人才读书班。聚焦比学赶超，开展“就认这个理·奋进新时代”演讲比赛、“踔厉奋发启新程·团结奋斗向未来”书记工程成果汇报会等活动，发挥基层党组织战斗堡垒作用。蓝塘寺村获评全区基层党建示范村，湛水村青年党支部、柳林江村东福片党支部获评全区基层党建示范党组织。实行“新荷爱党建·组织委员说”党建工作例会制度，指导柳林江村做好整建提质工作，巩固提升基层党组织战斗力。成立全区第一个现代农业功能型党支部——荷花虾产业党支部，开展7次集中交流培训活动。创新推出6期“小乔说”系列视频传播党的“好声音”。履行党风廉政建设“一岗双责”，运用监督执纪“四种形态”处置32人次。推进“清廉学校”和“七里湖畔”“顺丰渠”等“清廉村居”建设。创作《清廉乔口》微视频，媒体宣传报道廉政工作20余篇。开展自建房整治、惠民利民资金、项目建设、“洞庭清波”、安全生产等重点领域督查工作，巩固深化上级巡视、巡察、督导成果。（龙 健）

【乡村振兴】 2022年，乔口镇培育新增文和友、开天2家省级龙头企业，湖南大魏1家省级示范农民合作社和乔丰1家省级示范家庭农场。田心坪文和友苗种繁育基地提供优质苗种400万尾，荷花虾生态屯养基地全面达效，屯虾近50万千克，《冬季吃活虾，就在乔口文和友》获央视新闻专题报道。开天渔庄加工综合楼完工并投产，产能提升50倍，可创造税收近180万元，提供就业岗位200余个。“东鱼西虾”产业格局日趋丰盈，国家农业产业强镇通过省级验收。持续推进“乔口荷花虾”“翘嘴红鲌”为主导的全产业链建设，做强现代农业产业体系。“亮点荷花虾”年产1300吨加工厂投产。引进湖南丰腾农业精深加工荷叶、莲子，提升荷花虾生态养殖的综合效益。引进江苏沃纳生物科技公司，促推荷花虾产业升级，首批试生产的稻虾米品质“超日标”（高于出口日本的标准）。乔口文和友产业研究院培育的“生态荷花蟹”获全国“金蟹奖”。以“五一”、国庆长假为节点，以全市旅游发展大会为契机，举办“一起趣‘村’游 撒欢在乔口”“‘虾’遇金秋‘乔’见美好”等主题活动。提质升级乔江书院惠民图书馆，洽谈“梦回三贤祠”实景剧场项目创作，打造乔江畔、古镇里、团头湖边等近郊游、乡村游网红打卡地，以旅游为产业赋能。扛牢粮食安全政治责任，落实田长制，以“雷霆行动”遏制耕地抛荒。完成粮食播种面积3266.67公顷，治理疑似抛荒地74.67公顷，完成油菜种植266.67公顷，集中育秧446.13公顷，新增适度规模大户14户，双季稻种植提升近200公顷，粮食产量比2021年增长8.2%。坚持片区先行、示范引领，由镇统筹，以村为主体，打造七里湖“醉美荷虾”示范片。新建荷虾池5个、稻虾池59个，修整机耕道2000余米、给排水沟渠3000余米，完成雷锋驿站、观景台及村民生活附属设施建设，改善农村面貌。应战历史大旱，新建蓝塘寺自来水厂投入使用，确保农田灌溉用水、农村生活用水无恙。推进盘龙岭村整村土地流转工作。蓝塘寺村、盘龙岭村、湛水村入选“国家乡村振兴示范村”创建名单。做好148户监测对象的防返贫监测帮扶工作，用好705万元衔接项目资金。（龙 健）

【社会治理】 2022年，乔口镇结合“雷锋哨”工作机制，调解矛盾纠纷226起，调解成功率100%，全年有5个月政务热线及热线哨处置成绩列全区第一位。在蓝塘寺村、湛水村试点推行“雷锋文明存折”积分管理制度。推进三地四县“平安边界”联动机制。开展安全生产大检查，排查整治一般安全隐患845处，较大隐患245条，均及时整改到位。建立10名乡镇专职消防队伍，提升乔口镇应急救援综合能力。开展自建房“百日攻坚”专项行动，摸排房屋8509栋，拆除存在安全隐患房屋131栋。常态化开展“清河净滩”志愿服务和“清四乱”专项整治行动，整治团头湖疑似矮围8处，退养9处，排口整治2处，黑臭水体清理3处。推行林长制工作，在禁火令发布期间，扑灭火源103处，执法中队立案处罚7起。完成125座改厕任务，实现农村无害化厕所全覆盖。（龙 健）

【民生福祉】 2022年，乔口镇七仙桥、顺风桥重建工程春节前实现竣工通行。22千米长的农村公路安防工程进入验收程序。全长4.32千米的湘团公路进行挡土墙砌筑与路面换板，2022年年底全面通车。公租房二期、古镇二期、污水管网二期、柏乐园末端引流市政接驳工程顺利竣工验收。雷锋北大道片区截污治污工程稳步推进。建设大垅围村标准化综合文化服务中心，提质乔口镇镇政府、乔口社区、柳林江村篮球场，6户危房改造项目竣工率100%、入住率100%。以荷花为主题，连接南湖、大魏、都创农业等布局屋场集群，挖掘各村（社区）孝道文化、家风家训、农耕文化、烂泥湖治理精神等文化内核，运用“黑路、青石、流水、白墙、绿树、红花”等简易元素，营造江南农家小院氛围，凸显“乔字号”水乡底蕴。七里湖、稻花山园两个示范型屋场竣工，7个达标型屋场高分通过验收。落实河湖长制责任，推进田心坪村、蓝塘寺村小微水体示范片，开展柳林湖沿线水环境治理，维护“湖乡胜景”。匹配劳动者需求，实现保洁护绿等援助性岗位就业80人，央视新闻客户端以返乡农民实现“在家门口就业”为题推介乔口镇就业工作。依法取缔关停两家非法养老场所。居民医疗保险实现全覆盖。对困难退伍军人予以帮扶，发放帮扶资金。连续6年举办“新荷”奖学金发放仪式，组织54名优秀学子倡导移风易俗，回报桑梓。（龙 健）

【“乔江夜话”基层党建书记工程】 2022年，乔口镇创新实施“乔江夜话”基层党建书记工程，探索实施基层治理“124”工作法，紧扣“党建引领”一个核心，坚持“党员干部沉下去”“组织群众聚起来”两项机制，实施上户走访、屋场会议、精准施策、科学评价4项举措。镇村党员干部完成上户走访950余人次，召开屋场会议168场次，开展志愿服务活动75次，参会党员群众1.18万余人次，解决群众反映问题97个，获《湖南日报》、红星网专题报道。（龙 健）

【荷花虾产业】 2022年，乔口镇荷花虾养殖面积813.33公顷，2公顷以上规模养殖53家，年产量2340吨，综合产值约2.2亿元。引进龙头企业文和友，建设文和友小龙虾研究院、荷花虾养殖基地和生态屯养基地。养殖基地水面21.33公顷，亩产约200千克，产值约380万元；生态屯养基地全年屯养荷花虾15万千克，产值约1800万元，解决就业岗位42个，解决本地就业30人。亮点源荷花虾加工厂建成投产，年加工量30万千克，年产值2800万元，实现净利600万元。（龙 健）

【乔口镇村（社区）集体经济均达50万元】 2022年，乔口镇盘活各类集体资产和闲置资源，创新探索集体经济发展新模式，在全区率先成立村级劳务合作社。全镇七村一社区集体经济均达到50万元，湛水村、蓝塘寺村、团头湖村集体经济突破100万元。（龙 健）

【荷花虾产业党支部成立】 2022年3月3日，乔口镇荷花虾产业党支部成立大会在文和友小龙虾研究院召开，标志着乔口镇第一个功能型党支部成立。该党支部包括乔口镇特色产业荷花虾养殖大户、粮食种养、生猪养殖、鱼类养殖大户，以及产业发展的技术指导等党员20人。实现常态化组织生活与专业化业务交流的融合，开展一名党员联系帮带2~3户养殖户的“帮带行动”，与高等院校、职业院校、农业研究院合作，开办“田间课堂”现场教学、送技术上门、专题讲座活动，传授荷花虾养殖、

水稻种植、电商直播等各类技术知识，为培养农业生产人才和农业科技人才提供学习与实践机会。（龙　健）

【第六届“新荷”奖】 2022年8月25日，乔口镇第六届“新荷”奖学金发放仪式举行，区人大常委会副主任何迎春，区教育局、民政局及乡镇相关负责人、爱心企业家代表，为54名高考优秀学子颁发奖金和荣誉证书。近年，乔口党委、政府以“党建引领＋人才培育＋产业发展”为轴心，持续打造“新荷”人才品牌，实施“新荷”人才计划，为全镇考取重点大学的优秀应届毕业生发放奖学金和荣誉证书，组织开展志愿服务，勉励乔口学子做有理想、有抱负、有家国情怀的新时代青年。（龙　健）

【“就认这个理　奋进新时代”中共二十大精神理论微宣讲比赛】 2022年11月7日，乔口镇组织开展“就认这个理 奋进新时代”中共二十大精神理论微宣讲比赛，区委宣传部常务副部长贺艺、区行政审批服务局党组成员、副局长参加。现场，20余名参赛人员围绕对中共二十大精神和习近平新时代中国特色社会主义思想的科学体系、丰富内涵、精髓要义等内容，分享自身在农业发展、民生实惠、乡村振兴等岗位上的奋斗故事，激发乔口镇党员干部奋进新征程，建功新时代的强烈使命担当。（龙　健）

【“乔江新荷”人才读书班】 2022年11月9日，乔口镇“乔江新荷人才读书班”在柏乐园多功能厅召开，镇党政班子成员，“两代表一委员”代表，镇全体在职在编干部，村（社区）“两委”成员、驻村第一书记，镇属企事业单位及“两新”党组织负责人参加。望城区委党校谭胜教授进行第一次授课，为学员解读中共二十大精神。读书班为期1年，施行“五个一”读书制度，即每月一个学习主题，每月一次集中学习，每月一次交流分享，每月一次宣传推介，每季度一次点评表彰，通过线上线下学

2022年8月25日，乔口镇举行第六届“新荷”奖学金发放仪式
（乔口镇 供图）

习、个人自学和集体学习相结合的方式，提高全镇党员干部政治素养和业务水平。（龙　健）

靖港镇

【概况】 2022年，靖港镇辖众兴、芦江2个社区，新峰、复胜、格塘、杨家山、石亳、三桥、福塘、前榜、凌冲、柏叶10个行政村，总面积92.41平方千米，耕地面积4026.2公顷。截至2022年年底，中共靖港镇委员会设党支部13个、设党小组120个，有党员2851名。年末，辖区户籍总人口70386人，1.89万户。域内有高级中学1所、初级中学2所、小学10所。2022年获评“湖南省乡村振兴示范创建乡镇”“2022届湖南省文明镇”“长沙市乡村振兴示范创建先进乡镇”“长沙市粮食生产先进乡镇”。全年财政总收入3.32亿元，比2021年增长6%；规模工业总产值8.5亿元；新增“四上”企业3家；固定资产投资3.02亿元；社会消费品零售总额4751.5万元。（刘峰嘉）

【基层党建】 2022年，靖港镇实施党建“强基工程”、基层党建“书记工程”、党员“闪亮工程”，高品质建设基层党建示范点、党群服务阵地、乡村振兴展示馆、雷锋驿站、E路兴农“红色之家”，打造23个多场景、多种类、多样化的党建阵地。在靖港镇村两级铺排13个“书记工程”。出台《靖港镇深入推行“一联二亮三评”机制，让党员“闪亮”在基层一线的若干措施》，组织1950名党员联系16043户群众，推动党员亮身份、当先锋、作表率。建立入党积极分子星级指数、党员星级指数、党支部星级指数，开展入党积极分子培训班、“两新”党员轮训班、新进党员培训班，党员线上学习档案填写，规范化、持续化党员教育管理。（刘峰嘉）

【项目建设】 2022年，靖港镇投入2.28亿元，全面提质水、电、路、气、通信、广电、物流等农业农村基础设施建设。投入2100万元，完成老沩水河堤防综合治理和廉租房小区设施维护等重点民生工程建设。推进稻鱼种养殖基地工程、望城区育种基地补水泵站工程等产业配套建设。加强道路交通安全管理，安装交通安全标志108处，生命安全防护工程10.5千米，砍青除杂40千米，沥青灌缝20千米，公路维修换块3000平方米，保障群众出行安全。（刘峰嘉）

【现代农业】 2022年，靖港镇完成粮食种植4733.33公顷，蔬菜播种面积

3333.33 公顷，小龙虾和翘嘴鲌鱼养殖 800 公顷。引进中望优农平台，紧扣“一县一特”做优产业品牌。全力支持“院士农业”发展，岳麓山水产种业创新中心基地暨刘少军院士工作室、邹学校院士创新团队绿地工作室相继落户，完成 6.8 公顷农田改造项目和团头湖引水工程，靖港果蔬西兰花、优质种鱼、云游茶叶、湘赢辣椒产销两旺、品牌更响。

（刘峰嘉）

【旅游产业】 2022 年，靖港镇做好古镇 2.0 开发基础设施前期配套项目，签约征收和腾空居民 35 户，腾退古镇公房 75 户。盘活古镇周边闲置土地资源，引进“无痕山野”星空露营团队发展农旅业，扶持千龙湖集团获评为湖南省五星级休闲农业庄园。整合旅游景区、红色景点、农旅企业、研学基地、美丽宜居村庄等资源制作靖港旅游电子地图助推全域旅游。坚持文化“赋能”，持续挖掘古镇历史文化底蕴，区级非遗项目“传统服装蜡染扎染技艺”完成授牌。

（刘峰嘉）

【民生福祉】 2022 年，靖港镇落实五保、低保等保障举措，累计发放各类民政救助资金 2100 万元。“311”就业服务 91%，失业人员实现再就业 85%。完善退役军人信息采集，创建为全区示范型退役军人服务站。探索社会治理新途径，在凌冲村、福塘村进行雷锋文明存折积分管理试点工作，创建为长沙市真抓实干激励乡镇。按照学籍地资助原则，组织完成春、秋两季助学，全镇 1255 人次困难学生享受资助。（刘峰嘉）

【新时代基层干部能力提升班】 2022 年 4 月 22 日，靖港镇新时代基层干部能力提升班在湖南雷锋学院开班，培训为期 2 天，240 人镇村干部参加，培训内容包含中共十九届六中全会精神解读、乡村振兴、党风廉政建设、新型村级集体经济发展以及基层干部心理健康等内容的专题教学，并通过分组讨论和分享交流等形式，巩固学习成果。对 2021 年度工作先进单位和先进个人进行表彰，激励靖港基层队伍。（刘峰嘉）

【首届“青云人才之农文旅人才交流沙龙”活动】 2022 年 10 月 28 日，靖港镇联合青云人才驿站在靖港湘韵生活馆开展第一期“青云人才之靖港农文旅人才交流沙龙”活动。靖港镇党委书记刘波、组织委员彭紫嫣与 20 余名靖港农文旅人才汇聚一堂，聆听分享，深入交流。靖港本土人才与外来人才交流介绍自己从事的工作，叙说自己与靖港的缘分活动通过思想交流碰撞，让靖港镇农文旅产业融合的探索和创新呈现良好前景。（刘峰嘉）

【邹学校院士创新团队绿地工作室落户靖港】 2022 年 7 月 23 日，中国工程院邹学校院士创新团队绿地工作室揭牌仪式在靖港镇举行。邹学校院士创新团队绿地工作室由中国工程院院士、湖南农业大学党委副书记、校长，国家特色蔬菜产业体系首席科学家邹学校领衔，集中开展辣椒新品种高效生产试验示范，主要内容包括高品质新品种引进、新品种试验评价、新品种栽培高效技术示范、田间档案管理等，计划完成 2~3 个新品种评价实验，集中示范辣椒高效栽培技术 1~2 个项目，共建打造 1~2 个特色鲜明、效益明显的示范基地。

（刘峰嘉）

白箬铺镇

【概况】 2022 年，白箬铺镇辖龙唐、龙莲、黄泥铺、淑一、光明、大塘、齐天庙、金峙、古山、胜和 10 个行政村和白箬铺 1 个社区，514 个村民小组。户籍总人口 4.8 万余人，1.38 万户。辖区总面积 106 平方千米。耕地面积 3533.33 公顷，其中水田 2520 公顷、旱地 1013.33 公顷。镇域内有金海中学 1 所高中，长郡郡维学校、金海中学、白箬中学、友仁中学 4 所中学，白箬中心小学、五里小学、光明小学等 8 所小学，公办二幼、新启点、金城幼儿园等 10 所幼儿园。6 月 27 日，湖南湘江新区优化管理体制改革，白箬铺镇纳入湖南湘江新区托管。全年财政总收入 6600 万元，新增固定资产投资 3.9 亿元，规模以上工业总产值 10.5 亿元，社会消费品零售 1.1 亿元，其他营利性服务业 6400 万元。（陈 岳 李鹰怡）

【基层党建】 2022 年，白箬铺镇开展党员干部分层分类培训，创新党支部星级指数、党员先锋指数、党员发展成长指数“三个指数”管理，开展村（社区）“两委”班子运行调研，成立 9 个“两新”联合党支部，夯实巩固基层党建。细化村级集体经济收入达标和倍增方案，

2022 年 10 月 28 日，靖港镇举行首届“青云人才之农文旅人才交流沙龙”

（靖港镇 供图）

化解村级债务近1500万元，获评长沙市发展壮大新型村集体经济先进单位。

（陈 岳 李鹰怡）

【项目建设】 2022年，白箬铺镇开展“一村一品”行动，探索构建“白箬红”全域党建品牌体系，打造1917年青年毛泽东游学特色路线。举办白箬之光绘乡青年骨干营，培养本地妈妈自然讲师30余名，开展“学雷锋·兴家乡”“一平方的大自然”等活动70余场，服务辐射群众2000余人，获评长沙市五四红旗团委称号，中央电视台、《光明日报》、《人民日报》、新华网、央广网、《中国教育报》等主流媒体报道白箬铺200余篇。

（陈 岳 李鹰怡）

【乡村建设】 2022年，白箬铺镇改造自来水主支管网493千米、开户4318户，完成量是前三年的总和。3个月建成美丽宜居村庄20个，获评市美丽宜居村庄建设先进单位，胜和村被评为长沙市美丽乡村特色创建村。申报集红色文化、教育、旅游、研学为一体的白鹤山美丽宜居村庄示范片，成群成片打造美丽庭院，覆盖面积8.1平方千米，涉及4个行政村34个村民组。依托美丽乡村催生美丽经济，推出“白箬三美”等电商平台，推进特色文化旅游村庄创建，支持新型农业经营主体发展，培育市级龙头企业、示范合作社20家，被评为长沙市乡村文化与产业融合发展先进单位。

（陈 岳 李鹰怡）

【社会治理】 2022年，白箬铺镇开展搭建“数字乡镇”云信息中心，实现国土空间智慧监管、森林防火智能预警和39处重点水域防溺水智能巡防。常态化开展“敲门行动”，走访群众1.3万余户，收集民意1322条，解决实事4789件。建立一站式司法服务平台，组织编写“遇见白箬”系列乡土教材，开展“我们的节日”等文体活动32场。开展第二届白箬之光儿童友好月活动。获评长沙市生态文明建设示范镇，光明村获评长沙市同心工程建设示范点，黄泥铺村获评长沙市同心乡村，龙莲村获评长沙市计划生育协会基层群众自治先进单位。

（陈 岳 李鹰怡）

【民生福祉】 2022年，白箬铺镇落实基层公共服务（一门式）全覆盖，及时办结民生事项1.6万余件。以百件实事落实百日攻坚，实现1天内帮助企业办结规划建设许可证，90天完成100件民生实事。强化各类安全隐患整治，开展自建房安全整治“百日攻坚”专项行动，推进信访矛盾源头治理，社会大局和谐稳定。

（陈 岳 李鹰怡）

【旅游产业】 2022年，白箬铺镇光明大观园景区总接待游客40万人次，举办各类活动25场，旅游收入3027万元，资金投入4785万元。其中贝拉小镇、飞鸟乐园、松鼠谷等A级景区接待游客32万人次，旅游收入近2000万元，资金投入3621万元；莓妃传、白鹭营地、云湖山庄、奇奇果园等星级乡村旅游点及星级农庄接待游客8万人次，旅游收入1027万元，资金投入1164万元。

（陈 岳 李鹰怡）

【人才振兴引领村级集体经济发展】 2022年，白箬铺镇实施“引老乡、回故乡、建家乡”工程，建立覆盖108人的乡村人才信息库，回引30余人返乡干事创业。与湖南农业大学、长沙理工大学等高校合作开展乡村振兴人才培养，举办青年参与乡村振兴主题论坛、儿童友好夏令营支教行动、青年成长营等活动20余场。采取“线下＋线上”等方式，举办各类技术培训班17期，培训1300余人次。组织村（社区）干部、致富能人、乡村创客等到浙江发达地区培训，学习蔬菜、菊花、黄桃种植技术，推动产业提质升级。每月举办新媒体运营工作坊、主题读书会、创客交流沙龙等，增强村级集体经济组织与多业态人才互动合作。统筹各村（社区）资源，打造光明大观园研学组团，形成消费聚集、农旅融合的一二三产业融合模式，年营业额4000万余元。发挥“雁归人才”作用，与村级集体经济合作社合作，由村党组织负责项目把关、土地流转、设施建设等，返乡人才负责具体生产经营，发展特色产业，因地制宜打造“一村一品”，提升龙唐村瓜蒌、光明村葡萄、大塘村无花果等农产品知名度，带动300余人就业。

（陈 岳 李鹰怡）

【科学调水抗旱减灾保收】 2022年8月，白箬铺镇科学合理调配水源，做

2022年6月1日，白箬铺镇第二届白箬之光儿童友好月启动仪式暨儿童友好自然嘉年华在白箬铺镇奇奇果园举行

（白箬铺镇 供图）

好抗旱减灾工作，确保粮食稳产保收。成立抗旱工作领导小组和抗旱服务队，实地走访调查旱情，组织群众开展抗旱自救。建立防旱抗旱工作专班，严格24小时值班值守，及时上报灾（旱）情报。按照“先生活、后生产，先节水，后用水，先地表、后地下”原则，维护保养抗旱设备，加强抗旱电力线路检查和巡护，增强抗旱应急保障能力。排查镇域内塘坝沟渠，组织人力、机械设备清理整治，解决河道内水生植物、垃圾、淤泥堵塞导致的沟道变窄、水流不畅通等问题。根据农作物生长情况，开展水源调配和节水指导，最大限度将旱情影响降至最低。组织农技人员深入田间地头指导群众挖渠引水、调整供水方式、水泵抽水等应急抗旱保供水措施。坚持党员带头，组建抗旱志愿队抓好渠道修复和清淤，减少水资源的耗损，及时缓解农作物旱情。以常态化“敲门行动”、“村村响”广播、入户宣传、朋友圈转发等方式，广泛宣传节约用水，做好抗旱分区用水群众解释工作。（陈 岳 李鹰怡）

【六大百日专项行动】 2022年7月18日，白箬铺镇召开“奋战一百天 喜迎二十大”六大百日专项行动大竞赛动员大会，铺开经济发展“百日大竞赛”、安全隐患“百日大整治”、民生保障“百日大提效”、污染防治“百日大攻坚”等六大百日专项行动，部署100件具体实事。专项行动以党建引领网格治理常态化“敲门行动”和“吹哨+报到”为载体，建立挂图作战、定期通报和奖优罚劣机制，采取党政领导包村、联村干部包网格、村（社区）干部包组、党员包户的网格化模式，收集并解决群众合理诉求和急难愁盼问题，推动银企“联姻”、“白小二”全链条代办服务、重点水域智能安防等100项具体实事落实，提升人民群众的获得感、幸福感、安全感。（陈 岳 李鹰怡）

【儿童友好自然教育农事体验亲子活动】 2022年6月8日，白箬铺镇“播下种子 收获希望”自然教育农事体验亲子活动在大塘村刘家塘组农田举行。20余个家庭组成亲子队伍重温水稻之父袁隆平故事，科普粗粮、稻类、麦类、豆类农作物种类及水稻种植方式等系列农耕知识，体验农耕生活乐趣，推动白箬铺儿童友好先行先试镇“白箬之光儿童友好型自然教育人才培养计划”实施。

（陈 岳 李鹰怡）

【湖南农业大学马克思主义学院思政课实践教学基地挂牌仪式】 2022年4月27日，湖南农业大学马克思主义学院省级思政“金课”《新时代中国特色社会主义理论与实践》实践教学基地挂牌仪式白箬铺镇黄泥铺村赵家新屋举行，湖南农业大学马克思主义学院院长胡艺华等一行参加。仪式上，聘请白箬铺镇党委书记和白箬铺镇党委副书记、镇长作为思政“金课”《新时代中国特色社会主义理论与实践》为课程主讲专家并颁发聘书。思政“金课”《新时代中国特色社会主义理论与实践》负责人米正华向白箬铺镇授牌，确定白箬铺镇为思政“金课”《新时代中国特色社会主义理论与实践》实践教学基地。该基地是涵盖金课教学基地、理论研究基地、思政教育基地、专业实习基地、社会服务基地、文化传承基地的“六位一体”实践基地，通过以习近平新时代中国特色社会主义思想为根本引领，紧扣新时代乡村振兴的大战略大主题，深入基层解决实际问题，将习近平新时代中国特色社会主义思想的深度、日常思政的温度、中华优秀传统耕读教育的厚度融入课程建设，实现双方合作共赢。（陈 岳 李鹰怡）

统计资料

STATISTICAL INFORMATION

编辑　张理希

长沙市望城区 2022 年国民经济和社会发展统计公报

长沙市望城区统计局

2022 年，望城区坚持以习近平新时代中国特色社会主义思想为指导，持续深入贯彻中共二十大精神和习近平总书记对考察湖南重要讲话和重要指示批示精神，全面落实“三高四新”战略定位和使命任务，奋力实施强省会战略，聚焦“四个定位”，紧扣“三个望城”，共克时艰、砥砺前行，在稳中求“进”、稳中向“好”、稳中趋“优”、稳中有“提”中，交出高质量发展的望城答卷。

一、综合

初步核算，全年实现地区生产总值 1053.13 亿元，比 2021 年增长 4.6%。其中，第一产业增加值 62.09 亿元，增长 3.1%；第二产业增加值 458.89 亿元，增长 5.9%；第三产业增加值 532.15 亿元，增长 3.7%。第一、第二、第三产业分别拉动 GDP 增长 0.2 个、2.5 个和 1.9 个百分点，三次产业对 GDP 增长的贡献率分别为 4.2%、53.3% 和 42.5%。

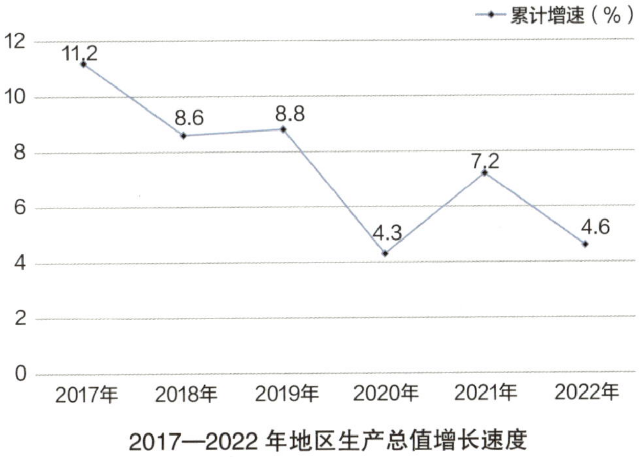

2017—2022 年地区生产总值增长速度

三次产业结构调整为 5.9:43.6:50.5。与上年相比，第一产业比重上升 0.2 个百分点，第二产业比重上升 1.0 个百分点，第三产业比重下降 1.2 个百分点。工业对经济增长的贡献率为 43.2%，拉动 GDP 增长 2.0 个百分点，全部工业增加值占 GDP 比重为 31.4%，比 2021 年提升 1.0 个百分点。制造业增加值占 GDP 比重为 29.4%。

2022 年地区生产总值构成情况表

指标名称	总量（亿元）	增速 (%)	比重 (%)
地区生产总值	1053.13	4.6	100
第一产业	62.09	3.1	5.9
第二产业	458.89	5.9	43.6
第三产业	532.15	3.7	50.5

全年新增“四上”企业 156 家。其中，规模以上工业 55 家，资质以上建筑业 12 家，房地产开发业 10 家，限额以上批零住餐业 56 家，规模以上服务业 23 家。年末共有在库“四上”企业 1159 家。其中，规模以上工业 403 家，资质以上建筑业 130 家，房地产开发业 97 家，限额以上批零住餐业 336 家，规模以上服务业 193 家。

二、农业、农村

全年实现农林牧渔业增加值 67.24 亿元，比 2021 年增长 3.5%。

全年种植面积 8.72 万公顷。全年粮食种植面积 4.1 万公顷，其中水稻种植面积 3.95 万公顷。全年粮食产量 27.50 万吨，比 2021 年减少 10.1%，其中水稻总产量 26.75 万吨，减少 10.1%。全年茶叶产量 0.09 万吨，增长 6.5%；水果产量 4.94 万吨，增长 6.1%。

全年出栏肉猪 30.78 万头。当年肉类总产量 2.75 万吨，比 2021 年减少 4.5%。其中，猪肉产量 2.25 万吨，家禽产量 0.38 万吨，牛肉产量 0.08 万吨，羊肉产量 0.04 万吨。水产品产量 3.99 万吨，比 2021 年增长 3.3%。

主要农产品产量表

指标名称	单位	2022 年	2021 年	增速 (%)
粮食	万吨	27.50	30.60	−10.1
油料	万吨	1.24	1.24	−0.3
茶叶	万吨	0.09	0.08	6.5

续表

指标名称	单位	2022 年	2021 年	增速（%）
水果	万吨	4.94	4.66	6.1
水产品	万吨	3.99	3.87	3.3
出栏肉猪	万头	30.78	31.84	−3.3
猪肉产量	万吨	2.25	2.28	−1.3

三、工业和建筑业

全年全部工业增加值 330.54 亿元，比 2021 年增长 6.8%。规模以上工业增加值增长 7.0%，其中，望城经开区规模以上工业增加值增长 8.9%。

在规模以上工业中分行业看，智能终端产业、健康食品产业、医药器械产业和新材料先进制造产业的产值为 775.01 亿元，比 2021 年增长 7.4%，占全部规模工业产值比重的 79.8%。其中，新材料先进制造产业产值 491.97 亿元，增长 14.1%；智能终端产业产值 145.27 亿元，增长 1.9%；健康食品产业产值 115.95 亿元，下降 9.1%；医药器械产业产值 21.81 亿元，增长 7.0%。

规模以上工业企业经营效益明显好转，全年实现营业收入 944.06 亿元，比 2021 年增长 17.2%；营业成本 804.49 亿元，增长 20.3%；利润总额 49.73 亿元，下降 10.9%。

全区资质以上建筑业企业完成建筑业总产值 596.1 亿元，比 2021 年增长 7.0%；实现建筑业增加值 129.04 亿元，增长 4.1%。全年房屋施工面积 2188.9 万平方米，下降 7.2%，房屋竣工面积 881.84 万平方米，增长 2.2%。

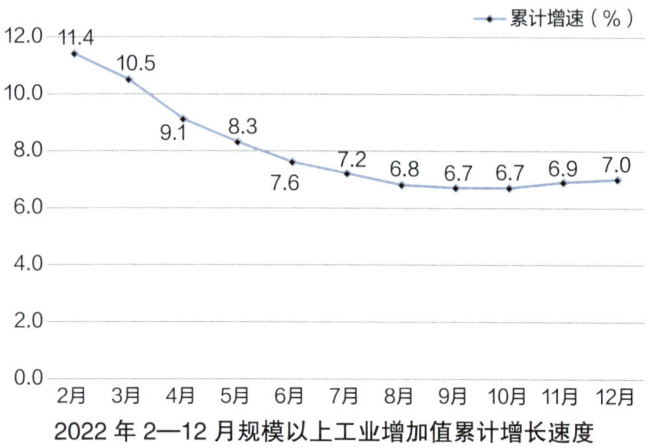

2022 年 2—12 月规模以上工业增加值累计增长速度

四、固定资产投资

全年固定资产投资比 2021 年增长 8.5%。其中工业投资增长 7.6%，工业技改投资增长 42.1%。全区计划总投资额超过 5000 万元的在建项目（不含房地产开发项目）233 个，完成投资占固定投资总额的 60.6%。

在固定资产投资中，第一产业完成投资比 2021 年下降 33.5%；第二产业完成投资增长 11.4%；第三产业完成投资增长 8.6%。全年基础设施投资建设完成投资下降 6.1%。

全年完成房地产开发投资 240.7 亿元，比 2021 年增长 23.2%。全区商品房销售面积 265.08 万平方米，下降 30%。全区商品房销售额 219.8 亿元，下降 23.1%，其中住宅销售额 197.42 亿元。

五、国内贸易

全年实现社会消费品零售总额 484.13 亿元，比 2021 年增长 5.0%。分行业看，批发业 29.28 亿元，增长 2.7%；零售业 425.46 亿元，增长 5.4%；住宿业 3.07 亿元，下降 9.5%；餐饮业 26.31 亿元，增长 2.6%。

限额以上单位各类商品零售额中，汽车类增长 10.1%；文化办公用品类增长 297.7%；通信器材类增长 125.9%；粮油、食品类增长 8.3%；家用电器和音像器材类下降 61.6%；饮料类下降 3.5%；石油及制品类增长 11.6%；日用品类下降 33.9%；饮料类下降 3.5%；服装、鞋帽、针纺织品类下降 14%；体育、娱乐用品类增长 26%。

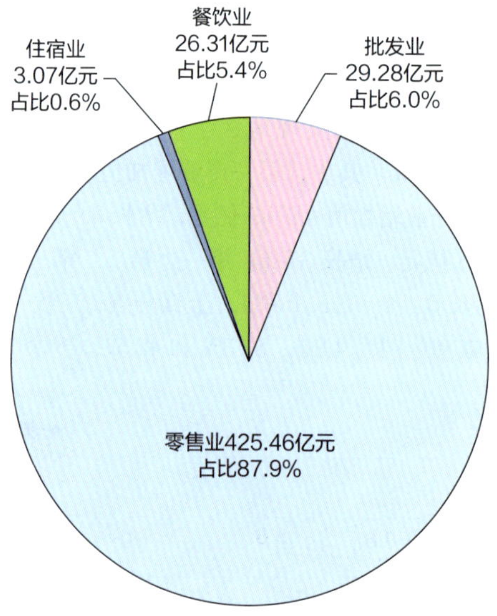

2022 年社会消费品零售总额行业占比

六、交通和邮电

境内国省干线公路 181.72 千米，其中省道 133.52 千米，国道 48.20 千米，全区路网密度 443.17 千米 / 百平方千米。

全年完成邮政业务收入 1.52 亿元，比 2021 年增长 19.4%。全年新开通 5G 通信基站 1269 个，年末累计开通 5G 通信基站达 5292 个。年末移动电话用户 110.13 万户。

七、对外经贸和旅游

全区完成外贸进出口总额 147.3 亿元，比 2021 年增长 23%。全区完成实际利用外资（外商直接投资）4010 万美元，比 2021 年增长 5.9%。全区实际利用内资完成 189.2 亿元，比 2021 年增长 14.4%。

全区有 A 级景区 9 家，其中 AAAA 级旅游景区 6 家，AAA 级旅游景区 3 家，省级旅游度假区 1 家，省级五星级农庄 7 家。截至 2022 年 12 月 31 日，全区接待游客人数 1114.26 万人次，增长 2.6%，旅游总收入 108.64 亿元，增长 1.3%。

八、财政金融

全区实现一般公共预算收入 131.25 亿元，比 2021 年增加 0.56 亿元，增长 0.4%。其中，地方一般公共预算收入 90.09 亿元，比 2021 年增加 4.08 亿元，增长 4.7%。实现全口径税收收入 110.24 亿元，税收收入占一般公共预算收入比重为 84.0%。全区一般公共预算支出 126.08 亿元，比 2021 年增加 8.46 亿元，增长 7.2%。全区政府性基金预算收入 172.74 亿元，比 2021 年增加 30.33 亿元，增长 21.3%。其中，国土基金收入 165.32 亿元，比 2021 年增加 30.21 亿元，增长 22.4%。

年末金融机构各项存款余额 1055.57 亿元，比 2021 年增长 8.7%，其中居民储蓄存款余额 489.95 亿元，增长 19.2%。各项贷款余额 923.6 亿元，增长 13.6%，其中银行业金融机构贷款余额 921.9 亿元，增长 13.6%。

九、科教文卫事业

全年技术合同认定登记 3341 项（不含“一镇四街”），登记额 35.9 亿元（不含“一镇四街”），比 2021 年增长 46.05%。实现高新技术产业产值 905.16 亿元，比 2021 年增长 12.6%；实现高新技术产业增加值 235.11 亿元，增长 10.4%；高新技术产业增加值占 GDP 的比重为 22.3%。

全区新增市场主体 30118 户，新增企业 6237 户，年末共有市场主体 156631 户，其中企业 31941 户，个体工商户 123732 户，农民专业合作社 958 户。年末有效商标 16325 件，专利授权 2268 件。

年末全区有小学 67 所，普通中学 33 所，中等职业中学 1 所。小学专任教师 3554 人，普通中学专任教师 2190 人，中等职业中学专任教师 188 人。小学在校学生数 61559 人，普通中学在校学生人数 27209 人，中等职业中学在校学生 3031 人。当年学前教育阶段公办园幼儿占在园幼儿比重的 55.7%，义务教育阶段适龄儿童少年入学率 100%。

全年完成国家级、省级、市级以及区级各类重大体育赛事共计 18 场，全面完成体育类重点民生实事项目建设（室外运动场）30 处，全民健身工程 96 处，全民健身工程覆盖率 100%。送戏下乡 167 场，送电影下乡 1406 场，送图书下乡 2500 册。建成市级标准化村（社区）综合文化服务中心 11 个。

年末全区拥有各类医院、卫生院、社区卫生服务中心 40 个，床位 4056 张，卫生技术人员 5044 人，其中执业（助理）医师 2156 人。婴儿死亡率由 2010 年的 5.60‰下降到 2022 年的 1.26‰。

十、人口、人民生活和社会保障

年末全区常住人口 96.29 万人，城镇化率 79.67%。年末户籍人口 54.43 万人（不含“一镇四街”），比 2021 年末减少 8.56 万人，下降 13.6%。户籍人口中男性 26.64 万人，女性 27.78 万人，人口出生率 9.2‰，人口死亡率 9.1‰，人口自然增长率 0.14‰。年末汽车保有量为 23.78 万辆，道路交通事故死亡人数 54 人，万车死亡人数 2.27 人。

全体居民人均可支配收入 53555 元，比 2021 年增长 5.8%。其中，城镇居民人均可支配收入 60812 元，增长 5%；农村居民人均可支配收入 44127 元，增长 6.3%。全体居民人均消费支出 35025 元，增长 5.2%。其中，城镇居民人均消费支出 39403 元，增长 4.1%；农村居民人均消费支出 29339 元，增长 6.2%。

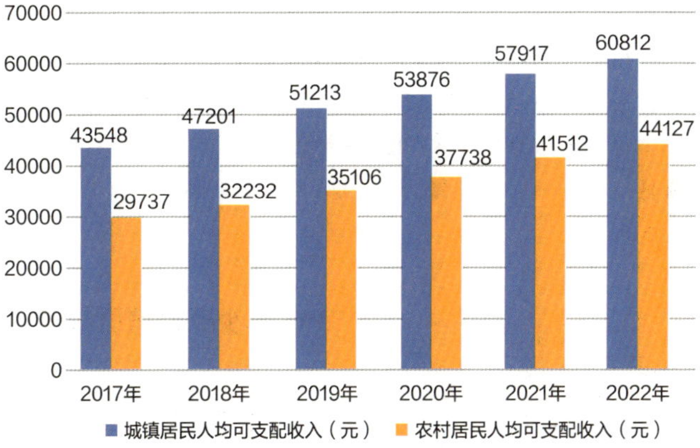

2017—2022 年城镇、农村居民人均可支配收入

城镇新增就业 12630 人，农村劳动力转移就业 4011 人，零就业家庭动态清零，城镇登记失业率控制在 3.5% 以内。三项社会保险参保人数 69.36 万人，全年基金征缴收入 15.42 亿元，支出养老金 14.07 亿元，城乡居民养老保险参保覆盖率 100%。基本医疗保险参保人数为 81.96 万人，参保率为 96.1%。其中职工医疗保险参保人数为 16.21 万人，城乡居民医疗保险参保人数为 45.2 万人，区外参保人数为 20.55 万人。

全年完成农村危房改造 33 户，实现全区农村危房改造动态清零。新建停车场 27 个，内含泊车位 21483 个。

十一、环境、节能和安全生产

全年空气质量优良天数 309 天，优良率 84.7%。国家、省、市控断面河流、湖库地表水水质和饮用水水源地达到或优于Ⅲ类水质的比例为 100%。

全年规模以上工业企业综合能源消费量 173.08 万吨标准煤。全社会用电量 42.66 亿千瓦时，其中工业用电量 17 亿千瓦时，居民生活用电量 14.27 亿千瓦时。

全年共发生安全生产事故 11 起，比 2021 年上升 10%；死亡 64 人，亿元 GDP 各类安全事故死亡人数 0.06 人。

公报注释：

1. 地区生产总值、规模以上工业增加值、固定资产投资完成额、社零消费品零售总额、高新技术产值等统计指标按行政区划口径公布；

2. “一镇四街”：白马街道、雷锋街道、金山桥街道、黄金园街道以及白箬铺镇；

3. “四个定位”：指争当实施“三高四新”战略生力军、树立全市乡村振兴新标杆、建成全域文旅融合示范区、打造文明宜居幸福城；

4. “三个望城”：指放大望城格局、彰显望城作为、凝聚望城力量；

5.2022 年数据均为初步统计数，部分数据因四舍五入的原因，存在与分项合计不等情况。地区生产总值、三次产业及相关行业增加值绝对数按现价计算，增长速度按不变价格计算；

6. 按照我国国内生产总值（GDP）核算和数据发布制度规定，年度 GDP 核算包括初步核算和最终核实两个步骤。经长沙市统计局根据望城区 2021 年年报数据最终核实，核增了望城区 2022 年 GDP 数据，与 2021 年统计公报中的 GDP 数据不可比；

7. 进出口总额和实际利用外资增速未考虑汇率变动情况；

8. 安全生产事故统计不包含白马街道、雷锋街道全年数据；不含白箬铺镇、黄金园街道、金山桥街道下半年数据

资料来源：

本公报中公路里程数据来自区交通运输局；邮政业务数据来自区邮政公司；5G 通信基站个数、移动电话用户数来自区工业和信息化局；对外经贸数据来自区商务局；旅游数据、文化体育数据来自区文化旅游广电体育局；财政数据来自区财政局；存贷款数据来自区金融办、人民银行望城支行；科技数据来自区科学技术局；市场主体数、商标数和专利授权数来自区市场监督管理局；教育数据来自区教育局；卫生数据来自区卫生健康局；户籍人口、汽车保有量、道路交通事故数据来自区公安局；居民收入和支出数据来自国家统计局望城调查队；城镇新增就业、社会保险数据来自区人力资源和社会保障局；医疗保险数据来自区医疗保障局；危房改造、停车位数据来自区住房和城乡建设局；空气质量、地表水质量来自长沙市生态环境局望城分局；用电量数据来自区供电公司；安全生产数据来自区应急管理局；其他数据来自区统计局

2022 年长沙市望城区经济社会发展主要指标完成情况统计表

表 21

序号	主要指标	总量（现价）	增速（%）
1	地区生产总值	10531250 万元	4.6
2	第一产业增加值	620857 万元	3.1
3	第二产业增加值	4588900 万元	5.9
4	第三产业增加值	5321493 万元	3.7
5	工业增加值	3305367 万元	6.8
6	规模以上工业增加值增速	—	7.0
7	社会消费品零售总额	4841309 万元	5.0
8	固定资产投资增速	—	8.5
9	年末总人口	96.29 万人	—
10	建筑业总产值	—	7.0

说明：以上数据为全口径数据，包含托管区（白箬铺镇、黄金园街道、金山桥街道、白马街道、雷锋街道）

（资料来源：区统计局）

附　录

APPENDIX

编辑　张理希

组织机构

长沙市望城区组织机构及负责人名录（按类目顺序排序）

中共长沙市望城区委员会

区委常委、区委书记　秦国良（2022 年 5 月任）
　张作林（2022 年 4 月止）
区委常委、区委副书记　孔令强
　喻志军（2022 年 1 月止）
　戴水文（2022 年 4 月任）
常　委　舒全球　王明玖　肖三军
　聂　荣　易文龙
　康　然（2022 年 9 月任）
　黄　燕（女）　杨钦涵

中共长沙市望城区委办公室

主　任　杨钦涵
副主任　李刚民　谭鑫伟
　黄建平　杨文耀
　朱飞跃（2022 年 12 月止）
纪检组组长　肖　卓

中共长沙市望城区委组织部

区委常委、组织部部长、三级调研员　黄　燕（女）
区委组织部常务副部长、四级调研员　陈宏武
区委组织部副部长（兼）　杨东方（女）
　黄　彩（女，2022 年 6 月任）
区委组织部副部长、“两新”党工委书记　张善德（2022 年 7 月任）
　胡　勇（2022 年 3 月止）
派驻纪检监察组组长　陈　艳（女）
区委组织部副部长　曾宪泽
区委老干部局专职副局长　刘　佶（女）

中共长沙市望城区委宣传部

部　长　舒全球
常务副部长　贺　艺（女）
副部长　周登攀　周　岚（女）
派驻纪检监察组组长　周景光
文明办主任　蒋　波

中共长沙市望城区委统战部

部　长　喻志军（2022 年 1 月止）
常务副部长　文德霖
副部长　冯德亮　袁安波
部务会成员、侨联主席　刘本日（2022 年 9 月任）

中共长沙市望城区委机构编制委员会办公室

主　任　黄　彩（女）
副主任　刘　燕（女，2022 年 9 月止）
　张　浩
　朱宏亮（2022 年 9 月任）

中共长沙市望城区直属机关工作委员会

书　记　杨钦涵
常务副书记　郭荣辉
纪工委书记　谢　泉
工会联合会主席　周千合

区老干部服务中心

主　任　李　敏（女）
副主任　伍斐妮（女）　郭昱材

中共长沙市望城区委党校

校　长　喻志军（2022 年 1 月止）
常务副校长　姚　杰
副校长　王　勇
教育长　张丽斐（女）

中共长沙市望城区委网络安全和信息化委员会办公室

主　任　周伟红

副主任 周昕（女） 曾海亮
肖灿（女）

中共长沙市望城区委党史联络组

组长 高潮

长沙市望城区人民代表大会常务委员会

主任 苏春光
副主任 陈亮伟 邓建华 何迎春（女）
吕凯兴 高明

长沙市望城区人民代表大会专门委员会

望城区人大民族华侨外事委员会
主任委员 刘文术
望城区人大监察和司法委员会（法制委员会）
主任委员 王卫军
副主任委员 王亚平（女）
望城区人大财政经济委员会
（望城区人大常委会预算工作委员会）
主任委员 刘文勇
副主任委员 胡可
望城区人大教育科学文化卫生委员会
主任委员 舒慧颖（女，土家族）
副主任委员 魏圣国
望城区人大环境与资源保护委员会
主任委员 崔林
副主任委员 李红玉（女）
望城区人大农业与农村委员会
主任委员 李智勇
副主任委员 肖宇（女）
望城区人大社会建设委员会
主任委员 李峰
副主任委员 谭勇

长沙市望城区人民代表大会常务委员会工作机构

望城区人大常委会办公室（信访办公室）
主任 徐志辉
副主任 邓贤龙
望城区人大常委会选举任免联络工作委员会
主任 邓树林（2022年9月任）
王志华（2022年9月止）
副主任 蔡英（女）
望城区人大常委会办公室下设代表服务中心
主任 易兴伟

长沙市望城区人民政府

区长 孔令强
副区长 易文龙
康然（2022年10月任）
廖勇
戴水文（2022年4月止）
黄金国 周辉军
副调研员 黄雪峰 蔡哲（女） 曹文
李湘清 杨建湘 周恩保
兰志刚 邓桂军 周国忠

区政府办公室

主任 万畅红
副主任 熊奇志 甘志武 丁永胜
易皋 易涛 陈泽军
李果实
欧茂（2022年9月任）
熊彪（兼，2022年3月止）
贺锡泉（2022年3月止）
何建新（女，2022年7月止）
纪检组组长 申小飞（2022年9月任）
欧茂（女，2022年9月止）

区重点建设项目事务中心

党组书记、主任 杜江军
党组成员、副主任 李春生 陈浩 孔伟锟

区社会治理服务中心

党组书记（主任） 黄海文
党组成员（副主任） 杨进 张亮

区数据资源中心

党组书记、主任 邹勇
副主任 龙双（2022年7月任）
刘臻
易振军（2022年7月止）

区行政审批服务局

党组书记、局长 王志华（2022年9月任）
邓树林（2022年9月止）
党组成员、副局长 李雄辉
刘胤琳（女，2022年9月任）
黄果平（女，2022年9月止）

区信访局

党组书记、局长 陈曙光（2022年3月任）
熊彪（2022年3月止）
党组成员、副局长 罗思敏（女）
周全（2022年9月任）
陈曙光（2022年3月止）
李光祥（2022年9月止）

区机关事务中心

党组书记、主任 谭 灿
党组成员、副主任 程新平 罗 旭（女）

中国人民政治协商会议长沙市望城区委员会

主 席 李雪龙
副主席 丁四明 向章平 肖泽晋
谢鸿超 李思慧（女）
秘书长 李 勇
办公室
主 任 李 勇
副主任 冯 恋（女）
委员学习联络委员会
主任委员 刘 燕（女，2022年9月任）
周 玲（女，2022年9月止）
副主任委员 周 可（女）
提案委员会
主任委员 朱红胜（女）
经济科技和外事委员会
主任委员 易新宙（2022年9月任）
李 达（2022年9月止）
副主任委员 胡 灿（女）
农业农村和人口资源环境委员会
主任委员 朱起志
文化教育卫生体育和文史委员会
主任委员 彭 阳（女，2022年9月任）
凌小妹（女，2022年9月止）
社会法制和民族宗教委员会
主任委员 胡阳光（2022年9月任）
黄纳新（2022年9月止）

中共长沙市望城区纪律检查委员会 长沙市望城区监察委员会

区纪委书记 王明玖
常务副书记 黄祥明
副书记 李志钢 余卫东
纪委常委 颜长青（2022年6月任）
熊铁兵 谢哲明 吕景俊
王华璇（女）
易又文（2022年6月止）
区监察委员会
主 任 王明玖
副主任 黄祥明 李志钢 余卫东
委 员 熊铁兵 谢哲明 吕景俊
何 杨 李小阳（女）

中共长沙市望城区委巡察工作领导小组办公室

区委巡察办主任 颜长青
区委巡察办副主任 张德智 阙 硕（女）
李 斌
区委第一巡察组组长 周 翔
区委第二巡察组组长 陈 浪（2022年9月任）
胡志刚（2022年9月止）
区委第三巡察组组长 焦 广

民主党派

民革望城区支部
主 委 王惠良（女）
委 员 鲁 进 谢迎辉（女）
胡 波（女）
民盟望城区总支
主 委 李 达
副主委 戴金利（女） 史小平（女）
委 员 蔡孝妮（女） 邓 锐
民盟望城区综合支部
主 委 李 达
副主委 戴金利（女） 蔡孝妮（女）
委 员 黄 霞（女） 丁紫凌（女）
民盟湖南信息职院支部
主 委 史小平（女）
副主委 邓 锐
委 员 黄秀亮 童 俊
民建望城区支部
主 委 梁 茜（女）
副主委 邱 进 周 云
委 员 卢世魁 罗 阳（女）
民进望城区支部
主 委 袁 艺
副主委 王 奇 耿 璐（女）
委 员 彭 璠（女） 苏慧钧（女）
张立宇
农工党望城区支部
主 委 尹迪波
副主委 王志来 余若鹏（女）
委 员 周 垚（女） 陈志鑫
致公党望城区总支
主 委 向章平
副主委 彭 阳（女） 沈 佳
委 员 刘云峰 林 榕（女）
周 然 王 露（女）
致公党望城区综合支部
主 委 刘云峰
副主委 李颖娟（女）
委 员 段 鑫（女） 粟 强 肖光华
致公党望城经开区支部
主 委 周 然
副主委 王 露（女）
委 员 孟桐宇（女） 曾 敏
罗 安（女）

致公党海归小镇支部

主　　委　　林　榕（女）
副 主 委　　曹　冯（女）
委　　员　　汪江一　康　阳　成　佳

九三学社望城区一支社

主　　委　　欧　洋
副 主 委　　陈立祝
委　　员　　文英程（女）　浣溪沙（女）

九三学社望城区二支社

主　　委　　潘正伟
副 主 委　　余海燕（女）
委　　员　　朱宇立（女）
刘晓云（女，2022 年 2 月任）
孙洪军（2022 年 2 月任）

区工商业联合会

主　　席　　李思慧（女）
党组书记　　冯德亮
副 主 席　　廖应林　唐　勇
杨日平（兼）　邹建成（兼）
宁文彬（兼）　戴智勇（兼）
伍友兵（兼）　丁卫政（兼）
钱炜雯（女，兼）
赵丽萍（女，兼）

总商会

会　　长　　李思慧（女）
副 会 长　　廖应林　唐　勇
颜小冬（兼）　明显成（兼）
沈福安（兼）　罗怡然（兼）
曾　彦（兼）　熊　雄（兼）
王　露（兼）　贺　坤（兼）
邓　玮（兼）　朱　昊（兼）
钟志红（兼）　罗　宇（兼）

区总工会

主　　席　　李树先
副 主 席　　谭建刚（2022 年 9 月任）
罗丽华（2022 年 9 月任）
严海砂（2022 年 9 月任）
谭　舟（2022 年 9 月止）
王冬梅（女，2022 年 9 月止）
曾庆芳（女，2022 年 7 月止）

共青团望城区委员会

书　　记　　倪煜权
副 书 记　　魏　薇（女）　彭园琛（女）
彭紫嫣（女，挂职）
陈　佩（女，兼）
王　俊（兼）　李亚祥（兼）

区妇女联合会

党组书记、主席　　刘群英（女）
党组成员、副主席　　何　莉（女）
肖　敏（女）

区科学技术协会

党组书记、主席　　严　璐（女，2022 年 10 月任）
党组书记、副主席　　严　璐（女，2022 年 10 月止）
党组成员、副主席　　杨　红　吴　锋
副主席（兼）　　胡维平　戴金利（女）
李国军
戴智勇
喻　祺

区归侨侨眷联合会

主　　席　　刘本日（2022 年 9 月任）
罗丽华（女，2022 年 9 月止）
副 主 席　　刘达五（兼）
严　娟（女，兼）
毛　铁（兼）　沈　科（兼）
秘书长、兼职副主席　　莫小代（女）

中共长沙市望城区委政法委

区委常委、政法委书记　　聂　荣
常务副书记　　谭志龙
副书记　　黄智峰　周新颜
纪检组组长　　刘　伟
政法委委员　　黄　刚　张洪亮
骆　端（女）　张　著
政工室主任　　张　著

长沙市公安局望城分局

副区长、分局党委书记、局长　　廖　勇
党委副书记、政委　　彭　亮
党委副书记、副局长　　李志良　梁志刚
党委委员、副政委　　胡凌志（女）
党委委员、副局长　　唐　波　李英伟
分局党委委员、政工室主任　　曹　杰
区纪委监委驻望城公安分局纪检监察组组长、分局党委委员　　罗光明

区公安分局交通警察大队

大队长　　钟兴伟
教导员　　周　熠
副大队长　　张　勇（2022 年 12 月任）
谢建兴　潘　昊
彭震益（2022 年 12 月止）

区人民检察院

党组书记、检察长　黄中玮
党组副书记、副检察长　李　磊（2022年12月任）
党组成员、副检察长　江　革（2022年12月任）
易为志（2022年12月止）
曾陕青（2022年12月止）
副检察长　江　朔（女）

区人民法院

党组书记、院长　龙兴盛
党组成员、副院长　曾陕青（2022年12月任）
周　赞
刘昌济（2022年12月止）
党组成员、副院长、政治部主任　江　革（2022年12月止）
副院长　吴　暄
党组成员、政治部主任　何　鸣（2022年12月任）
党组成员、执行局局长　李　为（2022年12月止）
审委会专职委员　蔡智猛
李　为（2022年12月任）

区司法局

区司法局党组书记、局长　邹　金
区司法局党组成员、副局长　尹伟博　孙　亮
区司法局党组成员、政工室主任　王炽炎

望城区退役军人事务局

党组书记、局长　周建武
党组成员、副局长　杨罗群　段石虎

区发展和改革局（粮食和物资储备局）

党组书记、局长　周志国
党组成员、副局长　邓　义（2022年3月任）
文志勇　刘　洋（女）

长沙市自然资源和规划局望城分局

党组书记、副局长　张宏彬
党组副书记、局长　舒志清
党组成员、副局长　张建林　陈舸夫
李园红（女）　李　华
肖新苗（女）　廖运华
党组成员、执法大队长　李再军

区国有资产事务中心

党组书记、主任　邓　皓
党组成员、副主任　邓铁辉
龙　顶（2022年4月任）
彭　磊（2022年4月止）

区财政局

党组书记、局长　吴南军
党组副书记、副局长　刘建春（2022年3月止）
副局长　邱　进
党组成员、副局长　何志强
党组成员、区纪委监委驻纪检监察组组长　刘　娟（女，2022年9月任）
党组成员、副局长　姚铁柱（2022年10月任）
党组成员、总会计师　陈　可（2022年9月任）
姚铁柱（2022年10月止）

国家税务总局长沙市望城区税务局

党委书记、局长　井晓宇
党委委员、副局长　朱　峰　杨　忠
王卫红（2022年1月任）
樊　敏（2022年1月任）
王斌辉（2022年7月止）
党委委员、纪检组组长　贺仙峰

区金融工作办公室

党组书记、主任　杨志军
党组成员、副主任　朱小彪　程　华

区审计局

党组书记、局长　任长庚
党组成员、副局长　朱海波
副局长　梁　茜（女）
党组成员　严建武　余　威

区统计局

党组书记、局长　黄　定
副局长　蔡　江
党组成员、副局长　肖　佳
党组成员、总统计师　文勇强（2022年9月任）

国家统计局望城调查队

党支部书记、队长　谭正强
副队长　任建良
纪检员　谢　意（女）

区市场监督管理局（望城区知识产权局）、区市场监督管理综合行政执法大队

党组书记、局长　廖忠宇
党组副书记、副局长　徐文昌
党组成员　刘小松
党组成员、副局长　夏　平　许德山
莫正波（2022年9月止）
谭志波（2022年12月止）

区农业农村局

党组书记、局长　夏岳峰（2022 年 10 月任）
党组书记、副局长　胡阳光（2022 年 9 月止）
党组副书记、局长　夏岳峰（2022 年 10 月止）
区委农办专职副主任、党组成员　李　奇
党组成员、区纪委派驻纪检组组长　周玉良（2022 年 9 月任）
符刚耀（2022 年 9 月止）
党组成员、副局长　骆孟国　胡　伟
肖剑龙　陈　杰

区农机事务中心

主　　任　李志刚
副 主 任　程润强　高　峰　李紫微（女）

区水利局

党组书记　易　超
局　　长　李　花（女）
党组成员、副局长　虢昀晖　李代良
党组成员、总工程师　罗谷雨

区工业和信息化局

党组书记、局长　胡维平
党组成员、副局长　朱　浩（2022 年 10 月任）
骆　韵
副 局 长　李　玲（女，2022 年 10 月止）

国网湖南省电力有限公司长沙市望城区供电分公司

总经理、党委副书记　黄　硕
党委书记、副总经理　彭丹东（2022 年 10 月止）
纪委书记、工会主席　方宇晖
党委委员、副总经理　邓　超　孔　奎

区商务局

党组书记、局长　谢洪波
党组成员、副局长　陈端霞（女）曾伟军
罗　懿（女）

区供销合作社联合社

党组书记、理事会主任　刘　平
党组成员、监事会主任　任成进
党组成员、理事会副主任　程　维　彭雄伟
理事会副主任　李　科（2022 年 11 月任）

区粮食和物资储备事务中心

党组书记、主任　容忠东
党组成员、副主任　龙成宇　夏　昊

区烟草专卖局

党组书记、局长、经理　容忠东
党组成员、副经理　刘　军
党组成员、纪检组组长　陈洁华（女）
党组成员、副局长　刘　敏

中国邮政集团有限公司长沙市望城区分公司

党委书记、总经理　罗　俊
党委委员、副总经理　何　山　傅　豪
胡舒展（2022 年 7 月止）
副总经理　夏文叶（女，2022 年 7 月任）

中国电信集团有限公司望城分公司

总 经 理　赵梓寒
副总经理　侯　龙　易志权
谢　湘（2022 年 4 月任）

中国移动通信集团有限公司长沙市望城区分公司

经　　理　喻彩斌
副 经 理　刘　戈　胡雪峰　龚路路

中国联合网络通信有限公司长沙市望城区分公司

总 经 理　项　旭
副总经理党支部书记　廖生林（2022 年 2 月止）
党支部书记　张　宁（女，2022 年 3 月任）
副总经理　张　宁（女）
王卓辉（女，2022 年 3 月任）

中国人民银行望城支行

行　　长　陆文贤
副 行 长　胡万俊（2022 年 1 月任）

中国农业发展银行望城支行

党支部书记、行长　杨　艳（女）
党支部委员、副行长　游建平　周　杏（女）

中国银行股份有限公司望城支行

行　　长　刘荣辉
副 行 长　张　琴（女）
刘　成（女，2022 年 11 月任）
李　曦（2022 年 5 月任）
熊　亚（女，2022 年 11 月止）
鲁　赛（女，2022 年 11 月止）

中国工商银行股份有限公司望城支行

行　　长　桂　晖
副 行 长　戴朝文（2022 年 6 月任）
吴　亮　杨　鑫
刘　军（2022 年 6 月止）

中国建设银行股份有限公司望城支行

行　　长　　唐　韬
副 行 长　　龚星文(2022年1月任)
　　　　　　龚　贺(2022年1月任)

中国农业银行股份有限公司长沙望城支行

党委书记、行长　　李　漫(女,2022年9月任)
　　　　　　　　　廖　旺(2022年9月止)
党委委员、副行长　　刘　潇　管　静(女)
　　　　　　　　　陈子心(女,2022年11月任)
　　　　　　　　　欧阳斐(女,2022年10月止)
党委委员、纪委书记　　彭　潇
党委委员、行长助理　　姜　伟

长沙银行望城支行

行　　长　　刘红伟(女)
副 行 长　　李　婷(女)　汤哲明

中国邮政储蓄银行望城支行

行　　长　　王　茜(女,2022年8月任)
　　　　　　阳小玲(女,2022年8月止)
副 行 长　　杨　朝(女)
　　　　　　周文强(2022年7月任)

中国农村商业银行股份有限公司望城支行

行　　长　　黄治国
副 行 长　　曹　军

中国人寿保险股份有限公司望城支公司

经　　理　　杨　悦
副 经 理　　李海军
　　　　　　李亚军(2022年3月任)
　　　　　　梁　薇(女,2022年5月任)
　　　　　　曾日红(2022年4月止)

中国人民财产保险股份有限公司望城支公司

经　　理　　王　储
副 经 理　　严　宇　贵少龙

湖南望城经济开发区管理委员会

党工委书记　　周　剀
望城经济技术开发区党工委副书记、管委会主任、铜官循环经济工业基地党工委书记(兼)　　郑以仁(2022年8月止)
党工委副书记　　余浩宇
党工委委员、管委会副主任　　李卫锋(2022年9月任)
党工委委员　　李小平
党工委委员、纪工委书记、监察工委主任　　谭利辉(女)
党工委委员、管委会副主任　　姚罗光
党工委委员　　张妹辉(女,2022年1月任)
管委会副主任　　张妹辉(女,2022年2月任)
调 研 员　　李新宇

望城高新技术产业开发区管理办公室(铜官工业园)

负 责 人　　彭国祥
副　　职　　邓治国　任谷良
　　　　　　王　鹏　刘海波

湖南望城国家农业科技园区管理委员会

党工委书记　　刘国富
党工委副书记、管委会主任　　黄立武
党工委委员、管委会副主任　　刘　城
党工委委员、管委会副主任　　周智斌(2022年9月止)
党工委委员、纪工委书记兼监委会主任　　周　明

望城区交通运输局

党组书记、局长　　周宏杰
纪检组组长、党组成员　　莫泽伟
党组成员、副局长　　王向阳　田　维
　　　　　　黄　敏(2022年10月任)
　　　　　　李　溪(2022年10月止)
党组成员、总工程师　　沈　勇

区公路养护中心

党组书记、主任　　王立志
党组成员、副主任　　钟　宇(2022年9月任)
　　　　　　黄立春　李　丹(女)
　　　　　　曾召速(2022年9月止)

区住房和城乡建设局

党组书记、局长　　龚国华(2022年3月任)
党组副书记、局长　　张妹辉(女,2022年1月止)
副局长　　黄建波　廖　勇
　　　　　　李自光(2022年9月任)
总工程师　　刘日刚
纪检组组长　　陈　涛

区住房保障服务中心

党组书记、主任　　周剑波
党组成员、副主任　　刘雄伟(2022年9月任)
副 主 任　　谭　思

区征地服务中心

党组书记、主任　余　波
党组成员、副主任　柳森柯　周智勇　周　勇

区城市管理和综合执法局

党组书记、局长　欧文武
纪检组组长、党组成员　唐永岗
党组成员、副局长　唐华大　李　栋
言福明　彭亚拉
副局长　鲁　进

区市政设施维护中心

党组书记、主任　罗茂林
党组成员、副主任　刘航舟（女）
曾召速（2022年9月任）
钟　宇（2022年9月止）

区园林绿化维护中心

主　任　张　勇
副主任　夏　强　刘　奇

区市容环境卫生维护中心

党组书记、主任　寻献中
党组成员、副主任　吴　霞（女）
副主任　周　旺
党组成员、办公室主任　刘明望（2022年10月任）

区产业投资发展集团有限公司

党委书记、董事长　易　文
党委副书记、董事、总经理　李　军
党委委员、纪委书记、监事长　方　起
党委委员、董事、副总经理　王海祥
党委委员、副总经理　何泽恩　郑文军　朱　宁
副总经理　骆　晟　姚志远（2022年10月任，试用期1年）

区城市发展集团有限公司

党委书记、董事长　刘灿辉
党委委员、纪委书记、监事长　张高照
党委委员、副总经理　赵　昂　余　双（女）
魏　来
易　袆（2022年9月任）
莫　雄（2022年9月任）
副总经理　胡清明
总工程师　赵　江

滨水新城发展中心

书　记　谭未明
主　任　谢鸿超
纪工委书记、党工委委员　李　丹（女）
党工委委员、副主任　杨铁军

长沙市生态环境局望城分局

党组书记、局长　彭　亮
党组成员、副局长　徐佳辉　虢再华　熊锡军

长沙黑麋峰国家森林公园管理处

党支部书记　饶　欢

区科学技术局

党组书记、局长　龙　军
党组成员、副局长　黄福来（2022年11月任）
谭浩波　宁文彬

区气象局

局　长　张淼文
副局长　邹　胤

区教育局

党组书记、局长　张红元
纪检组组长、党组成员　黄海辉（女）
党组成员、副局长　刘　勇　李　晟
副局长　戴金利（女）
党组成员、总督学　侯建波（2022年9月任）

区中小学教师发展中心

主　任　周国庆
副主任　唐　卓　殷　华（女）　刘汉辉

区第一中学

校　长　刘　宇
副校长　朱凌云　冷　圣
汪志明（2022年11月止）

区职业中等专业学校

党委副书记、校长　张红元
党委书记　朱飞跃（2022年11月任）
李颂武（2022年11月止）
纪委书记　毛海洋（2022年9月任）
党委委员、副校长　谢永兴　曾　武

区文化旅游广电体育局

党组书记、副局长　　龚国华（2022年3月止）
　　　　　　　　　　易又文（2022年6月任）
局　　长　　袁　艺
党组成员、副局长　　冯静妮（女）　邵志军
党组成员　　刘　厚（2022年9月任）
　　　　　　熊和平

区文化馆

馆　　长　　熊和平

区雷锋图书馆

党支部书记　　任　卓（女）
馆　　长　　丁珍珍（女）

雷锋纪念馆

党组副书记、馆长　　余旭阳
党组书记　　邹　文（女）
党组成员、副馆长　　廖志军

湖南省新华书店有限责任公司长沙市望城区分公司

经理、党支部书记　　李旭群（女）
副 经 理　　杨　翼　魏　萍（女）
　　　　　　黄　果（2022年5月任）

湘江古镇群事务中心

主　　任　　韩　洁（女）

长沙市铜官窑遗址管理处

党组书记、主任　　刘洪波
党组成员、副主任　　叶剑楠
　　　　　　　　　　刘　厚（2022年9月止）
副主任　　王　奇（2022年9月任）
党组成员、综合部部长　　周　征（2022年10月任）

区花鼓戏剧团

党支部书记、团长　　易辉洪

区公益电影服务中心

党支部书记、主任　　谭　超

区文学艺术界联合会

主　　席　　谭鸿亮
副 主 席　　毛正标　朱净波
　　　　　　刘坤庭（兼）　史治国（兼）
　　　　　　余海燕（女，兼）
　　　　　　任　李（兼）易辉洪（兼）

区社会科学界联合会

主　　席　　黄跃新（女）
副 主 席　　龙　波　叶剑楠
　　　　　　冯静妮（女）　史治国
　　　　　　杨　红（2022年12月任）
　　　　　　张丽斐（女，2022年12月任）
　　　　　　李果实（2022年12月止）
　　　　　　肖正祥（2022年12月止）
　　　　　　吴　琪（2022年12月止）
　　　　　　张璐琪（女，2022年12月止）

区融媒体中心

党组书记、副主任兼副总编辑　　万成模
党组副书记、主任兼总编辑　　李小春
副主任兼副总编辑　　易振君
党组成员、副主任兼副总编辑　　潘　登（2022年9月任）
　　　　　　　　　　　　　　　黄称忠（2022年9月止）

区档案馆（区委党史研究室、区地方志编纂室）

馆长（主任）　　苏景文
副馆长（副主任）　　简　艳（女）
　　　　　　　　　　龙　宇（女）

区文化市场综合行政执法大队

区文旅广体局局长、大队长　　袁　艺
专职副大队长　　秦学峰

区卫生健康局

党组书记、局长　　吴　刚
纪检组组长、党组成员　　熊　冰（女）
党组成员、副局长、疾病预防控制局局长　　李光祥（2022年8月任）
党组成员、副局长　　李征斌　冯双炎（女）
　　　　　　　　　　郑　赞（2022年2月任）
　　　　　　　　　　杨　杰（2022年11月止）

区疾病预防控制中心

书　　记　　周智斌（2022年9月任）
　　　　　　张　伟（2022年9月止）
主　　任　　李　达（2022年9月任）
　　　　　　赵劲良（2022年9月止）
副 主 任　　肖炜琪（女）李凤飞

区卫生计生综合监督执法局

局　　长　　段　琼（女）
支部书记、副局长　　王金煌
副 局 长　　张致宁　瞿志国

区妇幼保健计划生育服务中心

院　　长　　熊　浩

区人民医院

党委副书记、院长　吴　超（2022年1月任）
院　　长　张曙林（2022年1月止）
党委书记　马小强
党委副书记　吴　超
党委副书记、纪委书记　王　理（2022年1月任）
党委委员、副院长　刘五一（2022年1月任）
王拥军（2022年1月止）
党委委员、工会主席　邓　婷
党委委员　李　哲

区精神病医院

支部书记、院长　易志雄
副书记、副院长　莫春凤
副　院　长　毛四欢　梁　勇
院委委员　周　斌

区心脑血管病专科医院

院　　长　陈学云
书　　记　梁　灿
副　院　长　黄咏莲　周　浪
院委委员　龚　玲

区体育运动中心

主　　任　刘　厚（2022年10月任）
伍　亮（2022年10月止）
副　主　任　袁翠平（女）

望城区民政局

党组书记、局长　王涧波
党组成员、副局长　袁　坤
党组成员　黄建国
副局长　黄小娟（女）

区人力资源和社会保障局

党组书记、局长　杨东方（女）
党组成员、副局长　易小宇　毛朝阳
党组成员、总会计师　李　淞（2022年9月任）

区医疗保障局

党组书记、局长　雍　佳（2022年1月任）
周剑波（2022年1月止）
党组成员、副局长　黄炎刚　王姣妍（女）

长沙住房公积金管理中心望城区管理部

主　　任　左爱莲（女）
副　主　任　陈　智

区残疾人联合会

党组书记、理事长　潘志高
党组成员、副理事长　徐　昆　周志刚

区关心下一代工作委员会

主　　任　杨万平
副　主　任　杨乐明　杨志祥
副主任（常务）　李　敏（女）

区红十字会

会　　长　黄金国
专职副会长　刘　杰
副会长（兼）　李征斌　姚铁柱
黄小娟（女）　戴金利（女）

区应急管理局

党委书记、局长　熊　昭（2022年1月任）
副局长、党委委员　龙　尧　汪曙光　陈凡辉
政工室主任、党委委员　徐　欣
党委委员　卢文韬（2022年3月任）

区消防救援大队

大　队　长　陈志斌（2022年8月任）
张志军（2022年8月止）
政治教导员　燕　路

丁字湾街道

党工委书记　刘倍求（女）
党工委副书记、办事处主任　王　彪
党工委副书记　蔡海龙（2022年8月任）
张善德（2022年8月止）
政协联络工作负责人　蔡海龙
党工委委员、人大工委主任　肖建新
党工委委员、纪工委书记　余高建
党工委委员、办事处副主任　王　铭
蔡海龙（2022年8月止）
周　伟
党工委委员、组织委员　杨　刚（2022年9月任）
办事处副主任　李诗文
李　花（女，2022年8月止）
人大工委副主任　尹广明

铜官街道

党工委书记　谭　磊
党工委副书记、办事处主任　龙　波
党工委副书记、政协联络工作负责人　袁雄文
党工委委员、人大工委主任　杨　磊
党工委委员、纪工委书记　刘　灿
党工委委员、办事处副主任　余匹雄　曾向阳
党工委委员、组织委员　谭佳惠（女）

党工委委员	秦昆仑(2022年9月任)
	何　柳(2022年3月止)
办事处副主任	余　彪　肖龙宇
人大工委副主任	杨　牧(2022年9月任)
	张君宇(2022年9月止)

高塘岭街道

党工委书记	杨　毅
党工委副书记、办事处主任	李　书(女)
党工委副书记、统战委员、政协联络工作负责人	李　林
党工委委员、人大工委主任	陈铁武
党工委委员、办事处副主任	徐铁武　魏　伟
党工委委员、纪工委书记	王泽林
党工委委员、组织委员	吕红梅(女)
党工委委员	何　柳(2022年4月任)
办事处副主任	佘　青
人大工委副主任	唐俊鹏

乌山街道

党工委书记	梁志辉
党工委副书记、办事处主任	文　侠
党工委副书记、统战委员(兼管政协工作)	朱栋超
党工委委员、人大工委主任	舒　泽
党工委委员、纪工委书记	周志兵
党工委委员、宣传委员、办事处副主任	杨　胜
党工委委员、办事处副主任	余艳辉
党工委委员、组织委员	谭婧舒(女)
办事处副主任	戴　宇
	陈冠霖(2022年11月任)
	李　科(2022年5月任，2022年11月止)
	刘贞勇(2022年3月止)
区土地整理中心书记、办事处副主任(挂职)	朱千山
人大工委副主任	李泽锋(2022年5月任)
	李　科(2022年5月止)

金山桥街道

党工委书记	欧阳钟
党工委副书记、办事处主任	胡　震
党工委副书记、统战委员	陈　飞
党工委委员、人大工委主任	任斗霓(女)
党工委委员、办事处副主任	刘树松　邓传军
党工委委员、纪工委书记	袁本超
党工委委员、组织委员、宣传委员	周　斌(女)
党工委委员、办事处副主任	张毅锋
办事处副主任	张力夫
人大工委副主任	谭唤岳

黄金园街道

党工委书记	李　定(2022年11月任)
	余　款(2022年11月止)
党工委副书记、办事处主任	熊　彪(2022年3月任)
党工委副书记	徐小勇
党工委委员、人大工委主任	刘志国
党工委委员、纪工委书记	彭跃军
党工委委员、办事处副主任	黄志国
党工委委员、办事处副主任	姚铁军
党工委委员、组织委员	陈雪娥(女)
党工委委员	彭　磊(2022年3月任)
办事处副主任	周　健
人大工委副主任	袁　旺

白沙洲街道

党工委书记	资　涵(女)
党工委副书记、办事处主任	舒　鸥(2022年2月任)
	易　超(2022年2月止)
党工委副书记、统战委员	刘　英(女)
党工委委员、人大工委主任	陈伟胜(2022年9月任)
	刘本日(2022年9月止)
党工委委员、组织委员	李先知
党工委委员、政协联络工作负责人、办事处副主任	黄海军
党工委委员、纪工委书记、监察办主任	黄　超
党工委委员、办事处副主任	梁　硕(2022年9月任)
	陈伟胜(2022年9月止)
	姚　铁(2022年3月止)
党工委委员	张君宇(2022年9月任)
办事处副主任	陈　畅(女)
人大工委副主任	陈　宇(2022年9月任)
	梁　硕(2022年9月止)

大泽湖街道

党工委书记	刘海林
办事处主任	任代伟
人大工委主任	邓　望
政协联络负责人	曾日峰(2022年11月任)
	易　亿(2022年11月止)
党工委副书记	任代伟
	曾日峰(2022年9月任)
	朱　浩(2022年9月止)

党工委委员	邓 望 易 亿
	卢建群 丁 立
	谭芝藩（女） 陈 武
办事处副主任	易 亿 卢建群 陈 武
	李 杰（2022 年 4 月任）
人大工委副主任	刘幽羽（女，2022 年 9 月任）
	周玉良（女，2022 年 9 月止）

月亮岛街道

党工委书记	刘艺苗
党工委副书记、办事处主任	梁海波
党工委副书记	王晓东（2022 年 9 月任）
	严海砂（2022 年 9 月止）
政协联络工作负责人	王晓东（2022 年 10 月任）
	李 意（2022 年 10 月止）
党工委委员	熊正国
人大工委主任	熊正国（2022 年 9 月任）
	易新宙（2022 年 9 月止）
党工委委员、纪工委书记	彭 阳（女）
党工委委员、办事处副主任	李 意
党工委委员	肖大为（2022 年 9 月任）
	易新宙（2022 年 9 月止）
办事处副主任	肖大为
党工委委员	舒 超（2022 年 4 月任）
党工委委员、组织委员	李 烨（2022 年 9 月任）
	曾日峰（2022 年 9 月止）
宣传委员	李 烨（2022 年 9 月任）
	严海砂（2022 年 9 月止）
办事处副主任	肖剑锋（2022 年 9 月任）
	熊正国（2022 年 9 月止）
人大工委副主任	侯思磊
办事处副主任（挂职）	杨 烨（2022 年 12 月止）

雷锋街道（雷锋片区）

党工委书记	金胜利
党工委副书记、办事处主任	罗 钢
党工委委员、人大工委主任	胡裕坤
党工委委员、组织委员、宣传委员	陈英强
党工委委员、办事处副主任、政协联络负责人	周 豹
党工委委员、办事处副主任	杨 灵 俞 阳
党工委委员、纪工委书记	黄伟国
办事处副主任	范海东 董辉林
	李珏瑞（女）

雷锋街道（白马片区）

党工委书记	胡裕坤（2022 年 11 月任）
	鲁存良（2022 年 10 月止）
党工委副书记、办事处主任	伏 灿（女，2022 年 12 月任）
	熊铁钢（2022 年 1 月止）
党工委副书记	杨永亮
人大工委主任	曾曙光
纪工委书记	来辉煌
组织委员	彭 耿
党工委委员、办事处副主任	余 敏 罗劲波 李华东
办事处副主任	粟德志
党工委委员	刘秉尧
人大工委副主任	姚 灿（女）

桥驿镇

党委书记	毛 斌
党委副书记、镇长	王 卿
党委副书记	杨绍君（2022 年 9 月任）
党委副书记、政协联络处主任	李概鹏（2022 年 9 月任）
	罗 瑜（2022 年 9 月止）
党委委员、人大主席	罗 瑜（2022 年 9 月任）
	陈 浪（2022 年 9 月止）
党委委员、政法委员	周炎明
党委委员、副镇长	周双旗
党委委员、宣传委员、副镇长	姚旭科
党委委员、组织委员	谭 栋
党委委员、纪委书记	杨进取
副镇长	周 玮（女） 杨 渊
人大副主席	郭 铁

茶亭镇

党委书记	郑文艺
副书记、镇长	冯俊凯（苗族）
副书记	周志红
副书记（挂职）	周征伟（2022 年 12 月任）
党委委员、人大主席	王 帆（2022 年 4 月任）
党委委员、副镇长	何 勇
党委委员、组织委员	潘 灿（女）
党委委员、纪委书记	龙 武（2022 年 9 月任）
	刘 娟（女，2022 年 9 月止）
党委委员、政法委员	李树恒（2022 年 9 月任）
	邓 义（2022 年 3 月止）
党委委员、宣传委员、副镇长	王晓东（2022 年 9 月止）
副镇长	钟巍伟 肖 宇
	张 宸（2022 年 12 月任）
人大副主席	刘海军

乔口镇

党委书记	陈　浪
党委副书记、镇长	姚　静（女）
党委副书记、统战委员	肖伟亮
党委委员、人大主席	黄东一
党委委员、纪委书记	瞿　帅
党委委员、政法委员	阳　凯（2022年9月任）
	杨　涛（2022年7月止）
党委委员、副镇长	粟　钦
党委委员、宣传委员、副镇长	周　勇
党委委员、组织委员	何　远
副镇长	袁君健　蒋若丹
	张国洁（2022年10月任）
	杨　仁（2022年10月任）

靖港镇

党委书记	刘　波
党委副书记、镇长	胡　勇（2022年3月任）
党委副书记、统战委员	何铁亮（女）
党委委员、人大主席	姚帅军
党委委员、政法委员	刘新辉
党委委员、宣传委员、副镇长	陈　果
党委委员、纪委书记	刘　清
党委委员、副镇长	廖章盼
党委委员、组织委员	彭紫嫣（女，2022年9月任）
	李概鹏（2022年3月任）
副镇长	黄敏媛
	彭　阳（女，2022年9月止）
人大副主席	冯智强

白箬铺镇

党委书记	毛　柯
党委副书记、镇长	胡宇波
党委副书记（挂职）	周　浪（女，2022年11月任）
党委副书记、统战委员	曾洪波
党委委员、人大主席	王巧兵
党委委员、组织委员	姚　铁（2022年4月任）
	李概鹏（2022年4月止）
党委委员、宣传委员、副镇长	袁　鑫
党委委员、政法委员	文曙光
党委委员、纪委书记	胡　宇
党委委员、副镇长	周鹏志
副镇长	李　凯
	邓宇兵（2022年1月任）
	寻　冉（女，2022年1月任）
	项雅琴（女，2022年12月任）
人大副主席	蔡晶晶（女）

重要文献

2022年中共长沙市望城区委主要文件一览表

表22

日期	文号	文件标题
3月25日	望发〔2022〕1号	关于做好2022年“三农”重点工作加快建设全市乡村振兴新标杆的实施意见
3月11日	望发〔2022〕3号	关于转发《长沙市望城区人大常委会2022年工作要点》的通知
3月18日	望发〔2022〕5号	关于转发《政协长沙市望城区委员会2022年工作要点》的通知
3月23日	望发〔2022〕6号	印发《关于强化政治监督深化专项治理推动清廉望城建设的实施方案》的通知
3月30日	望发〔2022〕8号	印发《关于在全区开展党建“六大行动”深入推进“党建聚合力”工程实施方案》的通知
6月1日	望发〔2022〕9号	关于印发《长沙市望城区贯彻落实强省会战略行动方案（2022—2026年）》的通知
7月8日	望发〔2022〕10号	转发《区委宣传部、区司法局关于开展法治宣传教育的第八个五年规划（2021—2025年）》的通知
9月8日	望发〔2022〕13号	印发《关于全面推行田长制严格耕地保护的实施方案》的通知
10月17日	望发〔2022〕14号	关于印发《长沙市望城区中医药传承发展与服务能力提升实施方案（2022—2026年）》的通知
11月14日	望发〔2022〕15号	关于认真学习宣传贯彻党的二十大精神的通知
12月26日	望发〔2022〕16号	关于深入学习宣传贯彻党的二十大精神为全面建设社会主义现代化新望城而团结奋斗的决定

（资料来源：区委办）

2022年长沙市望城区人民政府主要文件一览表

表23

编号	文件标题	文号	主办部门	规范性文件编号
1	关于公布石乡路（湘江大道景观道—桃花路）项目国有土地上房屋征收范围的公告	望政发〔2022〕1号	区征地中心	
2	关于成立和调整区政府议事协调机构的通知	望政发〔2022〕2号	区委编办	

续表 23

编号	文件标题	文号	主办部门	规范性文件编号
3	关于征求《石乡路(湘江大道景观道—桃花路)项目房屋征收补偿方案(征求意见稿)》意见的公告	望政发〔2022〕3号	区征地中心	
4	湘江东岸堤防综合治理工程(三标)项目征收范围公告	望政发〔2022〕4号	区征地中心	
5	湘江东岸堤防综合治理工程(三标)项目房屋征收补偿方案征求意见公告	望政发〔2022〕5号	区征地中心	
6	关于下达长沙市望城区2022年投资建设项目计划的通知	望政发〔2022〕6号	区发展和改革局	
7	关于划定常益长铁路长沙市行政区域内铁路线路安全保护区的通告	望政发〔2022〕7号	区资规分局	WCDR-2022-00001
8	湘江东岸堤防综合治理工程(三标)项目房屋征收决定公告	望政发〔2022〕8号	区征收办	
9	石乡路项目房屋征收决定公告	望政发〔2022〕9号	区征收办	
10	关于长沙市望城区2021年度安全生产行政执法工作计划的批复	望政发〔2022〕11号	区安委办	
11	关于征求《高铁西城片区铁路基础设施配套项目(黄金供销社、长沙长途电信线路局、金元小学)房屋征收补偿方案(征求意见稿)》意见的公告	望政发〔2022〕13号	区征收办	
12	长沙市望城区开展纾困增效行动稳定经济运行的若干措施	望政发〔2022〕14号	区工信局	
13	关于长沙市望城区第三届专利奖评选结果的表彰决定	望政发〔2022〕15号	区市场监管局	
14	关于印发《区三届人大一次会议政府工作报告目标任务责任分解表》的通知	望政发〔2022〕16号	区政府督查室	
15	关于印发《长沙市人民政府政府工作报告2022年涉及望城区目标任务责任分解表》《2022年湘江新区党工委经济工作会议涉及望城区主要目标任务责任分解表》的通知	望政发〔2022〕17号	区政府督查室	
16	关于征求《霞凝货场扩建工程项目(金霞粮食公司)房屋征收补偿方案(征求意见稿)》意见的公告	望政发〔2022〕19号	区征收办	
17	长沙市望城区政府投资信息化建设项目管理办法	望政发〔2022〕20号	区数据资源中心	
18	关于印发《长沙市望城区人民政府工作规则》的通知	望政发〔2022〕21号	区政府办	
19	长沙市望城区人民政府关于霞凝货场扩建工程项目(金霞粮食公司)房屋征收决定公告	望政发〔2022〕22号	区征收办	
20	关于明确长沙市望城区征地拆迁事务所为我区土地征收实施机构的通知	望政发〔2022〕23号	区资规分局	

续表 23

编号	文件标题	文号	主办部门	规范性文件编号
21	长沙市望城区人民政府关于做好第三次全国土壤普查工作的通知	望政发〔2022〕24 号	区农业农村局	
22	关于禁火期间严禁一切野外用火的通告	望政发〔2022〕25 号	区资规分局	WCDR-2022-00002
23	关于望城区金山桥街道湖南港源废旧物质回收有限公司“6・9”燃爆事故调查报告的批复	望政发〔2022〕26 号	区应急管理局	
24	关于下达《长沙市望城区 2022 年投资建设项目调整计划》通知	望政发〔2022〕27 号	区发展和改革局	
25	湘江古镇群望城区西岸核心区基础设施配套工程项目征收范围公告	望政发〔2022〕28 号	区征收办	
26	湘江古镇群望城区西岸核心区基础设施配套工程项目房屋征收补偿方案征求意见公告	望政发〔2022〕29 号	区征收办	
27	关于望城经开区长沙浩威机械设备租赁有限公司“6・10”吊装事故调查报告的批复	望政发〔2022〕30 号	区应急管理局	
28	关于公布 2022 年行政规范性文件清理结果的通知	望政发〔2022〕31 号	区司法局	
29	关于同意设立星悦湖社区和调整杨丰社区范围的批复	望政发〔2022〕32 号	区民政局	
30	关于同意设立金星北路社区范围的批复	望政发〔2022〕33 号	区民政局	
31	关于同意设立赤岗路社区的批复	望政发〔2022〕34 号	区民政局	
32	关于湘江古镇群望城区西岸核心区基础设施配套工程项目房屋征收决定公告	望政发〔2022〕36 号	区征收办	
33	关于长沙市望城区 2023 年度安全生产行政执法工作计划的批复	望政发〔2022〕37 号	区安委办	

（资料来源：区政府办）

2022 年中共长沙市望城区委办公室主要文件一览表

表 24

日期	文号	文件标题
1 月 13 日	望办发〔2022〕5 号	关于印发《长沙市望城区“五区”建设三年行动计划（2021—2023 年）》的通知
3 月 10 日	望办发〔2022〕8 号	印发《关于进一步加强区级储备粮管理工作的意见》的通知
5 月 19 日	望办发〔2022〕14 号	关于印发《长沙市望城区“强省会 勇担当 走前列”作风建设年“六大行动”实施方案》的通知
6 月 10 日	望办发〔2022〕15 号	关于印发《长沙市望城区持续壮大农村集体经济行动方案（2022—2024 年）》的通知
9 月 21 日	望办发〔2022〕19 号	关于印发《长沙市望城区新时代创新实干、担当有为“五好”领导班子和“五好”干部评选表彰活动实施方案》的通知
11 月 9 日	望办发〔2022〕21 号	印发《关于促进湖南海归人才科创园（长沙・海归小镇）人才集聚和产业发展的若干措施》的通知
11 月 14 日	望办发〔2022〕22 号	印发《贯彻落实〈关于加强和改进新时代市县政协工作的意见〉的实施方案》的通知
12 月 12 日	望办发〔2022〕24 号	关于印发《长沙市望城区全面加强基层组织建设三年行动计划（2023—2025 年）》的通知
12 月 27 日	望办发〔2022〕27 号	印发《关于全面加强新时代中小学劳动教育的实施方案》的通知

（资料来源：区委办）

表 25

2022 年长沙市望城区人民政府办公室主要文件一览表

编号	文件标题	文号	主办部门	备注	规范性文件编号
1	长沙市望城区推进“无证件（证明）城市”创建的若干规定（试行）	望政办发〔2022〕1号	区公安分局		
2	关于印发《长沙市望城区低温雨雪冰冻灾害应急预案》的通知	望政办发〔2022〕2号	区应急管理局		WCDR−2022−01001
3	关于印发《长沙市望城区关于促进楼宇经济发展的若干政策意见》的通知	望政办发〔2022〕3号	区商务局		WCDR−2022−01002
4	关于印发长沙市望城区自然灾害救助应急预案等16个应急预案的通知	望政办发〔2022〕4号	区应急管理局		WCDR−2022−01003
5	望城区规范民办义务教育发展工作实施方案	望政办发〔2022〕5号	区教育局		
6	关于进一步推进普通中小学招生入学工作的通知	望政办发〔2022〕6号	区教育局		
7	长沙市望城区“十四五”卫生健康事业发展规划（2021—2025）	望政办发〔2022〕7号	区卫健局		
8	关于印发长沙市望城区生产安全事故灾难应急预案等8个应急预案的通知	望政办发〔2022〕8号	区应急管理局		WCDR−2022−01004
9	长沙市望城区人民政府办公室关于废止《长沙市望城区人民政府办公室关于印发长沙市望城区便民生鲜农产品市场建设与管理办法的通知》（望政办发〔2018〕89号）的通知	望政办发〔2022〕10号	区商务局		
10	关于印发《长沙市望城区行政许可事项清单（2022年版）》的通知	望政办发〔2022〕11号	区行政审批局		WCDR−2022−01005
11	关于印发《长沙市望城区人民政府领导班子成员工作分工安排》的通知	望政办发〔2022〕12号	区政府办		
12	关于印发《长沙市望城区货币安置区团购商品房实施方案》的通知	望政办发〔2022〕13号	区征地中心		WCDR−2022−01006
13	关于印发《长沙市望城区推进新建商品房“交房即交证”改革实施细则（试行）》的通知	望政办发〔2022〕14号	区资规分局		
14	关于印发《关于建立长沙市望城区行政复议咨询委员会的工作方案》的通知	望政办发〔2022〕15号	区司法局		
15	关于印发《长沙市望城区推动制造业高质量发展若干政策》的通知	望政办发〔2022〕16号	区工信局		

（资料来源：区政府办）

索 引

说明：

一、本索引把年鉴的条目（特载、专文、大事记、统计资料、附录、彩页、随文表格、类目、分目、概况除外）用主题分析的方法，按汉语拼音字母顺序排列。

二、索引名称后的阿拉伯数字表示内容所在的页码，拉丁字母（a、b、c）表示栏别（从左至右分别为1、2、3栏）。

主题索引

A

B

C

D

E

F

G

H

J

K

L

M

S

T

W

X

Y

Z

表格索引